Christian Böse

Kartellpolitik im Kaiserreich

Jahrbuch für Wirtschaftsgeschichte

Im Auftrag der Herausgeber des Jahrbuchs für Wirtschaftsgeschichte herausgegeben von Alexander Nützenadel und Jochen Streb

Beiheft 21

Christian Böse

Kartellpolitik im Kaiserreich

Das Kohlensyndikat und die Absatzorganisation im Ruhrbergbau 1893–1919

DE GRUYTER
OLDENBOURG

von der Fakultät für Geschichtswissenschaft der Ruhr-Universität Bochum als Dissertation angenommen im Jahre 2016

ISBN 978-3-11-057431-9
e-ISBN (PDF) 978-3-11-057671-9
e-ISBN (EPUB) 978-3-11-057438-8

Library of Congress Control Number: 2018943371

Bibliografische Information der Deutschen Nationalbibliothek
Die Deutsche Nationalbibliothek verzeichnet diese Publikation in der Deutschen Nationalbibliografie; detaillierte bibliografische Daten sind im Internet über http://dnb.dnb.de abrufbar.

Einbandabbildung: Sitzungssaal im Geschäftsgebäude des RWKS, aus: Rheinisch-Westfälisches Kohlen-Syndikat Essen-Ruhr, Essen, ca. 1912 (dreisprachiger Werbe-Bildband)
Druck und Bindung: CPI books GmbH, Leck

www.degruyter.com

Inhalt

Abbildungs- und Tabellenverzeichnis

Abbildungsverzeichnis

Tabellenverzeichnis

Danksagung

Das hier vorliegende Buch ist eine leicht überarbeitete Fassung meiner Dissertationsschrift, die ich im Dezember 2016 an der Fakultät für Geschichtswissenschaft der Ruhr-Universität Bochum erfolgreich verteidigt habe. Mit der Drucklegung schließe ich ein langjähriges und arbeitsreiches Promotionsverfahren endgültig ab. Ich danke sehr herzlich den Herausgebern Prof. Dr. Alexander Nützenadel und Prof. Dr. Jochen Streb, dass sie meine Dissertation in die Reihe der Beihefte des Jahrbuchs für Wirtschaftsgeschichte aufgenommen haben.

In den vergangenen Jahren habe ich von zahlreichen Personen bei meiner Arbeit große Unterstützung erfahren. Im Jahr 2011 nahm ich als wissenschaftlicher Mitarbeiter beim Deutschen Bergbau-Museum Bochum (DBM) die Arbeiten für mein Promotionsprojekt auf. Dort hatte ich aufgrund eines Stipendiums unter hervorragenden Rahmenbedingungen die Möglichkeit, über mehrere Jahre dieses Projekt intensiv voranzutreiben. Insbesondere Dr. Michael Farrenkopf und dem gesamten Team im Montanhistorischen Dokumentationszentrum beim DBM gilt dafür ein großer Dank. Prof. Dr. Dieter Ziegler hat mein Promotionsprojekt als Betreuer und Erstgutachter intensiv begleitet. Er war während der gesamten Arbeitsphase ein zuverlässiger Ansprechpartner für inhaltliche und organisatorische Fragen. Herrn Prof. Dr. Helmut Meier danke ich sehr herzlich für die engagierte Übernahme des Zweitgutachtens.

Auch den Mitarbeiterinnen und Mitarbeitern zahlreicher Archive, in deren Beständen ich zusätzlich zur Überlieferung beim DBM recherchiert habe, bin ich für die unkomplizierte Unterstützung dankbar. Hervorheben möchte ich hierbei das Haniel-Archiv, das thyssenkrupp Konzernarchiv und das Rheinisch-Westfälische Wirtschaftsarchiv, in deren Räumen ich im Zuge meiner Recherchen besonders häufig zu Gast war.

Viele weitere Kolleginnen und Kollegen, Freundinnen und Freunde haben meine Arbeit mit großem Interesse unterstützt und hatten immer wieder ein offenes Ohr für regelmäßig wiederkehrende Herausforderungen, die ein solches Projekt mit sich bringen. Alle Personen zu erwähnen, wäre an dieser Stelle kaum möglich. Ein herzliches Dankeschön möchte ich aber denjenigen aussprechen, die unmittelbar bei der Erstellung der Dissertationsschrift eine große Hilfe waren. Dazu gehörte zum Beispiel das engagierte Korrekturlesen und der fachliche Austausch zu meinen Ausarbeitungen. Diesen Dank richte ich vor allem an Dr. Lena Asrih, Nancy Bodden, Anna-Magdalena Heide, Dr. Christian Kraiker, Eva Nüsser und Jun.-Prof. Dr. Eva-Maria Roelevink. Christiane Katzer hat mit großer Akribie das Schlusslektorat übernommen und sich in kürzester Zeit in ein für sie völlig unbekanntes Themenfeld eingearbeitet.

Meiner Ehefrau Dr. Jette Kellerhoff gilt ein ganz besonderer Dank. Sie hat häufig auf mich verzichten müssen, aber ebenso durch fleißiges Korrekturlesen und Hilfestellung bei technischen Formatierungen einen wichtigen Anteil daran, diese Arbeit zum erfolgreichen Abschluss zu bringen. Zugleich bin ich ihr für ihre moralische Unterstützung, aber auch für regelmäßige Ermahnungen dankbar, wenn ich während der Bearbeitungsphase das eigentliche Ziel aus dem Blick verloren habe. Zusammen mit unserem Sohn Clemens können wir nun viel gemeinsame Zeit nachholen.

Zuletzt möchte ich zwei Personen danken, ohne die dieses Buch hier niemals vorliegen würde. Meine Mutter Monika Röwer-Böse und mein im Jahr 2009 verstorbener Vater Bernd Böse haben mich auf meinem Werdegang in Studium und Beruf jederzeit mit großem Interesse unterstützt. Dies erachte ich keinesfalls als selbstverständlich und kann es daher auch nicht hoch genug würdigen. Ihnen ist dieses Buch gewidmet.

Christian Böse

1 Einleitung

1.1 Themenaufriss und Fragestellung

Wettbewerbsverzerrungen durch Kartellabsprachen erhalten zumeist eine große mediale Aufmerksamkeit. Zum Jahresbeginn 2014 wurde zum Beispiel bekannt, dass namhafte deutsche Brauereien Preisabsprachen vorgenommen hatten.[1] Bereits 2012 waren nach der Aufdeckung eines „Schienenkartells" große Unternehmen aus der Stahlindustrie mit hohen Strafen belegt worden.[2] Rechtliche Sanktionen für beteiligte Unternehmen sind deshalb möglich, weil Kartellabsprachen in der Bundesrepublik Deutschland mit dem 1958 eingeführten Gesetz gegen Wettbewerbsbeschränkungen (GWB), dem sogenannten Kartellgesetz, verboten wurden.[3] Auch abseits der rechtlichen Bewertung werden gegenwärtig Preiskonventionen und Mengenabsprachen innerhalb einer Branche unter volkswirtschaftlichen und wirtschaftsethischen Gesichtspunkten mehrheitlich abgelehnt. Dies war in der ersten Hälfte des 20. Jahrhunderts jedoch keineswegs der Fall. Mit Erlass des Kartellgesetzes wurde institutionell eine jahrzehntelange deutsche Tradition beendet, die bereits seit dem Ende des Zweiten Weltkriegs durch wirtschaftspolitische Eingriffe der Alliierten massiv zurückgedrängt worden war.[4] Bis zum Kriegsende galt das Deutsche Reich als das „klassische Land der Kartelle"[5]. Die hier vorliegende, wirtschaftshistorische Untersuchung wird daher das Kartellwesen am Beispiel der Verkaufsorganisation im Ruhrkohlenbergbau von den späten 1890er Jahren bis zum Ersten Weltkrieg in den Blick nehmen.

Kartellvereinigungen entwickelten sich seit dem späten 19. Jahrhundert gerade im Deutschen Reich in nahezu allen Branchen zu einer regulären Form der firmenübergreifenden Kooperation. Der Kartellforscher Friedrich Kleinwächter definierte Kartelle im Jahr 1883 als „Uebereinkommen [...] der Unternehmer der nämlichen Branche, deren Zweck dahin geht, die schrankenlose Konkurrenz der Unternehmer unter einander einigermaßen zu beseitigen und die Produktion mehr oder weniger derart zu

---

1 Vgl. u. a. o. A.: Kartellverfahren: Deutsche Brauereien müssen Millionen-Strafe zahlen, in: Die ZEIT (Online), 13.01.2014, URL: http://www.zeit.de/wirtschaft/2014–01/bier-kartell-brauereien-preise, letzter Zugriff: 31.08.2015.

2 Vgl. u. a. Ott, Klaus: Bahn fordert hohen Schadenersatz von Thyssen-Krupp, in: Süddeutsche Zeitung (Online), 20.12.2012, URL: http://www.sueddeutsche.de/wirtschaft/schienenkartell-bahn-fordert-hohen-schadenersatz-von-thyssen-krupp-1.1555395, letzter Zugriff: 31.08.2015.

3 Vgl. Gesetz gegen Wettbewerbsbeschränkungen (GWB), URL: http://www.gesetze-im-internet.de/bundesrecht/gwb/gesamt.pdf, letzter Zugriff: 31.08.2015.

4 Zur Entwicklung des Kartellgesetzes in der Bundesrepublik Deutschland vgl. Satzky, Horst: Grundsätze, Entstehung und Novellierungen des Gesetzes gegen Wettbewerbsbeschränkungen (GWB), in: Pohl, Hans (Hg.): Kartelle und Kartellgesetzgebung in Praxis und Rechtsprechung vom 19. Jahrhundert bis zur Gegenwart, Stuttgart 1985, S. 229–243.

5 Schröter, Harm G.: Kartellierung und Dekartellierung 1890–1990, in: Vierteljahrschrift für Sozial- und Wirtschaftsgeschichte 81, 1994, Nr. 4, S. 457–493, hier: S. 457.

https://doi.org/10.1515/9783110576719-001

regeln, dass dieselbe wenigstens annähernd dem Bedarfe angepasst werde, [...]“[6]. Weniger deutlich auf die Produktion fixiert ist dagegen das aktuell gültige Kartellgesetz, das im Paragraphen §1 von „Vereinbarungen zwischen Unternehmen, Beschlüsse [n] von Unternehmensvereinigungen und aufeinander abgestimmte[n] Verhaltensweisen, die eine Verhinderung, Einschränkung oder Verfälschung des Wettbewerbs bezwecken oder bewirken, [...]“[7] spricht. Letztere Definition ist auch für die historische Rückschau deutlich besser geeignet, weil Kartelle in ihrer Blütezeit über unterschiedliche Wege den Wettbewerb beeinflussten. Neben Preisabsprachen als bekannteste Form der Kartellbildung konnte dies ebenso, wie von Kleinwächter dargestellt, über die unternehmensübergreifende Steuerung der Produktionsmengen oder auch durch gemeinschaftliches Vorgehen im Absatz erreicht werden.[8]

Kartelle wurden im Deutschen Reich durch Gerichtsurteile mehrfach rechtlich legitimiert und in einigen Industriezweigen sogar durch den Gesetzgeber eingefordert. Ein „Zwang“ zu einem solchen Zusammenschluss betraf insbesondere die Grundstoffindustrien, wo im Vergleich zu anderen Branchen eine große Anzahl von Kartellgründungen zu verzeichnen war.[9] Die einstige Bedeutung des Kartellwesens in Deutschland ist vielfach kaum mehr bekannt. Noch weniger geläufig ist, dass viele Kartelle, wie schon angedeutet, nicht nur Preis- und Mengenabsprachen vorgenommen, sondern auch die Verkaufstätigkeit der beteiligten Unternehmen zentralisiert und sich damit zur höchsten Kartellform, dem sogenannten Syndikat, zusammengeschlossen hatten. Von den 366 Industriekartellen, die 1906 im Deutschen Reich gezählt wurden, besaßen etwa 200 Vereinigungen eine eigene Verkaufsorganisation.[10]

---

6 Kleinwächter, Friedrich: Die Kartelle. Ein Beitrag zur Frage der Organisation der Volkswirthschaft, Innsbruck 1883, S. 126 f.

7 Gesetz gegen Wettbewerbsbeschränkungen (GWB), URL: http://www.gesetze-im-internet.de/bundesrecht/gwb/gesamt.pdf, letzter Zugriff: 31.08.2015.

8 Kleinwächter nahm 1883 eine Einordnung der Kartelle in folgende Kategorien vor: 1. Kartelle zur Produktionsregelung, 2. Kartelle zur Preisregelung, 3. Kartelle zur Produktions- und Preisregelung, 4. Kartelle zur Verteilung der Produktion an die Mitglieder, 5. Kartelle zur Regelung der Absatzgebiete (vgl. Kleinwächter: Die Kartelle, S. 127 ff.). Robert Liefmann sprach 1923 von Preis-, Produktions- und Gebietskartellen, wobei er in Bezug auf die Ausprägung jeweils zwischen einer niederen oder höheren Stufe unterschied (vgl. Liefmann, Robert: Kartelle (1923), in: Barnikel, Hans-Heinrich (Hg.): Theorie und Praxis der Kartelle, Darmstadt 1972, S. 67–108, hier: S. 78 f.).

9 Zur Rechtsprechung im Kartellwesen vgl. insbesondere Richter, Klaus W.: Die Wirkungsgeschichte des deutschen Kartellrechts vor 1914. Eine rechtshistorisch-analytische Untersuchung, Tübingen 2007, S. 60 ff. Das erste staatlich verordnete Zwangssyndikat in Deutschland wurde 1910 in der Kaliindustrie geschaffen, um die Auflösung des bestehenden Kartells zu vermeiden (vgl. Liefmann: Kartelle (1923), S. 103 f.).

10 Vgl. Bonikowsky, Hugo: Der Einfluß der industriellen Kartelle auf den Handel in Deutschland, Jena 1907, S. 41 (Bonikowsky beruft sich auf die durch die Reichsregierung erstellte Denkschrift zum Kartellwesen (vgl. Reichsamt des Innern (Bearb.): Denkschrift über das Kartellwesen, Berlin 1906)). Schätzungen zufolge bestanden im Jahr 1900 etwa 300 Kartelle in Deutschland. Bis 1925 stieg diese Zahl auf 2500 Vereinigungen an. Genaue statistische Angaben sind aufgrund der Kurzlebigkeit vieler Kartelle sowie der sehr differenzierten Ausprägung nicht möglich. Zu den Schätzungen vgl. Barnikel,

Als das prägendste Beispiel einer syndizierten Verkaufsorganisation tritt das 1893 gegründete Rheinisch-Westfälische Kohlen-Syndikat (RWKS) hervor, das in dieser Untersuchung im Mittelpunkt steht. Allein durch seine über 50-jährige Existenz galt es als besonders stabile Organisation, wenngleich deren Fortbestehen seit dem Ersten Weltkrieg durch Gesetzgebungen gesichert werden musste. Der Autor Volkmar Muthesius schrieb zum Jubiläum 1943 von dem „bedeutendste[n] Kartell, das die deutsche Volkswirtschaft je gesehen hat, dieses Gebilde, das in seiner Größe wohl sogar ohne Gegenstück in der ganzen Welt dasteht [...].“[11] Etwas nüchterner bezeichnete Hans Buschmann das RWKS für dessen „Blütezeit“ vor dem Ersten Weltkrieg als „Musterexemplar eines Kartells“[12]. Erich Maschke und Julius Flechtheim hoben den Vorbildcharakter des Kohlensyndikats hervor, was dazu führte, dass Maschke das Gründungsjahr 1893 als das „bedeutungsvollste in der Geschichte der deutschen Kartelle“[13] bezeichnete.[14]

Kohle sowie die daraus hergestellten Nebenprodukte wie Koks und Briketts waren bis weit in das 20. Jahrhundert hinein als „Brot der Industrie“ und als Brennstoff in den Haushalten ein unverzichtbares Verbrauchsgut. Für das Jahr 1913 wird die Steinkohlenförderung im Deutschen Reich mit 190 Millionen Tonnen angegeben, von denen fast 115 Millionen Tonnen im Ruhrgebiet gefördert wurden. Knapp 102 Millionen Tonnen dieser Förderung stammten dabei aus Schachtanlagen, die dem Ruhrsyndikat angehörten.[15] Diese Zahlen zeigen jedoch auch, dass das RWKS auf den Kohlenmärkten keine Monopolstellung besaß. Bereits im „natürlichen“ Absatzgebiet, also den Regionen, in denen die Ruhrkohle wegen ihrer Transportkostenvorteile keine Konkurrenz aus anderen Fördergebieten zu befürchten hatte, musste sich das Syndikat vor dem Ersten Weltkrieg mit dem Wettbewerb zu nicht-syndizierten Unternehmen auseinandersetzen. Außerhalb des Kernmarkts, auf den sogenannten bestrittenen Absatzrevieren, waren es Kohleproduzenten aus anderen deutschen Förderrevieren und dem Ausland, mit denen die Syndikatszechen um Marktanteile konkurrierten. Hinzu kam seit dem frühen 20. Jahrhundert ein stetiger Bedeutungsgewinn der Braunkohlenförderung in Deutschland, der mit dem Ersten Weltkrieg nochmals zunahm.

Auch das Kohlensyndikat selbst stellte nur auf den ersten Blick ein tatsächlich „geschlossenes Organ“ der Ruhrzechen dar. Während der gesamten Existenz war das

---

Hans-Heinrich: Kartelle in Deutschland. Entwicklung, theoretische Ansätze und rechtliche Regelungen, in: ders. (Hg.): Theorie und Praxis der Kartelle, Darmstadt 1972, S. 1–64, hier: S. 13.

11 Muthesius, Volkmar: Ruhrkohle 1893–1943. Aus der Geschichte des Rheinisch-Westfälischen Kohlen-Syndikats, Essen 1943, S. 7.

12 Buschmann, Hans: Untersuchung der Zweckmäßigkeit der Syndizierung des Kohlenbergbaus auf Grund der geschichtlichen Entwicklung des Rheinisch-Westfälischen Kohlensyndikats, Berlin 1926, S. 12.

13 Maschke, Erich: Grundzüge der deutschen Kartellgeschichte bis 1914, Dortmund 1964, S. 22.

14 Vgl. ebd. und Flechtheim, Julius: Die rechtliche Organisation der Kartelle, 2. Aufl., Mannheim u. a. 1923, S. 13.

15 Vgl. Tab. 29 im Anhang.

Kartell durch zahlreiche Interessengegensätze der beteiligten Unternehmen geprägt, die ohne staatliche Eingriffe mit hoher Wahrscheinlichkeit im Jahr 1915 zur Auflösung geführt hätten. In der historischen Rückschau werden zumeist Streitigkeiten zu produktionspolitischen Fragen genannt, die den Fortbestand des Syndikats mehrfach gefährdet hatten. So sei das Kartell im „Innern“ über viele Jahre hinweg durch Auseinandersetzungen um die sogenannte Beteiligungsziffer geprägt worden, deren Höhe neben der Bestimmung der Produktionsmengen auch an Stimmrechte in den Gremien der Kartellorganisation gekoppelt war.[16] Auseinandersetzungen im Syndikatsgefüge, die ihren Ursprung in der gemeinschaftlichen Verkaufspolitik hatten, werden häufig erst für den Zeitraum der 1920er Jahre als schwerwiegende Problemlagen thematisiert. Zwar hatte die zeitgenössische Kartellforschung den seinerzeit oftmals als „Händlerfrage“ titulierten Themenkomplex für den Zeitraum vor dem Ersten Weltkrieg nicht ignoriert, jedoch war sie nur unzureichend auf die Bedeutung der Absatzorganisation für die Funktionsfähigkeit der Kartellorganisation eingegangen.[17] Der Grund für die geringe Beachtung war seinerzeit eine stark produktionsorientierte wirtschaftswissenschaftliche Forschung. So war zum Beispiel nach Einschätzung von Ernst Storm die Verbesserung der wirtschaftlichen Lage des Ruhrbergbaus bis zum Vorabend des Ersten Weltkriegs mit Hilfe des Kohlensyndikats „weniger durch den Verkauf der Kohlen, [...], als dadurch [eingetreten], daß es durch die Festsetzung der Beteiligungsziffern die Förderung so regelte, daß ein gesunder Durchschnittspreis erzielt werden konnte“[18].

Die Etablierung einer eigenen Vertriebsorganisation ist ein klares Indiz dafür, dass viele Kartelle der Absatzpolitik schon seinerzeit eine wichtige Funktion beigemessen hatten. Nicht ohne Grund nahm auch das Kohlensyndikat alle Instrumente der Kartellpolitik auf: Neben der Produktionsregulierung, bei der die Förderung der angeschlossenen Zechen durch die Steuerung der Beteiligungsmengen an die Aufnahmefähigkeit der Kohlenmärkte angepasst wurde, war auch die Preispolitik eine zentrale Aufgabe des Syndikats. Bezogen auf die Absatzregulierung stellte das RWKS das zentrale Verkaufsorgan der angeschlossenen Unternehmen dar.[19] Im Unterschied

16 Vgl. z. B. Kroker, Evelyn und Ragenfeld, Norma von: Findbuch zum Bestand 33: Rheinisch-Westfälisches Kohlen-Syndikat. 1893–1945, Bochum 1980, S. IX und Bleidick, Dietmar: Das Verhältnis des staatlichen Bergbaus im Ruhrgebiet zum Rheinisch-Westfälischen Kohlen-Syndikat (RWKS) vor dem Ersten Weltkrieg, in: Westfälische Forschungen 50, 2000, S. 261–292, hier: S. 268.

17 Zur ausführlichen Beschreibung des Forschungsstands vgl. Kap. 1.2.

18 Storm, Ernst: Geschichte der deutschen Kohlenwirtschaft von 1913–1926, Berlin 1926, S. 42. Auch in aktuelleren Arbeiten wurde die Absatzorganisation als Teil der Kartellpolitik weiterhin nur beiläufig behandelt. Carsten Burhop urteilt in seinem Überblickswerk zur Wirtschaftsgeschichte des Kaiserreichs zwar, dass die Beziehungen zwischen Produzent und Abnehmer durch eine kartellierte Vertriebsorganisation verloren gingen, deren eigentliche Bedeutung für die Kartellziele führte er jedoch nicht aus (vgl. Burhop, Carsten: Wirtschaftsgeschichte des Kaiserreichs 1871–1918, Göttingen 2011, S. 156 f.).

19 Ausgenommen vom zentralen Absatz durch das Kartell waren der Selbstverbrauch der Zechen (Kesselfeuerung, eigene Kokereien, Brikettfabriken, Ziegeleien, Salinen, etc.), der Verkauf über den

zur Produktions- und Preispolitik war allerdings die Übernahme des Vertriebs und die damit verbundene Institutionalisierung einer leistungsstarken und für die Kartellziele wirksamen Absatzorganisation ein deutlich langwierigerer Prozess.

Für eine umfassende Analyse der Absatzorganisation im Ruhrbergbau ist es jedoch zwingend notwendig, eine Kartellorganisation wie das RWKS auch über deren Marktzugangseinrichtungen und unter Berücksichtigung der von ihr bearbeiteten Absatzmärkte zu betrachten. Es gibt zahlreiche Hinweise, dass der Erfolg eines Syndikats ganz entscheidend von den Möglichkeiten des Marktzugangs abhängt. Gerade Kartelle als „hybride Organisationen“[20] zwischen Markt und Unternehmen sorgten für eine gewisse „Verschmelzung beider Allokationsmechanismen“[21]. Produktions- und preisorientierte Perspektiven können dazu keine umfassenden Antworten geben. Schwierigkeiten, welche die Funktionstüchtigkeit einer Kartellorganisation beeinflussten, machten sich nämlich häufig zuerst auf den Absatzmärkten bemerkbar. Der Bergbau bildet dafür ein ideales Beispiel. Überproduktionen und damit verbundene Fördereinschränkungen, die zu einer starken Erhöhung der Selbstkosten führten, waren neben konjunkturellen Einflüssen vor allem ein Problem fehlender Nachfrage, die aus zu kleinen Absatzmärkten oder unzureichend ausgebauten Vertriebskanälen resultierten. Die Konkurrenz durch nicht-syndizierte Betriebe, die von der Existenz eines Kartells profitierten, ohne sich finanziell an dessen Erhalt zu beteiligen, bekam die Kartellorganisation zuerst auf den gemeinsam bearbeiteten Märkten zu spüren. Der Kohlenmarkt war aufgrund von Jahreszeiten und Konjunktureinflüssen zudem stark durch eine schwankende Nachfrage geprägt.

Auch die Preispolitik eines Kartells konnte ohne parallel verlaufende Eingriffe in die Absatzorganisation wirkungslos sein: Die Preisbemessung für Kohleprodukte wurde stark durch Transportfragen, die Konkurrenzsituation am Absatzort, Konjunkturverläufe und die Organisation der Handelswege beeinflusst. Der endgültige Verkaufspreis konnte weder allein von einer zentralen Vertriebsstelle festgelegt noch von dieser bis zum Endabnehmer kontrolliert und durchgesetzt werden.[22] Diese Problematik wurde zusätzlich dadurch begünstigt, dass die Ruhrzechen einer sehr heterogenen Abnehmerschaft gegenüberstanden, die durch große Selbstverbraucher aus der Industrie und zunächst noch durch eine hohe Anzahl mächtiger Großhändler als Wiederverkäufer geprägt war.

Landabsatz (Lieferung in der unmittelbaren Nähe des Produktionsorts ohne Nutzung von Bahn- oder Schiffsverkehr) und die Lieferung von Deputat- und Hausbrandkohlen an Mitarbeiter sowie für wohltätige Zwecke (vgl. Pilz, Alfred: Die Hüttenzechenfrage im Ruhrbezirk und Richtlinien für eine Erneuerung des Rheinisch-Westfälischen Kohlen-Syndikats, Essen 1910, S. 10).

20 Wischermann, Clemens und Nieberding, Anne: Die institutionelle Revolution. Eine Einführung in die deutsche Wirtschaftsgeschichte des 19. und frühen 20. Jahrhunderts, Stuttgart 2004, S. 272.

21 Ebd.

22 Aus diesem Grund ist der Aussage von Wischermann und Nieberding, dass Kartelle als Schnittstelle zwischen Unternehmen und Märkten die Preisbildung internalisieren, nur in Teilen zuzustimmen. Gerade der Steinkohlenbergbau zeigt, dass die Preisbildung in einer Kartellorganisation nur bedingt als Marktpreis bezeichnet werden kann (vgl. ebd., S. 276 f.).

Das Kohlensyndikat hatte der Bildung einer möglichst effektiven Absatzorganisation aufgrund der Erfahrungen vorangegangener Kartellierungsbestrebungen seit der Gründung im Jahr 1893 hohe Priorität beigemessen. Der zentrale Vertrieb durch ein rechtlich selbstständiges Organ war elementarer Bestandteil des Ruhrsyndikats. Dies sollte möglichst ohne weiteren Einfluss der beteiligten Zechen geschehen, die damit einen wichtigen Teil ihrer unternehmerischen Autonomie abzugeben hatten. Die Integration der Vertriebsorganisation ging jedoch über die Etablierung einer zentralen Verkaufsstelle hinaus. Prägend für die Syndikatspolitik der folgenden Jahre war die zunehmende Einflussnahme auf weitere Absatzstufen, wozu die Bildung von eng an das Syndikat gebundenen Handelsgesellschaften gehörte, die einzelne Absatzgebiete zugewiesen bekamen. Die wichtigste dieser Organisationen war die Rheinische Kohlenhandel- und Rhederei-Gesellschaft mbH, das sogenannte Kohlenkontor, welches nicht nur den Alleinverkauf für das überaus wichtige süddeutsche Verkaufsgebiet, sondern auch die Kohlentransporte über den Rhein kartellierte.[23]

Die absatzpolitischen Maßnahmen des Kohlensyndikats waren aufwendige Prozesse, die ihre Wirkung nicht verfehlten. So konnte nach Meinung vieler zeitgenössischer Autoren schon kurze Zeit nach der RWKS-Gründung von einer „Beherrschung der Produktion durch den Kohlenhandel“[24] keine Rede mehr sein. Vielmehr hätte seit der Bildung des Kohlensyndikats ein Rollenwechsel stattgefunden, so dass der Kohlenhandel für das Kartell nur noch „Mittel zum Zweck“[25] war. Maßnahmen zur Absatzpolitik sollten jedoch nicht nur die Marktstellung stärken, sondern gleichzeitig die Kartellorganisation nach innen festigen. Eine Handelssyndizierung stellte aus Sicht von Fritz Blaich die Selbstständigkeit der beteiligten Unternehmen in Frage, da diesen bei einem möglichen Ausscheiden aus dem Kartell eine eigene Vertriebsorganisation fehlte. Damit hätte der gemeinschaftliche Verkauf auch die Funktion eines Bindeglieds zwischen den Syndikatsmitgliedern eingenommen.[26]

Die Vertriebsintegration schuf jedoch gleichzeitig neue Problemlagen, die einen wesentlichen Einfluss auf die Stabilität des Syndikats hatten. Im Gegensatz zur Fusion blieben die an einem Syndikat beteiligten Unternehmen rechtlich selbstständig, wobei diese Selbstständigkeit durch die Verlagerung eines Teils der unternehmerischen Tätigkeit in eine Kartellorganisation stark beschränkt wurde. Dies ist zwar das einzige, aber, wie schon der zeitgenössische Kartellforscher Robert Liefmann anmerkte, „kein

---

23 Zum Kohlenkontor vgl. insbesondere Kap. 3.4 dieser Arbeit sowie Heinrichsbauer, August: Kohlenkontor Weyhenmeyer & Co. und Süddeutsche Kohlenwirtschaft, Essen o. J. (1938).

24 Richtsteig, Wilhelm: Die Kohlenhandelsgesellschaften des Rheinisch-Westfälischen Kohlen-Syndikats zu Essen a.d. Ruhr, Münster 1924, S. 3f.

25 Ebd.

26 Vgl. Blaich, Fritz: Ausschließlichkeitsbindungen als Wege der industriellen Konzentration in der deutschen Wirtschaft bis 1914, in: Horn, Norbert und Kocka, Jürgen (Hg.): Recht und Entwicklung der Großunternehmen im 19. und frühen 20. Jahrhundert. Wirtschafts-, sozial- und rechtshistorische Untersuchungen zur Industrialisierung in Deutschland, Frankreich, England und den USA, Göttingen 1979, S. 317–342, hier: S. 323.

kleines Opfer“[27], das die Beteiligten erbringen mussten. Die Unternehmen hatten sich also immer wieder die Frage zu stellen, ob die Auslagerung des Verkaufs und die damit einhergehende Mitfinanzierung einer Kartellorganisation in einem angemessenen Verhältnis zur Abgabe eines erheblichen Teils der unternehmerischen Freiheit standen. Die Syndikatsverträge, die in langwierigen und aufwendigen Verhandlungen ausgearbeitet wurden, bildeten schließlich immer nur den „kleinsten gemeinsamen Nenner“ zwischen den beteiligten Zechen, die ihre Einzelinteressen in das Kartell hineingetragen hatten. An der Absatzorganisation lässt sich dies sehr deutlich darlegen, weil durch die Abgabe des eigenen Marktzugangs an eine übergeordnete Kartellorganisation ein besonders sensibler Unternehmensbereich betroffen war.[28]

Der Zeitraum von der Gründung des Kohlensyndikats 1893 bis zum Jahr 1919 ist sehr anschaulich, weil diese Ära zunächst durch die Institutionalisierung und Festigung einer syndizierten Vertriebsorganisation geprägt war, im gleichen Zeitraum jedoch bei den beteiligten Unternehmen das Interesse für die Absatzorganisation nach der zunächst erfolgten Auslagerung wieder deutlich anstieg. Ein erheblicher Bedeutungszuwachs der „Handelsfrage“ scheint sich schon vor dem Ersten Weltkrieg bei allen Akteuren durchgesetzt zu haben. Anscheinend bekam abseits von produktionspolitischen Faktoren ein möglichst großer Einfluss auf die Absatzorganisation eine gleichwertige oder sogar noch höhere Bedeutung in Bezug auf Macht und Einfluss im Kohlensyndikat. Die vielfachen Übernahmen und Anteilsaneignungen von Handelsfirmen durch zahlreiche Zechen schon weit vor dem Ersten Weltkrieg sind dafür nur ein erstes Indiz. Die genannten Entwicklungslinien führen für diese Untersuchung zur zentralen Fragestellung, wie sich die Bedeutung der Absatzorganisation für den kartellierten Ruhrbergbau seit der Gründungsphase des Kohlensyndikats bis zum Ersten Weltkrieg veränderte. Es gibt viele Anhaltspunkte, dass Fragen zur Absatzorganisation innerhalb des kartellpolitischen Instrumentariums bei allen Akteuren des Kohlensyndikats einen immer höheren Stellenwert eingenommen hatten. Um einen damit unterstellten Bedeutungswandel fundiert aufzeigen zu können, sind für den kartellierten Ruhrbergbau die Veränderungen in der Vertriebsorganisation zu untersuchen, die zur Sicherung eines kontinuierlichen Absatzes, zur notwendigen Ausdehnung des Absatzgebiets und zur Aufrechterhaltung der Marktmacht gegenüber der Konkurrenz erforderlich waren.

Die historische Entwicklung wurde durch eine Vielzahl von Akteuren mit unterschiedlichen Interessen beeinflusst. An erster Stelle stand die Syndikatsorganisation selbst, die auf den ersten Blick scheinbar nur auf das „Gesamtwohl“ des kartellierten Ruhrbergbaus fokussiert war. Stark beeinflusst wurde dessen Geschäftspolitik durch die Mitgliedszechen als zweite Akteursgruppe mit unterschiedlichen unternehmerischen Interessen und damit auch differierenden Erwartungen an das Syndikat. Ein dritter wichtiger Akteur, der Staat, kam nicht nur als Gesetzgeber, sondern zu Beginn

27 Liefmann: Kartelle (1923), S. 82f.
28 Vgl. u. a. ebd., S. 68.

des 20. Jahrhunderts auch als Unternehmer in den Ruhrbergbau hinein und beeinflusste damit die Syndikatspolitik gleich von zwei Seiten. Die vierte Gruppe relevanter Akteure stellt zugleich das größte und heterogenste Gefüge dar: die Nachfrager auf dem Kohlenmarkt, die sich aus einer Vielzahl unterschiedlicher Abnehmer zusammensetzten. Aufgrund der hohen Bedeutung der Kohle für die deutsche Wirtschaft darf deren Einfluss auf die Syndikatspolitik nicht unbeachtet bleiben. Schließlich zogen Maßnahmen in der Absatzorganisation und der Preispolitik zumeist unmittelbare Auswirkungen auf die Marktverhältnisse nach sich. Daher konnte sich auch ein so mächtiges Kartell wie das Kohlensyndikat der öffentlichen Meinung nicht völlig entziehen. Dies darf jedoch nicht zu der Annahme führen, dass Maßnahmen zur Absatzorganisation im Kartell zuerst darauf ausgerichtet waren, die Zufriedenheit der Abnehmer sowie eine lückenlose Versorgung aller Nachfrager sicherzustellen. Eine möglichst effektive Absatzpolitik hatte das vorrangige Ziel, „dem Syndikatszweck [zu] dienen“[29], um den Kartellmitgliedern durch eine gleichmäßige Abnahme ihrer Produkte eine kontinuierliche Beschäftigung zu garantieren, die zu angemessenen Erlösen führen sollte. Die Absatzpolitik war dabei ein zwingend notwendiges Instrument zur Realisierung der angestrebten Produktions- und Preispolitik. Anhand dieser Hypothese soll in den folgenden Kapiteln herausgearbeitet werden, ob die Absatzorganisation ein entscheidendes Element zur Sicherstellung der Kartellziele war und ob die Funktionsfähigkeit ohne die Integration des Vertriebs in das Kohlensyndikat nicht erreicht worden wäre. Zugleich muss aber auch die Frage gestellt werden, ob die erfolgten Eingriffe in die Vertriebsorganisation möglicherweise auch Auslöser für schwerwiegende Konflikte im kartellierten Ruhrbergbau waren oder diese zumindest erheblich gefördert haben.

Erkenntnisse zu Veränderungen des Stellenwerts der „Händlerfrage“ im Kartellgefüge können sich möglicherweise über die Verlängerung und Modifizierung der Syndikatsverträge ablesen lassen. Die Erneuerung des Syndikats im Jahr 1903 war von der Integration der bisher außerhalb des Kartells stehenden Hüttenzechen geprägt, allerdings ist bisher nur unzureichend berücksichtigt worden, dass für einzelne Vertragspartner als wesentliche Bedingung für eine weitere Beteiligung am RWKS außerdem eine Neuregelung der Absatzorganisation auf dem süddeutschen Markt gefordert wurde.[30] Die Erneuerungen der Syndikatsverträge in den Jahren 1915 und 1917 wurden bislang zumeist allein unter dem Gesichtspunkt der inzwischen erfolgten staatlichen Einflussnahme auf den Fortbestand des Syndikats betrachtet, wodurch die Handlungsspielräume stark eingeschränkt gewesen wären. Die dazugehörigen Vertragsverhandlungen sind jedoch im Detail bislang nur unzureichend untersucht worden. Die bis zu diesem Zeitpunkt immer stärker gewordene Einflussnahme der

---

29 Zit. Emil Kirdorf (RWKS, Sitzung des Ausschusses f (Geschäftsausschuss), 21.12.1915, S. 49, in: Montanhistorisches Dokumentationszentrum/Bergbau-Archiv beim Deutschen Bergbau-Museum Bochum (im Folgenden: montan.dok/BBA) 33/77).

30 Zum Überblick über die Syndikatsverträge vgl. o. A.: Die Syndikatsverträge des Rheinisch-Westfälischen Kohlen-Syndikats, E[ssen] 1933.

Zechen auf den Absatzapparat wirft die zentrale Frage auf, ob Probleme in der Absatzorganisation womöglich Kernelemente der Auseinandersetzungen waren und die Bemühungen der Kartellbefürworter zur Schaffung eines „freiwilligen" Syndikats ohne staatliche Zwangsmaßnahmen im Wesentlichen dadurch behindert wurden. Anknüpfend an die These von Eva-Maria Roelevink, dass sich wichtige Konflikte im Syndikat nach 1915 von produktionspolitischen Fragen eindeutig auf die Absatzorganisation verlagert hatten,[31] ergibt sich die daraus weiterführende Frage, ob dieser Bedeutungswandel nicht sogar bereits weitaus früher eingesetzt hatte. Es ist anzunehmen, dass sich im kartellierten Ruhrbergbau bereits vor und während des Ersten Weltkriegs Strukturen gebildet hatten, die einen starken Einfluss auf spätere Auseinandersetzungen in der syndizierten Handelsorganisation ausübten.

1.2 Forschungsstand und Quellenlage

Wirtschaftshistoriker stehen bei der Untersuchung der kartellierten Absatzpolitik im Ruhrbergbau mit Blick auf die Forschungs- und Quellenlage vor komplexen Herausforderungen. Die historische Forschung muss sich vor allem den Vorwurf gefallen lassen, nach der „Kartell-Ära" zum Ende des Zweiten Weltkriegs auch das wissenschaftliche Interesse an dieser prägenden Phase der deutschen Wirtschaftsgeschichte verloren zu haben. Dies gilt für die Entwicklung des Kartellwesens insgesamt, jedoch auch für die Unternehmensgeschichte des Ruhrbergbaus, die im Gegensatz zu sozialhistorischen Aspekten der westdeutschen Montanindustrie deutlich größere Forschungslücken aufweist.[32] An der Feststellung von Erich Maschke aus dem Jahr 1964, dass es an einer zusammenfassenden Geschichte der deutschen Kartelle fehle, hat sich bislang nur wenig geändert.[33] Zwar nahm das Forschungsinteresse zwischenzeitlich wieder zu, doch auch noch im Jahr 2008 wurde darauf hingewiesen, dass aktuelle und umfassende Studien zur Geschichte des deutschen Kartellwesens bislang nicht vorliegen und außerdem viele Autoren den Kartellen nur eine geringe Bedeutung beimessen.[34] Nach Einschätzung von Clemens Wischermann ist es aufgrund fehlender Detailstudien kaum möglich, ein allgemeingültiges Urteil zu den Auswirkungen der

---

31 Vgl. Roelevink, Eva-Maria: Organisierte Intransparenz. Das Kohlensyndikat und der niederländische Markt 1915–1932, München 2015, S. 59 f.

32 Inzwischen liegen aus der jüngeren Vergangenheit mehrere unternehmenshistorische Studien zum Ruhrbergbau vor: Moitra, Stefan: Tief im Westen. Ein Jahrhundert Steinkohlenförderung am linken Niederrhein. Von Friedrich Heinrich zum Bergwerk West, Bochum 2012; Gawehn, Gunnar: Zollverein. Eine Ruhrgebietszeche im Industriezeitalter, 1847 bis 1914, Essen 2014; Böse, Christian und Farrenkopf, Michael: Zeche am Strom. Die Geschichte des Bergwerks Walsum, Bochum 2014 und Gawehn, Gunnar: Kohle – Erz – Chemie. Die Geschichte des Bergwerks Auguste Victoria, Bochum 2015.

33 Vgl. Maschke: Grundzüge der deutschen Kartellgeschichte bis 1914, S. 5.

34 Vgl. Nocken, Ulrich: German cartels through the lens of transaction cost theory, in: Feldenkirchen, Wilfried; Hilger, Susanne und Rennert, Kornelia (Hg.): Geschichte – Unternehmen – Archive. Festschrift für Horst A. Wessel zum 65. Geburtstag, Essen 2008, S. 273–291, hier: S. 273 f.

Kartellierung zu geben, auch wenn zumindest den Zusammenschlüssen in der Montanindustrie – insbesondere dem RWKS – eine erfolgreiche Politik zur Preisstabilisierung bescheinigt wurde.[35] Historikern sollte jedoch davon abgeraten werden, weder das deutsche Kartellwesen insgesamt noch allein das Kohlensyndikat, als das größte Industriekartell seiner Zeit, in einer einzigen wissenschaftlichen Studie umfassend zu untersuchen. Diesen Anspruch erhebt auch diese Studie nicht, allerdings sollen für einen äußerst wichtigen und bisher ebenso unzureichend berücksichtigten Teilbereich der Kartellpolitik im Ruhrbergbau existierende Forschungslücken geschlossen werden.

Bei absatzpolitischen Fragen fällt das bestehende Desiderat der Forschung noch deutlich stärker ins Gewicht. Viele unternehmenshistorische Studien bieten kaum Hilfestellungen, um Fragen zur Vertriebsorganisation eingehend zu untersuchen. Da mit dem Absatz ein wichtiger Teil der unternehmerischen Tätigkeit an eine übergeordnete Kartellorganisation abgegeben wurde, entstanden in den Aktenüberlieferungen von Montanunternehmen große Lücken zu diesem Themenkomplex, was sich auch auf die historische Aufarbeitung auswirkte.[36] Verstärkt wird diese Problematik durch den bereits erläuterten Umstand, dass die unternehmenshistorische Forschung über Jahrzehnte hinweg durch produktionsorientierte Fragestellungen geleitet wurde, da dieser Sektor vielfach als zentrales Element der industriellen Wertschöpfung galt.[37]

Historikern steht zur deutschen Kartellgeschichte eine Fülle zeitgenössischer Literatur zur Verfügung. Bis in die 1940er Jahre hinein bildete das Kartellwesen ein zentrales Forschungsfeld mit entsprechender Publikationstätigkeit.[38] Der Eingangstext der 1903 erschienenen Erstausgabe der „Kartell-Rundschau" war für die folgenden Jahrzehnte durchaus prägend: „Das Cartellproblem steht unter den modernen

35 Vgl. Wischermann; Nieberding: Die institutionelle Revolution, S. 276.

36 Wenige Ausführungen zur Absatzorganisation und zu den Beziehungen zum RWKS im relevanten Zeitraum finden sich bei Gawehn: Zollverein, S. 134 ff. und Moitra: Tief im Westen, S. 53 ff. Andere aktuellere unternehmenshistorische Untersuchungen betrachten den Kohlensektor eher am Rande (vgl. z. B. Rudzinski, Marco: Ein Unternehmen und „seine" Stadt. Der Bochumer Verein und Bochum vor dem Ersten Weltkrieg, Essen 2012).

37 Vgl. Berghoff, Hartmut: Moderne Unternehmensgeschichte. Eine themen- und theorieorientierte Einführung, Paderborn u. a. 2004, S. 313. Die Wissenschaft hatte erst spät begonnen, sich auch mit der Absatzpolitik in Unternehmen auseinander zu setzen. In der sogenannten „Distributionsforschung", die im 19. Jahrhundert einsetzte, stand zunächst der Handel im Mittelpunkt der Untersuchungen. Ein systematische Untersuchung der industriellen Absatzwirtschaft begann in Deutschland jedoch erst in den 1920er Jahren, während in den USA bereits seit der Jahrhundertwende eine Marketingforschung eingesetzt hatte (vgl. Blaich, Fritz: Absatzstrategien deutscher Unternehmen im 19. und in der ersten Hälfte des 20. Jahrhunderts, in: Pohl, Hans (Hg.): Absatzstrategien deutscher Unternehmer. Gestern – Heute – Morgen, Wiesbaden 1982, S. 5–46, hier: S. 5 f.).

38 Als zeitgenössischen Literaturbericht vgl. Wolfers, Arnold und Lederer, Emil: Das Kartellproblem im Lichte der deutschen Kartelliteratur, München 1931. Als neueren Literaturbericht vgl. Jovović, Thomas: Deutschland und die Kartelle. Eine unendliche Geschichte, in: Jahrbuch für Wirtschaftsgeschichte, 2012, Nr. 1, S. 237–273.

Wirthschaftsfragen in vorderster Reihe."[39] Das Kohlensyndikat gehörte seinerzeit in den Wirtschafts-, Rechts- und ebenso bereits in den Geschichtswissenschaften mit Abstand zur häufigsten als Praxisbeispiel herangezogenen Kartellorganisation. Dies lag daran, dass Grundstoffindustrien wie der Steinkohlenbergbau am Anfang der Wertschöpfungskette standen und damit erheblichen wirtschaftlichen Einfluss auf nachfolgende Produktionsstufen ausübten. Zudem hatte das Kohlensyndikat aufgrund seiner straffen Organisation eine Vorbildfunktion für die Kartellierung in anderen Industriezweigen eingenommen.[40]

Die zeitgenössische wirtschaftswissenschaftliche Forschung stand den Kartellen nicht unkritisch, jedoch weitgehend wohlwollend gegenüber. Erst nach der Wende zum 20. Jahrhundert wurde auch in der Wissenschaft nicht mehr nur allein der scheinbare Verdienst der Kartelle für eine stabile Konjunktur hervorgehoben, sondern aufgrund von Krisenerfahrungen auch stärker eine mögliche Ausnutzung ihrer Marktmacht in den Blick genommen. Eine grundsätzlich kartellfeindliche Haltung blieb aber in der Minderheit.[41] Der frühen Nationalökonomie ist dabei vor allem vorzuwerfen, dass sie die Kartellbildung fast ausschließlich als Maßnahme zur Anpassung der Produktion an die Nachfrage betrachtet hatte. Als Absatzinstrumente wurden Kartelle kaum näher untersucht.[42] Entsprechend hatte eine syndizierte Vertriebsorganisation als höchste Form der Kartellierung nur an wenigen Stellen Eingang in den wissenschaftlichen Diskurs gefunden.[43] Es gibt durchaus viele zeitgenössische Untersuchungen zu den Strukturen der Kohlenmärkte, in denen auch der Einfluss der Kartellierungsbestrebungen in der Montanindustrie skizziert wird.[44] Die Anzahl der Arbeiten, die expliziter auf den Zusammenhang zwischen den Kartellierungen und deren Auswirkungen auf die Vertriebswege eingehen, bleibt allerdings überschau-

---

39 O. A.: Das Programm der „Cartell-Rundschau", in: Kartell-Rundschau 1903, Nr. 1, S. 2. Vgl. auch Herrmann, Klaus: Die Haltung der Nationalökonomie zu den Kartellen bis 1914, in: Pohl, Hans (Hg.): Kartelle und Kartellgesetzgebung in Praxis und Rechtsprechung vom 19. Jahrhundert bis zur Gegenwart, Stuttgart 1985, S. 42–50, hier: S. 42.

40 Vgl. Jovović: Deutschland und die Kartelle, S. 238 f.

41 Vgl. u. a. ebd., S. 243 ff. und Herrmann: Die Haltung der Nationalökonomie zu den Kartellen bis 1914, S. 42 ff.

42 Vgl. ebd., S. 43 ff.

43 Relativ detaillierte Ausführungen zur syndizierten Absatzorganisation finden sich z. B. in: Tschierschky, Siegfried: Kartell-Organisation, Berlin, Wien 1928 und Bonikowsky: Der Einfluß der industriellen Kartelle auf den Handel in Deutschland.

44 Beispielhaft dafür können genannt werden: Becker, Otto: Deutschlands Kohlenhandel, Tübingen 1903; Fleischmann, Otto: Die Wandlungen im Kohlenhandel Europas von 1913 bis 1933, Gotha 1936; Fölsing, Fritz: Der europäische Kohlenmarkt vom 1913–1924, Stadtroda 1927; Hardt, Hans-Joachim: Betrachtungen über das rheinisch-westfälische Kohlensyndikat als Absatzorgan der Ruhrzechen, Mannheim 1933; Lohmann, Robert: Die Handelsfrage im Rheinisch-Westfälischen Kohlensyndikat von der Gründung bis zur Gegenwart, Erlangen 1930.

bar.[45] Studien, welche die Auswirkungen der Kartellpolitik im Ruhrbergbau auf die Absatzmärkte stärker in den Blick nehmen, stellen eher eine Ausnahme dar. Genannt werden können in diesem Zusammenhang vor allem die Arbeiten von August Heinrichsbauer und Ernst Manno, die speziell auf die Organisation des süddeutschen Kohlenmarkts eingingen.[46]

Auffällig stark hatte sich die rechtswissenschaftliche Forschung zum Kartellwesen an den volkswirtschaftlichen Leitlinien orientiert und die Existenz von Kartellen kaum in Frage gestellt.[47] Nach der Jahrhundertwende setzte auch in den Rechtswissenschaften eine kritischere Haltung ein. Deutlich häufiger wurden gesetzgeberische Maßnahmen diskutiert, die eine stärkere Regulierung des Kartellwesens bewirken sollten, um mögliche „Auswüchse" zu bekämpfen.[48] Auch die Rechtswissenschaften hatten nur im geringeren Maße einzelne Instrumente der Kartellpolitik genauer in den Blick genommen. Anknüpfungspunkte zu dieser Arbeit bieten allerdings Untersuchungen zu Detailfragen oder zu den Auswirkungen einzelner Gesetze auf das Kartellwesen.[49]

Bereits zu „Lebzeiten" waren zahlreiche historische Überblicksdarstellungen zur Entwicklung des Kohlensyndikats erschienen. Beispielhaft können hierfür die Arbeiten von Wilhelm Goetzke[50], Kurt Wiedenfeld[51], Otto Bartz[52] und Helmut Lüthgen[53]

---

45 Neben der bereits erwähnten Arbeit von Bonikowsky ist noch folgende, drei Jahrzehnte später erschienene Studie erwähnenswert: Schleuning, Horst: Die Entwicklung des deutschen Kohlenhandels von der freizügigen zur gebundenen Marktversorgung, Berlin, Leipzig 1936.

46 Vgl. Heinrichsbauer: Kohlenkontor Weyhenmeyer & Co. und Süddeutsche Kohlenwirtschaft und Manno, Ernst: Die Kohlenversorgung Süddeutschlands, Heidelberg 1916. Die Arbeit von Heinrichsbauer gehört zu den wenigen Untersuchungen, die mit internen Quellen aus dem Kohlensyndikat entstanden, auch wenn diese nicht entsprechend ausgewiesen wurden.

47 Im Jahr 1912 hieß es selbstkritisch: „Das Kartellrecht ist juristisches Neuland, ein Gebiet, das der Jurist bisher nur in zager Scheu und in ständiger Abhängigkeit von dem Nationalökonomen zu betreten gewagt hat." (Zit. Flechtheim: Die rechtliche Organisation der Kartelle, S. 1).

48 Vgl. als zeitgenössische Untersuchung ebd. Ferner als Überblick: Fezer, Karl-Heinz: Die Haltung der Rechtswissenschaften zu den Kartellen bis 1914, in: Pohl, Hans (Hg.): Kartelle und Kartellgesetzgebung in Praxis und Rechtsprechung vom 19. Jahrhundert bis zur Gegenwart, Stuttgart 1985, S. 51–68, hier: S. 51 ff. Als neuere Studie vgl. Richter: Die Wirkungsgeschichte des deutschen Kartellrechts vor 1914.

49 Vgl. z. B.: Zeller, Max: Der Lieferungsvertrag im deutschen Kohlenhandel, Köln 1929. Sehr ausgiebig wurden die Auswirkungen des 1919 erlassenen Kohlenwirtschaftsgesetzes auf die Kartelle der Montanindustrie wissenschaftlich in den Blick genommen (vgl. u. a. Isay, Rudolf: Kohlenwirtschaftsgesetz, Mannheim 1920; Loose, Kurt: Vorgeschichte, Gestaltung und Auswirkung des Kohlenwirtschaftsgesetzes vom 23. März 1919, Bonn 1930; Moser, Friedrich: Das Rheinisch-Westfälische Kohlensyndikat und das Kohlenwirtschaftsgesetz, Bochum, Erlangen 1930 und Wuermeling, Franz-Josef: Das Kohlenwirtschaftsgesetz von 1919 und seine Bedeutung, Freiburg 1921).

50 Vgl. Goetzke, Wilhelm: Das Rheinisch-Westfälische Kohlen-Syndikat und seine wirtschaftliche Bedeutung, Essen 1903.

51 Vgl. Wiedenfeld, Kurt: Das rheinisch-westfälische Kohlensyndikat, Bonn 1912.

52 Vgl. Bartz, Otto: Aufbau und Tätigkeit des rheinisch-westfälischen Kohlensyndikats in ihrer Entwicklung von 1893 bis 1912, Borna-Leipzig 1913.

genannt werden, die von ihrem Erscheinungsjahr betrachtet jeweils als Gesamtdarstellungen eingeordnet werden können. Mehrere Jahrzehnte später wurde die Dissertationsschrift von Dieter Wilhelm publiziert, die das RWKS im Vergleich zur Oberschlesischen Kohlenkonvention bis zum Jahr 1933 in den Blick nahm.[54] Diese hier genannten Untersuchungen bieten durchaus einen fundierten Überblick zur historischen Entwicklung des Kohlensyndikats und geben auch zahlreiche Informationen zu absatzpolitischen Fragen. Diese Arbeiten beschränken sich häufig auf deskriptive Beschreibungen wichtiger Entwicklungslinien, zogen dafür zumeist nur allgemein zugängliche Quellen als Informationsgrundlage heran und hoben vertriebspolitische Fragen als zentrales Instrument zur Erreichung der Kartellziele kaum hervor. Dennoch bilden auch solche Arbeiten für diese Untersuchung ein wichtiges Gerüst.

Das RWKS wurde auch deshalb häufig als Fallbeispiel herangezogen, weil das Kartell keineswegs konspirativ zwischen den Ruhrzechen organisiert, sondern in der Öffentlichkeit als zentrale Verkaufsorganisation des Ruhrkohlenbergbaus stark präsent war. Die jährliche Bekanntgabe der sogenannten Richtpreise und die aufgrund des Status einer Aktiengesellschaft notwendigen Berichtspflichten waren dabei nur ein Teil der öffentlichen Wahrnehmung. Auch Sitzungen der Syndikatsgremien, Hintergrundberichte zu verschiedenen „Strömungen“ in Zechenkreisen und die damit verbundenen Auseinandersetzungen waren regelmäßig Thema in der Wirtschaftspresse.[55] Eine zentrale Quelle zur medialen Wahrnehmung des Kohlensyndikats bildet daher die bereits erwähnte Kartell-Rundschau, die neben eigenen Berichten zur aktuellen Entwicklung im Kartellwesen und juristischen Fachbeiträgen auch einen umfangreichen Pressespiegel enthielt.[56] Als weiteres periodisch erschienenes Werk bietet die Deutsche Kohlen-Zeitung als Organ der Kohlenhandelsverbände einen guten Einblick in die Marktverhältnisse aus der Perspektive einer zentralen Abnehmergruppe. Die Unabhängigkeit dieser Zeitung vom RWKS muss aber in Frage gestellt werden. Dies lässt sich an einer auffällig syndikatsfreundlichen Haltung erkennen, die

---

53 Vgl. Lüthgen, Helmut: Das Rheinisch-Westfälische Kohlensyndikat in der Vorkriegs-, Kriegs- und Nachkriegszeit und seine Hauptprobleme, Leipzig 1926.

54 Vgl. Wilhelm, Dieter: Das Rheinisch-Westfälische Kohlensyndikat und die Oberschlesische Kohlenkonvention bis zum Jahre 1933, Erlangen-Nürnberg 1966.

55 Häufig zitiert wird in dieser Untersuchung die Frankfurter Zeitung, die einen linksliberalen Kurs hatte. Die Zeitung lehnte Kartelle nicht grundsätzlich ab, verteidigte jedoch einen freien Markt. Daher wurden besonders „Auswüchse“ von Kartellen angesprochen und bekämpft. Die ebenfalls häufig zitierte Kölnische Volkszeitung war bis zum Ausbruch des Ersten Weltkriegs die bedeutendste katholische überregionale Tageszeitung. Sie galt als Zentrum-nahes Blatt, das zwar missbräuchliches Marktverhalten zu bekämpfen versuchte, jedoch keine generell kartellfeindliche Haltung einnahm. Sie forderte mehrfach stärkere Schutzregeln, was vielfach einen kartellfeindlichen Eindruck machte (vgl. Gömmel, Rainer: Kartelle in der öffentlichen Meinung bis 1914, in: Pohl, Hans (Hg.): Kartelle und Kartellgesetzgebung in Praxis und Rechtsprechung vom 19. Jahrhundert bis zur Gegenwart, Stuttgart 1985, S. 69–80, hier: S. 72ff.).

56 Vgl. Kartell-Rundschau, Monatsschrift für Recht und Wirtschaft im Kartell- und Konzernwesen, erschienen von 1903 bis 1944.

nach der Jahrhundertwende eingesetzt hatte, während die Zeitung der Kartellbildung zuvor eher kritisch gegenüber stand.[57]

Trotz dieser starken Präsenz in der Öffentlichkeit legte die Syndikatsorganisation keinen Wert auf völlige Transparenz, insbesondere dann, wenn es um den Kohlenverkauf ging. Dieser Bereich wurde bereits innerhalb des Kartellapparates mit hoher Diskretion behandelt, so dass auch viele beteiligte Unternehmen mit mangelnden Informationen und „Geheimbundallüren" seitens der Syndikatsleitung zu kämpfen hatten. Debatten um Informationsansprüche, Mitspracherechte und Einfluss auf Vertriebsfragen waren schon kurz nach der Gründungsphase prägend für syndikatsinterne Auseinandersetzungen und nahmen im Zeitverlauf weiter zu. Der von Eva-Maria Roelevink verwendete Begriff der „Organisierten Intransparenz"[58] in Bezug auf das RWKS und die niederländische Absatzorganisation kann in Teilen auch auf das gesamte Kartellgebilde und dessen Vertriebsorganisation übertragen werden.

War allerdings seinerzeit eine Intransparenz gegenüber den eigenen Mitgliedern nicht sogar zwingend notwendig, um das Kohlensyndikat als funktionsfähiges Absatzorgan der Ruhrzechen institutionalisieren und festigen zu können? Die Syndikatsleitung sah sich in ihrem sparsamen Umgang mit Informationen über den Handel regelmäßig bestätigt, wenn öffentliche Diskussionen zum Kohlenverkauf zu Auswirkungen auf das Vertriebsgeschäft führten. Ausgelöst oder begünstigt wurde dies vielfach durch die Redseligkeit beteiligter Unternehmen gegenüber der Presse, die an kartellinternen Debatten aufgrund der gesamtwirtschaftlichen Bedeutung des Kohlensyndikats immer großes Interesse hatte. Die Bildung von Ausschüssen war daher vielfach eine Maßnahme, die Forderungen zahlreicher Mitglieder nach stärkerer Beteiligung an Entscheidungsprozessen im Handelssektor augenscheinlich zu befriedigen, zugleich aber den Kreis der Mitwirkenden so erlesen und überschaubar wie möglich zu halten. Historiker registrieren die Verlagerung der Auseinandersetzungen zu wichtigen Themen bezüglich des Absatzes in diversen Ausschüssen an der teilweise dazu fehlenden Aktenüberlieferung.[59] Anders als zeitgenössische Studien kann die

57 Die zunehmend kartellfreundliche Haltung bei der Deutschen Kohlen-Zeitung beruhte wohl nicht auf Zufällen, wie sich aus späteren Unterlagen erkennen lässt. Der Herausgeber der Kohlen-Zeitung beantragte 1917 bei der Syndikatsleitung, als Organ des RWKS anerkannt zu werden. Von Seiten des Syndikatsvorstands wurde bei den Diskussionen innerhalb des RWKS-Aufsichtsrats hervorgehoben, dass der Herausgeber seit vielen Jahren die Belange des Kohlensyndikats vertrete. Daher wurde vorgeschlagen, die Zeitung durch Bestellungen größerer Mengen und durch Zuweisung von Anzeigen weiter zu unterstützen. Eine jährliche Unterstützung von 2000 bis 3000 Mark wurde für angemessen gehalten (vgl. RWKS, Niederschrift der Sitzung des Aufsichtsrats, 15.09.1917, S. 4, in: montan.dok/BBA 32/4107).

58 Vgl. Roelevink: Organisierte Intransparenz.

59 Während Protokolle von ständigen Ausschüssen (insbesondere dem 1915 eingerichteten Geschäftsausschuss) oder den Erneuerungsausschüssen recht dicht überliefert sind, stehen der heutigen Forschung Niederschriften zu temporär eingerichteten Ausschüssen, die es vor der Syndikatserneuerung 1915 gab, kaum zur Verfügung (vgl. Kroker; Ragenfeld: Findbuch zum Bestand 33: Rheinisch-Westfälisches Kohlen-Syndikat).

heutige Forschung jedoch weitaus stärker auf Primärquellen zur kartellierten Absatzpolitik zurückgreifen.

In der übersichtlichen Kartellliteratur, die nach dem Zweiten Weltkrieg erschienen ist, bildeten sich zwei unterschiedliche Forschungsrichtungen heraus, wobei Fragen zur Vertriebsorganisation im Ruhrbergbau kaum noch in den Blick genommen wurden.[60] Die erste Forschungsrichtung, an der sich auch diese Untersuchung orientiert, ging verstärkt der Frage nach, wie Kartelle funktionierten und organisiert waren sowie auf welche Weise die Vereinigungen ihre Stabilität zu sichern versuchten. Ein zweiter Forschungszweig beschäftigte sich stärker mit der Frage, ob Kartelle unter volkswirtschaftlichen Gesichtspunkten als sinnvolle Einrichtung bewertet werden können.[61] Für letztere Frage können vor allem aktuellere ökonometrische Untersuchungen genannt werden, die das RWKS als Fallbeispiel herangezogen hatten, die aber aufgrund ihrer makroökonomischen Herangehensweise absatzorganisatorischen Detailfragen keine Beachtung schenkten.[62]

Anzumerken ist, dass der Absatz als unternehmerische Tätigkeit in der wirtschaftshistorischen Forschung nach dem Zweiten Weltkrieg eine stärkere Beachtung gefunden hat. Fritz Blaich ordnete zum Beispiel im Jahr 1982 die Kartellierung selbst als ein eigenständiges Absatzinstrument von Unternehmen einer Branche ein, das seit dem 19. Jahrhundert die Vertriebspolitik der Industrie über Jahrzehnte geprägt hatte. Im Gegensatz zu zahlreichen früheren Studien charakterisierte Blaich die Produktions- und Preisabsprachen dabei lediglich als zentrale „Werkzeuge" für die Absatzpolitik.[63] Weitergeführt wurden diese Gedanken in den folgenden Jahren allerdings weder von Blaich noch von anderen Autoren. Auch die Überblicksdarstellungen zur Kartellgeschichte, die von Erich Maschke, Hans-Heinrich Barnikel und Harm G. Schröter veröffentlicht wurden, beschränkten sich bei Fragen zur kartellierten Absatzorganisation auf kurze Beschreibungen zentraler Entwicklungslinien.[64] In wirtschaftshistorischen Überblicksdarstellungen wird das deutsche Kartellwesen zumeist

---

60 Zur Bedeutung des Kartellwesens im gegenwärtigen wissenschaftlichen Diskurs vgl. auch Jovović: Deutschland und die Kartelle, S. 237 f. Einen fundierten Einblick in Kartellforschung unter stärkerer Berücksichtigung der Absatzorganisation im Steinkohlenbergbau bietet auch Roelevink: Organisierte Intransparenz, S. 42 ff.

61 Vgl. zu den Forschungsrichtungen auch die Ausführung von Jovović: Deutschland und die Kartelle, S. 245 ff.

62 Vgl. Burhop, Carsten und Lübbers, Thorsten: Cartels, managerial incentives, and productive efficiency in German coal mining, 1881–1913, Bonn 2008 und Lübbers, Thorsten: Shareholder value mining. Wealth effects of takeovers in German coal mining, 1896–1913, in: Explorations in economic history 45, 2008, Nr. 4, S. 462–476.

63 Vgl. Blaich: Absatzstrategien deutscher Unternehmen im 19. und in der ersten Hälfte des 20. Jahrhunderts, S. 30 f. Auch mit der für das RWKS bedeutsamen Absatzstrategie von Ausschließlichkeitsbindungen hatte sich Fritz Blaich auseinandergesetzt (vgl. Blaich: Ausschließlichkeitsbindungen als Wege der industriellen Konzentration in der deutschen Wirtschaft bis 1914).

64 Vgl. Maschke: Grundzüge der deutschen Kartellgeschichte bis 1914; Barnikel: Kartelle in Deutschland und Schröter: Kartellierung und Dekartellierung 1890–1990.

nur als zentrales Beispiel des „Organisierten Kapitalismus" aufgeführt, ohne dass detailliert auf dessen Funktionsweise und Auswirkungen auf Marktstrukturen eingegangen wird.[65]

Weitere Anknüpfungspunkte zu den aufgestellten Forschungsfragen lassen sich aber noch in weiteren Arbeiten finden. Die Studien von Dietmar Bleidick zum Beziehungsgeflecht zwischen Privat- und Staatsbergbau im Ruhrgebiet gehören zu den wenigen relevanten Arbeiten, in denen Primärquellen des Kohlensyndikats bzw. der beteiligten Unternehmen des Ruhrbergbaus herangezogen wurden. Informationen aus diesen Untersuchungen sind vor allem deshalb von Bedeutung, weil das verstärkte Engagement des preußischen Staats im Ruhrbergbau auch eine Reaktion auf die Geschäftspolitik des RWKS war.[66] Die umfassende Forschungsarbeit zur Industrialisierung der Saarregion von Ralf Banken berücksichtigt detailliert den zunehmenden Konkurrenzdruck, dem die fiskalischen Saargruben seit dem späten 19. Jahrhundert auf den Absatzmärkten ausgesetzt waren, was nicht unwesentlich auf die Marktpolitik des RWKS zurückzuführen war. Auch die Kartellierungsverhandlungen zwischen fiskalischen und privaten Saarzechen und die Bestrebungen am Vorabend des Ersten Weltkriegs, Kartellabsprachen mit dem Kohlensyndikat zu erreichen, nimmt Banken zumindest in Grundzügen in den Blick.[67] Revierübergreifend hat sich Rainer Fremdling in mehreren Untersuchungen mit dem Wettbewerb verschiedener Montanreviere auseinandergesetzt. Anknüpfungspunkte gibt es vor allem deshalb, weil Fremdling insbesondere Verschiebungen auf den Kohlenabsatzmärkten in den Blick nimmt.[68] Die wenigen relevanten unternehmenshistorischen Studien, die bislang vorliegen, können zumindest durch biographische Veröffentlichungen zu Protagonisten der westdeutschen Montanindustrie ergänzt werden. Diese geben einen guten Einblick in die Haltung und die Strategien einzelner Führungskräfte zur Syndikatspolitik.[69]

---

65 Vgl. u. a. Wehler, Hans-Ulrich: Der Aufstieg des Organisierten Kapitalismus und Interventionsstaates in Deutschland, in: Winkler, Heinrich August (Hg.): Organisierter Kapitalismus. Voraussetzungen und Anfänge, Göttingen 1974, S. 36–57.

66 Vgl. Bleidick, Dietmar: Die Hibernia-Affäre. Der Streit um den preußischen Staatsbergbau im Ruhrgebiet zu Beginn des 20. Jahrhunderts, Bochum 1999 und ders.: Das Verhältnis des staatlichen Bergbaus im Ruhrgebiet zum Rheinisch-Westfälischen Kohlen-Syndikat (RWKS) vor dem Ersten Weltkrieg.

67 Vgl. Banken, Ralf: Die Industrialisierung der Saarregion 1815–1914. Band 2: Take-Off-Phase und Hochindustrialisierung 1850–1914, Stuttgart 2003.

68 Vgl. u. a. Fremdling, Rainer: Regionale Interdependenzen zwischen Montanregionen in der Industrialisierung, in: Pierenkemper, Toni (Hg.): Die Industrialisierung europäischer Montanregionen im 19. Jahrhundert, Stuttgart 2002, S. 365–388 sowie Fremdling, Rainer: Britische und deutsche Kohle auf norddeutschen Märkten 1850–1913, in: Bergmann, Jürgen (Hg.): Regionen im historischen Vergleich. Studien zu Deutschland im 19. und 20. Jahrhundert, Opladen 1989, S. 9–54.

69 Gerade die persönlichen Nachlässe enthalten oft einen umfangreichen Schriftverkehr zur Kartellpolitik. Beispielhaft dafür können folgende biographische Studien genannt werden: Marx, Christian: Paul Reusch und die Gutehoffnungshütte. Leitung eines deutschen Großunternehmens, Göttingen 2013; Feldman, Gerald D.: Hugo Stinnes. Biographie eines Industriellen, 1870–1924, München

Unterschiedliche und vielfach bislang nur wenig berücksichtigte Quellenbestände bieten vertiefende Einblicke in die kartellierte Absatzorganisation, so dass deren Einbeziehung in diese Arbeit unerlässlich ist. Es ist dabei verwunderlich, dass größere Forschungsprojekte erst in der jüngeren Vergangenheit den Schritt getan haben, die eigenständige und äußerst umfangreiche Aktenüberlieferung des RWKS intensiv als Kernbestand einzubeziehen. Hierzu gehört unter anderem die bereits erwähnte Dissertationsschrift von Eva-Maria Roelevink zur Unternehmenspolitik des Kohlensyndikats auf dem niederländischen Absatzmarkt. Roelevink untersuchte dabei im Besonderen das Beziehungsgeflecht zwischen dem RWKS und der NV Steenkolen-Handelsvereeniging (SHV) als niederländische Syndikatshandelsgesellschaft in den 1920er Jahren.[70] Der Einfluss der Kartellpolitik des Kohlensyndikats auf die Unternehmenskonzentration im Ruhrbergbau vor dem Ersten Weltkrieg wird im laufenden Dissertationsprojekt von Thomas Jovović eingehend untersucht, der dafür ebenfalls die Aktenüberlieferung des Kartells einbezieht.[71]

Der Aktenbestand des RWKS steht bereits seit den 1970er Jahren im Montanhistorischen Dokumentationszentrum/ Bergbau-Archiv beim Deutschen Bergbau-Museum Bochum zur Verfügung (Bestand 33).[72] Der Schwerpunkt der Überlieferung liegt bei Akten von den 1920er Jahren bis zur Einstellung der Geschäftstätigkeit im Jahr 1945. Doch auch für den hier veranschlagten Untersuchungszeitraum bis zum Ende des Ersten Weltkriegs stehen noch immer sehr umfangreiche Unterlagen zur Verfügung. Hervorzuheben sind für diesen Zeitraum vor allem zahlreiche Wortprotokolle aus dem Beirat, der Zechenbesitzerversammlung und dem Geschäftsausschuss. Auch die Arbeit von verschiedenen Ausschüssen ist durch Sitzungsprotokolle gut, aber nicht lückenlos dokumentiert. Schwierig wird es allerdings, einen fundierten Einblick in die eigentliche Vertriebsorganisation, der Aktiengesellschaft „RWKS AG“ zu nehmen. Überlieferungen aus den Vorstandssekretariaten liegen erst für den Zeitraum nach dem Ersten Weltkrieg vor. Ein Teilbestand oder eine eigenständige Überlieferung zu einer Syndikatshandelsgesellschaft existiert bedauerlicherweise nicht.

Die Berücksichtigung von Aktenüberlieferungen von beteiligten Unternehmen oder anderen mit der Kartellorganisation in Verbindung stehenden Institutionen ist

---

1998. Ferner auch folgende biographische Quellenedition: Rasch, Manfred und Feldman, Gerald D. (Hg.): August Thyssen und Hugo Stinnes. Ein Briefwechsel 1898–1922, München 2003.

70 Vgl. Roelevink: Organisierte Intransparenz.

71 Vgl. Jovović, Thomas: Das Rheinisch-Westfälische Kohlensyndikat und die Konzentration im Ruhrbergbau. Dissertationsprojekt Ruhr-Universität Bochum (in Bearbeitung). Ferner auch als weitere Arbeit, die den Quellenbestand des RWKS nutzte: Ziegler, Dieter: Wider die „verhängnisvolle Planwirtschaft“. Nationalsozialistische Neuordnungspläne für die Kohlewirtschaft 1933 bis 1937, in: ders.; Berghoff, Hartmut und Kocka, Jürgen (Hg.): Wirtschaft im Zeitalter der Extreme. Beiträge zur Unternehmensgeschichte Deutschlands und Österreichs. Im Gedenken an Gerald D. Feldman, München 2010, S. 253–274.

72 Die geringe Beachtung des Bestands wirkt noch erstaunlicher, wenn man berücksichtigt, dass seit 1980 ein veröffentlichtes Findbuch zum RWKS vorliegt (vgl. Kroker; Ragenfeld: Findbuch zum Bestand 33: Rheinisch-Westfälisches Kohlen-Syndikat).

zwingend erforderlich, um die erläuterten Lücken zu schließen und ein umfassendes Gesamtbild darzulegen. Neben Aktenbeständen zahlreicher Unternehmen aus dem Ruhrbergbau[73] sind auch die staatlichen Überlieferungen relevant, um die preußische Bergbaupolitik in Bezug auf das RWKS expliziter erklären zu können.[74] Die Einbeziehung von Aktenbeständen verschiedener Unternehmen ist auch deshalb so zentral, weil das Kohlensyndikat keineswegs als Kristallisierungspunkt der unternehmerischen Interessen des Ruhrbergbaus betrachtet werden kann. Vielmehr bildete das RWKS für die Montanindustrie des Ruhrreviers eine Institution, die zwar das gemeinsame Ziel verfolgte, die Absatzmärkte der Ruhrbergbaus im eigenen Sinne zu beeinflussen, als Weg dorthin jedoch allenfalls den bereits erwähnten, „kleinsten gemeinsamen Nenner" nutzen konnte.

1.3 Analytisches Konzept

Diese Untersuchung soll analytisch durch das Konzept der Transaktionskostentheorie gestützt werden, das für die Beantwortung der aufgestellten Forschungsfragen zum kartellierten Ruhrbergbau als besonders geeignet erscheint. Dies zeigt sich vor allem daran, dass im Unterschied zu Annahmen aus neoklassischen Forschungsansätzen, die Institutionalisierung einer Absatzorganisation in einem Kartell weniger von dem Motiv geleitet wurde, eine mögliche Monopolmacht der Organisation zu sichern und weiter auszubauen, sondern zunächst überhaupt deren Funktionsfähigkeit und die Sicherung ihres Erhalts zu gewährleisten. Die vorliegende Studie soll daher auch von der Frage gestützt werden, ob ein Kartell wie das RWKS vielmehr als ein effektives Beherrschungs- und Überwachungssystem diente und dabei für seine Mitglieder durch die Senkung von Marktnutzungskosten zur Erlössteigerung beigetragen hatte.

In den neoklassischen Theorien der Wirtschaftswissenschaften werden Märkte vielfach als eine „kostenlose Einrichtung" charakterisiert, auf denen anscheinend ohne jegliche Hindernisse Angebot und Nachfrage aufeinandertreffen und allein über die Preisbildung ins Gleichgewicht kommen. Reibungsverluste würden dort nach diesem Ansatz deshalb nicht auftreten, weil dieses Theoriemodell der praxisfernen Vorstellung unterliegt, dass die an Tauschprozessen auf den Märkten beteiligten Entscheidungssubjekte mit vollständigen Informationen und Rationalität ausgestattet

73 Aus dem Bergbau-Archiv sind insbesondere die Bestände der Gelsenkirchener Bergwerks-AG (GBAG) und der Bergwerksgesellschaft Hibernia miteinbezogen worden. Zudem sind aus anderen Archiven unter anderem die Aktenbestände der Konzerne Thyssen und Haniel (insbesondere Gutehoffnungshütte (GHH)) ausgewertet worden.

74 Relevante Überlieferungen aus der Ministerialebene befinden sich im Geheimen Staatsarchiv Preußischer Kulturbesitz sowie im Bundesarchiv Berlin. Zudem enthält der Aktenbestand der Bergwerksgesellschaft Hibernia im Montanhistorischen Dokumentationszentrum/ Bergbau-Archiv aufgrund der späteren Übernahme durch den preußischen Staat umfangreichen Schriftverkehr von staatlicher Seite.

sind.[75] Auch wenn in solchen Modellen eine Abstrahierung natürlich unvermeidbar bleibt, werden aber schon mit diesen kurzen Erläuterungen zentrale Schwächen deutlich: Institutionelle Rahmenbedingungen werden ignoriert und die in diesem Modell bestehende Annahme einer kostenneutralen Nutzung des Markts führt insbesondere bei einer absatzpolitisch orientierten Forschungsarbeit nicht weiter. Mit diesem Modell ist in Hinblick auf das hier vorliegende Untersuchungsthema nicht erklärbar, warum Kartelle die Marktzugangseinrichtungen als integralen Bestandteil in ihre Organisation aufgenommen haben.

Die neoklassischen Wirtschaftstheorien ordneten den Kartellen zudem als zentrale Aufgabe zumeist die Bildung und Sicherung einer Monopolstellung zu. Entsprechend hatte sich die zeitgenössische Kartellforschung zum Untersuchungszeitraum dieser Arbeit häufig an diesen Forschungsansätzen orientiert. Vielfach stand aber dabei bereits die Frage im Raum, ob die damals existierenden Kartelle überhaupt in der Lage waren, eine absolute Monopolstellung in ihrer Branche zu erreichen.[76]

Trotz des vielfachen Rückgriffs auf monopoltheoretische Ansätze war sich die Kartellforschung bei der Kohlenwirtschaft, die wie keine andere Branche im Blickpunkt damaliger Debatten stand, weitgehend einig, dass den dort existierenden Kartellen ein Monopolcharakter völlig fehlte. Allenfalls könnte ihnen ein Streben nach einer absoluten Marktbeherrschung unterstellt werden, die aber letztlich kaum erreicht werden könne.[77] Die hier vorliegende Untersuchung schließt sich dieser Annahme an: Aus Perspektive der Absatzmärkte zeigt sich nämlich ganz deutlich, dass Kartelle den Wettbewerb nicht verhinderten, sondern lediglich regulierten und verschoben. Auch hatten die weitaus meisten Kartelle nicht zwangsläufig zum Ziel, höchste Preise zu erzielen und andere Marktteilnehmer aus dem Wettbewerb zu verdrängen.[78] Die gesamtwirtschaftliche Bedeutung und die Machtstellung des Kohlensyndikats als damals bedeutendste Kartellvereinigung soll damit aber nicht angezweifelt werden. Es kann schon jetzt zugestimmt werden, dass das RWKS „[...] die Marktvermittlung entscheidend beeinflusste und steuerte."[79]

---

75 Vgl. Berghoff, Hartmut: Transaktionskosten: Generalschlüssel zum Verständnis langfristiger Unternehmensentwicklung? Zum Verhältnis von neuer Institutionenökonomie und moderner Unternehmensgeschichte, in: Jahrbuch für Wirtschaftsgeschichte, 1999, Nr. 2, S. 159–176, hier: S. 160 f.; Berghoff: Moderne Unternehmensgeschichte, S. 42 ff. und Richter, Rudolf und Furubotn, Eirik G.: Neue Institutionenökonomik. Eine Einführung und kritische Würdigung, 4. Aufl., Tübingen 2010, S. 14 ff.

76 Vgl. Nocken: German cartels through the lens of transaction cost theory, S. 274.

77 Vgl. Herbig, Ernst: Kohlenpreise, in: Herbig, Ernst und Jüngst, Ernst (Hg.): Bergwirtschaftliches Handbuch, Berlin 1931, S. 668; Lucae, Gustav, Außenseiter von Kartellen, Berlin 1929, S. 2 f. und Moser, Friedrich: Das Rheinisch-Westfälische Kohlen-Syndikat und das Kohlenwirtschaftsgesetz, Erlangen 1930.

78 Vgl. Fear, Jeffrey: Cartels and Competition: Neither Markets nor Hierachies, Working Paper, Harvard Business School 2006, S. 1 ff.

79 Roelevink, Eva-Maria: Investitionssicherung eines Syndikatshändlers. Die Steenkolen-Handelsvereeniging und die Gründung der Gewerkschaft Sophia-Jacoba, in: Jahrbuch für Wirtschaftsgeschichte, 2012, Nr. 2, S. 177–214, hier: S. 179.

Bezogen auf das Praxisbeispiel des kartellierten Ruhrbergbaus wird aber ein monopoltheoretisch-orientierter Ansatz der Realität auch deshalb nicht gerecht, da regionale Unterschiede in der Konkurrenzsituation verschiedene Absatzstrategien und Teilziele der Kartellpolitik erforderlich machten. Zweifellos hatte das RWKS zeitweise schon vor dem Ersten Weltkrieg eine marktbeherrschende Stellung erreicht, doch war dies eben nur auf Teilmärkten der Fall.[80] Der Kartellorganisation kann damit nicht pauschal eine Monopolstellung zu- oder abgesprochen werden. Aufgrund steigender Produktionsmengen war eine weitere Absatzausdehnung notwendig, wobei bezweifelt werden muss, dass das Kohlensyndikat mit dem Ziel einer monopolistischen Marktbeherrschung in stark bestrittene Regionen eingedrungen war. An dieser Stelle wird zugleich deutlich, dass in der Vertriebspolitik des RWKS aufgrund der großen regionalen Heterogenität vielmehr von *Absatzmärkten* als von einem einzigen Kohlenmarkt gesprochen werden sollte.

Andere Faktoren als eine monopolistische Marktbeherrschung dürften für die Unternehmen des Steinkohlenbergbaus aufgrund der spezifischen Produktionsbedingungen eine größere Bedeutung gehabt haben, um die Kartellierung weiter voranzutreiben: Die hohen Fixkosten, durch die der Steinkohlenbergbau geprägt war, sollten durch eine möglichst gleichmäßige Beschäftigung ausgeglichen und zudem auf eine größere Fördermenge verteilt werden. Dafür war jedoch eine sukzessive Ausdehnung des Absatzes notwendig, um eine Überproduktion zu vermeiden, die wiederum auf das Preisniveau einwirkte. Kartelle sollten also vielfach das Ziel verfolgen, schwankende Konjunkturverläufe, eine zyklische Nachfrage und daraus resultierende starke Preisschwankungen auszugleichen und abzufedern.[81] Für die Platzierung der Produktionsmengen auf bislang unerschlossenen Absatzmärkten war eine effektive Vertriebsorganisation erforderlich, die durch ein einzelnes Unternehmen womöglich nicht aufrechterhalten werden konnte. Ob gleichzeitig eine völlige Marktbeherrschung eintrat, darf als nebensächlich eingestuft werden. Schon in den 1920er Jahren waren einige Autoren daher der Ansicht, dass Kartelle ihre monopolistische Funktion, sofern sie diese überhaupt besaßen, verloren hätten und eher „zum Zwecke der Erhöhung der Rentabilität der angeschlossenen Unternehmungen durch privatwirtschaftlich rationelle Produktions-, Absatzgestaltung und Preispolitik unter Berücksichtigung der volkswirtschaftlichen Voraussetzungen eine ‚Wirtschaftlichkeitsgemeinschaft' geworden waren“[82]. Diese Betrachtung erntete neben einiger Zu-

80 Vgl. Maschke: Grundzüge der deutschen Kartellgeschichte bis 1914, S. 20.

81 Vgl. Franken, Paul: Syndikatshandel oder Freihandel im Kohlenabsatz? Köln 1925, S. 16; Wengenroth, Ulrich: Die Entwicklung der Kartellbewegung bis 1914, in: Pohl, Hans (Hg.): Kartelle und Kartellgesetzgebung in Praxis und Rechtsprechung vom 19. Jahrhundert bis zur Gegenwart, Stuttgart 1985, S. 15–27, hier: S. 17 f. und Bleidick: Das Verhältnis des staatlichen Bergbaus im Ruhrgebiet zum Rheinisch-Westfälischen Kohlen-Syndikat (RWKS) vor dem Ersten Weltkrieg, S. 265.

82 Lucae, Gustav: Außenseiter von Kartellen, Berlin 1929, S. 5. Lucae bezieht sich vor allem auf die ausführlichen Erläuterungen zum Kartellbegriff von Herbert von Beckerath (vgl. Beckerath, Herbert

stimmung ebenso viel Kritik von den „monopolistisch“ orientierten Kartellforschern, die zunächst weiterhin die Deutungshoheit behielten.[83]

Als Gegenentwurf zur monopoltheoretisch geprägten Kartellforschung früherer Jahrzehnte nahm Ulrich Nocken im Jahr 2008 das deutsche Kartellwesen aus Perspektive der Transaktionskostentheorie in den Blick, die ein zentrales Element der Neuen Institutionenökonomik bildet. Nocken betrat keineswegs theoretisches Neuland. Doch in der ohnehin vernachlässigten Kartellforschung wurden Fragen zu Transaktionskosten bisher kaum berücksichtigt.[84] Die geringe Erklärungskraft neoklassischer Theoriemodelle machte auch er daran fest, dass bei der Bildung von Kartellen in Deutschland seit dem 19. Jahrhundert vielmehr der Schutz vor konjunkturellen Schwankungen als zentrales Motiv im Mittelpunkt stand. Dies lässt sich am Steinkohlenbergbau deutlich belegen, wo es trotz einer starken Kartellierung weiterhin private und staatliche Konkurrenz gab.[85]

Eine institutionenökonomische Betrachtung berücksichtigt, dass Tauschvorgänge auf Märkten mit Aufwand und Kosten verbunden sind.[86] Diese „Betriebskosten des Wirtschaftssystems“[87] werden als Transaktionskosten bezeichnet, die nach der Definition von Douglass C. North jenen Aufwand einschließen, der für die Definition, Sicherung, Nutzung und Übertragung von Verfügungsrechten über Produktionsfaktoren notwendig ist.[88] Die Transaktionskosten der Marktnutzung verdeutlichen, dass Tauschvorgänge auf den Märkten Kosten verursachen. Diese ergeben sich zum Beispiel bereits vor dem Abschluss eines Tauschakts (ex ante), da zunächst Käufer und Verkäufer zueinander finden und sich über die Vertragsmodalitäten einig werden müssen. Auch nach Vertragsschluss (ex post) ist die Erfüllung und Abwicklung des Geschäfts vielfach nicht ohne weiteren Aufwand zu realisieren.[89]

Die Ansätze der Transaktionskostentheorie beruhen auf den grundlegenden Arbeiten von Ronald Coase, dessen Konzept später von Oliver Williamson übernommen und erweitert wurde.[90] Coase hatte bereits 1937 herausgestellt, dass das ökonomische

von: Der Inhaltswandel des Kartellbegriffs und seine wirtschaftspolitischen Folgen, in: Wirtschaftsdienst 12, 1927, Nr. 30, S. 1119 – 1122).

83 Vgl. Lucae: Außenseiter von Kartellen, S. 4 ff.

84 Vgl. Nocken: German cartels through the lens of transaction cost theory. Zur neuen Institutionenökonomik insgesamt vgl. u. a. Richter; Furubotn: Neue Institutionenökonomik.

85 Vgl. Nocken: German cartels through the lens of transaction cost theory, S. 278 f.

86 Berghoff: Transaktionskosten: Generalschlüssel zum Verständnis langfristiger Unternehmensentwicklung? S. 160 f. und Williamson, Oliver E.: Die ökonomischen Institutionen des Kapitalismus. Unternehmen, Märkte, Kooperationen, Tübingen 1990, S. XIII.

87 Richter; Furubotn: Neue Institutionenökonomik, S. 54 f.

88 Vgl. Berghoff: Transaktionskosten: Generalschlüssel zum Verständnis langfristiger Unternehmensentwicklung? S. 159.

89 Zu den „ex ante“-Kosten zählen z. B. Such-, Spezifikations-, Informations- und Verhandlungskosten, zum „ex post“-Aufwand gehören z. B. Überwachungs- und Durchsetzungskosten (vgl. Berghoff: Moderne Unternehmensgeschichte, S. 44 f.).

90 Vgl. Nocken: German cartels through the lens of transaction cost theory, S. 277 f.

System nicht einzig durch den Prozess des Ausgleichs zwischen Angebot und Nachfrage auf den Märkten funktioniere. Dies lässt nämlich keine Erklärung zu, warum es überhaupt Unternehmen gibt, die einen Teil der Tauschprozesse internalisieren. Das Konzept der Transaktionskosten soll verdeutlichen, dass die Nutzung des Preismechanismus Kosten verursacht, die womöglich durch Internalisierung in ein Unternehmen eingespart oder reduziert werden können.[91] Zum Beispiel war für die Entscheidung zur vertikalen Integration von wirtschaftlichen Prozessen in eine Organisation das Ziel zur Senkung von Marktnutzungskosten nicht selten das wichtigste Argument. So führten bei vielen Produzenten im späten 19. und frühen 20. Jahrhundert „Unzulänglichkeiten der vorhandenen Absatzwege"[92] zur Integration des bislang selbstständigen Vertriebssektors.[93] Die Übernahme des zentralen Ruhrkohlenvertriebs durch das RWKS und dessen zunehmende Einflussnahme auf weitere Handelsstufen scheint ein vergleichbarer Prozess gewesen zu sein.

Eine Reduzierung von Transaktionskosten wird nicht zwangsläufig allein durch die Integration bestimmter Tauschakte in eine Organisation erreicht. Auch innerhalb eines Unternehmens besteht für weiterhin notwendige Koordinierungsleistungen ein Aufwand, der Organisationnutzungskosten verursacht.[94] Dazu zählen „jene Ressourcen, die für Schaffung, Erhaltung, Benützung, Veränderung usw. von Institutionen oder Organisationen aufzuwenden sind."[95] Maßnahmen zur Informations- und Kommunikationsbeschaffung sowie Leitungs-, Überwachungs- und Durchsetzungsaufgaben, die innerhalb einer Organisation notwendig sind, führen ebenso zu Belastungen. Es muss daher hinterfragt werden, ob die Transaktionskosten auf dem Markt oder im Unternehmen höher ausfallen.[96] Auf dieser Annahme führte Oliver Williamson das Transaktionskostenkonzept weiter und ging stärker der Frage nach, wann Tauschprozesse auf dem Markt oder doch besser in einem Unternehmen abgewickelt werden sollten. Als wichtige Kriterien benannte er dafür Tauschfrequenz und Faktorspezifität. In den Mittelpunkt seiner Überlegungen stellte Williamson den Vertrag, den er auf alle Formen von Tauschbeziehungen bezog, auch wenn diese auf den ersten Blick keine Vertragskomponente aufweisen.[97] Er verdeutlichte, dass ökonomische Tauschgeschäfte bestimmten Überwachungs- und Durchsetzungssystemen zugeordnet werden müssen, welche die Erfüllung der Verträge, also die Abwicklung von Transaktionen, sicherstellen. Als Überwachungs- und Durchsetzungssystem kann zunächst der Markt dienen, insbesondere bei weniger spezifischen Geschäften. Transaktionen mit einer hohen Tauschfrequenz oder einer starken Faktorspezifität

91 Vgl. Coase, Ronald H.: The Nature of the Firm, in: Economica 4, 1937, Nr. 16, S. 386–405, hier: S. 387 ff.

92 Williamson: Die ökonomischen Institutionen des Kapitalismus, S. 126.

93 Vgl. ebd., S. 117 ff.

94 Vgl. Berghoff: Moderne Unternehmensgeschichte, S. 47 f.

95 Richter; Furubotn: Neue Institutionenökonomik, S. 54.

96 Vgl. Berghoff: Moderne Unternehmensgeschichte, S. 47 f.

97 Vgl. Williamson: Die ökonomischen Institutionen des Kapitalismus, S. 20.

können womöglich besser in eine andere Organisationsform – ein Unternehmen oder ein Kartell – integriert werden. Zusammenfassend untersucht die Transaktionskostenökonomik also anhand der Vertragsanalyse, welches Überwachungs- und Durchsetzungssystem für bestimmte Tauschbeziehungen am besten geeignet erscheint.[98] In der Neoklassik bestehen Unternehmen oder vergleichbare Institutionen dagegen allenfalls als „Black Box“, über deren Innenleben nichts bekannt ist.[99]

Verträge können allerdings niemals alle Spezifika und Eventualitäten einer Transaktion vollständig erfassen und berücksichtigen. Diese Unsicherheiten können auch durch begrenzte Rationalität und Opportunismus der Akteure beeinflusst werden. Derartig unvollständige oder relationale Verträge müssen also in ein geeignetes Beziehungssystem eingeordnet werden, um deren Erfüllung trotz äußerer Einflüsse zu gewährleisten. Dies könnte durch Integration in ein Unternehmen geschehen, das aus Sicht von Williamson den „Knotenpunkt von relationalen Verträgen“[100] darstellt.[101] Bezogen auf das Fallbeispiel des kartellierten Ruhrbergbaus stellt sich also die Frage, welches Beherrschungs- und Überwachungssystem über die beste Anpassungsfähigkeit verfügt. Sollten Bergwerksunternehmen ihre Kaufverträge grundsätzlich auf dem freien Markt abschließen oder sollte dies über eine zentrale Organisation wie ein Kartell erfolgen? In welcher vertraglichen Weise sollte diese Organisation ihre Vertragspartner binden? Stellt dabei der Markt ein effizientes Überwachungs- und Durchsetzungssystem dar oder gilt vertikale Integration als geeignetere Lösung? Bieten sich womöglich sogar Mischformen an, die zu möglichst geringen Transaktionskosten führen?

Im Hinblick auf die zentrale Fragestellung dieser Arbeit soll ein möglicher Bedeutungswandel der Absatzorganisation im kartellierten Ruhrbergbau auch dahingehend überprüft werden, ob eine effektive Absatzpolitik in einer Kartellvereinigung als zentrales Instrument zur Senkung von Transaktionskosten erkannt und genutzt wurde. Kartelle und im Besonderen eine syndizierte Absatzpolitik werden daher in dieser Untersuchung als unternehmenspolitische Instrumente verstanden, um Marktnutzungskosten zu senken. Jedoch standen die Akteure einer kartellierten Absatzpolitik dabei immer vor der Frage, ob die Reduzierung dieser Kosten in einem angemessenen Verhältnis zu den entstandenen Organisationsnutzungskosten stand. Diese Frage ist nicht nur aus Perspektive der Kartellorganisation selbst zu beantworten. Es muss dabei die Sicht der Beteiligten eingenommen werden, die weiterhin als selbstständige Unternehmen die Kosten für eine Kartellorganisation trugen. Die Kartellmitglieder mussten immer wieder prüfen, ob die Auslagerung des Verkaufs und damit die Übertragung eines zentralen Teils der unternehmerischen Wertschöpfung

98 Vgl. Richter; Furubotn: Neue Institutionenökonomik, S. 194 ff.

99 Vgl. Berghoff: Moderne Unternehmensgeschichte, S. 44.

100 Zit. nach Wischermann; Nieberding: Die institutionelle Revolution, S. 24.

101 Zur Unsicherheit in Verträgen vgl. Williamson: Die ökonomischen Institutionen des Kapitalismus, S. 64 ff.

an eine übergeordnete Organisation in einem angemessenen Verhältnis zu den eingesparten Marktnutzungskosten stand.

1.4 Vorgehensweise und Verlauf der Untersuchung

Im Mittelpunkt dieser Untersuchung stehen die Institutionalisierung und die Tätigkeit der kartellierten Vertriebsorganisation beim RWKS. Daraus soll deren Funktion zur Absatzsicherung und Absatzausdehnung sowie zur Sicherstellung von Marktmacht und Kartellstabilität analysiert werden. Dies wird unter Berücksichtigung der Marktverhältnisse im deutschen Kohlenbergbau und deren Veränderungen im Zeitverlauf betrachtet. Die Untersuchung nimmt daher nicht allein die Perspektive des Kohlensyndikats ein. Auch werden absatzpolitische Strategien einzelner Unternehmen beachtet, die als Kartellmitglieder oder als sogenannte Außenseiter auf den Märkten agierten. Eine besondere Rolle nimmt hierbei der preußische Staat ein, der sowohl als Gesetzgeber als auch Unternehmer im Steinkohlenbergbau aktiv war und damit die Kartellpolitik im Ruhrbergbau erheblich beeinflusste.

Als Orientierungsmarken können die Syndikatsverträge des RWKS dienen, die nach der Gründung im Jahr 1893 bis zum Jahr 1917 insgesamt fünf Mal erneuert und jeweils den veränderten Rahmenbedingungen angepasst wurden.[102] Ob sich jedoch allein aus dem Wortlaut der Verträge Veränderungen in der Bedeutung der syndizierten Absatzorganisation ablesen lassen, muss in Frage gestellt werden. Details zur Vertriebsorganisation wurden in den Kartellverträgen selbst nämlich nur in Grundzügen behandelt. Daher müssen vor allem vorausgegangene Vertragsverhandlungen, womöglich vereinbarte Nebenbedingungen sowie die Auslegung und praktische Handhabung der Verträge analysiert werden, um detaillierte Antworten geben zu können.

Die vorliegende Arbeit untersucht insbesondere Organisations- und Marktstrukturen, die für die inländische Vertriebsorganisation des Ruhrbergbaus von Relevanz waren. Dies bedeutet nicht, dass das Exportgeschäft unterbewertet wird. Der Auslandsverkauf des Kohlensyndikats bildete seit der Gründung eine wichtige Säule der Absatzstrategie und war keineswegs nur auf den Absatz von Produktionsüberschüssen ausgerichtet. Im Jahr 1912 betrug zum Beispiel der Anteil des Kohlenexports 28 Prozent des Gesamtabsatzes.[103]

Für eine Eingrenzung des Untersuchungszeitraums von der Gründungsphase der Kartelle im Ruhrbergbau bis zum Ende des Ersten Weltkriegs sprechen mehrere Argumente: Die Gründung des RWKS bedeutete nach den vorangegangenen und zumeist

102 Die Erneuerungen fanden in den Jahren 1895, 1903, 1909, 1915 und 1917 statt. Einen Überblick zu den Syndikatsverträgen bietet u. a. o. A.: Die Syndikatsverträge des Rheinisch-Westfälischen Kohlen-Syndikats.

103 Gesamtabsatz von Kohle, Koks und Briketts in Kohle umgerechnet (vgl. o. A.: Die Kohlenausfuhr des Rheinisch-Westfälischen Kohlen-Syndikats i. J. 1913, in: Kartell-Rundschau 1914, Nr. 7, S. 588).

gescheiterten Zusammenschlussbestrebungen, dass erstmals eine nahezu vollständige Syndizierung einer regionalen, jedoch für die deutsche Gesamtwirtschaft äußerst wichtigen Branche erreicht wurde. Dies war zum einen aufgrund der großen unternehmerischen Zersplitterung bemerkenswert, zum anderen aber auch, weil mit der Integration des Vertriebs in das Kohlensyndikat ein besonders sensibler Teil der unternehmerischen Tätigkeit „ausgelagert“ wurde. Bis zum Ausbruch des Ersten Weltkriegs beruhten die Zusammenschlüsse im Ruhrbergbau auf einer freiwilligen Kartellwirtschaft. Seit 1915 musste der Fortbestand des Kohlensyndikats durch den Staat sichergestellt werden, was durch das 1919 erlassene Kohlenwirtschaftsgesetz rechtlich noch tief greifender institutionalisiert wurde.[104] Fortan beruhte die Kartellbildung in der Kohlenwirtschaft auf einer gesetzlichen Verpflichtung, was zu einer deutlichen Verschiebung der Handlungsspielräume der beteiligten Akteure führte.

Die Gliederung dieser Arbeit soll unterschiedliche Phasen verdeutlichen, denen der kartellierte Ruhrbergbau bis zum Ende des Ersten Weltkriegs unterlag. Das erste Hauptkapitel (*Kapitel 2*) behandelt die Gründungsphase des Kohlensyndikats. Es stellt mit Rückgriff auf vorangegangene Kartellierungsbestrebungen dar, warum die Integration des Vertriebs neben der Produktions- und Preisfunktion ein unverzichtbares Instrument zur Erreichung der Kartellziele war, zunächst jedoch nur unter Schwierigkeiten durchgesetzt werden konnte. Die Vertriebsintegration war keinesfalls allein mit der Ausfertigung des ersten Syndikatsvertrags erledigt, so dass das Gründungsjahr 1893 in absatzpolitischer Hinsicht nicht wie vielfach dargestellt bereits als klare Zäsur für den kartellierten Ruhrbergbau bezeichnet werden kann.

Die Institutionalisierung und Festigung einer syndizierten Absatzorganisation stellte einen langjährigen Prozess dar, der im *Kapitel 3* analysiert wird. Insbesondere die Einwirkungen der Kartellpolitik auf weitere Vertriebskanäle und die daraus resultierenden Auswirkungen auf die Marktverhältnisse der Kohlenwirtschaft werden in den Blick genommen. Eine wichtige Bedeutung nimmt hierbei die Erneuerung des Syndikatsvertrags und die damit verbundene Gründung des Kohlenkontors als Vertriebsorganisation für den überaus wichtigen süddeutschen Absatzmarkt ein. Dieser Zeitraum, der ungefähr durch die Jahre 1895 und 1905 eingegrenzt werden kann, war vor allem durch die Festigung von Marktmacht seitens des RWKS geprägt, was sich insbesondere durch die zunehmende Einflussnahme auf zahlreiche Absatzwege zeigte.

Die durch eine offensive Kartellpolitik gewonnene Marktmacht des Kohlensyndikats stand etwa seit 1906 bis zum Jahr 1915 zunehmend in Frage. Das *Kapitel 4* soll insbesondere darstellen, dass die syndizierte Absatzorganisation nach der scheinbar erfolgreichen Phase der Institutionalisierung unter zahlreichen inneren und äußeren Einflüssen stand, wodurch die Stabilität des Kohlensyndikats zunehmend gelockert

104 Im vollen Wortlaut: Gesetz über die Regelung der Kohlenwirtschaft, in Kraft getreten am 28.03.1919. Ausführlich dazu vgl. Lüttig, Oswig: Kohlenwirtschaftsgesetz (Gesetz über die Regelung der Kohlenwirtschaft v. 23. März 1919) nebst Ausführungsbestimmungen und Ergänzungsgesetzen, Berlin 1920.

wurde. Die immer stärkere Einflussnahme von Bergwerksunternehmen auf den lukrativen Handelssektor, die steigenden Fördermengen der Außenseiterzechen sowie das damit verbundene stärkere Engagement des preußischen Staats im Ruhrbergbau waren ausschlaggebende Faktoren, infolge derer das RWKS stärker in die Defensive geriet und zunehmend an offensiver Gestaltungskraft verlor. In diesen Zeitraum wurde besonders deutlich, dass das Ruhrkartell weiterhin ein äußerst heterogenes Gefüge unternehmerischer Interessen war, was zu der Einschätzung führte, dass sich das RWKS zwischen den Erneuerungen 1903 und 1915 „in einer permanenten Krisensituation“[105] befand.

Das *Kapitel 5* orientiert sich an dem Zeitraum zwischen 1915 und 1919 und berücksichtigt vor allem den staatlichen Einfluss, dem der kartellierte Ruhrbergbau seit dem Ausbruch des Ersten Weltkriegs ausgesetzt war. Ohne die im Jahr 1915 erlassene Bundesratsverordnung wäre das Kohlensyndikat wahrscheinlich nicht erneuert worden. Die Beteiligten des aufgrund des staatlichen Drucks geschaffenen „Übergangssyndikats“ mit einer nur 15-monatigen Dauer standen vor der Herausforderung, für das Jahr 1917 innerhalb eines kurzen Zeitraums ein möglichst auf freiwilliger Basis beruhendes Syndikat zu bilden. Es scheint, dass wesentliche Hürden für die Bildung eines sogenannten Dauersyndikats in absatzpolitischen Auseinandersetzungen zu überwinden waren.

Im letzten Teil dieser Untersuchung (*Kapitel 6*) sollen die erzielten Forschungsergebnisse zusammengefasst und mit Blick auf die aufgeworfenen Forschungsfragen einer endgültigen Bewertung unterzogen werden. Hierbei soll auch dargelegt werden, inwieweit sich in der syndizierten Absatzorganisation bereits weit vor dem Ersten Weltkrieg Strukturen gebildet hatten, die für spätere schwerwiegende Konflikte in der kartellierten Absatzpolitik des Ruhrbergbaus wichtige Grundlagen bildeten.

---

105 Bleidick: Das Verhältnis des staatlichen Bergbaus im Ruhrgebiet zum Rheinisch-Westfälischen Kohlen-Syndikat (RWKS) vor dem Ersten Weltkrieg, S. 287.

2 Der lange Weg zu einer syndizierten Absatzorganisation

2.1 Der Ruhrbergbau und die Absatzmärkte seit der Mitte des 19. Jahrhunderts

Informelle Marktabsprachen oder die institutionelle Bildung von Kartellen zwischen rechtlich selbstständigen Unternehmen waren keineswegs eine erst im 19. Jahrhundert auftretende Erscheinung.[1] Um jedoch erklären zu können, warum Kartellbestrebungen gerade in der Montanindustrie seit Mitte des 19. Jahrhunderts eine solch hohe Bedeutung erlangten und dort mit dem Aufbau syndizierter Vertriebsorganisationen eine besonders deutliche Ausprägung erfuhren, müssen zentrale Entwicklungslinien, Strukturen und Spezifika der westdeutschen Kohlenindustrie und ihrer Absatzmärkte dargelegt werden.[2]

Die deutliche Aufwärtsentwicklung im Ruhrbergbau in der zweiten Hälfte des 19. Jahrhunderts war neben technischen Fortschritten eng mit der Liberalisierung des Bergrechts nach der Aufhebung des Direktionsprinzips verbunden.[3] Nach relativ gleichmäßigen und zunächst noch geringen Wachstumsphasen im Vormärz stieg die Kohlenförderung an der Ruhr seit den 1850er Jahren rapide an. Begleitet von technischen Innovationen, die den Übergang zum Tiefbau und damit eine Nordwanderung des Bergbaus ermöglichten, konnten in den Folgejahren auch in größeren Tiefen liegende Kohlevorkommen erschlossen werden, wodurch Verfügbarkeit und Verwendungszwecke der Kohle deutlich anstiegen. Die nun vermehrt erreichbaren Fettkohlen waren ausgezeichnet zur Verkokung geeignet, was gleichzeitig den zunehmenden Verbund zwischen dem Bergbau und der Hüttenindustrie förderte. Dies machte sich unter anderem durch eine Vielzahl neu in Betrieb gehender Kokshochöfen in der Ruhrregion nach 1850 bemerkbar.[4]

Die überproportionale Expansion der schwerindustriellen Zentren an der Ruhr, aber auch an der Saar und in Oberschlesien war für die Industrialisierung Deutsch-

1 Über Kartelle in der Vor- und Frühindustrialisierung sowie allgemein zur Kartellbildung in der zweiten Hälfte des 19. Jahrhunderts in Deutschland vgl. u. a. Maschke: Grundzüge der deutschen Kartellgeschichte bis 1914, S. 6 ff. und Barnikel: Kartelle in Deutschland, S. 1 ff.

2 Zur Expansion des Ruhrbergbaus vgl. u. a. Tenfelde, Klaus: Sozialgeschichte der Bergarbeiterschaft an der Ruhr im 19. Jahrhundert, Bonn 1977, S. 191 ff. und Holtfrerich, Carl-Ludwig: Quantitative Wirtschaftsgeschichte des Ruhrkohlenbergbaus im 19. Jahrhundert, Dortmund 1973, S. 15 ff.

3 Ausführlich zur Liberalisierung des Bergrechts zwischen 1851 und 1865 vgl. Tenfelde: Sozialgeschichte der Bergarbeiterschaft an der Ruhr im 19. Jahrhundert, S. 163 ff. sowie zusammenfassend Wilhelm: Das Rheinisch-Westfälische Kohlensyndikat und die Oberschlesische Kohlenkonvention bis zum Jahre 1933, S. 1 f.

4 Vgl. Pierenkemper, Toni: Die schwerindustriellen Regionen Deutschlands in der Expansion. Oberschlesien, die Saar und das Ruhrgebiet im 19. Jahrhundert, in: Jahrbuch für Wirtschaftsgeschichte, 1992, Nr. 1, S. 37–56, hier: S. 52 f.

https://doi.org/10.1515/9783110576719-002

lands und die gesamtwirtschaftliche Entwicklung charakteristisch. Im Jahr 1900 wurden 92 Prozent der gesamten preußischen Kohlenförderung in diesen Regionen zu Tage gehoben. Die Förderexpansion im Ruhrbergbau fiel jedoch im Vergleich zu den anderen größeren Steinkohlenrevieren nochmals deutlich höher aus (vgl. Tab. 1).[5]

Tab. 1: Steinkohlenförderung und Wachstumsraten in verschiedenen Förderrevieren

	Ruhr	Steigerungsrate	**Saar**	Steigerungsrate	**Oberschlesien**	Steigerungsrate
1850	1.634.000 t		719.000 t		975.000 t	
1855	3.252.000 t	99,0 %	1.651.000 t	129,6 %	1.831.000 t	87,8 %
1860	4.276.000 t	31,5 %	2.180.000 t	32,0 %	2.478.000 t	35,3 %
1865	9.166.000 t	114,4 %	3.227.000 t	48,0 %	4.305.000 t	73,7 %
1870	11.571.000 t	26,2 %	3.140.000 t	-2,7 %	5.854.000 t	36,0 %
1875	16.699.000 t	44,3 %	5.105.000 t	62,6 %	8.252.000 t	41,0 %
1880	22.364.000 t	33,9 %	5.973.000 t	17,0 %	10.017.000 t	21,4 %
1885	28.865.000 t	29,1 %	7.015.000 t	17,5 %	12.842.000 t	28,2 %
1890	35.517.000 t	23,1 %	7.412.000 t	5,7 %	16.871.000 t	31,4 %

Quelle: Banken, Ralf: Die Industrialisierung der Saarregion 1815–1914. Band 2: Take-Off-Phase und Hochindustrialisierung 1850–1914, Stuttgart 2003 (Tabellenanhang auf der CD-ROM, Tab. A7, Zahlen nachträglich gerundet) zuzüglich eigener Berechnungen.

Als Gründe für die im Vergleich zum Ruhrgebiet langsamere Entwicklung galten für Oberschlesien trotz geringerer Förderkosten die geographische Randlage, damit verbunden schlechtere Verkehrsanbindungen sowie die nachteilige Zollpolitik der Nachbarstaaten Österreich und Russland.[6] Der Steinkohlenbergbau an der Saar musste seit der zweiten Hälfte des 19. Jahrhunderts trotz des starken Wachstums einen Verlust von Marktanteilen hinnehmen: Betrug dieser im Jahr 1860 noch 17,3 Prozent, sank der Marktanteil bis 1890 auf 10,6 Prozent und stagnierte bis zum Ersten Weltkrieg etwa auf diesem Niveau.[7] Auch dort galten ungünstigere Verkehrsverhältnisse, weiterhin aber auch Nachteile in der Eisenbahntarifpolitik, die Preis- und Verkaufspolitik des dort als Anbieter dominierenden Preußischen Bergfiskus sowie die schlechteren qualitativen Eigenschaften der Saarkohle gegenüber den Ruhrprodukten als wichtige Gründe für diese Entwicklung.[8] Die Vergleichszahlen zwischen diesen drei Regionen

5 Vgl. ebd., S. 41 ff. sowie weitergehend Holtfrerich: Quantitative Wirtschaftsgeschichte des Ruhrkohlenbergbaus im 19. Jahrhundert, S. 15 ff. und Gebhardt, Gerhard: Ruhrbergbau. Geschichte, Aufbau und Verflechtung seiner Gesellschaften und Organisationen, Essen 1957, S. 16 ff.

6 Vgl. Pierenkemper: Die schwerindustriellen Regionen Deutschlands in der Expansion, S. 47 f.

7 Vgl. Banken: Die Industrialisierung der Saarregion 1815–1914, S. 27 f.

8 Vgl. ebd., S. 139 ff. In qualitativer Hinsicht machte sich für den Saarbergbau die geringere Verkokungsfähigkeit der eigenen Kohle bemerkbar. Zudem war der Heizwert der Ruhrkohle gegenüber Saar- und schlesischer Kohle um etwa 10 Prozent, gegenüber böhmischer Steinkohle sogar um etwa 20 Prozent höher (vgl. Schoene, Helmut: Der Wettbewerb zwischen Eisenbahn und Rheinschiffahrt

führten Toni Pierenkemper zu der Einschätzung, dass für die Entwicklung des Ruhrgebiets zum zentralen und mit Abstand größten deutschen Förderrevier „nahezu ideale Produktions- und Absatzverhältnisse"[9] ausschlaggebend waren. Die Absatzbedingungen waren allerdings zunächst weit weniger optimal, als es diese Einschätzung vermuten lässt.

Voraussetzung für ein aus Perspektive der Produzenten erfolgreiches Wachstum war insbesondere eine mindestens gleichmäßig steigende Nachfrage. Auf dem Kernmarkt der Ruhrkohle konnte mit dem wachsenden Bedarf der regionalen Eisen- und Stahlindustrie zumindest eine Abnehmerstruktur mit einem großen Anteil von Großkunden geschaffen werden.[10] Allerdings stieg der Kohleverbrauch in der Region nicht analog zur Förderexpansion, was spätestens seit Mitte des 19. Jahrhunderts die Bestrebungen zur Ausweitung der Absatzgebiete verstärkte. Die bisher meist genutzte Abfuhrstrecke, der Wasserweg der Ruhr, auf dem im Jahr 1840 noch 59 Prozent der gesamten Ruhrkohlenförderung transportiert wurde, war aufgrund seiner bereits erreichten Vollauslastung und der gleichzeitig laufenden Nordwanderung des Bergbaus dafür nur noch bedingt geeignet. Seit den 1860er Jahren verlor der Fluss zunehmend seine Bedeutung als Absatzweg für Kohle.[11]

Eine deutliche Verbesserung der Absatzmöglichkeiten ist in einem engen Zusammenhang mit den Vor- und Rückwärtskopplungseffekten des Eisenbahnbaus zu sehen: zum einen als Transportmittel in weiter entfernte Regionen, zum anderen in der Rolle als Kohlenverbraucher selbst.[12] Bis zum Ende der 1840er Jahre waren im Ruhrgebiet bereits mehrere überregionale Strecken in Betrieb gegangen, wobei eine deutliche Expansion des Netzes erst in den folgenden Jahren erfolgte.[13] Aufgrund der

---

und sein Einfluss auf die Kohlenzufuhr nach Baden, Württemberg und dem rechtsrheinischen Bayern, Köln 1923, S. 3). Der Anteil des Preußischen Bergfiskus an der Kohlenförderung in der Saarregion (Saar, Lothringen, Bayerische Pfalz) betrug 1883 noch 86,8 Prozent, sank bis 1908 aber auf 77,7 Prozent (vgl. Tille, Alexander: Die Förder- und Preispolitik des staatlichen Saarkohlenbergbaues 1902–1910. Denkschrift der Handelskammer Saarbrücken, Saarbrücken 1910, S. 8).

9 Pierenkemper: Die schwerindustriellen Regionen Deutschlands in der Expansion, S. 56.

10 In den 1870er Jahren wurden etwa 30 Prozent der Kohlenproduktion des Deutschen Reichs in der Eisenindustrie verbraucht. In der Ruhrregion sollen es sogar etwa 70 Prozent gewesen sein (vgl. Holtfrerich: Quantitative Wirtschaftsgeschichte des Ruhrkohlenbergbaus im 19. Jahrhundert, S. 124).

11 Im Jahr 1890 wurde die durchgehende Schifffahrt oberhalb von Mülheim endgültig eingestellt (vgl. Linden, Alfred: Der Einfluß von Frachtgestaltung und Verkehrswegen auf den Absatz der Ruhrkohle, Münster 1938, S. 9). Ausführlich zur Kohlenschifffahrt auf der Ruhr vgl. Wüstenfeld, Gustav Adolf: Die Ruhrschiffahrt 1780 bis 1890, Wetter 1993.

12 Vgl. Fremdling, Rainer: Eisenbahnen und deutsches Wirtschaftswachstum. Ein Beitrag zur Entwicklungstheorie und zur Theorie der Infrastruktur, 2. Aufl., Dortmund 1985, S. 55 ff. und Ziegler, Dieter: Eisenbahnen und Staat im Zeitalter der Industrialisierung. Die Eisenbahnpolitik der deutschen Staaten im Vergleich, Stuttgart 1996, S. 12 ff.

13 Zum Ausbau des Eisenbahnnetzes im Ruhrgebiet vgl. auch Schulte, Friedrich: Die Rheinschiffahrt und die Eisenbahnen, in: Verein für Socialpolitik (Hg.): Die Schiffahrt der deutschen Ströme. Untersuchungen über deren Abgabenwesen, Regulierungskosten und Verkehrsverhältnisse (Dritter Band), Leipzig 1905, S. 301–526, hier: S. 399 ff.; Overlack, Alexander Friedrich: Die Ruhrkohlenschiffahrt auf

Zurückhaltung des Staats waren beim Eisenbahnbau zunächst Privatgesellschaften als Investoren und Betreiber aktiv, wodurch weder ein einheitliches Verkehrskonzept noch ein übergreifendes Tarifwesen bestand.[14] Dennoch erreichte die Eisenbahn als Transportmittel für Ruhrkohle bis zum Jahr 1865 bereits einen Anteil von 78 Prozent.[15] Die hohen und zudem vielfach unterschiedlichen Transportkosten stellten allerdings aufgrund des geringen Werts von Kohle im Verhältnis zu ihrem Gewicht ein zentrales Problem bei der Ausdehnung des Absatzgebiets dar, so dass sich die Konkurrenzfähigkeit des Ruhrbergbaus außerhalb des Kernmarkts je nach Region völlig unterschiedlich gestaltete.[16]

In vielen Regionen abseits der Fördergebiete musste Steinkohle Mitte des 19. Jahrhunderts zunächst noch als alternativer Energieträger gegenüber dem Holz bekannt gemacht werden. In Norddeutschland hatte diese Aufgabe bereits seit mehreren Jahrzehnten die britische Importkohle übernommen, die den deutschen Kohlenrevieren durch ihre große Verbreitung auf den kontinentaleuropäischen Absatzmärkten für die Markterschließung wichtige Dienste geleistet hatte.[17] Großbritannien war im 19. Jahrhundert nicht nur größter Steinkohlenproduzent Europas, sondern wuchs gleichzeitig zum stärksten europäischen Kohlenexporteur heran. Aufgrund vergleichsweise günstiger Abbaubedingungen, der kurzen Entfernung der Lagerstätten zur Küste, früh ausgebauter Kanalverbindungen auf dem Festland und sinkender Schiffsfrachttarife erlangte der britische Kohlenexport seine enorme Bedeutung und betrug im Jahr 1870 mit 12 Millionen Tonnen bereits 11 Prozent der Gesamtförderung.[18] Für den Absatz nach Deutschland wurde Hamburg zum Zentrum der britischen Kohlenimporte, wo diese Kohle den Markt bis in die 1870er Jahre hinein dominierte.

---

dem Rhein, Duisburg 1934, S. 88 ff. sowie Adolph, Ernst: Ruhrkohlenbergbau, Transportwesen und Eisenbahntarifpolitik, Berlin 1927, S. 53 ff.

14 Vgl. Przigoda, Stefan: Unternehmensverbände im Ruhrbergbau. Zur Geschichte von Bergbau-Verein und Zechenverband 1858 – 1933, Bochum 2002, S. 41. Zur Verstaatlichung der Eisenbahnen in Preußen, die ab 1876 eingeleitet wurde, vgl. Ziegler: Eisenbahnen und Staat im Zeitalter der Industrialisierung, S. 172 ff.

15 Vgl. Fremdling: Eisenbahnen und deutsches Wirtschaftswachstum, S. 67.

16 Wie notwendig die Erweiterung der Absatzmärkte war, zeigt ein Blick in die noch folgende Entwicklung: Bis zum Jahr 1900 stieg der Anteil der Ruhrkohlenförderung, die außerhalb des eigenen Bezirks verbraucht wurde, auf etwa 70 Prozent an. Bis 1890 konnten dagegen nach damaligen Schätzungen noch etwa 70 Prozent der Gesamtförderung im eigenen Revier abgesetzt werden (vgl. Forstreuter, Valentin: Organisation der Kohlenindustrie und des Kohlenhandels in Deutschland, Berlin 1902, S. 10; Fremdling: Britische und deutsche Kohle auf norddeutschen Märkten 1850 – 1913, S. 9 f. und Zörner: Die Konkurrenzreviere der Saargruben und die in Folge ihres Wettbewerbs auf dem Absatzgebiete derselben seit dem Jahre 1885 eingetretenen Absatzverschiebungen, 1890, in: Landesarchiv Saarbrücken (im Folgenden: LA Saarbrücken), Best. BWD-714.

17 Vgl. Fremdling: Eisenbahnen und deutsches Wirtschaftswachstum, S. 62.

18 Vgl. Zimmermann, Erich: Die britische Kohlenausfuhr, ihre Geschichte, Organisation und Bedeutung, Essen 1911, S. 1 ff. und Fremdling, Rainer: Anglo-German rivalry in coal markets in France, the Netherlands and Germany, 1850 – 1913, in: The journal of European economic history 25, 1996, Nr. 3, S. 599 – 646, hier: S. 601 ff.

Bis 1880 stieg die Einfuhr englischer Kohle in Hamburg auf über 1 Million Jahrestonnen an.[19] Der Ausbau der Eisenbahnverbindungen hatte die Absatzmöglichkeiten für den Ruhrbergbau in Norddeutschland zwar verbessert, doch blieben insbesondere im Raum Hamburg die Absatzerfolge, auch aufgrund ungenügender Gegenfracht für den Rückweg der Eisenbahn nach Westfalen, zunächst äußerst gering.[20] Wegen zunächst besserer Bahnanbindungen und kürzerer Entfernungen hatten Tarifermäßigungen für Kohlentransport seit den 1860er Jahren für den Absatz in anderen Küstenstädten deutlich positivere Auswirkungen für den Ruhrbergbau. So konnte der Marktanteil für westfälische Kohle in Bremen innerhalb kürzester Zeit zwischen 1860 und 1862 von 7 auf 75 Prozent gesteigert werden.[21]

Hamburg blieb auch deshalb das Zentrum der britischen Kohlenimporte, weil dort mit der Elbe ein günstiger Transportweg in das deutsche Hinterland bestand.[22] Ziel war dabei häufig Magdeburg, wo aufgrund der bereits bestehenden günstigen Bahnanbindungen während des 19. Jahrhunderts ein Zentrum des Wettbewerbs verschiedener Kohlenreviere entstand.[23] Deutlich vor britischer und westfälischer Kohle besaßen dort allerdings Braunkohlen aus Böhmen oder aus der unmittelbaren Umgebung von Magdeburg die höchsten Verkaufsanteile. Westfälische Kohle konnte dort allerdings zwischen 1860 und 1881 ihren Marktanteil aufgrund sinkender Frachtkosten von 6,3 auf 19,9 Prozent erhöhen.[24]

Wegen der günstigen Verkehrsanbindungen zu den Hafenstädten Hamburg, Stettin und Swinemünde dominierte die britische Importkohle zunächst auch den Berliner Kohlenmarkt, der sich zu einem beliebten Absatzziel mehrerer Förderreviere

---

19 Im Jahr 1833 lag die Importmenge bei 47.000 Tonnen. Erste Überlieferungen zur Einfuhr britischer Kohle in Hamburg gibt es bereits für die erste Hälfte des 17. Jahrhunderts (vgl. Westfälisches Kohlenkontor Naht, Emschermann u. Co., i. L., Hamburg: 50 Jahre Ruhrkohlenverkauf im norddeutschen Küstengebiet, 1956, S. 1, in: montan.dok/BBA 95/160 und Fremdling: Britische und deutsche Kohle auf norddeutschen Märkten 1850 – 1913, S. 29).

20 Eisenerze aus Schweden, die in der Stahlindustrie des Ruhrgebiets benötigt wurden, wurden meist über Rotterdam eingeführt (vgl. Heidmann, R.: Hamburg's Kohlenhandel, Hamburg 1897, S. 10).

21 Bis 1881 sank der Marktanteil britischer Kohle in Bremen auf 2,7 Prozent (vgl. Fremdling: Eisenbahnen und deutsches Wirtschaftswachstum, S. 67). Zu den Tarifermäßigungen und dabei insbesondere zur Einführung des „Einpfennigtarifs" zwischen 1861 und 1868 vgl. Verein für die bergbaulichen Interessen im Oberbergamtsbezirk Dortmund: Die Entwickelung des niederrheinisch-westfälischen Steinkohlen-Bergbaues in der zweiten Hälfte des 19. Jahrhunderts. Band X: Wirtschaftliche Entwickelung, Teil 1, Berlin 1904, S. 119 ff.

22 Britische Kohle, die nicht in den Hafenstädten und Küstengebieten vertrieben werden konnte, wurde häufig unmittelbar auf Kähne verfrachtet, um Lagerkosten zu sparen, und weiter ins Hinterland geschafft. Dort kam es den Händlern dann vielmehr auf die „Unterbringung" als auf den Erlös an (vgl. Altmann, Hans-Joachim: Die Kohlenversorgung Groß-Berlins und der Mittellandkanal, Berlin 1930, S. 32).

23 Vgl. Fremdling: Eisenbahnen und deutsches Wirtschaftswachstum, S. 65 f. und Polster, Otto: Zur Geschichte und Entwickelung des Kohlenhandels, Berlin 1903, S. 14.

24 Vgl. Voss, Hermann: Magdeburgs Kohlenhandel einst und jetzt. Eine Studie, Magdeburg 1904, S. 20 ff. und Fremdling: Eisenbahnen und deutsches Wirtschaftswachstum, S. 65 f.

entwickelte. Bedingt durch die stark steigende Nachfrage und begleitet von Tarifermäßigungen für den Bahntransport hatten sich dort in den 1860er Jahren die Wettbewerbsverhältnisse zwischen britischer und oberschlesischer Kohle innerhalb weniger Jahre zugunsten des oberschlesischen Reviers umgekehrt.[25] Ruhrkohle hatte in Berlin trotz gewisser Absatzerfolge zunächst lediglich eine Nischenstellung und erreichte bis 1890 einen Marktanteil von knapp 6 Prozent.[26]

Die Wettbewerbslage deutscher Produktionsreviere war also im 19. Jahrhundert gerade in den norddeutschen Regionen erheblich von Verbesserungen im Verkehrssektor sowie der Senkung von Transportkosten abhängig. Hierbei muss jedoch berücksichtigt werden, dass der Ausbau der Transportwege auch den Absatz von Importkohle in das Hinterland erleichtern konnte. Insbesondere im Norden und in vielen Gebieten östlich der Elbe blieben die Verkaufspreise britischer Kohle daher noch über viele Jahre hinweg die Richtschnur für die Preispolitik der Ruhrzechen. Nicht selten lagen die Preise der britischen Konkurrenz noch unterhalb der Selbstkosten vieler Ruhrzechen.[27]

In süddeutschen Regionen mussten sich der Ruhrbergbau und andere deutsche Förderreviere dagegen deutlich weniger mit britischer Konkurrenz auseinandersetzen. Die Gebiete südlich der Mainlinie entwickelten sich im späten 19. Jahrhundert aufgrund der hohen Aufnahmefähigkeit zu einem beliebten Absatzgebiet verschiedener Förderreviere, weil es dort abgesehen vom Saarbergbau im äußersten Südwesten keine nennenswerten Kohlevorkommen gab.[28] In den südwestlichen Teilen konnte der Saarbergbau den Markt zunächst dominieren und gleichzeitig durch die Expansion des Eisenbahnnetzes weiter ausbauen. Gleichzeitig verlor dieser jedoch durch die damit auch bessere Verkehrsanbindung anderer Fördergebiete seine Monopolstellung. Seit etwa 1850 gelang es der Ruhrkohle sowie auch französischen und belgischen Steinkohleproduzenten, den Saargruben in deren angestammten Absatzgebieten zunehmend Konkurrenz zu bereiten.[29]

---

25 Für oberschlesische Kohle in Richtung Berlin wurden bereits seit dem Ende der 1840er Jahre Tarifermäßigungen genehmigt, durch welche die Konkurrenzfähigkeit zur britischen Kohle deutlich verbessert werden konnte (vgl. Ziegler: Eisenbahnen und Staat im Zeitalter der Industrialisierung, S. 26 f.). 1862 stammten in Berlin bei einem Gesamtverbrauch von 1,6 Mio. Tonnen etwa 1 Mio. Tonnen Kohle aus England und rund 0,4 Mio. Tonnen aus Oberschlesien. Bis 1864 hatte sich dieses Verhältnis mehr als umgekehrt: 1,86 Mio. Tonnen schlesische Kohle gegenüber 0,5 Mio. Tonnen englischer Kohle (vgl. Treue, Wilhelm: 100 Jahre Caesar Wollheim, München 1961, S. 8 ff.).

26 Bis zum Jahr 1880 gelangte westfälische Kohle lediglich über den Eisenbahnweg nach Berlin. Danach wurde westfälische Kohle auch über Hamburg per Schiff nach Berlin gebracht (vgl. Zentgraf, Emil: Der Wettbewerb auf dem Berliner Kohlenmarkt. Teil 4, in: Glückauf, Berg- und Hüttenmännische Zeitschrift 49, 1913, Nr. 15, S. 572–583, hier: S. 453 f.).

27 Vgl. RWKS, Bericht des Vorstandes über das Geschäftsjahr 1894, in: montan.dok/BBA 33/318 (1) und Fremdling: Eisenbahnen und deutsches Wirtschaftswachstum, S. 62 f.

28 Zu den Steinkohlenvorkommen in Bayern und deren Abbau vgl. Blasberg, Eugen: Die Steinkohlenversorgung Bayerns, München 1910, S. 5 ff.

29 Vgl. Weimann, Fritz: Absatzwege und Absatzgebiete des Saarkohlenhandels, Cassel 1913, S. 15 f. und Banken: Die Industrialisierung der Saarregion 1815–1914, S. 146 f. Sehr bedeutsam für die Ab-

Bis zum Beginn der 1880er Jahre wurden Produkte aus dem Ruhrbergbau wegen der zunächst noch unzuverlässigen Rheinschifffahrt fast ausschließlich per Eisenbahn nach Süddeutschland geliefert. Mit der Erhöhung der Nachfrage und dem Ausbau der Wasserwege verlagerte sich der Kohlenverkehr jedoch stärker auf den Rhein, dessen Bedeutung als Verkehrsweg seit der Verabschiedung der Revidierten Rheinschiffahrtsakte von 1868 deutlich zunahm.[30] Zwar behielten für den Kohlentransport nach Süddeutschland beide Verkehrsmittel ihre Bedeutung, doch bildeten sich durch die starke Verlagerung auf den Wasserweg besondere Charakteristika des süddeutschen Kohlenmarkts heraus. Aufgrund der möglichen Behinderungen im Schiffsverkehr durch Witterungseinflüsse war an den Umschlagplätzen eine ausreichend große Lagerhaltung erforderlich, um Lieferengpässe zu vermeiden. Die Preiskalkulation zeigte sich daher im Vergleich zu anderen Absatzgebieten deutlich unbeständiger. Die dortige Preisentwicklung wurde auch dadurch beeinflusst, dass auf dem Frachtenmarkt für die Schifffahrt eine weitaus größere Anzahl an Akteuren aktiv war als im Eisenbahnverkehr.[31]

Da Mannheim über längere Zeit den Endpunkt der Großschifffahrt auf dem Rhein bildete, wuchs die Stadt, begünstigt durch die guten Eisenbahnanbindungen sowie die Nähe zum Neckar, zum Zentrum des süddeutschen Kohlenmarkts heran, wo Ruhrkohleprodukte mit weitem Abstand zur Saarkohle bereits seit dem späten 19. Jahrhundert den dortigen Markt dominierten.[32] Zumeist unter der Regie der dort tätigen Kohlengroßhandlungen entstanden rund um Mannheim Lagerplätze, Umschlag- und Sortiereinrichtungen, Brechwerke und Brikettfabriken.[33] Vorteil der süd-

---

satzausweitung der Ruhrkohle nach Süddeutschland war die 1859 geschaffene Strecke Bonn-Bingerbrück, die einen Anschluss an die süddeutschen Eisenbahnnetze ermöglichte (vgl. Schulte: Die Rheinschiffahrt und die Eisenbahnen, S. 402).

30 Vgl. Adolph: Ruhrkohlenbergbau, Transportwesen und Eisenbahntarifpolitik, S. 67. Mit der Revidierten Rheinschiffahrtsakte wurde 1868 die völlige Freiheit der Schifffahrt auf dem Rhein und den Nebenflüssen ohne Zollabgaben von Basel bis zur Mündung in die Nordsee festgelegt (vgl. Nasse, Walther: Der Rhein als Wasserstraße, in: Verein für Socialpolitik (Hg.): Die Schiffahrt der deutschen Ströme. Untersuchungen über deren Abgabenwesen, Regulierungskosten und Verkehrsverhältnisse (Dritter Band), Leipzig 1905, S. 1–300, hier: S. 5ff. Zur Geschichte der Kohlenschifffahrt auf dem Rhein im 19. Jahrhundert vgl. Overlack: Die Ruhrkohlenschiffahrt auf dem Rhein, S. 46ff.

31 Vgl. Heinrichsbauer: Kohlenkontor Weyhenmeyer & Co. und Süddeutsche Kohlenwirtschaft, S. 5f. und Adolph: Ruhrkohlenbergbau, Transportwesen und Eisenbahntarifpolitik, S. 67.

32 Vgl. Schoene: Der Wettbewerb zwischen Eisenbahn und Rheinschiffahrt und sein Einfluss auf die Kohlenzufuhr nach Baden, Württemberg und dem rechtsrheinischen Bayern, S. 2ff. und Singhof, Gottfried: Der Mannheimer Kohlen-Grosshandel, Heidelberg 1905, S. 21.

33 Zwischen 1847 und 1904 hatte sich die Zahl der in Mannheim tätigen Kohlegroßhandlungen von einer auf 44 Firmen erhöht, wobei noch weitere Kleinhändler hinzukamen (vgl. Heinrichsbauer: Kohlenkontor Weyhenmeyer & Co. und Süddeutsche Kohlenwirtschaft, S. 7; Singhof: Der Mannheimer Kohlen-Grosshandel, S. 16 sowie Schilson, Karl: Der deutsche Kohlenhandel und seine Organisation, Gießen 1924, S. 12). Die Brikettfabriken nahmen am Oberrhein seit Beginn der 1890er Jahre ihren Betrieb auf, weil beim Kohlentransport in Schiffen große Mengen Kohlengrieß entstanden, die am Umschlagplatz weiterverarbeitet werden konnten. Zudem war der Transport von Feinkohle kostengüns-

deutschen Regionen war neben ihrer großen Aufnahmefähigkeit, die für den Ruhrbergbau zu einer deutlich geringeren Wettbewerbsintensität führte, dass über die süddeutschen Umschlagplätze zudem der Kohlenabsatz in das benachbarte Ausland ausgedehnt werden konnte. Während aus dem Kernmarkt heraus bereits seit den 1830er Jahren insbesondere die Niederlande als wichtiger Absatzmarkt erschlossen wurden,[34] gelang von Süddeutschland aus vor allem der vermehrte Export in die Schweiz und nach Frankreich.[35]

Wie die Entwicklung seit der zweiten Hälfte des 19. Jahrhunderts deutlich macht, konnte durch die Verbesserung der Verkehrsinfrastruktur und die Senkung der Transportkosten die Erschließung neuer Absatzmärkte bereits erheblich erleichtert werden. Je nach Himmelsrichtung verlief die Ausdehnung der Absatzmärkte jedoch völlig unterschiedlich, was neben der jeweiligen Verkehrsanbindung erheblich von der regionalen Konkurrenzsituation abhängig war. Auch zeigt sich bei Maßnahmen zur Absatzausdehnung, dass hierbei selbst bei einem scheinbar relativ homogenen Massengut wie Steinkohle bereits im 19. Jahrhundert ein Qualitätswettbewerb entstanden war, der dem Ruhrbergbau in stark bestrittenen Absatzgebieten wie Berlin und Hamburg durchaus zugute kam.[36] Die zunehmende Verbreitung von Aufbereitungsanlagen im Ruhrbergbau seit den 1850er Jahren förderte diese Entwicklung weiter und ließ die Sortenvielfalt im Steinkohlensektor weiter anwachsen.[37]

Für die Erschließung neuer Absatzmärkte war neben einer geeigneten Verkehrsinfrastruktur eine leistungsfähige Vertriebsorganisation erforderlich, um die im Wettbewerb entstehenden Marktkosten gering zu halten. Diese stand den Ruhrzechen

---

tiger als von fertig gepressten Briketts (vgl. Heinrichsbauer: Kohlenkontor Weyhenmeyer & Co. und Süddeutsche Kohlenwirtschaft, S. 97 f.). Weitere wichtige Standorte für Kohlenumschlag und -weiterverarbeitung waren neben Mannheim das nahe gelegene Rheinau sowie Gustavsburg, Lauterburg und Straßburg (vgl. Schulte: Die Rheinschiffahrt und die Eisenbahnen, S. 416 f.).

34 Zur Entwicklung des Exportgeschäfts in die Niederlande vgl. Fremdling: Anglo-German rivalry in coal markets in France, the Netherlands and Germany, 1850 – 1913, S. 614 ff.

35 Seit Anfang der 1890er Jahre wurde von Straßburg und Lauterburg aus begonnen, den Ruhrkohlenabsatz in der Schweiz zuungunsten der belgischen Kohle zu erhöhen (vgl. Singhof: Der Mannheimer Kohlen-Grosshandel, S. 15). Bis zum Ersten Weltkrieg stieg das Deutsche Reich bei gleichzeitig großen Importmengen zum zweitgrößten Kohlenexporteur der Welt auf (vgl. Fremdling: Anglo-German rivalry in coal markets in France, the Netherlands and Germany, 1850 – 1913, S. 601 und Ebner, Georg: Der deutsche Kohlenhandel in seiner Entwicklung von 1880 – 1907, Borna-Leipzig 1909, S. 7 ff.).

36 In Hamburg konnten z. B. recht frühzeitig Marktanteile bei Reedereien und im Hausbrand hinzugewonnen werden. In Berlin hatte sich Ruhrkohle trotz des starken Wettbewerbs recht früh als Schmiedekohle etablieren können (vgl. Handelskammer Hamburg (Hg.): Hamburgs Handel im Jahre 1884. Sachverständigenberichte, S. 112 f. und Treue: 100 Jahre Caesar Wollheim, S. 11). Ausführlich dazu vgl. Kap. 3.5.

37 Zur verstärkten Aufbereitung von Ruhrkohle und der damit entstandenen Sortenvielfalt vgl. Verein für die bergbaulichen Interessen im Oberbergamtsbezirk Dortmund: Die Entwickelung des niederrheinisch-westfälischen Steinkohlen-Bergbaues in der zweiten Hälfte des 19. Jahrhunderts. Band X: Wirtschaftliche Entwickelung, Teil 1, S. 200 ff. und Holtfrerich: Quantitative Wirtschaftsgeschichte des Ruhrkohlenbergbaus im 19. Jahrhundert, S. 99 f.

in der Expansionsphase zunächst nur bedingt zur Verfügung, da die seinerzeit vorhandene Absatzorganisation zumeist als unabhängiger Handelspartner gegenüber den Produzenten agierte. Für den Verkauf, der über den unmittelbaren Radius der Schachtanlagen hinausging, bedienten sich die Zechen in der Regel des freien Großhandels. Viele dieser Händler gingen aus dem Ruhrschifffahrtsgewerbe hervor und konnten ihre Position gegenüber den Produzenten mit dem Ausbau des Eisenbahnnetzes deutlich zu ihren Gunsten stärken.[38] Während sich in vielen Industriebranchen zu dieser Zeit abzeichnete, dass es für die Erzeuger aufgrund größerer Produktionsmengen lohnenswert war, den Absatz nicht mehr unabhängigen Kaufleuten zu überlassen, sondern selbst zu organisieren, blieb die starke Stellung des freien Handels auf dem Kohlenmarkt zunächst bestehen. Ein wesentlicher Grund dafür war, dass Kohle aufgrund ihres großen Transportvolumens häufig zu Leerfahrten auf dem Rückweg führte. Dieses Leerlaufrisiko schienen die Produzenten lieber dem Handel zu übertragen, um sich nicht mit möglicher Gegenfracht als finanziellen Ausgleich beschäftigen zu müssen.[39]

Aufgrund ihrer unabhängigen Stellung wurden die freien Großhändler auf dem Kohlenmarkt für die Preisbildung und die Zahlungsbedingungen maßgebend und konnten den Konkurrenzkampf zwischen den Zechen sowie die Konjunkturlagen optimal ausnutzen. Bei niedriger Preislage kauften die Großhändler große Mengen Kohle an oder schlossen langfristige Verträge ab, verkauften aber vielfach erst bei günstigerer Konjunkturlage weiter.[40] Für den kontinuierlichen Betrieb einer Schachtanlage waren die Produzenten jedoch auch bei geringerer Nachfrage, die zum Beispiel durch jahreszeitliche Schwankungen verursacht wurde, auf die Abnahme des Großhandels angewiesen.[41] Hierbei erfolgte oftmals ein Wertausgleich zwischen der Produktions- und Absatzfinanzierung, wodurch die Händler neben Kreditmöglichkeiten für Abnehmer auch den Zechen wegen des hohen Lohnkostenanteils der Produktion kurzfristige Vorauszahlungen ermöglichten.[42]

---

38 Vielfach war der freie Kohlenhandel im 19. Jahrhundert auch als Kapitalgeber für Produzenten im Ruhrbergbau aktiv (vgl. Polster: Zur Geschichte und Entwickelung des Kohlenhandels, S. 6 ff. und Forstreuter: Organisation der Kohlenindustrie und des Kohlenhandels in Deutschland, S. 50).

39 Vgl. van Klaveren, Jacob: Die Industrielle Revolution und das Eindringen des Fabrikanten in den Handel, Dortmund 1972, S. 5 ff.

40 Vgl. Dietrich, Helmut: Die Kohlenversorgung Süddeutschlands, Würzburg 1929, S. 24 f.; Schilson: Der deutsche Kohlenhandel und seine Organisation, S. 30 f. und Hardt: Betrachtungen über das rheinisch-westfälische Kohlensyndikat als Absatzorgan der Ruhrzechen, S. 5 f.

41 Vgl. Richtsteig: Die Kohlenhandelsgesellschaften des Rheinisch-Westfälischen Kohlen-Syndikats zu Essen a. d. Ruhr, S. 2 f. Die starke, jahreszeitliche Abhängigkeit vom Hausbrandsektor hatte sich durch die Nachfragesteigerungen der Eisen- und Stahlindustrie seit den 1870er Jahren leicht verbessert, wobei die jahreszeitlichen Schwankungen durchweg von Bedeutung blieben (vgl. Tenfelde: Sozialgeschichte der Bergarbeiterschaft an der Ruhr im 19. Jahrhundert, S. 197).

42 Allerdings befanden sich viele Großhändler schon damals in einer gewissen Doppelrolle und mussten auch nachfolgenden Kleinhändlern sowie den Verbrauchern längere Zahlungsfristen und Kreditmöglichkeiten einräumen (vgl. Wöhrle, Eugen: Entwicklung und Gestaltung des Ruhrkohlenhandels, Speyer 1939, S. 9 f.).

Die Vormachtstellung des freien Kohlenhandels war Gegenstand vieler lebhafter Debatten in der Branche und hatte auf die seit den 1870er Jahren einsetzenden Kartellierungsbestrebungen einen erheblichen Einfluss.[43] Eine kontinuierliche Absatzsicherung und die Verringerung zyklischer Nachfrageschwankungen konnte eine deutliche Senkung von Marktnutzungskosten bewirken, die nicht allein durch Produktions- und Preiskonventionen zu erreichen war. Diese Erkenntnis ergab sich jedoch erst durch einen längeren Prozess, entwickelte sich allerdings im späten 19. Jahrhundert zum Leitmotiv der Syndikatsbildung im Ruhrbergbau.[44]

2.2 Kartellierungsbestrebungen als Krisenreaktion

Die bislang genannten Zahlen zur Expansion der Kohlenförderung in der zweiten Hälfte des 19. Jahrhunderts verdeckten zum Teil den Blick auf gravierende wirtschaftliche Problemlagen. Der Einschätzung von Gunnar Gawehn, dass sich Krisen nicht zwangsläufig an den Produktionsstatistiken der Ruhrzechen ablesen lassen und vielmehr weitere Daten zu Preisentwicklung, Erträgen und Arbeitsverhältnissen einbezogen werden müssen, ist an dieser Stelle ohne Einschränkung zuzustimmen.[45] Obgleich die seit den späten 1850er Jahren auftretenden ökonomischen Krisenerscheinungen, insbesondere die 1873 beginnende und bis in die 1880er Jahre hinein andauernde „Gründerkrise", auf die fortwährend steigenden Produktionsmengen im Ruhrbergbau augenscheinlich nur geringe Einflüsse hatten, bewirkten die konjunkturellen Wechsellagen doch einen nachhaltigen Strukturwandel, der für die Kartellierungsbestrebungen maßgebend war.[46] Die Kartellgründungen im Ruhrbergbau wurden zumeist als unmittelbare Folge dieser Krisen eingeordnet, weshalb die für Montankartelle vielfach genutzte Bezeichnung „Kinder der Noth"[47] in der Wissenschaft und auch von Führungskräften aus kartellierten Wirtschaftszweigen noch über mehrere Jahrzehnte hinweg als zentrale Rechtfertigung herangezogen wurde.[48] Stabile und längerfristig bestehende Kartellorganisationen wie das Kohlensyndikat nahmen

---

43 Vgl. Heinrichsbauer: Kohlenkontor Weyhenmeyer & Co. und Süddeutsche Kohlenwirtschaft, S. 102.

44 Vgl. Wöhrle: Entwicklung und Gestaltung des Ruhrkohlenhandels, S. 9 sowie Nocken: German cartels through the lens of transaction cost theory, S. 278 f.

45 Vgl. Gawehn: Zollverein, S. 123.

46 Vgl. ebd. Zum Einfluss der Wirtschaftskrisen auf die Kartellbildung vgl. u. a. auch Maschke: Grundzüge der deutschen Kartellgeschichte bis 1914, S. 16 f. Die 1857 in den USA ausgebrochene Geld- und Handelskrise wirkte sich auch auf den Ruhrbergbau aus und führte kurzzeitig (1859) zu rückläufigen Produktionsziffern. Die spätere Krise im Jahr 1866 hatte nur geringfügige Auswirkungen auf den Ruhrbergbau (vgl. Tenfelde: Sozialgeschichte der Bergarbeiterschaft an der Ruhr im 19. Jahrhundert, S. 196 ff.). Ausführlich zur Konjunkturentwicklung seit den 1870er Jahren vgl. Burhop: Wirtschaftsgeschichte des Kaiserreichs 1871–1918, S. 67 ff.

47 Kleinwächter: Die Kartelle, S. 143.

48 Ausführlich zur Forschungsdebatte über die Interpretation der Kartelle als „Kinder der Not" vgl. Jovović: Deutschland und die Kartelle, S. 249 ff.

zwar in konjunkturell günstigeren Phasen ihre Arbeit auf, doch ist dies kein klares Gegenargument dafür, dass Kartelle vor allem Ergebnisse wirtschaftlicher Notlagen waren.[49] Schließlich war die im Jahr 1893 erfolgte Gründung des Kohlensyndikats das Ergebnis eines langjährigen und schrittweisen Kartellierungsprozesses im Ruhrbergbau, der seine Ursprünge in konjunkturell deutlich schwierigeren Phasen genommen hatte, sich allerdings aus vielerlei Gründen über einen deutlich längeren Zeitraum hinzog.

Tab. 2: Unternehmensstruktur im Oberbergamtsbezirk Dortmund

Jahr	Gesamtförderung	Anzahl der Betriebe	Ø-Förderung aller Betriebe
1865	8.629.475 t	235	36.700 t
1870	11.812.529 t	220	53.700 t
1875	16.983.140 t	267	63.600 t
1880	22.495.204 t	202	111.400 t
1885	28.970.323 t	196	147.800 t
1890	35.469.290 t	180	197.100 t

Quelle: Verein für die bergbaulichen Interessen im Oberbergamtsbezirk Dortmund: Die Entwickelung des niederrheinisch-westfälischen Steinkohlen-Bergbaues in der zweiten Hälfte des 19. Jahrhunderts. Band X: Wirtschaftliche Entwickelung, Teil 1, Berlin 1904, S. 52 ff.[50]

Eine große Hürde für die Kartellierungsbestrebungen im Ruhrbergbau war die starke unternehmerische Zersplitterung, die bereits auf den „Monopolmärkten" zu einem intensiven Wettbewerb führte, der sich durch eine schwache Nachfrage aufgrund konjunktureller Einbrüche noch zusätzlich verstärken konnte. Die seit den 1860er Jahren einsetzende Konzentration und der damit steigende Anteil von Großbetrieben hatten auf diese Marktverhältnisse nur geringe Auswirkungen, da die Anzahl der selbstständigen Förderbetriebe weiter auf einem hohen Niveau verblieb (vgl. Tab. 2).

Dass es in Zeiten krisenbedingter Nachfragerückgänge und sinkender Verkaufspreise kaum Tendenzen zur Senkung der Überproduktion gab, lag an der spezifischen Kostenstruktur des Bergbaus, die ein weiteres Hindernis für die Kartellbildung darstellte. Die Ausweitung der Produktionsmengen beruhte nämlich auf dem Ziel, die hohen Selbstkosten auf eine größere Fördermenge zu verteilen, wobei die daraus resultierenden Angebotssteigerungen wiederum Auswirkungen auf das Preisniveau hatten.[51] Die Höhe der Selbstkosten ergab sich zum Großteil aus den Arbeitskosten

---

49 Vgl. Maschke: Grundzüge der deutschen Kartellgeschichte bis 1914, S. 16 f. Zu den Auswirkungen der Wirtschaftskrisen in den 1870er und 1880er Jahren bezogen auf einzelne Unternehmen des Ruhrbergbaus vgl. z. B. Gawehn: Zollverein, S. 123 ff.

50 In diesen Zahlen sind auch Daten zu außerhalb des Ruhrgebiets liegenden Zechen des Oberbergamtsbezirks (OBA) Dortmund enthalten. Nicht eingerechnet ist aus dem Ruhrgebiet die Zeche

sowie dem hohen Fixkostenanteil, der auch bei geringerer Beschäftigung bestehen blieb. Eine konstante Abnahme der Produktionsmengen hatte daher für viele Unternehmen auch bei einem niedrigen Preisniveau höchste Priorität.[52] Zu einer weiteren Erhöhung der Selbstkosten trug in der zweiten Hälfte des 19. Jahrhunderts der zunehmende Betrieb von Aufbereitungsanlagen bei, auch wenn dadurch gleichzeitig die Qualität der Produkte und damit die Absatzmöglichkeiten verbessert werden konnten.[53]

Aus der hier geschilderten Kostenproblematik resultierten im Ruhrbergbau in den 1870er Jahren stärkere Zusammenschlussbewegungen. Horizontale und vertikale Konzentrationstendenzen führten neben der Erhöhung der durchschnittlichen Betriebsgröße häufig zu einem engeren Verbund zwischen Bergwerken und Hüttenindustrie und sollten durch die Verringerung der Anbieterzahl auch zur Stabilisierung des Preisniveaus beitragen.[54] Die Konzentrationsbewegung verharrte jedoch, auf den gesamten Ruhrbergbau betrachtet, über das 19. Jahrhundert hinweg auf einem eher geringen Niveau. Unterschiede zwischen den Betriebsgrößen blieben dabei ebenso bestehen wie damit auch unterschiedliche Kostenstrukturen. Zudem standen die einzelnen Zechen je nach verfügbaren Kohlensorten und deren Ausdifferenzierung durch die Aufbereitung einer völlig unterschiedlichen Abnehmerschaft gegenüber. Während zum Beispiel Magerkohle vermehrt im Hausbrandsektor verkauft wurde und damit einer jahreszeitlich stark schwankenden Nachfrage unterlag, fand die verkokbare Fettkohle zumeist in der Hüttenindustrie Verwendung, wo zwar häufig langfristige Lieferverträge geschlossen wurden, allerdings gleichzeitig auch eine starke Abhängigkeit von konjunkturanfälligen Großabnehmern bestand. Gas- und Flammkohle fand ihre Kunden in unterschiedlichen Gewerbezweigen und wurden insbesondere für den Betrieb von Kesselanlagen und Gaswerken genutzt.[55] Eine Konzentration auf den Abbau bestimmter Kohlensorten war aufgrund der Lagerstättensituation in der Regel

Rheinpreussen am linken Niederrhein, die zum OBA-Bezirk Bonn gehörte. Zu Produktionsangaben bezogen auf den gesamten Ruhrbergbau vgl. Tab. 29 im Anhang.

51 Vgl. Pilz: Die Hüttenzechenfrage im Ruhrbezirk und Richtlinien für eine Erneuerung des Rheinisch-Westfälischen Kohlen-Syndikats, S. 5 und Kronenberg, C.: Die Preisbildung und Preispolitik des Rheinisch-Westfälischen Kohlen-Syndikats, Köln 1907, S. 2.

52 Vgl. Preute, Hans: Die Absatz- und Verkehrsverhältnisse des rheinisch-westfälischen Kohlenbergbaues vor und nach dem Weltkriege, Bochum 1929, S. 20 f.; Schmalenbach, Eugen: Grundlagen der Selbstkostenrechnung und Preispolitik, Leipzig 1927, S. 21 ff. und Franken: Syndikatshandel oder Freihandel im Kohlenabsatz? S. 5 ff.

53 Eine weitere Folge der Aufbereitung war auch ein höherer Anfall von Feinkohle, wodurch wiederum die Verbreitung der Brikettierung gefördert wurde (vgl. Effertz, Reinhard: Die niederrheinisch-westfälische Kohlen-Industrie in ihren Existenz-Bedingungen früher und jetzt unter besonderer Bezugnahme auf die durch das Kohlensyndikat geschaffene Lage, Essen 1895, S. 6 f.).

54 Vgl. Tenfelde: Sozialgeschichte der Bergarbeiterschaft an der Ruhr im 19. Jahrhundert, S. 202 f. und Gawehn: Zollverein, S. 146 ff. Das Bestreben, einen mehrstufigen vertikalen Ausbau der Unternehmen zu erreichen, nahm auch mit der Durchsetzung von Aktiengesellschaften in der deutschen Industrie seit den 1850er Jahren zu (vgl. Maschke: Grundzüge der deutschen Kartellgeschichte bis 1914, S. 14 f. sowie weitergehend auch Wischermann; Nieberding: Die institutionelle Revolution, S. 256 ff.).

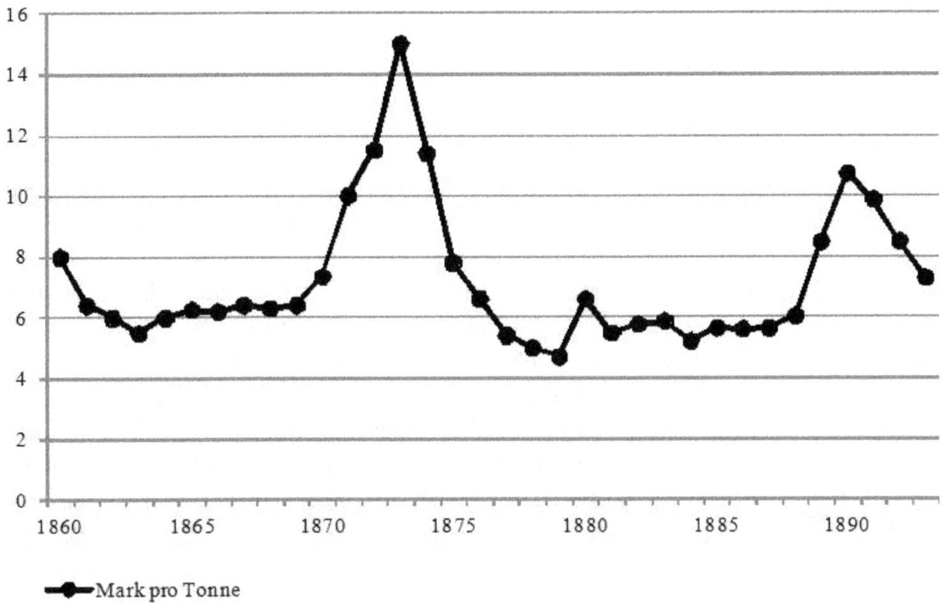

Abb. 1: Preise für Förderkohle an der Essener Kohlenbörse 1860 bis 1893
Quelle: Lüthgen, Helmut: Das Rheinisch-Westfälische Kohlensyndikat in der Vorkriegs-, Kriegs- und Nachkriegszeit und seine Hauptprobleme, Leipzig 1926, S. 3 (eigene Darstellung; der Wert für das Jahr 1874 wurde aufgrund fehlender Angaben interpoliert).[a)]
[a)] Der börsenmäßige Handel mit Kohle verlor nach Gründung des Kohlensyndikats an Bedeutung. Die Börsen in Essen und Düsseldorf hatten lediglich noch Bedeutung für den Kuxenhandel (vgl. Jeschke, Hans A.: Die Technik des Absatzes deutscher und englischer Steinkohlen in Deutschland, in: Zeitschrift für Handelswissenschaft und Handelspraxis 3, 1911, Nr. 7, S. 225–236, hier: S. 226 sowie Verein für die bergbaulichen Interessen im Oberbergamtsbezirk Dortmund: Die Entwickelung des niederrheinisch-westfälischen Steinkohlen-Bergbaues in der zweiten Hälfte des 19. Jahrhunderts. Band XII: Wirtschaftliche Entwickelung, Teil 3, Berlin 1904, S. 9 ff.).

kaum möglich, so dass auch weniger nachgefragte Sorten abgebaut werden mussten, für deren Absatz die Zechen auf einen leistungsfähigen Großhandel angewiesen waren.[56] Bei der in der Literatur gängigen Herausstellung einer scheinbaren Güterhomogenität im Steinkohlenbergbau wird die hohe Produktdifferenzierung bislang nur unzureichend berücksichtigt und die damit verbundenen Schwierigkeiten für eine Kartellbildung häufig verkannt.[57] Auf den Fortgang und den Erfolg der Kartellie-

---

55 Zur ausführlichen Beschreibung der Kohlensorten vgl. u.a. Adolph: Ruhrkohlenbergbau, Transportwesen und Eisenbahntarifpolitik, S. 24 f. und Verein für die bergbaulichen Interessen im Oberbergamtsbezirk Dortmund: Die Entwickelung des niederrheinisch-westfälischen Steinkohlen-Bergbaues in der zweiten Hälfte des 19. Jahrhunderts. Band X: Wirtschaftliche Entwickelung, Teil 1, S. 200 ff.
56 Eine ausreichende Abnahme von minderwertigen Sorten durch den Großhandel stellte vor der Gründung des Kohlensyndikats ein zentrales Problem dar (vgl. Preute: Die Absatz- und Verkehrsverhältnisse des rheinisch-westfälischen Kohlenbergbaues vor und nach dem Weltkriege, S. 24).

rungsbestrebungen hatte dies jedoch einen wichtigen Einfluss, denn gerade die heterogene Angebotsstruktur hatte Vereinbarungen über eine gemeinsame Preispolitik erheblich erschwert.

Unternehmensübergreifende Initiativen, um die Überproduktion und das niedrige Preisniveau im Ruhrbergbau zu regulieren, waren seit der Mitte des 19. Jahrhunderts zunächst auf die Ausweitung der Absatzgebiete gerichtet, was aufgrund der hohen Frachtkosten und der Konkurrenz anderer Produktionsgebiete nur in wenigen Fällen kostendeckend war.[58] Seit 1849 sind zechenübergreifende Initiativen zur Herabsetzung von Eisenbahntarifen belegt, die sich in den Folgejahren parallel zum Ausbau des Eisenbahnnetzes fortsetzten.[59] Preisabsprachen sind für die 1850er und 1860er Jahre lediglich in geringem Maße nachweisbar: Beispielsweise handelte es sich dabei um einzelne Zusammenschlüsse, die ein weiteres Absinken der Marktpreise verhindern sollten und insbesondere gegen die Mülheimer Kohlenhändler gerichtet waren.[60]

Eine zentrale Rolle bei den Bestrebungen zur Ausweitung der Absatzgebiete hatte der im Jahr 1858 gegründete Bergbau-Verein[61] als nahezu lückenloser Zusammenschluss der Ruhrzechen eingenommen. Der Verein fungierte als Sprachrohr der Unternehmen im gesetzgeberischen und sozialpolitischen Bereich und setzte sich daneben für die Verbesserung der Verkehrsverhältnisse ein. Neben vielfach erfolgreichen Initiativen in Bezug auf Tarifermäßigungen im Bahntransport gehörte dazu auch die Unterstützung von geplanten Kanalbauprojekten.[62] Die Bestrebungen zur Absatzausweitung gingen seit den 1870er Jahren über vorherige Maßnahmen insoweit hinaus, als dass der Bergbau-Verein zur Entlastung der heimischen Kohlenmärkte auch den Auslandsabsatz stärker in den Blick nahm. Während der Kohlenexport zunächst eher als kurzfristige absatztaktische Maßnahme galt, um Überproduktionen auf anderen Märkten unterzubringen, wandelte er sich nach der Gründerkrise im Verständnis vieler Unternehmen zu einem festen Bestandteil der

57 Zur oftmals erfolgten Betonung der Güterhomogenität vgl. z. B. die Ausführungen von Wengenroth: Die Entwicklung der Kartellbewegung bis 1914, S. 17 f. und Wischermann; Nieberding: Die institutionelle Revolution, S. 276.

58 Vielfach galt jedoch der Verlust durch die Verkäufe in Wettbewerbsgebieten als geringer, als wenn dieser durch einen Rückgang der Förderung eingetreten wäre (vgl. Walther, Hans: Die Entwicklung des Abrechnungsverfahrens des Rheinisch-Westfälischen Kohlen-Syndikats und seine Preispolitik, Dipl.-Arb., Köln 1933, S. 94).

59 Vgl. Comité für Beförderung des Absatzes der westphälischen Steinkohlen nach dem Osten: Den Absatz der westphälischen Steinkohlen zur Elbe betreffend, Essen 1858, S. 1 ff. Zur ausführlichen Darlegung der Tarifentwicklung im Eisenbahnverkehr seit den 1840er Jahren vgl. Adolph: Ruhrkohlenbergbau, Transportwesen und Eisenbahntarifpolitik und Verein für die bergbaulichen Interessen im Oberbergamtsbezirk Dortmund: Die Entwickelung des niederrheinisch-westfälischen Steinkohlen-Bergbaues in der zweiten Hälfte des 19. Jahrhunderts. Band X: Wirtschaftliche Entwickelung, Teil 1, S. 119 ff.

60 Vgl. Tenfelde: Sozialgeschichte der Bergarbeiterschaft an der Ruhr im 19. Jahrhundert, S. 208 ff.

61 Der vollständige Name lautete: Verein für die bergbaulichen Interessen im Oberbergamtsbezirk Dortmund. Allgemein zur Geschichte und Tätigkeit des Bergbau-Vereins bis zur ersten Hälfte des 20. Jahrhunderts vgl. Przigoda: Unternehmensverbände im Ruhrbergbau.

Absatzstrategie, um das Preisniveau im Inland stabil zu halten.[63] Aus dem 1876 durch den Bergbau-Verein gebildeten Kohlenausfuhrkomitee, welches sich für die Verbesserung der Verkehrsverhältnisse zu den wichtigsten Hafenplätzen einsetzte, entstand im Jahr 1877 der Westfälische Kohlenausfuhrverein, an dem sich 23 Gas- und Flammkohlenzechen beteiligten. Das Augenmerk des Vereins richtete sich auf die Erschließung ausländischer Absatzgebiete über den Seeweg.[64]

Die Bemühungen zur Absatzausweitung im In- und Ausland haben gemeinsam, dass diese zwar auf die Verbesserung der wirtschaftlichen Situation des Ruhrbergbaus hinwirkten, allerdings bis weit in die 1870er Jahre zunächst kaum zu institutionellen Veränderungen und dabei insbesondere nicht zu Eingriffen in die unternehmerische Autonomie der Produzenten führten. Klassische Instrumente der Kartellpolitik, also Produktions-, Preis- oder Absatzvereinbarungen, die größere Auswirkungen auf die Entscheidungsfreiheit der Unternehmen hatten, kamen im Ruhrbergbau nur zögerlich zur Anwendung. Erklärungen für die vielfach skeptische Haltung gegenüber solchen Kartellvereinbarungen lassen sich auch in der historischen Entwicklung der Branche finden: Auch wenn die Liberalisierung des Bergrechts nicht bei allen Produzenten gleichermaßen als Segen aufgenommen wurde, gab die Aufhebung des Direktionsprinzips seit den 1850er Jahren den Ruhrzechen eine hohe unternehmerische Freiheit zurück, die vielfach als wichtiger Katalysator für die Expansion des Ruhrbergbaus gewertet wurde. Kartellierungsbestrebungen oder gar eine Syndizierung der Branche nur wenige Jahre nach der Liberalisierung konnten durchaus als Rückkehr zur Bevormundung eingeordnet werden, auch wenn dies ohne staatliche Einflussnahme geschehen wäre.[65]

Erst in der zweiten Hälfte der 1870er Jahre konnten sich, stark gefördert durch die konjunkturell schwierige Situation, Kartellabsprachen als betriebsübergreifende Maßnahmen zur Verbesserung der Ertragslage häufiger durchsetzen. Auffällig ist hierbei, dass die ersten umfangreicheren Kartellierungsbestrebungen bis weit in die zweite Hälfte der 1880er Jahre hinein fast ausschließlich auf die Bildung von Förder- oder Preiskonventionen ausgerichtet waren. Es handelte sich damit um Maßnahmen, bei denen Eingriffe in die unternehmerische Autonomie im Unterschied zu absatz-

---

62 Vgl. Tenfelde: Sozialgeschichte der Bergarbeiterschaft an der Ruhr im 19. Jahrhundert, S. 199 ff.; Schmidt-Rutsch, Olaf: Kohle Kurs Emden? Kohlenumschlag und Kohlentransport auf dem Dortmund-Ems-Kanal vor 1914, in: Ellerbrock, Karl-Peter (Hg.): Dortmunds Tor zur Welt. Einhundert Jahre Dortmunder Hafen, Essen 1999, S. 80 – 89, hier: S. 80 und Verein für die bergbaulichen Interessen im Oberbergamtsbezirk Dortmund: Die Entwickelung des niederrheinisch-westfälischen Steinkohlen-Bergbaues in der zweiten Hälfte des 19. Jahrhunderts. Band XI: Wirtschaftliche Entwickelung, Teil 2, Berlin 1904, S. 67 ff.

63 Vgl. Blaich: Absatzstrategien deutscher Unternehmen im 19. und in der ersten Hälfte des 20. Jahrhunderts, S. 20.

64 Vgl. Stieda, Wilhelm und Menzel, Adolf: Über wirtschaftliche Kartelle. Referat erstattet der am 28. und 29. September 1894 stattfindenden Generalversammlung des Vereins für Socialpolitik, Leipzig 1894, S. 12 und Schmidt-Rutsch: Kohle Kurs Emden? Kohlenumschlag und Kohlentransport auf dem Dortmund-Ems-Kanal vor 1914, S. 81.

organisatorischen Vereinbarungen noch vergleichsweise gering ausfielen. Von der zweiten Hälfte der 1870er Jahre bis zur Gründung des Kohlensyndikats 1893 wurden im Ruhrbergbau knapp 25 verschiedene Vereinigungen gebildet, die mit unterschiedlichen Kartellierungsstrategien, jedoch vielfach nur mit geringem Erfolg, eine stärkere Marktregulierung zu erreichen versuchten.[66]

Die seinerzeit gegründeten Förderkonventionen verpflichteten die Mitgliedszechen, ihre Produktion nicht über eine bestimmte Grenze hinaus auszudehnen, um Angebot und Nachfrage besser aufeinander abzustimmen.[67] Dass die Kohlenproduktion trotzdem fortwährend zunahm, wird teilweise bereits als Indiz für die geringe Funktionsfähigkeit der Produktionsvereinbarungen gewertet.[68] Verträge zu Fördereinschränkungen hatten tatsächlich häufig nur eine geringe Lebensdauer, weil beteiligte Unternehmen trotz der Abkommen kaum auf zusätzliche Verkaufsgelegenheiten verzichteten, um die aufgrund der Produktionseinschränkungen gestiegenen Selbstkosten zu reduzieren. Eine ausreichende Überwachung zur Einhaltung der Fördergrenzen war wegen der großen Zersplitterung kaum möglich.[69] Ein weiteres Hindernis für eine zufriedenstellende Funktionsfähigkeit solcher Produktionskartelle waren die häufigen Ausnahmeregelungen für noch im Wachstum stehende Zechen, so dass die Gesamtförderung nicht in ausreichendem Maß zurückging.[70]

Auch Preisvereinbarungen als älteste bekannte und anscheinend einfachste Form der Kartellbildung hatten im Ruhrbergbau vielfach nur einen kurzfristigen Bestand und waren alleine kaum in der Lage, eine Stabilisierung der Marktverhältnisse zu

---

65 Vgl. hierzu auch die Ausführungen von Brown, Peter Charles: From competition to cartel. A study of the Ruhr coal industry during the 19th century, Wolverhampton 1994, S. 409 ff. Die unterschiedliche Bewertung der Liberalisierung des Bergrechts innerhalb der Branche lässt sich aus den starken strukturellen Unterschieden und Betriebsgrößen erklären (vgl. ebd., S. 420).

66 Ein Überblick zu den zahlreichen Kartellvereinbarungen im Ruhrbergbau vor der Gründung des Kohlensyndikats befindet sich u. a. in: Verein für die bergbaulichen Interessen im Oberbergamtsbezirk Dortmund: Die Entwickelung des niederrheinisch-westfälischen Steinkohlen-Bergbaues in der zweiten Hälfte des 19. Jahrhunderts. Band XI: Wirtschaftliche Entwickelung, Teil 2, Tafel XIV. Zur detaillierteren Beschreibung zahlreicher Kartellierungsbestrebungen vor der Gründung des RWKS vgl. auch Goetzke: Das Rheinisch-Westfälische Kohlen-Syndikat und seine wirtschaftliche Bedeutung, S. 5 ff.

67 Vgl. Bonikowsky: Der Einfluß der industriellen Kartelle auf den Handel in Deutschland, S. 28. Zur Beschreibung der Förderkonventionen zwischen 1878 und 1885 vgl. Goetzke: Das Rheinisch-Westfälische Kohlen-Syndikat und seine wirtschaftliche Bedeutung, S. 10 ff.

68 Vgl. Brown: From competition to cartel, S. 418.

69 Vgl. Kronenberg: Die Preisbildung und Preispolitik des Rheinisch-Westfälischen Kohlen-Syndikats, S. 14; Forstreuter: Organisation der Kohlenindustrie und des Kohlenhandels in Deutschland, S. 22 f. und Gawehn: Zollverein, S. 151. Die GBAG vertrat seinerzeit bereits eine ähnliche Einschätzung und forderte aufgrund der fehlenden Erfolge bisheriger Kartellierungsbestrebungen eine weitere Unternehmenskonzentration (vgl. GBAG, Bericht zur außerordentlichen Generalversammlung, 20.10.1887, S. 1 ff., in: montan.dok/BBA 55/53).

erreichen.[71] Auch ein Rückgang der Verkaufspreise, der zeitgenössisch oft als Preisschleuderei bezeichnet wurde, konnte aufgrund der stark zersplitterten Eigentümerstruktur durch solche Konventionen kaum aufgehalten werden, selbst wenn diese Kartellverbände einen stärkeren organisatorischen Charakter bekommen hatten.[72] Vielfach bezogen diese Vereinigungen nur einen Teil der Betriebe ein, wodurch eine Unterbietung durch außenstehende Zechen problemlos möglich war. Doch auch von den Mitgliedern konnten Preiskonventionen leicht umgangen werden, was wiederum auf die bisher nur wenig beachtete Heterogenität des Angebots zurückzuführen war. Schließlich konnten aus Qualitätsunterschieden auch problemlos Preisunterschiede hergeleitet werden.[73] Hierbei war allerdings durchaus ein gewisser Lernprozess zu erkennen, da Preisvereinigungen seit den 1880er Jahren stärker auf eine bestimmte Kohlensorte ausgerichtet waren, um mit der dadurch geschaffenen, homogenen Güterstruktur eine stärkere Vergleichbarkeit zu erreichen. Doch auch diese Kartelle hatten vielfach keine lange Lebensdauer.[74] Von der Möglichkeit, durch die Bildung von zentralen Verkaufsstellen eine stärkere Kontrolle und Überwachung von Kartellvereinbarungen zu erreichen, schien der Ruhrbergbau bis in die 1880er Jahre hinein nur wenig beeindruckt gewesen zu sein, obwohl es dafür bereits erste Vorbilder gab. So gab es bereits seit 1882 ein gemeinsames Verkaufsbüro der Unternehmen in der Kaliindustrie, aus dem im Jahr 1888 das Kalisyndikat entstand. Die Bergwerksdirektion Saarbrücken hatte bereits seit 1859 den Vertrieb der staatlichen Saargruben im „Handelsbüro“ zentralisiert, um einen Wettbewerb der fiskalischen Betriebe untereinander zu unterbinden.[75]

---

70 Vgl. GBAG, Bericht zur ordentlichen Generalversammlung, 27.04.1887, S. 6, in: montan.dok/BBA 55/53 und Goetzke: Das Rheinisch-Westfälische Kohlen-Syndikat und seine wirtschaftliche Bedeutung, S. 11 f.

71 Vgl. Maschke: Grundzüge der deutschen Kartellgeschichte bis 1914, S. 18 f. Nicht immer kann bei frühen Kartellvereinbarungen genau abgegrenzt werden, ob es sich um Förder- oder Preiskonventionen handelte (vgl. Tenfelde: Sozialgeschichte der Bergarbeiterschaft an der Ruhr im 19. Jahrhundert, S. 208 ff.). Eine besondere Form der überbetrieblichen Zusammenarbeit waren schon vor den 1870er Jahren die weniger stark institutionalisierten Kohlenklubs, die vielfach den Charakter alter Gilden hatten (vgl. Maschke: Grundzüge der deutschen Kartellgeschichte bis 1914, S. 10).

72 Vgl. Sarter, Franz: Die Syndikatsbestrebungen im niederrheinisch-westfälischen Steinkohlenbezirke. Eine geschichtlich-kritische Studie, Jena 1894, S. 4.

73 Vgl. Kronenberg: Die Preisbildung und Preispolitik des Rheinisch-Westfälischen Kohlen-Syndikats, S. 14 f.

74 Vgl. Maschke: Grundzüge der deutschen Kartellgeschichte bis 1914, S. 19 f. sowie als Überblick zu diesen Vereinigungen: Verein für die bergbaulichen Interessen im Oberbergamtsbezirk Dortmund: Die Entwickelung des niederrheinisch-westfälischen Steinkohlen-Bergbaues in der zweiten Hälfte des 19. Jahrhunderts. Band XI: Wirtschaftliche Entwickelung, Teil 2, S. 87 ff.

2.3 Schritte zur unternehmensübergreifenden Vertriebsorganisation

2.3.1 Zaghaft und inkonsequent: Absatzausdehnung und die Frage der passenden Vertriebsorganisation

Die starke unternehmerische Zersplitterung sowie die vielfach unterschätzte hohe Produktions- und Angebotsheterogenität können für den Ruhrbergbau als zentrale Hindernisse betrachtet werden, die den Kartellierungsbestrebungen in der Branche im Wege standen. Dass sich die seit den 1870er Jahren getroffenen Kartellvereinbarungen zunächst vor allem auf Produktions- und Preisabsprachen bezogen, ist darauf zurückzuführen, dass eine betriebsübergreifende Zusammenarbeit mit Hilfe dieser Kartellinstrumente zu relativ geringen Eingriffen in die unternehmerische Autonomie führte. Eine gemeinsame Absatzpolitik hätte hingegen für die individuelle Entscheidungsfreiheit der Zechenbesitzer weitaus größere Auswirkungen gehabt. Obwohl die schwierige wirtschaftliche Situation in der Kohlenwirtschaft in der zweiten Hälfte des 19. Jahrhunderts ihre Ursachen vor allem im starken Wettbewerb auf den Absatzmärkten hatte, erhielten die Marktzugangseinrichtungen zunächst nur wenig Aufmerksamkeit.

Veränderungen in dieser Hinsicht waren im Ruhrbergbau erst in den späten 1880er Jahren zu erkennen. Als wichtiges Signal wurde vielfach die Initiative von Friedrich Hammacher, dem damaligen Vorsitzenden des Bergbau-Vereins, eingeordnet. Dieser brachte 1887 die Bildung einer „syndikatlichen Vereinigung der Gruben zum gemeinschaftlichen Verkaufe der Bergwerksprodukte“[76] zur Diskussion. Allerdings waren schon in den Vorjahren durch den Bergbau-Verein mehrfach Überlegungen zur stärkeren Zentralisierung des Verkaufs formuliert worden.[77] Die Vorschläge Hammachers führten zwar zu konkreten Überlegungen bezüglich der Gründung einer selbstständigen und von den Zechen unabhängigen Handelsgesellschaft, scheiterten aber letztlich daran, dass die Mehrheit der Zechenbesitzer nicht bereit war, einer solchen Gesellschaft gleichzeitig das Recht zur Festlegung von Produktionseinschränkungen zu übertragen.[78] Ebenfalls 1887 gab Ferdinand Mosebach, Direktor der Zeche König Wilhelm, aus vorangegangenen Gesprächen im Kohlen-

---

75 Zur Kaliindustrie vgl. Stieda; Menzel: Über wirtschaftliche Kartelle, S. 13 und Blaich, Fritz: Kartell- und Monopolpolitik im kaiserlichen Deutschland. Das Problem der Marktmacht im deutschen Reichstag zwischen 1879 und 1914, Düsseldorf 1973, S. 159 ff. Zum Saarbrücker Handelsbüro vgl. Weimann: Absatzwege und Absatzgebiete des Saarkohlenhandels, S. 71 und Banken: Die Industrialisierung der Saarregion 1815–1914, S. 159 f. (Banken nennt 1860 als Gründungsjahr für das Handelsbüro).

76 Verein für die bergbaulichen Interessen im Oberbergamtsbezirk Dortmund: Die Entwickelung des niederrheinisch-westfälischen Steinkohlen-Bergbaues in der zweiten Hälfte des 19. Jahrhunderts. Band XI: Wirtschaftliche Entwickelung, Teil 2, S. 133.

77 Vgl. u. a. Brown: From competition to cartel, S. 425 ff.

Klub[79] eine Denkschrift heraus, in der er ebenso die Zentralisierung des Vertriebs durch eine selbstständige Handelsgesellschaft zur Diskussion stellte. Mosebach erwartete von der Gründung einer solchen Organisation, dass sich daraus der Kohlenmarkt von einem Angebotsmarkt der Zechen zu einem Nachfragemarkt der Konsumenten entwickeln würde.[80]

Dass diese letztlich gescheiterten Initiativen dennoch ihre Wirkung auf die weitere Kartellentwicklung im Ruhrbergbau hatten, zeigte sich an der Gründung mehrerer Vereinigungen, die entweder zumindest auf der Ebene einer abgegrenzten Region innerhalb des Ruhrgebiets oder im Bereich der Spezialprodukte auf einen gemeinsamen Verkauf hinwirkten.[81] Um dabei jedoch Fördereinschränkungen und sinkende Verkaufspreise zu vermeiden, war parallel die Ausdehnung der Absatzgebiete weiterhin ein zentrales Anliegen. Neben den üblichen Initiativen für Tarifsenkungen war hierbei früher als beim Kohlenverkauf auf den Kernmärkten bei einigen Unternehmen die Bereitschaft zu erkennen, an einem unternehmensübergreifenden Verkauf mitzuwirken. Dies zeigte sich bei den erwähnten Ausfuhrvereinen zur Förderung des Exports, jedoch auch bei vergleichbaren Initiativen auf den bestrittenen Absatzmärkten im Inland. Eine im Jahr 1889 in Hamburg eingerichtete Verkaufsstelle und ihre vermeintlichen Erfolge für die Absatzausweitung in Norddeutschland werden häufig als erste unternehmensübergreifende Vertriebsorganisation für ein inländisches Absatzgebiet hervorgehoben.[82] Als tatsächliche Weiterentwicklung in Richtung einer syndizierten Vertriebsorganisation ist diese Maßnahme allerdings nicht zu betrachten. Anders als teilweise dargestellt, war diese Einrichtung auch nicht auf eine konkrete Absatzstrategie zurückzuführen und trug aus diesem Grund nur in geringem Maße zur Senkung von Marktkosten für die Unternehmen des Ruhrbergbaus bei. Allerdings ist dieses Projekt, wie die nachfolgenden Ausführungen zeigen, ein ausgezeichnetes Beispiel dafür, dass viele Ruhrzechen absatzorganisatorischen Fragen für die Verbesserung der wirtschaftlichen Situation noch bis weit in die 1880er Jahre hinein eine eher geringe Bedeutung beimaßen.

Lieferungen westfälischer Kohlen nach Hamburg begannen ab 1874 nach der Inbetriebnahme der durchgängigen Eisenbahnverbindung vom Ruhrgebiet in die Hansestadt, wodurch der dortige Marktanteil der britischen Importkohle zwischen

---

78 Vgl. Verein für die bergbaulichen Interessen im Oberbergamtsbezirk Dortmund: Die Entwickelung des niederrheinisch-westfälischen Steinkohlen-Bergbaues in der zweiten Hälfte des 19. Jahrhunderts. Band XI: Wirtschaftliche Entwickelung, Teil 2, S. 132 ff.

79 Der Kohlen-Klub wurde 1880 gegründet und war ein Zusammenschluss zahlreicher Zechenvertreter, die in geselliger Runde wirtschaftliche Interessen austauschten. Nachdem der Klub mit der RWKS-Gründung an Bedeutung verlor, wurde er schließlich im Jahr 1897 endgültig aufgelöst (vgl. ebd., S. 114 f.).

80 Vgl. Mosebach, Ferdinand: Über die Bildung einer Handelsgesellschaft zum Zwecke des Ankaufs und Wiedervertriebs der Kohlenproduktion des Oberbergamtsbezirks Dortmund, Recklinghausen 1887, S. 13 ff. sowie Muthesius: Ruhrkohle 1893 – 1943, S. 40 f.

81 Vgl. hierzu ausführlich Kap. 2.3.2.

1875 und 1881 zumindest auf 68 Prozent gesenkt werden konnte.[83] Trotz Tarifermäßigungen verblieben die Wettbewerbskosten für den Ruhrbergbau in Norddeutschland auf einem hohen Niveau, so dass der Kohlenverkauf in Hamburg weiterhin ein Zuschussgeschäft darstellte, um den Kernmarkt von zu großen Angebotsmengen zu entlasten.[84] Die seit Mitte der 1870er Jahre genehmigten Tarifermäßigungen hatten auch deshalb eine nur geringe Auswirkung, weil diese vielfach nicht auf den kompletten Kohlenverkehr nach Hamburg angewendet werden durften, sondern auf verschiedene Verbrauchszwecke beschränkt blieben. Eine 1882 erfolgte Frachtenermäßigung galt zum Beispiel zunächst nur für Exportkohle und wurde im Juli 1886 lediglich auf Bunkerkohle ausgedehnt.[85] Die Auswirkungen dieser Maßnahmen auf den Binnenmarkt waren daher kaum spürbar, so dass weiterhin 40 bis 50 Prozent der Verkaufspreise für Ruhrkohle in Hamburg durch Transportkosten verursacht wurden.[86] Aufgrund dieser Wettbewerbslage dürften vor der Gründung des Kohlensyndikats nur kapitalkräftige Bergwerksgesellschaften an Lieferungen nach Hamburg beteiligt gewesen sein, wobei zu entsprechenden Geschäftsbeziehungen nur vereinzelte Informationen existieren. Die örtliche Vertretung der GBAG übernahm die Firma

---

82 Vgl. u.a. Westfälisches Kohlenkontor Naht, Emschermann u. Co., i. L., Hamburg: 50 Jahre Ruhrkohlenverkauf im norddeutschen Küstengebiet, 1956, S. 3f., in: montan.dok/BBA 95/160 und Verein für die bergbaulichen Interessen im Oberbergamtsbezirk Dortmund: Die Entwickelung des niederrheinisch-westfälischen Steinkohlen-Bergbaues in der zweiten Hälfte des 19. Jahrhunderts. Band XI: Wirtschaftliche Entwickelung, Teil 2, S. 85ff.

83 Vgl. Fremdling: Britische und deutsche Kohle auf norddeutschen Märkten 1850–1913, S. 30ff. Im Jahr 1875 kamen 60.000 Tonnen westfälische Kohle nach Hamburg. Bis 1880 stieg die Menge auf 339.000 Tonnen an (vgl. Westfälisches Kohlenkontor Naht, Emschermann u. Co., i. L., Hamburg: 50 Jahre Ruhrkohlenverkauf im norddeutschen Küstengebiet, 1956, S. 2, in: montan.dok/BBA 95/160). Zur Tarifentwicklung auf der Bahnstrecke Wanne-Hamburg vgl. Verein für die bergbaulichen Interessen im Oberbergamtsbezirk Dortmund: Die Entwickelung des niederrheinisch-westfälischen Steinkohlen-Bergbaues in der zweiten Hälfte des 19. Jahrhunderts. Band X: Wirtschaftliche Entwickelung, Teil 1, S. 141ff.

84 Die GBAG machte im Jahr 1888 deutlich, dass ein Einstieg in das Hamburger Detailgeschäft mit erheblichen finanziellen Belastungen verbunden wäre (vgl. Verhandlungsniederschrift vom 17.03.1888, in: montan.dok/BBA 41/522). Verstärkt wurde der Wettbewerb durch den Absatzkampf der Importfirmen für britische Kohle untereinander. Erst 1896 wurde durch 22 Firmen der „Verein der Importeure englischer Kohlen" gegründet, über den aber erst ab 1899 auch Kartellabsprachen getroffen wurden (vgl. Hager, C. H.: Verein Deutscher Kohlenimporteure e. V., Hamburg 1896–1971. Mosaik aus Jahresberichten, Briefen und Protokollen über Erfolge und Beschwernisse des Kohleneinfuhrhandels anläßlich seines 75jährigen Bestehens von 1896–1971, Hamburg 1971, S. 20ff.). Anderen Angaben zufolge soll bereits die Gründung des Vereins zur Festlegung von Mindestpreisen und zur Verhinderung von Preisdumping erfolgt sein (vgl. Lyth, Peter J.: The Resumption of British Coal Exports through Hamburg (1919–1925). Problems and Perspectives, in: Kunz, Andreas und Armstrong, John (Hg.): Inland navigation and economic development in nineteenth-century Europe, Mainz 1995, S. 291–305, hier: S. 292).

85 Vgl. Handelskammer Hamburg (Hg.): Hamburgs Handel im Jahre 1886. Sachverständigenberichte, S. 85f.

A. W. Naht[87], während die Bergwerksgesellschaft Hibernia mit dem Kohlenhändler Bd. Blumenfeld[88] zusammenarbeitete. Die Zeche Zollverein soll in den 1880er Jahren bereits über eine eigene Kohlen-Niederlage in Hamburg verfügt haben.[89] Die GBAG hatte die örtliche Absatzorganisation der freien Händler als größte Hürde für eine Verbesserung der Wettbewerbsstellung in Norddeutschland identifiziert. Durch deren Kohleneinkauf bei unterschiedlichen Zechen wäre es zu häufigen Qualitätsbeschwerden bei den Abnehmern gekommen. Zugleich hatten diese Handelsvertreter nur eine geringe Finanzgrundlage, während kapitalkräftige Großhändler in Hamburg wegen der geringen Gewinnmargen kaum Interesse für den Vertrieb von Ruhrkohle zeigten.[90]

Auch aus der Hamburger Wirtschaft waren seit den 1870er Jahren regelmäßig Forderungen nach einer besseren Wettbewerbsposition für Ruhrkohle erhoben worden. Die Hamburger Handelskammer sah darin neben der Stärkung des nationalen Kohlenbergbaus auch die Möglichkeit, die Konkurrenzstellung zu niederländischen und belgischen Hafenplätzen zu verbessern, wenn durch Reduzierung der Frachtsätze auch der Kohlenexport ausgebaut werden würde. Zugleich warb die Handelskammer seit den 1880er Jahren bei ihren Mitgliedern für eine stärkere Nutzung westfälischer Kohle und argumentierte dabei vielfach mit der vermeintlich besseren Qualität gegenüber britischen Produkten.[91]

Die Königliche Eisenbahndirektion in Altona stellte gegenüber dem Bergbau-Verein Anfang 1888 eine Ausweitung der Frachtenermäßigung auch auf Hausbrandkohle in Richtung Hamburg in Aussicht, sofern Unternehmen aus dem Ruhrbergbau selbst in den lokalen Vertrieb einsteigen. Dazu bot die Eisenbahndirektion dem Bergbau-Verein einen Lagerplatz am Hamburger Bahnhof Sternschanze zur Einrichtung einer Verkaufsstelle an.[92] Die damit erwarteten Absatzsteigerungen sollten aus Sicht der Eisenbahndirektion die mit den Frachtenermäßigungen verbundenen fi-

---

86 Vgl. Handelskammer Hamburg (Hg.): Hamburgs Handel im Jahre 1884, S. 113. Kostspielig war der Transport der Kohle nach Hamburg über lange Zeit auch deshalb, weil für den Rückweg der Eisenbahn nach Westfalen nicht genügend Gegenfracht zur Verfügung stand (vgl. Heidmann: Hamburg's Kohlenhandel, S. 10).

87 Vgl. Westfälisches Kohlenkontor Naht, Emschermann u. Co., i. L., Hamburg: 50 Jahre Ruhrkohlenverkauf im norddeutschen Küstengebiet, 1956, in: montan.dok/BBA 95/160.

88 Die Firma Bd. (Bernhard) Blumenfeld wurde 1871 gegründet. Bereits kurz nach der Gründung soll sich das Unternehmen mit dem Vertrieb von Ruhrkohle auf dem Hamburger Markt beschäftigt haben. Nach 1889 hatte Blumenfeld auch begonnen, sich am Import englischer Kohle zu beteiligen (vgl. Hieke, Ernst: Hafenplanung und Industrie. Vorgeschichte und Gründung der Norddeutschen Kohlen- und Cokes-Werke A.-G., 1896–1898, in: Zeitschrift des Vereins für Hamburgische Geschichte 59, 1973, S. 1–36, hier: S. 2 f.).

89 Weitere Angaben zur Organisationsform des Zollverein-Lagers existieren nicht (vgl. die Nennung dieser Einrichtung in der Verhandlungsniederschrift vom 17.03.1888, S. 3, in: montan.dok/BBA 41/522).

90 Vgl. ebd., S. 4 ff.

91 Vgl. Handelskammer Hamburg (Hg.): Hamburgs Handel im Jahre 1881. Sachverständigenberichte, S. 117 f.; Handelskammer Hamburg (Hg.): Hamburgs Handel im Jahre 1884, S. 112 f. und Handelskammer Hamburg (Hg.): Hamburgs Handel im Jahre 1883. Sachverständigenberichte, S. 117.

Tab. 3: Der Hamburger Kohlenmarkt zwischen 1880 und 1900

Jahr	Einfuhr aus Großbritannien	Anteil	Einfuhr aus dem Ruhrgebiet	Anteil
1880	1.025.550 t	75,2 %	338.910 t	24,8 %
1885	1.138.700 t	68,0 %	536.510 t	32,0 %
1890	1.581.700 t	66,0 %	815.820 t	44,0 %
1895	1.683.000 t	56,4 %	1.298.270 t	43,6 %
1900	3.019.400 t	65,4 %	1.598.200 t	34,6 %

Quelle: Handelskammer Hamburg (Hg.): Hamburgs Handel im Jahre 1912. Sachverständigenberichte, S. 109 (Die Anteile zeigen nur das Verhältnis zwischen diesen beiden Förderrevieren, da zu den Marktanteilen anderer Reviere in Hamburg für diesen Zeitraum keine verlässlichen Zahlen vorliegen, diese jedoch ohnehin äußerst gering waren.).

nanziellen Verluste ausgleichen. Zudem war damit die Hoffnung verbunden, mit einer solchen Verkaufsstelle „die Abnehmer mit den Eigenschaften der westfälischen Kohle vertraut zu machen“[93].

Die an den Verhandlungen beteiligten Zechen sahen einer Frachtenermäßigung erwartungsgemäß äußerst positiv entgegen. Allerdings zeigten sie für eine eigene Beteiligung im lokalen Vertrieb nur wenig Interesse, obwohl sie bekanntlich um die geringe Leistungsfähigkeit der lokalen Vertriebspartner in Hamburg wussten. Der GBAG-Vorsitzende Emil Kirdorf rechnete mit hohen finanziellen Belastungen für ein in Eigenregie betriebenes Kohlenlager und formulierte als einzige positive Erwartung, dass überflüssige Kohlenmengen als Wintervorrat zu einer möglichen Hamburger Verkaufsstelle geschickt werden könnten.[94] Im Sommer 1888 war die Einrichtung eines Kohlenlagers in Hamburg in Verbindung mit den Tarifermäßigungen zwar beschlossen,[95] jedoch nicht unumstritten. Die Hamburger Handelskammer war zwischenzeitlich von ihrer positiven Haltung zur Ruhrkohle abgekommen und befürchtete in Hinblick auf die Einrichtung der Verkaufsstelle am Bahnhof Sternschanze, dass eine Zurückdrängung der englischen Kohle große Schäden für Handel

92 Vgl. Verein für die bergbaulichen Interessen im Oberbergamtsbezirk Dortmund: Die Entwickelung des niederrheinisch-westfälischen Steinkohlen-Bergbaues in der zweiten Hälfte des 19. Jahrhunderts. Band XI: Wirtschaftliche Entwickelung, Teil 2, S. 85 und Westfälisches Kohlenkontor Naht, Emschermann u. Co., i. L., Hamburg: 50 Jahre Ruhrkohlenverkauf im norddeutschen Küstengebiet, 1956, S. 3 f., in: montan.dok/BBA 95/160.

93 Verhandlungsniederschrift vom 17.03.1888, in: montan.dok/BBA 41/522. Aufgrund des fehlenden Wasseranschlusses am geplanten Lagerplatz kam ein Vertrieb für den industriellen Bedarf nicht in Frage, da die meisten Fabriken aufgrund ihres Wasseranschlusses günstiger auf englische Kohle zurückgreifen konnten. Gerade deshalb wurde aber die Wettbewerbslage für Hausbrandkohle in diesem Stadtbezirk sehr günstig eingeschätzt (vgl. ebd.).

94 Vgl. ebd. und Schreiben der GBAG an den Vorsitzenden des Aufsichtsrates vom 11.07.1888, in: montan.dok/BBA 41/522.

und Reedereien bedeuten könnte.[96] Zudem warnten Vertreter aus den Reihen der Politik und der Eisenbahnverwaltung davor, dass die Senkung der Tarifsätze durch den Ruhrbergbau lediglich für Preiserhöhungen ausgenutzt werden könnte, was von den Zechen selbst natürlich bestritten wurde.[97]

Der Bergbau-Verein hatte in den Verhandlungen mit der Eisenbahndirektion lediglich eine Vermittlerrolle eingenommen und warb bei allen Mitgliedsunternehmen für eine Beteiligung an einer Vertriebsstelle in Hamburg. Neben der GBAG waren allerdings zunächst nur drei weitere Unternehmen bereit, sich am Bau und Betrieb des Verkaufslagers zu beteiligen. Ursprünglich sollte dabei die GBAG sogar allein die Hälfte der Bausumme übernehmen, was jedoch durch den Widerstand des Aufsichtsrats verhindert wurde.[98] Letztlich konnten sieben Betriebe zur Beteiligung bewegt werden, die zum 1. Oktober 1889 das „Westfälische Kohlen- und Koks-Lager Sternschanze" gründeten und den Lagerplatz am gleichnamigen Bahnhof anmieteten.[99] Mit der Eröffnung im Januar 1890 wurde die durch die Eisenbahndirektion zugesagte Frachtermäßigung in Höhe von 5 Mark pro 10 Tonnen gewährt.[100] Ein tatsächlich zentralisierter Vertrieb fand in der Praxis mit dieser unternehmensübergreifenden Vertriebsstelle jedoch zunächst nicht statt. Die beteiligten Zechen verfügten über separate Bereiche auf dem Gelände, arbeiteten unter eigener Rechnung und legten selbstständig ihre Preise fest. Lediglich gegenseitige Preisunterbietungen sollten unterbleiben bzw. allein aus Qualitätsgründen

95 Vgl. Vertrag betreffend die Herstellung eines Kohlenschuppens auf der Station Sternschanze in Hamburg, in: montan.dok/BBA 41/522.

96 Bereits im Jahr 1886 machte die Handelskammer gegensätzlich zu vorherigen Äußerungen deutlich, dass seitens der Hamburger Wirtschaft kein Interesse bestand, britische Kohle langfristig durch westfälische Produkte zu ersetzen bzw. die Vormachtstellung Englands auf dem Hamburger Kohlenmarkt zu verringern. Daher sprach sich die Handelskammer in den Verhandlungen zur Gründung einer Verkaufsstelle für Ruhrkohle dafür aus, die jährliche Verkaufsmenge dieser Einrichtung zu begrenzen. Allerdings war den Beteiligten auch in den Verhandlungen 1889 klar, dass selbst eine Frachtenermäßigung um 10 Mark der westfälischen Kohle noch keinen entscheidenden Marktvorteil bieten könne (vgl. Verhandlungsniederschrift vom 17.03.1888, in: montan.dok/BBA 41/522). Im Jahresbericht für 1889 hatte die Handelskammer wiederum die Frachtenermäßigung, die mit der Einrichtung des Lagers verbunden war, positiv begrüßt (vgl. Handelskammer Hamburg (Hg.): Hamburgs Handel im Jahre 1889. Sachverständigenberichte, S. 85).

97 Vgl. Verhandlungsniederschrift vom 28.08.1888, in: montan.dok/BBA 41/522 sowie auch die späteren Ausführungen von: Kanitz-Podangen, Hans Graf von: Die Kohlen-Verkaufsvereine und ihre wirthschaftliche Berechtigung, 2. Aufl., Berlin 1891, S. 21 ff.

98 Der Aufsichtsrat der GBAG forderte, die finanziellen Belastungen stärker zu verteilen, da von den Frachtenermäßigungen schließlich alle Ruhrzechen gleichermaßen profitieren würden (vgl. Schriftwechsel zwischen der GBAG und dem Aufsichtsratsvorsitzenden im Juli 1888, in: montan.dok/BBA 41/522). Im Rückblick wurde die Zurückhaltung vieler Unternehmen mit vorangegangenen Erfahrungen bei der Einrichtung auswärtiger Kohlenlager erklärt. Als Negativbeispiel wurde ein gescheitertes Projekt zur Einrichtung eines Lagers in Port Grande auf St. Vincent im Jahr 1886 genannt (vgl. o. A.: Rheinisch-Westfälisches Kohlen- und Koks-Lager. Hamburg-Bahnhof-Sternschanze 1889–1909, Düsseldorf ca. 1910, S. 3 f.).

99 Beteiligt hatten sich neben der GBAG die Bergwerksgesellschaften Hibernia, Dahlbusch, Zollverein, Pluto, Hamburg und Franziska sowie Graf Moltke (vgl. ebd., S. 4 ff.).

möglich sein.[101] Diese Geschäftspolitik änderte sich erst zehn Jahre später, als 1898 eine gemeinsame Gesellschaft gegründet wurde, die als „Rheinisch-Westfälisches Kohlen- und Koks-Lager Hamburg-Bahnhof-Sternschanze, GmbH" firmierte.[102]

Die Einrichtung des „Sternschanzenlagers" kann also keineswegs als eine durch eine konkrete Vertriebsstrategie begleitete Maßnahme zur Absatzausweitung auf dem Hamburger Kohlenmarkt bezeichnet werden. Das eigentliche Interesse der Zechen galt der Reduzierung der Frachttarife, ohne diese die Einrichtung einer solchen Verkaufsstelle wohl nicht einmal zur Diskussion gestanden hätte. Dieses Beispiel macht allerdings deutlich, dass eine effektive Absatzorganisation auf bestrittenen Märkten ohne weitreichende Beteiligung vieler Unternehmen zu einer hohen Kostenbelastung für die wenigen mitwirkenden Zechen führte. Die Bedeutung des Kohlenlagers Sternschanze für die Einführung westfälischer Kohlen auf dem Hamburger Markt dürfte also daher eher gering gewesen sein. Vermutlich lieferte aber diese Maßnahme den Akteuren aus dem Ruhrbergbau neue Argumente, den Verkauf nicht wie in diesem Fall nur von einer kleinen Gruppe, sondern möglichst in einer von vielen Unternehmen getragenen Kartellorganisation zu zentralisieren, um die Marktkosten für den Absatz in bestrittenen Revieren stärker verteilen zu können.[103]

Die weitere Geschäftsentwicklung des Kohlen- und Koks-Lagers Sternschanze unterstreicht die geringe absatzpolitische Bedeutung dieser Einrichtung. Die Marktanteile der Verkaufsstelle lagen fast durchgängig unter 2 Prozent des Gesamtabsatzes für Ruhrkohle in Hamburg (vgl. Tab. 4). Ob durch die Einrichtung aufgrund der Pionierrolle eine gewisse Werbewirkung für den Ruhrkohlenverkauf erreicht wurde und sich der Lagerplatz womöglich damit selbst überflüssig gemacht hat, kann an dieser Stelle nur vermutet werden.[104] Nach der Bildung des Kohlensyndikats bekam die Verkaufsstelle zwar rabattierte Verkaufspreise zugesprochen, jedoch wurde ihr durch das RWKS keine besondere Bedeutung beigemessen, so dass sie trotz der engen

---

100 Vgl. Schreiben der Königlichen Eisenbahn-Direction Altona an den Bergbau-Verein, 05.02.1889, in: montan.dok/BBA 41/522. Aufgenommen wurde der Verkauf zunächst am 7. Januar 1890 bei den Magazinen der Zechen Hibernia, Zollverein, Pluto und Dahlbusch. Das Magazin der GBAG folgte am 27. Januar. Die Gesellschaft Graf Moltke war mittlerweile wieder aus dem Betrieb ausgeschieden (vgl. Versammlungsniederschrift „Sternschanzenlager" vom 23.12.1889, in: montan.dok/BBA 55/357 und Versammlungsniederschrift „Sternschanzenlager" vom 04.02.1890, in: montan.dok/BBA 55/357).

101 Während sich die meisten beteiligten Gesellschaften zumindest einig waren, einen gemeinsamen Verwalter zu bestimmen, bestand die Zeche Hibernia darauf, auch im Lager Sternschanze weiterhin die bisher mit ihr verbundene Handelsfirma Bd. Blumenfeld einzubeziehen. Falls Hibernia auf diese Vorgehensweise bestehe, drohte auch die GBAG damit, auf die Einbindung ihres bisherigen „Agenten" (A. W. Naht) in den Handel am Sternschanzenlager zu bestehen (vgl. Verhandlungsniederschrift vom 27.02.1889, in: montan.dok/BBA 41/522).

102 Allgemein zu dieser Verkaufsstelle vgl. auch Wilhelm: Das Rheinisch-Westfälische Kohlensyndikat und die Oberschlesische Kohlenkonvention bis zum Jahre 1933, S. 9 und o. A.: Rheinisch-Westfälisches Kohlen- und Koks-Lager, S. 4 ff.

103 Vgl. Verein für die bergbaulichen Interessen im Oberbergamtsbezirk Dortmund: Die Entwickelung des niederrheinisch-westfälischen Steinkohlen-Bergbaues in der zweiten Hälfte des 19. Jahrhunderts. Band XI: Wirtschaftliche Entwickelung, Teil 2, S. 254 f.

Bindung an einzelne Kartellmitglieder zunächst ein vom Kohlensyndikat nahezu unabhängiges Hausbrand-Detailgeschäft blieb.[105]

Tab. 4: Absatz des Kohlen-und Koks-Lagers Sternschanze 1890 bis 1903

Jahr	Einfuhr westf. Kohle, Koks und Briketts	Steigerung zum Vorjahr	Gesamtverkauf Lager Sternschanze	Steigerung zum Vorjahr	Anteil Lager Sternschanze an der Einfuhr westf. Produkte
1890	815.820 t		9.605 t		1,18 %
1891	833.750 t	2,20 %	14.710 t	53,15 %	1,76 %
1892	903.185 t	8,33 %	15.088 t	2,57 %	1,67 %
1893	1.003.590 t	11,12 %	17.573 t	16,47 %	1,75 %
1894	1.192.880 t	18,86 %	17.422 t	-0,86 %	1,46 %
1895	1.298.270 t	8,83 %	20.643 t	18,49 %	1,59 %
1896	1.410.810 t	8,67 %	21.750 t	5,36 %	1,54 %
1897	1.452.090 t	2,93 %	25.328 t	16,45 %	1,74 %
1898	1.652.150 t	13,78 %	22.410 t	-11,52 %	1,36 %
1899	1.645.800 t	-0,38 %	25.724 t	14,79 %	1,56 %
1900	1.598.200 t	-2,89 %	39.936 t	55,25 %	2,50 %
1901	1.724.000 t	7,87 %	25.354 t	-36,51 %	1,47 %
1902	1.773.000 t	2,84 %	22.166 t	-12,57 %	1,25 %
1903	1.874.300 t	5,71 %	21.197 t	-4,37 %	1,13 %

Quelle: o. A.: Rheinisch-Westfälisches Kohlen- und Koks-Lager. Hamburg-Bahnhof-Sternschanze 1889–1909, Düsseldorf ca. 1910 sowie eigene Berechnungen.

Die wirtschaftliche Situation der Verkaufsstelle verschlechterte sich in den Folgejahren und insbesondere nach der Jahrhundertwende deutlich.[106] Während die Eisenbahn-Direktion Altona das Pachtverhältnis zwischenzeitlich gekündigt, dann aber fortgesetzt hatte,[107] bestand auch seitens der Gesellschafter kein Interesse mehr am Fortbestand des Kohlenlagers. Unter Beteiligung des Kohlen-Syndikats wurde die

104 Vgl. Rheinisch-Westfälisches Kohlen- und Koks-Lager Hamburg – Bahnhof Sternschanze, Bericht über das Betriebsjahr 1903, in: montan.dok/BBA 55/357.

105 Vgl. Versammlungsniederschrift „Sternschanzenlager" vom 06.11.1893, in: montan.dok/BBA 55/357 und Rundschreiben an die Beteiligten des Rheinisch-Westfälischen Kohlen- und Koks-Lagers Bahnhof Sternschanze, 14.03.1894, in: montan.dok/BBA 55/357. Dies betraf ebenso das Kokssyndikat und den Brikettverkaufsverein, über die der Einkauf der Hamburger Verkaufsstelle bereits seit der Gründung beider Organisationen abgewickelt wurde (vgl. o. A.: Rheinisch-Westfälisches Kohlen- und Koks-Lager, S. 9). Womöglich war auch die enge unternehmerische Verbindung zu Syndikatsbeteiligten ein Motiv, dieser Vertriebsstelle keine Sonderbehandlung zu geben, um eine Bevorzugung einzelner Mitglieder in der Absatzorganisation zu vermeiden.

106 Neben steuerlichen Belastungen wurde die schwierige finanzielle Situation auch auf die verloren gegangene Pionierrolle zur Einführung westfälischer Kohle in Hamburg zurückgeführt (vgl. Rheinisch-Westfälisches Kohlen- und Koks-Lager Hamburg – Bahnhof Sternschanze, Bericht über das Betriebsjahr 1903, in: montan.dok/BBA 55/357).

Einrichtung im Mai 1909 als Niederlassung für den Kleinverkauf durch die Westfälische Kohlen-Kontor GmbH (WKK) übernommen, die seit 1906 als Syndikatshandelsgesellschaft für das Hamburger Absatzrevier bestand.[108]

2.3.2 Vertriebskartellierung ausgehend vom Produktionsrevier

Das Beispiel des „Sternschanze-Lagers“ in Hamburg zeigt vor allem, dass eine solche unternehmensübergreifende Vertriebsorganisation bei einer geringen Beteiligung seitens der Ruhrzechen sowie einem inkonsequent wirkenden Geschäftsmodell keinen weitreichenden Einfluss auf die Wettbewerbsverhältnisse hatte. Nicht zuletzt aufgrund der ebenso negativen Erfahrungen mit reinen Förder- oder Preiskonventionen stießen daher im Ruhrbergbau in den späten 1880er Jahren die Überlegungen zur Bildung übergreifender Absatzorganisationen mit einer deutlich umfassenderen Beteiligung und einer stärker institutionalisierten Organisationsform auf zunehmend größeres Interesse. Ein Großteil der bisherigen Kartellierungsversuche hatte schließlich gezeigt, dass Vereinigungen ohne Beschränkung des Vertriebs vielfach nicht wirksam durchführbar waren, unternehmensübergreifende Absatzorganisationen aber gleichzeitig nur durch begleitende produktionspolitische Maßnahmen, eine feste Organisationsform und einen hohen Kartellierungsgrad tatsächlich eine marktregulierende Wirkung haben konnten.[109] Syndizierte Vertriebsorganisationen waren zum Ende der 1880er Jahre keine unbekannte Erscheinung mehr, hatten bislang aber nur eine geringe Verbreitung gefunden. Als erstes ausgereiftes Verkaufssyndikat galt seinerzeit der in der zweiten Hälfte der 1850er Jahre gegründete Nassauische Roheisen-Verkaufsverein.[110] Größere Aufmerksamkeit erregte im Jahr 1888 die Gründung des

---

107 Im Jahr 1907 wurde das Pachtverhältnis für das Betriebsgelände zum 1. Oktober 1908 gekündigt. Diese Kündigung wurde später auf das Jahr 1909 verschoben und im gleichen Jahr gänzlich zurückgezogen (vgl. o. A.: Rheinisch-Westfälisches Kohlen- und Koks-Lager, S. 11 f.).

108 Vgl. Rheinisch-Westfälisches Kohlen- und Koks-Lager Hamburg – Bahnhof Sternschanze, Bericht über das Betriebsjahr 1907, in: montan.dok/BBA 55/357; Bericht über die Zeit vom 1. Januar 1909 bis zum 30. April 1909 und Abrechnung, in: montan.dok/BBA 55/357; Westfälisches Kohlenkontor Naht, Emschermann u. Co., i. L., Hamburg: 50 Jahre Ruhrkohlenverkauf im norddeutschen Küstengebiet, 1956, S. 9, in: montan.dok/BBA 95/160 und Naht, Viethers & Co., Hamburg: Zusammenstellung zur Firmengeschichte von 1906 – 1956 von Dr. Holle, 1956, S. 2, in: montan.dok/BBA 95/2639. Zuletzt bestand der Kreis der Gesellschafter des Lagers Sternschanze noch aus den Unternehmen GBAG, Hibernia, Dahlbusch und Zollverein (vgl. o. A.: Rheinisch-Westfälisches Kohlen- und Koks-Lager, S. 8 f.). Zur weiteren Entwicklung auf dem Hamburger Kohlenmarkt und der dortigen Absatzpolitik des RWKS vgl. Kap. 3.5.

109 Vgl. Bonikowsky: Der Einfluß der industriellen Kartelle auf den Handel in Deutschland, S. 37; Mosebach: Über die Bildung einer Handelsgesellschaft zum Zwecke des Ankaufs und Wiedervertriebs der Kohlenproduktion des Oberbergamtsbezirks Dortmund, S. 11 und Verein für die bergbaulichen Interessen im Oberbergamtsbezirk Dortmund: Die Entwickelung des niederrheinisch-westfälischen Steinkohlen-Bergbaues in der zweiten Hälfte des 19. Jahrhunderts. Band XI: Wirtschaftliche Entwickelung, Teil 2, S. 132 ff.

Kalisyndikats, das aus der bereits seit 1883 bestehenden gemeinsamen Verkaufsstelle hervorgegangen war. Aufgrund der Anzahl von nur sechs Unternehmen und einer geringeren Angebotsheterogenität dürfte dieser Zusammenschluss im Vergleich zum stark zersplitterten Ruhrkohlenbergbau vergleichsweise leicht zu realisieren gewesen sein.[111]

Die Überwachung der Kartellverträge war in reinen Preis- oder Produktionskartellen kaum oder nur mit erheblichem Aufwand möglich, wodurch die Vertragsbestimmungen von den beteiligten Unternehmen relativ leicht umgangen werden konnten. Kontraktbruch gehörte zu den häufigsten Gründen, weshalb viele Kartelle im Bergbau bereits vor dem Ende der ursprünglich vereinbarten Vertragszeit auseinanderbrachen.[112] Ein gemeinsamer Verkauf sollte Vertragsumgehungen verhindern, führte allerdings zu einem deutlich größeren Organisationsaufwand. Zudem bestand auch in kartellierten Verkaufsorganisationen – insbesondere bei unvollständigen Verträgen – weiterhin die Gefahr, dass die Mitglieder die Abkommen umgingen und ihre Produkte außerhalb der Vereinigung offen oder versteckt auf den Absatzmärkten anboten.[113] Bei den Bestrebungen zur Bildung syndizierter Verkaufsorganisationen mussten also geeignete Vertragsformen gefunden werden, bei denen zum einen die reduzierten Marktkosten nicht durch neu entstehende Organisationskosten wieder ausgeglichen und zum anderem die Risiken opportunistischen Verhaltens minimiert wurden. In der Debatte um geeignete Zusammenschlüsse kamen jedoch noch „weiche" Faktoren hinzu. Insbesondere die Kartellgegner thematisierten regelmäßig, dass syndizierte Absatzorganisationen bei einem weitreichenden Kartellierungsgrad dazu führen konnten, dass ein „kaufmännisches" Verkaufsverhältnis zwischen Produzenten und Abnehmern durch einen bürokratischen Apparat ersetzt wird. Im Wettbewerb mit der Kartellvereinigung stehende Unternehmen konnten davon möglicherweise profitieren, während

---

110 Vgl. Barnikel: Kartelle in Deutschland, S. 8.

111 Vgl. Maschke: Grundzüge der deutschen Kartellgeschichte bis 1914, S. 20. In England soll bereits im Jahr 1787 erstmals ein Kohlensyndikat gegründet worden sein (vgl. Kronenberg: Die Preisbildung und Preispolitik des Rheinisch-Westfälischen Kohlen-Syndikats, S. 4 ff.). Kleinwächter nannte 1883 in seiner Aufzählung zu Kartellarten zwar auch Vereinigungen, die durch ein „Zentralbüro" eine möglichst gleichmäßige Produktionsverteilung vornahmen und möglicherweise auch direkt Aufträge entgegennahmen, sprach dabei aber nicht von einer mit hohen Machtbefugnissen ausgestatten Alleinverkaufsstelle oder gar von einem Syndikat (vgl. Kleinwächter: Die Kartelle, S. 127 ff.). Zum Kalisyndikat vgl. Blaich: Kartell- und Monopolpolitik im kaiserlichen Deutschland, S. 159 ff.

112 Vgl. o. A.: Kohlenringe, Berlin 1891, S. 6 f.; Stieda; Menzel: Über wirtschaftliche Kartelle, S. 13; Forstreuter: Organisation der Kohlenindustrie und des Kohlenhandels in Deutschland, S. 22 f. und Verein für die bergbaulichen Interessen im Oberbergamtsbezirk Dortmund: Die Entwickelung des niederrheinisch-westfälischen Steinkohlen-Bergbaues in der zweiten Hälfte des 19. Jahrhunderts. Band XI: Wirtschaftliche Entwickelung, Teil 2, S. 254.

gleichzeitig die an der übergreifenden Vertriebsstelle beteiligten Zechen den Überblick über die Absatzmärkte und den Kontakt zu den Abnehmern verloren.[114]

Die seit den 1880er Jahren erkennbare Konzentrationsbewegung im Ruhrbergbau bot für Bestrebungen zu einer strafferen Vertriebskartellierung eine gewisse Hilfestellung, weil parallel zur Senkung des Zersplitterungsgrads die Anzahl und Bedeutung von Großkonzernen zunahm. Diese Unternehmen konnten deutlich leichter auf eine zentrale Absatzsteuerung der angeschlossenen Schachtanlagen hinwirken, wie es zum Beispiel der staatliche Saarbergbau in vergleichbarer Form durch die Etablierung des zentralen Handelsbüros im Jahr 1859 getan hatte.[115] Im Ruhrbergbau nahm hierbei die als vergleichsweise krisenfest geltende GBAG eine führende Rolle ein. Dieser Konzern kontrollierte bereits im Jahr 1887 eine Fördermenge von knapp 1,6 Millionen Tonnen, was 5,3 Prozent der Ruhrförderung entsprach.[116] Aufgrund der sichtbaren Misserfolge von Förderkonventionen sprach sich die GBAG innerhalb der Branche für eine stärkere Unternehmenszusammenfassung aus, plädierte dabei allerdings zunächst nicht für eine weitgehende Ausschaltung des Wettbewerbs.[117] Bezogen auf den eigenen Konzern ging mit der Verschmelzung von Schachtanlagen eine Neuausrichtung der Absatzorganisation einher, die im Jahr 1888 zur Gründung einer zentralen Verkaufsstelle führte. Da diese auch den Vertrieb der Produkte des zu dieser Zeit noch selbstständigen Westfälischen Grubenvereins und der Bochumer Bergwerks-Actien-Gesellschaft übernahm, koordinierte die Verkaufsstelle den Absatz für insgesamt elf selbstständige Schachtanlagen.[118] Die GBAG stand bei der Bildung einer solchen Verkaufsorganisation natürlich vor einer günstigeren Ausgangssituation als andere Unternehmen, da die Durchsetzung innerhalb des Konzerns erheblich leichter war und zwischen den einzelnen Betriebsteilen deutlich geringere Koordinierungsprozesse anfielen. Auch wenn der Konzern damit den Aufwand für den Verkauf senken konnte, blieben die Auswirkungen auf die Marktverhältnisse vergleichsweise gering. Schließlich war die Preisbildung weiterhin in großem Ausmaß von der au-

---

113 Ausführlich zur Problematik der Vertragstreue in Kartellen vgl. Richter: Die Wirkungsgeschichte des deutschen Kartellrechts vor 1914, S. 79 ff.

114 Vgl. o. A.: Der geplante Kohlenring. Eine Gefahr für die Industrie, Köln 1892, S. 6 f.; Muthesius: Ruhrkohle 1893–1943, S. 59 f. und o. A.: Kohlenringe, S. 10.

115 Vgl. Weimann: Absatzwege und Absatzgebiete des Saarkohlenhandels, S. 71.

116 Im Jahr 1887 gehörten zur GBAG die Zechen Rheinelbe, Alma, Minister Stein, Fürst Hardenberg und Erin. Bis 1893 stieg die Gesamtförderung der GBAG auf knapp 2,9 Millionen Tonnen, wobei zwischenzeitlich die Schachtanlagen Hansa, Zollern 1, Germania 1 und Germania 2 zum Konzern hinzugekommen waren (ausführlich zur Entwicklung der GBAG vgl. Gebhardt: Ruhrbergbau, S. 200 ff. sowie ferner auch o. A.: Emil Kirdorf und die Gelsenkirchener Bergwerks-Aktien-Gesellschaft. Sonderdruck aus: Die Stadt Gelsenkirchen, Berlin 1927, S. 3 ff.).

117 Aus Sicht der GBAG hieß es, dass eine Reduzierung auf 10 bis 15 „größere Verwaltungen" neben weiter bestehenden kleineren Zechen eine optimale Größe für den Ruhrbergbau darstellen würde, um sich z. B. über mögliche Fördereinschränkungen verständigen zu können. Die bereits gegründeten Kartellvereinbarungen hatten auch aus Sicht des Unternehmens noch keine Verbesserung der wirtschaftlichen Lage gebracht (vgl. GBAG, Bericht zur außerordentlichen Generalversammlung, 20.10. 1887, S. 1 ff., in: montan.dok/BBA 55/53).

ßerhalb des Konzerns stehenden und noch immer recht kleinteiligen Konkurrenz abhängig.

Als Maßnahmen, auch tatsächlich eine stärkere Senkung der Marktkosten zu erreichen und über bessere Möglichkeiten zur Überwachung der Kartellverträge zu verfügen, können daher viel stärker die seit den späten 1880er Jahren erfolgten Gründungen regionaler oder produktbezogener Verkaufsorganisationen zwischen selbstständigen Unternehmen eingeordnet werden. Diese Vereinigungen sollten nicht nur der zersplitterten Unternehmensstruktur entgegenwirken, sondern zugleich eine „künstliche Homogenisierung" der Produktpalette auf den Kohlenmärkten erreichen. Ziel war nicht nur eine gemeinsame Preispolitik, sondern die Schaffung einer einheitlichen Verkaufsbasis, um es auch den Produzenten leichter zu machen, sich selbst am Handel zu beteiligen.[119] Zu den produktbezogenen Verkaufsorganisationen gehörten im Oberbergamtsbezirk Dortmund die Kokskohlen-Vereinigung (1888), die Ziegel- und Kalk-Kohlen-Vereinigung (1888), die Fettkohlenvereinigung (1888) sowie die Grus- und Siebgrus-Kohlen-Vereinigung (1890). Nicht in allen Fällen führten diese Zusammenschlüsse auch tatsächlich zur Bildung einer gemeinsamen Verkaufsstelle. Auch blieb der Einfluss dieser Vereinigungen auf die Produktionspolitik ihrer Mitglieder – nicht zuletzt auch wegen der weiter bestehenden Konkurrenz außerhalb stehender Betriebe – relativ gering.[120]

Regional orientierte Verkaufsvereinigungen mussten im Vergleich zu den produktbezogenen Organisationen zwar mit einer relativ heterogenen Angebotsstruktur umgehen, hatten jedoch für die spätere Syndizierung im Ruhrbergbau eine deutlich größere Bedeutung. Dies war der strafferen Organisationsform geschuldet, die sich häufig durch die Übertragung des Alleinverkaufsrechts von den angeschlossenen Betrieben auf die Kartellvereinigung ausdrückte, wodurch diese Zusammenschlüsse indirekt eine Produktionssteuerung vornahmen. Hierbei bildete neben den eng gefassten Verträgen eine selbstständige und unabhängige Handelsgesellschaft den Kern der unternehmensübergreifenden Verkaufsorganisation, um die Einflussmöglichkeiten der einzelnen Mitgliedszechen zu verringern. Durchgesetzt hatte sich dabei eine Organisationsform, bei der die beteiligten Zechen die Basis der Anteilseigner der Handelsgesellschaft bildeten, wobei es zeitweise sogar Überlegungen gab, die selbstständigen Verkaufsstellen allein durch externe Gesellschafter zu gründen.[121]

---

118 Vgl. GBAG, Bericht zur außerordentlichen Generalversammlung, 31.01.1889, S. 20, in: montan.dok/BBA 55/53 und GBAG, Geschäftsbericht 1889, S. 8, in: montan.dok/BBA 55/53.

119 Vgl. Maschke: Grundzüge der deutschen Kartellgeschichte bis 1914, S. 17; Tschierschky: Kartell-Organisation, S. 61 f.; Brown: From competition to cartel, S. 425 ff. und van Klaveren: Die Industrielle Revolution und das Eindringen des Fabrikanten in den Handel, S. 8.

120 Zur ausführlichen Beschreibung dieser Vereinigungen und ihrer jeweiligen Organisationsform vgl. Wilhelm: Das Rheinisch-Westfälische Kohlensyndikat und die Oberschlesische Kohlenkonvention bis zum Jahre 1933, S. 14 ff. und Verein für die bergbaulichen Interessen im Oberbergamtsbezirk Dortmund: Die Entwickelung des niederrheinisch-westfälischen Steinkohlen-Bergbaues in der zweiten Hälfte des 19. Jahrhunderts. Band XI: Wirtschaftliche Entwickelung, Teil 2, S. 154 ff.

Der Dortmunder Kohlen-Verkaufsverein, der im August 1890 aus der „Fettkohlenvereinigung des Dortmunder Bezirks" hervorging, gilt für die weitere Entwicklung der Kartellstrukturen im Ruhrbergbau als wichtigste regional orientierte Verkaufsorganisation und zog innerhalb kürzester Zeit die Gründung vergleichbarer Vereinigungen nach sich.[122] Für den Betrieb des Kohlen-Verkaufsvereins wurde eine Aktiengesellschaft gegründet, an der die beteiligten Zechen entsprechend ihrer Fördermengen Geschäftsanteile besaßen. Die 16 Gründungsmitglieder mit einer Gesamtbeteiligung von etwa 3,75 Millionen Tonnen schlossen sowohl untereinander als auch mit der Handelsgesellschaft einen Kartellvertrag, wodurch die Unternehmen in der Disposition ihrer Produkte in eine starke Abhängigkeit zur Kartellorganisation kamen.[123] Weitere regionale Vertriebsgesellschaften bildeten sich in kurzer Folge in Bochum (1890) und Essen (1890) sowie in Form des Steele-Mülheimer Verkaufsvereins (1891).[124]

Für den bedeutendsten Spezialsektor im Ruhrkohlenbergbau, dem Koksmarkt, setzte sich im Jahr 1890 mit der Gründung des Westfälischen Kokssyndikats eine vergleichbare Organisationsform durch, die aufgrund großer vertraglicher Ähnlichkeiten als eigentlicher Vorläufer des späteren Kohlensyndikats gilt. Hervorgegangen war das Kokssyndikat aus der im Jahr 1885 gegründeten „Vereinigung der Koksanstalten und Fettkohlenzechen des Oberbergamtsbezirks Dortmund", die zuvor erfolglos auf die Einrichtung einer gemeinsamen Verkaufsstelle hingewirkt hatte. Das Kokssyndikat übernahm den Alleinverkauf aller angeschlossenen Betriebe und erreichte auf dem freien Koksmarkt einen Kartellierungsgrad von 98,5 Prozent.[125] Auf vergleichbarer Basis und auch im Sektor der Spezialprodukte folgte im Jahr 1891 mit

---

121 Vgl. Mosebach: Über die Bildung einer Handelsgesellschaft zum Zwecke des Ankaufs und Wiedervertriebs der Kohlenproduktion des Oberbergamtsbezirks Dortmund, S. 5f. sowie ferner auch Sarter: Die Syndikatsbestrebungen im niederrheinisch-westfälischen Steinkohlenbezirke, S. 15 und Wilhelm: Das Rheinisch-Westfälische Kohlensyndikat und die Oberschlesische Kohlenkonvention bis zum Jahre 1933, S. 22ff.

122 Als Vorbild für die Organisationsform des Dortmunder Kohlen-Verkaufsvereins galt der Westfälische Salinen-Verein. Dieser wurde als selbstständige Handelsgesellschaft in Form einer Kommanditgesellschaft gegründet (vgl. Verein für die bergbaulichen Interessen im Oberbergamtsbezirk Dortmund: Die Entwickelung des niederrheinisch-westfälischen Steinkohlen-Bergbaues in der zweiten Hälfte des 19. Jahrhunderts. Band XI: Wirtschaftliche Entwickelung, Teil 2, S. 171ff.).

123 Vgl. o. A.: Kohlenringe, S. 6f. und Goetzke: Das Rheinisch-Westfälische Kohlen-Syndikat und seine wirtschaftliche Bedeutung, S. 25. Mehrere Banken hatten zu dieser Zeit die Bildung von Kartellvereinigungen im Ruhrbergbau gefördert und beeinflusst (vgl. Jovović: Deutschland und die Kartelle, S. 254f. und Stromberg, Rainer: Faktoren der Konzernbildung am Beispiel der Gutehoffnungshütte 1914–1923. Dipl-Arb., Nürnberg-Erlangen 1993, S. 23f.).

124 Vgl. Ebner: Der deutsche Kohlenhandel in seiner Entwicklung von 1880–1907, S. 65ff.; Verein für die bergbaulichen Interessen im Oberbergamtsbezirk Dortmund: Die Entwickelung des niederrheinisch-westfälischen Steinkohlen-Bergbaues in der zweiten Hälfte des 19. Jahrhunderts. Band XI: Wirtschaftliche Entwickelung, Teil 2, S. 187ff. und Wilhelm: Das Rheinisch-Westfälische Kohlensyndikat und die Oberschlesische Kohlenkonvention bis zum Jahre 1933, S. 22ff.

zunächst 13 Mitgliedern die Gründung des Brikett-Verkaufsvereins, in dessen Zentrum ebenfalls eine Aktiengesellschaft als Vertriebsorgan stand.[126]

Die hier nur in Grundzügen dargestellte Gründungswelle führte dazu, dass zu Beginn der 1890er Jahre ein Großteil der Kohlenproduktion im Ruhrbergbau unter dem Einfluss von Verkaufsvereinigungen oder vergleichbaren Zusammenschlüssen stand. Während die vier regionalen Verkaufsvereine zwar lediglich 34 Prozent der Gesamtförderung einschlossen, konnten jedoch weitere, mit diesen Organisationen regelmäßig in Verbindung stehende Verkaufsstellen weitere 48 Prozent der Ruhrförderung auf sich vereinen.[127] Kartellgegner sahen zu dieser Zeit bereits Indizien für eine Ausnutzung der Marktlage, während aus Sicht der Unternehmen diesen Vereinigungen insgesamt positive Einflüsse auf die Wettbewerbsintensität zugesprochen wurden, was die günstige Konjunktur Anfang der 1890er Jahre zusätzlich flankierte.[128] Eine umfassende Marktregulierung war jedoch bislang allenfalls im Spezialsektor durch das Kokssyndikat erreicht worden. Obgleich zwischen den regionalen Verkaufsorganisationen Marktabsprachen bestanden, setzte sich zwischen den Vereinigungen und natürlich zu Außenseiterbetrieben ein Wettbewerb auf den Absatzmärkten fort. Hinzu kamen außerdem Überwachungs- und Organisationsprobleme, weil nicht in allen Fällen die komplette Produktion der Zechen unter der Kontrolle der Vereinigungen stand.[129]

Angesichts der weiterhin steigenden Gesamtförderung des Ruhrbergbaus, die sich allein zwischen den Jahren 1885 und 1892 um 28 Prozent erhöhte, wurden für eine Entspannung der Wettbewerbsverhältnisse neben den Kartellierungsbestrebungen intensivere Maßnahmen zur Ausdehnung der Absatzgebiete als notwendig erachtet,

---

125 Nicht in das Kokssyndikat integriert war die Produktion der Hüttenzechen-Kokereien (vgl. ebd., S. 31 f. und Verein für die bergbaulichen Interessen im Oberbergamtsbezirk Dortmund: Die Entwickelung des niederrheinisch-westfälischen Steinkohlen-Bergbaues in der zweiten Hälfte des 19. Jahrhunderts. Band XI: Wirtschaftliche Entwickelung, Teil 2, S. 239 ff.).

126 Vgl. o. A.: Der Briket-Verkaufsverein zu Dortmund 1891–1904, o. O., o. J. (Dortmund 1904), S. 7 f. und Buschmann: Untersuchung der Zweckmäßigkeit der Syndizierung des Kohlenbergbaus auf Grund der geschichtlichen Entwicklung des Rheinisch-Westfälischen Kohlensyndikats, S. 20.

127 Vgl. Goetzke: Das Rheinisch-Westfälische Kohlen-Syndikat und seine wirtschaftliche Bedeutung, S. 26 f.

128 Vgl. Ebner: Der deutsche Kohlenhandel in seiner Entwicklung von 1880 – 1907, S. 65 ff. und Verein für die bergbaulichen Interessen im Oberbergamtsbezirk Dortmund: Die Entwickelung des niederrheinisch-westfälischen Steinkohlen-Bergbaues in der zweiten Hälfte des 19. Jahrhunderts. Band XI: Wirtschaftliche Entwickelung, Teil 2, S. 185 f. Im Zuge der Kartellierungswelle entstand eine Publikationsfehde zwischen Kartellgegnern und -befürworten. Exemplarisch für die Seite der Gegner vgl. Kanitz-Podangen, Hans Graf von: Die Kohlen-Verkaufsvereine und ihre wirthschaftliche Berechtigung, S. 14 f. und o. A.: Der geplante Kohlenring. Eine Gefahr für die Industrie, S. 2 f. Gegen die dort abgedruckten Ausführungen und für eine Fortsetzung der Kartellierungsbestrebungen vgl. Effertz, Reinhard: Die Kohlen-Verkaufsvereine und ihre wirthschaftliche Nothwendigkeit. Eine Antwort auf die Broschüre des Grafen von Kanitz-Podangen (Die Kohlen-Verkaufsvereine und ihre wirthschaftliche Berechtigung), Essen 1891 und Effertz, Reinhard: Kohlen-Verkaufs-Vereine und öffentliche Meinung, Dortmund 1890.

um kostenintensive Fördereinschränkungen zu begrenzen. Die bisher gegründeten Verkaufsorganisationen waren hierbei aufgrund des hohen Kostenaufwands jedoch nur in relativ geringem Ausmaß aktiv.[130] Bereits mit der Gründung der Verkaufsvereinigungen begannen Überlegungen, noch „stärkere und umfassende Zusammenschlüsse“[131] zu erreichen, die auch dieses Ziel verfolgen sollten. Aufgrund einer breiteren Kostenverteilung sollten solche Organisationen deutlich besser in der Lage sein, die für die Absatzausdehnung auf bestrittenen Märkten notwendigen Preisopfer zu bringen.[132] In diesem Zusammenhang stand auch die Erwartung, den Absatz minderwertiger Kohlensorten, der bislang als äußerst schwierig galt, durch eine weitere Senkung der Anbieterzahl zu erleichtern.[133]

Die zum Jahresbeginn 1892 gegründete „Zechengemeinschaft“, in der Unternehmen mit insgesamt 85 Prozent der Ruhrförderung zusammengeschlossen waren, sollte zunächst auf eine stärkere Preis- und Gebietsregulierung zwischen den Verkaufsvereinigungen und eine Verbesserung der Vertragsüberwachung hinwirken.[134] Aus dieser Organisation heraus liefen seit April 1892 Verhandlungen, die zur Gründung eines zentralen Verkaufssyndikat führen sollten, das den Absatz möglichst aller Zechen erfassen und zugleich die Hoheit über die Produktions- und Preispolitik haben sollte.[135] Die bisher geschaffenen und zum Teil noch bestehenden Vereinigungen zur Marktregulierung dürfen dafür keineswegs als gescheiterte Kartellierungsversuche oder gar Hindernisse betrachtet werden. Vielmehr spiegelte die vielschichtige Gründungswelle Entwicklungsstufen wider und machte es aus den spezifischen Produk-

---

129 Vgl. Voss: Magdeburgs Kohlenhandel einst und jetzt, S. 56. Beim Essener Kohlen-Verkaufsverein musste für die Sicherstellung eines reibungslosen Geschäftsablaufs der Verkauf in die Hände der Mitglieder zurückgegeben werden. Problematisch war hier, dass der Verein nur etwa über die Hälfte der Produktionsmenge seiner Mitglieder verfügen durfte (vgl. Goetzke: Das Rheinisch-Westfälische Kohlen-Syndikat und seine wirtschaftliche Bedeutung, S. 26 f. und Verein für die bergbaulichen Interessen im Oberbergamtsbezirk Dortmund: Die Entwickelung des niederrheinisch-westfälischen Steinkohlen-Bergbaues in der zweiten Hälfte des 19. Jahrhunderts. Band XI: Wirtschaftliche Entwickelung, Teil 2, S. 199).

130 Nachweislich war zumindest das Kokssyndikat im Koksvertrieb in Hamburg aktiv (vgl. Handelskammer Hamburg (Hg.): Hamburgs Handel im Jahre 1893. Sachverständigenberichte, S. 58).

131 Effertz: Kohlen-Verkaufs-Vereine und öffentliche Meinung, S. 3.

132 Vgl. ebd., S. 18; Verein für die bergbaulichen Interessen im Oberbergamtsbezirk Dortmund: Die Entwickelung des niederrheinisch-westfälischen Steinkohlen-Bergbaues in der zweiten Hälfte des 19. Jahrhunderts. Band XI: Wirtschaftliche Entwickelung, Teil 2, S. 254 f. und Handelskammer Hamburg (Hg.): Hamburgs Handel im Jahre 1892. Sachverständigenberichte, S. 91 f. Aus der späteren Rückschau vgl. auch RWKS, Bericht des Vorstandes über das Geschäftsjahr 1899, in: montan.dok/BBA 33/318 (1).

133 Für den Absatz minderwertiger Sorten waren die Zechen stark auf den freien Großhandel angewiesen, der jedoch durch eine noch hohe Anbieterzahl die Abnahme und die Bemühungen zum Weiterverkauf solcher Kohlensorten relativ einfach verweigern konnte (vgl. Preute: Die Absatz- und Verkehrsverhältnisse des rheinisch-westfälischen Kohlenbergbaues vor und nach dem Weltkriege, S. 24 und Franken: Syndikatshandel oder Freihandel im Kohlenabsatz? S. 10 f.).

134 Vgl. Voss: Magdeburgs Kohlenhandel einst und jetzt, S. 56; Goetzke: Das Rheinisch-Westfälische Kohlen-Syndikat und seine wirtschaftliche Bedeutung, S. 26 f. und Wilhelm: Das Rheinisch-Westfälische Kohlensyndikat und die Oberschlesische Kohlenkonvention bis zum Jahre 1933, S. 34 ff.

tionsbedingungen im Ruhrbergbau heraus überhaupt erst möglich, zentrale Grundlagen für eine weitreichende Syndizierung der Branche zu finden.[136] Angesichts der zu dieser Zeit insgesamt noch starken Trennung zwischen Produktion und Verkauf in der gesamten Industriewirtschaft musste ein Bewusstsein für den Einfluss der Absatzorganisation auf den Unternehmenserfolg schließlich erst über längere Zeit wachsen.[137]

2.4 Die Gründung des Kohlensyndikats: ein pragmatischer Kompromiss?

Die zahlreichen Kartellvereinigungen, die seit den 1880er Jahren in unterschiedlicher Form zu einer stärkeren Regulierung der Absatzmärkte für Ruhrkohle führen sollten, waren trotz unterschiedlicher Erfolge wichtige Grundlagen, die im Februar 1893 zur Gründung des Rheinisch-Westfälischen Kohlen-Syndikats (RWKS) führten.[138] Mit der Integration der Produktions-, Preis- und Absatzregulierung der beteiligten Unternehmen stellte das Kohlensyndikat zwar kein Novum unter den Kartellorganisationen im Ruhrbergbau dar, umfasste jedoch einen erheblich höheren Wirkungsbereich als die vorangegangenen Vereinigungen. Das RWKS vereinte bei der Gründung 86,6 Prozent der Kohlenförderung im Oberbergamtsbezirk Dortmund, was im Jahr 1893 einer Menge von mehr als 33 Millionen Tonnen entsprach.[139] Von den 160 im Gründungsjahr in der Förderung stehenden Ruhrzechen waren 98 Betriebe dem Kartell beigetreten. Neben den Kleinzechen mit einer Jahresförderung von unter 10.000 Tonnen, deren Beteiligung nicht vorgesehen war, blieben die 14 sogenannten Hüttenzechen außen vor. Zudem hatten neun weitere Schachtanlagen eine Mitgliedschaft im Kohlensyn-

135 Vgl. Goetzke: Das Rheinisch-Westfälische Kohlen-Syndikat und seine wirtschaftliche Bedeutung, S. 26 f.; Kerscht, Wilhelm: Das Rheinisch-Westfälische Kohlensyndikat in seiner geschichtlichen Entwicklung 1910 – 1920, Freiburg i. B. 1922, S. 3; o. A.: Der geplante Kohlenring. Eine Gefahr für die Industrie, S. 19 und Sarter: Die Syndikatsbestrebungen im niederrheinisch-westfälischen Steinkohlenbezirke, S. 19 f.

136 Vgl. z. B. Forstreuter: Organisation der Kohlenindustrie und des Kohlenhandels in Deutschland, S. 20 ff. Die Bildung eines Verkaufssyndikats in einem kleineren Segment war zunächst einfacher zu realisieren als für die gesamte Branche, was wiederum den Verhandlungsaufwand für weitreichendere Syndizierungen aufgrund eines bereits bestehenden „Vorbilds" deutlich reduzieren konnte (vgl. dazu auch Verein für die bergbaulichen Interessen im Oberbergamtsbezirk Dortmund: Die Entwickelung des niederrheinisch-westfälischen Steinkohlen-Bergbaues in der zweiten Hälfte des 19. Jahrhunderts. Band XI: Wirtschaftliche Entwickelung, Teil 2, S. 239 f.).

137 Vgl. van Klaveren: Die Industrielle Revolution und das Eindringen des Fabrikanten in den Handel, S. 5 ff.

138 Vgl. Forstreuter: Organisation der Kohlenindustrie und des Kohlenhandels in Deutschland, S. 20 ff. Ausführlich zum Gründungsverlauf des RWKS vgl. Verein für die bergbaulichen Interessen im Oberbergamtsbezirk Dortmund: Die Entwickelung des niederrheinisch-westfälischen Steinkohlen-Bergbaues in der zweiten Hälfte des 19. Jahrhunderts. Band XI: Wirtschaftliche Entwickelung, Teil 2, S. 254 ff.

dikat abgelehnt.[140] Nachdem noch zahlreiche Übergangsbestimmungen gültig waren, die den beigetretenen Zechen vorerst weiterhin eine eigenständige Verkaufsarbeit ermöglichten, nahm das RWKS zum 1. August 1893 seine eigentliche Tätigkeit als zentrale Verkaufsstelle auf.[141]

Bereits unter den Zeitgenossen in der breiten Öffentlichkeit und der Politik sorgte die Gründung des Kohlensyndikats für eine überaus große Aufmerksamkeit.[142] In den Diskussionen wurden der neuen Kartellorganisation im Vergleich zu den „Vorläufern" deutlich bessere Chancen auf eine nachhaltige Marktregulierung bescheinigt. Unter den Ruhrzechen schien sich die Erkenntnis durchgesetzt zu haben, dass eine stärkere Unabhängigkeit von schwankenden Konjunkturverläufen und eine langfristige Stabilisierung der Verkaufspreise wichtige Faktoren für Erlössteigerungen sein konnten, selbst wenn dafür Produktionsbeschränkungen in Kauf genommen werden mussten.[143] Während die beteiligten Unternehmen also eine stärkere Unabhängigkeit von spekulativen Preisschwankungen erwarteten, gingen bei den Verbrauchern umgekehrt Befürchtungen hinsichtlich einer monopolartigen Marktausnutzung mit starken Preiserhöhungen einher.[144] Kritiker sahen die Kartelle bereits damals keineswegs allein als die viel zitierten „Kinder der Noth"[145] an. Aus deren Sicht sollten die Orga-

---

139 Vgl. Tab. 30 im Anhang.

140 Abgelehnt hatten den Beitritt von den reinen Zechen die Betriebe Alter Haase, Berneck, Friedlicher Nachbar, Langenbrahm, Paul, Prinz Friedrich, Richradt, Roland und Westhausen (vgl. Kroker; Ragenfeld: Findbuch zum Bestand 33: Rheinisch-Westfälisches Kohlen-Syndikat, S. VIIIf.). Die außerhalb verbliebenen Kleinzechen lagen im Süden des Ruhrgebiets und bedienten dort lediglich einen lokalen Markt im Landabsatz, so dass eine Schädigung der Syndikatspolitik nicht erwartet wurde (vgl. Wiedenfeld: Das rheinisch-westfälische Kohlensyndikat, S. 68). Nicht zum RWKS gehörte außerdem zunächst die linksrheinische Zeche Rheinpreussen, die erst im Jahr 1904 beitrat (vgl. Gebhardt: Ruhrbergbau, S. 457).

141 Vor dem 1. August 1893 wurden bereits Lieferbedingungen und Richtpreise zentral vom Kohlensyndikat festgelegt. Dabei wurden auch die Werbung neuer Kunden und eine Erhöhung der Verkaufsmengen von der Genehmigung des RWKS abhängig gemacht (vgl. RWKS, Übergangsbestimmungen, 27.02.1893, in: Haniel-Archiv Duisburg (im Folgenden: HA), HAA: 1628; RWKS, Bedingungen für abzuschließende Lieferverträge, o. D. (1893), in: HA, HAA: 1628; Muthesius: Ruhrkohle 1893–1943, S. 67; Jahrbuch für den Oberbergamtsbezirk Dortmund 1894, Essen, S. 49f. und o. A.: Rheinisch-Westfälischer Kohlenmarkt, in: Deutsche Kohlen-Zeitung, 03.08.1893, Nr. 62, S. 491).

142 Unmittelbar nach der RWKS-Gründung kam es im Februar und März 1893 zu einer umfangreichen Debatte im Preußischen Abgeordnetenhaus (vgl. Sarter: Die Syndikatsbestrebungen im niederrheinisch-westfälischen Steinkohlenbezirke, S. 2).

143 Vgl. Blaich: Absatzstrategien deutscher Unternehmen im 19. und in der ersten Hälfte des 20. Jahrhunderts, S. 34; Bleidick: Das Verhältnis des staatlichen Bergbaus im Ruhrgebiet zum Rheinisch-Westfälischen Kohlen-Syndikat (RWKS) vor dem Ersten Weltkrieg, S. 265 und Stromberg: Faktoren der Konzernbildung am Beispiel der Gutehoffnungshütte 1914–1923, S. 23.

144 Vgl. u.a. o. A.: Der geplante Kohlenring. Eine Gefahr für die Industrie, S. 2ff. und Vossische Zeitung, 17.10.1891, in: Geheimes Staatsarchiv Preußischer Kulturbesitz, Berlin (im Folgenden: GStA PK), I. HA Rep. 120 C VIII 1 Nr. 19 Bd. 6. Ausführlich zu den zeitgenössischen Argumenten der Kartellbefürworter und -gegner vgl. Sarter: Die Syndikatsbestrebungen im niederrheinisch-westfälischen Steinkohlenbezirke, S. 26ff.

nisationen vielmehr dafür Sorge tragen, dass die in der Gründungsphase vergleichsweise hohen Preise bei einem zukünftigen Konjunktureinbruch nicht wie zu früheren Zeiten unter ein auskömmliches Niveau sinken.[146] Allerdings bestand auf der Seite der Abnehmer durchaus auch die positive Erwartung, dass die neue Kartellorganisation dem bei Verbrauchern oft unbeliebten Großhandel bezüglich seiner Preispolitik in Zukunft stärkere Schranken auferlegen würde.[147]

Obgleich die ursprünglichen Syndizierungsbestrebungen im Ruhrbergbau das Ziel hatten, den Vertrieb der gesamten Kohlenproduktion und der Nebenprodukte in einer zentralen Absatzorganisation zu vereinigen,[148] blieben die Verkaufsorganisationen von Koks und Briketts zunächst weiter bestehen. Das Kokssyndikat und der Brikettverkaufsverein schlossen mit dem RWKS in den folgenden Jahren allerdings mehrfach Verträge zur Zusammenarbeit ab, um eine gegenseitige Konkurrenz auf den Absatzmärkten zu verhindern. Zudem bestanden zwischen den Vereinigungen zahlreiche organisatorische und personelle Verflechtungen.[149] In Folge der RWKS-Erneuerung im Jahr 1903 gingen das Kokssyndikat und der Brikettverkaufsverein zum Jahresbeginn 1904 im Kohlensyndikat auf.[150] Als regionale Absatzorganisation setzte der Steele-Mülheimer Verkaufsverein zunächst seine Arbeit selbstständig fort, bis dessen Tätigkeit im Jahr 1895 vollständig durch das RWKS übernommen wurde und der Verkaufsverein sich damit auflöste.[151]

Das Kokssyndikat nahm für das RWKS in vielerlei Hinsicht eine Vorbildfunktion ein: Neben der Integration der Produktions-, Preis- und Absatzregulierung und einem

---

145 Kleinwächter: Die Kartelle, S. 143.

146 Vgl. o. A.: Kohlenringe, S. 11 und Kestner: Der Organisationszwang, S. 25 f.

147 Vgl. Kölnische Volkszeitung, 09.12.1893, in: HA, HAA: 1422.

148 Vgl. Mosebach: Über die Bildung einer Handelsgesellschaft zum Zwecke des Ankaufs und Wiedervertriebs der Kohlenproduktion des Oberbergamtsbezirks Dortmund, S. 12 f. und Kronenberg: Die Preisbildung und Preispolitik des Rheinisch-Westfälischen Kohlen-Syndikats, S. 9 f.

149 Der Leiter des RWKS war zugleich stellvertretender Vorsitzender im Aufsichtsrat und im Beirat des Kokssyndikats. Umgekehrt hatte der Leiter des Kokssyndikats den stellvertretenden Vorsitz im Aufsichtsrat des Kohlensyndikats. Beim Brikett-Verkaufsverein bestand ein solcher Personalaustausch nicht formell, doch soll diese Zusammenarbeit ebenso eng gewesen sein (vgl. Wiedenfeld: Das rheinisch-westfälische Kohlensyndikat, S. 23 f. und Verein für die bergbaulichen Interessen im Oberbergamtsbezirk Dortmund: Denkschrift betreffend die Verhandlungen des Deutschen Reichstages über die Kohlenfrage am 3., 6. u. 7. Dezember 1900, Essen 1901, S. 5). 1903 hieß es, dass das RWKS im Aufsichtsrat beider Organisationen vertreten war (vgl. Kontradiktorische Verhandlungen über Deutsche Kartelle. Die vom Reichsamt des Innern angestellten Erhebungen über das inländische Kartellwesen in Protokollen und stenographischen Berichten. Erster Band: Steinkohlen und Koks, Berlin 1903, S. 55).

150 Vgl. Verein für die bergbaulichen Interessen im Oberbergamtsbezirk Dortmund: Die Entwickelung des niederrheinisch-westfälischen Steinkohlen-Bergbaues in der zweiten Hälfte des 19. Jahrhunderts. Band XI: Wirtschaftliche Entwickelung, Teil 2, S. 267 ff. Für den Verkauf der Kokerei-Nebenprodukte wurden ab 1895 auf einer vergleichbaren Basis eigene Vertriebsorganisationen gegründet: 1895 die Ammoniak-Verkaufsvereinigung, 1897 die Deutsche Teer-Verkaufsvereinigung-GmbH und 1899 die Westdeutsche Benzol-Verkaufsvereinigung GmbH (vgl. Wilhelm: Das Rheinisch-Westfälische Kohlensyndikat und die Oberschlesische Kohlenkonvention bis zum Jahre 1933, S. 56).

hohen Kartellierungsgrad wiesen vor allem die Organisationsstrukturen beider Vereinigungen große Ähnlichkeiten auf. Wie das Kokssyndikat beruhte das RWKS rechtlich auf einem Doppelvertrag: dem Statut der Aktiengesellschaft „Rheinisch-Westfälisches Kohlen-Syndikat“ und zusätzlich der „Vertrag zwischen dem Syndikat und den Zechenbesitzern sowie den Zechenbesitzern untereinander“[152]. Letzterer war der eigentliche Kartellvertrag, in dem die Vertragspartner an erster Stelle das Vorhaben festlegten, „für die Zukunft eine ungesunde Konkurrenz auf dem Kohlenmarkte auszuschließen“[153]. Das aus Sicht der beteiligten Unternehmen wichtigste Organ der Kartellvereinigung war die Zechenbesitzerversammlung, in der jedes Mitglied pro 10.000 Tonnen Förderung eine Stimme erhielt. Zweites Organ war der Beirat, zu dem die Zechen jedoch erst ab einer Fördermenge von 1 Million Tonnen jeweils ein Mitglied entsenden durften. Betriebe mit einer geringeren Produktion durften sich allerdings zu Gruppen zusammenschließen, um die Mindestfördermenge zu erreichen. Zu diesen beiden Gremien kam außerdem noch die „Kommission zur Feststellung der Beteiligungsziffern“ (Kommission C) hinzu, die lediglich aus vier Mitgliedern bestand.[154]

Neben den Regelungen zu Beteiligungsmodalitäten, der Aufbringung der Geschäftskosten sowie möglichen Strafen bei Vertragsverstößen war im Kartellvertrag in Hinblick auf die Absatzorganisation von zentraler Bedeutung, dass sich die Zechenbesitzer darin verpflichteten, während des Vertragszeitraums ihre Produkte an Kohlen, Koks und Briketts vollständig an die Aktiengesellschaft RWKS zum Weiterverkauf zu veräußern. Damit war zwar aus Perspektive der beteiligten Betriebe eine langfristige Absatzsicherung gewährleistet, doch machte diese Bestimmung einen vorzeitigen Austritt einer einzelnen Zeche aus dem Kartellvertrag kaum möglich, da das entsprechende Unternehmen ohne Zustimmung der Aktiengesellschaft RWKS die Disposition über ihre Kohlenförderung nicht automatisch zurückerhalten hätte.[155]

Die Aktiengesellschaft besaß in ihrer organisatorischen Struktur die übliche Dreiteilung mit einem Vorstand als Ausführungsorgan sowie einem Aufsichtsrat und einer Generalversammlung. Die Anteilseigner der Gesellschaft waren die Syndikats-

---

151 Vgl. RWKS, Bericht des Vorstandes über das Geschäftsjahr 1895, in: montan.dok/BBA 33/318 (1) und o. A.: Rheinisch-Westfälisches Kohlensyndikat, in: Deutsche Kohlen-Zeitung, 23.12.1894, Nr. 103, S. 819. Zum Steele-Mülheimer Verkaufsverein gehörten die Zechen Alstaden, Blankenburg, Eiberg, Heinrich, Humboldt, Johann Deimelsberg und Ludwig (vgl. Rundschreiben des RWKS, 29.07.1893, in: HA, HAA:1422). Einzelnen Angaben zufolge waren vom zentralen Verkauf zunächst für kurze Zeit noch die Produkte des Vereins „Rheinisch-Westfälischer Magerkohlenzechen“, der Grus- und Siebgruskohlen-Vereinigung sowie der Ziegel- und Kalkkohlen-Vereinigung ausgeschlossen (vgl. ebd.).

152 Zur juristischen Detailbewertung beider Verträge vgl. Richter: Die Wirkungsgeschichte des deutschen Kartellrechts vor 1914, S. 84 ff. Aus zeitgenössischer Sicht vgl. Flechtheim: Die rechtliche Organisation der Kartelle, S. 13 ff.

153 O. A.: Die Syndikatsverträge des Rheinisch-Westfälischen Kohlen-Syndikats, S. 5.

154 Zu den vier Mitgliedern der Kommission C sollten zwei Techniker, ein Kaufmann und ein Mitglied des Syndikatsvorstands gehören (vgl. ebd., S. 5 ff. sowie zusammenfassend zu den Gremien auch Wilhelm: Das Rheinisch-Westfälische Kohlensyndikat und die Oberschlesische Kohlenkonvention bis zum Jahre 1933, S. 40 ff.).

mitglieder selbst.[156] In ihrer Rolle als Vertriebsgesellschaft für die Kartellvereinigung verkaufte die Aktiengesellschaft RWKS die von den Zechen gelieferten Produkte in eigenem Namen, jedoch auf Rechnung ihrer Mitglieder. Auf eigene Rechnung durfte das Syndikat keinen Gewinn erzielen. Die Einnahmen wurden nach Abzug der Geschäftsunkosten an die Mitglieder verteilt.[157] Die beteiligten Zechen waren entsprechend der Dauer des ersten Syndikatsvertrags bis zum Jahr 1898 an den zentralen und gemeinschaftlichen Absatz über das Kohlensyndikat gebunden. Diese Vertragsdauer stellte einen von vielen Kompromissen dar, um überhaupt eine gemeinsame Verkaufsbasis zu finden. Ein zehnjähriger Kartellvertrag ließ sich in den Gründungsverhandlungen nicht durchsetzen.[158]

Auch unter dem Dach des RWKS blieben die Ruhrzechen ein äußerst heterogenes Gefüge aus einer großen Anzahl von Unternehmen mit verschiedenen Betriebsgrößen, Kostenstrukturen und Produktionsbedingungen. Daraus generierten sich die unterschiedlichsten unternehmerischen Interessen und folglich auch verschiedene Erwartungen an die Kartellvereinigung.[159] Damit zum Beispiel auch wenig rentable Schachtanlagen im Kartell weiter existieren konnten, stellten deren Produktionskosten in der gemeinsamen Preispolitik häufig die Mindestgrenze nach unten dar. Entsprechend neigten kleinere Betriebe mit höheren Selbstkosten stärker zu Forderungen nach Preiserhöhungen. Die aufgrund der Stimmrechte im RWKS dominierenden Großbetriebe verfolgten dagegen eher eine mäßige und konstante Preispolitik, strebten dagegen aber zur Senkung ihrer Selbstkosten verstärkt eine Erhöhung ihrer Produktionsquoten an. Dies zeigt deutlich, dass der Wettbewerb zwischen den Unternehmen durch die Kartellgründung nicht beendet, sondern lediglich neu reguliert wurde.[160]

Der im Jahr 1893 nicht erfolgte Beitritt der Hüttenzechen in das Kohlensyndikat, der in der Gründungsphase kurzzeitig in Betracht gezogen worden war, bildete eine weitere pragmatische Maßnahme. Angesichts der sich mit deren Beitritt noch weiter

155 Vgl. Jahrbuch für den Oberbergamtsbezirk Dortmund 1908/09, Essen, S. 659 ff. Zu den Ausnahmen vom gemeinsamen Verkauf vgl. Kap. 2.6.1. Zur rechtlichen Bewertung der Liefer- und Abnahmepflicht zwischen den Zechen und der Aktiengesellschaft vgl. Flechtheim: Die rechtliche Organisation der Kartelle, S. 31 ff. Zudem bedankt sich der Autor bei Thomas Jovović für ergänzende Informationen.

156 Vgl. Richter: Die Wirkungsgeschichte des deutschen Kartellrechts vor 1914, S. 84 f. und Flechtheim: Die rechtliche Organisation der Kartelle, S. 18 ff.

157 Vgl. Walther: Die Entwicklung des Abrechnungsverfahrens des Rheinisch-Westfälischen Kohlen-Syndikats und seine Preispolitik, S. 21 f. und Urteilsbegründung zur Klage der Zechen Langenbrahm, Adler und Auguste Victoria gegen das RWKS, 30.03.1917, S. 2, in: montan.dok/BBA 32/4107.

158 Vgl. Buschmann: Untersuchung der Zweckmäßigkeit der Syndizierung des Kohlenbergbaus auf Grund der geschichtlichen Entwicklung des Rheinisch-Westfälischen Kohlensyndikats, S. 25 und Verein für die bergbaulichen Interessen im Oberbergamtsbezirk Dortmund: Die Entwickelung des niederrheinisch-westfälischen Steinkohlen-Bergbaues in der zweiten Hälfte des 19. Jahrhunderts. Band XI: Wirtschaftliche Entwickelung, Teil 2, S. 263.

159 Aufgrund dieser großen Heterogenität betrachtete Peters die Kartellgründung selbst bereits einen großen Erfolg (vgl. Peters, Lon L.: Managing competition in German coal, 1893 – 1913, in: The journal of economic history 45, 1989, Nr. 2, S. 419 – 433, hier: S. 419 ff.).

ausdifferenzierenden unternehmerischen Interessen wäre eine gemeinsame Vertragsgrundlage womöglich kaum gefunden worden. Da die Hüttenzechen weitgehend für den Bedarf der angeschlossenen Werke produzierten und nur ein geringer Teil ihrer Fördermengen in den freien Verkauf ging – 1893 waren es knapp 3,5 Prozent der Syndikatsmenge – galt der nicht erfolgte Beitritt zunächst als unproblematisch. Allerdings fielen die Hüttenzechen bereits kurz nach der Syndikatsgründung durch Preisunterbietungen auf dem freien Markt auf. Ein daraufhin im Jahr 1894 mit den Hüttenzechen geschlossenes Abkommen über eine gemeinsame Preispolitik sollte eine Lösung bieten, doch enthielt der Vertrag keine Regelungen zu Produktionsbeschränkungen für die Hüttenzechen.[161] Ab dem Jahr 1898 wurden, aufbauend auf diesem Abkommen, mit fünf Hüttenzechen Verträge zur Übernahme des Verkaufs der für den freien Markt bestimmten Kohle geschlossen.[162] Die Bedeutung der sogenannten gemischten Werke nahm allerdings in den folgenden Jahren weiter zu. Durch den Ausbau der Förderanlagen und den Ankauf bislang selbstständiger Schachtanlagen erreichte die Förderung der Hüttenzechen bis zum Jahr 1903 mit 7,7 Millionen Tonnen rund die doppelte Menge gegenüber dem Jahr 1893.[163] Das Beispiel der Hüttenzechen zeigt damit, dass im Ruhrbergbau vom hohen, aber bei weitem nicht vollständigen Kartellierungsgrad des Kohlensyndikats auch die außerhalb der Kartellorganisation stehenden Unternehmen profitieren konnten, ohne dass sich diese Betriebe an den Kosten für den Erhalt des RWKS beteiligen mussten.

Um für die beteiligten Unternehmen tatsächlich Erlössteigerungen zu erreichen, durften die entstehenden Organisationskosten zumindest nicht höher ausfallen als die durch die Kartellbildung eingesparten Marktkosten.[164] Die konkreten Belastungen, die das Kohlensyndikat zu tragen hatte, waren neben dem Betrieb einer leistungsfähigen Vertriebsstruktur und der Etablierung von Instrumenten zur Überwachung und Durchsetzung der Vertragsmodalitäten auch die Kosten für die notwendige Ausdeh-

160 Vgl. Lucae: Außenseiter von Kartellen, S. 42 ff.; Bonikowsky: Der Einfluß der industriellen Kartelle auf den Handel in Deutschland, S. 26; Maschke: Grundzüge der deutschen Kartellgeschichte bis 1914, S. 36 und Beckerath, Herbert von: Industrielle Kartellprobleme der Gegenwart. Ein Überblick, Berlin 1926, S. 10 f.

161 Händler, die neben RWKS-Produkten auch Kohle von Hüttenzechen bezogen, sollten durch Preisaufschläge diszipliniert werden. Zudem wurden den Hüttenbetrieben Preisaufschläge für die Kohle angedroht, welche diese zusätzlich zu ihrer eigenen Förderung vom RWKS bezogen (vgl. ausführlich Pilz: Die Hüttenzechenfrage im Ruhrbezirk und Richtlinien für eine Erneuerung des Rheinisch-Westfälischen Kohlen-Syndikats, S. 9 ff.).

162 Vgl. Buschmann: Untersuchung der Zweckmäßigkeit der Syndizierung des Kohlenbergbaus auf Grund der geschichtlichen Entwicklung des Rheinisch-Westfälischen Kohlensyndikats, S. 37 f. und Transfeldt, Theodor: Die Preisentwicklung der Ruhrkohle 1893–1925 unter der Preispolitik des „Rheinisch-Westfälischen Kohlensyndikates" und des „Reichskohlenverbandes", Borna-Leipzig 1926, S. 8.

163 Vgl. Wiedenfeld: Das rheinisch-westfälische Kohlensyndikat, S. 45 f. Ohne Kartellierung war das Interesse von Hüttenwerken zur Eingliederung von Zechen aufgrund der niedrigen Kohlenpreise auf dem freien Markt eher gering (vgl. Pilz: Die Hüttenzechenfrage im Ruhrbezirk und Richtlinien für eine Erneuerung des Rheinisch-Westfälischen Kohlen-Syndikats, S. 4).

nung der Absatzgebiete. Bislang waren einzelne Unternehmen oder kleinere Zechengruppen kaum in der Lage gewesen, die für den Wettbewerb in bestrittenen Absatzgebieten notwendigen Preisopfer zu bringen.[165] Für die Bewältigung dieser Aufgaben erhob das RWKS von den beteiligten Zechen eine Umlage, sofern die entstandenen Kosten nicht allein durch die Verkaufsarbeit gedeckt werden konnten. Neben der Finanzierung der allgemeinen Geschäftsunkosten diente die Umlage größtenteils zum Ausgleich der Belastungen, die dem Kohlensyndikat durch den Wettbewerb auf den bestrittenen Kohlenmärkten entstanden.[166]

Das Ziel, dass sich das Kohlengeschäft von einem Angebotsmarkt der Zechen zu einem Nachfragemarkt der Konsumenten entwickeln würde und ein höheres Preisniveau erreicht werden könnte,[167] war angesichts des hohen Kartellierungsgrads durchaus realistisch. Doch letztlich stellte auch das RWKS zunächst lediglich einen Versuch dar, eine zentrale Verkaufsorganisation für eine äußerst heterogene Anbieterstruktur zu etablieren. Dieser Versuch bestand aus vielen Kompromissen, um für alle beteiligten Mitglieder überhaupt eine akzeptable Vertragsbasis zu finden. Um den Erhalt und die Funktionsfähigkeit der Kartellorganisation zu sichern, waren in den folgenden Jahren insbesondere in der Absatzorganisation immer wieder pragmatische Lösungen notwendig, die allerdings zugleich neue Schwierigkeiten schufen.

2.5 Produktions- und Preispolitik im Kohlensyndikat

2.5.1 Etablierung einer marktorientierten Produktionspolitik

Die Bedeutung der einzelnen Kartellinstrumente für die Geschäftspolitik des Kohlensyndikats ist bislang unterschiedlich bewertet worden. Produktionspolitische Aspekte bekamen jedoch vielfach vor der Preisregulierung und insbesondere weit vor absatzpolitischen Fragen eine zentrale Bedeutung bei der Bewertung der Syndikats-

---

164 Vgl. Kestner: Der Organisationszwang, S. 8; Walther: Die Entwicklung des Abrechnungsverfahrens des Rheinisch-Westfälischen Kohlen-Syndikats und seine Preispolitik, S. 89 und Berghoff: Moderne Unternehmensgeschichte, S. 47 f.

165 Die Fördersteigerungen waren sowohl durch in Betrieb stehende Zechen als auch durch zahlreiche in Bau befindliche Schachtanlagen zu erwarten (vgl. Verein für die bergbaulichen Interessen im Oberbergamtsbezirk Dortmund: Die Entwickelung des niederrheinisch-westfälischen Steinkohlen-Bergbaues in der zweiten Hälfte des 19. Jahrhunderts. Band XI: Wirtschaftliche Entwickelung, Teil 2, S. 255 und RWKS, Zechenbesitzerversammlung, 26.06.1895, in: montan.dok/BBA 55/2246.

166 Die Höhe der Umlage wurde vom Beirat auf Vorschlag des Vorstands festgelegt und den Zechen zunächst derart in Rechnung gestellt, indem ein prozentualer Anteil der Wertigkeit ihrer Lieferungen an das Syndikat einbehalten wurde (vgl. o. A.: Die Syndikatsverträge des Rheinisch-Westfälischen Kohlen-Syndikats, S. 11 und Walther: Die Entwicklung des Abrechnungsverfahrens des Rheinisch-Westfälischen Kohlen-Syndikats und seine Preispolitik, S. 38 f.).

politik beigemessen.[168] Bislang ist nur in Grundzügen herausgestellt worden, dass die Produktionsregulierung in Hinblick auf die Kartellziele keinen Selbstzweck darstellte, sondern direkt auf die Regulierung des Absatzes ausgerichtet war. Dies zeigte sich dadurch, dass das RWKS keinen unmittelbaren Eingriff in den Bergwerksbetrieb der beteiligten Zechen nahm. Dieser geschah lediglich indirekt durch eine Absatzbegrenzung. Das Kohlensyndikat legte fest, mit welcher Produktionsmenge ein beteiligter Betrieb am Verkauf teilzunehmen berechtigt und zugleich auch verpflichtet war, womit sich eine erste Grundlage für die Verkaufsdisposition ergab.[169]

Als Schlüssel für die Produktionssteuerung diente die Beteiligungsziffer, mit welcher der Gesamtabsatz des RWKS auf die Mitglieder verteilt wurde. Im Rahmen dieser Beteiligungsziffer war das Syndikat zur Abnahme der Produktionsmengen der Zechen verpflichtet, sofern die Gesamtbeteiligung nicht durch eine Fördereinschränkung gleichermaßen für alle Mitglieder reduziert wurde.[170] Da die Zechen gemäß den Statuten, abgesehen von festgelegten Ausnahmen, keine Kohlen außerhalb des Syndikats liefern durften, wurde somit die Produktion der Mitglieder durch die Festlegung der Absatzbeteiligung indirekt begrenzt.[171] Fördereinschränkungen konnten allerdings für die Schachtanlagen zu einer Erhöhung der Selbstkosten führen, so dass die Kartellziele durch parallel laufende preis- und absatzpolitische Maßnahmen erreicht werden mussten.[172]

Die Beteiligungsziffer, die als Jahresmenge in Tonnen festgelegt wurde, war möglichst auf die Leistungsfähigkeit der Schachtanlagen ausgerichtet, weshalb bei der Syndikatsgründung für deren Bemessung die Fördermengen aus den Jahren 1891 oder 1892 herangezogen wurden.[173] Der Selbstverbrauch der Zechen wurde zunächst

---

167 Vgl. Mosebach: Über die Bildung einer Handelsgesellschaft zum Zwecke des Ankaufs und Wiedervertriebs der Kohlenproduktion des Oberbergamtsbezirks Dortmund, S. 13 ff.

168 Vgl. z. B. Bleidick: Das Verhältnis des staatlichen Bergbaus im Ruhrgebiet zum Rheinisch-Westfälischen Kohlen-Syndikat (RWKS) vor dem Ersten Weltkrieg, S. 268 und Kroker; Ragenfeld: Findbuch zum Bestand 33: Rheinisch-Westfälisches Kohlen-Syndikat, S. IX. Allgemein zur produktionsorientierten Kartellforschung vgl. auch Herrmann: Die Haltung der Nationalökonomie zu den Kartellen bis 1914 sowie Kap. 1.2.

169 Vgl. Kestner: Der Organisationszwang, S. 7 f. und Verein für die bergbaulichen Interessen im Oberbergamtsbezirk Dortmund: Denkschrift betreffend die Verhandlungen des Deutschen Reichstages über die Kohlenfrage am 3., 6. u. 7. Dezember 1900, S. 5 f.

170 Produktionseinschränkungen wurden durch die Zechenbesitzerversammlung auf Vorschlag des Vorstands für einen bestimmten Zeitraum beschlossen und sollten möglichst gleichmäßig für alle Zechen erfolgen (vgl. o. A.: Die Syndikatsverträge des Rheinisch-Westfälischen Kohlen-Syndikats, S. 6 ff. und Wilhelm: Das Rheinisch-Westfälische Kohlensyndikat und die Oberschlesische Kohlenkonvention bis zum Jahre 1933, S. 85 f.). Ausführlich zu den Produktionsquoten aus zeitgenössischer Sicht vgl. Kreutz, Wilhelm: Wesen und Bewertung der Beteiligungsziffer beim Rheinisch-Westfälischen Kohlen-Syndikat, Köln 1911.

171 Vgl. Flechtheim: Die rechtliche Organisation der Kartelle, S. 15 ff. und Bartz: Aufbau und Tätigkeit des rheinisch-westfälischen Kohlensyndikats in ihrer Entwicklung von 1893 bis 1912, S. 24.

172 Aus diesem Grund galt bei schlechter Absatzlage auch die sogenannte Vorratserzeugung, sofern die entsprechenden finanziellen und logistischen Möglichkeiten dazu bestanden, als adäquates Mittel,

noch in die Beteiligungsziffer eingerechnet. Dies änderte sich im Jahr 1903 mit der Aufnahme der Hüttenzechen in das Kohlensyndikat, da als wichtiges Zugeständnis im Rahmen der Beitrittsverhandlungen deren Bedarf für die angeschlossenen Werke als Selbstverbrauch anerkannt werden musste. Daher bestand die Beteiligungsziffer seit diesem Zeitpunkt aus einer Verkaufs- und einer Verbrauchsbeteiligung.[174] Durch die Anfang 1904 erfolgte Integration des Kokssyndikats und des Brikett-Verkaufsvereins entstanden zudem eine Koks- und eine Brikettbeteiligung.[175]

Konzerne mit mehreren Schachtanlagen wurden bei der Berechnung der Beteiligungsziffer „als Ganzes" betrachtet. Dadurch hatten diese Unternehmen die Möglichkeit, ihre Produktion in Hinblick auf Fördermengen und Kohlensorten zwischen ihren einzelnen Betrieben zu verschieben, was ihnen im Vergleich zu Einzelzechen bei der Erfüllung der Lieferverpflichtungen erhebliche Vorteile brachte. Daher wurde auch für Einzelzechen die Möglichkeit geschaffen, durch die Anmeldung eines sogenannten Verkaufsvereins bei der Berechnung der Beteiligungsziffer eine Interessengemeinschaft mit anderen selbstständigen Schachtanlagen zu bilden. Diese Zusammenschlüsse hatten – anders als der Name vermuten lässt – mit der eigentlichen Absatzorganisation nichts zu tun, Sie dienten vielmehr dazu, Förderkontingente auszutauschen oder sich bei Betriebsstörungen gegenseitig zu unterstützen.[176]

Die Beteiligungsziffer war keine starre Komponente, sondern erfuhr eine regelmäßige Anpassung an Förder- und Nachfragesteigerungen. Dies war ein zentraler Faktor für das Zustandekommen des RWKS, denn diese Form der Produktionsregulierung ermöglichte es den beteiligten Betrieben, trotz selbst auferlegter Disziplinierung unter dem Kohlensyndikat dennoch weiter expandieren zu können.[177] Eine wesentliche Herausforderung für die Kartellorganisation bestand also darin, Produktionsein-

die Steigerung der Selbstkosten geringer zu halten als bei einer Fördereinschränkung (vgl. Wilhelms, Carl: Die Übererzeugung im Ruhrkohlenbergbau 1913 bis 1932, Jena 1938, S. 29).

173 Den Zechen stand die Wahl frei, welches der beiden Jahre für die Berechnung herangezogen wurde. Bei Betriebsstörungen in diesem Zeitraum oder für noch in der Entwicklung stehende Zechen wurden Sondervereinbarungen getroffen (vgl. Goetzke: Das Rheinisch-Westfälische Kohlen-Syndikat und seine wirtschaftliche Bedeutung, S. 31).

174 Vgl. Pilz: Die Hüttenzechenfrage im Ruhrbezirk und Richtlinien für eine Erneuerung des Rheinisch-Westfälischen Kohlen-Syndikats, S. 22 und Kreutz: Wesen und Bewertung der Beteiligungsziffer beim Rheinisch-Westfälischen Kohlen-Syndikat, S. 4 ff. Im Jahr 1909 wurde eine Trennung zwischen Zechen- und Hüttenselbstverbrauch vorgenommen, die auch im 1916 erneuerten Syndikatsvertrag festgeschrieben wurde (vgl. Bührmann, Alfred: Syndikatsrecht im Rheinisch-Westfälischen Kohlen-Syndikat 1893–1945, o. O. (Essen) 1953, S. 62 ff.).

175 Vgl. Bartz: Aufbau und Tätigkeit des rheinisch-westfälischen Kohlensyndikats in ihrer Entwicklung von 1893 bis 1912, S. 36 ff.

176 Während ältere Verkaufsvereine bei rechtzeitiger Anmeldung zu Beginn eines Geschäftsjahres Bestandschutz hatten, wurde die Möglichkeit zur Bildung neuer Verkaufsvereine zwischenzeitlich beseitigt, später im Zuge von Neuaufnahmen in das RWKS wiederum zugebilligt (vgl. ebd., S. 35 f.). Zur Diskussion zur Abschaffung der Verkaufsvereine vgl. u. a. RWKS, Zechenbesitzerversammlung, 22.10. 1902, in: montan.dok/BBA 33/4 und RWKS, Verhandlungen der Sitzung der Kommission zur Verlängerung des Syndikats-Vertrages, 17.11.1902, S. 77, in: montan.dok/BBA 33/26.

schränkungen bei den Bergwerken durch eine möglichst lukrative Unterbringung der Fördermengen auf den Märkten auf ein Minimum zu begrenzen oder sogar gänzlich zu vermeiden.

Die Erhöhung ihrer Beteiligungsziffer konnten die angeschlossenen Zechen zunächst allein durch die Steigerung der Förderung erreichen. Dies führte zu zahllosen Anträgen auf Beteiligungserhöhungen, ohne dass die Absatzsteigerungen in vergleichbarer Weise Schritt halten konnten (vgl. Tab. 5). Mit der Anmeldung sogenannter Syndikatsschächte konnte trotz fehlender Förderfähigkeit bereits eine höhere Beteiligungsziffer erreicht werden. Dabei stand vielfach die tatsächliche Förderleistung der jeweiligen Schachtanlage nicht in einem passenden Verhältnis zur beantragten Beteiligung. Durch den Vorstand wurde diese Entwicklung bereits im Jahr 1895 als „ernste Gefahr“[178] für das Syndikat bewertet. Im 1895 modifizierten Syndikatsvertrag wurde daher die Anmeldefrist für neue Schächte verlängert und eine Beteiligungserhöhung von täglich 400 Tonnen nur noch genehmigt, wenn die dazu notwendigen technischen Möglichkeiten auf den Schachtanlagen tatsächlich bestanden.[179]

Tab. 5: Das Verhältnis zwischen Beteiligungsziffer und Absatz im RWKS

	Beteiligungsziffer		**Absatz**		**Tatsächliche Einschränkung**	
	absolut	Steigerung zum Vorjahr	absolut	Steigerung zum Vorjahr	absolut	in Prozent
1893	35.371.917 t		33.550.436 t		1.821.481 t	5,15 %
1894	36.978.603 t	4,45 %	34.993.116 t	4,30 %	1.985.487 t	5,03 %
1895	39.481.398 t	6,77 %	35.354.842 t	1,03 %	4.126.556 t	10,45 %
1896	42.626.516 t	7,96 %	38.916.112 t	10,07 %	3.710.404 t	8,71 %

Quelle: Jahrbuch für den Oberbergamtsbezirk Dortmund 1897, Essen, S. 66.

Weiterhin war jedoch eine Steigerung der Beteiligungsziffer nicht zwangsläufig von der Aufnahmefähigkeit des Markts abhängig. Insbesondere größere Unternehmen konnten trotz der erfolgten Vertragsänderungen aufgrund ihrer Kapitalkraft, vor allem durch den Ausbau ihrer Schachtanlagen, weiterhin relativ einfach ihre Beteiligungsziffern erhöhen. Um die daraus entstandenen Nachteile für die kleineren Unternehmen im RWKS aufzuheben, wurden im Zuge der im Jahr 1903 erfolgten Syndikatserneuerung die Möglichkeiten zu Beteiligungserhöhungen von der Marktlage und nicht mehr von der Förderfähigkeit der Schachtanlagen abhängig gemacht.[180]

177 Vgl. Feldman: Hugo Stinnes, S. 32ff.

178 RWKS, Bericht des Vorstandes über das Geschäftsjahr 1894, in: montan.dok/BBA 33/318 (1).

179 Die Bestimmungen aus dem ersten Syndikatsvertrag sahen vor, dass neue Schächte, auch wenn diese noch keine normale Förderung aufgenommen hatten, nach einer Anmeldefrist von drei Monaten bis zu 400 Tonnen täglich fördern konnten. Entsprechend konnte allein durch die Anmeldung eine

Warum produktionspolitische Aspekte und die dazu erfolgten Auseinandersetzungen bis in die gegenwärtige Forschung hinein häufig als Hauptstreitpunkte oder gar als „Leitmotiv“[181] der Geschichte des RWKS gedeutet werden, hängt auch damit zusammen, dass die Mitspracherechte der Zechenbesitzer im Kohlensyndikat, wie erläutert, erheblich an die Höhe der Beteiligungsziffer gekoppelt waren.[182] Gerade die Erneuerungsverhandlungen zur Verlängerung eines auslaufenden Syndikatsvertrags waren daher vor allem durch zahllose Forderungen nach höheren Beteiligungsziffern seitens der Zechenbesitzer geprägt, ohne dass die gewünschten Beteiligungen zwangsläufig mit den Fördermöglichkeiten übereinstimmen mussten.[183]

Die durch das Kohlensyndikat praktizierte Form der Produktionskartellierung hatte starken Einfluss auf den Konzentrationsprozess im Ruhrbergbau. So konnte ein Unternehmen durch den Aufkauf einer anderen Zeche deren Beteiligungsziffer übernehmen, selbst wenn der Förderbetrieb auf der übernommenen Schachtanlage anschließend eingestellt wurde.[184] Zudem führten die Kartellbildung selbst sowie die Regelungen zum Selbstverbrauch im RWKS dazu, dass Hüttenwerke verstärkt Syndikatszechen aufkauften oder reine Bergwerksunternehmen die Angliederung von Hüttenwerken forcierten, um Selbstverbrauchsrechte zugesprochen zu bekommen.[185] Diese vertikale Konzentrationsbewegung führte innerhalb des Kohlensyndikats in den Folgejahren zu einer deutlichen Machtverschiebung in Richtung der gemischten Großkonzerne.[186]

Erhöhung der Beteiligungsziffer erreicht werden. Dabei spielte es keine Rolle, ob der Schacht tatsächlich zur Förderung eingesetzt wurde (vgl. u. a. ebd.; RWKS, Bericht des Vorstandes über das Geschäftsjahr 1895, in: montan.dok/BBA 33/318 (1); Wilhelm: Das Rheinisch-Westfälische Kohlensyndikat und die Oberschlesische Kohlenkonvention bis zum Jahre 1933, S. 55 f. und Kestner: Der Organisationszwang, S. 42).

180 Vgl. Wilhelm: Das Rheinisch-Westfälische Kohlensyndikat und die Oberschlesische Kohlenkonvention bis zum Jahre 1933, S. 86 f. und Schmalenbach, Eugen: Das Rheinisch-Westfälische Kohlensyndikat auf neuer Grundlage, in: Kartell-Rundschau 1903, Nr. 18, S. 961. Die Eingrenzung der Möglichkeit zur Beteiligungserhöhung wurde auch deshalb relevant, da im Zuge der Erneuerung 1903 durch den Beitritt weiterer Zechen eine schlagartige Erhöhung der Beteiligung stattfand, für die entsprechende Absatzmöglichkeiten geschaffen werden mussten (vgl. RWKS, Sitzung des Beirates, 19. 04. 1902, S. 4, in: montan.dok/BBA 33/55).

181 Kroker; Ragenfeld: Findbuch zum Bestand 33: Rheinisch-Westfälisches Kohlen-Syndikat, S. IX.

182 Vgl. o. A.: Die Syndikatsverträge des Rheinisch-Westfälischen Kohlen-Syndikats, S. 5 ff.

183 Solche Forderungen prägten die Vertragsverhandlungen aller im Untersuchungszeitraum bedeutsamen Syndikatserneuerungen in den Jahren 1903, 1915 und 1917 (vgl. u. a. o. A.: Rheinisch-Westfälisches Kohlensyndikat. Zur Syndikatserneuerung, in: Kartell-Rundschau 1916, Nr. 6/7, S. 223).

184 Eine vergleichbare Entwicklung fand ebenso im Kokssyndikat und im Brikett-Verkaufsverein statt (vgl. Bartz: Aufbau und Tätigkeit des rheinisch-westfälischen Kohlensyndikats in ihrer Entwicklung von 1893 bis 1912, S. 124 ff. und Wiedenfeld: Das rheinisch-westfälische Kohlensyndikat, S. 35 ff.).

185 Vgl. Pilz: Die Hüttenzechenfrage im Ruhrbezirk und Richtlinien für eine Erneuerung des Rheinisch-Westfälischen Kohlen-Syndikats, S. 12 f.; Stromberg: Faktoren der Konzernbildung am Beispiel der Gutehoffnungshütte 1914 – 1923, S. 24 f. und RWKS, Bericht des Vorstandes über das Geschäftsjahr 1899, in: montan.dok/BBA 33/318 (1). Zur Rohstoffsicherung der Hüttenzechen und dem damit verbundenen Konzentrationsprozess im Ruhrbergbau vgl. ausführlich auch Feldenkirchen, Wilfried: Die

2.5.2 Die Preispolitik im Kohlensyndikat

Eine gemeinsame Preisregelung galt vielfach als das wichtigste Ziel einer Kartellierung, was vor allem darauf beruhte, dass sich an der Festigung oder Erhöhung der Einnahmen der Erfolg eines Kartells messen lässt. Die daraus häufig abgeleitete Schlussfolgerung, dass andere Kartellinstrumente lediglich begleitende Maßnahmen zur Durchsetzung der Preispolitik seien, verkennt die Tatsache, dass zur Verbesserung der Einnahmen eine kartellierte Preispolitik allein gar nicht in der Lage war.[187] Dies war insbesondere bei einer großen Anzahl von Produzenten, verschiedenartigen Absatzkanälen und Abnehmern sowie bei einem weitläufigen Verkaufsgebiet mit unterschiedlicher Konkurrenzsituation der Fall. Zwar galten Preisvereinbarungen als scheinbar einfachste Form der Kartellbildung, konnten von den eigenen Mitgliedern jedoch leicht umgangen und von Außenseitern schnell unterboten werden. Zudem war eine exakte Preisbemessung aufgrund der unterschiedlichen Eigenschaften bei den Produkten der Kartellmitglieder äußerst schwierig.[188] Für die Abnehmer war dieses Instrument der Kartellpolitik nach der RWKS-Gründung allerdings zuerst und am deutlichsten zu spüren.[189]

Die Beschlussfassung über die Preise war im Kohlensyndikat aufgrund der Erfahrungen aus vorangegangenen Kartellvereinigungen nicht mehr der Gesamtheit der Beteiligten überlassen, sondern dem Beirat als kleineres Gremium der Zechenbesitzer, der diese Aufgabe in Zusammenarbeit mit dem Vorstand bis zur Erneuerung des Syndikatsvertrags im Jahr 1915 ausführte.[190] Durchgesetzt hatte sich dort in der Regel eine von den Führungskräften des RWKS sowie den Großbetrieben unterstützte, vergleichsweise moderate Geschäftsstrategie, deren Fürsprecher unter den Zeitgenossen häufig abfällig als „Mäßigkeitsapostel"[191] tituliert wurden. Diese „Preispolitik der

Eisen- und Stahlindustrie des Ruhrgebiets 1879–1914. Wachstum, Finanzierung und Struktur ihrer Großunternehmen, Wiesbaden 1982, S. 129 ff.

186 Zum Konzentrationsprozess in Hinblick auf den Handel vgl. Kap. 4.1.1.

187 Vgl. Bonikowsky: Der Einfluß der industriellen Kartelle auf den Handel in Deutschland, S. 3 ff. Auch Kronenberg benannte die Preispolitik als „Hauptfaktor" der Kartellpolitik (vgl. Kronenberg: Die Preisbildung und Preispolitik des Rheinisch-Westfälischen Kohlen-Syndikats, S. 18).

188 Vgl. Maschke: Grundzüge der deutschen Kartellgeschichte bis 1914, S. 18 f. und Kronenberg: Die Preisbildung und Preispolitik des Rheinisch-Westfälischen Kohlen-Syndikats, S. 14 f.

189 Vgl. dazu z. B. die Ausführungen von Overlack: Die Ruhrkohlenschiffahrt auf dem Rhein, S. 126 f. Zum Teil bestand noch in der Gründungsphase des RWKS die Hoffnung, dass durch eine Reduzierung auf einen einzigen Anbieter für Ruhrkohle mit einheitlicher Preisstellung bereits eine ausreichende Marktregulierung erreicht werden könnte, ohne dass stärker in die Handelsstruktur eingegriffen werden müsste (vgl. Vortrag von Mosebach zur Frage der Organisation des Syndikats, 18.11.1892, in: HA, HAA: 1628).

190 Vgl. u. a. Bartz: Aufbau und Tätigkeit des rheinisch-westfälischen Kohlensyndikats in ihrer Entwicklung von 1893 bis 1912, S. 46). Mit dem Syndikatsvertrag von 1915 wurde die Festlegung der Richtpreise der Zechenbesitzerversammlung übertragen, wobei diese in der Praxis zuvor im Ausschuss f zur Beschlussfassung vorberaten wurden (vgl. o. A.: Die Syndikatsverträge des Rheinisch-Westfäli-

mittleren Linie“[192] war auf eine langfristige Stabilisierung der Verkaufspreise ausgerichtet, selbst wenn dafür Produktionsbeschränkungen in Kauf genommen werden mussten.[193]

Als einer der wichtigsten Grundsätze dieser auf Gleichmäßigkeit ausgerichteten Strategie hatte sich beim RWKS eine einjährige Preisgeltungsdauer etabliert, die auch auf die Ausgestaltung der kartellierten Absatzorganisation entscheidende Auswirkungen hatte, jedoch sowohl innerhalb als auch außerhalb des Kohlensyndikats umstritten war.[194] Die einjährige Gültigkeit der Preise war mit dem Ziel verbunden, den Preisdruck bei Verkaufsverhandlungen zu verringern, wenn sich der Vorstand auf diese Regelung berufen konnte.[195] Zudem sollte der spekulative Handel mit Kohle eingedämmt und den Abnehmern eine sichere Kalkulationsbasis geboten werden.[196] Jedoch führte diese Geschäftspolitik auch dazu, dass das Kartell bei einem Konjunkturanstieg nicht mit kurzfristigen Preiserhöhungen oder bei negativer Entwicklung nicht mit Anpassungen nach unten reagieren konnte.[197] So standen die stabilen Kohlenpreise mitunter durchaus im Widerspruch zur allgemeinen wirtschaftlichen Lage, was in besonderem Maße während der sogenannten Kohlennot zur Jahrhundertwende von Verbrauchern und in der Politik lebhaft diskutiert wurde.[198] Der

---

schen Kohlen-Syndikats, S. 55 ff. sowie RWKS, Sitzung des Ausschusses f (Geschäftsausschuss), 24.11. 1915, S. 1 ff., in: montan.dok/BBA 33/77).

191 Bonikowsky: Der Einfluß der industriellen Kartelle auf den Handel in Deutschland, S. 26.

192 Hardt: Betrachtungen über das rheinisch-westfälische Kohlensyndikat als Absatzorgan der Ruhrzechen, S. 32.

193 Vgl. Bonikowsky: Der Einfluß der industriellen Kartelle auf den Handel in Deutschland, S. 26 und Blaich: Absatzstrategien deutscher Unternehmen im 19. und in der ersten Hälfte des 20. Jahrhunderts, S. 34. Um den mit höheren Selbstkosten arbeitenden Zechen ein Auskommen zu ermöglichen, mussten die Preise auch bei einer mäßigen Preispolitik auf einem entsprechenden Niveau gehalten werden (vgl. Kerscht: Das Rheinisch-Westfälische Kohlensyndikat in seiner geschichtlichen Entwicklung 1910–1920, S. 30 f.). Im Beirat kommentierte z. B. im Jahr 1905 August Starck (Zeche Graf Bismarck) die beschlossenen und aus seiner Sicht angemessenen Preiserhöhungen mit den Worten: „Aufgabe des Syndikats ist es ja nicht, seinen Mitgliedern unangemessene Gewinne, sondern möglichst gute Ertragsverhältnisse zu bieten […].“ (Zit. RWKS, Sitzung des Beirates, 27.11.1905, S. 13, in: montan.dok/BBA 33/58).

194 Zur Kritik an der Preisgeltungsdauer vgl. z. B. RWKS, Verhandlungen in der Sitzung des Ausschusses zur Verlängerung des Syndicats, o. D. (verm. 08.12.1902), S. 16 f., in: montan.dok/BBA 33/26; Rheinische Kohlenhandels- und Rhederei-Gesellschaft mbH, Geschäftsbericht 1908/09, S. 5 sowie ferner auch Ebner: Der deutsche Kohlenhandel in seiner Entwicklung von 1880–1907, S. 75 f.

195 Außerdem würden die Zechenbesitzer ihr offizielles Recht zur Preisfestsetzung untermauern, wenn der Vorstand an diese Leitlinien gebunden wäre (vgl. RWKS, Verhandlungen in der Sitzung des Ausschusses zur Verlängerung des Syndicats, o. D. (verm. 08.12.1902), S. 20 f., in: montan.dok/BBA 33/26).

196 Zur Einschränkung des spekulativen Handels vgl. Lüters: Die Konjunkturpolitik des Rheinisch-Westfälischen Kohlensyndikats vor dem Kriege, S. 20 und Schilson: Der deutsche Kohlenhandel und seine Organisation, S. 34.

197 Zum Beispiel wurde im Jahr 1903 im Beirat thematisiert, dass die nicht vorauszusehende Konjunkturentwicklung im Vorjahr dazu führte, dass die Nachfrage nach hochwertigen Kohlensorten viel

staatliche Saarbergbau legte zum Beispiel im Unterschied zum Kohlensyndikat seine Preise im Halbjahresrhythmus fest und konnte somit eine Phase der Hochkonjunktur einfacher für Preissteigerungen nutzen.[199] Beim RWKS erfolgte die Festlegung der Preise für das im darauffolgenden April beginnende Verkaufsjahr in der Regel bereits im Herbst, wodurch eine Preisplanung für einen Zeitraum von bis zu 16 Monaten im Voraus erfolgen musste.[200] Aufgrund konjunktureller Überraschungen auf den Kohlenmärkten kam es lediglich in vereinzelten Fällen sowie regelmäßiger während des Ersten Weltkriegs zu Abweichungen von dieser Regel.[201]

Die jährliche Preisbestimmung durch das Kohlensyndikat bekam in der Öffentlichkeit große Aufmerksamkeit, was sich im Abdruck der Preislisten in zahlreichen Zeitungen und in der begleitenden Berichterstattung widerspiegelte.[202] Eine völlige Transparenz, von der die Verbraucher und womöglich auch die Konkurrenten profitieren konnten, war damit allerdings nicht gegeben. Die Festsetzung betraf lediglich die sogenannten Richtpreise, die den ersten Teil des dreigliedrigen Preissystems des RWKS darstellten. Hierbei legte der Beirat nach Beurteilung der Marktlage für jede zum Verkauf stehende Kohlensorte und Korngröße einen Preis fest, der sich auf eine „mittlere" bzw. sogenannte normale Qualität bezog und eine Grundlage für den späteren Verkaufspreis darstellte.[203] Aufgrund der Sortenvielfalt konnten bereits die Listen der Richtpreise durchaus 100 verschiedene Positionen umfassen.[204]

Für die Geschäftsabwicklung zwischen den Produzenten und dem Kohlensyndikat sowie mit den Wiederverkäufern und Verbrauchern waren die Richtpreise nur eine Orientierungsmarke. Zur Abrechnung mit den Zechen, denen gegenüber die RWKS AG

---

geringer ausfiel als erwartet (vgl. RWKS, Sitzung des Beirates, 16.01.1903, S. 8 f., in: montan.dok/BBA 33/56).

198 Zum Teil bestand schon vor Syndikatsgründung in einigen Lieferverträgen eine einjährige Preisgeltungsdauer. Diese konnte jedoch vielfach nicht durchgesetzt werden (vgl. Kronenberg: Die Preisbildung und Preispolitik des Rheinisch-Westfälischen Kohlen-Syndikats, S. 20 f.).

199 Bei besonderen Konjunkturlagen wurden beim Saarfiskus zum Teil Preise nur für die Dauer eines Vierteljahres festgelegt (vgl. ebd., S. 25).

200 Vgl. Ebner: Der deutsche Kohlenhandel in seiner Entwicklung von 1880 – 1907, S. 75 f.

201 Die einjährige Gültigkeitsdauer wurde im Jahr 1908 für Kokskohle und Hochofenkoks unterbrochen und auf eine halbjährige Preisfestsetzung festgelegt. 1909 wurde dies auf alle Kokssorten ausgeweitet und ein Jahr später wiederum auf Kokskohle und Hochofenkoks beschränkt (vgl. Bartz: Aufbau und Tätigkeit des rheinisch-westfälischen Kohlensyndikats in ihrer Entwicklung von 1893 bis 1912, S. 47). Vereinzelt gab es auch Preisänderungen vor Jahresfrist bei Irrtümern in der Festlegung der Qualität (vgl. Kronenberg: Die Preisbildung und Preispolitik des Rheinisch-Westfälischen Kohlen-Syndikats, S. 20).

202 Vgl. hierzu z. B. folgende Berichterstattung: o. A.: Rheinisch-Westfälisches Kohlensyndikat, in: Kartell-Rundschau 1909, Nr. 1, S. 42 ff. und o. A.: Rheinisch-Westfälisches Kohlensyndikat. Kohlenpreise, Staat und Kohlensyndikat, in: Kartell-Rundschau 1911, Nr. 11, S. 1006 ff.

203 Vgl. Transfeldt: Die Preisentwicklung der Ruhrkohle 1893 – 1925 unter der Preispolitik des „Rheinisch-Westfälischen Kohlensyndikates" und des „Reichskohlenverbandes", S. 5. Zur internen Erläuterung der Richtpreise durch Emil Kirdorf vgl. RWKS, Sitzung des Beirates, 16.01.1903, S. 7, in: montan.dok/BBA 33/56.

als Selbstkäufer auftrat, wurden die erst nachträglich im Jahr 1895 eingeführten sogenannten Verrechnungspreise herangezogen.[205] Diese wurden ausgehend von den Richtpreisen für jeden Betrieb individuell nach Feststellung der Qualität und nach Anhörung der Zeche sowie unter Berücksichtigung der prognostizierten Nachfrage ausbezahlt. Dabei konnte die Höhe des auszuzahlenden Betrags sowohl ober- als auch unterhalb des Richtpreises liegen. In jedem Fall war der Verrechnungspreis, der ebenso für die Dauer eines Jahres festgelegt wurde, der Mindestbetrag, den das Kohlensyndikat der liefernden Schachtanlage vergüten musste.[206] Aufgrund der zahlreichen Qualitäts- und Sortenunterschiede belief sich die Anzahl der Verrechnungspreise bereits auf mehr als 1400 Positionen.[207]

Noch weitaus umfangreicher waren die Listen der Verkaufspreise, die für eine absatzpolitische Betrachtung der Kartellpolitik von besonderer Relevanz sind. Bei der Festlegung der Verkaufspreise hatte der Vorstand unter Berücksichtigung der beratenden Stimme des Beirats eine deutlich größere Freiheit.[208] Die Verkaufspreise konnten insbesondere in bestrittenen Absatzgebieten nochmals bedeutend von den Richtpreisen abweichen, was neben der Konkurrenzsituation am Verkaufsort ebenso davon abhängig war, ob es sich beim Abnehmer um einen Händler oder Großverbraucher handelte.[209] Eine syndizierte Preispolitik im Ruhrbergbau war also auch nach der Gründung des RWKS nicht gleichzusetzen mit einer völlig einheitlichen Preisstellung. In der Praxis bedeutete dies, dass die Bemessung der Verkaufspreise anhand zuvor aufgestellter Richtlinien zwar von zentraler Stelle, jedoch auf die einzelnen Geschäfte betrachtet durchaus individuell durchgeführt wurde und von der Qualität, der Nachfrage und der Konkurrenzsituation abhängig war.

---

204 Vgl. z. B. die Liste der Richtpreise für das Geschäftsjahr 1897/98, in: montan.dok/BBA 55/2243 (100 Positionen) oder eine Liste der Richtpreise für das Geschäftsjahr 1914/15, erstellt am 22.11.1913, in: montan.dok/BBA 33/1653 (92 Positionen inkl. Koks und Briketts).

205 Vgl. Walther: Die Entwicklung des Abrechnungsverfahrens des Rheinisch-Westfälischen Kohlen-Syndikats und seine Preispolitik, S. 25 f. und Buschmann: Untersuchung der Zweckmäßigkeit der Syndizierung des Kohlenbergbaus auf Grund der geschichtlichen Entwicklung des Rheinisch-Westfälischen Kohlensyndikats, S. 33.

206 Vgl. Transfeldt: Die Preisentwicklung der Ruhrkohle 1893–1925 unter der Preispolitik des „Rheinisch-Westfälischen Kohlensyndikates“ und des „Reichskohlenverbandes“, S. 5 und Bartz: Aufbau und Tätigkeit des rheinisch-westfälischen Kohlensyndikats in ihrer Entwicklung von 1893 bis 1912, S. 46 ff. Es gab regelmäßig Vorwürfe an den Vorstand, die Kohlen bestimmter Zechen nicht entsprechend der Qualität klassifiziert zu haben (vgl. z. B. RWKS, Sitzung des Beirates, 25.04.1904, S. 4, in: montan.dok/BBA 33/57).

207 Vgl. Wilhelm: Das Rheinisch-Westfälische Kohlensyndikat und die Oberschlesische Kohlenkonvention bis zum Jahre 1933, S. 91 (Wilhelm spricht in seiner Arbeit an dieser Stelle fälschlicherweise von Richtpreisen).

208 Vgl. Verein für die bergbaulichen Interessen im Oberbergamtsbezirk Dortmund: Die Entwickelung des niederrheinisch-westfälischen Steinkohlen-Bergbaues in der zweiten Hälfte des 19. Jahrhunderts. Band XI: Wirtschaftliche Entwickelung, Teil 2, S. 159 und o. A.: Die Syndikatsverträge des Rheinisch-Westfälischen Kohlen-Syndikats, S. 10 f.

Der Verkauf erfolgte durch das Kohlensyndikat grundsätzlich „ab Zeche“, so dass für Verbraucher und Wiederverkäufer zusätzlich die Transportkosten hinzugerechnet werden mussten, die aufgrund des geringen Werts von Kohle im Verhältnis zu ihrem Gewicht einen bedeutenden Aufschlag auf den ursprünglichen Verkaufspreis ausmachten. Der Syndikatsvorstand musste bei der Preisbemessung die Transportkosten einbeziehen, da die Kaufentscheidung der Abnehmer gerade in bestrittenen Absatzgebieten wesentlich davon abhängig war, welcher Gesamtpreis am Verbrauchsort fällig wurde. Bei der Eisenbahn war diese Kalkulation aufgrund der festen Tarifsätze vergleichsweise einfach, während sich die Preisbemessung beim Transport über den Wasserweg in Richtung Süddeutschland oder in die Niederlande durch die schwankenden Frachttarife deutlich problematischer gestaltete.[210] Damit war auch ein hohes Risiko verbunden, die Marktverhältnisse in bestimmten Regionen falsch einzuschätzen, woraus sich auch die zunehmende Einflussnahme auf weitere Absatzstufen in den Folgejahren erklären lässt.[211]

Ging der erzielte Erlös bei einem Verkauf in unbestrittenem Absatzgebiet über den Verrechnungspreis hinaus, wurde der Mehrbetrag der liefernden Zeche ausbezahlt, wohingegen ein möglicher Mehrerlös in bestrittenen Absatzgebieten dem RWKS zufiel. Wenn die Kohlen unterhalb des Verrechnungspreises verkauft wurden, was in erster Linie in bestrittenen Absatzgebieten geschah, stand der liefernden Zeche die Differenz zwischen Verrechnungs- und Verkaufspreis zu.[212] Dieser Betrag wurde aus Mitteln der Umlage ausbezahlt. Die Verkäufe in Wettbewerbsregionen wurden also subventioniert, indem das Kohlensyndikat mit der Umlage die Ausbezahlung der Verrechnungspreise an die beteiligten Zechen sicherstellte, die sich an einem zuvor festgelegten „imaginären“ Marktpreis, den Richtpreisen, orientierten.[213]

---

209 Vgl. o. A.: Rheinisch-Westfälisches Kohlensyndikat, in: Kartell-Rundschau 1909, Nr. 1, S. 46. Eine interessante Diskussion dazu gab es während des Ersten Weltkriegs, als Zechenbesitzer auf höhere Verkaufspreise für einzelne Sorten drängten, ohne dabei eine sichtbare Erhöhung der Richtpreise vorzunehmen (vgl. RWKS, Sitzung des Ausschusses f (Geschäftsausschuss), 08.06.1916, S. 1ff., in: montan.dok/BBA 33/78).

210 Vgl. Wiedenfeld: Das rheinisch-westfälische Kohlensyndikat, S. 25. Durch das 1903 gegründete Kohlenkontor wurden die Preise teilweise ab den oberrheinischen Häfen oder ab Hafen Rotterdam gestellt (vgl. Manuskript über die Entwicklung der fiskalischen Ruhrkohlenzechen, ca. 1911, S. 14, in: montan.dok/BBA 32/4099). Zur Transportproblematik vgl. u. a. Fremdling: Regionale Interdependenzen zwischen Montanregionen in der Industrialisierung, S. 377f. und Dietrich: Die Kohlenversorgung Süddeutschlands, S. 2.

211 Vgl. RWKS, Zechenbesitzerversammlung, 30.03.1896, in: montan.dok/BBA 55/2246 und Johann Wilhelm Welker: Kohlenhandelsgesellschaften des Syndikats, ca. 1916, S. 2, in: HA, JWW: 65. Ausführlich vgl. Kap. 3.1.

212 Vgl. Tiegs, Hugo: Deutschlands Steinkohlenhandel, seine Entwicklung und Organisation, sowie Schilderung der gegenwärtigen Lage mit besonderer Berücksichtigung des Fiskus, der Kohlenkartelle und Konsumenten, Berlin 1904, S. 18 und Walther: Die Entwicklung des Abrechnungsverfahrens des Rheinisch-Westfälischen Kohlen-Syndikats und seine Preispolitik, S. 26f. Im Zuge der Erneuerungsverhandlungen für den 1915 auslaufenden Kartellvertrag wurde der Antrag gestellt, Überschüsse aus den Verkäufen im unbestrittenen Absatzgebiet nicht mehr den liefernden Zechen, sondern dem Syn-

In unbestrittenen Absatzgebieten waren die Verkaufspreise eng an die Richtpreise angelehnt, womit in erster Linie eine stabile Preispolitik sichergestellt wurde.[214] Für die Preisbemessung in den bestrittenen Absatzgebieten besaß der Vorstand eine weitaus größere Flexibilität, um einen ausreichenden Absatz sicherzustellen.[215] Allerdings gewährte die Syndikatsleitung selbst den Zechenbesitzern hierzu kaum detaillierte Einblicke und beschränkte sich zumeist auf allgemeine Informationen zur Absatzlage oder zu besonders erwähnenswerten Verkaufsabschlüssen. Wie hoch die Preisnachlässe tatsächlich waren, blieb zumeist unbekannt, so dass sich eine realistische Bewertung der Verkaufserfolge des Vorstands allenfalls indirekt an der Höhe der Umlage ablesen ließ.

Problematisch für die Bewertung der Verkaufspolitik war auch, dass beim Kohlensyndikat, anders als teilweise dargestellt, zunächst keine konkreten Vorgaben bestanden, welche Absatzgebiete als bestritten oder unbestritten galten.[216] Eine verbindliche Regelung erfolgte erst im 1925 erneuerten Syndikatsvertrag, in dem neben dem gesamten Ausland die Syndikatsreviere Hamburg sowie die östlich der Elbe gelegenen Gebiete – mit Ausnahme der Reviere Magdeburg und Berlin – als bestritten festgelegt wurden.[217] Ein bestrittenes Absatzgebiet musste nicht zwangsläufig dann bestanden haben, wenn mehrere Anbieter auf einem regionalen Kohlenmarkt um Marktanteile kämpften. So hatte das Kohlensyndikat zum Beispiel in Süddeutschland, was oftmals als bestrittenes Gebiet eingeordnet wurde, über lange Zeit trotz der Konkurrenzsituation die Rolle eines Preisführers eingenommen, wobei es auch hier regelmäßig zu Verschiebungen zwischen „bestritten" und „unbestritten" kam.[218] Eine 1902 durch den Beiratsvorsitzenden Emil Kirdorf geäußerte Definition verzichtete

---

dikat zugute kommen zu lassen. Zwar bekam dieser Antrag auch Zustimmung aus dem Vorstand, wurde jedoch letztlich mehrheitlich abgelehnt (vgl. RWKS, Sitzung der Kommission zur Aufnahme von Verhandlungen über die Erneuerung des Syndikatsvertrages, 09.05.1913, in: Rheinisch-Westfälisches Wirtschaftsarchiv, Köln (im Folgenden: RWWA) 130 – 30019323/11 und RWKS, Niederschrift der Zechenbesitzerversammlung, 31.01.1914, S. 19, in: RWWA 130 – 30019323/11).

213 Zur Kritik des Begriffs „Subvention" im Hinblick auf die Absatzfinanzierung durch die Umlage vgl. Roelevink: Organisierte Intransparenz, S. 66 ff. Zu internen Diskussionen zur Zusammensetzung der Umlage vgl. z. B. RWKS, Sitzung des Beirates, 18.01.1911, S. 5 ff., in: montan.dok/BBA 33/64.

214 Vgl. Walther: Die Entwicklung des Abrechnungsverfahrens des Rheinisch-Westfälischen Kohlen-Syndikats und seine Preispolitik, S. 65 f. Gegenüber den Zechenbesitzern hieß es, dass der Vorstand nicht unterhalb der Richtpreise im unbestrittenen Absatzgebiet verkaufen dürfe, wobei diese Bestimmung allein schon wegen der unklaren Abgrenzung der Absatzgebiete schwierig war (vgl. RWKS, Zechenbesitzerversammlung, 15.08.1906, S. 9 ff., in: montan.dok/BBA 33/8). An anderer Stelle hieß es, dass die Richtpreise für den Vorstand lediglich eine „Richtschnur" waren (vgl. Kontradiktorische Verhandlungen über Deutsche Kartelle, S. 60).

215 Vgl. z. B. Richtsteig: Die Kohlenhandelsgesellschaften des Rheinisch-Westfälischen Kohlen-Syndikats zu Essen a. d. Ruhr, S. 55.

216 Vgl. z. B. RWKS, Sitzung des Beirates, 16.02.1905, S. 5 f., in: montan.dok/BBA 33/58.

217 Vgl. Walther: Die Entwicklung des Abrechnungsverfahrens des Rheinisch-Westfälischen Kohlen-Syndikats und seine Preispolitik, S. 22 und Hardt: Betrachtungen über das rheinisch-westfälische Kohlensyndikat als Absatzorgan der Ruhrzechen, S. 40 ff.

ebenso auf eine detaillierte regionale Festlegung: „Das unbestrittene Absatzgebiet gilt insoweit, als regelmäßig die Inlandspreise nicht unterschritten werden.“[219] Aber auch in durchgängig und unzweifelhaft als bestritten geltenden Absatzgebieten hatte das Kohlensyndikat keineswegs fast ausschließlich zu „Kampfpreisen“ verkauft. Je nach Konjunkturlage und Nachfrage nach einer bestimmten Kohlensorte waren dort selbst in Friedenszeiten nicht unerhebliche Überpreise möglich.[220]

2.6 Absatzpolitik unter dem Dach des Kohlensyndikats

2.6.1 Etablierung einer „autonomen“ Vertriebsgesellschaft

Mit der Übernahme der Vertriebsarbeit durch das Kohlensyndikat wurde den beteiligten Betrieben der unmittelbare Marktzugang entzogen.[221] Damit leiteten fortan zwei voneinander getrennte Unternehmen die Produktion und den Absatz als zentrale Segmente der betrieblichen Wertschöpfung. Ausgenommen vom zentralen Verkauf waren neben dem Selbstverbrauch der Zechen auch der Landabsatz, die Deputat-Lieferungen für die Belegschaft und wohltätige Zwecke sowie zunächst auch sogenannte Einzellieferungen.[222]

Der Verzicht auf den Verkaufsvorbehalt für den Landabsatz galt zunächst als unproblematisch. Doch führten selbst anscheinend kleine Ausnahmen vielfach zur Umgehung von Vertragsbestimmungen, als Folge daraus zu steigenden Überwachungskosten für die Kartellorganisation und in der Folgezeit auch zu erheblichen Beeinträchtigungen in der Funktionsfähigkeit des Kartells. Während die Möglichkeit der Zechen, Einzellieferungen eigenverantwortlich abzuwickeln, bereits im Jahr 1900

218 Vgl. Kronenberg: Die Preisbildung und Preispolitik des Rheinisch-Westfälischen Kohlen-Syndikats, S. 28; Schoene: Der Wettbewerb zwischen Eisenbahn und Rheinschiffahrt und sein Einfluss auf die Kohlenzufuhr nach Baden, Württemberg und dem rechtsrheinischen Bayern, S. 28 f. und Frankfurter Zeitung, 16.01.1912, in: montan.dok/BBA 32/4097.

219 RWKS, Verhandlungen der Sitzung der Kommission zur Verlängerung des Syndikats-Vertrages, 17.11.1902, S. 79, in: montan.dok/BBA 33/26.

220 Vgl. ebd.; RWKS, Verhandlungen in der Sitzung des Ausschusses zur Verlängerung des Syndicats, o. D. (verm. 08.12.1902), S. 40 ff., in: montan.dok/BBA 33/26 und RWKS, Sitzung des Beirates, 25.04.1904, S. 5 f., in: montan.dok/BBA 33/57. In den kontradiktorischen Verhandlungen über deutsche Kartelle im Jahr 1903 wurden alle Gebiete mit fremder Konkurrenz als bestritten bezeichnet. Interessanterweise wurde in diesem Zusammenhang die Saarkohle nicht als ernste Konkurrenz eingeordnet (vgl. Kontradiktorische Verhandlungen über Deutsche Kartelle, S. 69 ff.).

221 Nach dem Auslaufen der Übergangsbestimmungen nahm das RWKS zum 1. August 1893 seine eigentliche Tätigkeit als zentrale Verkaufsstelle auf (vgl. Rundschreiben des RWKS, 29.07.1893, in: HA, HAA: 1422 und Verein für die bergbaulichen Interessen im Oberbergamtsbezirk Dortmund: Die Entwickelung des niederrheinisch-westfälischen Steinkohlen-Bergbaues in der zweiten Hälfte des 19. Jahrhunderts. Band XI: Wirtschaftliche Entwickelung, Teil 2, S. 265).

aufgrund zahlreicher Missbräuche abgeschafft wurde,[223] blieb das selbstständige Landabsatzgeschäft weiter bestehen und bot regelmäßig Anlass für Auseinandersetzungen. Zum Landabsatz gehörten Lieferungen über den Straßenweg ohne Nutzung von Eisenbahnen und Schiffen, zunächst meist in unmittelbarer Umgebung der Schachtanlage. Das RWKS legte hierbei lediglich Mindestpreise fest, die nicht unterboten werden durften, berechnete jedoch auf diese Verkäufe bis 1915 keine Umlage.[224] Vor dem Ersten Weltkrieg wurden rund 4 Prozent des Gesamtabsatzes über diesen Vertriebsweg an die Verbraucher gebracht.[225] Zahlreiche Missbräuche und eine oftmals sehr großzügige Auslegung der Bestimmungen durch die Zechen führten jedoch schon im Jahr 1900 dazu, dass der Beirat einen Sonderausschuss bildete, um Wege zu finden, damit „der mit Landdebit betriebene Unfug nach Möglichkeit verhindert werde“[226] und um die zeitweise in diesem Bereich unverhältnismäßig stark anwachsenden Absatzmengen einzudämmen.[227] Der Reiz zu Vertragsumgehungen war in diesem Segment wohl deshalb recht groß, weil der Landabsatz selbst für größere Schachtanlagen ein lukratives Nebeneinkommen bot, was sich in späteren Jahren durch die zunehmende Motorisierung weiter verstärkte.[228] Seit dem Ersten Weltkrieg

---

222 Vgl. Wilhelms: Die Übererzeugung im Ruhrkohlenbergbau 1913 bis 1932, S. 13. Zum Selbstverbrauch zählten zunächst u. a. der Betrieb von Kesselfeuerungen, eigenen Kokereien, Brikettfabriken, Ziegeleien und Salinen (vgl. Pilz: Die Hüttenzechenfrage im Ruhrbezirk und Richtlinien für eine Erneuerung des Rheinisch-Westfälischen Kohlen-Syndikats, S. 10). Beim Selbstverbrauch mussten die dafür genutzten Kohlen tatsächlich vernichtet werden. Wenn also Kokskohlen zu Koks verarbeitet wurden, durfte dies nicht als Selbstverbrauch gelten, wenn der Koks anschließend in den freien Verkauf ging (vgl. RWKS, Erneuerungsverhandlungen, Stenogramm der Sitzung vom 29.04.1903, S. 5 f., in: montan.dok/BBA 33/27). Bei Einzellieferungen konnte es sich z. B. um den Verkauf einzelner Wagen an private Verbraucher handeln (vgl. Goetzke: Das Rheinisch-Westfälische Kohlen-Syndikat und seine wirtschaftliche Bedeutung, S. 220).

223 Die Bestellung von Einzelwagen wäre über den ursprünglichen Rahmen weit hinausgegangen, was teilweise dazu führte, dass einige Zechen wegen solcher Bestellungen den Anforderungen des RWKS nicht mehr nachgekommen wären (vgl. RWKS, Sitzung des Beirates, 07.03.1900, in: montan.dok/BBA 55/2244).

224 Vgl. Schreiben des RWKS an die Königliche Bergwerksdirektion Recklinghausen, 19.02.1912, in: montan.dok/BBA 33/652. Neben der Umlagepflicht wurden im Jahr 1915 die Begriffsbestimmungen für den Landabsatz genauer und enger gefasst (vgl. Bührmann: Syndikatsrecht im Rheinisch-Westfälischen Kohlen-Syndikat 1893–1945, S. 111 ff.). In der Gründungsphase des RWKS waren insbesondere Magerkohlenzechen sehr stark im Landabsatzgeschäft tätig (vgl. Kontradiktorische Verhandlungen über Deutsche Kartelle, S. 45).

225 Vgl. Preute: Die Absatz- und Verkehrsverhältnisse des rheinisch-westfälischen Kohlenbergbaues vor und nach dem Weltkriege, S. 65.

226 RWKS, Sitzung des Beirates, 16.08.1900, in: montan.dok/BBA 55/2244.

227 Streitigkeiten zur Auslegung des Begriffs „Landabsatz“ gab es schon im Jahr 1896 (vgl. RWKS, Sitzung des Beirates, 23.04.1896, in: montan.dok/BBA 55/2246). Zum eingesetzten Sonderausschuss zum Landabsatz vgl. RWKS, Zechenbesitzerversammlung, 24.09.1900, in: montan.dok/BBA 55/2247; RWKS, Sitzung des Beirates, 07.03.1900, in: montan.dok/BBA 55/2244 und RWKS, Sitzung des Beirates, 22.05.1900, in: montan.dok/BBA 55/2244.

stellte diese Problematik einen nicht unbedeutenden Faktor für den zunehmenden Funktionsverlust der syndizierten Absatzorganisation dar.[229]

Neben diesen vielfach unterschätzten „Nischengeschäften" trat seit August 1893 die Aktiengesellschaft RWKS als zentraler Anbieter für Ruhrkohle auf, die den Weiterverkauf der durch die Mitglieder geförderten Kohlen organisierte.[230] Die Herauslösung der Vertriebstätigkeit in eine selbstständige Aktiengesellschaft änderte zwar nichts daran, dass es zwischen der Gemeinschaft der Zechenbesitzer als Trägerin des Kartellvertrags und der Aktiengesellschaft RWKS als eigentlicher Verkaufsgesellschaft viele personelle Überschneidungen gab, doch bestand zwischen beiden Organen eine klare Aufteilung hinsichtlich der Steuerung der kartellpolitischen Instrumente (vgl. Abb. 2). Dies hatte keineswegs nur formalen Charakter, sondern war für die Kartellziele von zentraler Bedeutung: Produktions- und Preisregulierung lagen in der Hand der Zechenbesitzer, während dem Vorstand der Aktiengesellschaft bei diesen Aufgaben nur ein Mitwirkungsrecht zustand, welches dieser allerdings umfangreich nutzte.[231] In der Absatzpolitik stellten sich die Verhältnisse nicht nur umgekehrt dar, sondern waren auch deutlich abgegrenzter. Die Vertriebsorganisation lag formal und de facto bei der Aktiengesellschaft, um den Zechen einen größeren Einfluss auf das operative Verkaufsgeschäft zu entziehen und damit die Organisationskosten und den Koordinierungsbedarf gering zu halten.[232] Daher wurde die gemeinsame Verkaufsstelle als eigenständige juristische Person eingerichtet, die nicht nur Vermittlungsaufgaben übernehmen sollte, sondern „selbstständige und selbstschuldnerische bezw. -berechtigte Trägerin des Ein- und Verkaufs- der Bergwerkserzeugnisse"[233] war.

---

228 Die guten Verdienstmöglichkeiten lassen sich z.B. aus den 1911 geführten Überlegungen der Zeche Diegardt/Java erkennen, einen eigenen Landabsatz einzurichten (vgl. Schreiben von Julius Middelmann an Direktor Franz Ott, 21.01.1911, in: montan.dok/BBA 42/95). Aufgrund der zunehmenden Motorisierung reichte der Bezirk für den Landabsatz später sogar bis Münster und Köln und machte nach dem Ersten Weltkrieg zeitweise bis zu 14 Prozent des Gesamtabsatzes aus (vgl. The German Coal Economy, o. O., ca. 1946, S. 29f., in: Archiv für Christliche-Demokratische Politik, Sankt Augustin (im Folgenden: ACDP), I-220 – 267/2 und Preute: Die Absatz- und Verkehrsverhältnisse des rheinisch-westfälischen Kohlenbergbaues vor und nach dem Weltkriege, S. 65).

229 Vgl. RWKS, Sitzung des Ausschusses f (Geschäftsausschuss), 16.01.1918, S. 11ff., in: montan.dok/BBA 33/81; Denkschrift zu den Kohlenhandelsgesellschaften, 16.06.1922, S. 22ff., in: montan.dok/BBA 33/976 sowie ausführlich Kap. 5.3.

230 Vgl. Walther: Die Entwicklung des Abrechnungsverfahrens des Rheinisch-Westfälischen Kohlen-Syndikats und seine Preispolitik, S. 21f. Genau betrachtet übernahm die Aktiengesellschaft jedoch nur die Vermittlung des Weiterverkaufs, da ein tatsächlicher An- und Verkauf der Produkte aufgrund des geringen Aktienkapitals gar nicht möglich gewesen wäre (vgl. Goetzke: Das Rheinisch-Westfälische Kohlen-Syndikat und seine wirtschaftliche Bedeutung, S. 30).

231 Vgl. o. A.: Die Syndikatsverträge des Rheinisch-Westfälischen Kohlen-Syndikats, S. 6ff. Zur weiteren Beschreibung der rechtlichen Konstruktion der Syndikatsverträge vgl. Richter: Die Wirkungsgeschichte des deutschen Kartellrechts vor 1914.

232 Vgl. Bartz: Aufbau und Tätigkeit des rheinisch-westfälischen Kohlensyndikats in ihrer Entwicklung von 1893 bis 1912, S. 11 und Verein für die bergbaulichen Interessen im Oberbergamtsbezirk Dortmund: Die Entwickelung des niederrheinisch-westfälischen Steinkohlen-Bergbaues in der zweiten

Dies schränkte die Selbstständigkeit der beteiligten Unternehmen möglicherweise sogar über den Zeitraum nach Auslaufen des Kartellvertrags hinaus ein, da den Zechen bei einem möglichen Ausscheiden zunächst eine eigene Vertriebsorganisation fehlte. Somit nahm der gemeinschaftliche Verkauf eine wichtige Funktion als Bindeglied zwischen den Syndikatsmitgliedern ein.[234]

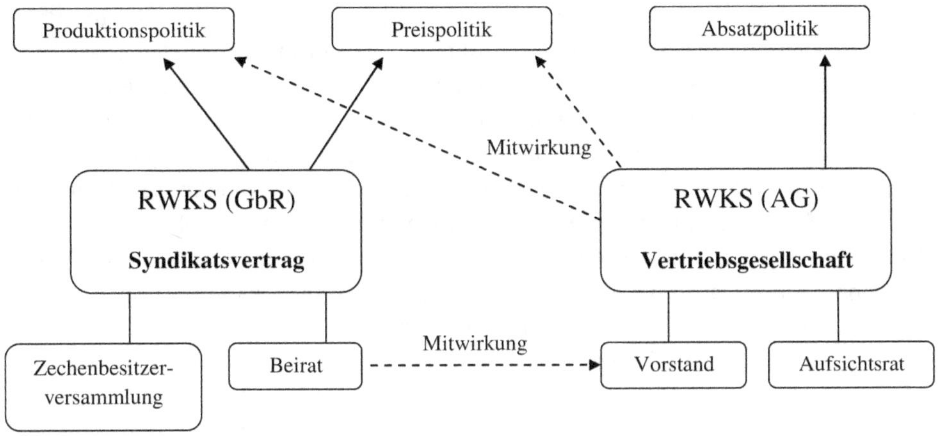

Abb. 2: Die kartellpolitischen Instrumente im Organisationsschema des RWKS
Quelle: eigene, vereinfachte Darstellung.

Die Übernahme des zentralen Verkaufs für bislang 98 selbstständig agierende Unternehmen bedeutete in der Praxis, dass beim RWKS natürlich ein entsprechend leistungsfähiger Verwaltungsapparat notwendig wurde. So zählte das RWKS zum Ende des Geschäftsjahres 1894 bereits 237 Mitarbeiter, die durch den Vorstandsvorsitzenden Anton Unckell geführt wurden. Dieser war zuvor kaufmännischer Direktor der Zeche Tremonia und Leiter des Dortmunder Kohlenverkaufsvereins.[235] Die Bedeutung des Vorstands als geschäftsführendes Organ ist bislang nur äußerst unzureichend beachtet worden, was sich möglicherweise mit der führenden und immer wieder hervorgehobenen Rolle des Beirats- und Aufsichtsratsvorsitzenden Emil Kirdorf erklären lässt.[236] Für die absatzpolitische Ausrichtung der Kartellorganisation waren der

Hälfte des 19. Jahrhunderts. Band XI: Wirtschaftliche Entwickelung, Teil 2, S. 254. Die Zentralisierung des Verkaufs wurde auch damit begründet, dass in der Folgezeit nach Kartellgründung mit der Inbetriebnahme von mindestens 32 neuen Schachtanlagen zu rechnen wäre, womit sich der Absatzkampf ohne zentralen Verkauf weiter verstärken würde (vgl. ebd.).

233 Ebd., S. 258.

234 Vgl. Blaich: Ausschließlichkeitsbindungen als Wege der industriellen Konzentration in der deutschen Wirtschaft bis 1914, S. 323.

235 Vgl. RWKS, Bericht des Vorstandes über das Geschäftsjahr 1894, in: montan.dok/BBA 33/318 (1). Anton Unckell (1844–1904) war seit dem Jahr 1877 kaufmännische Direktor der Tremonia und seit dem Jahr 1890 Geschäftsführer des Dortmunder Kohlenverkaufsvereins (vgl. Maschke: Grundzüge der deutschen Kartellgeschichte bis 1914, S. 33 f.). Die weiteren Vorstandsmitglieder waren im Jahr 1894 die

Vorstand und der dazugehörige Verwaltungsapparat allerdings die zentralen Funktionseinheiten. Neben der Zuweisung des Vertriebs waren sie auch in der Preispolitik nur teilweise weisungsgebundene Organe, da sie bei der Festsetzung der Verkaufspreise unter Beachtung der „allgemeinen Normen“[237] und der beratenden Stimme des Beirats weitgehend freie Hand hatten. Hinzu kamen umfangreiche Mitwirkungsrechte und Befugnisse bei der Produktions- und Preisregelung, bei der Festlegung der Umlage sowie bei der Regelung von Streitigkeiten und der Verhängung von Strafen.[238] Die Bildung einer Aktiengesellschaft hatte allerdings keineswegs nur den Zweck, der Gesellschaft eine juristische Person zu verleihen.[239] Gerade die Bildung einer selbstständigen Vertriebsgesellschaft sollte auch dazu führen, die Absatzfunktionen von den Interessengegensätzen der Zechenbesitzer zu trennen und deren Einfluss auf den Verkauf zu reduzieren, während gleichzeitig die Mitwirkungsmöglichkeiten des Vorstands auf die allgemeine Kartellpolitik nicht unbedeutend blieben. Dass diese Trennung in den folgenden Jahren immer weiter aufgeweicht wurde, hatte eine erhebliche Bedeutung für die Stabilität der syndizierten Absatzorganisation.

In der Frühphase nach der Gründung des Kohlensyndikats war der Vorstand in besonderem Maße bestrebt, seine formale Unabhängigkeit in der Absatzpolitik auch gegenüber den Zechenbesitzern durchzusetzen, was sich in der Praxis in einer zunehmend verschwiegenen Haltung zu detaillierten Vertriebsfragen zeigte. Die regelmäßigen Absatzberichte in der Zechenbesitzerversammlung gingen auch auf Nachfrage nur selten über allgemeine Informationen hinaus. Selbst im Beirat mussten die Zechenbesitzer mit einer zunehmenden Lücke zwischen ihren Informationsbedürfnissen und der geringen Transparenz des Vorstands umgehen, was mit der personellen Expansion des Beirats in den Folgejahren weiter zunahm und sich zu einem regelmäßig wiederkehrenden Streitpunkt unter den beteiligten Unternehmen entwickelte.

Emil Kirdorf als zentrale Führungsfigur gehörte zum wichtigsten Unterstützer der unabhängigen und autonomen Arbeit des Syndikatsvorstands. Dies zeigte sich vor

---

Herren Olfe und Hager, wobei zur Gründungszeit auch Emil Kirdorf kurzzeitig offiziell zum Vorstand gehört haben soll (vgl. Muthesius: Ruhrkohle 1893–1943, S. 68f.). Bedingt durch stetig steigende Absatzmengen sowie auch durch die spätere Integration des Kokssyndikats und des Brikett-Verkaufsvereins stieg neben der Mitarbeiterzahl in den Folgejahren auch die Größe des Vorstands an. Im Jahr 1912 hatte der Vorstand fünf Mitglieder plus zwei stellvertretende Vorstandsmitglieder sowie 17 Prokuristen (vgl. Jahrbuch für den Oberbergamtsbezirk Dortmund 1911–1912, Essen, S. 686).

236 Der 1847 geborene Emil Kirdorf, Vorstandsvorsitzender der GBAG, war nicht nur die prägendste Figur in der Führungsriege des RWKS, sondern gehörte auch zu den „Gründungsvätern“ der Kartellorganisation. Zu weiteren biographischen Angaben vgl. o. A.: Emil Kirdorf und die Gelsenkirchener Bergwerks-Aktien-Gesellschaft, S. 3ff. und Muthesius: Ruhrkohle 1893–1943, S. 45ff.

237 O. A.: Die Syndikatsverträge des Rheinisch-Westfälischen Kohlen-Syndikats, S. 10.

238 Vgl. ebd., S. 10f.; Verein für die bergbaulichen Interessen im Oberbergamtsbezirk Dortmund: Die Entwickelung des niederrheinisch-westfälischen Steinkohlen-Bergbaues in der zweiten Hälfte des 19. Jahrhunderts. Band XI: Wirtschaftliche Entwickelung, Teil 2, S. 159 und Bartz: Aufbau und Tätigkeit des rheinisch-westfälischen Kohlensyndikats in ihrer Entwicklung von 1893 bis 1912, S. 14ff.

allem in der geringen Auskunftsbereitschaft der Syndikatsleitung gegenüber den Zechenbesitzern bei sensiblen absatzpolitischen Fragen. Kirdorf selbst brauchte mögliche Informationsdefizite zur Verkaufspolitik nicht zu fürchten: Eine geheim gehaltene Geschäftsordnung sah vor, dass die Vorstandsmitglieder „engste Fühlung“[240] mit dem Beirat zu wahren hatten. Allerdings sollte diese enge Zusammenarbeit vor allem dadurch sichergestellt werden, dass nicht zwangsläufig der gesamte Beirat, sondern zunächst nur dessen Vorsitzender die „volle Mitwirkung bei der Geschäftsführung zugesteht und [der Beirat] den Rat und die Ansicht desselben bei allen wichtigen Vorkommnissen und Entscheidungen [...] anruft und demselben bei Meinungsverschiedenheiten die entscheidende Stimme einräumt.“[241] Damit war die Überwachung und Beteiligung an der Vorstandsarbeit durch den Beirat zwar formal gesichert, doch wurde mit dem Beiratsvorsitzenden eine zusätzliche Entscheidungsebene installiert, welche Kirdorf in den Folgejahren eindeutig zugunsten des Vorstands ausgestaltete.[242]

Zentrale Personalentscheidungen aus der Gründungsphase des Kohlensyndikats verdeutlichen, dass sich die Führungskräfte aus dem RWKS bereits seinerzeit über die Bedeutung einer effektiven Vorstandsarbeit sehr bewusst waren. Das prägnanteste Beispiel dafür war der im September 1895 erfolgte Eintritt von Max Graßmann in den RWKS-Vorstand. Dessen Einstellung wurde durch Emil Kirdorf persönlich ausgehandelt und war in Hinblick auf den weiteren Ausbau der Vertriebsorganisation und die Absatzausdehnung ein strategisch durchaus gelungener Schachzug. Graßmann war zuvor Leiter der fiskalischen Verkaufsabteilung der staatlichen Saargruben, dem sogenannten Handelsbüro, und damit auch Mitglied der Bergwerksdirektion Saarbrücken gewesen.[243] Neben seinem Fachwissen zu den Absatzverhältnissen auf den überaus wichtigen süddeutschen Kohlenmärkten dürfte für die künftige Vertriebsarbeit auch von Vorteil gewesen sein, dass durch die Berufung eines Vorstandsmitglieds ohne „Stallgeruch“ einer Syndikatszeche der weitere Ausbau der Absatzorganisation des RWKS in Hinblick auf das Gesamtinteresse des kartellierten Ruhrbergbaus noch stärker forciert werden konnte. Die Erweiterung des Vorstands durch Max Graßmann ließ sich das Kohlensyndikat viel Geld kosten: Während Graßmann bei der Bergwerksdirektion Saarbrücken zuletzt ein jährliches Gehalt von 4.800 Mark plus Sondervergütungen bezogen hatte,[244] wurde das Jahreseinkommen beim RWKS zunächst

---

239 Vgl. Roelevink: Organisierte Intransparenz, S. 51f. Auch Roelevink stellt allerdings deutlich heraus, dass die Rolle der Führungskräfte in der Syndikatsverwaltung bisher zu wenig beachtet wurde (vgl. ebd., S. 223).

240 Geschäftsordnung für den Vorstand des Rheinisch-Westfälischen Kohlen-Syndikats, 08.05.1893, in: montan.dok/BBA 33/1867.

241 Ebd.

242 Aufgrund der hier dargelegten hohen Bedeutung der Vorstandsarbeit ist es umso bedauerlicher, dass im Aktenbestand des RWKS für den Zeitraum vor dem Ersten Weltkrieg kaum Überlieferungen aus den Vorstandsekretariaten vorliegen (vgl. Kroker; Ragenfeld: Findbuch zum Bestand 33: Rheinisch-Westfälisches Kohlen-Syndikat).

243 Vgl. u. a. o. A.: Rheinisch-Westfälisches Kohlensyndikat, in: Deutsche Kohlen-Zeitung, 15.08.1895, Nr. 65, S. 515. Der 1854 geborene Max Graßmann war seit 1886 im Saarbergbau tätig (vgl. Serlo, Walter:

auf 24.000 Mark zuzüglich 12.000 Mark Tantieme festgelegt, womit er unmittelbar auf dem gleichen Gehaltsniveau wie der Vorstandsvorsitzende Anton Unckell im Jahr 1896 rangierte. Zusätzlich sprach das RWKS Max Graßmann für den Austritt aus dem Staatsdienst eine Abfindungssumme von 60.000 Mark zu.[245]

Zeitweise bestand im Kohlensyndikat die Überlegung, dass Graßmann seinen Dienstsitz in Mannheim bekommen sollte, um dort die Leitung der zum Jahresbeginn 1896 eingerichteten Niederlassung zu übernehmen. Um die Vorstandsarbeit durch die großen Entfernungen zwischen Essen und Mannheim nicht zu erschweren, wurde von dieser Idee jedoch wieder Abstand genommen.[246] Dennoch war mit der Einstellung von Graßmann klar die Erwartung verbunden, die Marktausweitung in den süddeutschen Absatzgebieten voranzutreiben und dabei die Konkurrenzstellung gegenüber dem Saarbergbau zu verbessern. In der Öffentlichkeit gab es zwar vereinzelt Mutmaßungen, dass es aufgrund dieser Personalie zwischen Ruhr- und Saarbergbau zu stärkeren Annäherungen in der Preis- und Absatzpolitik kommen würde, doch war eher das Gegenteil der Fall.[247] Bereits kurz nach seinem Eintritt in das RWKS betonte Graßmann gegenüber dem Beirat, wie wichtig es sei, „in der Konkurrenz der rheinisch-westfälischen Kohlen mit den Saarkohlen das Absatzgebiet zu erhalten und wo möglich noch zu erweitern."[248]

Für den fiskalischen Saarbergbau stellte der Weggang von Graßmann eine deutliche Schwächung der eigenen Marktposition dar und war mit der berechtigten Befürchtung verbunden, dass der scheidende Leiter des fiskalischen Handelsbüros sein

Die Preußischen Bergassessoren, 5. Aufl., Essen 1938, S. 84). Zu den Verhandlungen zwischen Kirdorf und Graßmann vgl. RWKS, Vertrag mit Bergrat Graßmann, 10.09.1895, in: montan.dok/BBA 33/1867 und Gesprächsnotiz Emil Kirdorf, 31.07.1895, in: montan.dok/BBA 33/1867.

244 Vgl. Aktennotiz vom 18.03.1894 in der Personalakte von Max Graßmann, in: GStA PK, I. HA Rep. 121, Nr. 1948. Seit dem Jahr 1890 kamen noch jährliche Sondergratifikationen zwischen 600 und 800 Mark hinzu (vgl. diverse Notizen in: ebd.).

245 Vgl. RWKS, Vertrag mit Bergrat Graßmann, 10.09.1895, in: montan.dok/BBA 33/1867 und Vertrag zwischen dem RWKS und Anton Unckell, 10.03.1896, in: montan.dok/BBA 33/1867. Die Jahresgehälter der beiden weiteren Vorstandsmitglieder Olfe und Hager lagen zur gleichen Zeit bei jeweils 15.000 Mark (vgl. Arbeitsverträge der Vorstandsmitglieder, in: montan.dok/BBA 33/1867).

246 Emil Kirdorf hatte die Entscheidung, den Dienstsitz von Graßmann nach Essen zu legen, viele Jahre später in dieser Form begründet (vgl. RWKS, Sitzung des Ausschusses f (Geschäftsausschuss), 01.12.1915, S. 72, in: montan.dok/BBA 33/77). In den Berichten der Saarbrücker Bergwerksdirektion hieß es, dass das Mannheimer Verkaufsbüro des RWKS durch den ehemaligen Leiter des Saarbrücker Handelsbüros geleitet wurde, womit Max Graßmann gemeint sein muss. Dies dürfte allerdings nicht korrekt gewesen sein (vgl. Bericht der Königlichen Bergwerksdirektion Saarbrücken an das Königliche Oberbergamt Bonn, 15.04.1896, in: LA Saarbrücken, Best. BWD-593 sowie ferner auch Banken: Die Industrialisierung der Saarregion 1815–1914, S. 178).

247 Die Kohlen-Zeitung mutmaßte zunächst, dass der Wechsel von Graßmann zum RWKS als Zeichen der Annäherung zwischen beiden Revieren zu deuten wäre (vgl. o. A.: Rheinisch-Westfälisches Kohlensyndikat, in: Deutsche Kohlen-Zeitung, 18.08.1895, Nr. 524, S. 524). Dass dies nicht der Fall war, hatte die Zeitung selbst wenige Monate später festgestellt, als durch das Kohlensyndikat die Eröffnung des Verkaufsbüros in Mannheim erfolgte (vgl. o. A.: Annäherung zwischen den Ruhr und Saargruben, in: Deutsche Kohlen-Zeitung, 09.01.1896, Nr. 3, S. 19).

umfangreiches Wissen gegen den alten Dienstherren einsetzen könnte. Schon als der Wechsel zum Kohlensyndikat bekannt wurde, sah sich der preußische Handelsminister als oberster Dienstvorgesetzter veranlasst, Graßmann bis zum endgültigen Ausscheiden aus dem Staatsdienst zu beurlauben.[249] Im Konkurrenzverhältnis zwischen dem Kohlensyndikat und dem Saarfiskus waren in der Folgezeit durchaus einige Veränderungen zu spüren. Zwar sah die Saarbrücker Bergwerksdirektion einen Teil der absatzpolitischen Maßnahmen des RWKS als wenig effektiv an, konnte aber dennoch nicht leugnen, dass sich der Wettbewerb zugunsten des Ruhrbergbaus verschoben hatte. Auf den Wechsel von Max Graßmann zum Ruhrsyndikat bezogen, stellte die Bergwerksdirektion im April 1896 ernüchtert fest, dass es dem Ruhrkartell leichtgefallen sei, die Vertriebsarbeit der fiskalischen Saargruben zu stören.[250]

Auch wenn Emil Kirdorf die zentrale Führungsfigur im RWKS blieb, wurde Max Graßmann eher unbemerkt von der Öffentlichkeit in der Führungsebene des Kohlensyndikats zur wohl einflussreichsten Persönlichkeit im operativen Vertriebsgeschäft. Nach dem Tod von Anton Unckell im Jahr 1904 wurde er neuer Vorstandsvorsitzender und behielt diese Position bis zu seinem Eintritt in den Ruhestand im Jahr 1918. Sichtbar wurde sein großer Einfluss insbesondere durch die maßgebliche Beteiligung an Erneuerungsverhandlungen während seiner Amtszeit, aber noch viel stärker in der Rolle als Verhandlungsführer in den Bemühungen um die Integration der Außenseiterzechen in die syndizierte Verkaufsorganisation. So wurden zum Beispiel die Verhandlungen für die im Jahr 1912 abgeschlossenen Verkaufsabkommen zwischen dem RWKS, dem Ruhrfiskus und weiteren privaten Nichtsyndikatszechen abseits der Gremien der Zechenbesitzer autark durch den Vorstand unter Leitung von Max Graßmann geführt.[251]

2.6.2 Festigung der Vertriebshoheit der Kartellorganisation

Die kostspielige Verstärkung des Syndikatsvorstands durch Max Graßmann war für das RWKS nur möglich, weil wenige Wochen zuvor der Gründungsvertrag, der ursprünglich bis zum Jahr 1898 Gültigkeit haben sollte, mit Wirkung vom 1. Januar 1896 bis zum Jahresende 1905 verlängert wurde.[252] Notwendig war die vorzeitige Erneuerung mit modifizierten Vertragsbedingungen aufgrund der innerhalb kurzer Zeit stark

---

248 RWKS, Sitzung des Beirates, 18.11.1895 (Stenogramm), o. S., in: montan.dok/BBA 33/50.

249 Zudem waren andere Führungskräfte der Königlichen Bergwerksdirektion Saarbrücken angehalten, darauf zu achten, dass er alle wichtigen Unterlagen lückenlos an seinen Nachfolger übergab (vgl. Schreiben des Ministers für Handel und Gewerbe an den Vorsitzenden der Königlichen Bergwerksdirektion Saarbrücken, 19.08.95, in: GStA PK, I. HA Rep. 121, Nr. 1948).

250 Vgl. Bericht der Königlichen Bergwerksdirektion Saarbrücken an das Königliche Oberbergamt Bonn, 15.04.1896, in: LA Saarbrücken, Best. BWD-593 und Banken: Die Industrialisierung der Saarregion 1815–1914, S. 178.

251 Vgl. ausführlich zu den Verkaufsabkommen Kap. 4.2.2.

gestiegenen Gesamtbeteiligung, während die Absatzsteigerungen beim Kohlensyndikat parallel dazu nicht in gleicher Weise Schritt halten konnten.[253] Auch wenn diese Vertragserneuerung in erster Linie dazu diente, Unzulänglichkeiten aus dem Gründungsstatut zu beseitigen, war die Verlängerung für einen Zeitraum von zehn Jahren gleichzeitig ein Signal, dass sich unter den beteiligten Unternehmen der „Syndikatsgedanke" gefestigt hatte.[254]

Die im ersten Kartellvertrag deutlich kürzere Vertragsdauer von fünf Jahren verhinderte es zunächst, tiefergehende Eingriffe in die Vertriebsstrukturen vorzunehmen, da angesichts der Erfahrungen mit den zuvor häufig kurzlebigen Kartellvereinbarungen auch für das RWKS keine Gewähr für eine längerfristige Existenz bestand. Viele Zechenbesitzer hatten daher aufgrund der zunächst unklaren Perspektive großes Interesse daran, dass die durch die Syndikatsleitung veranlassten Veränderungen zwar einerseits zu Kostensenkungen führen, strukturelle Änderungen aber anderseits möglichst gering ausfallen sollten. 1893 erhoben viele Unternehmen die deutliche Forderung, das Kohlensyndikat habe die bestehenden Geschäftsbeziehungen zwischen einzelnen Zechen und angestammten Abnehmern aufrechtzuerhalten und zunächst nur auf die Vereinheitlichung der Liefer- und Vertragsbedingungen hinzuarbeiten.[255] Hinzu kamen noch zahlreiche Übergangsregelungen, die vielfach erst in der zweiten Hälfte der 1890er Jahre wegfielen.[256] Entsprechend waren die Auswirkungen der kartellierten Verkaufsorganisation auf die Marktregulierung zunächst noch vergleichsweise gering. Die durch die RWKS-Bildung erfolgte Reduzierung auf einen Anbieter, die bei der Kartellgründung vorgesehene Beseitigung schädigender „Auswüchse"[257] im Großhandel und die bis zum Jahr 1895 durch den Vorstand forcierten Maßnahmen zur Absatzausdehnung blieben zunächst hinter den Erwartungen zu-

252 Als Überblick über die Daten zum Abschluss und die Gültigkeitsdauer aller Syndikatsverträge vgl. Bührmann: Syndikatsrecht im Rheinisch-Westfälischen Kohlen-Syndikat 1893–1945, S. 1 ff.

253 Die Beteiligungsziffer hatte sich zwischen März 1893 und dem Jahresende 1895 um 21,3 Prozent erhöht, was im Jahr 1895 zu einer Fördereinschränkung von 10,5 Prozent führte (vgl. Jahrbuch für den Oberbergamtsbezirk Dortmund 1897, Essen, S. 65 f.).

254 Vgl. Goetzke: Das Rheinisch-Westfälische Kohlen-Syndikat und seine wirtschaftliche Bedeutung, S. 36 f. und Wilhelm: Das Rheinisch-Westfälische Kohlensyndikat und die Oberschlesische Kohlenkonvention bis zum Jahre 1933, S. 56.

255 Vgl. dazu u. a. RWKS, Bericht des Vorstandes über das Geschäftsjahr 1895, in: montan.dok/BBA 33/318 (1); Kronenberg: Die Preisbildung und Preispolitik des Rheinisch-Westfälischen Kohlen-Syndikats, S. 17); Verein für die bergbaulichen Interessen im Oberbergamtsbezirk Dortmund: Die Entwickelung des niederrheinisch-westfälischen Steinkohlen-Bergbaues in der zweiten Hälfte des 19. Jahrhunderts. Band XI: Wirtschaftliche Entwickelung, Teil 2, S. 274 f. und Goetzke: Das Rheinisch-Westfälische Kohlen-Syndikat und seine wirtschaftliche Bedeutung, S. 225.

256 Dies betraf unter anderem die Abwicklung von langfristig geschlossenen Lieferverträgen oder auch die noch selbstständige Tätigkeit des Steele-Mülheimer Kohlen-Verkaufsvereins, der erst im Oktober 1895 endgültig im Kohlensyndikat aufging (vgl. RWKS, Bericht des Vorstandes über das Geschäftsjahr 1895, in: montan.dok/BBA 33/318 (1)).

rück.[258] Einige Beobachter betrachteten bereits die höhere Preisstabilität der ersten drei Geschäftsjahre als wichtigen Indikator für eine erfolgreiche Kartellpolitik, was jedoch aufgrund der konjunkturell allgemein günstigen Lage noch kein ausreichender Beleg war.[259]

An konkreten Zahlen ließ sich jedoch bereits zum Jahr 1895 ablesen, dass das RWKS vor allem bestrebt war, den Direktabsatz ohne Beteiligung von Zwischenhändlern zu erhöhen, um den Überwachungsaufwand zur Einhaltung von Liefer- und Vertragsbedingungen zu reduzieren (vgl. Tab. 6).[260] Ein höherer Direktabsatz konnte allerdings nur eine Teilstrategie sein, um die Abhängigkeit zu den Wiederverkäufern und den Wettbewerb der Händler untereinander zu verringern, da das Kohlensyndikat wegen der großen Ausdehnung der Absatzgebiete und der unterschiedlichen Absatzkanäle weiterhin im großen Stil auf einen leistungsfähigen Großhandel angewiesen war.[261]

Eine ab dem Jahr 1894 durch das RWKS eingeleitete Bildung von Absatzrevieren sah vor, einzelnen Großhändlern Verkaufsbezirke und den beteiligten Zechen bestimmte Händler zuzuweisen. Dabei sollte der ursprünglichen Idee nach in jedem Absatzgebiet nur ein Händler Kohle einer bestimmten Syndikatszeche vertreten.[262] Folge dieser Neuorganisation war jedoch, dass die Händler versuchten, den Absatz „ihrer" Kohlenmarke dadurch zu erhöhen, dass sie die Preise andere Händler unter-

---

257 Vortrag von Mosebach zur Frage der Organisation des Syndikats, 18.11.1892, in: HA, HAA: 1628. Vgl. dazu auch Goetzke: Das Rheinisch-Westfälische Kohlen-Syndikat und seine wirtschaftliche Bedeutung, S. 167.

258 Vgl. Vortrag von Mosebach zur Frage der Organisation des Syndikats, 18.11.1892, in: HA, HAA: 1628; Overlack: Die Ruhrkohlenschiffahrt auf dem Rhein, S. 126 f. und RWKS, Bericht des Vorstandes über das Geschäftsjahr 1894, in: montan.dok/BBA 33/318 (1). Negativ für das RWKS wirkte sich zudem aus, dass es kurz vor Kartellgründung aufgrund der Befürchtungen vor Preiserhöhungen noch umfangreiche Kohlen-Aufkäufe zu Spekulationszwecken gab (vgl. Ebner: Der deutsche Kohlenhandel in seiner Entwicklung von 1880–1907, S. 49).

259 Insbesondere im unbestrittenen Absatzrevier konnten für viele Kohlensorten Preiserhöhungen durchgesetzt werden (vgl. RWKS, Zechenbesitzerversammlung, 05.02.1895, in: montan.dok/BBA 55/2246). Während das RWKS selbst die Erfolge auf den bestrittenen Absatzmärkten noch als gering einschätzte, sprach die Hamburger Handelskammer bereits von guten Zuwächsen für Ruhrkohle auf dem dortigen Markt (vgl. Handelskammer Hamburg (Hg.): Hamburgs Handel im Jahre 1895. Sachverständigenberichte, S. 44).

260 Ein Anteil von knapp 40 Prozent beim Direktabsatz blieb in den folgenden Jahren relativ konstant, erhöhte sich aber leicht mit dem Eintritt der Hüttenzechen in das Syndikat 1903. Zunächst bestand keine eindeutige Regelung, ab welcher Absatzmenge eine Direktlieferung durch das Syndikat erfolgen sollte. Dies wurde erst zwischen den Jahren 1900 und 1901 auf eine Mindestmenge von 6000 Jahrestonnen festgelegt (vgl. u. a. Preute: Die Absatz- und Verkehrsverhältnisse des rheinisch-westfälischen Kohlenbergbaues vor und nach dem Weltkriege, S. 21 sowie auch Kap.3.1).

261 Auch hierbei standen der Syndikatsleitung vielfach die Forderungen zahlreicher Zechenbesitzer im Weg, dass auf langjährige Geschäftsbeziehungen Rücksicht zu nehmen sei (vgl. Goetzke: Das Rheinisch-Westfälische Kohlen-Syndikat und seine wirtschaftliche Bedeutung, S. 167 und S. 225).

Tab. 6: Das Verhältnis zwischen direktem und indirektem Absatz

Jahr	Direktabsatz	Absatz über den Großhandel	Jahr	Direktabsatz	Absatz über den Großhandel
1893	32,8 %	67,2 %	*1896*	39,0 %	61,0 %
1894	34,6 %	65,4 %	*1897*	39,8 %	60,0 %
1895	39,1 %	60,9 %	*1898*	39,0 %	61,0 %

Quelle: Kronenberg, C.: Die Preisbildung und Preispolitik des Rheinisch-Westfälischen Kohlen-Syndikats, Köln 1907, S. 51.

boten, die vergleichbare Kohlensorten von anderen Kartellzechen führten.[263] Diese Konkurrenzsituation zwischen den Großhändlern führte dazu, dass die tatsächliche Nachfrage an den Verkaufsorten durch das Syndikat schlecht eingeschätzt werden konnte. Zudem blieb die Problematik bestehen, dass gut verkäufliche Sorten von den Abnehmern naturgemäß bevorzugt und je nach Jahreszeit ungleichmäßige Bestellungen aufgegeben wurden, was wiederum starke Rückwirkungen auf die gleichmäßige Beschäftigung und damit kontinuierliche Auslastung der Schachtanlagen hatte.[264]

Die längerfristige Syndikatserneuerung, der Wegfall weiterer Übergangsregelungen und die aus absatzstrategischer Sicht geschickte Verstärkung des Syndikatsvorstands können also als wesentliche Faktoren gewertet werden, mit denen beim Kohlensyndikat seit der Jahresmitte 1895 eine zunehmende Reorganisation und Intensivierung der absatzpolitischen Maßnahmen eingeleitet wurde.[265] Das deutlichste Zeichen dieser Offensive war die „Direktive für die Organisation des Verkaufs

262 Vgl. RWKS, Bericht des Vorstandes über das Geschäftsjahr 1894, in: montan.dok/BBA 33/318 (1). Die Einteilung des inländischen Absatzgebiets in 29 Absatzreviere erfolgte nicht gleichmäßig. Deren Ausdehnung war völlig unterschiedlich, von der Entfernung zum Produktionsgebiet sowie vom jeweiligen Industriereichtum abhängig (vgl. Richtsteig: Die Kohlenhandelsgesellschaften des Rheinisch-Westfälischen Kohlen-Syndikats zu Essen a. d. Ruhr, S. 4 f.). Allgemein zu Gebietsvereinbarungen im Kartellwesen vgl. u. a. Bonikowsky: Der Einfluß der industriellen Kartelle auf den Handel in Deutschland, S. 28. Teilweise heißt es, dass die Einteilung der Absatzgebiete erst mit der Gründung der ersten Syndikatshandelsgesellschaften erfolgte, was jedoch nicht der Fall war (vgl. z. B. Hardt: Betrachtungen über das rheinisch-westfälische Kohlensyndikat als Absatzorgan der Ruhrzechen, S. 6).

263 Vgl. Richtsteig: Die Kohlenhandelsgesellschaften des Rheinisch-Westfälischen Kohlen-Syndikats zu Essen a. d. Ruhr, S. 6 und Preute: Die Absatz- und Verkehrsverhältnisse des rheinisch-westfälischen Kohlenbergbaues vor und nach dem Weltkriege, S. 24 f.

264 Bei sinkenden Verkaufspreisen der Händler konnte schnell der Eindruck einer Überproduktion entstehen, wodurch bei den Abnehmern die Tendenz bestand, aufgrund der Hoffnung weiter sinkender Preise bei Bestellungen Zurückhaltung zu üben. Eine sich vergrößernde Lagerhaltung und dadurch resultierend eine Verschlechterung der Kohlenqualität waren die Folge (vgl. Blaich: Ausschließlichkeitsbindungen als Wege der industriellen Konzentration in der deutschen Wirtschaft bis 1914, S. 320 und Richtsteig: Die Kohlenhandelsgesellschaften des Rheinisch-Westfälischen Kohlen-Syndikats zu Essen a. d. Ruhr, S. 28).

im Syndicat“, die im Herbst 1895 mit großer Mehrheit durch den Beirat und die Zechenbesitzerversammlung verabschiedet wurde.[266] Diese neue Bestimmung enthielt folgende Grundsätze:

- Aufhebung des Grundsatzes zur möglichen Aufrechterhaltung bestehender Geschäftsbeziehungen zwischen Zechen und Abnehmern,
- Ausrichtung aller Verkaufsmaßnahmen auf die Erzielung einer gleichmäßigen Beschäftigung aller Beteiligten,
- Aufrechterhaltung von bestehenden Geschäftsbeziehungen nur insoweit, als dass dadurch das Gesamtinteresse des RWKS nicht geschädigt wird,
- Einrichtung einheitlicher, für alle Produkte im Syndikat gleichmäßig abgegrenzter Absatzbezirke beim Verkauf über Zwischenhändler,
- für den Vertrieb auf dem Wasserweg und in die bestrittenen Absatzgebiete ein stärkerer direkter Verkehr mit Großkonsumenten,
- durch Neuregelung des Vertriebs über den Wasserweg zukünftig eine Preisfestsetzung frei Verbrauchsstelle, die Übernahme von Magazinen beteiligter Zechen und Reedereien am Oberrhein sowie eine vertragliche Vereinbarung mit den Reederzechen zum „engsten Anschluss an das Syndicat“[267].

Die hohe Zustimmung für die neuen Verkaufsdirektive seitens der Zechenbesitzer kann durchaus als zwischenzeitlich erreichte Akzeptanz einer syndizierten Absatzorganisation gewertet werden, auch wenn durch zahlreiche Debatten der Folgejahre häufig ein anderer Eindruck entstand. Aus der Reihe der Gegner der Direktiven kamen unter anderem Einwände hinsichtlich der generellen Aufhebung der alten Geschäftsbeziehungen, was allerdings aus Sicht der Syndikatsleitung für das Ziel einer gleichmäßigen Beschäftigung aller Schachtanlagen zwingend erforderlich war.[268] Ausschlaggebend für die hohe Akzeptanz dürfte auch gewesen sein, dass die Verkaufsdirektive nicht allein durch den Vorstand, sondern durch einen aus Beiratsmitgliedern gebildeten Ausschuss erarbeitet wurde, dessen Ziel es bei Arbeitsaufnahme war, mit der beratenden Stimme des Vorstands „grundlegende Änderungen in der Verkaufsorganisation“[269] zu beschließen.

---

265 Auch der Syndikatsvorstand betonte, dass die langfristige Erneuerung des Kartellvertrags stärkere Maßnahmen in der Vertriebsorganisation ermöglichte (vgl. RWKS, Bericht des Vorstandes über das Geschäftsjahr 1895, in: montan.dok/BBA 33/318 (1)).

266 Vgl. RWKS, Sitzung des Beirates, 15.10.1895, in: montan.dok/BBA 55/2246 und RWKS, Zechenbesitzerversammlung, 02.11.1895, in: montan.dok/BBA 55/2246.

267 RWKS, Direktive für die Organisation des Verkaufs, o. D. (1895), in: montan.dok/BBA 55/2246.

268 Die Bergwerksgesellschaft Pluto protestierte zunächst gegen die Direktive, weil sie die Aufrechterhaltung der bestehenden Geschäftsbeziehungen als ein wesentliches Kriterium für den Beitritt zum Kohlensyndikat und zu ihrer Zustimmung zur Erneuerung des Syndikatsvertrags im Jahr 1895 betrachtete. Die Ablehnung der Direktive durch die Bergwerksgesellschaft Zollverein wurde damit begründet, dass diese um die Selbstständigkeit ihrer Reederei fürchtete (vgl. RWKS, Sitzung des Beirates, 18.11.1895 (Stenogramm), o. S., in: montan.dok/BBA 33/50 und RWKS, Sitzung des Beirates, 18.11.1895, in: montan.dok/BBA 55/2246).

Trotz dieser anscheinend umfassenden Einbindung der Zechenbesitzer in die Ausgestaltung der Absatzorganisation wurde unmittelbar vor der Beschlussfassung durch Emil Kirdorf deutlich gemacht, dass die Direktive lediglich einen allgemeinen Charakter für die weitere Ausrichtung der Verkaufspolitik hätte. Der Syndikatsvorstand war also nicht in vollem Umfang an diese Leitlinien gebunden.[270] Weder der Beirat noch der für die Erarbeitung eingesetzte Ausschuss sollten demnach an weiteren absatzorganisatorischen Detailfragen zur Ausgestaltung dieser Richtlinien mitwirken. Deutlicher Beleg dafür war, dass das Gremium unmittelbar nach der Genehmigung der Direktive zunächst wieder aufgelöst wurde. Dies war insofern ungewöhnlich, da zum selben Zeitpunkt aus dem Beirat heraus bereits mehrere Ausschüsse gebildet worden waren, die in den Folgejahren in ähnlicher Form regelmäßig neu bestätigt wurden.[271]

Bei der Frage nach der Existenz eines möglichen „Absatzausschusses", der parallel zu den weiteren Ausschüssen hätte geführt werden können, bestand allerdings zunächst keine klare Linie, was in der Folgezeit auch für Konflikte im Beirat sorgte. Nur einen Monat nach Verabschiedung der Verkaufsdirektive stellte Emil Kirdorf dort nämlich einen Antrag zur erneuten Einrichtung eines Ausschusses, welcher auf Grundlage der Verkaufsdirektive „dem Vorstand bei der Feststellung der zur Änderung der Verkaufsorganisation durchzuführenden Maßnahmen beratend zur Seite stehen und das Ergebnis seiner Beratungen dem Beirat zur Beschlussfassung unterbreiten soll[te]"[272]. Als Schwerpunkt der Arbeit dieses Gremiums war die Erarbeitung eines Abkommens mit den Reederzechen für eine Regulierung des Kohlenvertriebs über die Rheinstraße vorgesehen.[273] Nach den Vorstellungen Kirdorfs sollte dieser Ausschuss dem Vorstand für mögliche Vereinbarungen zwischen Syndikat und Reedern die Genehmigung erteilen, womit eine Rücksprache mit den anderen Mitgliedern des Beirats zu den dort vorberatenen Maßnahmen nicht vorgesehen war.[274] Interessanterweise war der vorgeschlagene Ausschuss keine Neuauflage des vorangegangenen Gremiums für die Verkaufsdirektive, welches sich zuletzt aus 14 Beiratsmitgliedern zusammengesetzt hatte. Dem neuen Ausschuss sollten lediglich vier Mitglieder angehören: ne-

269 RWKS, Sitzung des Beirates, 20.09.1895, in: montan.dok/BBA 55/2246. Dieser Ausschuss bestand neben Emil Kirdorf aus 13 weiteren Vertretern aus den Reihen der Beiratsmitglieder (vgl. ebd.).

270 Vgl. RWKS, Sitzung des Beirates, 15.10.1895 (Stenogramm), in: montan.dok/BBA 33/50.

271 Gleichzeitig mit dem Ausschuss zur Verkaufsorganisation wurden im September 1895 folgende Ausschüsse gewählt: Ausschuss zur Regelung der Wohnungsfrage, Ausschuss zur Aufstellung des Förderplans für das Jahr 1896, Ausschuss zur Aufstellung der Richtpreise für 1896. Bei dieser Wahl hatte Kirdorf den Ausschuss für die Verkaufsorganisation sogar als das wichtigste dieser vier Gremien bezeichnet (vgl. RWKS, Sitzung des Beirates, 20.09.1895 (Stenogramm), in: montan.dok/BBA 33/50). Zu den Ausschusswahlen in den Folgejahren vgl. z. B. RWKS, Sitzung des Beirates, 30.01.1896, in: montan.dok/BBA 55/2246 und RWKS, Sitzung des Beirates, 24.01.1898, in: montan.dok/BBA 55/2244.

272 RWKS, Sitzung des Beirates, 18.11.1895, in: montan.dok/BBA 55/2246.

273 RWKS, Sitzung des Beirates, 18.11.1895 (Stenogramm), o. S., in: montan.dok/BBA 33/50.

ben Kirdorf selbst noch die drei stellvertretenden Beiratsvorsitzenden Emil Krabler, Robert Müser und Hermann Pieper.[275]

Der Antrag von Kirdorf führte im Beirat zu einer ausgiebigen Grundsatzdiskussion über das Verhältnis zwischen Vorstand und Zechenbesitzern, in der sich Fragen zur Funktion des Beirats und dessen noch unklarer Einflussstärke in Hinblick auf die Vorstandsarbeit besonders deutlich widerspiegelten. Ein zentraler Standpunkt vieler Zechenbesitzer war in dieser Debatte, dass der Vorstand im Fall von besonderen Fragen, die er nicht selbstständig und autark entscheiden konnte, alle Beiratsmitglieder einbeziehen und um Zustimmung bitten müsste. Ein Ausschuss wäre lediglich zur Vorberatung, aber nicht als alleinige Genehmigungsinstanz zu akzeptieren.[276]

Die Syndikatsleitung hatte allerdings an umfangreichen Diskussionen zu absatzpolitischen Themen unter Beteiligung des gesamten Beirats überhaupt kein Interesse. Ein wesentlicher Grund dafür lag in einem zentralen „Geburtsfehler" der Kartellorganisation, dessen Auswirkungen sich in den Folgejahren zunehmend zeigten: Eingerichtet wurde der Beirat ursprünglich als Aufsichtsgremium für den Vorstand mit dem Zweck, sensible Themen aufgrund der geringeren Mitgliederzahl im Vergleich zur Zechenbesitzerversammlung einfacher und in einem kleineren Kreis behandeln zu können.[277] Allerdings führten die Zugangsregulierungen für den Beirat im Zeitverlauf zu einer stetig steigenden Mitgliederzahl. Im Jahr 1895 gehörten dem Beirat bereits über 30 Personen an.[278] Bis 1900 stieg die Mitgliederzahl auf 53, bis zum Jahr 1907 sogar auf 66 Personen an.[279] Diese Entwicklung hatte schon im Jahr 1895 dazu geführt, dass der Beirat aus der Perspektive der Syndikatsleitung aufgrund seiner Größe „seinen Namen in der Weise, wie dies eigentlich sein sollte, nicht verdient"[280] und entsprechend auch nicht die nötige Urteilskraft besitze.[281] Durch häufige Indiskretion der Sitzungsteilnehmer, die regelmäßig zur Veröffentlichung interner Themen

---

274 Kirdorf begründete dies damit, dass ein solches Abkommen zwischen Kohlensyndikat und Reedern eine solche Bedeutung für das Kartell hätte, dass weder Vorstand noch der Vorsitzende des Beirats alleine die Verantwortung dafür übernehmen könne (vgl. ebd.).

275 Vgl. RWKS, Sitzung des Beirates, 18.11.1895, in: montan.dok/BBA 55/2246.

276 Vgl. RWKS, Sitzung des Beirates, 18.11.1895 (Stenogramm), o. S., in: montan.dok/BBA 33/50.

277 Vgl. u. a. Preute: Die Absatz- und Verkehrsverhältnisse des rheinisch-westfälischen Kohlenbergbaues vor und nach dem Weltkriege, S. 4ff. und Bartz: Aufbau und Tätigkeit des rheinisch-westfälischen Kohlensyndikats in ihrer Entwicklung von 1893 bis 1912, S. 46. Auch Kartell-intern wurde der Beirat zeitweise als „Aufsichtsrat" des RWKS bezeichnet, weil der eigentliche Aufsichtsrat der Aktiengesellschaft RWKS nur formal existiere (vgl. RWKS, Sitzung des Beirates, 16.03.1912, in: montan.dok/BBA 33/65).

278 Vgl. RWKS, Sitzung des Beirates, 28.12.1895, in: montan.dok/BBA 55/2246.

279 Zur Problematik der steigenden Mitgliederzahl im Beirat vgl.: RWKS, Verhandlungen in der Kommissions-Sitzung (Erneuerung des Syndikats), 03.05.1902, in: montan.dok/BBA 33/26 und RWKS, Sitzung des Beirates, 22.01.1907, in: montan.dok/BBA 33/60. Die hohe Mitgliederzahl des Beirats war im Zuge der Syndikatserneuerung im Jahr 1903 auch ein Grund für die Einführung eines Schiedsgerichts innerhalb des RWKS (vgl. RWKS, Nachmittagssitzung der Zechenbesitzerversammlung, 06.07.1903, S. 495f., in: montan.dok/BBA 33/25).

280 RWKS, Sitzung des Beirates, 18.11.1895 (Stenogramm), o. S., in: montan.dok/BBA 33/50.

in der Wirtschaftspresse führten, sahen sich die Führungskräfte in der Folgezeit in dieser Haltung bestätigt.[282]

Aus Sicht der Zechenbesitzer hätte ein als Genehmigungsinstanz gewählter Ausschuss angesichts der ohnehin geringen Auskunftsfreudigkeit des Vorstands zu weiteren Informationsverlusten geführt. Wie bedeutsam es allerdings auf der anderen Seite für die Führungskräfte war, dass die Verhandlungen zu den absatzpolitischen Fragen nur zwischen Vorstand und einem kleinen Ausschuss debattiert wurden, zeigte sich vor allem daran, dass Emil Kirdorf die Bildung dieses Ausschusses mit der Vertrauensfrage koppelte und indirekt seinen Rücktritt androhte. Dennoch konnte sich der Beiratsvorsitzende zum Ende der Debatte nur teilweise durchsetzen: Die Mehrheit des Beirats hatte zwar entschieden, dass ein Ausschuss mit den vorgeschlagenen Personen für ein mögliches Abkommen mit den Reederzechen gebildet werden dürfe, dieser sollte aber keine uneingeschränkten Entscheidungsbefugnisse haben und war verpflichtet, die endgültige Genehmigung für seine Beschlüsse beim Beirat einzuholen. Fast trotzig machte Kirdorf nach dieser für ihn enttäuschenden Entscheidung deutlich, dass der Vorstand auch weiterhin über alle Maßnahmen allein entscheiden und der Ausschuss demnach lediglich dem Vorstand seine „Ansichten" mitteilen könne.[283]

Über die eigentliche Arbeit dieses unter Schwierigkeiten gewählten Ausschusses gibt es nur relativ spärliche Informationen. Wesentliche Vereinbarungen mit den Reederzechen kamen zunächst nicht zustande.[284] Zum Jahresbeginn 1896 wurde der Ausschuss mit denselben Mitgliedern durch den Beirat bestätigt und trug offiziell den Namen „Ausschuss zur Begutachtung der zur Durchführung der Verkaufsorganisation etwa erforderlichen Verträge"[285]. Interessanterweise lebte im selben Jahr parallel dazu auch der im September 1895 gewählte „große" Ausschuss zur Verkaufsorganisation wieder kurzzeitig auf, der über die Verkaufsdirektive beraten hatte und unmittelbar danach wieder aufgelöst worden war. Dieses wiederbelebte 14-köpfige Gremium sollte sich mit der Frage beschäftigen, ob die Lieferverträge mit den kurz zuvor gegründeten

---

281 Vgl. ebd. und für einen späteren Zeitpunkt auch: RWKS, Verhandlungen in der Kommissions-Sitzung (Erneuerung des Syndikats), 03.05.1902, S. 6, in: montan.dok/BBA 33/26.

282 Nicht selten sprach Kirdorf in den Gremien des RWKS seinen Unmut darüber aus, dass interne Informationen an die Öffentlichkeit gelangt waren und negative Auswirkungen auf das Verkaufsgeschäft hatten (vgl. u.a. ebd., S. 23f. und RWKS, Zechenbesitzerversammlung, 22.03.1909, S. 2, in: montan.dok/BBA 33/11).

283 Vgl. RWKS, Sitzung des Beirates, 18.11.1895 (Stenogramm), o. S., in: montan.dok/BBA 33/50.

284 Im Dezember 1895 hieß es im Beirat, dass die Verhandlungen dieses Ausschusses noch nicht abgeschlossen seien. Dieser Ausschuss empfahl bislang nur, weitere Kohlenmagazine am Rhein einzurichten (vgl. RWKS, Sitzung des Beirates, 28.12.1895, in: montan.dok/BBA 55/2246). Schon bei der Debatte um die Bildung des Ausschusses machte Max Graßmann deutlich, dass darin nicht allein die Regelung der „Reederfrage" behandelt werden, sondern dieser Ausschuss auch über weitere Aspekte zur Absatzausdehnung in verschiedenen Regionen beraten sollte (vgl. RWKS, Sitzung des Beirates, 18.11.1895 (Stenogramm), o. S., in: montan.dok/BBA 33/50).

Syndikatshandelsgesellschaften in Kassel und Hannover erneuert werden sollten.[286] Keines der beiden Gremien hatte jedoch einen längerfristigen Bestand. Während im Beirat zum Jahresbeginn 1897 wiederum – inzwischen standardmäßig – Ausschüsse für bestimmte Sonderfragen gewählt wurden, hieß es gleichzeitig, dass die Arbeit des Ausschusses zur Verkaufsorganisation „als erledigt zu betrachten“[287] sei, obwohl sich die gesamte Vertriebspolitik des RWKS zu diesem Zeitpunkt noch eher in einer Versuchsphase befand. In den Folgejahren wurde bis zur Syndikatserneuerung im Jahr 1915 trotz wiederkehrender Ausschusswahlen kein Gremium mehr eingerichtet, das sich speziell mit Fragen zur Absatzorganisation beschäftigte.

Vermutlich hatten nach der anfänglichen „Unordnung“ mit zwei temporären, zeitweise gleichzeitig bestehenden Ausschüssen zu Vertriebsfragen weder die Syndikatsleitung noch die Zechenbesitzer im Beirat ein Interesse an der Fortsetzung oder festen Etablierung eines solchen Gremiums. Die Zechenbesitzer dürften dies wohl mit der Hoffnung verbunden haben, bei absatzpolitischen Fragen zukünftig unmittelbar durch den Vorstand informiert und in wichtige Fragen eingebunden zu werden.[288] Ein zusätzlicher Ausschuss zwischen Beirat und Syndikatsvorstand hätte schließlich zu weiteren Informationsverlusten führen können. Es darf aber bei Betrachtung der zahlreichen Debatten im Beirat in der Folgezeit bezweifelt werden, dass diese Strategie erfolgreich war.

Die zunehmende Abschottung der Zechenbesitzer von der Absatzorganisation war durch die grundsätzliche institutionelle Ordnung des Kohlensyndikats auch Ziel der Kartellbildung und wurde in der praktischen Auslegung trotz immer wiederkehrender Proteste und Diskussionen durch die Syndikatsleitung maßgeblich weiter forciert. Für das Ziel einer nachhaltigen Marktkostensenkung bei möglichst geringem Organisationsaufwand sahen es die Führungskräfte der Kartellorganisation als äußerst bedeutsam an, den Einfluss der beteiligten Unternehmen auf das Vertriebsgeschäft weiterhin so gering wie möglich zu halten. Gleichzeitig wurde mit der stärkeren Trennung zwischen der Produktion und den Marktzugangseinrichtungen die Abhängigkeit der beteiligten Unternehmen vom Kohlensyndikat weiter erhöht.

285 RWKS, Sitzung des Beirates, 30.01.1896, in: montan.dok/BBA 55/2246.

286 Vgl. RWKS, Sitzung des Beirates, 22.07.1896, in: montan.dok/BBA 55/2246 und RWKS, Zechenbesitzerversammlung, 05.08.1896, in: montan.dok/BBA 55/2246.

287 RWKS, Sitzung des Beirates, 26.01.1897, in: montan.dok/BBA 55/2243. Von Kirdorf hieß es in der gleichen Sitzung, dass die „Angelegenheit im Kasseler Revier“ inzwischen geregelt wurde und dass Erörterungen über eine Neuregelung der Beziehungen zu den Reederfirmen keine Ergebnisse brachten (Zit. in: ebd.).

3 Institutionalisierung und Expansion der syndizierten Vertriebsorganisation im Ruhrbergbau

3.1 Kohlensyndikat und Großhandel rücken zusammen

In der Analyse der kartellierten Absatzorganisation des Ruhrbergbaus wird die Einflussnahme des RWKS auf die erste Großhandelsebene und dabei die Institutionalisierung von Syndikatshandelsgesellschaften (SHG)[1] häufig als erste umfassende und zugleich zentrale absatzstrategische Maßnahme aus der Gründungsphase gewertet.[2] Die Bedeutung dieser Eingriffe auf die etablierten Vertriebswege ist in Hinblick auf die Reduzierung von Markt- und Organisationskosten als äußerst hoch einzuschätzen. Allerdings stellte die Maßnahme einen äußerst aufwendigen, vielschichtigen und langwierigen Prozess dar, der erst nach etwa 20 Jahren zu einem vorläufigen Abschluss kam. Zudem beruhten die Kartellierungsmaßnahmen im Großhandel keineswegs auf einer durch die Syndikatsleitung umfangreich geplanten und unter ihrer Führung eingeleiteten Absatzstrategie.

In der im Herbst 1895 durch das Kohlensyndikat erlassenen Direktive zur Organisation des Verkaufs waren für die künftige Ausrichtung der Absatzorganisation zunächst Ziele formuliert worden, die stärker auf einen Bedeutungsrückgang der Großhändler in der Vertriebskette für Ruhrkohle hinwirken sollten, um die Position des RWKS als zentralen Anbieter auf den Kohlenmärkten zu stärken. Bereits seit der Kartellgründung arbeitete die Syndikatsleitung daran, durch die Vereinheitlichung und Verschärfung der Lieferbedingungen einen Ausleseprozess unter den unmittelbar einkaufsberechtigten Kohlengroßhändlern herbeizuführen.[3] Gleichzeitig sollte der Direktverkauf an die Großabnehmer unter Ausschaltung des Zwischenhandels intensiviert und dem weiterhin unmittelbar beim Kohlensyndikat beziehenden Großhandel auferlegt werden, die Produkte möglichst ohne Inanspruchnahme weiterer

1 Der Begriff „Syndikatshandelsgesellschaft“ fand innerhalb und außerhalb des RWKS bis in die 1920er Jahre hinein kaum Verwendung. Auch wurde dieser Begriff zunächst nicht in den Namen der Gesellschaften genutzt. Zumeist wurde bis zum Beginn der 1920er Jahre von Kohlenhandelsgesellschaften gesprochen. Um jedoch eine klare Abgrenzung zu kartellunabhängigen Handelsfirmen zu schaffen, wird in dieser Untersuchung abgesehen von Eigennamen einheitlich der Begriff „Syndikatshandelsgesellschaft“ für die hier darzustellende Unternehmensform verwendet.

2 Vgl. hierzu z. B. die Ausführungen von Lüthgen: Das Rheinisch-Westfälische Kohlensyndikat in der Vorkriegs-, Kriegs- und Nachkriegszeit und seine Hauptprobleme, S. 138 ff.

3 Vgl. Goetzke: Das Rheinisch-Westfälische Kohlen-Syndikat und seine wirtschaftliche Bedeutung, S. 225. So hatten z. B. die Regelungen zur Barzahlung in den Lieferverträgen auch die Absicht, eine Auslese unter den Händlern herzustellen, da damit nur noch kapitalkräftigen Händlern der Verkehr mit dem RWKS möglich war (vgl. Buschmann: Untersuchung der Zweckmäßigkeit der Syndizierung des Kohlenbergbaus auf Grund der geschichtlichen Entwicklung des Rheinisch-Westfälischen Kohlensyndikats, S. 45).

https://doi.org/10.1515/9783110576719-003

Zwischenhändler direkt an die Verbraucher zu liefern.[4] Damit knüpfte die Syndikatsleitung in Teilen an die Vorgehensweise des Saarfiskus an, dessen Handelsbüro seit vielen Jahren stark auf einen unmittelbar Verkauf ausgelegt war und diese Geschäftspolitik in der Folgezeit sogar noch weiter ausdehnte.[5]

Während beim Kohlensyndikat der Anteil des Direktverkaufs im Gründungsjahr 1893 etwa 33 Prozent betrug, konnte dieser Wert bis zur Jahrhundertwende auf rund 40 Prozent des Gesamtabsatzes gesteigert werden. In den Folgejahren verschob sich dieses Verhältnis leicht zuungunsten des Handels, doch beruhte dies eher auf dem Eintritt der Hüttenzechen in das Kohlensyndikat im Jahr 1903.[6] Unabhängig von der Veränderung bei den relativen Anteilen stiegen natürlich die Absatzmengen, die über den freien Handel in den Verkauf gingen, aufgrund der stark steigenden Gesamtbeteiligung bis zum Ersten Weltkrieg fortwährend an.[7] Zudem bestanden bei der Einbeziehung des Zwischenhandels große regionale Unterschiede. In Süddeutschland betrug der Anteil des Direktabsatzes aufgrund der häufigen Nutzung der Rheinwasserstraße als Transportweg und der daraus resultierenden Mitwirkung von Reederfirmen lediglich knapp 10 Prozent.[8]

Das Verhältnis von 60 zu 40 Prozent zwischen mittelbarem und unmittelbarem Verkauf kann allerdings für die Folgejahre als Richtwert herangezogen werden. Dieses blieb auch bestehen, als zwischen 1900 und 1901 – nach der sogenannten Kohlennot[9] – mit der Festlegung einer Mindestmenge von 6000 Jahrestonnen eine verbindliche Regelung vorgenommen wurde, ab welcher Bezugsmenge ein Direkteinkauf bei der

---

4 Vgl. Kronenberg: Die Preisbildung und Preispolitik des Rheinisch-Westfälischen Kohlen-Syndikats, S. 60. Zur Bindung von Großverbrauchern als Direktabnehmer wurde den Händlern auferlegt, dass sie nicht ohne Genehmigung des RWKS Produkte an Eisen- und Stahlwerke, Eisenbahnen und Gasanstalten liefern durften (vgl. Kontradiktorische Verhandlungen über Deutsche Kartelle, S. 132f.).

5 Beim Saarfiskus wurden Großkunden bereits bei einem Jahresbedarf von über 1500 Tonnen direkt beliefert. Aufgrund der ebenso strengen Verkaufs- und Lieferbedingungen des fiskalischen Handelsbüros hatte der private Kohlenhandel jedoch weiterhin eine Bedeutung, auch wenn dessen Anteil am Gesamtabsatz deutlich gesunken war (vgl. Banken: Die Industrialisierung der Saarregion 1815–1914, S. 159f. und Heinrichsbauer: Kohlenkontor Weyhenmeyer & Co. und Süddeutsche Kohlenwirtschaft, S. 8). Seit dem Jahr 1900 ermöglichte der Saarfiskus auch landwirtschaftlichen Verbrauchern, Beamten- und Konsumverbänden, Verbrauchergenossenschaften und Privatleuten den Direktbezug, während das RWKS einen direkten Geschäftsverkehr mit Konsumgenossenschaften fast grundsätzlich ablehnte (vgl. Weimann: Absatzwege und Absatzgebiete des Saarkohlenhandels, S. 72 und Kronenberg: Die Preisbildung und Preispolitik des Rheinisch-Westfälischen Kohlen-Syndikats, S. 66ff.).

6 Vgl. ebd., S. 51 und Thoenes: Die Zwangssyndikate im Kohlenbergbau und ihre Vorgeschichte, S. 151f. Der Absatz der Hüttenzechen an ihre eigenen Werke wurde als unmittelbarer Verkauf betrachtet (vgl. Bartz: Aufbau und Tätigkeit des rheinisch-westfälischen Kohlensyndikats in ihrer Entwicklung von 1893 bis 1912, S. 64ff.).

7 Vgl. Tab. 30 im Anhang.

8 Vgl. Heinrichsbauer: Kohlenkontor Weyhenmeyer & Co. und Süddeutsche Kohlenwirtschaft, S. 14f.

9 Während des zunehmenden Kohlenmangels zur Jahrhundertwende stiegen die Anfragen für den Direktbezug beim RWKS deutlich an, um den starken Preiserhöhungen im Handel zu entgehen (vgl. RWKS, Zechenbesitzerversammlung, 09.04.1900, in: montan.dok/BBA 55/2247 und RWKS, Bericht pro Juni und 1. Semester 1900, in: montan.dok/BBA 55/2247).

Essener Syndikatszentrale zu erfolgen hatte.[10] Diese Festlegung verdeutlicht auch, dass es für eine Zunahme des Direktabsatzes durchaus eine kritische Grenze gab, bei deren Überschreitung die Effizienz der syndizierten Verkaufsorganisation eher gesenkt als weiter gesteigert worden wäre. Dies hatte mehrere Ursachen: Zum einen hatten viele Abnehmer kein Interesse daran, direkt beim Kohlensyndikat zu kaufen, weil freie Händler bei der Kaufabwicklung eine deutlich größere Flexibilität zeigten und ihre Geschäftspolitik stärker an den Wünschen der Kunden orientieren konnten.[11] Zum anderen waren die Ruhrzechen aufgrund der großen Ausdehnung der Verkaufsgebiete, der unterschiedlichen Absatzkanäle und der traditionell großen Bedeutung des freien Kohlenhandels weiterhin auf dessen Expertise und regionale Vertriebsbeziehungen angewiesen. Ein künstlich institutionalisierter Syndikatshandel in den einzelnen Absatzgebieten hätte diese Strukturen ohne einen massiven Anstieg der Wettbewerbs- und Organisationskosten kaum ersetzen können. Innerhalb des Kartellapparats gingen die Meinungen dazu auseinander, doch hob vor allem die Syndikatsleitung gegenüber den Zechenbesitzern regelmäßig die Bedeutung des freien Handels für die Funktionsfähigkeit der Kartellorganisation hervor.[12]

Regionale Zusammenschlüsse der selbstständigen Großhändler, verbunden mit der Vergabe besonderer Vertriebsrechte durch das RWKS, waren in der Absatzstrategie des Kohlensyndikats zunächst nicht vorgesehen.[13] Auch wenn das insbesondere von der Kartellführung später anders dargestellt wurde,[14] ging die Initiative für solche Vereinigungen zuerst von den Händlern selbst aus. Im Jahr 1894 hatte es bereits erfolglose Versuche von Händlerfirmen an den Hafenstandorten Ruhrort, Duisburg und Hochfeld gegeben, durch einen kartellähnlichen Zusammenschluss besondere Ver-

---

10 Vgl. Goetzke: Das Rheinisch-Westfälische Kohlen-Syndikat und seine wirtschaftliche Bedeutung, S. 220 f. und Preute: Die Absatz- und Verkehrsverhältnisse des rheinisch-westfälischen Kohlenbergbaues vor und nach dem Weltkriege, S. 21.

11 Vgl. Kontradiktorische Verhandlungen über Deutsche Kartelle, S. 132f.; Verein für die bergbaulichen Interessen im Oberbergamtsbezirk Dortmund: Denkschrift betreffend die Verhandlungen des Deutschen Reichstages über die Kohlenfrage am 3., 6. u. 7. Dezember 1900, S. 10 und Goetzke: Das Rheinisch-Westfälische Kohlen-Syndikat und seine wirtschaftliche Bedeutung, S. 168 f.

12 Vgl. z.B. RWKS, Sitzung des Beirates, 17.02.1909, S. 7 ff., in: montan.dok/BBA 33/62 und RWKS, Zechenbesitzerversammlung, 26.10.1910, S. 4 f., in: montan.dok/BBA 33/12. Bei den Verhandlungen zur Gründung des Kohlenkontors Ende 1903 betonte Emil Kirdorf während einer kritischen Diskussion zu den Syndikatshandelsgesellschaften, dass er kartelleigene Filialen nicht als adäquaten Ersatz für die SHG betrachtete (vgl. Rheinische Kohlenhandel- und Reedereigesellschaft mbH, Sitzung des Aufsichtsrates, 12.12.1903, S. 14 f., in: RWWA 130 – 11 – 11).

13 Nach einzelnen Angaben hätte es in der Gründungsphase durchaus Pläne gegeben, eigene regionale Niederlassungen zu bilden. Für den süddeutschen Absatzmarkt wurde dies zum Jahresbeginn 1896 mit der Einrichtung eines Verkaufsbüros in Mannheim auch vollzogen (vgl. o. A.: Rheinisch-Westfälisches Kohlensyndikat, in: Kartell-Rundschau 1909, Nr. 4, S. 330 und Bericht der Königlichen Bergwerksdirektion Saarbrücken an das Königliche Oberbergamt Bonn, 15.04.1896, in: LA Saarbrücken, Best. BWD-593).

14 Vgl. dazu die Darstellung der Syndikatsleitung während der Kontradiktorischen Verhandlungen im Jahr 1903 (vgl. Kontradiktorische Verhandlungen über Deutsche Kartelle, S. 134 ff.).

tragsbedingungen mit dem RWKS auszuhandeln.[15] Hintergrund solcher Bemühungen war die Geschäftspolitik des Kohlensyndikats, dessen Verschärfung der Lieferbedingungen die Geschäftsgrundlage der Händler deutlich erschwert hatte.[16] Zudem fielen durch die Bestrebungen des RWKS, Großabnehmer verstärkt selbst zu beliefern, für viele Zwischenhändler nicht nur die größten, sondern zugleich auch die zahlungsfähigsten Abnehmer aus.[17]

Entgegen den Versuchen der Hafenhändler fand eine im November 1895 erfolgte Vereinigung von zunächst fünf Kohlenhändlern in der Region Kassel (RWKS-Absatzrevier 17) einen größeren Anklang in der Essener Kartellzentrale. Der von diesen Unternehmen gegründeten „Glückauf, Kohlenhandelsgesellschaft m.b.H, Cassel", zu der noch vor Aufnahme der Geschäftstätigkeit zwei weitere Gesellschafter hinzutraten, hatte die Syndikatsleitung ab April 1896 ein Alleinverkaufsrecht für den mittelbaren Absatz im dortigen Verkaufsgebiet übertragen.[18] Günstige Voraussetzung für das Zustandekommen war, dass in diesem Revier nur verhältnismäßig wenige Großhändler im direkten Geschäftsverkehr mit dem Syndikat standen, die zugleich jeweils relativ hohe Umsätze zu verzeichnen hatten. Der Mindestumsatz zur Beteiligung an der „Glückauf" lag bei 30.000 Jahrestonnen. Entsprechend ihrer jeweiligen Verkaufsmenge im Absatzgebiet waren die Händler mit 1 Mark pro Tonne am Stammkapital der neuen Gesellschaft beteiligt.[19] Auch wenn es hieß, dass die Syndikatsleitung zunächst die Auswirkungen und den Erfolg dieser Gesellschaft abwarten wollte, hatte es fast zeitgleich der Gründung eines weiteren Zusammenschlusses in den Absatzrevieren 3 und 6 (Hannover) zugestimmt, der als „Westfalia Kohlenhandelsgesellschaft mbH" firmierte und ebenfalls zum 1. April 1896 die Geschäftstätigkeit aufnahm.[20]

---

15 Diese Firmen forderten gemeinsam in ihrer Funktion als Hafenhändler besondere Einkaufsbedingungen gegenüber dem RWKS (vgl. o. A.: Das Kohlensyndikat und die Großhändler, in: Deutsche Kohlen-Zeitung, 01.02.1894, Nr. 10, S. 76).

16 Vgl. Buschmann: Untersuchung der Zweckmäßigkeit der Syndizierung des Kohlenbergbaus auf Grund der geschichtlichen Entwicklung des Rheinisch-Westfälischen Kohlensyndikats, S. 45 und Goetzke: Das Rheinisch-Westfälische Kohlen-Syndikat und seine wirtschaftliche Bedeutung, S. 225.

17 Vgl. Richtsteig: Die Kohlenhandelsgesellschaften des Rheinisch-Westfälischen Kohlen-Syndikats zu Essen a.d. Ruhr, S. 73.

18 Der Gesellschaftervertrag zwischen den zunächst fünf Unternehmen wurde am 26. November 1895 geschlossen. Festgelegtes Ziel im Statut war das Bestreben, Geschäftsunkosten sowie das Risiko beim Einkauf und Verkauf der Bergwerkserzeugnisse zu senken. Die ersten fünf beteiligten Händler waren die Firmen Adolf Harloff, J.W. Piepmeyer, Adolf Schmidt, Gustav Schroeder und Adolf Sternberg. Anfang 1896 kamen die Firmen Dreyer, Zwenger & Co. und Carl Dickert hinzu (vgl. o. A.: Glückauf Kohlenhandelsgesellschaft m.b.H. Cassel, in: Becker-Strecker von Rautenstrauch, Carl (Hg.): Rheinisches Archiv für Wirtschaftsgeschichte, o. O., o. J. (ca. 1920), S. 13–28, hier: S. 13).

19 Vgl. Heinrichsbauer: Kohlenkontor Weyhenmeyer & Co. und Süddeutsche Kohlenwirtschaft, S. 105 f. und Bonikowsky: Der Einfluß der industriellen Kartelle auf den Handel in Deutschland, S. 248. Zur Höhe der Kapitalbeteiligung vgl. Tab. 7.

20 Vgl. u.a. Richtsteig: Die Kohlenhandelsgesellschaften des Rheinisch-Westfälischen Kohlen-Syndikats zu Essen a.d. Ruhr, S. 7.

Die zeitgleiche Gründung in Hannover war kein Zufall, sondern war darauf zurückzuführen, dass dort zum Teil dieselben Großhändler wie in Kassel beteiligt waren. Dies verdeutlicht, dass es sich bei den Gesellschaftern nicht unbedingt um lokal orientierte Handelsfirmen handelte, sondern vielfach um große und kapitalkräftige Unternehmen mit einem überregionalen Einzugsbereich und damit auch einem hohen Markteinfluss.[21] Gleichzeitig mit den Gesellschaften in Kassel und Hannover nahm die erste ausländische Verkaufsgesellschaft, die Steenkolen-Handelsvereeniging (SHV) im niederländischen Utrecht, ihre Arbeit auf. Dieses Unternehmen stellte ebenso einen Zusammenschluss von dort für den Ruhrkohlenverkauf tätigen Großhändlern dar, dem ein Alleinverkaufsrecht für Syndikatsprodukte für den gesamten niederländischen Markt übertragen wurde.[22]

Bei den drei Syndikatshandelsgesellschaften, die im Jahr 1896 etabliert wurden, handelte es sich zunächst um völlig selbstständige Unternehmen, in denen nur die beteiligten Kohlenhandelsfirmen einen Anteil am Stammkapital besaßen. Dieser Anteil wurde als Gegenwert für das Einbringen des bislang eigenständigen Handelsgeschäfts in die neue Gesellschaft betrachtet.[23] Auch im Firmennamen der SHG wurde zunächst kein unmittelbarer Bezug zum Ruhrsyndikat genommen. Abgesehen von industriellen Großverbrauchern, die weiterhin im Direktabsatz durch das RWKS beliefert wurden, waren diese Organisationen fortan in ihrem Absatzrevier der einzige Anbieter für die Kohle der Kartellzechen. Die an den SHG beteiligten Unternehmen durften selbst nicht mehr direkt beim Kohlensyndikat einkaufen. Sie konnten allenfalls als Großhändler „zweiter Hand" tätig bleiben und waren fortan Abnehmer der SHG wie auch andere, nicht beteiligte Kohlenhändler.[24] Da die neuen Handelsge-

21 Z. B. war die Firma Dreyer, Zwenger & Co. neben Kassel auch an den später gegründeten Syndikatshandelsgesellschaften in Hannover, Bremen und Dortmund beteiligt. Die ebenso in Kassel beteiligte Firma Adolf Sternberg war auch im Braunkohlenbergbau aktiv. Auch die Firma Harloff hatte Verbindungen in den Braunkohlenbergbau und war als Händler für Ruhrkohle nachweislich auch im Raum Iserlohn sowie in Süddeutschland aktiv, woraus auch eine spätere Beteiligung am Kohlenkontor resultierte (vgl. o. A.: Glückauf Kohlenhandelsgesellschaft m.b.H. Cassel, S. 13ff.).

22 Für den niederländischen Markt gab es seit dem Jahr 1893 Bestrebungen dortiger Großhändler, ein Alleinverkaufsrecht für Syndikatsprodukte zu bekommen. Das schließlich 1896 an die SHV vergebene Vertriebsrecht betraf nur den Verkauf in das inländische Absatzgebiet hinein und dabei nur Eisenbahntransporte. Lieferungen über den Rhein waren davon ausgenommen. Auch Großverbraucher konnten weiterhin direkt durch das Syndikat beliefert werden (vgl. Roelevink: Organisierte Intransparenz, S. 82ff.).

23 Vgl. Johann Wilhelm Welker: Kohlenhandelsgesellschaften des Syndikats, ca. 1916, S. 1, in: HA, JWW: 65. Die Höhe des Stammkapitals der Gesellschaft entsprach mit 284.500 Mk. der Höhe des Tonnenabsatzes der beteiligten Unternehmen im Jahr 1894 (vgl. o. A.: Glückauf Kohlenhandelsgesellschaft m.b.H. Cassel, S. 17f.).

24 Hierbei schien es unterschiedliche Regelungen in den einzelnen SHG gegeben zu haben, woraus sich die widersprüchlichen Angaben erklären lassen. Teilweise hieß es, dass die Händler in den SHG ihre eigene Geschäftstätigkeit komplett aufgeben mussten. Später hieß es, dass nur die Händler, die in der Geschäftsführung der SHG tätig waren, keinen eigenen Handel mehr betreiben durften, wobei es auch hier wiederum Ausnahmen gab (vgl. RWKS, Sitzung des Ausschusses f (Geschäfts-

sellschaften in der Regel keine eigene Infrastruktur besaßen, stellten die Gesellschafter ihre Umschlags- und Lagerbetriebe gegen ein Entgelt zur Verfügung. Eine SHG war damit zunächst eher eine Vermittlungsstelle, die vor allem den waggonweisen Vertrieb der Produkte von den Zechen hin zur Verbrauchsstelle koordinierte und weitere Zwischenhändler und mittelgroße Direktverbraucher versorgte.[25]

Die Bildung der ersten Syndikatshandelsgesellschaften lässt sich also eher als zufälliges Pilotprojekt statt als Umsetzung einer umfassenden und zentral vorgenommenen Absatzstrategie einordnen. Die Zechenbesitzer im RWKS selbst wurden erst nach der Aufnahme der Geschäftstätigkeit über die neuen Gesellschaften informiert, und das offenbar auch erst auf Drängen der Syndikatsmitglieder.[26] Im Laufe des Jahres 1896 konnten die Zechenbesitzer allerdings erreichen, dass aus den Reihen des Beirats ein temporärer Ausschuss eingesetzt wurde, ohne dessen Votum die Verträge mit den Syndikatshandelsgesellschaften nicht verlängert werden sollten.[27]

Trotz kritischer Nachfragen der Produzenten setzte sich diese neue Organisationsform für den mittelbaren Vertrieb des RWKS in vielen Absatzrevieren durch und entwickelte sich in den Folgejahren zu einer zentralen Stütze der syndizierten Absatzorganisation, wenngleich diese Entwicklung für die gesamte Kartellpolitik im Ruhrbergbau erhebliche Folgen hatte.[28] Die Gründung kartelleigener Verkaufsstellen, so noch zum Jahresbeginn 1901 in Düsseldorf geschehen, wurde dagegen nicht weitergeführt. Diese Niederlassung war als Reaktion auf zahllose Verbraucherbeschwerden über unangemessene Preiserhöhungen im freien Kohlenhandel während der „Kohlennot" installiert worden und sollte auch mittelgroßen Selbstverbrauchern

ausschuss), 05.10.1916, S. 3, in: montan.dok/BBA 33/79; Richtsteig: Die Kohlenhandelsgesellschaften des Rheinisch-Westfälischen Kohlen-Syndikats zu Essen a.d. Ruhr, S. 84f. und Schilson: Der deutsche Kohlenhandel und seine Organisation, S. 95). Zumeist bekamen die beteiligten Händler einen Sitz im Aufsichtsrat der SHG oder waren direkt an der Geschäftsführung beteiligt (vgl. Wiedenfeld: Das rheinisch-westfälische Kohlensyndikat, S. 31).

25 Vgl. Franken: Syndikatshandel oder Freihandel im Kohlenabsatz? S. 51; Schilson: Der deutsche Kohlenhandel und seine Organisation, S. 93f. und Richtsteig: Die Kohlenhandelsgesellschaften des Rheinisch-Westfälischen Kohlen-Syndikats zu Essen a.d. Ruhr, S. 110. Auch hier gab es vereinzelt Unterschiede. Die SHG Kassel hatte z.B. nach dem Jahr 1904 einen eigenen Lagerplatz bei Altenbeken eingerichtet (vgl. RWKS, Sitzung des Ausschusses f (Geschäftsausschuss), 21.12.1915, S. 46f., in: montan.dok/BBA 33/77). Deutlich anders stellte sich die Situation beim Kohlenkontor dar (vgl. Kap. 3.4.2).

26 Vgl. RWKS, Zechenbesitzerversammlung, 30.03.1896, in: montan.dok/BBA 55/2246. Auch in der Öffentlichkeit fand die Bildung der ersten SHG Aufmerksamkeit (vgl. o. A.: Rheinisch-Westfälisches Kohlensyndikat, in: Deutsche Kohlen-Zeitung, 02.04.1896, Nr. 27, S. 212).

27 Vgl. RWKS, Sitzung des Beirates, 22.07.1896, in: montan.dok/BBA 55/2246; RWKS, Zechenbesitzerversammlung, 05.08.1896, in: montan.dok/BBA 55/2246 sowie Kap. 2.6.2.

28 Insbesondere ist hierfür die zunehmende Einflussnahme vieler Syndikatsmitglieder auf diesen Teil der Absatzorganisation von Bedeutung, was die Stabilität der Kartellorganisation in besonderem Maße beeinflusste (vgl. hierzu ausführlich Kap. 4.1.1).

und kleineren Händlern einen Direktbezug ermöglichen.[29] Aufgrund der dortigen Preisaufschläge konnten freie Händler allerdings weiterhin leicht in Konkurrenz zu dieser Einrichtung treten. Da es bereits im Jahr 1903 hieß, dass die Gründung weiterer Verkaufsstellen aufgrund der Erfahrungen in Düsseldorf nicht erfolgen sollte, ist es durchaus fraglich, ob der Erfolg überhaupt gewünscht war oder diese Gründung vielmehr als kurzfristige „Beruhigungspille" gegenüber den Verbrauchern und vor allem der Politik gedient hatte.[30]

Aus Perspektive des Kohlensyndikats bot die Zusammenfassung der etablierten Großhändler umfangreiche Möglichkeiten zur Senkung von Marktnutzungskosten. Dies zeigt sich allein daran, dass es abgesehen von den Selbstverbrauchern fortan nur noch einen Abnehmer im jeweiligen Absatzbezirk gab. Zuvor war trotz der bereits erfolgten Abgrenzung von Vertriebsbezirken und einer Vereinheitlichung der Preispolitik die Konkurrenz der Großhändler untereinander weiterhin spürbar. Dies wirkte sich für das RWKS negativ auf die tatsächliche Einschätzung der Marktverhältnisse aus.[31] Gleichzeitig entfiel mit der Bildung der SHG die Notwendigkeit zur Einrichtung eigener Verkaufsstellen, da sich das Kartell der Infrastruktur, der Handelsbeziehungen und der Expertise der selbstständigen Händler bedienen konnte.[32]

Den Syndikatshandelsgesellschaften wurden als Gegenleistung für die Vergabe des Alleinverkaufsrechts mit Hilfe des Liefervertrags[33] erhebliche Verpflichtungen auferlegt, die sich positiv auf die Beschäftigung der syndizierten Schachtanlagen auswirkten. Durch die längerfristige Festlegung von Abnahmemengen und die daraus resultierende Lagerhaltung konnte die für den Kohlenbergbau typische Problematik der ungleichmäßigen Beschäftigung aufgrund zyklischer Nachfrageschwankungen verringert werden, was wiederum zur Senkung der Fixkosten der Zechen beitragen

---

29 Vgl. RWKS, Bericht pro Juni und 1. Semester 1900, in: montan.dok/BBA 55/2247; Goetzke: Das Rheinisch-Westfälische Kohlen-Syndikat und seine wirtschaftliche Bedeutung, S. 217f. und o. A.: Kohlensyndikat, in: Deutsche Kohlen-Zeitung, 23.08.1900, Nr. 67, S. 532.

30 Aus Perspektive des RWKS hieß es, dass es die Kartellpolitik zunächst auf die Verpflichtung für eine gleichmäßige Beschäftigung der beteiligten Zechen ausrichten müsse und nicht die Verkaufsbedingungen auf die Verbraucher zuschneiden könne (vgl. Goetzke: Das Rheinisch-Westfälische Kohlen-Syndikat und seine wirtschaftliche Bedeutung, S. 218). Allgemein zur „Kohlennot" in den Jahren 1900 und 1901 und zu den Vorwürfen gegen das Kohlensyndikat aus der Politik und der Öffentlichkeit vgl. u.a. Blaich: Kartell- und Monopolpolitik im kaiserlichen Deutschland, S. 92ff. sowie aus Perspektive der Produzenten: Verein für die bergbaulichen Interessen im Oberbergamtsbezirk Dortmund: Denkschrift betreffend die Verhandlungen des Deutschen Reichstages über die Kohlenfrage am 3., 6. u. 7. Dezember 1900, S. 3ff.

31 Vgl. RWKS, Bericht des Vorstandes über das Geschäftsjahr 1894, in: montan.dok/BBA 33/318 (1); Kronenberg: Die Preisbildung und Preispolitik des Rheinisch-Westfälischen Kohlen-Syndikats, S. 61 und Bonikowsky: Der Einfluß der industriellen Kartelle auf den Handel in Deutschland, S. 132.

32 Vgl. Cohn, Arthur: Verbände, Kartelle und Syndikate im Großhandel, Berlin 1919, S. 15ff. und Westfälisches Kohlenkontor Naht, Emschermann u. Co., i. L., Hamburg: 50 Jahre Ruhrkohlenverkauf im norddeutschen Küstengebiet, 1956, S. 7f., in: montan.dok/BBA 95/160.

33 Ausführlich zu den Lieferverträgen vgl. Kap. 3.2.

konnte.[34] Von besonderer Bedeutung war dabei die durch die neuen Vertragsverhältnisse geschaffene Möglichkeit, den SHG die Abnahme und den Weiterverkauf schwer verkäuflicher Marken und Sorten aufzwingen zu können. In bestrittenen Absatzrevieren machte sich zudem bemerkbar, dass durch die Reduzierung der Händler eine leichtere Preiskalkulation und eine bessere Einschätzung zur Vergabe von Preisnachlässen möglich war, da die Konkurrenzsituation nur noch von einer einzigen Stelle bewertet wurde.[35]

Die mit den SHG geschaffenen Absatzbeziehungen ermöglichten dem RWKS nicht nur eine bedeutende Risikominderung, sondern bedeuteten eine erhebliche Risikoüberwälzung auf die nachfolgende Vertriebsebene.[36] Vor der Syndikatsgründung und in Teilen auch noch nach der Geschäftsaufnahme des RWKS lag das Konjunkturrisiko fast ausschließlich bei den Produzenten. Nun konnte die Aufgabe des Großhandels zum Wert- und Mengenausgleich noch stärker im Interesse der Produzenten geregelt werden.[37] Zudem machte sich die Risikoüberwälzung zum Teil auch bei „weichen“ Faktoren bemerkbar: So konnten die SHG bei Unzufriedenheit der Verbraucher trotz der engen Vertragsverhältnisse zum Kohlensyndikat als „Sündenbock“ herhalten oder bei Lieferengpässen eine Art Puffer für die zahlreichen Beschwerden bilden.[38] In der Argumentation der Syndikatsleitung wurden auch Vorteile für die Verbraucher hervorgehoben, doch konnten diese aus der Kartellperspektive eher als nachrangig betrachtet worden sein.[39]

34 Vgl. RWKS, Zechenbesitzerversammlung, 30.03.1896, in: montan.dok/BBA 55/2246; Richtsteig: Die Kohlenhandelsgesellschaften des Rheinisch-Westfälischen Kohlen-Syndikats zu Essen a.d. Ruhr, S. 71f. und Wöhrle: Entwicklung und Gestaltung des Ruhrkohlenhandels, S. 8ff.

35 Vgl. Johann Wilhelm Welker: Kohlenhandelsgesellschaften des Syndikats, ca. 1916, S. 2, in: HA, JWW: 65; RWKS, Zechenbesitzerversammlung, 30.03.1896, in: montan.dok/BBA 55/2246 und Richtsteig: Die Kohlenhandelsgesellschaften des Rheinisch-Westfälischen Kohlen-Syndikats zu Essen a.d. Ruhr, S. 33.

36 Vgl. allgemein Stephany, Tanja und Schubert, Matthias: Zum Risikomanagement in der Lieferantenverhandlung, in: Fröhlich-Glantschnig, Elisabeth (Hg.): Marketing im Perspektivenwechsel. Festschrift für Udo Koppelmann, Berlin, Heidelberg 2005, S. 111–129, hier: S. 112ff.

37 Vgl. Blaich: Ausschließlichkeitsbindungen als Wege der industriellen Konzentration in der deutschen Wirtschaft bis 1914, S. 321.

38 Bei Angriffen von Verbrauchern wurde durch die Syndikatsleitung gerne herausgestellt, dass es sich um selbstständige Unternehmen handelte, auf die das RWKS anscheinend nur geringen Einfluss hätte (vgl. z.B. RWKS, Sitzung des Beirates, 23.06.1904, S. 11ff., in: montan.dok/BBA 33/57). Zu Beschwerden aus Verbraucherkreisen gegen die SHG vgl. auch Schreiben der Firma Adolph Harloff, Cassel, an das Königl. Polizeipräsidium, Cassel, 03.06.1912, in: GStA PK, I. HA Rep. 120 C VIII 1 Nr. 72 adh. 45 Bd. 4.

39 Der Syndikatsvorstand argumentierte, dass geringere Unkosten durch Zentralisierung auch zu einer Verringerung der Kohlenpreise führen könnten (vgl. RWKS, Zechenbesitzerversammlung, 30.03.1896, in: montan.dok/BBA 55/2246). Auch hätte die größere Lagerhaltung der Händler Vorteile für die Verbraucher bei einem Streik oder im Kriegsfall (vgl. Richtsteig: Die Kohlenhandelsgesellschaften des Rheinisch-Westfälischen Kohlen-Syndikats zu Essen a.d. Ruhr, S. 34f.).

Bis zum Jahr 1901 wurden in Bremen, Magdeburg und Dortmund durch Zusammenschlüsse selbstständiger Großhandelsfirmen weitere Syndikatshandelsgesellschaften gegründet,[40] so dass sich deren Anzahl im Inland bis zu diesem Zeitpunkt auf fünf Organisationen erhöht hatte:

- Kassel (Absatzrevier 17): *Glückauf Kohlenhandelsgesellschaft mbH*; Gründung: 1895/96; Anzahl der Gesellschafter: 8; Mindestjahresumsatz zur Möglichkeit der Beteiligung: 30.000 Tonnen.
- Hannover (Absatzreviere 3 und 6): *Westfalia Kohlenhandelsgesellschaft mbH*; Gründung: 1896; Anzahl der Gesellschafter: 31; Mindestjahresumsatz zur Möglichkeit der Beteiligung: 10.000 Tonnen (zunächst kurzzeitig 20.000 Tonnen).
- Bremen (Absatzrevier 2): *Deutsche Kohlenhandelsgesellschaft mbH*; Gründung: 1897; Anzahl der Gesellschafter: 17; Mindestjahresumsatz zur Möglichkeit der Beteiligung: 10.000 Tonnen.
- Dortmund (Absatzreviere 4 und 5): *Westfälische Kohlenhandelsgesellschaft mbH*; Gründung 1899; Anzahl der Gesellschafter: 22; Mindestjahresumsatz zur Möglichkeit der Beteiligung: 12.000 Tonnen.
- Magdeburg (Absatzrevier 7): *Westfälische Kohlen- und Koksverkaufsgesellschaft mbH*; Gründung: 1901; Anzahl der Gesellschafter: 7; Mindestjahresumsatz zur Möglichkeit der Beteiligung: 10.000 Tonnen.[41]

Der Mindestumsatz eines Großhändlers zur Beteiligung an einer Syndikatshandelsgesellschaft ging nach der ersten Gründung deutlich zurück, was dazu führte, dass vielfach auch die Zahl der beteiligten Gesellschafter anstieg. Die Reduzierung beruhte auf dem Drängen der Syndikatsleitung, die trotz der gewünschten Zusammenfassung großes Interesse daran hatte, möglichst viele Händler zu integrieren. Dies geschah aufgrund der Rücksichtnahme auf bestehende, langjährige Geschäftsbeziehungen, aber vor allem mit dem Ziel, Kartellaußenseitern Vertriebsstrukturen zu entziehen.[42] Während in den Folgejahren in Süddeutschland mit dem Kohlenkontor sowie in den nord- und nordostdeutschen Absatzgebieten mit weiteren SHG die Zusammenfassung im Großhandel fortgesetzt wurde, blieben in den Absatzgebieten in Westdeutschland zunächst die freien Kohlenhändler als direkte Abnehmer bis zum Jahr 1917 weiter bestehen. Als Grund dafür wurde unter anderem die große Anzahl an Händlern ge-

---

40 In den kontradiktorischen Verhandlungen im Februar 1903 wurde durch die Syndikatsvertreter von einer SHG in Stuttgart gesprochen („Württembergische Kohlenhandelsgesellschaft"). Weitere Informationen zu dieser Gesellschaft existieren nicht. Wenn es diese Gesellschaft tatsächlich gab, dürfte diese spätestens mit der Gründung des Kohlenkontors aufgelöst worden sein (vgl. Kontradiktorische Verhandlungen über Deutsche Kartelle, S. 134 ff.).

41 Die Anzahl der Gesellschafter in den einzelnen SHG bezieht sich auf das Jahr 1906, wobei zu diesem Zeitpunkt bereits auch das RWKS selbst zu den Gesellschaftern gehörte (vgl. Reichsamt des Innern (Bearb.): Denkschrift über das Kartellwesen, S. 80 ff.). Für einzelne Firmen gab es beim Mindestumsatz Ausnahmen (vgl. Schilson: Der deutsche Kohlenhandel und seine Organisation, S. 90 f. und Bührmann: Syndikatsrecht im Rheinisch-Westfälischen Kohlen-Syndikat 1893–1945, S. 408).

42 Vgl. ebd.

nannt, die eine Einigung erschwert hätte.[43] Dort entstanden allerdings einzelne, lokal orientierte Zusammenschlüsse von Händlern, denen das RWKS einen gemeinschaftlichen Direktbezug ermöglichte.[44]

Neben der Strategie, die Tätigkeit der Syndikatshandelsgesellschaften mittels der Vertragsverhältnisse zu kontrollieren,[45] hatte das RWKS in den Folgejahren, insbesondere nach der Erneuerung im Jahr 1903, zusätzlich seinen institutionellen Einfluss auf die Gesellschaften ausgebaut. Neben der Besetzung zentraler Positionen durch Kartellvertreter in den Leitungsgremien geschah dies durch den Ankauf von Geschäftsanteilen. Detaillierte Angaben dazu liegen für die frühere Phase nur in wenigen Fällen vor, wie zum Beispiel für die SHG Kassel (vgl. Tab. 7). Spätestens nach dem Jahr 1903 wurde in den Gesellschaftsverträgen der SHG ein Passus aufgenommen, der den Verkauf von Geschäftsanteilen von der Genehmigung durch das RWKS und der anderen Gesellschafter abhängig machte und dem Kohlensyndikat ein Vorkaufsrecht einräumte.[46]

Die Festlegung von Ausschließlichkeitsbindungen, mit denen sich ein Abnehmer verpflichtete, Geschäfte bestimmter Art nur mit einem oder mehreren festgelegten Vertragspartnern abzuschließen oder nur deren Erzeugnisse zu verwenden, stellte für die syndizierte Absatzorganisation im Ruhrbergbau ein bedeutsames Instrument zur Marktregulierung dar. Da jedoch ein absoluter Exklusivvertrag zwischen dem Produzenten und den Händlern nicht zwangsläufig einen Vorteil bedeutete, war die konkrete Regelung häufig ein variabler Prozess, der sich an den regionalen Marktverhältnissen orientierte und jeweils aus Kartellperspektive den größten Nutzen zur Regulierung des Wettbewerbs versprach.[47] Dies galt auch für die eng an das RWKS gebundenen Syndikatshandelsgesellschaften.

---

43 Vgl. Richtsteig: Die Kohlenhandelsgesellschaften des Rheinisch-Westfälischen Kohlen-Syndikats zu Essen a.d. Ruhr, S. 9. Vermutlich dürften auch die in diesen, zumeist unbestrittenen Absatzgebieten weniger problematischen Wettbewerbsverhältnisse ein Grund gewesen sein, warum die Gründung von SHG dort zunächst keine besondere Priorität genoss.

44 So existierte in Köln etwa seit dem Jahr 1907 eine Einkaufsgemeinschaft von Händlern, die den Verkauf von Heizkoks monopolisiert hatte (vgl. o. A.: Kölner Koks-Einkaufsgesellschaft mbH, Köln, in: Deutsche Kohlen-Zeitung, 03.07.1909, Nr. 27, S. 320 und Berliner Jahrbuch für Handel und Industrie. Bericht der Ältesten der Kaufmannschaft von Berlin. Jahrgang 1908, Bd. 1, S. 138). Für Düsseldorf gibt es für spätere Zeiträume Nachweise über einen Händlerzusammenschluss, der als eingetragener Verein organisiert war (vgl. Preisliste der Kohlenhandelsvereinigung zu Düsseldorf e. V., 1914/15, in: montan.dok/BBA 42/95).

45 Ausführlich dazu vgl. Kap. 3.2.

46 Vgl. Gesellschaftsvertrag der Westfalia Kohlenhandelsgesellschaft mbH, Hannover, 11.03.1905, in: Reichsamt des Innern (Bearb.): Denkschrift über das Kartellwesen, Berlin 1906, S. 107–109, hier: S. 107 ff. Ausführlich zum Ankauf von Geschäftsanteilen vgl. Richtsteig: Die Kohlenhandelsgesellschaften des Rheinisch-Westfälischen Kohlen-Syndikats zu Essen a.d. Ruhr, S. 52 ff. und Hardt: Betrachtungen über das rheinisch-westfälische Kohlensyndikat als Absatzorgan der Ruhrzechen, S. 7.

47 Ausschließlichkeitsbindungen hatten ihren Ursprung im Braugewerbe, wo sich bereits im frühen 19. Jahrhundert Bierlieferungsverträge etabliert hatten. Diese Abkommen verpflichteten den Gastwirt zur alleinigen Abnahme und Ausschank einer bestimmten Biersorte, während die Brauerei dem

Tab. 7: Verschiebung der Gesellschaftsanteile in der SHG Kassel

Stichtag	*26.11.1895*	*06.01.1896*	*01.01.1897*	*01.01.1902*	*15.05.1905*
Stammkapital in Mk.	284.500	328.500	351.000	464.000	1.000.000
Firma	**Anteil**	**Anteil**	**Anteil**	**Anteil**	**Anteil**
J. W. Piepmeyer	25,5 %	22,3 %	20,9 %	16,7 %	13,5 %
Adolf Sternberg	25,7 %	21,9 %	20,5 %	16,4 %	13,4 %
Gustav Schroeder	20,7 %	17,8 %	16,7 %	13,5 %	12,0 %
Adolf Harloff	17,6 %	15,1 %	14,2 %	5,1 %	12,8 %
Direktor Ad. Schmidt	10,5 %	8,7 %	8,1 %	-	-
Dreyer, Zwenger & Co.	-	7,6 %	13,5 %	11,1 %	-
Carl Dickert	-	6,5 %	6,1 %	5,5 %	4,5 %
L. Reuse	-	-	-	25,2 %	14,3 %
Julius Fingerling	-	-	-	-	4,4 %
RWKS	-	-	-	-	25,0 %

Quelle: o. A.: Glückauf Kohlenhandelsgesellschaft m.b.H. Cassel, in: Becker-Strecker von Rautenstrauch, Carl (Hg.): Rheinisches Archiv für Wirtschaftsgeschichte, o. O., o. J. (ca. 1920).

Die Verleihung des Alleinverkaufsrechts an die SHG bedeutete nämlich nicht, dass sich die Unternehmen grundsätzlich nur mit dem Vertrieb von RWKS-Produkten beschäftigen durften. Häufig wurde den Gesellschaften der Verkauf von Produkten gestattet, welche in den jeweiligen Absatzrevieren bereits Marktanteile besaßen. Dies konnte insoweit Vorteile für die Marktregulierung haben, da auf diesem Weg der ohnehin laufende Handel mit Nicht-Syndikatsprodukten stärker kontrolliert und womöglich auch begrenzt werden konnte. Zudem ließen sich damit auch Händler in die syndizierte Verkaufsorganisation integrieren, die ohne diese Ausnahmen womöglich nicht beigetreten wären und in der Folge den Verkauf fremder Produkte zum Schaden der Syndikatskohle weiter ausgebaut hätten.[48] Während der für den niederländischen Markt zuständigen SHV der Vertrieb von Nicht-Syndikatsprodukten bis zum Ersten Weltkrieg gänzlich untersagt blieb, wurden die grundsätzlichen Verbote zum Verkauf fremder Produkte für viele inländische Syndikatshandelsgesellschaften

Gastwirt im Gegenzug Darlehen gewährte. Ausführlich und auch mit Bezug zum Ruhrbergbau vgl. Blaich: Ausschließlichkeitsbindungen als Wege der industriellen Konzentration in der deutschen Wirtschaft bis 1914, S. 317 ff.

48 Vgl. u. a. Manno: Die Kohlenversorgung Süddeutschlands, S. 110 und Richtsteig: Die Kohlenhandelsgesellschaften des Rheinisch-Westfälischen Kohlen-Syndikats zu Essen a. d. Ruhr, S. 79 f. Der Handel mit fremden Produkten wurde zeitweise auch für das RWKS selbst von Bedeutung, wenn es um die Bekämpfung von Marktengpässen ging (vgl. RWKS, Sitzung des Beirates, 19.12.1905, S. 9 ff., in: montan.dok/BBA 33/58 und Muthesius: Ruhrkohle 1893 – 1943, S. 73).

bereits in der frühen Gründungsphase aufgehoben.[49] Ein systematisches Revisionskonzept des RWKS zur Kontrolle der festgelegten Grenzen ist allerdings nicht bekannt. Allerdings sind aufgrund entsprechender Verstöße Sanktionen gegenüber einzelnen Syndikatshandelsgesellschaften überliefert.[50]

Die unterschiedliche Handhabung von Exklusivverträgen und Ausschließlichkeitsbindungen zeigt vor allem, dass trotz vergleichbarer Organisationsgrundlage die Syndizierung des Großhandels keinen streng schematischen Prozess darstellte, sondern durchaus nach für die regionalen Marktverhältnisse relevanten Gesichtspunkten erfolgte. Dies änderte sich auch nicht mit der zunehmenden Vereinheitlichung und Straffung der Vertriebsstrukturen, die seit der Gründung des Kohlenkontors im Jahr 1904 einsetzte. Spätestens zu diesem Zeitpunkt hatte sich bei einem Großteil der Kartellprotagonisten die Überzeugung durchgesetzt, dass diese Form der Absatzorganisation ein wichtiges Instrument zur Senkung von Marktkosten darstellte.[51] Da freie Handelsfirmen über ihre Geschäftsanteile weiterhin in den syndizierten Kohlenabsatz eingebunden blieben, konnte diese Organisationsform zudem vergleichsweise einfach durchgesetzt werden. Dies bedeutete allerdings auch, dass die Syndikatshandelsgesellschaften trotz des zunehmenden Ankaufs von Geschäftsanteilen durch das RWKS und dessen umfangreicher Überwachung weiterhin selbstständige Unternehmen blieben, die als Zusammenschluss bedeutender Handelsfirmen eine relativ starke Machtagglomeration bildeten. Damit bestand eine hohe Gefahr, dass es im Vertriebssektor zu Eingriffen oder Maßnahmen kommen konnte, die der Kartellpolitik zuwiderliefen. Die weitere Entwicklung des Kohlensyndikats zeigt, dass diese Gefahr keineswegs nur theoretischer Natur war, sondern die Stabilität des RWKS nicht unerheblich beeinflusst hat.[52]

---

49 In Hannover durfte die SHG z. B. schon relativ früh mit Kohle aus der Deisterregion und dem Osnabrücker Revier handeln. Später vertrieb die Gesellschaft auch Braunkohle und im geringen Maße schlesische und britische Produkte (vgl. Umsatzmengen der Kohlenhandelsgesellschaft Westfalia Hannover, 1896/97–1924/25, in: Stiftung Westfälisches Wirtschaftsarchiv, Dortmund (im Folgenden: WWA), F79, Nr. 1324 (vorl. Signatur)). Zur SHV vgl. Roelevink: Organisierte Intransparenz, S. 82 ff.

50 Bei der SHG in Hannover sollen einzelne Gesellschafter den Verkauf britischer Kohle entgegen der Abmachungen mit dem RWKS ausgedehnt haben. Dies hätte zur kurzzeitigen Auflösung der SHG durch das RWKS geführt. Die Neugründung erfolgte ohne die beschuldigten Händler (vgl. Franken: Syndikatshandel oder Freihandel im Kohlenabsatz? S. 72 und Richtsteig: Die Kohlenhandelsgesellschaften des Rheinisch-Westfälischen Kohlen-Syndikats zu Essen a. d. Ruhr, S. 38 ff.).

51 Dies zeigte sich z. B. bei den Äußerungen von Emil Kirdorf in den Gründungsverhandlungen des Kohlenkontors (vgl. Verhandlungen zur Bildung des Kohlenkontors, Niederschrift der Sitzung vom 25.11.1903, S. 14, in: ACDP, I-220 – 265/4 und Heinrichsbauer: Kohlenkontor Weyhenmeyer & Co. und Süddeutsche Kohlenwirtschaft, S. 18 f.).

52 Vgl. Forstreuter: Organisation der Kohlenindustrie und des Kohlenhandels in Deutschland, S. 54 f.; Bleidick: Das Verhältnis des staatlichen Bergbaus im Ruhrgebiet zum Rheinisch-Westfälischen Kohlen-Syndikat (RWKS) vor dem Ersten Weltkrieg, S. 271 und Blaich: Ausschließlichkeitsbindungen als Wege der industriellen Konzentration in der deutschen Wirtschaft bis 1914, S. 324.

3.2 Der Liefervertrag als Kern der Absatzbeziehungen

Die unterschiedliche Handhabung von Ausschließlichkeitsbindungen oder Exklusivverträgen gegenüber den Syndikatshandelsgesellschaften verdeutlicht, dass die Kartellierung im Ruhrbergbau zwar zu einer zentralen Steuerung der Absatzorganisation, jedoch ähnlich wie in der Preispolitik nicht zwangsläufig zu einer völligen Vereinheitlichung der Vertriebsstrukturen in der Kohlenwirtschaft führte. Ein allzu schematisches Vorgehen seitens der Syndikatsleitung wäre für die Regulierung des Wettbewerbs eher kontraproduktiv gewesen. Ohne Berücksichtigung der jeweiligen Marktverhältnisse wäre die Erschließung bzw. der Ausbau weiterer Absatzräume mit einer allein auf Marktbeherrschung ausgerichteten Kartellstrategie kaum möglich gewesen.[53] Die Anpassung der Verkaufspolitik an die jeweilige Marktsituation war vor allem deshalb möglich, weil das Kohlensyndikat in den Absatzbeziehungen den regelmäßig zu erneuernden Liefervertrag als zentrales Beherrschungs- und Überwachungsinstrument institutionalisiert hatte. Diese Vorgehensweise galt gleichermaßen für die Beziehungen zwischen dem RWKS und den Syndikatshandelsgesellschaften, für weiterhin unabhängige Handelsfirmen und auch in vergleichbarer Form für den Direktbezug großer Selbstverbraucher. Trotz der sich festigenden Verbindung zwischen Produzentenkartell und Großhandel, die sich insbesondere in der Bildung der Syndikatshandelsgesellschaften zeigte, dominierte zwischen den Vertriebsstufen in der syndizierten Kohlenwirtschaft weiterhin ein klassischer Markttausch.

Eine weitreichende vertikale Integration der Absatzorganisation in den Kartellapparat war aufgrund der bestehenden Pfadabhängigkeiten, der heterogenen Absatzkanäle und Verbrauchergruppen sowie der immensen quantitativen und räumlichen Ausdehnung der Vertriebsbeziehungen keine denkbare Option. Vielmehr war es das Ziel, die Markttransaktionen zur Regulierung des Wettbewerbs solchen Beherrschungs- und Überwachungssystemen zuzuordnen, die Anreizeffekte für die Abnehmer boten und dem RWKS die besten Möglichkeiten zur Kostensenkung gaben.[54] Eine hohe Anpassungsfähigkeit war ebenso erforderlich, weil es auch in der Kohlenwirtschaft kaum möglich war, alle Verhandlungsteile der Markttransaktionen in der Vorvertragsphase abzuschließen. Gerade bei langfristig angelegten Tauschprozessen, die auf der ersten Absatzebene im Kohlenhandel typisch waren, bildeten die Überwachung zur Einhaltung und Durchsetzung der Kartellbestimmungen einen anhal-

53 Dies war besonders für bestrittene Absatzreviere von Bedeutung, wo eine marktbeherrschende Stellung für das RWKS nicht die erste Priorität genoss, sondern vielmehr ein ausreichender Absatz zur Sicherstellung der regelmäßigen Beschäftigung der Schachtanlagen sowie zur Unterstützung der Preispolitik auf den unbestrittenen Märkten die wichtigste Aufgabe der Kartellpolitik darstellte.

54 Vgl. ausführlich Williamson: Die ökonomischen Institutionen des Kapitalismus, S. 47 ff. sowie auch Kap. 1.3

tenden Prozess in der Vertragserfüllungsphase.[55] Neben der damit notwendigen Anpassungsfähigkeit konnten die Lieferverträge zudem auf die spezifischen Produktionsprozesse des Steinkohlenbergbaus zugeschnitten werden, was ein weiteres Mal zeigt, wie hoch die Bedeutung absatzpolitischer Maßnahmen zur Sicherstellung eines wirtschaftlichen Produktionsprozesses der Schachtanlagen war.[56]

Die mit der RWKS-Gründung vorgenommene Reduzierung auf einen zentralen Anbieter für einen Großteil aller Ruhrzechen und die damit verbundene Vereinheitlichung der Lieferbedingungen waren erste wichtige Schritte, um durch eine Formalisierung der Tauschprozesse sowie der Harmonisierung der Schnittstellen zwischen den Vertragspartnern überhaupt die Möglichkeit für eine zentral gesteuerte Anpassung an die Marktbedingungen zu ermöglichen.[57] Mit der Geschäftsaufnahme des Kohlensyndikats konnte dadurch der zentrale Grundsatz etabliert werden, dass Lieferverträge mit allen Händlern und Selbstverbrauchern einheitlich für die Dauer eines Jahres angelegt wurden. Dies wurde zwar schon vor der Bildung des RWKS vielfach angewendet, konnte jedoch angesichts der hohen Anzahl von Anbietern im Ruhrbergbau häufig nicht durchgesetzt werden.[58] Dabei wurde die Laufzeit der Lieferverträge zeitlich mit dem Geschäftsjahr des RWKS (1. April bis 31. März) gleichgesetzt und damit zugleich an die ebenso einjährige Gültigkeitsdauer der Richtpreise gekoppelt.[59]

Der ausschließliche Abschluss von Jahresverträgen verhinderte den in der Kohlenwirtschaft zuvor häufig praktizierten spekulativen Handel, wobei sowohl für den Anbieter als auch für den Abnehmer durch diese Vertragsdauer weiterhin gewisse Risiken durch unvorhergesehene Konjunkturveränderungen bestehen blieben.[60] Die Tatsache, dass die Verträge in der Regel nicht über die Dauer eines Jahres hinausgingen, machte allerdings eine Anpassungsfähigkeit in Hinblick auf Preise und Lieferbedingungen während eines überschaubaren Zeitraums möglich. Vor der Kartellgründung war in der Kohlenwirtschaft häufig die Tendenz zu erkennen, in Zeiten schwacher Konjunktur langfristige Verkäufe zu relativ niedrigen Preisen zu tätigen,

---

55 Zu den vor und nach dem Austauschprozess entstehenden Marktnutzungskosten vgl. ausführlich Berghoff: Moderne Unternehmensgeschichte, S. 44 f.; Williamson: Die ökonomischen Institutionen des Kapitalismus, S. 33 f. sowie ferner auch Richter; Furubotn: Neue Institutionenökonomik, S. 194 ff.

56 Vgl. dazu auch Bonikowsky: Der Einfluß der industriellen Kartelle auf den Handel in Deutschland, S. 87.

57 Vgl. Williamson: Die ökonomischen Institutionen des Kapitalismus, S. 33 f. In der Praxis fand bei der Gründung des RWKS zuerst eine Vereinheitlichung der Liefer- und Zahlungsbedingungen statt, bevor die Syndikatsverwaltung einige Monate später, im August 1893, das Verkaufsgeschäft von den beteiligten Zechen übernahm (vgl. Kap. 2.6).

58 Vgl. Kronenberg: Die Preisbildung und Preispolitik des Rheinisch-Westfälischen Kohlen-Syndikats, S. 20 f.

59 Vgl. u. a. Transfeldt: Die Preisentwicklung der Ruhrkohle 1893–1925 unter der Preispolitik des „Rheinisch-Westfälischen Kohlensyndikates" und des „Reichskohlenverbandes", S. 5.

60 Vgl. Bonikowsky: Der Einfluß der industriellen Kartelle auf den Handel in Deutschland, S. 94 ff.; Lüters: Die Konjunkturpolitik des Rheinisch-Westfälischen Kohlensyndikats vor dem Kriege, S. 20; Liefmann: Kartelle (1923), S. 94 und Richtsteig: Die Kohlenhandelsgesellschaften des Rheinisch-Westfälischen Kohlen-Syndikats zu Essen a. d. Ruhr, S. 3.

was sich für die Produzenten im Ergebnis meist negativ auswirkte.[61] Da die Abnehmer über den einheitlichen Liefervertrag zudem seit dem zweiten Geschäftsjahr des RWKS (1984/95) verpflichtet wurden, die für den Jahreszeitraum gekaufte Kohlenmenge in nahezu gleichen Monatsraten abzunehmen, konnte durch den damit über das Jahr hinweg verteilten Absatz ebenso die gleichmäßige Beschäftigung der angeschlossenen Schachtanlagen verbessert werden.[62] Für die Wirtschaftlichkeit der mit hohen Fixkosten belasteten Bergwerksbetriebe war dies ein zentrales Kriterium. Gleichzeitig konnte mit diesem Vertragspassus die ebenso kostspielige Lagerhaltung stärker auf den Großhandel übertragen werden. Gerieten die Käufer in Phasen geringerer Nachfrage, vor allem in den Sommermonaten, mit der Abnahme in Rückstand, sahen die Vertragsbedingungen als Sanktionsmöglichkeit vor, dass das Kohlensyndikat die vertraglich vereinbarten Kohlenmengen auch für andere Monate mit größerer Nachfrage reduzieren konnte.[63]

Ebenso unmittelbar auf den Produktionsbetrieb der Bergwerke ausgerichtet war die Möglichkeit, durch die mit der Syndikatsgründung erfolgte Reduzierung auf einen zentralen Anbieter starre Zahlungsfristen festzulegen, diese tatsächlich durchzusetzen sowie von den abnehmenden Händlern neben der fristgerechten Barzahlung auch die Hinterlegung einer Kaution beim RWKS zu verlangen.[64] Die Kautionszahlung resultierte aus dem hohen Lohnkostenanteil und dem damit starken Kapitalumlauf im Bergbau. Der dadurch notwendige Wertausgleich zwischen der Produktions- und Absatzfinanzierung sollte durch die Hinterlegung der Kaution neben ihrer Funktion als Sicherheitseinlage positiv flankiert werden.[65]

Die Anpassungsfähigkeit der syndizierten Verkaufspolitik machte sich vor allem dadurch bemerkbar, dass die Lieferbedingungen des Kohlensyndikats in den ersten zehn Jahren seines Bestehens regelmäßig überarbeitet und dabei nach den zuvor in der Vertriebsarbeit gewonnenen Erfahrungen immer stärker auf die Kartellziele aus-

---

61 Vgl. ebd. Da viele Abnehmer, insbesondere Selbstverbraucher, weiterhin Interesse an langfristigen Lieferverträgen hatten, war der Abschluss von Abkommen über einen Zeitraum von einem Jahr hinaus eine typische Absatzstrategie von Außenseiterzechen (vgl. RWKS, Sitzung des Beirates, 23.06.1904, S. 9 ff., in: montan.dok/BBA 33/57 und o. A.: Kohlenmarkt und Syndikatserneuerung, in: Kartell-Rundschau 1910, Nr. 11, S. 866).

62 Vgl. als Überblick zur Entwicklung der Lieferbedingungen des RWKS zwischen 1893 und 1903: Kontradiktorische Verhandlungen über Deutsche Kartelle, S. 285 ff. Ferner vgl. auch Singhof: Der Mannheimer Kohlen-Grosshandel, S. 32.

63 Vgl. Franken: Syndikatshandel oder Freihandel im Kohlenabsatz? S. 5 ff.; o. A.: Rheinisch-Westfälisches Kohlensyndikat, in: Deutsche Kohlen-Zeitung, 18.02.1894, Nr. 15, S. 116 und Bonikowsky: Der Einfluß der industriellen Kartelle auf den Handel in Deutschland, S. 87 f.

64 Vgl. Kontradiktorische Verhandlungen über Deutsche Kartelle, S. 285 ff.; Bonikowsky: Der Einfluß der industriellen Kartelle auf den Handel in Deutschland, S. 98 ff.; Franken: Syndikatshandel oder Freihandel im Kohlenabsatz? S. 29 f. und Forstreuter: Organisation der Kohlenindustrie und des Kohlenhandels in Deutschland, S. 50.

65 Vgl. Wöhrle: Entwicklung und Gestaltung des Ruhrkohlenhandels, S. 8 ff. und Franken: Syndikatshandel oder Freihandel im Kohlenabsatz? S. 5 ff.

gerichtet wurden.[66] Hierbei gab es allerdings große Unterschiede zwischen den Abnehmergruppen. Während die Kaufmodalitäten für Selbstverbraucher nur geringen Veränderungen unterworfen waren, wurden die Lieferverträge für Wiederverkäufer deutlich häufiger überarbeitet und dabei immer strenger gefasst. Selbstverbraucher waren in der Regel von der Einzahlung einer Kaution befreit und hatten zudem die Möglichkeit, bei Betriebsunterbrechungen – zum Beispiel durch Arbeitskämpfe – ihre Abnahme beim Syndikat aussetzen zu können.[67] Bei den weitaus strengeren Lieferbedingungen für Wiederverkäufer machte es nur wenig Unterschied, ob es sich beim Abnehmer um eine freie Händlerfirma oder um eine der Syndikatshandelsgesellschaften handelte. Während die Gesellschaftsverträge der SHG nur grundsätzliche Angelegenheiten zum Geschäftszweck enthielten, wurde das eigentliche Vertriebsverhältnis mit dem RWKS ausschließlich über den Liefervertrag geregelt, der auch an diese Unternehmen – mit Ausnahme des im Jahr 1903 gegründeten Kohlenkontors – nur für die Dauer eines Jahres vergeben wurde. Der Syndikatsvorstand besaß damit ein geeignetes Druckmittel, um auch den syndizierten Großhandel trotz dessen gesellschaftsrechtlicher Selbstständigkeit zu disziplinieren und auf die Geschäftspolitik Einfluss nehmen zu können.[68]

Mit der Vereinheitlichung und Verschärfung der Lieferbedingungen hatte sich das Machtverhältnis zwischen Produktion und Handel deutlich zugunsten des RWKS verschoben. Allerdings wirkten sich die schärferen Vertragsmodalitäten trotz des damit verbundenen Ausleseprozesses in der Praxis weniger negativ auf die Geschäftslage der Großhändler aus, als zum Teil angenommen. Insbesondere die Syndikatshandelsgesellschaften waren durch ihre Marktmacht als nunmehr einziger Anbieter für RWKS-Produkte in ihrem zugeteilten Absatzrevier in der günstigen Situation, zahlreiche durch das Kohlensyndikat auferlegte Vertragsbedingungen auf die nachfolgenden Vertriebsebenen übertragen zu können. Damit wurde im Sinne der Kartellziele zur Marktregulierung gleichzeitig die Disziplinierung weiterer Ebenen des Kohlenhandels erreicht.[69] Zusammenschlüsse zu kartellähnlichen Vereinigungen im

66 Zur Entwicklung der Lieferbedingungen im Zeitverlauf vgl. Kontradiktorische Verhandlungen über Deutsche Kartelle, S. 285 ff.

67 Vgl. Franken: Syndikatshandel oder Freihandel im Kohlenabsatz? S. 29.; Bonikowsky: Der Einfluß der industriellen Kartelle auf den Handel in Deutschland, S. 87 f. und Jeschke: Die Technik des Absatzes deutscher und englischer Steinkohlen in Deutschland, S. 228 f. Einige Selbstverbraucher hatten außerdem aus ihren Liefermengen häufig ihre Mitarbeiter mit Kohle für deren Eigenbedarf versorgt. Auch wenn die Lieferbedingungen vorschrieben, die Produkte nur für den unmittelbar eigenen Bedarf zu nutzen, wurde diese Vorgehensweise durch das RWKS vielfach geduldet und teilweise auf Anfrage auch genehmigt (vgl. Goetzke: Das Rheinisch-Westfälische Kohlen-Syndikat und seine wirtschaftliche Bedeutung, S. 220).

68 Vgl. RWKS, Zechenbesitzerversammlung, 30.03.1896, in: montan.dok/BBA 55/2246; RWKS, Sitzung des Ausschusses f (Geschäftsausschuss), 01.12.1915, S. 53 ff., in: montan.dok/BBA 33/77 und Schilson: Der deutsche Kohlenhandel und seine Organisation, S. 92.

69 Vgl. Blaich: Absatzstrategien deutscher Unternehmen im 19. und in der ersten Hälfte des 20. Jahrhunderts, S. 11; Lohmann: Die Handelsfrage im Rheinisch-Westfälischen Kohlensyndikat von der

Zwischen- und Detailhandel, teilweise unter Beteiligung der Syndikatshandelsgesellschaften, waren eine unmittelbare Folge dieser Entwicklung.[70] Durch diese Entwicklung konnte ohne massive institutionelle Eingriffe des RWKS die Überwachung zur Einhaltung der Vertragsbedingungen deutlich erleichtert werden. Gleichwohl blieb diese Aufgabe angesichts der weit verzweigten und damit unübersichtlichen Absatzwege auch für eine mächtige Kartellorganisation eine große Herausforderung.

Eine schwierige Angelegenheit blieb für das Kartell die Kontrolle der Einhaltung von Ausschließlichkeitsbindungen oder Exklusivverträgen. Die Lieferbedingungen des RWKS enthielten für alle Abnehmergruppen kein generelles Verbot, Produkte anderer Anbieter zu beziehen. Konkret hatte das Kohlensyndikat sowohl Händlern als auch Selbstverbrauchern seit dem Jahr 1894 allerdings angedroht, beim Kauf von Kohle, Koks oder Briketts von nicht-syndizierten Betrieben aus dem Ruhrbergbau Preiserhöhungen für die vom RWKS bezogenen Produkte vorzunehmen.[71] Der Verkauf von Braunkohle, britischer Kohle oder Kohle aus anderen deutschen Revieren war gemäß den Lieferbedingungen keinen Beschränkungen unterworfen, kam allerdings ohnehin nur in Regionen in Betracht, in denen aufgrund der Transportkostensituation überhaupt eine Konkurrenz zwischen den Förderrevieren bestand. Allerdings mussten sich die Syndikatshandelsgesellschaften den Handel mit Kohle aus anderen Revieren durch den Kartellvorstand genehmigen lassen.

Die Ausschließlichkeitsbindungen konnten vor allem im Kernabsatzgebiet die Marktmacht des Kohlensyndikats verbessern, was Außenseiter aus dem Ruhrbergbau trotz ihrer günstigen Marktstellung durchaus zu spüren bekamen.[72] Allerdings waren die exklusiven Vertragsklauseln nicht unumstritten, zumal deren Einhaltung nur mit größerem Aufwand überwacht werden konnte. So führten Vertragsbestimmungen, die

---

Gründung bis zur Gegenwart, S. 67 ff.; Richtsteig: Die Kohlenhandelsgesellschaften des Rheinisch-Westfälischen Kohlen-Syndikats zu Essen a. d. Ruhr, S. 70 f. und Tschierschky: Kartell-Organisation, S. 143 ff.

70 Auf der Ebene der Detail- und Zwischenhändler kam es in vielen Regionen zu Zusammenschlüssen, die unterschiedlich organisiert waren. Viele der dort vereinigten Händler waren auch Besitzer von Kleinhandelsgeschäften, so dass der Einfluss der Vertragsbedingungen bis auf die unterste Handelsebene reichte (vgl. Kölnische Volkszeitung, 06.11.1910, in: montan.dok/BBA 32/4097; Schilson: Der deutsche Kohlenhandel und seine Organisation, S. 122 ff. und Kerscht: Das Rheinisch-Westfälische Kohlensyndikat in seiner geschichtlichen Entwicklung 1910 – 1920, S. 16 f.).

71 Diese Regelung stellte einen „negativen Rabatt“ dar, der bei Einhaltung dieser Ausschließlichkeitsbindung den Abnehmern grundsätzlich gewährt wurde. Diese Regelung galt seit dem Jahr 1899 auch explizit für die linksrheinische Zeche Rheinpreußen, die zum Oberbergamtsbezirk Bonn gehörte und erst im Jahr 1903 dem RWKS beitrat (vgl. Kontradiktorische Verhandlungen über Deutsche Kartelle, S. 285 ff. und Tschierschky: Kartell-Organisation, S. 143 ff.). Ferner zu den Ausschließlichkeitsbindungen vgl. auch Blaich: Ausschließlichkeitsbindungen als Wege der industriellen Konzentration in der deutschen Wirtschaft bis 1914, S. 319.

72 Das Oberbergamt Dortmund stellte im Jahr 1909 fest, dass größere Betriebe, die einen Teil ihres Kohlenbedarfs bei den fiskalischen Zechen decken wollten, aufgrund dieser Regeln des RWKS letztlich doch darauf verzichtet hatten (vgl. Bericht des Oberbergamtes Dortmund zur Marktlage, 26.04.1909, S. 5 f., in: Landeshauptarchiv Koblenz (im Folgenden: LHA Koblenz), 403 – 8153).

auf die ausschließliche Abnahme von Syndikatsprodukten abzielten, mitunter dazu, dass es einzelne Händler oder Selbstverbraucher auf einen „Boykott" durch das Kohlensyndikat ankommen ließen, wenn sie die Aussicht auf günstige Verträge mit Außenseitern hatten.[73] Einzelne Händler, wie zum Beispiel die Firma Stromeyer, die sich seit dem Jahr 1903 ausschließlich auf das Geschäft mit nicht-syndizierten Produkten konzentrierte, entwickelten sich dadurch zu einem starken Konkurrenten für den syndizierten Vertriebsapparat.[74]

Eine wohl noch größere Herausforderung auf dem Weg zu einer wirksamen Überwachung stellte allerdings ein Vertragspassus dar, welchen das Kohlensyndikat erst auf Druck „von außen" in die Lieferbedingungen aufgenommen hatte. Nachdem es zwischen 1899 und 1900 durch eine stark gestiegene Nachfrage und damit verbundene Preissteigerungen zur damals viel zitierten „Kohlennot" im Deutschen Reich gekommen war, richteten sich insbesondere gegen das RWKS zahlreiche Vorwürfe. Die spätere Kartellenquete im Reichstag im Jahr 1903, aber auch das zunehmende unternehmerische Engagement des Preußischen Bergfiskus im Ruhrbergbau waren unmittelbare Folgen.[75] Während das RWKS zahlreichen Vorwürfen gegenüberstand, das Kohlenangebot durch Produktionseinschränkungen künstlich zu verknappen und sich an Preistreibereien zu beteiligen, stellte die Syndikatsleitung zu ihrer Verteidigung immer wieder heraus, dass es von der günstigen Konjunkturlage nur in begrenztem Maße profitiert hatte. Vielmehr hätten die Händler auf den nachfolgenden Absatzebenen die starke Nachfrage durch massive und unangemessene Preiserhöhungen ausgenutzt.[76] Der als Reaktion auf diese Situation zum Geschäftsjahr 1901/02 in den Lieferbedingungen eingeführte „Handelskammer-Paragraph" legte den Wiederverkäufern auf, „die Verkaufspreise so zu messen, daß die Höhe des Gewinns zu Ihrer Tätigkeit und zu Ihrem Risiko den Umständen nach in keinem Mißverhältnisse steht."[77] Über eine tatsächlich übermäßige Ausnutzung oder einen unangemessenen Gewinn sollte in Streitfällen ein Ausschuss der Essener Handelskammer entschei-

73 Vgl. Cohn: Verbände, Kartelle und Syndikate im Großhandel, S. 15 ff. Berliner Tageblatt, 20.07.1916, in: montan.dok/BBA 32/4106 und Franken: Syndikatshandel oder Freihandel im Kohlenabsatz? S. 64.

74 Vgl. dazu ausführlich Kap. 4.2.1.

75 Vgl. Liefmann: Kartelle (1923), S. 100; Blaich: Kartell- und Monopolpolitik im kaiserlichen Deutschland, S. 92 ff.; Bleidick: Das Verhältnis des staatlichen Bergbaus im Ruhrgebiet zum Rheinisch-Westfälischen Kohlen-Syndikat (RWKS) vor dem Ersten Weltkrieg, S. 272 f. und Liefmann, Robert: Die kontradiktorischen Verhandlungen über deutsche Kartelle, in: Jahrbücher für Nationalökonomie und Statistik, 1903, Nr. 5, S. 638–651. Die Kartellenquete wirkte sich für das RWKS eher positiv aus, weil es dort nach den vorangegangenen Angriffen nun von der Politik eher für eine maßvolle Preispolitik gelobt wurde (vgl. Maschke: Grundzüge der deutschen Kartellgeschichte bis 1914, S. 42 f.).

76 Vgl. RWKS, Bericht pro Juni und 1. Semester 1900, in: montan.dok/BBA 55/2247; Verein für die bergbaulichen Interessen im Oberbergamtsbezirk Dortmund: Denkschrift betreffend die Verhandlungen des Deutschen Reichstages über die Kohlenfrage am 3., 6. u. 7. Dezember 1900, S. 3 ff. und RWKS, Bericht des Vorstandes über das Geschäftsjahr 1900, in: montan.dok/BBA 33/318 (1).

77 Kontradiktorische Verhandlungen über Deutsche Kartelle, S. 289.

den.[78] Die Einführung dieses Paragraphen fand seinerzeit in der Presse viel Aufmerksamkeit, allerdings zweifelten bereits Zeitgenossen an dessen Wirksamkeit.[79] Dass dieser Teil der Lieferbedingungen tatsächlich eher eine symbolische Wirkung hatte und vor allem Angriffe auf das RWKS verringern sollte, zeigte sich vor allem daran, dass es bis zum Jahr 1916 nie zu einem Streitfall kam, bei dem die Essener Handelskammer als Schiedsstelle hinzugezogen wurde.[80]

Auch wenn damit einzelne Teile der Lieferbedingungen lediglich ein theoretisches Sanktionspotenzial blieben, stellte diese vom RWKS genutzte Form der Tauschbeziehung zwischen Produzenten und Abnehmern aus Kartellperspektive eine vergleichsweise kostengünstige und wirksame Maßnahme zur Marktregulierung dar, die den Produktionsprozess im Steinkohlenbergbau positiv beeinflussen konnte. Gleichzeitig wurden damit viele wirtschaftliche Risiken in der Kohlenwirtschaft auf die Abnehmer übertragen. Die weitere Entwicklung in der syndizierten Absatzorganisation zeigt allerdings auch, dass solche Lieferbedingungen, je strenger sie für die Abnehmer gefasst waren, der Konkurrenz leicht in die Hände spielten. Außenseiter konnten dadurch nämlich nicht allein durch einen Preiskampf Marktanteile hinzugewinnen.[81] Außerdem zeigte sich, dass der bei Streitfällen anscheinend leicht zu praktizierende Entzug des Liefervertrags deutlich schwieriger umzusetzen war, als es sich die Führungskräfte im RWKS gewünscht hatten. Schließlich bekamen die Wiederverkäufer, vor allem die Syndikatshandelsgesellschaften, durch die zunehmende Konzentration im Kohlenhandel auch gegenüber dem Kohlensyndikat eine relativ starke Machtstellung, die sie womöglich entsprechend nutzen konnten.[82]

---

78 Die Käufer wurden zudem verpflichtet, diese Vorschrift auch nachgelagerten Wiederverkäufern aufzuerlegen (vgl. ebd. und RWKS, Bericht für die Monate September und October 1900, in: montan.dok/BBA 55/2247).

79 Vgl. o. A.: Vom rheinisch-westfälischen Kohlenmarkt, in: Deutsche Kohlen-Zeitung, 06.12.1900, Nr. 97, S. 772; Franken: Syndikatshandel oder Freihandel im Kohlenabsatz? S. 39 f. und Richtsteig: Die Kohlenhandelsgesellschaften des Rheinisch-Westfälischen Kohlen-Syndikats zu Essen a. d. Ruhr, S. 75 ff.

80 Auch die Führungskräfte im RWKS waren sich darüber im Klaren, dass es schwierig sei, von diesem Passus Gebrauch zu machen (vgl. RWKS, Sitzung des Ausschusses f (Geschäftsausschuss), 05.10.1916, S. 6, in: montan.dok/BBA 33/79 und Brown: From competition to cartel, S. 452 f.). Der Handelskammer-Paragraph wurde etwa um 1919 aus den Lieferbedingungen gestrichen (vgl. Franken: Syndikatshandel oder Freihandel im Kohlenabsatz? S. 68 f.).

81 Vgl. Kerscht: Das Rheinisch-Westfälische Kohlensyndikat in seiner geschichtlichen Entwicklung 1910 – 1920, S. 30 f. sowie weitergehend auch Kap. 4.1.2.

82 Vgl. Forstreuter: Organisation der Kohlenindustrie und des Kohlenhandels in Deutschland, S. 54 f.; Richtsteig: Die Kohlenhandelsgesellschaften des Rheinisch-Westfälischen Kohlen-Syndikats zu Essen a. d. Ruhr, S. 36 f. und Bleidick: Das Verhältnis des staatlichen Bergbaus im Ruhrgebiet zum Rheinisch-Westfälischen Kohlen-Syndikat (RWKS) vor dem Ersten Weltkrieg, S. 271.

3.3 Kein Nebenschauplatz: der Ausbau der syndizierten Absatzorganisation in der Kartellerneuerung des Jahres 1903

Die vorzeitige Erneuerung des ursprünglich von 1895 bis 1905 laufenden Syndikatsvertrags, die im Herbst 1903 für den Zeitraum bis Ende 1915 geschlossen wurde, wird an erster Stelle mit dem Eintritt der Hüttenzechen in das Kohlensyndikat in Verbindung gebracht.[83] Dies war zweifellos eine bedeutende Maßnahme, um aus Perspektive des kartellierten Ruhrbergbaus eine wirksame Regulierung der Marktverhältnisse zu erreichen und eine Basis für die Verlängerung des Kartellvertrags zu finden.[84] Der Eintritt der Hüttenzechen war jedoch nur einer von mehreren Schritten, die im Zuge der Erneuerung und der gleichzeitigen Vertragsmodifizierungen darauf abzielten, die Kartellorganisation noch stärker auf die Marktverhältnisse auszurichten, das Kohlensyndikat als zentrale Absatzorganisation zu festigen und dessen Position als Instrument zur Senkung von Marktnutzungskosten für seine Mitglieder auszubauen. Diese Schritte waren auch notwendig, weil es mit dem Beitritt weiterer Zechen in das Kohlensyndikat und der damit steigenden Gesamtbeteiligung zwingend notwendig wurde, weitere effektive Absatzmöglichkeiten zu schaffen.[85]

Eine zu starke Erhöhung der Beteiligungsziffer hatte bereits vor der Erneuerung die Funktionsfähigkeit des RWKS in Teilen eingeschränkt. Häufig stieg die Gesamtbeteiligung unverhältnismäßig zu den Absatzmöglichkeiten an, was für alle Syndikatszechen Produktionseinschränkungen zur Folge hatte. Um diese Gefahr künftig zu reduzieren, richtete sich eine Erhöhung der Beteiligung einzelner Betriebe gemäß dem neuen Syndikatsvertrag nicht mehr ausschließlich nach der Förderfähigkeit der Schachtanlagen, sondern vielmehr nach der jeweiligen Marktlage.[86] Eine deutliche Vereinfachung zur Einschätzung der Marktlage und zur Kostensenkung des Ver-

83 Vgl. u.a. Schmalenbach: Das Rheinisch-Westfälische Kohlensyndikat auf neuer Grundlage, in: Kartell-Rundschau 1903, Nr. 18, S. 963. Das öffentliche Interesse an der Syndikatserneuerung war seinerzeit immens. Es hieß in einzelnen Veröffentlichungen, dass die Erneuerungsverhandlungen die Geschäftswelt „in Atem" gehalten hätten und von allen Seiten der Wirtschaft mit Spannung verfolgt wurden (vgl. Berliner Jahrbuch für Handel und Industrie. Bericht der Ältesten der Kaufmannschaft von Berlin. Jahrgang 1903, Bd. 1, S. 48 ff.).

84 Wären die Hüttenzechen dem neuen Syndikatsvertrag nicht beigetreten, wäre der alte Vertrag bis zum Jahr 1905 in Kraft geblieben und dann vermutlich ausgelaufen (vgl. u. a. RWKS, Verhandlung mit den Hüttenzechen, 12.12.1903, S. 14 f., in: montan.dok/BBA 33/70).

85 Vgl. z.B. RWKS, Sitzung des Beirates, 19.04.1902, S. 4, in: montan.dok/BBA 33/55. Mit der steigenden Gesamtbeteiligung wurde auch ein weiterer Bedarf für den Ausbau des Exportgeschäfts als notwendig erachtet. Daher war die Übernahme der Mehrheitsbeteiligung an der Deutschen Kohlendepot GmbH zur selben Zeit kein Zufall. Dieses Unternehmen war im Jahr 1900 durch mehrere Reedereien für das internationale Bunkerkohlengeschäft gegründet worden (vgl. Domizlaff, Svante: Frachtcontor Junge & Co. Shipbrokers & chartering agents 1905–2005, Hamburg 2005, S. 14 und Berliner Morgenpost, 22.04.1904, in: GStA PK, I. HA Rep. 120 C VIII 1 Nr. 72 adh. 45 Bd. 2).

86 Vgl. Schmalenbach: Das Rheinisch-Westfälische Kohlensyndikat auf neuer Grundlage, in: Kartell-Rundschau 1903, Nr. 18, S. 961 und Kronenberg: Die Preisbildung und Preispolitik des Rheinisch-Westfälischen Kohlen-Syndikats, S. 11.

triebsapparats sollte dabei durch die Integration des Kokssyndikats und des Brikett-Verkaufsvereins in das RWKS erreicht werden. Nachdem die in den Vorjahren mit den beiden Organisationen geschlossenen Kooperationsverträge zunächst bis zum Jahr 1903 verlängert und eine Fusion während der Erneuerungsverhandlungen zunächst noch als problematisch bewertet wurde, gingen beide Vereinigungen schließlich zum 1. Januar 1904 im Kohlensyndikat auf.[87] Selbstständig weitergeführt wurden nur die Verkaufsorganisationen für die Nebenprodukte aus der Kokserzeugung.[88]

Die Hüttenzechen gehörten vor dem Jahr 1903 zur größten Außenseitergruppe, die ohne Förderbeschränkungen ihren Absatz ausdehnen konnte. Zudem stieg deren quantitative Bedeutung stark an: Während im Jahr 1895 nur sieben Hüttenwerke ihren Kohlenbedarf durch eigene Bergwerke mit insgesamt knapp 3,9 Millionen Tonnen Förderung decken konnten, hatte sich deren Zahl bis zum Jahr 1902 auf 18 Unternehmen mit einer Gesamtförderung von über 7 Millionen Tonnen erhöht. Der Förderanteil aller Außenseiterzechen im Ruhrbergbau erhöhte sich allein zwischen den Jahren 1900 und 1903 von 13,4 auf 17,8 Prozent.[89] Auch wenn die Kohlenproduktion der Hüttenzechen nur zu einem Teil in den freien Verkauf ging, wurde die Syndikatspolitik durch die Absatztätigkeiten dieser Unternehmen und weiterer nicht-syndizierter Betriebe stark beeinflusst. Die einzelnen Abkommen, die zwischen dem Kohlensyndikat und den Hüttenzechen geschlossen wurden, um Preisunterbietungen zu verhindern, oder welche die Übernahme des Verkaufs bestimmter Mengen durch das RWKS regelten, zeigten keinen nachhaltigen Erfolg. Während es für die Syndikatszechen zu Produktionseinschränkungen kam, konnten die Außenseiter ohne Begrenzung ihrer Förderung und ohne Beteiligung an der Syndikatsumlage auf den Kohlenmärkten zumeist „gute" Kartellpreise erzielen.[90] Zur Absatzsicherung gingen viele nicht-syndizierte Betriebe auch mit Preisunterbietungen auf die Märkte. So

87 Vgl. Verein für die bergbaulichen Interessen im Oberbergamtsbezirk Dortmund: Die Entwickelung des niederrheinisch-westfälischen Steinkohlen-Bergbaues in der zweiten Hälfte des 19. Jahrhunderts. Band XI: Wirtschaftliche Entwickelung, Teil 2, S. 267 ff.; RWKS, Sitzung des Beirates, 19.04.1902, S. 13, in: montan.dok/BBA 33/55; RWKS, Sitzung des Beirates, 22.10.1902, S. 18, in: montan.dok/BBA 33/55 und Maschke: Grundzüge der deutschen Kartellgeschichte bis 1914, S. 25 f.

88 Vgl. Wilhelm: Das Rheinisch-Westfälische Kohlensyndikat und die Oberschlesische Kohlenkonvention bis zum Jahre 1933, S. 56.

89 Vgl. Feldenkirchen: Die Eisen- und Stahlindustrie des Ruhrgebiets 1879 – 1914, S. 114 ff.; Wiedenfeld: Das rheinisch-westfälische Kohlensyndikat, S. 68 f.; Hundt: Erwerbung von Steinkohlengruben im Ruhrkohlenbezirk durch Hüttenwerke, in: Stahl und Eisen. Zeitschrift für das deutsche Eisenhüttenwesen 23, 1903, Nr. 13, S. 761 – 768, hier: S. 761 f. und Pilz: Die Hüttenzechenfrage im Ruhrbezirk und Richtlinien für eine Erneuerung des Rheinisch-Westfälischen Kohlen-Syndikats, S. 9 ff.

90 Vgl. RWKS, Verhandlungen in der Sitzung des Ausschusses zur Verlängerung des Syndicats, 08.11.1902, S. 4, in: montan.dok/BBA 33/26; Jüngst, Ernst: Die nichtsyndizierten Zechen im niederrheinisch-westfälischen Steinkohlenbergbau, in: Glückauf, Berg- und Hüttenmännische Zeitschrift 50, 1914, Nr. 6, S. 220 – 225, hier: S. 221; Blaich: Kartell- und Monopolpolitik im kaiserlichen Deutschland, S. 98; Pilz: Die Hüttenzechenfrage im Ruhrbezirk und Richtlinien für eine Erneuerung des Rheinisch-Westfälischen Kohlen-Syndikats, S. 11 und Kesten, Wilhelm: Geschichte der Bergwerksgesellschaft Dahlbusch, Essen 1952, S. 298 f.

wurden am süddeutschen Hauptumschlagort Mannheim zeitweise große Preisdifferenzen von bis zu 3 Mark je Tonne Kohle zwischen Syndikatskohle und Außenseiterprodukten registriert.[91] Als in Zeiten starker Nachfrage und eines zu geringen Angebots, vor allem während der „Kohlennot" um 1900, ein Preiskampf nicht notwendig war, zeigte sich die Problematik, dass die Hüttenzechen verstärkt ihren eigenen, gestiegenen Kohlenbedarf deckten und damit dem freien Markt große Verkaufsmengen entzogen. Dies hatte den Kohlenmangel weiter verstärkt und führte in der Folge zu zahlreichen Angriffen gegen das RWKS, selbst wenn die größte Absatzorganisation des Ruhrbergbaus nicht in allen Fällen die Verantwortung für ausgebliebene Lieferungen trug.[92]

Mit dem im Jahr 1903 für den Ruhrbergbau erreichten Kartellierungsgrad von 98,7 Prozent waren die hier erläuterten Schwierigkeiten allerdings nur temporär gelöst. Von den Ruhrzechen mit einer Förderung von über 120.000 Jahrestonnen blieben zwar nur die Gewerkschaft Freie Vogel & Unverhofft sowie der Preußische Bergfiskus außerhalb des Kohlensyndikats, doch konnten sie, wie andere nicht-syndizierte Betriebe, die zu dieser Zeit noch im Ausbau oder erst in der Planung standen, ihre Förderung im Windschatten des Kohlensyndikats in den folgenden Jahren deutlich ausbauen.[93] Ein im Jahr 1903 im Syndikatsvertrag eingeführter „Kampfparagraph" sollte ein wirksames Instrument bieten, die Expansion nicht-syndizierter Zechen im Ruhrbergbau zu erschweren bzw. deren zügigen Anschluss an die Absatzorganisation des Kohlensyndikats zu bewirken. Ein dazu im Syndikatsvertrag festgeschriebener Passus (§13) diente dazu, so Emil Kirdorf, „[...] dem Syndikat die Macht zu geben, diejenige Beweglichkeit, damit es den Ausserhalbstehenden nicht willenlos als Spielball der Konkurrenz gegenüber steht, [...]".[94] Der Paragraph sah vor, dass die Zechenbesitzer mit Dreiviertelmehrheit den Syndikatsvorstand ermächtigen konnten, in einen scharfen Wettbewerb mit der Konkurrenz einzutreten. Die Orientierung an den über ein Jahr unveränderlichen Richtpreisen konnte damit außer Kraft gesetzt

91 Vgl. Bericht der Königlichen Bergwerksdirektion Saarbrücken an das Königliche Oberbergamt Bonn, 07.04.1902, in: LA Saarbrücken, Best. BWD-605 und Lucae: Außenseiter von Kartellen, S. 52.

92 Die Handelskammer Essen konstatierte in ihrem Jahresbericht für das Jahr 1900, dass die Kohlennot am stärksten dort zu spüren war, wo zuvor Hüttenzechen verkauft hatten (vgl. o. A.: Bericht Handelskammer Essen für 1900, in: Deutsche Kohlen-Zeitung, 17.01.1901, Nr. 5, S. 33).

93 Vgl. o. A.: Rhein.-Westf. Kohlensyndikat in Essen, in: Kartell-Rundschau 1904, Nr. 4, S. 272. Zur Geschäftspolitik der staatlichen Ruhrzechen vgl. Bleidick: Das Verhältnis des staatlichen Bergbaus im Ruhrgebiet zum Rheinisch-Westfälischen Kohlen-Syndikat (RWKS) vor dem Ersten Weltkrieg, S. 284 f. sowie ausführlich Kap. 4.2.

94 RWKS, Zechenbesitzerversammlung zur Erneuerung des Kohlensyndikats, 06.07.1903, S. 419 f., in: montan.dok/BBA 33/25. Die Einführung dieses Vertragspassus diente während der Erneuerungsverhandlungen im Jahr 1903 auch als Drohkulisse für diejenigen Zechen, die zunächst noch nicht ihren Eintritt in das zu erneuernde Kohlensyndikat erklärt hatten (vgl. RWKS, Erneuerungsverhandlungen, Stenogramm der Sitzung vom 29.04.1903, S. 9 f., in: montan.dok/BBA 33/27 und RWKS, Nachmittagssitzung der Zechenbesitzerversammlung, 06.07.1903, S. 513, in: montan.dok/BBA 33/25).

werden.[95] Tatsächlich angewendet wurde der „Kampfparagraph“ jedoch in den folgenden Jahren nicht, auch wenn dessen Nutzung spätestens seit den im Jahr 1910 angelaufenen Erneuerungsverhandlungen regelmäßig ins Gespräch kam.[96] Eine flexible Anpassung der syndizierten Absatzorganisation an die Marktverhältnisse wäre damit zwar möglich gewesen, doch ein dadurch zwangsläufig stärkerer Wettbewerb hätte zu einer deutlichen Erhöhung der Marktkosten für die Syndikatszechen geführt. Damit blieb dieser Passus eine „Drohkulisse“, letztlich aber nur mit geringer Wirkung.[97]

Andere Vertragsmodifikationen hatten für die Praxis der syndizierten Absatzorganisation eine weitaus höhere Bedeutung, auch wenn es sich auf den ersten Blick nur um Formalitäten handelte. Während sich der Unternehmenszweck der RWKS-Aktiengesellschaft bei der Kartellgründung auf den An- und Verkauf der Produkte der angeschlossenen Betriebe konzentrierte, wurde zur Erneuerung im Jahr 1903 der Gegenstand des Unternehmens auf den „An- und Verkauf von Kohlen, de[n] Erwerb von Grubenfeldern und Bergwerksanteilen, de[n] Betrieb von Unternehmungen aller Art, die auf die Lagerung, den Absatz und die Beförderung von Bergwerksprodukten gerichtet sind, sowie die Beteiligung an solchen Unternehmungen“[98] erweitert.[99] Diese Änderung sollte ermöglichen, über den eigentlichen An- und Verkauf von Kohle der angeschlossenen Zechen hinaus strategische Investitionen in der Vertriebsinfrastruktur tätigen zu können und zudem einige in den Vorjahren bereits getätigte Maßnahmen nachträglich zu „legalisieren“.[100] Die ausgeführten Ankäufe von Lagerplätzen und Verladeeinrichtungen oder die Beteiligung an der Westfälischen Transport-AG (WTAG) waren bei genauer Auslegung der Statuten nicht durch den ur-

---

95 Vgl. ebd.; Bartz: Aufbau und Tätigkeit des rheinisch-westfälischen Kohlensyndikats in ihrer Entwicklung von 1893 bis 1912, S. 17 f. und Rheinisch-Westfälische Zeitung, 22.07.1903, in: montan.dok/BBA 32/4097.

96 Vgl. RWKS, Sitzung der Kommission zur Aufnahme von Verhandlungen über die Erneuerung des Syndikatsvertrages, 16.07.1910, S. 6, in: RWWA 130 – 30019323/11; RWKS, Sitzung der Mitglieder von reinen Zechen in der Kommission zur Aufnahme von Verhandlungen über die Erneuerung des Syndikatsvertrages, 11.05.1911, in: RWWA 130 – 30019323/11 und Bartz: Aufbau und Tätigkeit des rheinisch-westfälischen Kohlensyndikats in ihrer Entwicklung von 1893 bis 1912, S. 51 f.

97 Die Einführung des „Kampfparagraphen“ wurde auch damit begründet, dass die Außenseiter viel mehr Angst vor einer freien Konkurrenz hätten als vor einem Kampf gegen ein geschlossenes Syndikat mit transparenter Preispolitik (vgl. RWKS, Zechenbesitzerversammlung, 11.07.1903, S. 530, in: montan.dok/BBA 33/25).

98 Jahrbuch für den Oberbergamtsbezirk Dortmund 1908/09, S. 673.

99 Der formelle Beschluss zur Erweiterung des Unternehmensgegenstands wurde in der Generalversammlung der AG RWKS am 20.02.1904 getroffen (vgl. o. A.: Rhein.-Westf. Kohlensyndikat in Essen, in: Kartell-Rundschau 1904, Nr. 4, S. 272 sowie weitergehend auch Richter: Die Wirkungsgeschichte des deutschen Kartellrechts vor 1914, S. 124 f.).

100 Vgl. RWKS, Nachmittagssitzung der Zechenbesitzerversammlung, 06.07.1903, S. 508 f., in: montan.dok/BBA 33/25.

sprünglichen Unternehmenszweck gedeckt.[101] Die Erweiterung des Gesellschaftsvertrags galt auch als erforderlich, weil der Syndikatsvorstand für die Zukunft weitere Investitionen vorsah. Dazu gehörten die Errichtung eigener Brikettfabriken zur Verarbeitung von Feinkohle und die Einrichtung weiterer Kohlenlager an verschiedenen Umschlagplätzen.[102] Auch die seit 1904 begonnene unternehmerische Beteiligung an den Syndikatshandelsgesellschaften durch den Ankauf von Geschäftsanteilen war mit dieser Änderung des Statuts nun aus rechtlicher Sicht problemlos möglich.

Der im Jahr 1903 erneuerte Syndikatsvertrag bildete trotz einiger Modifizierungen, wie auch schon die vorherigen Kartellverträge, nur den kleinsten gemeinsamen Nenner zwischen den rechtlich weiterhin selbstständigen Unternehmen mit ihren unterschiedlichen Erwartungen an die Kartellorganisation. Um möglichst eine Gleichbehandlung aller Beteiligten sicherzustellen, mussten in den Erneuerungsverhandlungen Zugeständnisse für einzelne Zechenbesitzer oder Produzentengruppen möglichst gering bleiben. Vermeidbar waren Vergünstigungen für viele Kartellmitglieder jedoch nicht, um eine Basis für die Erneuerung zu finden. Auf die Stabilität der Kartellorganisation hatte dies allerdings besonders starke Auswirkungen.[103] Obwohl die Hüttenzechen durch den Eintritt in das Kohlensyndikat für ihre nicht selbst verbrauchte Förderung keine eigene Absatzorganisation mehr aufrechterhalten mussten, hatten sich diese Unternehmen ihren Beitritt teuer erkaufen lassen. Im neuen Syndikatsvertrag wurde der umlagefreie Selbstverbrauch auf den Bedarf der Hüttenzechen ausgedehnt und nicht auf die Beteiligungsziffer angerechnet. Dies ermöglichte den genannten Betrieben – anders als den reinen Zechen – sehr große Möglichkeiten zur Fördersteigerung. Bei einem großen Bedarf der Hüttenwerke konnten diese zum Teil die gesamte Förderung ihrer eigenen Schachtanlagen übernehmen. In Zeiten schwacher Konjunktur konnten die Hüttenzechen dagegen ihre Förderung gemäß ihrer Beteiligungsziffer beim Syndikat abliefern, das entsprechend zur Abnahme verpflichtet war. Bei großer Nachfrage entstand so ein Mangel, bei schlechter Nach-

101 Die Erweiterung des Unternehmenszwecks war für den Vorstand auch deshalb relevant, weil womöglich jeder einzelne Aktionär klagen könnte, wenn das RWKS Vorhaben getätigt hätte, die nicht explizit im Vertrag festgehalten waren (vgl. RWKS, Ausschuss-Sitzung des Rheinisch-Westfälischen Kohlen-Syndikats am 20.06.1903 (Stenogramm), S. 12 ff., in: montan.dok/BBA 33/27). Bereits im Jahr 1897 wurde diskutiert, ob für eine Beteiligung an der WTAG eine Änderung des Statuts erforderlich wäre, was allerdings zunächst ausblieb (vgl. RWKS, Zechenbesitzerversammlung, 21.08.1897, S. 10 ff., in: montan.dok/BBA 33/2 sowie ausführlich zur WTAG Kap. 3.6).

102 Vgl. RWKS, Ausschuss-Sitzung des Rheinisch-Westfälischen Kohlen-Syndikats am 20.06.1903 (Stenogramm), S. 6 ff., in: montan.dok/BBA 33/27. Im Jahr 1906 beteiligte sich das RWKS an einem Konsortium zur Beteiligung an der finanziell angeschlagenen Hafen-Gesellschaft Rheinau bei Mannheim, um über die dortigen Kohlenlagerplätze, die bereits durch das Syndikat angemietet waren, verfügen zu können (vgl. RWKS, Zechenbesitzerversammlung, 15.08.1906, S. 23 f., in: montan.dok/BBA 33/8).

103 Neben den Hüttenzechen bekamen auch einige neu beigetretene reine Zechen zum Teil erhebliche Zugeständnisse bei ihren Beteiligungsziffern (vgl. o. A.: Bergbau. Rheinisch-Westfälisches Kohlensyndikat, in: Kartell-Rundschau 1904, Nr. 8, S. 399 und Berliner Jahrbuch für Handel und Industrie. Bericht der Ältesten der Kaufmannschaft von Berlin. Jahrgang 1905, Bd. 1, S. 113).

frage ein Kohlenüberschuss, der durch die daraus resultierenden Produktionseinschränkungen beim RWKS häufig zu Absatzschwierigkeiten bei den reinen Zechen und in der Folge zur Erhöhung der Umlage führte.[104]

Die nicht erfolgte Kontingentierung des Selbstverbrauchs der Hüttenzechen stellte den größten Konstruktionsfehler des neuen Syndikatsvertrags dar und führte in der Folge auch dazu, dass die Bedeutung der Hüttenzechen im RWKS durch einen zunehmenden Konzentrationsprozess weiter anstieg. Die Hüttenwerke setzten den Ankauf weiterer Schachtanlagen fort und viele reine Zechen versuchten, sich durch die Angliederung von Eisen- und Stahlwerken die gleichen Vorteile wie die Hüttenzechen zu sichern. Bis zum Jahr 1909 stieg der Anteil der Hüttenzechen im RWKS auf 25 Prozent an.[105] Obwohl diese Problematik bereits während der Erneuerungsverhandlungen erkannt wurde und kurz nach dem Inkrafttreten des neuen Syndikatsvertrags auch Überlegungen begannen, eine nachträgliche Kontingentierung des Selbstverbrauchs der Hüttenzechen durchzusetzen, änderte sich diese Situation über längere Zeit nicht.[106] Erst zum Jahr 1909 stimmten die Hüttenzechen einer nachträglichen Kontingentierung zu, deren Auswirkung allerdings äußerst gering blieb.[107]

Andere Zugeständnisse für einzelne Produzentengruppen, die sich nicht unmittelbar im eigentlichen Syndikatsvertrag widerspiegelten, hatten nicht nur auf die Ausgestaltung der syndizierten Absatzorganisation erhebliche Auswirkungen, sondern beeinflussten in langfristiger Sicht ebenso die Stabilität und Struktur des Kohlensyndikats.[108] Die zum Ende des Jahres 1903 erfolgte Gründung der Rheinischen

104 Vgl. Pilz: Die Hüttenzechenfrage im Ruhrbezirk und Richtlinien für eine Erneuerung des Rheinisch-Westfälischen Kohlen-Syndikats, S. 22; Buschmann: Untersuchung der Zweckmäßigkeit der Syndizierung des Kohlenbergbaus auf Grund der geschichtlichen Entwicklung des Rheinisch-Westfälischen Kohlensyndikats, S. 50 f. und o. A.: Rheinisch-Westfälisches Kohlensyndikat, in: Kartell-Rundschau 1909, Nr. 1, S. 49.

105 Zum Konzentrationsprozess im Ruhrbergbau nach 1903 vgl. Maschke: Grundzüge der deutschen Kartellgeschichte bis 1914, S. 30 f.; o. A.: Rheinisch-Westfälisches Kohlensyndikat, in: Kartell-Rundschau 1905, Nr. 6, S. 316; Wiedenfeld: Das rheinisch-westfälische Kohlensyndikat, S. 35 ff. und Reckendrees, Alfred: Das „Stahltrust"-Projekt. Die Gründung der Vereinigte Stahlwerke A.G. und ihre Unternehmensentwicklung 1926–1933/34, München 2000, S. 66 ff.

106 Vgl. RWKS, Verhandlung mit den Hüttenzechen, 12.12.1903, S. 29 ff., in: montan.dok/BBA 33/70; RWKS, Zechenbesitzerversammlung, 14.12.1904, S. 2 ff., in: montan.dok/BBA 33/6; Berliner Jahrbuch für Handel und Industrie. Bericht der Ältesten der Kaufmannschaft von Berlin. Jahrgang 1905, Bd. 1, S. 113 und Buschmann: Untersuchung der Zweckmäßigkeit der Syndizierung des Kohlenbergbaus auf Grund der geschichtlichen Entwicklung des Rheinisch-Westfälischen Kohlensyndikats, S. 54.

107 Die im Jahr 1909 erfolgte Kontingentierung des Selbstverbrauchs brachte nicht den gewünschten Effekt, weil die Kontingente viel zu hoch festgesetzt wurden (vgl. RWKS, Zechenbesitzerversammlung, 23.11.1908, in: montan.dok/BBA 33/10; RWKS, Zechenbesitzerversammlung, 06.08.1909, in: montan.dok/BBA 33/11 und Transfeldt: Die Preisentwicklung der Ruhrkohle 1893–1925 unter der Preispolitik des „Rheinisch-Westfälischen Kohlensyndikates" und des „Reichskohlenverbandes", S. 9 f.).

108 Vgl. dazu auch folgende Diskussion, in der seitens Kirdorf argumentiert wurde, dass absatzpolitische Vereinbarungen mit den Reederzechen nicht Teil des Syndikatsvertrags sein sollten: RWKS, Ausschuss-Sitzung des Rheinisch-Westfälischen Kohlen-Syndikats am 20.06.1903 (Stenogramm), S. 9, in: montan.dok/BBA 33/27.

Kohlenhandel- und Rhederei-Gesellschaft mbH, dem sogenannten Kohlenkontor, war eine unmittelbare Folge aus den Forderungen der mit Schifffahrtsbetrieben verbundenen Zechen, auf eine stärkere Regulierung des Absatzes über die Rheinwasserstraße hinzuwirken. Im Transportsektor, insbesondere in Richtung Süddeutschland, herrschte weiterhin ein starker Wettbewerb, der sich nach der Jahrhundertwende nochmals deutlich verschärft hatte.[109] Zuvor hatten sich seit der RWKS-Gründung die Gewinnmöglichkeiten der Reeder und Kohlenhändler stärker auf den Transportsektor und den Weiterverkauf am Oberrhein verlagert.[110] Insbesondere die mit dem Haniel-Konzern verbundenen Zechen Rheinpreußen und Neumühl machten davon den Eintritt in das zu erneuernde Kohlensyndikat abhängig, wurden dabei allerdings von anderen Zechenbesitzern mit vergleichbaren Interessen indirekt unterstützt.[111]

Die Reederzechen hatten in den Erneuerungsverhandlungen zunächst unterschiedliche Forderungen erhoben, in welcher Form das Kohlensyndikat deren Position auf dem stark umkämpften Frachtenmarkt im Rheinabsatz stärken sollte, ohne dabei zwangsläufig an einer „Gesamtlösung" zur Regulierung des süddeutschen Absatzmarkts interessiert gewesen zu sein.[112] Zeitweise forderten diese Betriebe, dass dem Kohlensyndikat zukünftig keine direkten Verkäufe zum Oberrhein über den Wasserweg mehr gestattet sein sollten, was seitens des RWKS allerdings abgelehnt wurde.[113] Forderungen nach einer Sonderstellung für die Reederzechen innerhalb des

109 Im Jahr 1901 hatte sich die Kohlennot in einen Überfluss umgeschlagen, so dass es in Süddeutschland zu erheblichen Preiskämpfen kam. Entsprechend war bei den Frachttarifen auf dem Rhein ein neuer Tiefstand erreicht worden, was auch durch die Zechenreedereien selbst verursacht wurde (vgl. Kempkens, Johannes: Die Rheinschiffahrtskartelle und die Ursachen ihres Zusammenbruchs, in: Kartell-Rundschau 1912, Nr. 9, S. 1086 und Singhof: Der Mannheimer Kohlen-Grosshandel, S. 36).

110 Vgl. Denkschrift über die Gründung einer Handelsgesellschaft für den Verkauf von Kohlen, Koks, Eisen und Eisenerzeugnissen und über den Ankauf einer Reederei, Februar 1913, S. 1ff., in: RWWA 130–30002/1 und Kempkens: Die Rheinschiffahrtskartelle und die Ursachen ihres Zusammenbruchs, in: Kartell-Rundschau 1912, Nr. 9, S. 1086.

111 Vgl. RWKS, Verhandlungen in der Kommissions-Sitzung (Erneuerung des Syndikats), 17.03.1902, S. 22ff., in: montan.dok/BBA 33/26; Heinrichsbauer: Kohlenkontor Weyhenmeyer & Co. und Süddeutsche Kohlenwirtschaft, S. 15 und Wiedenfeld: Das rheinisch-westfälische Kohlensyndikat, S. 32. Indirekte Unterstützung bekamen die Haniel-Zechen von Hugo Stinnes, der selbst über eigene Transportkapazitäten für den Rheinabsatz verfügte (vgl. RWKS, Ausschuss-Sitzung des Rheinisch-Westfälischen Kohlen-Syndikats am 20.06.1903 (Stenogramm), S. 6ff., in: montan.dok/BBA 33/27). Auch Robert Müser von der Harpener Bergbau AG unterstützte die Forderungen der Haniel-Zechen. Harpen kam im darauffolgenden Jahr 1904 in den Besitz der Reederei Kannengiesser (vgl. RWKS, Verhandlungen in der Sitzung des Ausschusses zur Verlängerung des Syndicats, o. D. (verm. 08.12. 1902), S. 39, in: montan.dok/BBA 33/26; RWKS, Ausschuss-Sitzung des Rheinisch-Westfälischen Kohlen-Syndikats am 20.06.1903 (Stenogramm), S. 9, in: montan.dok/BBA 33/27 und Kap. 4.1.1).

112 Vgl. Singhof: Der Mannheimer Kohlen-Grosshandel, S. 80f. und Heinrichsbauer: Kohlenkontor Weyhenmeyer & Co. und Süddeutsche Kohlenwirtschaft, S. 15.

113 Vgl. RWKS, Verhandlungen der Sitzung der Kommission zur Verlängerung des Syndikats-Vertrages, 17.11.1902, S. 74f., in: montan.dok/BBA 33/26. Eine weitere Überlegung war zeitweise, dass die Reederzechen berechtigt werden sollten, einen Teil ihrer Förderung ohne Beteiligung des RWKS direkt

Kartellvertrags waren keine neue Erscheinung, sondern bereits bei den Gründungsverhandlungen ein Thema.[114] Auch nach der Geschäftsaufnahme des RWKS setzten sich die Bestrebungen zu einer stärkeren Regulierung des Rheinabsatzes fort, an denen neben den dort tätigen Reedereien und Händlern auch das Kohlensyndikat zum Teil mitgewirkt hatte.[115]

Neben der im Jahr 1903 durch die anstehende Erneuerung geschaffenen Möglichkeit, den eigenen Forderungen durch die Androhung des Fernbleibens vom Kohlensyndikat mehr Nachdruck zu verleihen, bekam diese Thematik auch durch die Vertragsmodifizierungen eine zusätzliche Brisanz. Aufgrund der vorgesehenen Erweiterung des Unternehmensgegenstands der RWKS-Aktiengesellschaft bestand bei einigen Reederzechen die Befürchtung, dass sich das Kohlensyndikat zukünftig, ähnlich wie auf dem Dortmund-Ems-Kanal, selbst als Unternehmer im Transportbetrieb auf dem Rhein engagieren und damit den Reederzechen Konkurrenz bereiten könnte.[116] Dies schien seitens der Syndikatsleitung zwar nicht geplant gewesen zu sein, doch gab es zumindest in der Gründungsphase des RWKS zeitweise entsprechende Überlegungen.[117]

Ein zentrales Ergebnis der Erneuerungsverhandlungen war schließlich die Zusicherung an die Reederzechen, durch Mitwirkung des RWKS auf eine umfangreiche Marktregulierung im Rheinverkehr hinzuarbeiten. Der Druck der Reederzechen gab allerdings auch dem Kohlensyndikat selbst die Möglichkeit, dieses Vorhaben mit weiteren Maßnahmen zur Verbesserung der Vertriebsstruktur in den süddeutschen Absatzgebieten zu verbinden. Schließlich waren die Auswirkungen des Wettbewerbs im Rheinverkehr auch in der Preispolitik des RWKS zu spüren und hatten dadurch für den gesamten kartellierten Ruhrbergbau zu hohen Marktkosten geführt.[118] Da mit der

---

an ihre Reedereien weiterzugeben (vgl. RWKS, Verhandlungen in der Sitzung des Ausschusses zur Verlängerung des Syndicats, o. D. (verm. 08.12.1902), S. 39, in: montan.dok/BBA 33/26).

114 Vgl. Generalversammlung zur Bildung des RWKS, 28.01.1893, in: HA, HAA: 1628; Gawehn: Zollverein, S. 159 und o. A.: Der geplante Kohlenring. Eine Gefahr für die Industrie, S. 10 f. Die mit Reedereien verbundenen Unternehmen Mathias Stinnes und Franz Haniel beriefen sich seinerzeit auf Ausnahmeregelungen, die sie im Dortmunder Kohlenverkaufsverein zugesprochen bekommen hatten (vgl. Overlack: Die Ruhrkohlenschiffahrt auf dem Rhein, S. 123 ff.).

115 Vgl. o. A.: Kartell rheinischer Kohlengrosshändler, in: Kartell-Rundschau 1903, Nr. 20, S. 1123.

116 Vgl. RWKS, Ausschuss-Sitzung des Rheinisch-Westfälischen Kohlen-Syndikats am 20.06.1903 (Stenogramm), S. 6 ff., in: montan.dok/BBA 33/27. Zur Geschäftspolitik des RWKS in Bezug auf den Dortmund-Ems-Kanal vgl. Kap. 3.6.

117 Völlig ausgeschlossen wurde dies im Jahr 1903 allerdings auch nicht. Emil Kirdorf sagte während der Verhandlungen, dass die Reedereien keine Befürchtungen haben müssten, dass sich „das Syndikat mit einer furchtbaren Rheinflotte ausrüstet und den Aktien-Gesellschaften Konkurrenz macht." (Zit. ebd., S. 9 ff.). Zu den Überlegungen zum Aufbau einer eigenen Reederei während der Gründungsverhandlungen vgl. Verein für die bergbaulichen Interessen im Oberbergamtsbezirk Dortmund: Die Entwickelung des niederrheinisch-westfälischen Steinkohlen-Bergbaues in der zweiten Hälfte des 19. Jahrhunderts. Band XI: Wirtschaftliche Entwickelung, Teil 2, S. 255.

118 Vgl. Kempkens: Die Rheinschiffahrtskartelle und die Ursachen ihres Zusammenbruchs, in: Kartell-Rundschau 1912, Nr. 9, S. 1086.

Syndikatserneuerung durch den Beitritt der Hüttenzechen und anderer noch außenstehender Schachtanlagen eine schlagartige Erhöhung der Gesamtbeteiligungsziffer bevorstand und zudem weitere Fördersteigerungen der Kartellzechen eingeplant werden mussten, war die Ausweitung der bisherigen Absatzmöglichkeiten zwingend notwendig. Die süddeutschen Kohlenmärkte standen dafür neben dem Ausland aufgrund der hohen Aufnahmefähigkeit und vergleichsweise günstigen Preissituation seit langer Zeit besonders im Interesse des Kohlensyndikats.[119] Allerdings hatten die bisher eingeleiteten Maßnahmen gezeigt, dass eine nachhaltige Marktregulierung ohne unmittelbare Mitwirkung der Reederzechen kaum zu bewerkstelligen war. Grund dafür war auch, dass die Reederzechen nicht nur Spediteure waren, sondern zugleich zu den größten Kohlenhändlern in den dortigen Absatzgebieten gehörten, wo der mittelbare Vertrieb über Händler ohnehin eine deutlich höhere Bedeutung als in anderen Regionen hatte.[120]

Die im Jahr 1903 eingeleitete Gründung des Kohlenkontors wurde zwar von einigen Stellen als „Goldene Brücke“[121] zum Beitritt der Reederzechen zum neuen Syndikatsvertrag angesehen, doch wollte von den geplanten Maßnahmen auch die gesamte Kartellorganisation profitieren. Dabei dürften für das RWKS die zwischenzeitlich gesammelten Erfahrungen mit den bislang gegründeten Syndikatshandelsgesellschaften dafür gesprochen haben, dass parallel zur Regulierung der Rheintransporte auch eine eng damit verbundene Straffung der Vertriebsorganisation zu einer deutlichen Reduzierung von Marktnutzungskosten führen konnte. Von zentraler Bedeutung war hierbei jedoch, so früh wie möglich auf die Regulierungsvorhaben im Interesse des gesamten kartellierten Ruhrbergbaus Einfluss zu nehmen. Dies war deshalb so wichtig, weil ein Teil der Zechenbesitzer entgegen der bisherigen Geschäftspolitik nun wieder einen stärkeren Einfluss auf die syndizierte Absatzorganisation bekommen würde. Wachsende Gegensätze innerhalb des Kartellgefüges waren damit schon absehbar, da schließlich einige Mitglieder wieder verstärkt unmittelbar von der Wertschöpfung im Absatz profitieren würden.

119 Vgl. RWKS, Sitzung des Beirates, 19.04.1902, S. 4, in: montan.dok/BBA 33/55; Tiegs: Deutschlands Steinkohlenhandel, seine Entwicklung und Organisation, sowie Schilderung der gegenwärtigen Lage mit besonderer Berücksichtigung des Fiskus, der Kohlenkartelle und Konsumenten, S. 20 und Verein für die bergbaulichen Interessen im Oberbergamtsbezirk Dortmund: Die Entwickelung des niederrheinisch-westfälischen Steinkohlen-Bergbaues in der zweiten Hälfte des 19. Jahrhunderts. Band XI: Wirtschaftliche Entwickelung, Teil 2, S. 255.

120 Vgl. RWKS, Sitzung des Beirates, 18.11.1895 (Stenogramm), o. S., in: montan.dok/BBA 33/50; Schilson: Der deutsche Kohlenhandel und seine Organisation, S. 87 f. und Heinrichsbauer: Kohlenkontor Weyhenmeyer & Co. und Süddeutsche Kohlenwirtschaft, S. 14 f.

121 Bericht der Königlichen Bergwerksdirektion Saarbrücken an das Königliche Oberbergamt Bonn, 06.01.1904, in: LA Saarbrücken, Best. BWD-605.

3.4 Die Kartellierung auf den süddeutschen Kohlenmärkten

3.4.1 Bildung einer Absatzorganisation für Transport und Verkauf

Für die auf Marktabsprachen drängenden Reederzechen war es im Jahr 1903 ein geschickter Schachzug, das Kohlensyndikat für neue Kartellierungsversuche in der Rheinschifffahrt im Zuge der Erneuerung mit „ins Boot zu holen", um die Erfolgsaussichten zu stärken. Die damit zwar durchaus „erzwungene" Mitwirkung bot allerdings auch für das RWKS die Option, durch eine frühzeitige Einflussnahme auf die neue Organisation oder sogar durch eine direkte Teilnahme eine möglichst kostengünstige Absatzausdehnung auf den süddeutschen Kohlenmärkten weiter voranzutreiben, dabei selbst vom Vertriebsgeschäft zu profitieren und gleichzeitig zu verhindern, dass ein Kartell der Rheinreedereien möglicherweise eine gegen das Kohlensyndikat gerichtete Geschäftspolitik entwickelte.

Die Transportsituation war ein zentraler Grund, warum es in Süddeutschland bislang noch keinen längerfristigen Zusammenschluss von Großhändlern wie in anderen Absatzrevieren gab. Im Gegensatz zu nord- und westdeutschen Verkaufsregionen, wo fast ausschließlich Bahntransport stattfand, geschah die Anlieferung nach Süddeutschland aus Kostengründen trotz vieler Nachteile zumeist auf dem Wasserweg des Rheins. Erst von den oberrheinischen Umschlagplätzen, an erster Stelle Mannheim,[122] erfolgte im Anschluss ein Weitertransport mit der Eisenbahn. Die Preiskalkulation war daher in diesen Regionen deutlich schwieriger als in allein von der Bahn belieferten Gebieten. Der Schiffsverkehr war stark von den Witterungseinflüssen abhängig und auf dem Frachtenmarkt war im Gegensatz zur Bahn eine weitaus höhere Anzahl an Anbietern aktiv, was einen erheblichen Einfluss auf die Intensität des Wettbewerbs hatte.[123] Zwischen den Reedereibetrieben[124] gab es seit den 1880er Jahren immer wieder Kartellierungsbestrebungen durch Vereinbarungen zu Schlepplöhnen, Frachtsätzen und Kohlenpreisen, die zum Teil recht konkrete Formen angenommen hatten. Das RWKS selbst stand in der Gründungsphase solchen Zu-

---

122 Zur Bedeutung Mannheims als Umschlagsort vgl. Singhof: Der Mannheimer Kohlen-Grosshandel, S. 16 und Schoene: Der Wettbewerb zwischen Eisenbahn und Rheinschiffahrt und sein Einfluss auf die Kohlenzufuhr nach Baden, Württemberg und dem rechtsrheinischen Bayern, S. 1.

123 Vgl. Heinrichsbauer: Kohlenkontor Weyhenmeyer & Co. und Süddeutsche Kohlenwirtschaft, S. 5 f. Ein wichtiger Faktor für die Höhe der Transportsätze war der Wasserstand. Lag dieser niedrig, konnten Schiffe nicht so hoch beladen werden, wodurch die Preise stiegen. Weitere Faktoren waren die Jahreszeit, die Größe der Schiffe, die Aussichten auf Rückfracht und die Größe des Angebots an Kahnraum. Eine Grenze für die Höhe der Transportsätze bildeten vielfach die Eisenbahntarife (vgl. Schoene: Der Wettbewerb zwischen Eisenbahn und Rheinschiffahrt und sein Einfluss auf die Kohlenzufuhr nach Baden, Württemberg und dem rechtsrheinischen Bayern, S. 19 ff.).

124 Die Unterhaltung von Schleppschiffen und Frachtkähnen konnte in der Rheinschifffahrt sowohl zusammenhängende als auch unternehmerisch getrennte Tätigkeiten darstellen (vgl. ausführlich zur Struktur der Transportunternehmen: Weyhenmeyer, Alfred: Die Unternehmungen in der Rheinschiffahrt, Duisburg 1922, S. 141 ff.).

sammenschlüssen – verbunden mit besonderen Vertragsbeziehungen zum Ruhrkartell – skeptisch gegenüber, weil es hohe Überwachungskosten fürchtete und keiner außenstehenden Organisation eine hohe Marktmacht übertragen wollte.[125]

In der Erneuerungsphase des Syndikats im Jahr 1903 hatten die Überlegungen zu einer Kartellierung des Transportmarkts und dem süddeutschen Kohlengroßhandel auch deshalb wieder an Aktualität gewonnen, weil sich mit der abschwächenden Konjunktur seit 1901 starke Preisrückgänge im Kohlenhandel und ein weiteres Absinken der Frachttarife durch eine überdurchschnittliche Vermehrung der Rheinflotten bemerkbar machten.[126] Schon im Herbst 1901 begannen auf Initiative des Bergbau-, Handels- und Reedereibetriebs Mathias Stinnes erfolglose Versuche, eine Vereinigung von Großhändlern zu bilden, nachdem zuvor geschaffene Preiskonventionen aufgrund eines geringen Organisationsgrads kaum Wirkung zeigten. Durch die Bestrebungen von Mathias Stinnes stand zeitweise die Gründung einer „Rheinischen Kohlenhandelsgesellschaft mbH" als Vereinigung von Großhändlern in der Planung, während die Verfrachtung den einzelnen Firmen vorbehalten bleiben sollte. Dieses Vorhaben wäre seinerzeit vor allem am Widerstand anderer Reederzechen gescheitert, die in Hinblick auf die bevorstehende Syndikatserneuerung eine Mitwirkung scheuten. Das RWKS selbst stand solchen Zusammenschlüssen inzwischen deutlich positiver gegenüber.[127]

Vom starken Wettbewerb zwischen den Reedereien und den daraus resultierenden günstigen Frachtsätzen konnte das Kohlensyndikat in Teilen durchaus profitie-

---

125 Vgl. u. a. Manno: Die Kohlenversorgung Süddeutschlands, S. 106 und Heinrichsbauer: Kohlenkontor Weyhenmeyer & Co. und Süddeutsche Kohlenwirtschaft, S. 8 ff. Zu den Kartellierungsbestrebungen in der Rheinschifffahrt vgl. Nasse: Der Rhein als Wasserstraße, S. 128 ff. und Weyhenmeyer: Die Unternehmungen in der Rheinschiffahrt, S. 278 ff.

126 Die Frachtsätze von Ruhrort bis Mannheim hätten nach 1901 im Durchschnitt 1,80 Mark betragen und wären in den Sommermonaten zeitweise auf bis zu 1,30 Mark pro Tonne heruntergegangen. Zur Deckung der Selbstkosten wären jedoch mindestens 2 Mark pro Tonne erforderlich gewesen (vgl. Bericht des Landrates des Kreises Ruhrort an den Regierungspräsidenten in Düsseldorf zur Gründung des Kohlenkontors, 09.12.1903, S. 2, in: GStA PK, I. HA Rep. 120 C VIII 1 Nr. 72 adh. 45 Bd. 2; Nasse: Der Rhein als Wasserstraße, S. 126 f. und Pressebericht ohne Zeitungstitel, 22.07.1903, in: Bundesarchiv, Standort Berlin-Lichterfelde (im Folgenden: BArch) R 8127/10884, Teil 1).

127 Dies sollte eine Vereinigung von Kohlenhändlern mit einem Jahresumsatz von jeweils mindestens 20.000 Tonnen darstellen. Diese Kartellbestrebungen führten zu weiteren Preisunterbietungen, um durch hohe Absatzzahlen eine hohe Beteiligungsziffer zu erzielen (vgl. Bericht der Königlichen Bergwerksdirektion Saarbrücken an das Königliche Oberbergamt Bonn, 07.01.1902, in: LA Saarbrücken, Best. BWD-605; Deutsche Bergwerks-Zeitung, 11.12.1903, in: montan.dok/BBA 32/4097; o. A.: Kohlenkontor, in: Kartell-Rundschau 1903, Nr. 23, S. 1244; Heinrichsbauer: Kohlenkontor Weyhenmeyer & Co. und Süddeutsche Kohlenwirtschaft, S. 10 ff. und o. A.: Kartell rheinischer Kohlengrosshändler, in: Kartell-Rundschau 1903, Nr. 18, S. 979). Im Jahr 1902 entstanden ein Zusammenschluss der Schleppreedereien sowie für den Kahnraum auch eine Frachtenkonvention, an der allerdings die meisten Kohlenreedereien nicht beteiligt waren (vgl. Weyhenmeyer: Die Unternehmungen in der Rheinschiffahrt, S. 288 ff. und o. A.: Kartelle im Rheinschiffahrtsgewerbe, in: Kartell-Rundschau 1903, Nr. 13, S. 778).

ren, um den Absatz in Richtung Süddeutschland voranzutreiben.[128] Doch stellte sich die schwierige Preiskalkulation im Konkurrenzkampf mit anderen Förderrevieren, an erster Stelle mit der Saarkohle, auch problematisch dar. Zu den ersten Maßnahmen in der Gründungsphase des Kohlensyndikats gehörten daher ab 1895 die Einrichtung einer Zweigniederlassung in Mannheim sowie eines durch einen beauftragten Händler betriebenen Lagers in Lauterburg, um den unmittelbaren Geschäftsverkehr zwischen Verbrauchern und RWKS zu erleichtern. Der Erfolg dieser Einrichtungen blieb gering, da der Wettbewerb über Schiffsraum und Schleppkraft bestehen blieb. Damit war das Syndikat weiterhin auf die Reedereien und Großhändler angewiesen und beteiligte sich zwangsläufig am Preiskampf auf dem Rhein.[129] Zeitweise versuchte das RWKS zur Verhinderung von Preisschwankungen feste Abkommen mit Transporteuren abzuschließen, die auch von den Händlern nicht unterboten werden durften. Von den Händlern kam für diese Maßnahmen jedoch viel Gegenwehr, da sie ihren Verdienst zumeist über günstige Frachttarife erreichten, womit sie an den schwankenden Preisen großes Interesse hatten.[130]

An den im Jahr 1903 begonnenen Verhandlungen zur Gründung einer Kartellorganisation für die süddeutschen Absatzmärkte waren also äußerst heterogene Interessengruppen beteiligt, ohne deren vollständige Einbeziehung jedoch keine nachhaltige Marktregulierung hätte erreicht werden können. Insbesondere ohne die maßgebliche Mitwirkung der auf Kartellvereinbarungen in der Rheinschifffahrt drängenden Reederzechen wäre das RWKS nicht zu einer befriedigenden Lösung gekommen, auch wenn damit die Trennung zwischen Produktion und Absatz nicht mehr vollständig aufrechterhalten werden konnte. Aufgrund der gewachsenen Pfadabhängigkeiten, die engen Verflechtungen zwischen Kohlentransport und -verkauf, war es aber auch in Hinblick auf Organisations- und Überwachungskosten der einfachste Weg, Transport und Vertrieb für die süddeutschen Absatzmärkte unter einem Dach zu organisieren.

Nach dem Willen der Syndikatsleitung sollte die Beteiligung der Reederzechen in der syndizierten Absatzorganisation jedoch eine Ausnahme bleiben. Auch andere im

128 Vgl. Bericht der Königlichen Bergwerksdirektion Saarbrücken an das Königliche Oberbergamt Bonn, 12.10.1895, in: LA Saarbrücken, Best. BWD-593.

129 Vgl. RWKS, Zechenbesitzerversammlung, 09.04.1895, in: montan.dok/BBA 55/2246; Bericht der Königlichen Bergwerksdirektion Saarbrücken an das Königliche Oberbergamt Bonn, 12.10.1895, in: LA Saarbrücken, Best. BWD-593; Goetzke: Das Rheinisch-Westfälische Kohlen-Syndikat und seine wirtschaftliche Bedeutung, S. 215 f.; Lohmann: Die Handelsfrage im Rheinisch-Westfälischen Kohlensyndikat von der Gründung bis zur Gegenwart, S. 27 f. und Kronenberg: Die Preisbildung und Preispolitik des Rheinisch-Westfälischen Kohlen-Syndikats, S. 58 f.

130 Während der Saarbergbau die Einrichtung der Zweigniederlassung und Lagereinrichtungen des RWKS in Hinblick auf den Konkurrenzkampf mit Sorge betrachtete, sahen die Vertreter der Bergwerksdirektion Saarbrücken andere Bestrebungen des RWKS, so die Verträge mit den Reedereien, durchaus positiv, da viele Händler sich daraufhin wieder verstärkt der Saarkohle zugewandt hätten (vgl. Bericht der Königlichen Bergwerksdirektion Saarbrücken an das Königliche Oberbergamt Bonn, 15.04.1896, in: LA Saarbrücken, Best. BWD-593).

Jahr 1903 in das RWKS eingetretene Unternehmen, die Vertriebsbeziehungen in Richtung Süddeutschland unterhielten, erhoben wenig überraschend vergleichbare Ansprüche.[131] Das RWKS konnte allerdings durch die Modifizierung des Syndikatsvertrags die Gründung des Kohlenkontors nicht nur begleiten und sich Aufsichtsrechte sichern, sondern sich nun auch unmittelbar unternehmerisch beteiligen. Damit konnte die Abhängigkeit zur Syndikatszentrale weiter ausgebaut werden und zugleich wurde es damit möglich, direkt von den Erlösen auf der ersten Großhandelsebene zu profitieren. Die hohen Gewinnmargen in den Syndikatshandelsgesellschaften waren zu diesem Zeitpunkt bei vielen Akteuren in der Kohlenwirtschaft bereits hinlänglich bekannt. Auch für das RWKS als Produzentenkartell nahm damit die Bedeutung der Vertriebsorganisation von einem „Mittel zum Zweck" hin zu einem Teil der industriellen Wertschöpfung deutlich zu.[132] Passend dazu betonte der Aufsichtsratsvorsitzende Emil Kirdorf in den Gründungsverhandlungen für das Kohlenkontor, dass die neue Organisation „beispielgebend"[133] für die bestehenden und noch zu gründenden Syndikatshandelsgesellschaften sein sollte. Zukünftig sah das RWKS für alle Gesellschaften eine Beteiligung am Stammkapital vor, ohne damit jedoch eine langsame Übernahme oder Umwandlung in eine „Filiale" zu planen. Die unternehmerische Selbstständigkeit der Syndikatshandelsgesellschaften sollte fortbestehen.[134] Neben der Beteiligung am Stammkapital war außerdem ab 1903 eine feste Gewinnbeteiligung

131 Auch die zum Thyssen-Konzern gehörende Gewerkschaft Deutscher Kaiser (GDK), die im Jahr 1903 als Hüttenzeche dem RWKS beitrat, wollte mit ihren bisher nach Süddeutschland abgesetzten Mengen in das Kohlenkontor eintreten. Dies war jedoch aus Sicht der Syndikatsleitung ausgeschlossen, da die beteiligten Bergwerke, mit Ausnahme der Reederzechen, nur indirekt über das RWKS am Kohlenkontor beteiligt werden durften (vgl. Verhandlungen mit den Reederzechen zur Bildung des Kohlenkontors, 14.09.1903, S. 38 ff., in: RWWA 130 – 11 – 11). Indirekt war jedoch auch Thyssen am Kohlenkontor beteiligt (vgl. dazu auch Kap. 4.1.1).

132 Eine Gewinnbeteiligung wurde auch deshalb als zwingend erforderlich erachtet, um weitere Angriffe gegen die Handelsgesellschaften von Verbrauchern und von den Zechenbesitzern wegen unangemessener Gewinne zu vermeiden (vgl. Verhandlungen mit den Reederzechen zur Bildung des Kohlenkontors, 10.09.1903, S. 24 ff., in: RWWA 130 – 11 – 11 und Rheinische Kohlenhandel- und Reedereigesellschaft mbH, Sitzung des Aufsichtsrates, 12.12.1903, S. 17 f., in: RWWA 130 – 11 – 11). Zu den internen Debatten über Gewinne in den SHG während der Erneuerungsphase vgl. u. a. RWKS, Verhandlungen in der Sitzung des Ausschusses zur Verlängerung des Syndicats, o. D. (verm. 08.12.1902), S. 19, in: montan.dok/BBA 33/26.

133 Rheinische Kohlenhandel- und Reedereigesellschaft mbH, Sitzung des Aufsichtsrates, 12.12.1903, S. 14 ff., in: RWWA 130 – 11 – 11.

134 Die Beteiligung am Stammkapital wurde durch die Syndikatsleitung weniger mit Gewinnerwartungen, sondern mit einem besseren Einfluss auf die Geschäftspolitik begründet. Die bislang gegründeten SHG seien nicht systematisch, sondern vielmehr als „Produkte der Not" entstanden (vgl. Verhandlungen zur Bildung des Kohlenkontors, Niederschrift der Sitzung vom 25.11.1903, S. 14, in: ACDP, I-220 – 265/4; Rheinische Kohlenhandel- und Reedereigesellschaft mbH, Sitzung des Aufsichtsrates, 12.12.1903, S. 14 ff., in: RWWA 130 – 11 – 11; Heinrichsbauer: Kohlenkontor Weyhenmeyer & Co. und Süddeutsche Kohlenwirtschaft, S. 18 f. und o. A.: Rheinisches Kohlengrosshandelskartell, in: Kartell-Rundschau 1903, Nr. 21, S. 1160).

vorgesehen, die für das Kohlenkontor auf 5 Prozent des Reingewinns der Gesellschaft festgesetzt wurde.[135]

Aufgrund der Erfahrungen mit den gescheiterten Einigungsversuchen sowie zur Reduzierung des Verhandlungsaufwands sollte für das Kohlenkontor zunächst allein zwischen den Reederzechen und dem RWKS eine tragfähige Vertragsgrundlage gefunden werden. Erst darauf aufbauend sollte weiteren Firmen der Eintritt ermöglicht werden.[136] Unmittelbar an den Verhandlungen mit dem RWKS wirkten die als Reedereien und (Mit-)Besitzer von Syndikatszechen tätigen Unternehmen Franz Haniel & Co.,[137] Mathias Stinnes,[138] Hugo Stinnes[139] sowie die Bergbau- und Schiffahrts-Actiengesellschaft vorm. Gebr. Kannengiesser[140] mit.

Die Reederzechen wussten um ihre Schlüsselposition bei der Regulierung auf den süddeutschen Kohlenmärkten und gingen mit entsprechend hohen Ansprüchen gegenüber dem RWKS in die Gründungsverhandlungen. Dies zeigte sich bereits in einzelnen Streitpunkten zwischen den Reederzechen, die den Verhandlungsverlauf beeinflussten: Die Firma Hugo Stinnes war im Vergleich zu den anderen Unternehmen keine Reederei im klassischen Sinne, weil sie zwar Kohlenkähne besaß, allerdings nicht über eigene Schleppkraft verfügte. Aus diesem Grund wurde das Unternehmen durch die anderen Reederzechen zunächst als gleichwertiger Verhandlungspartner abgelehnt, was allerdings nicht mit einer möglichen Missgunst gegen den „Emporkömmling“ Hugo Stinnes begründet wurde.[141] Die „alten“ Reederzechen sorgten sich

135 Zeitweise war eine Gewinnbeteiligung von 10 Prozent im Gespräch (vgl. Verhandlungen mit den Reederzechen zur Bildung des Kohlenkontors, 10.09.1903, S. 24ff., in: RWWA 130 – 11 – 11; Verhandlungen zur Bildung des Kohlenkontors, Niederschrift der Sitzung vom 25.11.1903, S. 12f., in: ACDP, I-220 – 265/4 und Gründungsvertrag zum Kohlenkontor, 12.12.1903, in: montan.dok/BBA 33/950).

136 Vgl. Verhandlungen mit den Reederzechen zur Bildung des Kohlenkontors, 14.09.1903, S. 72ff., in: RWWA 130 – 11 – 11 und o. A.: Kartell rheinischer Kohlengrosshändler, in: Kartell-Rundschau 1903, Nr. 20, S. 1123.

137 Das Unternehmen Franz Haniel war durch die Zechen Zollverein, Rheinpreußen und Neumühl sowie über die Bergwerke der Gutehoffnungshütte am RWKS beteiligt (vgl. Franz Haniel & Cie, GmbH (Hg.): Haniel 1756 – 2006. Eine Chronik in Daten und Fakten, Duisburg-Ruhrort 2006, S. 177).

138 Das Unternehmen Mathias Stinnes hatte über die Zechen Mathias Stinnes, Viktoria Mathias, Graf Beust und Friedrich Ernestine sowie durch die Betriebe des Mülheimer Bergwerks-Vereins Einfluss auf das RWKS (vgl. Math. Stinnes GmbH (Hg.): 150 Jahre Math. Stinnes, Darmstadt 1958, S. 36ff.).

139 Hugo Stinnes war ebenso über den Mülheimer Bergwerks-Verein und über die Deutsch-Luxemburgische Bergwerks- und Hütten-AG am RWKS beteiligt (vgl. Feldman: Hugo Stinnes, S. 8ff. und Ufermann, Paul und Hüglin, Karl: Stinnes und seine Konzerne, Berlin 1924).

140 Die Firma Gebrüder Kannengießer wurde im Jahr 1876 in Mülheim gegründet. Das Unternehmen betätigte sich zunächst im Kohlenhandel und in der Rheinschifffahrt. 1889 bzw. 1891 begann mit dem Ankauf der Zeche Ver. Sellerbeck die Beteiligung im Bergbau. Im Jahr 1901 kam die benachbarte Zeche Roland hinzu (vgl. Auberg, Heinz Wilhelm: Reeder, Kohlenhändler und Bergwerksbesitzer: Louis Kannengießer, in: Wessel, Horst A. (Hg.): Mülheimer Unternehmer und Pioniere im 19. und 20. Jahrhundert. Flexibel – kreativ – innovativ, Essen 2012, S. 197 – 200, hier: S. 197ff.).

141 Die selbstständigen unternehmerischen Aktivitäten von Hugo Stinnes (1870 – 1924) begannen erst 1893 – nach der Herauslösung aus dem Familienunternehmen Mathias Stinnes – mit der Gründung der Straßburger Kohlen-Aufbereitungsanstalt GmbH, zu deren Geschäftsfeldern die Brikett- und Koks-

offiziell vielmehr darum, dass Firmen ohne eigene Schleppkraft doppelt von der Gründung des Kohlenkontors profitieren konnten, wenn sie Schlepper auf dem freien Markt anmieteten. Die langen Debatten führten schließlich dazu, dass Firmen ohne eigene Schleppkraft diese zukünftig nicht selbst beschaffen durften, sondern durch die neue Gesellschaft stellen lassen mussten, damit ein möglicher Gewinn der Gesamtheit zufiel. Die Schaffung von verschiedenen Tarifen, Transport- und Schleppsätzen, sollte zudem den Reedereien mit eigener Schleppkraft eine entsprechende Entschädigung bieten.[142]

Einig waren sich hingegen alle Reederzechen über ihren Anspruch, ihre Führungsrolle gegenüber außenstehenden Unternehmen aus dem Handels- und Transportgewerbe und möglichst auch gegenüber dem RWKS zu behaupten. Das Kohlensyndikat konnte allerdings durchsetzen, auch Händlern ohne Reedereibetrieb eine Beteiligung mit gleichen Rechten und Pflichten zu ermöglichen.[143] Für eine nachhaltige Marktkostensenkung in den süddeutschen Absatzrevieren war die Beteiligung möglichst vieler Händler aus Sicht des Kohlensyndikats trotz eines größeren Aufwands von großer Bedeutung. Schon bei der vorangegangenen Gründung der Syndikatshandelsgesellschaften wurde die Mindestbeteiligungsmenge auf Druck des RWKS weiter reduziert, um kleineren Händlern die Geschäftsgrundlage zu sichern. Dies diente einem umfassenden Marktüberblick sowie einer besseren Kontrolle zur Einhaltung der syndizierten Preis- und Absatzpolitik und sollte außerdem verhindern, dass ausgeschlossene Firmen eine kartellfeindliche Geschäftspolitik entwickelten. Zudem hatten die Erfahrungen der Vergangenheit gezeigt, dass die öffentlichen Reaktionen von Verbrauchern und Händlern gegen das RWKS nicht unterschätzt werden durften, so dass mit dieser Vorgehensweise auch ein weiterer „Sturm der Entrüstung“[144] oder eine erneute Pressefehde verhindert werden sollte.[145]

Aus Perspektive der Reederzechen sollte die Höhe des Mindestumsatzes möglichst hoch bleiben, um die Führungsrolle im Kohlenkontor nicht zu verlieren. Während von der Kartellführung zeitweise 12.000 Tonnen als minimaler Jahresumsatz

---

herstellung sowie der Großhandel gehörten. Zu den bergbaulichen Aktivitäten von Hugo Stinnes gehörte neben den Unternehmen an der Ruhr auch die Saar- und Mosel-Bergwerks-Gesellschaft in Lothringen (vgl. Feldman: Hugo Stinnes, S. 8 ff.).

142 Vgl. Verhandlungen mit den Reederzechen zur Bildung des Kohlenkontors, 01.10.1903, S. 101 ff., in: RWWA 130 – 11 – 11; Verhandlungen mit den Reederzechen zur Bildung des Kohlenkontors, 14.09. 1903, S. 72 ff., in: RWWA 130 – 11 – 11 und Heinrichsbauer: Kohlenkontor Weyhenmeyer & Co. und Süddeutsche Kohlenwirtschaft, S. 19. Nach der Gründung des Kohlenkontors begann auch Hugo Stinnes mit dem Erwerb von Schleppkraft für die Rheinschifffahrt (vgl. Nasse: Der Rhein als Wasserstraße, S. 108 f.).

143 Vgl. Heinrichsbauer: Kohlenkontor Weyhenmeyer & Co. und Süddeutsche Kohlenwirtschaft, S. 17.

144 Verhandlungen zur Bildung des Kohlenkontors, Niederschrift der Sitzung vom 25.11.1903, S. 14 ff., in: ACDP, I-220 – 265/4.

145 Vgl. ebd.; Verhandlungen mit den Reederzechen zur Bildung des Kohlenkontors, 10.09.1903, S. 1 f., in: RWWA 130 – 11 – 11 und Richtsteig: Die Kohlenhandelsgesellschaften des Rheinisch-Westfälischen Kohlen-Syndikats zu Essen a. d. Ruhr, S. 67.

vorgeschlagen wurden, sprachen sich die Reederzechen zunächst sogar für 200.000 Jahrestonnen aus.[146] Entsprechend schwankte die Zahl der möglicherweise zu beteiligenden Händler zwischen sieben und mehr als 40 Unternehmen.[147] Ein nach langen Debatten erzielter Kompromiss sah schließlich eine Mindestumsatzmenge von 50.000 Tonnen vor, wobei Händler mit geringeren Umsätzen die Möglichkeit bekommen sollten, mit anderen Firmen zu fusionieren und als Zusammenschluss in das Kohlenkontor einzutreten.[148] Die Handelsmengen von Ruhrkohlehändlern in Süddeutschland, die aufgrund dieser Regelung nicht am Kohlenkontor beteiligt wurden, sollten dem Geschäftsanteil des Syndikats zufallen.[149]

Unter großem öffentlichen Interesse[150] erfolgte am 12. Dezember 1903 zwischen den vier Reederzechen und dem RWKS die Gründung der Rheinischen Kohlenhandel- und Rhederei-Gesellschaft mbH.[151] Im Anschluss wurden weitere Reedereien und Großhändler zum Beitritt in das Kohlenkontor aufgefordert, das zum 1. April 1904 mit 45 Firmen und einer Gesamthandelsbeteiligung von über 9,2 Millionen Tonnen seine Arbeit aufnahm.[152] Als Unternehmenssitz konnten die vier Reederzechen Mülheim durchsetzen, wo drei der Firmen ansässig waren. Die Syndikatsleitung plädierte für

---

146 Vgl. Verhandlungen mit den Reederzechen zur Bildung des Kohlenkontors, 10.09.1903, S. 1 ff., in: RWWA 130 – 11 – 11.

147 Bei den Verhandlungen wurden entsprechende Berechnungen aufgestellt, die zum Teil jedoch nur auf Schätzungen beruhten (vgl. Verhandlungen mit den Reederzechen zur Bildung des Kohlenkontors, 14.09.1903, S. 44 ff., in: RWWA 130 – 11 – 11).

148 Grundlage für eine Beteiligung sollte der Durchschnitt der ins Absatzgebiet verkauften Kohlen der Geschäftsjahre 1901/02 bis 1903/04 sein (vgl. Verhandlungen zur Bildung des Kohlenkontors, Niederschrift der Sitzung vom 25.11.1903, S. 14 ff., in: ACDP, I-220 – 265/4 und Verhandlungen mit den Reederzechen zur Bildung des Kohlenkontors, 01.10.1903, S. 105, in: RWWA 130 – 11 – 11). Zu den Zusammenschlüssen kleinerer Unternehmen sowie zu nicht aufgenommenen Firmen vgl. Verhandlungen mit den Reederzechen zur Bildung des Kohlenkontors, 10.09.1903, S. 30 ff., in: RWWA 130 – 11 – 11 und Bericht des Landrates des Kreises Ruhrort an den Regierungspräsidenten in Düsseldorf zur Gründung des Kohlenkontors, 09.12.1903, in: GStA PK, I. HA Rep. 120 C VIII 1 Nr. 72 adh. 45 Bd. 2.

149 Vgl. Verhandlungen mit den Reederzechen zur Bildung des Kohlenkontors, 14.09.1903, S. 49, in: RWWA 130 – 11 – 11 und o. A.: Rheinisches Kohlengrosshandelskartell, in: Kartell-Rundschau 1903, Nr. 21, S. 1159 f.

150 In der Öffentlichkeit wurde über die bevorstehende Gründung der neuen Gesellschaft bereits im Jahr 1903 lebhaft diskutiert (vgl. z. B. Bericht des Landrates des Kreises Ruhrort an den Regierungspräsidenten in Düsseldorf zur Gründung des Kohlenkontors, 09.12.1903, S. 1 ff., in: GStA PK, I. HA Rep. 120 C VIII 1 Nr. 72 adh. 45 Bd. 2 und o. A.: Rheinisches Kohlengrosshandelskartell, in: Kartell-Rundschau 1903, Nr. 21, S. 1159 f.).

151 Dies geschah zunächst unter der Voraussetzung, dass es gleichzeitig zur Verlängerung des Kohlensyndikats kommen würde (vgl. Gründungsvertrag zum Kohlenkontor, 1903, in: RWWA 200 – 1/140/00 – 13). Zur Vermeidung der Veröffentlichungspflicht wurde das Kohlenkontor nicht als Aktiengesellschaft, sondern als GmbH gegründet (vgl. Verhandlungen mit den Reederzechen zur Bildung des Kohlenkontors, 10.09.1903, S. 23, in: RWWA 130 – 11 – 11). Erster Direktor wurde RWKS-Vorstandsmitglied Carl Weyhenmeyer (vgl. o. A.: Kohlenkontor, in: Kartell-Rundschau 1903, Nr. 23, S. 1245 f.).

152 Vgl. Heinrichsbauer: Kohlenkontor Weyhenmeyer & Co. und Süddeutsche Kohlenwirtschaft, S. 19 f.; Jahrbuch für den Oberbergamtsbezirk Dortmund 1901 – 1904, Essen, S. 660 ff. und Tab. 9.

den Standort Essen, um einen engen Anschluss an das RWKS sicherzustellen. Zeitweise war auch Duisburg-Ruhrort im Gespräch, das eigentliche Zentrum der Ruhrkohlenschifffahrt.[153] Zum Verkaufsgebiet des Kohlenkontors gehörten die Regionen etwa südlich der Linie Trier – Koblenz – Fulda – Hof (Absatzreviere 20 bis 28) und zunächst auch die Schweiz, Vorarlberg, Tirol und kleinere Teile Frankreichs.[154] Zudem bekam das Kohlenkontor den Wassertransport in die Niederlande zugesprochen. Der dortige Verkauf wurde wiederum an die Steenkolen-Handelsvereeniging (SHV) übertragen, an deren Stammkapital das Kohlenkontor fortan beteiligt wurde.[155]

Trotz der Vorbildrolle für die zukünftige Ausgestaltung der syndizierten Absatzorganisation fügte sich das Kohlenkontor keineswegs nahtlos in die Reihe der Syndikatshandelsgesellschaften ein. Im Gegensatz zu den anderen Gesellschaften bekam es ein weitaus umfassenderes Alleinverkaufsrecht zugewiesen, sowohl für den Wasser- als auch für den Eisenbahntransport. Das Kohlensyndikat hatte weiterhin die Möglichkeit, als Direktverkäufer in das Absatzgebiet zu liefern und hatte sich die Versorgung bestimmter Abnehmergruppen exklusiv vorbehalten.[156] Allerdings sollten Direktverkäufe Ausnahmefälle bleiben, für die das RWKS das Kohlenkontor mit festgelegten Sätzen entschädigen musste. Der Wassertransport der Direktverkäufe musste zudem über das Kohlenkontor abgewickelt werden.[157]

Der bedeutsamste Teil der Sonderrolle war allerdings die Tatsache, dass das RWKS mit dem Kohlenkontor im Unterschied zu den anderen Syndikatshandelsgesellschaften keinen jährlich zu erneuernden Liefervertrag abschloss, sondern das Alleinverkaufsrecht im Gesellschaftsvertrag festlegte und zudem für die gesamte

---

153 Zweigniederlassungen wurden in Ruhrort und Mannheim eingerichtet. Das RWKS konnte durchsetzen, dass im Vertrag festgelegt wurde, die Entscheidung über den Standort nach vier Jahren zu überprüfen (vgl. Verhandlungen mit den Reederzechen zur Bildung des Kohlenkontors, 25.11.1903, S. 2ff., in: RWWA 130 – 11 – 11 und Rheinische Kohlenhandel- und Reedereigesellschaft mbH, Sitzung des Aufsichtsrates, 12.12.1903, S. 3ff., in: RWWA 130 – 11 – 11).

154 Vgl. Jahrbuch für den Oberbergamtsbezirk Dortmund 1901 – 1904, S. 660.

155 Zusammen erreichten RWKS und Kohlenkontor bei der SHV eine Kapitalbeteiligung von 40 Prozent. Eine kurzzeitig diskutierte Fusion von Kohlenkontor und SHV wurde wieder verworfen (vgl. Roelevink: Organisierte Intransparenz, S. 87ff.; Jahrbuch für den Oberbergamtsbezirk Dortmund 1901 – 1904, S. 660ff.; Verhandlungen mit den Reederzechen zur Bildung des Kohlenkontors, 10.09.1903, S. 14ff., in: RWWA 130 – 11 – 11 und Ansprache von W. Huber zum 25-jährigen Bestehen der Kohlenkontor Weyhenmeyer & Co., 26.06.1929, S. 4, in: montan.dok/BBA 55/2862).

156 Exklusiv vorbehalten hatte sich das RWKS die Lieferungen an Eisenbahnen sowie von Gießerei- und Hochofenkoks an Hüttenwerke (vgl. Jahrbuch für den Oberbergamtsbezirk Dortmund 1901 – 1904, S. 660ff.).

157 Direktverkäufe des RWKS sollten möglich sein, um erneuten Angriffen gegen das Syndikat vorzubeugen. Dass dies nur in Ausnahmefällen geschehen durfte, wurde damit begründet, dass die am Kohlenkontor beteiligten Gesellschaften ihr gesamtes Geschäft ohne besondere Gegenleistung in die neue Gesellschaft eingebracht hatten (vgl. Verhandlungen mit den Reederzechen zur Bildung des Kohlenkontors, 14.09.1903, S. 62f., in: RWWA 130 – 11 – 11 und Johann Wilhelm Welker: Kohlenhandelsgesellschaften des Syndikats, ca. 1916, S. 3, in: HA, JWW: 65).

Dauer des Syndikatsvertrags bis zum Jahresende 1915 ausstellte.[158] In den Gründungsverhandlungen sprach sich vor allem Emil Kirdorf für diese Vertragsdauer aus und begründete dies mit der Möglichkeit, ausreichend Erfahrung mit dem Kohlenkontor sammeln zu können. Später hieß es auch, dass damit die enge Bindung an das RWKS symbolisiert werden sollte.[159] Allerdings spielten für diese Entscheidung vermutlich noch weitere Gründe eine Rolle. So dürfte dies ebenso ein weiteres Zugeständnis an die Reederzechen gewesen sein, die ihre nun verbesserte Position langfristig gesichert haben wollten. Auch hatte das Kohlensyndikat allein aus pragmatischen Gründen wohl ein Interesse an einem längeren Fortbestand. Schließlich musste der hohe Verhandlungsaufwand kompensiert, gleichzeitig aber auch das Risiko verringert werden, dass es zukünftig seitens der Zechenbesitzer regelmäßig neue Debatten über eine Verlängerung eines Abkommens mit dem Kohlenkontor gibt. Angesichts der nun privilegierten Position einiger Kartellmitglieder in der neuen Verkaufsorganisation waren entsprechende Konflikte schließlich zu erwarten. Die Syndikatsleitung dürfte sich darüber sehr bewusst gewesen sein. In der Debatte über den möglichen Standort des Kohlenkontors betonte Emil Kirdorf gegenüber den Reederzechen, dass der Vertrag über die neue Absatzorganisation zur Vermeidung von Widersprüchen anderer Produzenten nur dem Aufsichtsrat des RWKS zur Genehmigung vorgelegt werde, auch wenn nach korrekter Verfahrensweise die gesamte Zechenbesitzerversammlung darüber entscheiden müsse.[160]

3.4.2 Das Kohlenkontor: Auswirkungen auf die Absatzmärkte und den syndizierten Ruhrbergbau

Bereits die seit dem Jahr 1901 laufenden Kartellierungsversuche und schließlich die konkreten Gründungsverhandlungen für das Kohlenkontor hatten die Marktverhältnisse in den süddeutschen Verkaufsrevieren beeinflusst. In der Erwartung deutlicher Preissteigerungen nach einer möglichen Kartellierung stieg die Nachfrage der Verbraucher stark an. Diese konnten ihre Lager zu äußerst günstigen Preisen füllen, weil Händler und Spediteure in der Hoffnung auf hohe Beteiligungsquoten in der neuen Kartellorganisation ihre Absatzzahlen und Transportmengen auf Kosten auskömmlicher Verkaufspreise in die Höhe trieben.[161] Diese Marktübersättigung bekam das Kohlenkontor nach der Geschäftsaufnahme deutlich zu spüren, so dass dessen Ein-

158 Vgl. Gründungsvertrag zum Kohlenkontor, 12.12.1903, in: montan.dok/BBA 33/950.

159 Vgl. Rheinische Kohlenhandel- und Reedereigesellschaft mbH, Sitzung des Aufsichtsrates, 12.12.1903, S. 14 f., in: RWWA 130 – 11 – 11 und Roelevink: Organisierte Intransparenz, S. 87 ff.

160 Vgl. Sitzung des Aufsichtsrates, 12.12.1903, S. 196 ff., in: montan.dok/BBA 33/69.

161 Vgl. Verhandlungen mit den Reederzechen zur Bildung des Kohlenkontors, 01.10.1903, S. 114, in: RWWA 130 – 11 – 11 und Schoene: Der Wettbewerb zwischen Eisenbahn und Rheinschiffahrt und sein Einfluss auf die Kohlenzufuhr nach Baden, Württemberg und dem rechtsrheinischen Bayern, S. 28 f.

fluss auf die Marktregulierung im ersten Geschäftsjahr zunächst gering blieb.[162] Eine weitere Folge dieser Transporte und Verkäufe „auf Quote" waren die hohen Beteiligungsziffern im Kohlenkontor, die über die tatsächlichen Absatzmöglichkeiten zunächst deutlich hinausgingen.[163]

Ohne eine Aufnahme in das Kohlenkontor hätten Reedereien und Händler vor einer unsicheren Zukunft gestanden, da die neue Organisation an erster Stelle ihren Mitgliedern eine Beschäftigung garantieren musste. Dafür hatten die angeschlossenen Unternehmen Teile ihrer selbstständigen Tätigkeit im Kontor-Absatzgebiet aufzugeben und ihre Transportmittel, Lagerkapazitäten, Umschlagplätze und Brikettfabriken am Oberrhein zur Verfügung zu stellen, während das Kohlenkontor die Verpflichtung übernahm, diese Anlagen nach festgesetzten Quoten mit entsprechenden Vergütungen zu beschäftigen.[164] Umfangreiche Kapitalaufwendungen waren für das Kohlenkontor damit zunächst nicht notwendig.[165] Ein unmittelbarer Geschäftsverkehr mit dem RWKS blieb für die beteiligten Händler zukünftig ausgeschlossen. Die Mitglieder konnten und sollten weiterhin als selbstständige Händler tätig sein, mussten jedoch ihren Einkauf wie außenstehende Firmen über das Kohlenkontor abwickeln.[166]

Anders als bei den Syndikatshandelsgesellschaften ohne besondere Speditionsfunktion konnten Gesellschafter mit einer Handel- und einer Transportbeteiligung in das Kohlenkontor aufgenommen werden. Die Transportbeteiligung war nochmals aufgeteilt in eine Kahnraum- und eine Schleppkraftbeteiligung.[167] Erst wenn die Ka-

162 Das Kohlenkontor hatte zudem die vorhandenen Lagerbestände seiner Händler nicht übernommen, so dass diese Mengen durch die Händler zunächst noch selbstständig vertrieben werden durften (vgl. Bericht des Königlichen Oberbergamtes Bonn zum Kohlenmarkt, 11.07.1904, S. 1f., in: LHA Koblenz, 403 – 8152; Heinrichsbauer: Kohlenkontor Weyhenmeyer & Co. und Süddeutsche Kohlenwirtschaft, S. 21f. und o. A.: Kohlenkontor, in: Kartell-Rundschau 1905, Nr. 7, S. 388f.).

163 Vgl. Kempkens: Die Rheinschiffahrtskartelle und die Ursachen ihres Zusammenbruchs, in: Kartell-Rundschau 1912, Nr. 9, S. 1089.

164 Vgl. Verhandlungen zur Bildung des Kohlenkontors, Niederschrift der Sitzung vom 25.11.1903, S. 26ff., in: ACDP, I-220 – 265/4; Johann Wilhelm Welker: Kohlenhandelsgesellschaften des Syndikats, ca. 1916, S. 2, in: HA, JWW: 65; Ansprache von W. Huber zum 25-jährigen Bestehen der Kohlenkontor Weyhenmeyer & Co., 26.06.1929, S. 4, in: montan.dok/BBA 55/2862; Transfeldt: Die Preisentwicklung der Ruhrkohle 1893 – 1925 unter der Preispolitik des „Rheinisch-Westfälischen Kohlensyndikates" und des „Reichskohlenverbandes", S. 143 und o. A.: Rheinisches Kohlengrosshandelskartell, in: Kartell-Rundschau 1903, Nr. 21, S. 1160.

165 Vgl. Johann Wilhelm Welker: Kohlenhandelsgesellschaften des Syndikats, ca. 1916, S. 2, in: HA, JWW: 65. In den Folgejahren begann das Kohlenkontor auch mit dem Erwerb eigener Infrastruktureinrichtungen. Dazu gehörte z. B. die gemeinsam mit dem RWKS im Jahr 1906 erfolgte Beteiligung an der Betriebsgesellschaft für den Rheinau-Hafen (vgl. Berliner Jahrbuch für Handel und Industrie. Bericht der Ältesten der Kaufmannschaft von Berlin. Jahrgang 1906, Bd. 1, S. 87).

166 Vgl. Manno: Die Kohlenversorgung Süddeutschlands, S. 110 und Wiedenfeld: Das rheinisch-westfälische Kohlensyndikat, S. 33.

167 Bei der Kohlenhandels- und Transportbeteiligung der einzelnen Mitglieder wurden die durchschnittliche Verkaufs- und Transportmengen der drei Geschäftsjahre vor Gründung des Kohlenkontors herangezogen (vgl. Denkschrift über die Gründung einer Handelsgesellschaft für den Verkauf

pazitäten der Gesellschafter nicht mehr ausreichten, konnten Schiffe außenstehender Firmen zu den Tarifen des freien Markts hinzugezogen werden. Die Anmietung erfolgte allein durch das Kohlenkontor, damit ein möglicher Erlös der Gesamtheit der Mitglieder zugute kam.[168] An diesem Wettbewerb konnten sich die Kontor-Reedereien ebenso beteiligen, wodurch sie ihren eigenen Schiffspark auslasten und sich zusätzlich eine bessere Grundlage für Verhandlungen um höhere Transportbeteiligungen schaffen konnten. Die Anreize für Flottenvergrößerungen waren damit bei den Mitgliedern groß.[169] Dies bekamen vor allem außenstehende Partikularschiffer zu spüren, unter denen sich seit 1904 der Wettbewerb um die gesunkenen Transportmöglichkeiten zum Vorteil des Kohlenkontors weiter fortsetzte.[170]

Beim eigentlichen Verkauf in Süddeutschland blieben die angeschlossenen Unternehmen als Großhändler in den Verkaufsrevieren tätig, waren nun aber wie alle anderen Händler den Lieferbedingungen des Kohlenkontors unterworfen. Die Vereinheitlichung und strenge Durchsetzung der Lieferbestimmungen durch das Kohlenkontor, die nahezu den Geschäftsbedingungen des RWKS entsprachen, bewirkten auch auf den süddeutschen Absatzmärkten eine zunehmende Disziplinierung des Kohlenhandels auf allen Vertriebsstufen. Die Bildung weiterer, kartellähnlicher Händlervereinigungen bis hinunter in den Platz- und Kleinhandel war eine direkte Folge dieser Geschäftspolitik und für die süddeutschen Verkaufsregionen besonders charakteristisch.[171]

Da zahlreiche Unternehmen vor der Gründung des Kohlenkontors nicht nur mit dem Vertrieb von Ruhrkohle beschäftigt gewesen waren, wurde den Mitgliedern der

---

von Kohlen, Koks, Eisen und Eisenerzeugnissen und über den Ankauf einer Reederei, Februar 1913, S. 5f., in: RWWA 130 – 30002/1 und Schulte: Die Rheinschiffahrt und die Eisenbahnen, S. 419).

168 Vgl. ebd.; Verhandlungen zur Bildung des Kohlenkontors, Niederschrift der Sitzung vom 25.11. 1903, S. 26ff., in: ACDP, I-220 – 265/4; o. A.: Kohlenkontor und Rheinschiffahrt, in: Kartell-Rundschau, 1904, Nr. 13/14, S. 544f. und Kestner: Der Organisationszwang, S. 98.

169 Den gleichzeitig Kohlenhandel treibenden Reedereien wurde für diesen Wettbewerb ein erheblicher Vorteil nachgesagt, da diese deutlich bessere Preise bieten konnten (vgl. Bericht des Landrates des Kreises Ruhrort an den Regierungspräsidenten in Düsseldorf zur Gründung des Kohlenkontors, 09.12.1903, S. 1ff., in: GStA PK, I. HA Rep. 120 C VIII 1 Nr. 72 adh. 45 Bd. 2 und Denkschrift über die Gründung einer Handelsgesellschaft für den Verkauf von Kohlen, Koks, Eisen und Eisenerzeugnissen und über den Ankauf einer Reederei, Februar 1913, S. 6ff., in: RWWA 130 – 30002/1).

170 Um den Partikularschiffern weiterhin Beschäftigungsmöglichkeiten zu bieten, forderte das Kohlenkontor seine Mitglieder zeitweise auf, ihren Schiffpark nicht unnötig zu erweitern (vgl. o. A.: Die Kartelle in den Handelskammerberichten, in: Kartell-Rundschau 1905, Nr. 9, S. 505 sowie o. A.: Kohlenkontor und Rheinschiffahrt, in: Kartell-Rundschau, 1904, Nr. 13/14, S. 544f.).

171 Vgl. Bonikowsky: Der Einfluß der industriellen Kartelle auf den Handel in Deutschland, S. 255. Die beim Kohlenkontor einkaufenden Händler mussten die Lieferbestimmungen auch an weitere Abnehmer weitergeben. An vielen der gegründeten Händlervereinigungen war das Kohlenkontor selbst beteiligt (vgl. Kölnische Volkszeitung, 06.11.1910, in: montan.dok/BBA 32/4097; Zeitung „Germania“, 03.10.1905, in: GStA PK, I. HA Rep. 120 C VIII 1 Nr. 72 adh. 45 Bd. 2; Richtsteig: Die Kohlenhandelsgesellschaften des Rheinisch-Westfälischen Kohlen-Syndikats zu Essen a. d. Ruhr, S. 69f. sowie Kap. 5.3).

Verkauf von Fremdprodukten nicht grundsätzlich untersagt. Dieser unterstand jedoch fortan einem Genehmigungsvorbehalt.[172] Von einem zeitweise in der Gründungsphase diskutierten Verbot, auch für Saarkohle, wurde wieder Abstand genommen. Für eine effektive Marktregulierung war es vorteilhafter, den Vertrieb der Fremdprodukte in festgelegten Mengen weiter zuzulassen.[173] Ein grundsätzliches Verbot wäre zudem kaum durchsetzbar gewesen, weil unter den Reederzechen, vor allem mit der Firma Hugo Stinnes, bereits enge unternehmerische Verbindungen zum Saarbergbau bestanden.[174] Auch große Handelsunternehmen wie die Firma Raab-Karcher, auf deren Mitgliedschaft im Kohlenkontor kaum hätte verzichtet werden können, waren stark im Saarkohlenhandel aktiv.[175] Langfristig betrachtet, hätte ein Verkaufsverbot zudem Einigungsversuche zwischen RWKS und dem fiskalischen Bergbau erschweren und damit zu einem kostspieligen Absatzkampf mit den Staatszechen führen können.[176] In der Praxis scheint eine wirksame Überwachung zur Einhaltung der Grenzen beim Verkauf der Fremdkohlen allerdings schwierig gewesen zu sein. Anders ist es nicht zu erklären, dass die Leitung des Kohlenkontors ihre Gesellschafter im Geschäftsbericht dazu auffordern musste, beim Verkauf stärker die Interessen des Ruhrbergbaus zu wahren und gelockerte Bestimmungen zum Handel mit fremden Erzeugnissen nicht zu frei auszulegen.[177]

Als zentraler Anbieter für Produkte der Kartellzechen erreichte das Kohlenkontor zweifellos eine hohe Marktmacht auf den süddeutschen Absatzmärkten. Insbesondere in konjunkturellen Hochphasen wie im Jahr 1907, als das RWKS seine Lieferverpflichtungen kaum erfüllen konnte und zeitweise von einer erneuten „Kohlennot" gesprochen wurde, war die Organisation als „verlängerter Arm" des Syndikats zahl-

---

172 Vgl. Verhandlungen zur Bildung des Kohlenkontors, Niederschrift der Sitzung vom 25.11.1903, S. 37 f., in: ACDP, I-220 – 265/4 und Gründungsvertrag zum Kohlenkontor, 12.12.1903, in: montan.dok/ BBA 33/950.

173 Grundsätzlich verboten blieb für die Händler neben dem Absatz von Außenseiterkohle aus dem Ruhrbergbau der Verkauf englischer, belgischer und französischer Kohle (vgl. Bonikowsky: Der Einfluß der industriellen Kartelle auf den Handel in Deutschland, S. 255).

174 Vgl. Verhandlungen mit den Reederzechen zur Bildung des Kohlenkontors, 01.10.1903, S. 136 f., in: RWWA 130 – 11 – 11. Um vermutlich nicht an Verkaufsgrenzen gebunden zu sein, hatte Hugo Stinnes den Vertrieb der gesamten Kohlenproduktion der Saar & Mosel-Bergwerksgesellschaft kommissionsweise an Dritte abgegeben und dafür die Bürgschaft übernommen (vgl. Abkommen zwischen der Saar- und Mosel-Bergwerksgesellschaft AG und der Firma Hugo Stinnes, 14.01.1903, in: ACDP, I-220 – 267/5).

175 Raab-Karcher verfügte im Kohlenkontor mit 1,06 Millionen Tonnen nach dem RWKS über die höchste Tonnenbeteiligung (vgl. Jahrbuch für den Oberbergamtsbezirk Dortmund 1901 – 1904, S. 664 sowie weitergehend Raab Karcher AG (Hg.): Raab Karcher 1848 – 1998. Wachstum und Wandel in 150 Jahren, Essen 1998, S. 14 ff. und Kap. 4.1.1).

176 Vgl. Verhandlungen mit den Reederzechen zur Bildung des Kohlenkontors, 01.10.1903, S. 131 ff., in: RWWA 130 – 11 – 11. Schon bei der Bildung des Kohlenkontors bestanden Überlegungen, ein Abkommen mit dem Saarbergbau zu schließen. Emil Kirdorf vertrat jedoch die Ansicht, dass einem solchen Abkommen zunächst ein Absatzkampf vorausgehen müsse, um dem Bergfiskus die Marktmacht des RWKS zu demonstrieren (vgl. ebd., S. 115 f.).

177 Vgl. Rheinische Kohlenhandels- und Rhederei-Gesellschaft mbH, Geschäftsbericht 1908/09, S. 6 f.

reichen Anfeindungen ausgesetzt.[178] Die Führungskräfte des Kohlenkontors wiesen seinerzeit viele Anschuldigen als unbegründet zurück und hoben in diesem Zusammenhang gern hervor, dass die eigene Verkaufsorganisation schließlich nur einer von mehreren Anbietern auf den süddeutschen Kohlenmärkten war.[179] Dass das Kohlenkontor starke Nachfragewellen auf den Absatzmärkten für sich ausgenutzt hatte, steht außer Frage. Allerdings zeigte sich nicht nur in solchen Situationen oder bei den Regelungen für den Vertrieb fremder Produkte, dass die Verkaufsgesellschaft trotz ihres hohen Organisationsgrads nicht auf eine monopolistische Marktbeherrschung ausgerichtet war. Vielmehr strebte das RWKS durch die Konzentration des Ruhrkohlenhandels im Kohlenkontor eine Politik der Marktregulierung an, die neben einer Erlössteigerung für die Spediteure die regelmäßige Beschäftigung der Syndikatszechen und eine weitere Ausdehnung des Absatzes sicherstellen sollte.[180] Dabei zeigt die Entwicklung bis zum Vorabend des Ersten Weltkriegs, dass die Einrichtung des Kohlenkontors eine auf Marktbeherrschung ausgelegte Geschäftsstrategie letztlich verhindert und die Wettbewerbsintensität in den süddeutschen Regionen sogar deutlich verstärkt hatte.

Durch die Zusammenfassung von Schifffahrt und Handel und die damit erfolgte Umstellung auf Franco-Lieferungen zum Oberrhein entfielen die bislang durch den Transport verursachten Preisschwankungen. Die vom Kohlenkontor festgelegten Frachtsätze bildeten einen Teil des Gesellschafts- und Liefervertrages und unterlagen über einen längeren Zeitraum keiner Veränderung. Da die Tarife deutlich über dem Preisniveau der vorangegangenen Jahre rangierten, konnten davon alle Akteure in der Rheinschifffahrt profitieren, unabhängig von einer Mitgliedschaft im Kohlenkontor.[181] Beim Verkauf selbst besaß der Ruhrbergbau in Süddeutschland oh-

---

178 Trotz Freigabe der Förderung durch die Syndikatsleitung blieben die Ruhrzechen im Jahr 1907 um mehr als 6 Millionen Tonnen hinter der Nachfrage zurück. Zur Einhaltung der Lieferverpflichtungen musste englische Kohle zugekauft werden. Aufgrund der weiter aufrechterhaltenen Auslandsverpflichtungen wurde dem RWKS die künstliche Herbeiführung eines Kohlenmangels vorgeworfen. Zudem hätte das Kohlenkontor trotz dieser Probleme versucht, seine Lieferbedingungen weiterhin streng durchzusetzen und gleichzeitig die Preise erhöht (vgl. Heinrichsbauer, August: Harpener Bergbau-Aktien-Gesellschaft 1856 – 1936. Achtzig Jahre Ruhrkohlen-Bergbau, Essen 1936, S. 143 f.; Bericht der Königlichen Bergwerksdirektion Saarbrücken an das Königliche Oberbergamt Bonn, 01.07. 1907, in: LA Saarbrücken, Best. BWD-605 und o. A.: Rheinisch-Westfälisches Kohlensyndikat, in: Kartell-Rundschau, 1907, Nr. 10, S. 704 ff.).

179 Vgl. Rheinische Kohlenhandels- und Rhederei-Gesellschaft mbH, Geschäftsbericht 1907/08, S. 5 f.

180 Auch bei den Überlegungen zur Festlegung der Frachttarife während der Gründungsverhandlungen stand weniger die Ausnutzung einer Monopolsituation im Mittelpunkt, sondern vielmehr die Beschäftigungsgarantie und die Konkurrenzfähigkeit zur Eisenbahn (vgl. Verhandlungen mit den Reederzechen zur Bildung des Kohlenkontors, 01.10.1903, S. 110 ff., in: RWWA 130 – 11 – 11). Zur Absatzsicherung wurde dem Kohlenkontor auferlegt, auf Verlangen des RWKS jährlich mindestens die gleichen Kohlenmengen wie im Vorjahr zu beziehen (vgl. Gründungsvertrag zum Kohlenkontor, 12.12. 1903, in: montan.dok/BBA 33/950).

181 Die Höhe der Frachtsätze wurde zunächst für vier Jahre festgelegt (vgl. Bericht des Oberbergamtes Dortmund zur Marktlage, 18.01.1905, in: LHA Koblenz, 403 – 8152; o. A.: Das heutige Kohlensyndikat

nehin die Rolle eines Preisführers. Subventionierte Verkäufe unterhalb der Richtpreise stellten dort zunächst eher eine Ausnahme dar. Da durch die Zusammenfassung der Ruhrkohlenhändler im Kohlenkontor eine weitere, zusätzliche Stabilisierung der örtlichen Verkaufspreise erreicht werden konnte, kam dies der Konkurrenz natürlich ebenso zugute.[182] Die staatliche Bergwerksdirektion Saarbrücken sah daher den durch die Kartellierung des Ruhrkohlenabsatzes hervorgerufenen Marktveränderungen zunächst positiv entgegen. Auch wenn die Konkurrenz zwischen dem Ruhr- und dem Saarbergbau trotz gewisser Marktabsprachen weiterhin ein besonderes Charakteristikum in vielen Regionen in Süddeutschland blieb und vor allem die Saargruben belastete, profitierten diese ebenso wie andere Produzenten vom höheren Preisniveau und von geringeren Preisschwankungen.[183]

Für beide Förderreviere wirkte sich allerdings die weitere Entwicklung in den Folgejahren gleichermaßen aus. Durch die Stabilisierung und Erhöhung der Kohlen- und Transportpreise wurden Marktzugangsbarrieren für weitere Anbieter abgebaut und deren Verkaufstätigkeit deutlich lukrativer. Viele kleinere Reedereibetriebe, die vom Geschäftsverkehr mit dem Kohlenkontor ausgeschlossen waren, konnten ihre Dienste anderen Produzenten zu günstigeren Tarifen als den Frachtsätzen des Kohlenkontors anbieten, die aber noch immer über dem früheren Preisniveau lagen.[184] Die strengen Geschäftsbedingungen des Kohlenkontors machten zudem einen Wechsel beim Kohlenbezug für viele Verbraucher zunehmend attraktiver.[185] Die Tatsache, dass das RWKS zwischen 1906 und 1907 selbst größere Mengen britischer Kohle zur Sicherstellung seiner Lieferverpflichtungen zukaufen musste und auf die süddeutschen

---

und das Rheinische Kohlenkontor, in: Deutsche Kohlen-Zeitung, 31.01.1904, Nr. 5, S. 34 f. und Schoene: Der Wettbewerb zwischen Eisenbahn und Rheinschiffahrt und sein Einfluss auf die Kohlenzufuhr nach Baden, Württemberg und dem rechtsrheinischen Bayern, S. 23).

182 Vgl. ebd., S. 28 f.; Blaich: Kartell- und Monopolpolitik im kaiserlichen Deutschland, S. 97 und Bericht des Königlichen Oberbergamtes Bonn zum Kohlenmarkt, 10.04.1905, in: LHA Koblenz, 403–8152. Über notwendige Subventionierungen der Verkäufe in Süddeutschland wurde z. B. im Jahr 1905 im Beirat berichtet (vgl. RWKS, Sitzung des Beirates, 20.06.1905, S. 14, in: montan.dok/BBA 33/58).

183 Vgl. Bericht der Königlichen Bergwerksdirektion Saarbrücken an das Königliche Oberbergamt Bonn, 07.01.1902, in: LA Saarbrücken, Best. BWD-605. Neben Anlaufschwierigkeiten beim Kohlenkontor profitierten die Saargruben auch von verärgerten Händlern und Abnehmern, die sich nicht den Vertragsbestimmungen des Kohlenkontors beugen wollten und daher verstärkt zur Saarkohle wechselten (vgl. Bericht der Königlichen Bergwerksdirektion Saarbrücken an das Königliche Oberbergamt Bonn, 02.04.1904, in: LA Saarbrücken, Best. BWD-605). Teilweise wurde angemerkt, dass das RWKS gegenüber dem Saarfiskus nicht in einen ernsthaften Wettbewerb eintrat, aber durchaus dazu in der Lage gewesen wäre (vgl. The German Coal Economy, o. O., ca. 1946, S. 83, in: ACDP, I-220–267/2 sowie weitergehend zum Konkurrenzkampf zwischen Ruhr- und Saarbergbau auch Kap. 4.2.3).

184 Vgl. Tiegs: Deutschlands Steinkohlenhandel, seine Entwicklung und Organisation, sowie Schilderung der gegenwärtigen Lage mit besonderer Berücksichtigung des Fiskus, der Kohlenkartelle und Konsumenten, S. 24 und Bericht des Königlichen Oberbergamtes Bonn zum Kohlenmarkt, 11.07.1904, S. 2, in: LHA Koblenz, 403–8152.

185 Vgl. Bonikowsky: Der Einfluß der industriellen Kartelle auf den Handel in Deutschland, S. 51.

Märkten brachte, dürfte die wachsenden Marktanteile der britischen Kohlenimporte nochmals positiv flankiert haben.[186]

Tab. 8: Einfuhr britischer Steinkohle und rheinischer Braunkohle in Baden und Württemberg

	1903	*1905*	*1907*	*1909*	*1911*	*1913*
Britische Steinkohlen	23.545 t	350.376 t	946.400 t	367.165 t	269.159 t	197.597 t
Rheinische Braunkohlen	48.033 t	58.806 t	95.836 t	196.922 t	249.297 t	370.052 t

Quelle: Schoene, Helmut: Der Wettbewerb zwischen Eisenbahn und Rheinschiffahrt und sein Einfluss auf die Kohlenzufuhr nach Baden, Württemberg und dem rechtsrheinischen Bayern, Köln 1923 (Anlagen 1 und 2).

Die hier vorliegenden Angaben zur Anlieferung britischer Steinkohle und rheinischer Braunkohle stellen zwar nur einen Teilausschnitt der süddeutschen Märkte dar, zeigen aber deutlich, in welchem Maße allein der Absatz einzelner Produktionsreviere in bestimmten Verkaufsregionen des Kohlenkontors ausgedehnt werden konnte (vgl. Tab. 8). Die Führungskräfte des Kohlenkontors hofften mit Blick auf diese Entwicklung zunächst, dass viele Verbraucher, die sich seit 1904 verstärkt mit britischer Kohle eindeckten, aus Qualitätsgründen mittelfristig wieder zur Ruhrkohle zurückkehren würden.[187] Zwar hatten im Kohlenverkauf Qualitätsfragen eine wichtige Bedeutung, doch änderte dies nichts daran, dass sich die süddeutschen Märkte zu einer Wettbewerbsregion mit zahlreichen Teilnehmern entwickelten. An diesem „lebhaften Kampf“[188] beteiligten sich neben dem Ruhr- und Saarbergbau, der britischen Importkohle und der rheinischen Braunkohle unter anderem auch Anbieter schlesischer, sächsischer und böhmischer Kohle.[189] Vor allem die Anbieter britischer Kohle wären zur Ausdehnung ihres Absatzes in Süddeutschland, ähnlich wie das RWKS in Norddeutschland, zu recht hohen „Preisopfern“ bereit gewesen. Besonders verschärft hatte sich die Lage für die Kartellzechen mit den zunehmenden Verkaufsbestrebungen der Außenseiterzechen aus dem eigenen Produktionsrevier, die den

186 Vgl. Rheinische Kohlenhandels- und Rhederei-Gesellschaft mbH, Geschäftsbericht 1907/08, S. 4; RWKS, Zechenbesitzerversammlung, 15.08.1906, S. 9 ff., in: montan.dok/BBA 33/8 und Wiedenfeld: Das rheinisch-westfälische Kohlensyndikat, S. 80 ff.

187 Vgl. Rheinische Kohlenhandels- und Rhederei-Gesellschaft mbH, Geschäftsbericht 1906/07, S. 5 ff.

188 O. A.: Kohlenmarkt und Syndikatserneuerung, in: Kartell-Rundschau 1910, Nr. 11, S. 866.

189 Je nach Region kam auch Steinkohle aus Belgien, Frankreich, den Niederlanden, aus den damaligen bayerischen Fördergebieten und später auch aus dem Aachener Revier hinzu (vgl. Rheinische Kohlenhandels- und Rhederei-Gesellschaft mbH, Geschäftsbericht 1907/08, S. 5 f.; Rheinische Kohlenhandels- und Rhederei-Gesellschaft mbH, Geschäftsbericht 1910/11, S. 6 f. und Manno: Die Kohlenversorgung Süddeutschlands, S. 24).

Verkauf ihrer Produkte im Windschatten des Kohlenkontors besonders in den süddeutschen Absatzregionen forcierten.[190]

Für eine stärkere Regulierung des weiter zunehmenden Wettbewerbs hatte das Kohlenkontor gegenüber dem RWKS zeitweise die Forderung erhoben, selbst mit Produkten von Nicht-Syndikatszechen handeln zu dürfen, um die Kosten des Absatzkampfs zu senken. Insbesondere rheinische Braunkohle sollte nach dem Willen der Geschäftsführung künftig durch das Kohlenkontor angeboten werden.[191] Einige Zechenbesitzer im Kohlensyndikat, die nicht selbst im Reedereigeschäft tätig waren, ordneten die vielfach als überhöht bewerteten Frachtsätze für die angeschlossenen Reedereien als wesentliche Ursache für die steigenden Marktkosten in Süddeutschland ein.[192] Zwar zwang die Wettbewerbslage das Kohlenkontor tatsächlich, ab dem Jahr 1908 die Frachtsätze stärker an die Marktverhältnisse anzupassen, doch blieben diese nach Meinung der Kritiker weiterhin auf einem zu hohen Niveau.[193]

Unabhängig von dieser Entwicklung waren die süddeutschen Märkte für den kartellierten Ruhrbergbau eine wesentliche Stütze zur Absatzsicherung, da das Preisniveau aufgrund der fortgesetzt hohen Aufnahmefähigkeit trotz intensiveren Wettbewerbs noch relativ hoch war. Während der Gesamtabsatz des Kohlensyndikats zwischen 1904 und 1912 um knapp 35 Prozent angestiegen war, hatte allein der Gesamtversand des Kohlenkontors im selben Zeitraum um mehr als 87 Prozent zugenommen und damit seine Bedeutung innerhalb der syndizierten Vertriebsstruktur deutlich ausgebaut.[194]

Während die Kosten des steigenden Wettbewerbs in Süddeutschland durch die Gesamtheit der Kartellmitglieder getragen werden mussten, bekamen die unmittelbar am Kohlenkontor beteiligten Unternehmen die Veränderungen auf den Absatzmärkten nur in deutlich geringerem Maße zu spüren. Neben den hohen Erlösen aus den fixierten Frachttarifen konnten die Mitglieder zudem von der jährlichen Auszahlung

---

190 Vgl. RWKS, Sitzung des Beirates, 17.02.1909, S. 6 f., in: montan.dok/BBA 33/62; Bericht der Königlichen Bergwerksdirektion Saarbrücken an das Königliche Oberbergamt Bonn, 20.03.1909, in: LA Saarbrücken, Best. BWD-606; o. A.: Kohlenmarkt und Syndikatserneuerung, in: Kartell-Rundschau 1910, Nr. 11, S. 866 und Frankfurter Zeitung, 16.01.1912, in: montan.dok/BBA 32/4097. Zur Konkurrenz der Außenseiterzechen vgl. Kap. 4.1.2.

191 Es hieß seitens des Kohlenkontors: „Unsere Beschränkung auf den Verkauf von Ruhrprodukten schadet dem Verkauf von Ruhrprodukten" (Zit. Rheinische Kohlenhandels- und Rhederei-Gesellschaft mbH, Geschäftsbericht 1911/12, S. 6).

192 Fritz Thyssen kritisierte mehrfach die aus seiner Sicht zu hohen Frachtsätze, die zwar gewinnbringend für die Transporteure waren, aber der Konkurrenz am Oberrhein in die Hände spielten (vgl. RWKS, Sitzung des Beirates, 17.02.1909, S. 1 ff., in: montan.dok/BBA 33/62 und RWKS, Sitzung des Beirates, 14.08.1911, S. 5, in: montan.dok/BBA 33/64). Vgl. ferner auch Roelevink: Organisierte Intransparenz, S. 116.

193 Vgl. Sätze des Hauptvertrages mit der Rheinischen Kohlenhandel- und Reedereigesellschaft, Mülheim-Ruhr, o. D. (ca. 1909), in: montan.dok/BBA 42/73; Kempkens: Die Rheinschiffahrtskartelle und die Ursachen ihres Zusammenbruchs, in: Kartell-Rundschau 1912, Nr. 9, S. 1089 und Rheinische Kohlenhandels- und Rhederei-Gesellschaft mbH, Geschäftsbericht 1910/11, S. 6.

194 Vgl. Tab. 9 sowie Tab. 31 im Anhang.

Tab. 9: Umsätze des Kohlenkontors zwischen 1904 und 1916

Jahr	Beteiligung	Beteiligung	Gesamtversand	Dividende
1904/05	13.847.400 Mk.	9.231.600 t	6.583.160 t	0,30 Mk.
1905/06	13.847.400 Mk.	9.231.600 t	8.407.154 t	0,50 Mk.
1906/07	13.847.400 Mk.	9.231.600 t	9.161.041 t	0,75 Mk.
1907/08	15.232.140 Mk.	10.154.760 t	10.361.154 t	0,70 Mk.
1908/09	16.616.880 Mk.	11.077.792 t	10.187.465 t	0,50 Mk.
1909/10	16.616.880 Mk.	11.077.792 t	10.231.981 t	0,45 Mk.
1910/11	16.616.880 Mk.	11.077.792 t	10.452.180 t	0,40 Mk.
1911/12	16.616.880 Mk.	11.077.792 t	11.276.738 t	0,65 Mk.
1912/13	18.001.620 Mk.	12.001.080 t	12.319.163 t	0,70 Mk.
1913/14	19.386.360 Mk.	12.924.240 t	12.644.345 t	0,75 Mk.
1914/15	20.771.100 Mk.	13.847.400 t	10.553.225 t	0,85 Mk.
1915/16	22.155.840 Mk.	14.770.560 t	9.812.366 t	0,65 Mk.

Quelle: Statistische Angaben zu den Umsätzen des Kohlenkontors, in: RWWA 130–30019323/1.

der Dividende auf das Stammkapital profitieren, die im Vergleich zu anderen Syndikatshandelsgesellschaften einen Spitzenwert erreichte (vgl. Tab. 9).[195] Dass bei den einzelnen Zechenbesitzern im RWKS angesichts dieser Ergebnisse eine eigene Absatzorganisation wieder eine zunehmende Bedeutung für die unternehmerische Wertschöpfung bekam, bedarf damit kaum einer weiteren Erklärung.[196]

3.5 Handelssyndizierung auf bestrittenen Inlandsmärkten

Mit der Bildung des Kohlensyndikats sollten durch einen gemeinschaftlichen Vertrieb der Ruhrzechen auf stark bestrittenen Märkten die dafür hohen Wettbewerbskosten gleichmäßig auf die Kartellmitglieder verteilt werden, da die notwendigen Preisopfer für einzelne Gesellschaften kaum finanzierbar gewesen wären.[197] Der Verkauf auf solchen stark bestrittenen Absatzmärkten, der Ausbau von Marktanteilen in diesen Regionen und die Erschließung weiterer Absatzgebiete war aufgrund des überpro-

195 Zu den Dividenden der weiteren Syndikatshandelsgesellschaften vgl. Tab. 27. Zwar hatte das RWKS durch die eigene Beteiligung und durch die Abführung eines Gewinnanteils ebenso von diesen Einnahmen profitieren können, doch konnte dies die steigenden Wettbewerbskosten nur in geringen Teilen kompensieren (vgl. Kap. 5.1.1).

196 Vgl. ausführlich Kap. 4.1.1.

197 Vgl. Verein für die bergbaulichen Interessen im Oberbergamtsbezirk Dortmund: Die Entwickelung des niederrheinisch-westfälischen Steinkohlen-Bergbaues in der zweiten Hälfte des 19. Jahrhunderts. Band XI: Wirtschaftliche Entwickelung, Teil 2, S. 254 f. Die Notwendigkeit zur gemeinschaftlichen Bearbeitung bestrittener Märkte hatten die Syndikatsprotagonisten auch nach der Geschäftsaufnahme regelmäßig gegenüber den Zechenbesitzern betont, um den Fortbestand des RWKS zu rechtfertigen (vgl. u. a. RWKS, Zechenbesitzerversammlung, 26. 06. 1895, in: montan.dok/BBA 55/2246).

portionalen Wachstums des Ruhrbergbaus im Vergleich zur parallel steigenden Nachfrage im eigenen Produktionsrevier eine zwingende Notwendigkeit.[198] Die Umgestaltung der Absatzorganisation setzte in diesen Regionen allerdings vergleichsweise spät ein und war in ihrer Struktur deutlich stärker als in anderen Gebieten durch die jeweils spezifische Wettbewerbssituation geprägt.

Im 19. Jahrhundert galt die Ausdehnung der Absatzgebiete, vor allem auf das Ausland, zunächst noch als temporäre taktische Maßnahme zur Unterbringung von Überproduktionsmengen. Jedoch wandelte sich das Exportgeschäft bei vielen Unternehmen zu einer permanenten Absatzstrategie. Gerade für den Ruhrbergbau stellte der Auslandsabsatz keineswegs nur eine „Ventilfunktion" für Überproduktionen dar, sondern wurde auch in Zeiten ausreichender oder sogar besonders starker inländischer Nachfrage zur Sicherung des dortigen Marktzugangs konsequent weitergeführt.[199] Vor allem die südlichen und westlichen Nachbarländer – die Schweiz, Frankreich, Belgien und in besonderem Maße die Niederlande – hatten für den Export aufgrund der vergleichsweise niedrigen Transportkosten eine quantitativ herausragende Stellung eingenommen. Dies wurde durch das Kohlensyndikat weiter ausgebaut, um durch eine breitere Absatzverteilung das notwendige Preisniveau auf den unbestrittenen Märkten sicherzustellen.[200] Das Ausland galt in der Geschäftspolitik des RWKS vollständig als bestrittenes Absatzrevier, wo im Kohlenvertrieb Verkäufe unterhalb der Richtpreise notwendig waren. Allerdings stellte der Kohlenexport in die Nachbarländer in der Praxis nur in Teilen ein Verlustgeschäft dar.[201] Sehr hohe Marktkosten verursachte hingegen das über Kontinentaleuropa hinausgehende Ver-

---

198 Vgl. Fremdling: Anglo-German rivalry in coal markets in France, the Netherlands and Germany, 1850 – 1913, S. 600; Walther: Die Entwicklung des Abrechnungsverfahrens des Rheinisch-Westfälischen Kohlen-Syndikats und seine Preispolitik, S. 66 und RWKS, Zechenbesitzerversammlung, 15.08. 1906, S. 13 ff., in: montan.dok/BBA 33/8.

199 Vgl. ebd., S. 17 f. und RWKS, Sitzung des Beirates, 07.11.1906, S. 3 ff., in: montan.dok/BBA 33/59. Zum niederländischen Kohlenmarkt vgl. Roelevink: Organisierte Intransparenz, S. 66 ff. Ferner vgl. auch Blaich: Absatzstrategien deutscher Unternehmen im 19. und in der ersten Hälfte des 20. Jahrhunderts, S. 20.

200 Neben der SHV in den Niederlanden existierte für Belgien seit dem Jahr 1907 mit der Société Générale Charbonière in Antwerpen ebenfalls eine mit einer Syndikatshandelsgesellschaft vergleichbare Organisation. In Frankreich besaß das RWKS seit 1907 einzelnen Angaben zufolge ein Verkaufsbüro in Paris, wobei auch selbstständige Händler weiterhin direkt am dortigen Vertrieb beteiligt waren (vgl. Wilhelm: Das Rheinisch-Westfälische Kohlensyndikat und die Oberschlesische Kohlenkonvention bis zum Jahre 1933, S. 107 ff. und Berliner Jahrbuch für Handel und Industrie. Bericht der Ältesten der Kaufmannschaft von Berlin. Jahrgang 1908, Bd. 1, S. 136).

201 Hohe Erlöse auf den Auslandsmärkten gab es nicht nur während des Ersten Weltkriegs, sondern auch in Phasen der Hochkonjunktur. Ebenso konnten für bestimmte Kohlensorten im Ausland regelmäßig höhere Verkaufspreise als im Inland erzielt werden (vgl. RWKS, Verhandlungen in der Sitzung des Ausschusses zur Verlängerung des Syndicats, o. D. (verm. 08.12.1902), S. 40 ff., in: montan.dok/BBA 33/26; RWKS, Zechenbesitzerversammlung, 11.07.1903, S. 518 f., in: montan.dok/BBA 33/25; RWKS, Sitzung des Beirates, 25.04.1904, S. 5 f., in: montan.dok/BBA 33/57 sowie zur Entwicklung im Ersten Weltkrieg Kap. 5.2.1).

kaufsgeschäft, das trotz einer Ausweitung durch das Syndikat quantitativ gering blieb.[202]

Während die Exporttätigkeit regelmäßig Angriffen der deutschen Öffentlichkeit ausgesetzt war,[203] bestanden aus Perspektive des Kohlensyndikats für die Geschäftspolitik keine wesentlichen Unterschiede, ob Kohle auf bestrittenen Märkten in den Nachbarländern oder in inländischen Wettbewerbsregionen abgesetzt wurde. Dies war insbesondere in den norddeutschen Regionen und in den Gebieten östlich der Elbe der Fall. Kristallisationspunkte für den Vertrieb auf diesen stark bestrittenen Märkten waren die Umschlagplätze Hamburg und Berlin. Während sich der Wettbewerb in der norddeutschen Hansestadt nahezu ausschließlich zwischen der britischen Importkohle und den Produkten aus dem Ruhrbergbau abspielte, konkurrierten in Berlin neben der dominierenden oberschlesischen Kohle vor allem auch britische, niederschlesische und sächsische Produzenten um Marktanteile.[204] Der Ruhrbergbau besaß dort aufgrund der Transportkostennachteile eher eine Nischenstellung, doch hatte für das RWKS die Marktpräsenz in der Hauptstadt nichtsdestotrotz eine große Bedeutung.[205] Weitaus früher als in anderen Regionen war in Berlin zudem ein Wettbewerb mit der Braunkohle zu spüren, die dort aus den mitteldeutschen, böhmischen und sächsischen Revieren eingeführt wurde.[206] In Hamburg, wo die Verkaufsmengen deutlich größer waren, hatten Veränderungen in der Struktur der Eisenbahntarife die Marktstellung für das RWKS schon vor dem Jahr 1900 deutlich verbessert (vgl. Tab. 10). Letztlich blieben aber bis zum Ausbruch des Ersten Weltkriegs an beiden Umschlagplätzen die Verkaufspreise der Konkurrenz der Maßstab für die Preispolitik des RWKS.[207]

---

202 Zum „Übersee"-Absatz vgl. u. a. Domizlaff: Frachtcontor Junge & Co., S. 8 ff. und RWKS, Zechenbesitzerversammlung, 15.08.1904, S. 9, in: montan.dok/BBA 33/6. Allgemein zum Exportgeschäft aus Perspektive des RWKS vgl. Goetzke: Das Rheinisch-Westfälische Kohlen-Syndikat und seine wirtschaftliche Bedeutung, S. 208 ff.

203 Zur zeitgenössischen Kritik der Auslandsverkäufe vgl. Morgenroth, Wilhelm: Die Exportpolitik der Kartelle. Untersuchungen über die handelspolitische Bedeutung des Kartellwesens, Leipzig 1907, S. 13 ff.

204 Vgl. Treue: 100 Jahre Caesar Wollheim, S. 38; Fremdling: Britische und deutsche Kohle auf norddeutschen Märkten 1850 – 1913, S. 50 und Berliner Jahrbuch für Handel und Industrie. Bericht der Ältesten der Kaufmannschaft von Berlin. Jahrgang 1903, Bd. 2, S. 148 ff.

205 In Berlin war bei Ruhrkohle der Anteil der Frachtkosten größer als der Anteil der Produktionskosten. Die Verkaufspreise im dortigen Großhandel waren meist etwa doppelt so hoch wie im Ruhrgebiet (vgl. Altmann: Die Kohlenversorgung Groß-Berlins und der Mittellandkanal, S. 18 und Jahrbuch für den Oberbergamtsbezirk Dortmund 1908/09, S. 728). Die politische Bedeutung der Marktpräsenz auf dem Berliner Kohlenmarkt zeigte sich vor allem in den Debatten zur Umgestaltung der dortigen Verkaufsorganisation im Jahr 1916 (vgl. Kap. 5.2.4).

206 Vgl. Berliner Jahrbuch für Handel und Industrie. Bericht der Ältesten der Kaufmannschaft von Berlin. Jahrgang 1903, Bd. 2, S. 150 ff. und Zentgraf: Der Wettbewerb auf dem Berliner Kohlenmarkt. Teil 4, S. 453.

207 Zur Verbesserung der Wettbewerbsstellung durch Änderungen bei den Eisenbahntarifen vgl. Fremdling: Eisenbahnen und deutsches Wirtschaftswachstum, S. 62 und Jüngst, Ernst: Das nieder-

Tab. 10: Kohlenzufuhr verschiedener Förderreviere in Hamburg und Berlin

	Hamburg			**Berlin** (und Vororte)			
Jahr	Anteil brit. Kohlen	Anteil westf. Kohlen	Absolute Menge westf. Kohlen	Anteil oberschl. Kohlen	Anteil brit. Kohlen	Anteil westf. Kohlen	Absolute Menge westf. Kohlen
1891	69,2 %	30,8 %	833.750 t				
1893	61,4 %	38,6 %	1.003.590 t				
1895	56,5 %	43,5 %	1.298.270 t	61,2 %	14,8 %	8,6 %	140.000 t
1897	59,8 %	40,2 %	1.452.090 t	59,9 %	16,3 %	11,6 %	275.000 t
1899	59,5 %	40,5 %	1.645.800 t	63,8 %	11,2 %	11,9 %	300.000 t
1901	61,0 %	39,0 %	1.724.000 t	59,7 %	18,9 %	9,7 %	290.000 t
1903	62,1 %	37,9 %	1.874.300 t	62,3 %	15,1 %	9,6 %	287.000 t
1905	64,5 %	35,5 %	1.976.000 t	51,7 %	29,5 %	8,7 %	197.000 t

Quelle: Jahrbuch für den Oberbergamtsbezirk Dortmund 1908/09, Essen, S. 717 f.

In Hamburg stand dem Kohlensyndikat nach der Geschäftsaufnahme aufgrund der vergleichsweise hohen Verkaufsmengen bereits ein starkes Netz von Händlern zur Verfügung. Als Generalvertreter fungierte dort zunächst die zuvor für die Gelsenkirchener Bergwerks-AG tätige Handelsfirma A. W. Naht. Weitere Großhändler aus der gesamten Absatzregion (Syndikatsrevier 1) kamen allerdings als Direktabnehmer hinzu.[208] Das seit dem Jahr 1889 als Gemeinschaftsorganisation mehrerer Ruhrzechen bestehende Kohlen- und Kokslager Hamburg-Sternschanze blieb eine Vertriebsstelle für den Detailverkauf und nahm in der Absatzpolitik des RWKS keine besondere Stellung ein.[209] In der Strategie der Syndikatsleitung zeigte sich vor allem, dass im Hamburger Raum ohne Mitwirkung von Zwischenhändlern verstärkt Großverbraucher als Direktabnehmer gewonnen werden sollten, wozu insbesondere Reedereien zählten.[210] Eine Absatzausweitung „um jeden Preis" lehnte die Syndikatsleitung für den

rheinisch-westfälische Revier, in: Borchardt, Karl (Hg.): Handbuch der Kohlenwirtschaft. Ein Nachschlagewerk für Kohlenerzeuger, Kohlenhändler und Kohlenverbraucher, Berlin 1926, S. 189 – 210, hier: S. 204. Zur Konkurrenzsituation in den bestrittenen Revieren aus Perspektive des Kohlensyndikats vgl. RWKS, Zechenbesitzerversammlung, 05.02.1895, in: montan.dok/BBA 55/2246 und RWKS, Zechenbesitzerversammlung, 04.05.1895, in: montan.dok/BBA 55/2246.

208 Vgl. o. A.: Organisation des Kohlenhandels, in: Kartell-Rundschau 1906, Nr. 12, S. 568 f.; Naht, Viethers & Co., Hamburg: Zusammenstellung zur Firmengeschichte von 1906 – 1956 von Dr. Holle, 1956, S. 1, in: montan.dok/BBA 95/2639 und Westfälisches Kohlenkontor Naht, Emschermann u. Co., i. L., Hamburg: 50 Jahre Ruhrkohlenverkauf im norddeutschen Küstengebiet, 1956, S. 4, in: montan.dok/BBA 95/160. Das Absatzrevier 1 umfasste die Gebiete Hamburg, Schleswig-Holstein, Mecklenburg und Nordhannover (vgl. ebd., S. 6 f.).

209 Vgl. dazu ausführlich Kap. 2.3.1.

210 Vgl. Handelskammer Hamburg (Hg.): Hamburgs Handel im Jahre 1895, S. 44; o. A.: Norddeutschland, in: Deutsche Kohlen-Zeitung, 14.02.1895, Nr. 13, S. 100; o. A.: Kohlenabschlüsse, in:

Hamburger Markt allerdings ab. Aufgrund des niedrigen Preisniveaus wirkten sich steigende Vertriebsmengen in der Folge auf die Höhe der Kartellumlage aus.[211]

Auf dem nochmals stärker umkämpften Berliner Kohlenmarkt arbeitete das RWKS seit der Geschäftsaufnahme mit zeitweise kleinen Erfolgen daran, den Marktanteil für Ruhrkohle zu erhöhen (vgl. Tab. 10). In der dortigen Vertriebsorganisation entwickelten sich seit 1893 mehrere Besonderheiten: Nach der Abgrenzung der Absatzreviere waren für den Berliner Markt nur noch zwei Großhändler zum unmittelbaren Einkauf bei der Essener Kartellzentrale berechtigt. Dies waren die Firmen Heinrich Marzahn und Cäsar Wollheim, welche in Berlin den Weiterverkauf von Ruhrprodukten an Zwischen- und Kleinhändler organisierten.[212] Cäsar Wollheim war allerdings an erster Stelle neben der Firma Emanuel Friedländer & Co. Generalunternehmer für den Absatz der Oberschlesischen Kohlenkonvention und dominierte für diese Produkte den Berliner Markt.[213] Unabhängig von diesen Großhändlern richtete das RWKS zusätzlich eine kartelleigene Vertriebsstelle für Gießerei- und Heizkoks ein, wofür es auf dem Berliner Markt eine vergleichsweise hohe Nachfrage gab.[214]

Ob die Einrichtung von Syndikatshandelsgesellschaften als Zusammenschluss von Großhändlern auch für Hamburg oder Berlin wirtschaftliche Vorteile haben würde und die Konkurrenzfähigkeit der Ruhrkohle verbessern konnte, war unter den Zeitgenossen durchaus umstritten.[215] Aus Perspektive der Kartellführung waren aber ge-

---

Deutsche Kohlen-Zeitung, 07.04.1895, Nr. 28, S. 219; o. A.: Vom Hamburger Kohlenmarkt, in: Deutsche Kohlen-Zeitung, 09.01.1896, Nr. 3, S. 17 f. und RWKS, Zechenbesitzerversammlung, 23.09.1908, S. 3, in: montan.dok/BBA 33/10.

211 Vgl. RWKS, Zechenbesitzerversammlung, 15.08.1904, S. 11, in: montan.dok/BBA 33/6 sowie ferner auch RWKS, Zechenbesitzerversammlung, 15.08.1906, S. 13 ff., in: montan.dok/BBA 33/8.

212 Vgl. Zentgraf, Emil: Der Wettbewerb auf dem Berliner Kohlenmarkt. Teil 1, in: Glückauf, Berg- und Hüttenmännische Zeitschrift 49, 1913, Nr. 12, S. 449–460, hier: S. 453 f. und Zentgraf, Emil: Der Wettbewerb auf dem Berliner Kohlenmarkt. Teil 3, in: Glückauf, Berg- und Hüttenmännische Zeitschrift 49, 1913, Nr. 14, S. 533–540, hier: S. 534.

213 Vgl. ebd., S. 533. Die 1890 gegründete Oberschlesische Kohlenkonvention war kein klassisches Verkaufssyndikat mit eigener Absatzorganisation. Die beiden Vertriebsgesellschaften Emanuel Friedländer und Caesar Wollheim waren mit beratender Stimme an der Konvention beteiligt und hatten etwa 60 Prozent der Gesamtförderung des Kartells zum Weiterverkauf übernommen (vgl. Treue: 100 Jahre Caesar Wollheim, S. 28 f. und Ziegler, Dieter: Kriegswirtschaft, Kriegsfolgenbewältigung, Kriegsvorbereitung. Der deutsche Bergbau im dauernden Ausnahmezustand (1914–1945), in: ders. (Hg.): Geschichte des deutschen Bergbaus. Band 4: Rohstoffgewinnung im Strukturwandel: Der deutsche Bergbau im 20. Jahrhundert, Münster 2013, S. 15–182, hier: S. 18 f.). Für den Kohlenverkauf aus Niederschlesien bestand seit 1904 eine eigene Syndikatsorganisation, die für den Berliner Kohlenmarkt einem Vertreter das Alleinverkaufsrecht übertragen hatte (vgl. Zentgraf: Der Wettbewerb auf dem Berliner Kohlenmarkt. Teil 3, S. 534).

214 Vgl. Altmann: Die Kohlenversorgung Groß-Berlins und der Mittellandkanal, S. 31 und Treue: 100 Jahre Caesar Wollheim, S. 11. Der Direktabsatz an Großverbraucher fiel aufgrund der niedrigen Industriedichte in Berlin geringer aus als in anderen Regionen (vgl. Berliner Jahrbuch für Handel und Industrie. Bericht der Ältesten der Kaufmannschaft von Berlin. Jahrgang 1903, Bd. 2, S. 144 f.).

215 Teilweise wurden den Syndikatshandelsgesellschaften auch ein hoher Bürokratismus und eine geringe Flexibilität vorgeworfen, die sich nach Meinung von Kritikern auf Wettbewerbsmärkten eher

rade die Syndikatshandelsgesellschaften dazu geeignet, die Preiskalkulation in Wettbewerbsgebieten zu erleichtern, weil die Konkurrenzsituation nur noch von einer einzigen Stelle bewertet wurde.[216] Auch zeigte sich bei den bestehenden Gesellschaften, dass diese einen hohen marktordnenden Einfluss auf nachfolgende Absatzstufen ausübten. Dies war auch für Berlin relevant, weil dort ein fortwährend starker Wettbewerb zwischen den Ruhrkohlehändlern unterhalb der ersten Großhandelsebene die Verkaufsarbeit erschwerte.[217]

In beiden Großstadtregionen kam es erst nach der Kartellerneuerung im Jahr 1903 zu erkennbaren Bestrebungen des Kohlensyndikats, die Absatzorganisation durch eine Zusammenfassung der Händler zu straffen. Die mit der Erneuerung erweiterten Beteiligungsrechte ermöglichten dem RWKS zudem eigene Investitionen: So erwarb die Syndikatsleitung im Jahr 1904 einen Lagerplatz im Berliner Westhafen, um ein eigenes Brechwerk zu errichten.[218] An der Gründung einer Syndikatshandelsgesellschaft für das gesamte Absatzrevier 29,[219] die zum Jahresende 1905 unter dem Namen „Westfälische Kohlenverkaufsgesellschaft mbH, Berlin" erfolgte, hatte das Kohlensyndikat nicht nur mitgewirkt, sondern sich direkt mit 45 Prozent am Stammkapital beteiligt. Das seit den Gründungsverhandlungen für das Kohlenkontor existierende Vorhaben, zukünftig bei allen Handelsgesellschaften Anteile am Stammkapital zu besitzen, dürfte für diese hohe Beteiligung nicht der einzige Grund gewesen sein. Vielmehr schienen in Berlin nur wenige kapitalkräftige Firmen für eine Teilhabe zur Verfügung zu stehen, die sich zudem mit vergleichsweise geringen Gewinnmargen aus dem Verkauf von Syndikatsprodukten zufrieden gaben. Neben dem RWKS waren nur noch die beiden bereits im Ruhrkohlenabsatz tätigen Berliner Unternehmen Marzahn (13 Prozent) und Cäsar Wollheim (35 Prozent) sowie die Dortmunder Großhandlung Bellwinkel, Fischer & Co. (7 Prozent) an der neuen Gesellschaft beteiligt.[220] Durch die starke Beteiligung von Cäsar Wollheim wurden die engen Verbindungen zur Absatzorganisation des oberschlesischen Bergbaus sogar noch gefestigt. Mitunter wurde in

---

nachteilig auswirken könnten (vgl. Zentgraf: Der Wettbewerb auf dem Berliner Kohlenmarkt. Teil 3, S. 534).

216 Vgl. RWKS, Zechenbesitzerversammlung, 30.03.1896, in: montan.dok/BBA 55/2246 und Johann Wilhelm Welker: Kohlenhandelsgesellschaften des Syndikats, ca. 1916, S. 2, in: HA, JWW: 65.

217 Vgl. Berliner Jahrbuch für Handel und Industrie. Bericht der Ältesten der Kaufmannschaft von Berlin. Jahrgang 1903, Bd. 2, S. 168 sowie Kap. 3.1.

218 Vgl. Treue: 100 Jahre Caesar Wollheim, S. 29; o. A.: Rheinisch-Westfälisches Kohlensyndikat, in: Kartell-Rundschau 1904, Nr. 13/14, S. 532 und Bericht des Oberbergamtes Dortmund zur Marktlage, 29.04.1905, S. 4, in: LHA Koblenz, 403–8152.

219 Zur Einteilung der Absatzreviere vgl. Tielmann, Paul: Die Syndikatshandelsgesellschaften des Rheinisch-Westfälischen Kohlen-Syndikats in der Volkswirtschaft, Essen 1940, S. 9 ff.

220 Die kartelleigene Vertriebsstelle in Berlin ging ebenso in der neuen Syndikatshandelsgesellschaft auf (vgl. Gesellschaftsvertrag der Westfälischen Kohlen-Verkaufsgesellschaft mbH, o. D., in: montan.dok/BBA 33/951; o. A.: Eintragungen und Gründungen, in: Deutsche Kohlen-Zeitung, 13.01.1906, Nr. 2, S. 14; Altmann: Die Kohlenversorgung Groß-Berlins und der Mittellandkanal, S. 31 und o. A.: Rhein.-Westf. Kohlensyndikat, in: Kartell-Rundschau 1905, Nr. 12, S. 691).

Bezug auf Berlin von einer freundschaftlichen Beziehung zwischen beiden Produzentenrevieren gesprochen, die auf der Gegnerschaft zu den britischen Kohlenimporten basierte.[221]

In Hamburg erfolgte die Gründung einer Syndikatshandelsgesellschaft als Zusammenschluss der Großhändler im November 1906. Neben dem RWKS mit einem Anteil am Stammkapital von knapp 31 Prozent waren allerdings 15 weitere Unternehmen an der Westfälischen Kohlen-Kontor GmbH (WKK) beteiligt, die für das Absatzrevier 1 ein Alleinverkaufsrecht für Syndikatsbrennstoffe verliehen bekam. Eine Zusammenarbeit mit Verkäufern britischer Kohle als einzige relevante Konkurrenten in diesem Revier war – das dürfte kaum überraschen – nicht vorgesehen. Daher mussten die der Syndikatshandelsgesellschaft beitretenden Händler auf den Vertrieb britischer Kohle vollständig verzichten.[222] Im Unterschied zu anderen Handelsgesellschaften war das WKK von Beginn an stark im Platz- und Kleinhandel aktiv, um britische Kohle auch im Hausbrandsektor zu verdrängen.[223] Ein weiteres, allerdings kaum bekanntes Tätigkeitsfeld der Gesellschaft war das Speditionsgeschäft: Das WKK wickelte auch Ruhrkohlentransporte von Hamburg nach Berlin ab, wobei die Berliner Syndikatshandelsgesellschaft zur Hälfte an den Umsätzen beteiligt wurde.[224]

Durch die Reduzierung auf einen Anbieter im Großhandel und die damit verbundene Vereinheitlichung der Preispolitik kann der Handelssyndizierung auf den Hamburger und Berliner Kohlenmärkten eine positive Wirkung auf die Höhe der Markt- und Organisationskosten für den Ruhrbergbau zugesprochen werden. An Umsatz- und Verbrauchszahlen kann eine Kostensenkung aufgrund unterschiedlicher Datenquellen sowie den vielfältigen konjunkturellen Einflüssen allerdings nur be-

---

221 Vgl. Treue: 100 Jahre Caesar Wollheim, S. 29. Diese enge Verbindung zwischen den beiden Revieren wurde von Kritikern als Grund für eine geringe Effizienz der SHG in Berlin genannt (vgl. Zentgraf: Der Wettbewerb auf dem Berliner Kohlenmarkt. Teil 3, S. 534 und RWKS, Niederschrift der Sitzung des Aufsichtsrats, 24.01.1916, S. 10 f., in: montan.dok/BBA 32/4107). Auch im Berliner Zwischen- und Platzhandel für Kohle und Koks entstanden kartellähnliche Zusammenschlüsse, die zum Teil revierübergreifend organisiert waren (vgl. Berliner Jahrbuch für Handel und Industrie. Bericht der Ältesten der Kaufmannschaft von Berlin. Jahrgang 1910, Bd. 2, S. 197 ff. und RWKS, Sitzung des Ausschusses f (Geschäftsausschuss), 18.03.1916, S. 35 ff., in: montan.dok/BBA 33/78).

222 Für eine Beteiligung am WKK wurde ein Mindestumsatz von 10.000 Jahrestonnen festgelegt. Das Kohlensyndikat behielt sich weiterhin Direktlieferungen an Großabnehmer vor (vgl. Westfälisches Kohlenkontor Naht, Emschermann u. Co., i. L., Hamburg: 50 Jahre Ruhrkohlenverkauf im norddeutschen Küstengebiet, 1956, S. 5 ff., in: montan.dok/BBA 95/160).

223 Vgl. Richtsteig: Die Kohlenhandelsgesellschaften des Rheinisch-Westfälischen Kohlen-Syndikats zu Essen a. d. Ruhr, S. 100 und Denkschrift zu den Kohlenhandelsgesellschaften, 16.06.1922, S. 8 ff., in: montan.dok/BBA 33/976.

224 Vgl. RWKS, Niederschrift über die Besprechung mit den Kohlenhandelsgesellschaften, 04.03.1919, S. 3 f., in: montan.dok/BBA 33/953. Auch britische Kohle wurde häufig über Hamburg nach Berlin gebracht. Führend in diesem Geschäft war die Firma Hugo Stinnes (vgl. Zentgraf: Der Wettbewerb auf dem Berliner Kohlenmarkt. Teil 3, S. 535; RWKS, Sitzung des Ausschusses f (Geschäftsausschuss), 17.01.1916, S. 78, in: montan.dok/BBA 33/78 und Altmann: Die Kohlenversorgung Groß-Berlins und der Mittellandkanal, S. 31 f.).

dingt aufgezeigt werden.[225] Die Tonnenumsätze der beiden Syndikatshandelsgesellschaften hatten jedoch in den folgenden Jahren nahezu durchgehend eine positive und zugleich auch relativ gleichmäßige Entwicklung, die in Hamburg sogar deutlich über den Steigerungsraten des Gesamtabsatzes des RWKS lag (vgl. Tab. 11).

Tab. 11: Entwicklung der Kohlenmärkte in Hamburg und Berlin

	Hamburg		**Berlin**		**RWKS**
	Tonnenumsatz der SHG	Steigerungsrate	Tonnenumsatz der SHG	Steigerungsrate	Steigerungsrate Gesamtabsatz RWKS
1907/08	1.504.073 t		439.817 t		
1908/09	–		436.462 t	−0,8 %	3,0 %
1909/10	1.849.972 t		452.572 t	3,7 %	−2,4 %
1910/11	2.003.599 t	8,3 %	471.071 t	4,1 %	4,9 %
1911/12	2.311.305 t	15,4 %	480.611 t	2,0 %	2,8 %
1912/13	2.599.769 t	12,5 %	483.811 t	0,7 %	9,0 %

Quellen: Statistische Angaben zum Westfälischen Kohlen-Kontor Hamburg, 10. 03. 1915, in: montan. dok/BBA 33/951; Richtsteig, Wilhelm: Die Kohlenhandelsgesellschaften des Rheinisch-Westfälischen Kohlen-Syndikats zu Essen a. d. Ruhr, Münster 1924; Westfälisches Kohlenkontor Naht, Emschermann u. Co., i. L., Hamburg: 50 Jahre Ruhrkohlenverkauf im norddeutschen Küstengebiet, 1956, in: montan.dok/BBA 95/160 und Lüthgen, Helmut: Das Rheinisch-Westfälische Kohlensyndikat in der Vorkriegs-, Kriegs- und Nachkriegszeit und seine Hauptprobleme, Leipzig 1926, S. 212 f.

Trotz der gestiegenen Verkaufszahlen blieben beide Märkte für das Kohlensyndikat bis zum Ausbruch des Ersten Weltkriegs stark bestrittene Absatzgebiete, wobei die Syndikatsleitung regelmäßig hervorhob, dass insbesondere das „Berliner Geschäft immer die grössten Preisopfer gekostet hat“[226]. Für das Kohlensyndikat blieben auch nach der dortigen Syndizierung der Handelsstrukturen weiterhin die Transportkosten ein erheblicher „Hemmschuh“ für eine möglichst kostengünstige Ausweitung der Marktanteile.[227] Aus diesem Grund wurden auch in den Folgejahren insbesondere für den Berliner Markt, teilweise durch Zusammenarbeit mit dem oberschlesischen

225 Die Umsatzzahlen der SHG müssen für das gesamte Absatzrevier betrachtet werden, während zur Gesamteinfuhr westfälischer Kohle nur Zahlen für die jeweiligen Städte und deren Vororte vorliegen. Insbesondere in Berlin konnten sich zudem aufgrund der großen Zahl beteiligter Kohlenreviere die Marktanteile durch Streikmaßnahmen oder Witterungseinflüsse kurzfristig verschieben (vgl. dazu z. B. Berliner Jahrbuch für Handel und Industrie. Bericht der Ältesten der Kaufmannschaft von Berlin. Jahrgang 1913, Bd. 2, S. 218).

226 RWKS, Sitzung des Ausschusses f (Geschäftsausschuss), 17.01.1916, S. 78, in: montan.dok/BBA 33/78.

227 Vgl. Fremdling: Regionale Interdependenzen zwischen Montanregionen in der Industrialisierung, S. 377 f.

Bergbau, die Bemühungen um Tarifermäßigungen im Bahnverkehr fortgesetzt.[228] Ein Rückzug des RWKS aus einem stark bestrittenen Kohlenmarkt wie Berlin stand nach allen vorliegenden Informationen allerdings nie zur Debatte. Wie bedeutsam die Präsenz des Ruhrbergbaus in der Hauptstadt und in Hamburg trotz der jeweils hohen Marktnutzungskosten war, zeigte sich spätestens nach dem Ausbruch des Ersten Weltkriegs. Nach dem Ausfall der britischen Kohlenimporte konnte das Kohlensyndikat mit Hilfe der bestehenden Verkaufsorganisationen und der etablierten Handelsbeziehungen den Absatz in beiden Regionen zügig ausbauen, was für die Erlössituation des kartellierten Ruhrbergbaus eine erhebliche Bedeutung hatte.[229]

3.6 Von Kanälen und Brikettfabriken: Absatzstrategien abseits der Handelssyndizierung

In den bisherigen Erläuterungen zur Institutionalisierung der syndizierten Verkaufsorganisation im Ruhrbergbau wurde vor allem dargelegt, in welcher Form bestehende Strukturen des Kohlenhandels im Sinne der Kartellpolitik neu geordnet und instrumentalisiert wurden. Unterschiedlich stellte sich hingegen die Situation dar, wenn Infrastrukturen, die zu einer weiteren Ausdehnung der Absatzgebiete beitragen sollten, noch nicht in der notwendigen Form existierten. Vor einer solchen Ausgangslage stand das Kohlensyndikat beim Dortmund-Ems-Kanal (DEK), der im Jahr 1899 als neuer Transportweg für Massengüter zwischen dem östlichen Ruhrgebiet und dem Nordseehafen Emden in Betrieb ging. Die Erfolge der vom RWKS in diesem Zusammenhang eingeleiteten absatzpolitischen Maßnahmen fielen über längere Zeit vergleichsweise gering aus.

Aus der westdeutschen Montanindustrie hatte sich vor allem der Bergbau-Verein neben den Bemühungen zur Senkung von Eisenbahntarifen über mehrere Jahrzehnte für den Bau von Wasserstraßen eingesetzt. Der DEK genoss in den Kanalplanungen des 19. Jahrhunderts nicht die höchste Priorität und galt lediglich als Anfang eines weitläufigen Netzes von Binnenwasserstraßen, die vom Ruhrgebiet zu zentralen Absatzorten und Umschlagplätzen führen sollten.[230] Vorbilder waren die Kanäle in

228 Vgl. RWKS, Sitzung des Ausschusses f (Geschäftsausschuss), 17.01.1916, S. 78 f., in: montan.dok/BBA 33/78; RWKS, Bericht des Vorstandes über das Geschäftsjahr 1909, S. 8, in: montan.dok/BBA 33/318 (1) und Zentgraf: Der Wettbewerb auf dem Berliner Kohlenmarkt. Teil 3, S. 536.

229 Ausführlich dazu vgl. Kap. 5.2.1.

230 Vgl. Westfälische Transport-Aktien-Gesellschaft, Dortmund (Hg.): Westfälische Transport-Aktien-Gesellschaft 1897–1957, Dortmund 1957, S. 8 ff. und Schmidt-Rutsch: Kohle Kurs Emden? Kohlenumschlag und Kohlentransport auf dem Dortmund-Ems-Kanal vor 1914, S. 81 ff. Zu den ersten Kanal-Initiativen gehörte die sogenannte Mittellandkanal-Bewegung, die sich für eine Wasserverbindung zwischen Rhein und Elbe einsetzte. Nachdem dieses Vorhaben zunächst gescheitert war, wurden Pläne zur Schaffung einer Verbindung zwischen Ruhrgebiet und Nordsee aufgenommen (vgl. Hegemann, Emil: Die Entwickelung des Verkehrs und die wirtschaftliche Bedeutung der Dortmund-Ems-Kanal-Häfen Dortmund und Münster i. Westf., Diss., Münster 1914, S. 8 f.).

Belgien und Frankreich oder auch der Oder-Spree-Kanal, der nach der Fertigstellung im Jahr 1879 den Transport schlesischer Kohle nach Berlin erleichterte.[231] Mit dem DEK war für die Ruhrindustrie die Hoffnung verbunden, Absatzgebiete entlang der Kanalstrecke zu erschließen, britische Kohle von den norddeutschen Märkten zu verdrängen und Exportmöglichkeiten auszubauen. Zudem sollte die Erzversorgung der Hüttenindustrie an der Ruhr durch die neue Wasserstraße verbessert werden. Bislang kamen Eisenerze aus Nordeuropa zumeist über Rotterdam ins Revier, wodurch die am Rhein gelegenen Betriebe gegenüber den Unternehmen im östlichen Ruhrgebiet erhebliche Frachtvorteile genossen.[232]

Emden als Endpunkt des Kanals war in den 1890er Jahren kein unbedeutender Hafenplatz mehr, jedoch keinesfalls mit Rotterdam, Hamburg oder Bremen zu vergleichen. Kohlenimporte spielten dort kaum eine Rolle, weil im Unterschied zu den großen Hafenstädten kein Wasserweg ins Hinterland führte.[233] Die Einfuhr britischer Kohle zu den Emshäfen Emden, Leer und Papenburg betrug im Jahr 1895 lediglich 15.300 Tonnen und sank bis zum Jahr 1900 sogar auf 5.500 Tonnen. Die Anlieferung westfälischer Kohle mit der Eisenbahn nahm im selben Zeitraum dagegen deutlich zu und stieg von 55.100 auf 84.200 Tonnen. Der Ruhrbergbau konnte also seine Wettbewerbsstellung in den nordwestdeutschen Regionen schon vor der Inbetriebnahme des Kanals verbessern und erzielte dort auch vergleichsweise hohe Verkaufspreise.[234]

Während der Bergbau-Verein in Bezug auf die bevorstehende Eröffnung des Dortmund-Ems-Kanals von einem „Aufschwung ohne gleichen“[235] für den Ruhrbergbau auf den norddeutschen Märkten ausging, war die Euphorie beim Kohlensyndikat deutlich gedämpfter. Das RWKS stand aber als zentrale Absatzorganisation gewissermaßen in der Verantwortung, die Wasserstraße in die Vertriebsstruktur einzubinden, um damit die Wirtschaftlichkeit weiterer Kanalprojekte unter Beweis zu stellen.

---

231 Vgl. ebd., S. 5 ff. und Zentgraf: Der Wettbewerb auf dem Berliner Kohlenmarkt. Teil 1, S. 456 f.

232 Vgl. Fremdling: Eisenbahnen und deutsches Wirtschaftswachstum, S. 66 f.; Križa, Alfons: Emden und der Dortmund-Ems-Kanal unter besonderer Berücksichtigung ihrer Bedeutung für Import und Export im niederrheinisch-westfälischen Industriegebiet, Naumburg 1912, S. 122 f. und Wasserstraßendirektion Münster u. a. (Hg.): Fünfzig Jahre Dortmund-Ems-Kanal. Eine Folge von Aufsätzen aus Anlaß des fünfzigjährigen Bestehens des Dortmund-Ems-Kanals, Münster 1949, S. 13 f. Es gab einzelne Prognosen, dass Ruhrkohle durch die neue Kanalverbindung auch in Hamburg zukünftig preisgünstiger angeboten und dadurch britische Kohle sogar vollständig verdrängt werden könnte (vgl. Berentelg, Hubert: Die Entwicklung des Verkehrs auf dem Dortmund-Ems-Kanal und sein Einfluss auf den Seeverkehr Emdens, Haselünne 1913, S. 34 f.).

233 Aus Perspektive Emdens galt das Ruhrgebiet als Hinterland, so dass mit der Kanalverbindung große Hoffnungen für einen wirtschaftlichen Aufstieg des Hafenstandorts verbunden waren (vgl. Križa: Emden und der Dortmund-Ems-Kanal unter besonderer Berücksichtigung ihrer Bedeutung für Import und Export im niederrheinisch-westfälischen Industriegebiet, S. 73 ff.).

234 Ein Teil der in Emden angelieferten Kohle wurde weiter über den Seeweg exportiert (vgl. ebd., S. 58 ff.; Jahresbericht der Handelskammer für Ostfriesland und Papenburg für das Jahr 1900, Teil 2, S. 15 f. und Fremdling: Eisenbahnen und deutsches Wirtschaftswachstum, S. 66 f.).

235 Berentelg: Die Entwicklung des Verkehrs auf dem Dortmund-Ems-Kanal und sein Einfluss auf den Seeverkehr Emdens, S. 33.

Bereits während der Bauzeit existierten Planungen für den späteren Rhein-Herne-Kanal sowie für Verbindungen nach Hamburg und Berlin, aus denen schließlich der schon wesentlich früher in Aussicht genommene Mittellandkanal entstand.[236]

Im Beirat des Kohlensyndikats wurde erstmals 1895 über eine Einbindung des DEK in die syndizierte Absatzorganisation gesprochen, ohne dass es weitergehende Überlegungen gab.[237] Erneut auf die Tagesordnung kam das Thema erst im Jahr 1897, dafür allerdings deutlich konkreter und mit hohen Erwartungen an die Zechenbesitzer. Für den Güterverkehr auf dem Kanal standen aufgrund der geographisch isolierten Lage bislang keine leistungsfähigen Reedereien zur Verfügung. Bezeichnenderweise hatten selbst die zum Kohlensyndikat gehörenden Reederzechen kein Interesse am Kohlentransport in Richtung Emden.[238] Diese Lücke in der Vertriebskette sollte nach Meinung des Syndikatsvorstands dadurch gefüllt werden, dass sich das RWKS selbst an einer neu zu gründenden Reedereigesellschaft beteiligt. Nach weiterführender Beratung in einem Ausschuss stimmte der Beirat einem solchen Engagement schließlich zu.[239] Auch in der Zechenbesitzerversammlung fand sich für dieses Projekt eine Mehrheit, doch fielen die Urteile zur Transportgesellschaft und zum Kanalprojekt dort deutlich ambivalenter aus. Überzeugte Fürsprecher für das Projekt scheint es nicht gegeben zu haben. Zudem sahen einige Kartellmitglieder nur Vorteile für einzelne, unmittelbar am Kanal gelegene Zechen und keineswegs für den gesamten Ruhrbergbau.[240] An anderen Stellen wurden außerdem bereits in der Bauphase die geringen Abmessungen des Kanals sowie die unzureichende Leistungsfähigkeit der Schleusen kritisiert.[241] Hauptargument für die Beteiligung des RWKS an der

---

236 Zu den seit dem 19. Jahrhundert bestehenden Kanalbauprojekten in Deutschland vgl. Horn, Hannelore: Der Kampf um den Bau des Mittellandkanals. Eine politologische Untersuchung über die Rolle eines wirtschaftlichen Interessenverbandes im Preußen Wilhelms II., Köln, Opladen 1964, S. 34 ff. und Hegemann: Die Entwickelung des Verkehrs und die wirtschaftliche Bedeutung der Dortmund-Ems-Kanal-Häfen Dortmund und Münster i. Westf., S. 8 ff.

237 Es hieß 1895 lediglich von RWKS-Vorstand Max Graßmann, dass der aus dem Beirat gewählte Absatzausschuss auch darüber sprechen sollte, „[...] wie es ferner möglich ist, mit Hilfe des Ems-Kanals unser Absatzgebiet auszudehnen, [...].“ (Zit. RWKS, Sitzung des Beirates, 18.11.1895 (Stenogramm), o. S., in: montan.dok/BBA 33/50).

238 Vgl. Westfälische Transport-Aktien-Gesellschaft, Dortmund (Hg.): Westfälische Transport-Aktien-Gesellschaft 1897–1957, S. 13 ff. und Ellerbrock, Karl-Peter: Die Westfälische Transport-Aktien-Gesellschaft und ihre Geschichte. Ein unveröffentlichtes Manuskript aus der Nachkriegszeit, in: ders. (Hg.): Dortmunds Tor zur Welt. Einhundert Jahre Dortmunder Hafen, Essen 1999, S. 139–158, hier: S. 141.

239 Vgl. RWKS, Sitzung des Beirates, 17.07.1897, in: montan.dok/BBA 55/2243 und RWKS, Sitzung des Beirates, 16.08.1897, in: montan.dok/BBA 55/2243.

240 Vgl. RWKS, Zechenbesitzerversammlung, 21.08.1897, S. 1 ff., in: montan.dok/BBA 33/2.

241 Vgl. Schneider, Heinrich: Die Binnenschiffahrt des westdeutschen Kanalgebietes und ihre Probleme, in: Wasserstraßendirektion Münster; Arbeitsgemeinschaft Dortmund-Ems-Kanal und Verein zur Wahrung der Schiffahrtsinteressen des Westdeutschen Kanalgebietes e. V. (Hg.): Fünfzig Jahre Dortmund-Ems-Kanal. Eine Folge von Aufsätzen aus Anlaß des fünfzigjährigen Bestehens des Dortmund-Ems-Kanals, Münster 1949, S. 16–19, hier: S. 16 f.; Westfälische Transport-Aktien-Gesellschaft, Dortmund (Hg.): Westfälische Transport-Aktien-Gesellschaft 1897–1957, S. 23 und Preute: Die Absatz- und

neuen Gesellschaft scheint letztlich die Hoffnung gewesen zu sein, die Exportmöglichkeiten bei einer ungünstigen Konjunkturlage im Inland sowie die Erzversorgung für die heimische Hüttenindustrie zu verbessern.[242]

Auch die Syndikatsleitung vertrat das Kanalprojekt gegenüber den Zechenbesitzern keineswegs aus völliger Überzeugung von daraus zu erwartenden Absatzerfolgen. Emil Kirdorf warb zwar mit Vorteilen für die gesamte Kohlenwirtschaft und hoffte auf künftig geringere „Preisopfer“ in den bestrittenen Absatzgebieten, sah den DEK aber ebenso keineswegs als Durchbruch an und erwartete von der Transportgesellschaft auch keinen unmittelbar rentablen Betrieb. Die Hoffnung auf weitere Wasserstraßen blieb für ihn das wichtigste Motiv: „Man mag nun über den Kanal denken wie man will, aber man darf nicht übersehen, dass wir in demselben den Anfang zu einem Kanalsystem haben [...].“[243] Ohne ausreichenden Transportverkehr wäre nach seiner Meinung der Bau weiterer Kanäle in Richtung Osten und eine Weiterführung des DEK zum Rhein zweifelhaft gewesen.[244] Im November 1897 erfolgte schließlich die Gründung der Westfälischen Transport-Aktien-Gesellschaft (WTAG) mit Sitz in Dortmund, an der das RWKS die Aktienmehrheit übernommen hatte.[245] Durch den Mehrheitsbesitz konnten die Interessen des Kohlensyndikats problemlos durchgesetzt und eine bessere Kontrolle der Tarifpolitik erreicht werden. Allerdings dürfte dies nicht der zentrale Grund für die hohe Beteiligung des RWKS gewesen sein.[246] Vielmehr wäre ohne eine maßgebliche Mitwirkung der Kartellorganisation die Bildung der Transportgesellschaft fraglich gewesen.[247]

Obwohl Emden mit der Inbetriebnahme des Dortmund-Ems-Kanals 1899 zum nächstliegenden Seehafen für das Ruhrgebiet wurde, fielen die Ergebnisse der neuen Transportgesellschaft und die Entwicklung des Kohlenabsatzes über den Kanal in den

---

Verkehrsverhältnisse des rheinisch-westfälischen Kohlenbergbaues vor und nach dem Weltkriege, S. 52ff.

242 Vgl. RWKS, Zechenbesitzerversammlung, 21.08.1897, S. 7, in: montan.dok/BBA 33/2.

243 Ebd., S. 4.

244 Vgl. ebd., S. 3f.

245 An der WTAG waren außerdem die Städte Dortmund (10 Prozent), Emden (9 Prozent), Duisburg (11 Prozent), die Hüttenindustrie (8,8 Prozent) sowie weitere Unternehmen aus Münster, Leer und Papenburg mit kleineren Anteilen beteiligt. Das Unternehmen war in seiner Tätigkeit nicht auf den Dortmund-Ems-Kanal beschränkt. Als Gesellschaftszweck war die Schifffahrt auf allen künstlichen und natürlichen Wasserstraßen sowie an der Küste vorgesehen (vgl. Westfälische Transport-Aktien-Gesellschaft, Dortmund (Hg.): Westfälische Transport-Aktien-Gesellschaft 1897–1957, S. 13ff.).

246 Vgl. RWKS, Zechenbesitzerversammlung, 21.08.1897, S. 3f., in: montan.dok/BBA 33/2 und Schmidt-Rutsch: Kohle Kurs Emden? Kohlenumschlag und Kohlentransport auf dem Dortmund-Ems-Kanal vor 1914, S. 88.

247 Nach Aussage von Karl-Peter Ellerbrock ist das wesentliche Engagement für die Gründung einer Reederei von der Dortmunder Union und deren Direktor Ernst Schweckendiek ausgegangen, der durch die freundschaftlichen Verbindungen zu RWKS-Vorstand Anton Unckell das Kohlensyndikat für die Beteiligung gewinnen konnte (vgl. Ellerbrock: Die Westfälische Transport-Aktien-Gesellschaft und ihre Geschichte. Ein unveröffentlichtes Manuskript aus der Nachkriegszeit, S. 142 sowie ferner Feldenkirchen: Die Eisen- und Stahlindustrie des Ruhrgebiets 1879–1914, S. 74f.).

ersten Betriebsjahren ernüchternd aus. Zum Teil wurde der DEK sogar als wirtschaftliche Fehlmaßnahme eingeordnet.[248] Die Tätigkeit der WTAG beschränkte sich zunächst auf den Transport schwedischer Eisenerze von Emden nach Dortmund. Kohlentransporte aus dem Ruhrgebiet in Richtung Norden blieben vorerst auf einem geringen Niveau. Zu einem für die Reedereibetriebe notwendigen Ausgleich im Verhältnis zwischen Hin- und Rückfracht und damit auch zu einer Verbesserung der wirtschaftlichen Situation der WTAG kam es erst ab dem Jahr 1908. [249]

Tab. 12: Transportvolumen auf dem Dortmund-Ems-Kanal und die Beteiligung der WTAG

	Güterverkehr Richtung Emden	**Güterverkehr Richtung Dortmund**	**Summe**	**Transportvolumen der WTAG**
1899	98.000 t	102.500 t	200.500 t	42.491 t
1900	183.593 t	292.846 t	476.439 t	116.969 t
1901	253.199 t	427.715 t	680.914 t	196.266 t
1902	346.954 t	528.902 t	875.856 t	284.460 t
1903	494.833 t	754.337 t	1.249.170 t	478.445 t
1904	467.506 t	718.081 t	1.185.587 t	400.240 t
1905	532.278 t	986.198 t	1.518.476 t	451.976 t
1906	558.808 t	1.172.612 t	1.731.420 t	574.758 t
1907	662.028 t	1.349.028 t	2.011.056 t	634.806 t
1908	948.945 t	1.336.705 t	2.312.650 t	769.718 t
1909	1.159.297 t	1.431.839 t	2.591.136 t	1.056.688 t
1910	1.397.205 t	1.765.470 t	3.162.675 t	1.274.391 t
1911	1.688.159 t	2.140.332 t	3.828.491 t	1.623.294 t
1912	1.705.124 t	2.077.378 t	3.782.502 t	1.609.761 t
1913	2.045.778 t	2.222.929 t	4.268.707 t	2.109.270 t

Quelle: RWKS, Bericht des Vorstandes über das Geschäftsjahr 1914, in: montan.dok/BBA 33/318 (1).

Seitens des WTAG wurden als Ursachen für die schwierige wirtschaftliche Entwicklung immer wieder technische Unzulänglichkeiten und Betriebsstörungen auf dem Kanal sowie auch einzelne Arbeitskämpfe genannt. Zudem hatten die hohen Vorfrachten der Eisenbahn zu den Kanalhäfen und die zu leistenden Abgaben für die Kanalnutzung die Kosten des Wassertransports erhöht und damit die erwünschte

248 Vgl. Berentelg: Die Entwicklung des Verkehrs auf dem Dortmund-Ems-Kanal und sein Einfluss auf den Seeverkehr Emdens, S. 27 und Westfälische Transport-Aktien-Gesellschaft, Dortmund (Hg.): Westfälische Transport-Aktien-Gesellschaft 1897–1957, S. 25f.

249 Vgl. ebd., S. 26f.; Geschäftsbericht No. 1 der Westfälischen Transport-Actien-Gesellschaft zu Dortmund (Geschäftsjahr 1898); Geschäftsbericht No. 7 der Westfälischen Transport-Actien-Gesellschaft zu Dortmund (Geschäftsjahr 1904) und Krziža: Emden und der Dortmund-Ems-Kanal unter besonderer Berücksichtigung ihrer Bedeutung für Import und Export im niederrheinisch-westfälischen Industriegebiet, S. 100ff.

Konkurrenzfähigkeit des DEK zum abgabefreien Rhein deutlich eingeschränkt.[250] Der zunächst geringe Kohlenverkehr in Richtung Norden muss allerdings viel stärker darauf zurückgeführt werden, dass das Kohlensyndikat den neuen Wasserweg zunächst nur in geringem Maße in die Absatzstrategie einbezogen hatte. Dies führte mitunter auch zu dem Vorwurf, dass sich die Kartellorganisation nur halbherzig für das Kanalprojekt engagiert hätte.[251] Angesichts der äußerst starken Kohlennachfrage im Inland, die während der Betriebsaufnahme des Dortmund-Ems-Kanals vorherrschte, gab es für eine systematische Einbindung der Wasserstraße in die Absatzorganisation des Kohlensyndikats zunächst keinen Bedarf, da neben dem Kanal gleichzeitig ausreichende und weitaus kostengünstigere Vertriebskanäle zur Verfügung standen. Gerade für den inländischen Kohlenabsatz in weiter von Emden entfernte Küstengebiete blieb die Eisenbahn das bevorzugte Transportmittel.[252] Von Emden ausgehend bekam allerdings der sogenannte Hufeisenverkehr eine gewisse Bedeutung, der aber quantitativ gering ausgefallen sein dürfte. Hierbei wurde Kohle entlang der Küste mit Seeschiffen zu anderen Hafenplätzen wie Hamburg und Stettin transportiert. Von dort fand auch eine weitere Verschiffung in die Elbregion oder nach Berlin statt.[253]

Erst als sich seit dem Jahr 1901 eine rückläufige Konjunktur bemerkbar machte, begannen beim RWKS Überlegungen, den Auslandsabsatz über den Dortmund-Ems-Kanal stärker zu forcieren. Dies sollte durch den Bau einer Brikettfabrik in Emden geschehen, in der überschüssige Feinkohle nach der Ankunft aus dem Ruhrgebiet vor dem Weitertransport zu Presskohle verarbeitet werden konnten.[254] Der ursprüngliche

---

250 Vgl. ebd., S. 123; Geschäftsbericht No. 2 der Westfälischen Transport-Actien-Gesellschaft zu Dortmund (Geschäftsjahr 1899); Westfälische Transport-Aktien-Gesellschaft, Dortmund (Hg.): Westfälische Transport-Aktien-Gesellschaft 1897–1957, S. 23ff. Die Konkurrenzfähigkeit des DEK gegenüber dem Rhein hatte sich auch durch stark gesunkene Frachttarife auf dem Rhein bis zur Gründung des Kohlenkontors nochmals verschlechtert (vgl. Geschäftsbericht No. 5 der Westfälischen Transport-Actien-Gesellschaft zu Dortmund (Geschäftsjahr 1902)). Durch das RWKS wurde für die erste Betriebsphase hervorgehoben, dass noch keine Großverbraucher an der Strecke als Kunden hinzugekommen und die Häfen für eine effektive Ausfuhr noch nicht ausreichend ausgebaut waren (vgl. RWKS, Bericht des Vorstandes über den Monat Dezember, das 2. Semester und das Jahr 1899, in: montan.dok/BBA 55/2247).

251 Vgl. Schmidt-Rutsch: Kohle Kurs Emden? Kohlenumschlag und Kohlentransport auf dem Dortmund-Ems-Kanal vor 1914, S. 87f.

252 Vgl. Fremdling: Britische und deutsche Kohle auf norddeutschen Märkten 1850–1913, S. 24f.

253 Vgl. Jahrbuch für den Oberbergamtsbezirk Dortmund 1912–1913, Essen, S. 616ff.; Schmidt, Rüdiger: Der Dortmund-Ems-Kanal und der Ruhrbergbau, in: Wasserstraßendirektion Münster; Arbeitsgemeinschaft Dortmund-Ems-Kanal und Verein zur Wahrung der Schiffahrtsinteressen des Westdeutschen Kanalgebietes e.V. (Hg.): Fünfzig Jahre Dortmund-Ems-Kanal. Eine Folge von Aufsätzen aus Anlaß des fünfzigjährigen Bestehens des Dortmund-Ems-Kanals, Münster 1949, S. 20–22, hier: S. 21.

254 Aufgrund der Transportempfindlichkeit wurden Briketts in der Regel erst nach dem Schiffstransport am Umschlagsort hergestellt. Auch Feinkohle, die durch den Transport erst entstanden war, konnte somit leichter zu einem verkaufsfähigen Produkt weiterverarbeitet werden (vgl. Aktennotiz (vertraulich), o. D. (ca. 1901), in: montan.dok/BBA 33/396). Am Oberrhein waren zu diesem Zeitpunkt

Plan der Syndikatsverwaltung sah jeweils eine Brikettfabrik in Rotterdam und in Emden vor, um eine Exportmenge von jährlich 500.000 Tonnen zu erreichen. Für den Standort Emden sprach insbesondere, dass auf diesem Weg die Transportmengen der WTAG über den Dortmund-Ems-Kanal gesteigert werden konnten, um neben der Verbesserung der wirtschaftlichen Situation des Unternehmens auch den Bedarf an weiteren Wasserstraßen zu dokumentieren.[255] Nachdem dieses Vorhaben aufgrund der noch fraglichen Syndikatserneuerung zunächst zurückgestellt worden war, wurden die Planungen unmittelbar nach dem Abschluss des neuen Kartellvertrags zumindest für den Standort Emden im Herbst 1903 wieder aufgenommen. Dazu nahm das RWKS Verhandlungen über die Pacht eines geeigneten Geländes im dortigen Hafen auf.[256] Das große öffentliche Interesse, das für eine solche Fabrik bestand, schlug sich während der Pachtverhandlungen in starken Zugeständnissen seitens der Staatsbauverwaltung nieder. Hierbei hatte das RWKS zur Verbesserung der Verhandlungsposition zeitweise sogar angedroht, mit der neuen Brikettfabrik doch noch auf den Standort Rotterdam auszuweichen.[257]

Die Inbetriebnahme der Brikettfabrik Emden erfolgte schließlich 1906. In den ersten Betriebsjahren blieben die Produktionszahlen auf einem geringen Niveau, so dass durch die Anlage zunächst keine positiven Wirkungen auf das Transportvolumen des Dortmund-Ems-Kanals und der WTAG entstanden. Erst seit dem Jahr 1910 hatte die Brikettfabrikation etwa das bei den Planungen vorgesehene Niveau erreicht. Der Großteil der Produktion dieser Anlage wurde über den Seeweg ins Ausland exportiert.[258] Unterstellt man, dass die Hälfte des Transportvolumens der WTAG ab dem Jahr

bereits zahlreiche Brikettfabriken für Stein- und Braunkohle in Betrieb (vgl. Heinrichsbauer: Kohlenkontor Weyhenmeyer & Co. und Süddeutsche Kohlenwirtschaft, S. 97 f. und Schilson: Der deutsche Kohlenhandel und seine Organisation, S. 10).

255 Vgl. Aktennotiz (vertraulich), o. D. (ca. 1901), in: montan.dok/BBA 33/396.

256 Vgl. Schreiben des Ministers für öffentliche Arbeiten an das RWKS, 09.01.1902, in: montan.dok/BBA 33/396; Schreiben des RWKS an den Minister für öffentliche Arbeiten, 25.07.1903, in: montan.dok/BBA 33/396; Schreiben des RWKS an den Minister für öffentliche Arbeiten, 31.10.1903, in: montan.dok/BBA 33/396; Verhandlungsprotokoll zum Bau der Brikettfabrik, 27.11.1903, in: montan.dok/BBA 33/396 und Aktenvermerk Brikettfabrik Emden, 03.04.1939, in: montan.dok/BBA 33/397.

257 Vgl. Verhandlungsprotokoll zum Bau der Brikettfabrik, 27.11.1903, in: montan.dok/BBA 33/396. Im Pachtvertrag verpflichtete sich die Staatsbauverwaltung zudem, auf eigene Kosten die Vertiefung der Kanalstrecke, die Herstellung eines Stichkanals und den Bau eines Anschlussgleises an den Bahnhof Emden vorzunehmen (vgl. Pachtvertrag zwischen der Staatsbauverwaltung und der Aktiengesellschaft RWKS, 15./18.06.1904, in: montan.dok/BBA 33/396). Die WTAG bekam zudem für den Bau eines Verwaltungsgebäudes in Emden ein Grundstück von der Stadt kostenfrei überlassen (vgl. Geschäftsbericht No. 6 der Westfälischen Transport-Actien-Gesellschaft zu Dortmund (Geschäftsjahr 1903)).

258 Für den Zeitraum von 1906 bis 1924 gibt es über die genauen Zielländer der Brikettproduktion in Emden keine Angaben. Für den Zeitraum ab 1924 wurden über 23 europäische und überseeische Länder als Zielorte genannt (vgl. Aktenvermerk Brikettfabrik Emden, 03.04.1939, in: montan.dok/BBA 33/397). Zwischen den Jahren 1919 und 1924 war der Betrieb der Brikettfabrik eingestellt. Hierzu sowie zur weiteren Entwicklung der Brikettfabrik vgl. Schreiben der Berg- und Hüttenwerksgesellschaft Ost mbH an den Reichsminister der Finanzen, 15.09.1942, in: montan.dok/BBA 33/397; Aktenvermerk

Tab. 13: Statistik zur Brikettfabrik Emden

	Produktion Brikett-fabrik Emden	Brikettversand ab Emden	Gesamt-Brikett-export des RWKS	Transportvolumen der WTAG
1906	14.429 t	–	438.192 t	574.758 t
1907	21.370 t	–	551.003 t	634.806 t
1908	96.035 t	72.000 t	726.372 t	769.718 t
1909	147.660 t	177.000 t	802.626 t	1.056.688 t
1910	230.000 t	187.000 t	1.210.093 t	1.274.391 t
1911	218.550 t	240.000 t	1.578.551 t	1.623.294 t
1912	205.964 t	207.000 t	1.685.947 t	1.609.761 t
1913	207.048 t	183.000 t	1.647.228 t	2.109.270 t

Quellen: Aktenvermerk Brikettfabrik Emden, 03.04.1939, in: montan.dok/BBA 33/397 und RWKS, Bericht des Vorstandes über das Geschäftsjahr 1914, in: montan.dok/BBA 33/318 (1).

1908 auf Transporte in Richtung Emden entfiel und gleichzeitig alle Feinkohle mit Hilfe der WTAG zur Küste transportiert wurde, so hatte die Brikettfabrik durchaus eine gewisse Bedeutung für die wirtschaftliche Situation des Reedereibetriebs und in kleineren Teilen auch für den gesamten Kanalverkehr (vgl. Tab. 13). Der Kohlenverkehr auf dem DEK in Richtung Emden erreichte im Jahr 1913 schließlich eine Höhe von 1,6 Millionen Tonnen. Allerdings ist in dieser Zahl auch Braunkohle eingerechnet, deren Absatzmöglichkeiten in Richtung Norden ebenso durch die neue Wasserstraße verbessert werden konnten.[259]

Nach den zunächst ernüchternden Anfangsjahren nahmen die Transportmengen über den Dortmund-Ems-Kanal bis zum Vorabend des Ersten Weltkriegs zwar deutlich zu, doch blieb die Bedeutung der Wasserstraße für den Ruhrbergbau weiter hinter den in der Planungsphase formulierten Erwartungen zurück. Während im Jahr 1913 vom Gesamtabsatz der Ruhrkohle 23 Prozent über den Rhein transportiert wurden, nahm der Kanal nur 1 Prozent des Gesamtabsatzes auf. Gegenüber den etablierten Transportwegen, wie dem Rhein und dessen seit Jahrzehnten etablierten Transport-, Umschlags- und Vertriebsinfrastrukturen oder auch gegenüber der Eisenbahn, war der Kanal auch aufgrund der zunächst isolierten Lage kaum konkurrenzfähig. Der über den DEK abgewickelte Auslandsabsatz stellte zudem im Unterschied zum Kohlenvertrieb in die westlichen Nachbarländer keinen Teil der „permanenten" Absatzstrategie des Kohlensyndikats dar, sondern diente vielmehr dem zumeist mit hohen

Brikettfabrik Emden, 03.04.1939, in: montan.dok/BBA 33/397 sowie weiterer Schriftverkehr zwischen 1948 und 1949 in: montan.dok/BBA 95/131.

259 Jedoch ist nur ein Teil dieser Kohlemengen auch tatsächlich über die gesamte Kanalstrecke bis zu den Emshäfen transportiert worden (vgl. Jahresbericht der Handelskammer für Ostfriesland und Papenburg für das Jahr 1909, Teil 2, S. 19 ff. und Jahresbericht der Handelskammer für Ostfriesland und Papenburg für das Jahr 1913, Teil 1, S. 1 ff.).

Marktkosten belasteten Verkauf von Überproduktionen.[260] Andere Kanalprojekte, wie der im Jahr 1914 eröffnete Rhein-Herne-Kanal und der ein Jahr später in Teilabschnitten in Betrieb genommene Mittellandkanal, hatten für den Ruhrbergbau eine weitaus größere Bedeutung.[261] Dies zeigte sich auch daran, dass die WTAG als Tochterunternehmen des Kohlensyndikats ihre Tätigkeit ebenso auf diese Wasserstraßen ausdehnte, um sich aus der Abhängigkeit zum DEK zu lösen. Auch im Rheinverkehr nahm die kartelleigene Transportgesellschaft in den Folgejahren Reedereigeschäfte auf.[262]

260 Auch die WTAG befürchtete, dass bei einer veränderten Konjunkturlage der Kohlenexport über den DEK wieder erheblich reduziert werden könnte (vgl. Geschäftsbericht No. 13 der Westfälischen Transport-Actien-Gesellschaft zu Dortmund (Geschäftsjahr 1910)). Aufgrund der seit dem Jahr 1908 zunehmenden Absatzprobleme des RWKS im Inland hatte sich der Kohlenexport via Emden zwischen den Jahren 1907 und 1909 von 176.000 auf 683.000 Tonnen fast vervierfacht (vgl. Jahresbericht der Handelskammer für Ostfriesland und Papenburg für das Jahr 1909, Teil 2, S. 19 ff.).

261 Vgl. Schoene: Der Wettbewerb zwischen Eisenbahn und Rheinschiffahrt und sein Einfluss auf die Kohlenzufuhr nach Baden, Württemberg und dem rechtsrheinischen Bayern, S. 10; Feldenkirchen: Die Eisen- und Stahlindustrie des Ruhrgebiets 1879–1914, S. 68 f.; Fremdling: Britische und deutsche Kohle auf norddeutschen Märkten 1850–1913, S. 24 f. und Hegemann: Die Entwickelung des Verkehrs und die wirtschaftliche Bedeutung der Dortmund-Ems-Kanal-Häfen Dortmund und Münster i. Westf., S. 10 f.

262 Durch die WTAG wurden ab dem Jahr 1911 Niederlassungen in Rotterdam, Antwerpen und Mannheim gegründet sowie im Jahr 1914 auch am Rhein-Herne-Kanal Umschlaganlagen und Lagerplätze errichtet (vgl. Beteiligung der WTAG am Transportvertrag des Kohlenkontor Weyhenmeyer & Co., Mannheim, o. D. (1950), S. 1, in: montan.dok/BBA 95/1230; Jahrbuch für den Oberbergamtsbezirk Dortmund 1912–1913, S. 616 ff. und Westfälische Transport-Aktien-Gesellschaft, Dortmund (Hg.): Westfälische Transport-Aktien-Gesellschaft 1897–1957, S. 28 ff.).

4 Die Kartellpolitik im Ruhrbergbau unter wechselnden Rahmenbedingungen

4.1 Veränderungen im syndizierten Handel

4.1.1 Kaufrausch und Konzentration im Absatzsektor

Kartelle konnten die Existenz schwächerer Unternehmen sichern, hatten aber zugleich den Konzentrationsprozess in der jeweiligen Branche erheblich gefördert. Mitunter wurde die Kartellbildung selbst als eine „spezifische Form der wirtschaftlichen Konzentration“[1] bezeichnet. Ein Faktor für deren Einfluss auf die klassische Konzentrationsbewegung war die verringerte Bewegungsfreiheit ihrer Mitglieder. Die beteiligten Unternehmen konnten aufgrund der Bindung an die Kartellverträge ihre Marktanteile nicht vergrößern. Eine Erhöhung der Gewinnspanne war daher nur durch Produktivitätssteigerungen oder durch horizontale Integration möglich, zum Beispiel durch die Übernahme eines Betriebs aus derselben Branche. Auch die vertikale Integration vor- und nachgelagerter Arbeitsbereiche stellte für kartellgebundene Unternehmen ein Instrument zur Erlössteigerung und Risikodiversifizierung dar.[2]

Unter den Ruhrzechen nahm der Konzentrationsprozess seit der Gründung des Kohlensyndikats deutlich zu, was sich zuerst in der zunehmenden vertikalen Verbindung zwischen dem Bergbau und der weiterverarbeitenden Industrie zeigte. Zur Sicherung einer unabhängigen Rohstoffversorgung setzte insbesondere nach 1893 ein verstärkter Aufkaufprozess von Bergwerken durch Hüttenbetriebe ein.[3] Die daraus entstandenen Schwierigkeiten für das RWKS zu einer nachhaltigen Marktregulierung schienen mit der Integration der Hüttenzechen im Jahr 1903 zunächst gelöst zu sein. Aufgrund der Sonderrechte, die diesen Betrieben mit ihrem Beitritt zugesprochen wurden, setzte sich der Konzentrationsprozess weiter fort. Zusätzlich zur bisherigen Entwicklung gliederten sich verstärkt reine Zechen weiterverarbeitende Unternehmen an, um neben einer kartellunabhängigen Absatzsicherung in den Genuss der gleichen Selbstverbrauchsrechte im Kohlensyndikat zu kommen wie die Hüttenzechen.[4]

Der vertikale und horizontale Konzentrationsprozess im Ruhrbergbau ist bislang meist nur in Hinblick auf die Zusammenfassung von Schachtanlagen sowie die Ein-

1 Wengenroth: Die Entwicklung der Kartellbewegung bis 1914, S. 15.

2 Vgl. Reckendrees: Das „Stahltrust“-Projekt, S. 65 f.

3 Vgl. Pilz: Die Hüttenzechenfrage im Ruhrbezirk und Richtlinien für eine Erneuerung des Rheinisch-Westfälischen Kohlen-Syndikats, S. 12 f.; Bartz: Aufbau und Tätigkeit des rheinisch-westfälischen Kohlensyndikats in ihrer Entwicklung von 1893 bis 1912, S. 124 ff. und Feldenkirchen: Die Eisen- und Stahlindustrie des Ruhrgebiets 1879–1914, S. 129 ff.

4 Vgl. Maschke: Grundzüge der deutschen Kartellgeschichte bis 1914, S. 35 f.; o. A.: Rheinisch-Westfälisches Kohlensyndikat, in: Kartell-Rundschau 1905, Nr. 6, S. 316 und Pilz: Die Hüttenzechenfrage im Ruhrbezirk und Richtlinien für eine Erneuerung des Rheinisch-Westfälischen Kohlen-Syndikats, S. 29 f.

https://doi.org/10.1515/9783110576719-004

gliederung vor- und nachgelagerter Produktionsprozesse durch Montanunternehmen beachtet worden.[5] Zur Integration einer Absatzorganisation gab es für Syndikatsmitglieder auf den ersten Blick keine wirkliche Veranlassung, da diese Aufgabe längerfristig auf die Kartellorganisation übertragen worden war. Faktisch hatte sich jedoch das RWKS nicht nur selbst an einem Konzentrationsprozess im Kohlenhandel beteiligt, sondern durch die eigenen Vertragsstrukturen eine solche Entwicklung bei den beteiligten Unternehmen erheblich gefördert. Das Kohlensyndikat erzeugte durch die über Lieferverträge organisierten Handelsbeziehungen und durch die selbst initiierten Zusammenschlüsse im Großhandel eine gegenseitige Abhängigkeit zwischen Produktion und Absatz, die dem Vertriebssektor trotz Einschränkung seiner Bewegungsfreiheit stabile und vielfach hohe Erlöse bei gleichzeitig geringem Geschäftsrisiko brachte. Der Kohlenhandel entwickelte sich damit neben seiner zentralen Funktion als Marktzugangseinrichtung zusätzlich zu einer lukrativen Kapitalanlage.[6]

Die Bildung der ersten Syndikatshandelsgesellschaften (SHG) seit dem Jahr 1895 beruhte zwar zunächst auf Initiativen der beteiligten Handelsfirmen, doch hatte das RWKS schon in dieser frühen Phase des Konzentrationsprozesses im Großhandel eine zentrale Steuerungsfunktion übernommen. Zudem kaufte das Kohlensyndikat seit der Kartellerneuerung im Jahr 1903 auch frei gewordene Geschäftsanteile bei den SHG an, um den eigenen Einfluss auf die Organisationen zu erhöhen und zusätzliche Erlöse auf der Großhandelsebene zu erzielen.[7] Als selbstständige Unternehmen waren die am RWKS beteiligten Zechen allerdings ebenso in der Lage, Verfügungsrechte im Absatzsektor zu erlangen, um ohne Umweg über das Kohlensyndikat Handelserlöse zu generieren sowie eine Diversifizierung ihrer Geschäftsfelder zu erreichen. Eine solche Vorgehensweise wurde bislang meist als Strategie gewertet, nach einem möglichen Auseinanderbrechen des Kohlensyndikats mit einer eigenen Absatzorganisation den Marktzugang gerüstet zu sein.[8] Tatsächlich spielte dies allerdings nur eine zweitrangige Rolle. Schließlich setzte der Konzentrationsprozess im Vertriebssektor bereits kurz nach der langfristigen Syndikatserneuerung im Jahr 1903 im größeren Stil ein. Zudem hatten sich an dieser Entwicklung ebenso Unternehmen beteiligt, die bereits

5 Vgl. Feldenkirchen: Die Eisen- und Stahlindustrie des Ruhrgebiets 1879–1914, S. 129ff.; Reckendrees: Das „Stahltrust"-Projekt, S. 66ff.; Wengenroth: Die Entwicklung der Kartellbewegung bis 1914, S. 20 und Pilz: Die Hüttenzechenfrage im Ruhrbezirk und Richtlinien für eine Erneuerung des Rheinisch-Westfälischen Kohlen-Syndikats, S. 12f.

6 Vgl. Brown: From competition to cartel, S. 452f. sowie Blaich: Ausschließlichkeitsbindungen als Wege der industriellen Konzentration in der deutschen Wirtschaft bis 1914, S. 317ff.

7 Vgl. Hardt: Betrachtungen über das rheinisch-westfälische Kohlensyndikat als Absatzorgan der Ruhrzechen, S. 7; Richtsteig: Die Kohlenhandelsgesellschaften des Rheinisch-Westfälischen Kohlen-Syndikats zu Essen a.d. Ruhr, S. 52ff. sowie ausführlich Kap. 3.1.

8 Vgl. Feldman: Hugo Stinnes, S. 329 und Johann Wilhelm Welker: Denkschrift über die zu gründende Kohlenhandelsgesellschaft, 04.02.1913, in: HA, JWW: 36.

einen ausreichenden Einfluss auf Marktzugangseinrichtungen besaßen, diesen allerdings quantitativ weiter ausbauten.[9]

Das Kohlenkontor kann für die 1904 begonnene „Kaufwelle“ der Bergwerksunternehmen im Vertriebssektor als Musterbeispiel herangezogen werden. Zum einen verfügte die für Süddeutschland zuständige Absatzorganisation im Vergleich zu anderen Gesellschaften über die höchste Anzahl beteiligter Firmen, womit zahlreiche „Kaufobjekte“ zur Verfügung standen. Zum anderen hatten Kartellzechen durch die Integration eines Unternehmens aus dem Kohlenkontor vielfach die Möglichkeit, neben einer Handelsbeteiligung zusätzlich in den Besitz einer noch lukrativeren Transportbeteiligung zu gelangen.[10] Die „alten“ Reederzechen bildeten für diesen Prozess aufgrund ihrer maßgeblichen Mitwirkung bei der Gründung des Kohlenkontors gewissermaßen ein Vorbild. Deren Einbindung war aufgrund der historischen Pfadabhängigkeiten kaum zu vermeiden, doch hatte das RWKS damit selbst einen erheblichen Beitrag geleistet, die ursprünglich bei der Kartellgründung verfolgte Trennung des Handelskomplexes vom Einflussbereich der Zechen wieder aufzuweichen.[11] Parallel dazu hatten auch andere Bergwerksunternehmen unmittelbar mit der Gründung eine Beteiligung am Kohlenkontor erreicht, obwohl die Einbindung der Reederzechen ursprünglich eine Ausnahme bleiben sollte.[12] So konnte der Thyssen-Konzern über dessen eigens für diesen Zweck gegründete Handelsfirma D. Mackh ebenso in den Gesellschafterkreis des Kohlenkontors aufgenommen werden und darin direkt bei der Gründung 1903 eine Handelsbeteiligung von 268.400 Tonnen beanspruchen.[13]

Aufgrund der notwendigen Kapitalkraft waren es vor allem Großbetriebe, die sich nach der Geschäftsaufnahme des Kohlenkontors aktiv am Konzentrationsprozess im Vertriebssektor beteiligten. Der Harpener Bergbau AG gelang es im Sommer 1904, durch die Übernahme der Bergbau- und Schiffahrts-AG vorm. Kannengiesser einen maßgeblichen Einfluss auf das Kohlenkontor zu bekommen und durch den damit

9 Vgl. o. A.: Kohlenkontor, in: Kartell-Rundschau 1905, Nr. 3, S. 155 f. und Berliner Jahrbuch für Handel und Industrie. Bericht der Ältesten der Kaufmannschaft von Berlin. Jahrgang 1906, Bd. 1, S. 75 f.

10 Vgl. Ansprache von W. Huber zum 25-jährigen Bestehen der Kohlenkontor Weyhenmeyer & Co., 26.06.1929, S. 5, in: montan.dok/BBA 55/2862 und Fink, Erich: Die Kohlenreederei Franz Haniel & Cie. in der Rheinschiffahrtsentwicklung, Dipl.-Arb., o. O., ca. 1926, S. 42 ff.

11 Auch Roelevink ordnet in der Gründung des Kohlenkontors die Ursprünge für das Erstarken des sogenannten Zechenhandels ein, sah allerdings noch keine Anzeichen, dass sich damit ein Bruch mit der etablierten Absatzorganisation andeutete (vgl. Roelevink: Organisierte Intransparenz, S. 144). Vgl. ferner auch Bonikowsky: Der Einfluß der industriellen Kartelle auf den Handel in Deutschland, S. 256 f.

12 Vgl. Verhandlungen mit den Reederzechen zur Bildung des Kohlenkontors, 14.09.1903, S. 38 ff., in: RWWA 130 – 11 – 11.

13 Vgl. Gründung der Firma Mackh, Mannheim, 29.01.1904, in: RWWA 200 – 1/140/00 – 13; Mitteilungen des Syndikatsvorstandes und des Aufsichtsrates zum Schreiben der Gewerkschaft Deutscher Kaiser (vom 24.11.1910), 17.12.1910, S. 4 ff., in: montan.dok/BBA 32/4105; „Hausdrucke Däbritz“, Teil VIII: Die kaufmännischen Betriebe, Handels- und Transportgesellschaften, Verbände und Syndikate, S. 4, in: thyssenkrupp Konzernarchiv, Duisburg (im Folgenden: TKA), A/15506 und Roelevink: Organisierte Intransparenz, S. 283.

verbundenen Zukauf von zwei Schachtanlagen gleichzeitig ihre Beteiligungsziffer im Syndikat zu erhöhen.[14] Den Einfluss auf Schifffahrt und Kohlenreederei konnte Harpen zusätzlich dadurch verbessern, indem im selben Jahr auch die Zentral-Aktiengesellschaft für Tauerei und Schleppschiffahrt aus Ruhrort im Kannengiesser-Konzern aufging.[15]

Auch die Gelsenkirchener Bergwerks-AG (GBAG) leitete nach der Erneuerung des Syndikatsvertrags einen Diversifizierungsprozess ein, der im Jahr 1904 mit der Übernahme der Aktienmehrheit des Aachener Hütten-Aktien-Vereins Rothe Erde und der Bildung einer Interessengemeinschaft mit dem Schalker Gruben- und Hüttenverein begann. Damit wurde der Übergang des größten reinen Bergwerksunternehmens im Ruhrgebiet zu einem gemischten Montankonzern vollzogen.[16] Die vertikale Integration eines Vertriebsunternehmens folgte bei der GBAG im Jahr 1905 durch die Übernahme der Mehrheitsbeteiligung an der Kohlenhandels- und Reedereifirma Raab, Karcher & Co. GmbH, die im Kohlenkontor mit 1,06 Millionen Tonnen über die höchste Handelsbeteiligung verfügte. Fortan führte Raab-Karcher seine Geschäfte als Tochterunternehmen der GBAG fort.[17] Die Beteiligung am Kohlenkontor war nur eines von mehreren Arbeitsfeldern. Raab-Karcher war gleichzeitig ein wichtiger Händler für Saarkohle und zudem stark im Auslandsabsatz von Ruhrkohle aktiv, insbesondere in Richtung Elsass-Lothringen und Frankreich.[18] Hierzu bestanden zwischen der Han-

---

14 Die 1876 gegründete Firma Kannengießer war zunächst im Kohlenhandel und später auch in der Rheinschifffahrt aktiv. 1889 erwarb das Unternehmen die Zeche Ver. Sellerbeck und 1901 die benachbarte Zeche Roland (vgl. Auberg: Reeder, Kohlenhändler und Bergwerksbesitzer: Louis Kannengießer, S. 197 ff.).

15 Vgl. Heinrichsbauer: Harpener Bergbau-Aktien-Gesellschaft 1856 – 1936, S. 139 f.; Nasse: Der Rhein als Wasserstraße, S. 109 und Auberg: Reeder, Kohlenhändler und Bergwerksbesitzer: Louis Kannengießer, S. 200.

16 Vgl. Beschlussvorlage für den Aufsichtsrat zum Ankauf der Firma Raab-Karcher, 28.10.1905, in: montan.dok/BBA 55/11 und Maschke: Grundzüge der deutschen Kartellgeschichte bis 1914, S. 35 f.

17 Vgl. Beschlussvorlage für den Aufsichtsrat zum Ankauf der Firma Raab-Karcher, 28.10.1905, in: montan.dok/BBA 55/11; o. A.: Emil Kirdorf und die Gelsenkirchener Bergwerks-Aktien-Gesellschaft, S. 6 und Roelevink: Organisierte Intransparenz, S. 299 f. Beim Ankauf von Raab-Karcher durch die GBAG hatte der Direktor des Kohlenkontors, Carl Weyhenmeyer, maßgebliche Vermittlungsarbeit geleistet (vgl. Schreiben von Emil Kirdorf an Hugo Stinnes, 14.10.1905, in: ACDP, I-220 – 2342 und Schreiben von Hugo Stinnes an Emil Kirdorf, 15.10.1905, in: ACDP, I-220 – 2342). Zunächst verfügte die GBAG ab 1906 über 69,5 Prozent der Firmenanteile. Der Ankauf weiterer Anteile an Raab-Karcher erfolgte im Jahr 1914 (vgl. Aktennotiz zur Firma Raab, Karcher & Co., o. D., in: RWWA 200 – 1/10/00 – 08 und Schreiben von Kirdorf an Huber, 27.12.1913, in: RWWA 200 – 1/10/00 – 08).

18 Vgl. Mitteilungen des Syndikatsvorstandes und des Aufsichtsrates zum Schreiben der Gewerkschaft Deutscher Kaiser (vom 24.11.1910), 17.12.1910, S. 6 ff., in: montan.dok/BBA 32/4105; Schreiben von Steffens (Hugo Stinnes Brüssel) an Hugo Stinnes, 24.04.1909, in: ACDP, I-220 – 112/5 und Raab Karcher AG (Hg.): Raab Karcher 1848 – 1998, S. 7 ff.

delsfirma und dem RWKS Abkommen über ein Alleinverkaufsrecht in bestimmten Absatzgebieten.[19]

Weitere Übernahmen von Handels- und Reedereifirmen durch Bergwerksunternehmen prägten das Kohlenkontor auch in den Folgejahren, wobei es vor allem ab 1913 zu einer besonders starken Übernahmewelle kam, die vielfach nur in Hinblick auf den 1915 auslaufenden Syndikatsvertrag betrachtet wurde. In dieser Phase setzte sich der Konzentrationsprozess unter anderem mit dem Ankauf der Reederei Winschermann durch die Gewerkschaft König Ludwig, der Übernahme der Firma Disch durch die Concordia Bergbau AG und der Eingliederung der Reederei Joseph Schürmann in die Arenberg'sche Actiengesellschaft für Bergbau und Hüttenbetrieb (Bergwerke Prosper) fort.[20] Auch die Gewerkschaft Ewald, die bereits seit mehreren Jahren regelmäßig in Kontakt mit Vermittlern stand, die ihrerseits Verbindungen zu interessierten Reedereien unterhielten, konnte ihre langjährigen Pläne durch den Ankauf der am Kohlenkontor beteiligten Reederei Adolf Thomae verwirklichen.[21] Zwischen diesen und weiteren Zusammenschlüssen, die zwischen 1913 und 1914 vereinbart wurden, gab es nicht nur in zeitlicher Hinsicht einen engen Zusammenhang. Die hieran beteiligten Bergwerksgesellschaften lagen zumeist in unmittelbarer Nähe zum Rhein-Herne-Kanal, der im Jahr 1914 in Betrieb genommen wurde. Damit verfügten diese Unternehmen durch einen eigenen Kanalhafen über eine Wasserverbindung zum Rhein. Durch die Integration von Reedereien in das eigene Unternehmen war also eine direkte Einflusssicherung auf die dazu notwendigen Transportkapazitäten möglich.[22]

In Teilen wirkten sich die Übernahmen und Fusionen auch auf die Beteiligungsverhältnisse in den weiteren Syndikatshandelsgesellschaften (SHG) aus. Eine umfassende Darstellung dazu ist für den Zeitraum vor dem Ersten Weltkrieg kaum möglich,

---

19 Vgl. Abkommen zwischen dem RWKS und der Firma Raab, Karcher & Co., 06.10.1894, in: RWWA 200–2/100/00–10 und Schreiben des RWKS an Raab, Karcher & Co., 06.02.1896, in: RWWA 200–2/100/00–10.

20 Vgl. Schreiben an die Buchhaltung, 31.12.1914, in: montan.dok/BBA 4/404; Notarielles Protokoll zur Abtretung der Geschäftsanteile am Kohlenkontor, 02.12.1913, in: montan.dok/BBA 4/404; Wintrans Spedition GmbH (Hg.): 1848–1998: Von Winschermann zu Wintrans. 150 Jahre in Bewegung, Salzgitter 1998, S. 7 ff.; Napp-Zinn, Anton Felix: Rheinschiffahrt 1913–1925. Ihre wirtschaftliche Entwicklung unter dem Einfluss von Weltkrieg und Kriegsfolgen, Berlin 1925, S. 32 ff. und o. A.: Arenberg Bergbau 1856–1956. 100 Jahre Prosper, 50 Jahre Brassert, 100 Jahre Centrum-Morgensonne, Essen 1956, S. 26 f.

21 Es gab seit 1909 zwischen Ewald und diversen Vermittlern einen ausgiebigen Schriftverkehr zu einem möglichen Ankauf von Reedereien, wobei über die Firmen selbst zumeist Anonymität herrschte. Hierbei ist zu erkennen, dass die Reederfirmen zur Sicherung ihrer Geschäftsgrundlage ebenfalls ein großes Interesse hatten, eine Verbindung mit Produzenten aus der Montanindustrie aufzunehmen (vgl. u. a. Schreiben von W. Pampus an die Gewerkschaft Ewald, 05.02.1909, in: montan.dok/BBA 4/526 und Schreiben von Carl Haasters, 02.07.1909, in: montan.dok/BBA 4/526).

22 Vgl. o. A.: Arenberg Bergbau 1856–1956, S. 26 f.; Rheinische Kohlenhandels- und Rhederei-Gesellschaft mbH, Geschäftsbericht 1915/16; Preute: Die Absatz- und Verkehrsverhältnisse des rheinisch-westfälischen Kohlenbergbaues vor und nach dem Weltkriege, S. 53 f.; Manno: Die Kohlenversorgung Süddeutschlands, S. 125 und Zeitungsausschnitt „Der Verschmelzungsprozeß im Kohlenkontor", 20.01.1914, in: montan.dok/BBA 42/73.

weil nur zu wenigen Handelsgesellschaften detaillierte Angaben zu den Gesellschaftern zur Verfügung stehen.[23] Wie eng die einzelnen SHG jedoch schon vor dem Ersten Weltkrieg miteinander verflochten waren, zeigt das Beispiel der Handels- und Reedereifirma Harloff. Deren Geschäftsanteile gingen im Jahr 1914 mehrheitlich in das Eigentum der Bergwerke Graf Bismarck und Friedrich der Große über, welche durch den Rhein-Herne-Kanal ebenso einen eigenen Anschluss an das Wasserstraßennetz bekamen. Für diesen Aufkauf hatten die Unternehmen einen Kaufpreis in Höhe von 300 Prozent des Stammkapitals von Harloff entrichtet. Die Handelsfirma war nicht nur Gesellschafter beim Kohlenkontor, sondern ebenso an der SHG in Kassel beteiligt. Zudem war Harloff als Großhändler in den noch „freien" Absatzgebieten in Westdeutschland tätig, wodurch das Unternehmen im Jahr 1917 in die neu gegründete SHG in Hagen aufgenommen wurde.[24] Weitere Verknüpfungen zwischen den Handelsgesellschaften des RWKS zeigen sich bei der Firma J. W. Piepmeyer. Diese war ebenso Gesellschafter in Kassel und zudem Teilhaber der Kohlenkontor-Reederei Piepmeyer & Oppenhorst, die später in den Haniel-Konzern integriert wurde.[25]

Der Haniel-Konzern und die unter ihrem Einfluss stehende Gutehoffnungshütte (GHH) bilden wiederum ein anschauliches Beispiel dafür, dass parallel zur Aufkaufwelle der interne Konzentrationsprozess zwischen den Unternehmen im Kohlenkontor zunahm. Durch die garantierten Frachtsätze bestand auch für bereits beteiligte Firmen ein großer Anreiz, die eigenen Transportkapazitäten durch Übernahme anderer Gesellschaften auszudehnen. Zudem hatten einige Unternehmen großes Interesse, die Höhe ihrer Handelsbeteiligungen im Kohlenkontor durch den Zukauf kleinerer Firmen mit ihren Transportbeteiligungen stärker ins Gleichgewicht zu bringen. Haniel integrierte die Firma „Vereinigte Frankfurter Rhedereien" (VFR) in den eigenen Konzern. Dieses Kohlenkontor-Unternehmen war im Jahr 1905 durch den Zusammenschluss von Piepmeyer & Oppenhorst mit den Firmen Anton Fulda und Gottfried Kleinschmidt entstanden. Weiterer Gesellschafter der VFR wurde später die GHH.[26] Ähnlich verlief

23 Für den Zeitraum von der Gründung der SHG bis zur Kartellerneuerung 1917 kann zumindest für die Handelsgesellschaften Bremen und Hannover ein Rückgang bei der Anzahl der beteiligten Firmen nachgewiesen werden. Eine präzise Einschätzung zu anderen Gesellschaften ist schwierig, weil es insbesondere 1917 wiederum zahlreiche Zugänge neuer Gesellschafter gab (vgl. Auflistungen zu den Gesellschaftern in den SHG und ihren Beteiligungen zwischen 1917 und 1922, 10.07.1922, in: montan.dok/BBA 33/976 sowie zur Anzahl der Gesellschafter in der Gründungsphase Kap. 3.1).

24 Vgl. o. A.: Glückauf Kohlenhandelsgesellschaft m.b.H. Cassel, S. 14 und o. A.: Rheinisch-Westfälisches Kohlensyndikat. Zur Frage der Kohlenpreise, in: Kartell-Rundschau 1916, Nr. 5, S. 166f.

25 Vgl. o. A.: Glückauf Kohlenhandelsgesellschaft m.b.H. Cassel, S. 13 und o. A.: Piepmeyer & Oppenhorst GmbH 1887–1962, o. O., 1962, S. 2f. Im Jahr 1902 übernahm Johann Wilhelm Welker die Geschäftsanteile von Oppenhorst. Welker war bereits seit 1889 im Unternehmen tätig. Zudem wurde er Geschäftsführer bei der Franz Haniel & Cie. GmbH (vgl. ebd. und o. A.: Glückauf Kohlenhandelsgesellschaft m.b.H. Cassel, S. 17).

26 Piepmeyer & Oppenhorst integrierte in den Folgejahren wiederum weitere Handelsfirmen in das Unternehmen (vgl. Denkschrift über die Gründung einer Handelsgesellschaft für den Verkauf von Kohlen, Koks, Eisen und Eisenerzeugnissen und über den Ankauf einer Reederei, Februar 1913, S. 14ff., in: RWWA 130–30002/1; Fink: Die Kohlenreederei Franz Haniel & Cie. in der Rheinschif-

die Entwicklung bei den anderen „alten“ Reederzechen im Kohlenkontor: Mathias Stinnes kam vor dem Ersten Weltkrieg in den Besitz von sechs Firmen, die zusammen eine Beteiligung von 475.800 Tonnen im Kohlenkontor auf sich vereinen konnten. Damit stieg für das Unternehmen die Gesamtbeteiligung im Kohlenkontor auf mehr als 1,15 Millionen Tonnen an.[27] Das Unternehmen Hugo Stinnes konnte seine Beteiligung durch den Aufkauf der Firma Jakob Trefz & Söhne von 612.800 auf 687.000 Tonnen erhöhen.[28]

Die Konzentrationsbewegung führte dazu, dass die Anzahl der beteiligten Unternehmen im Kohlenkontor zwischen 1904 und 1913 von 45 auf 36 Mitglieder sank, wobei die durchschnittlichen Handels- und Transportbeteiligungen der einzelnen Mitglieder parallel deutlich anstiegen. Mit dieser Entwicklung konnten die Produzenten aus dem Ruhrbergbau ihren Einfluss auf den Absatzsektor deutlich ausbauen. Zusammen mit der direkten Beteiligung des Kohlensyndikats in Höhe von etwa 1,4 Millionen Tonnen verfügten Kartellmitglieder am Vorabend des Ersten Weltkriegs über eine Beteiligung von mehr als 5,9 Millionen Tonnen, was zwei Drittel der Gesamtbeteiligung des Kohlenkontors entsprach.[29]

Von der aus dem Jahr 1919 stammenden Aussage, dass Produzenten und Großhandel „zwei voneinander nur bedingt abhängige Wirtschaftskreise“[30] seien, konnte für den syndizierten Ruhrbergbau mit Blick auf diese Entwicklung schon längst keine Rede mehr sein. Auch wenn die Eingliederung von Handelsunternehmen während und nach dem Ersten Weltkrieg nochmals eine neue Dynamik bekam und sich auf weitere Absatzebenen ausdehnte, hatten die Strukturveränderungen in der syndizierten Vertriebsorganisation schon deutlich eher begonnen.[31] Der Absatzsektor bekam damit für die Unternehmen des Ruhrbergbaus eine immer höhere Bedeutung, wobei es die Kartellpolitik selbst war, die diese Entwicklung erheblich gefördert hatte. Von diesem Prozess hatte allerdings nur ein Teil der Unternehmen profitieren können, was in der Praxis dazu führen konnte, dass der Handelsnutzen der eigenen Kohle womöglich einem anderen Syndikatsmitglied zufiel. Zunehmende Gegensätze im

---

fahrtsentwicklung, S. 42 ff.; o. A.: Piepmeyer & Oppenhorst GmbH 1887–1962, S. 6 ff. und o. A.: Glückauf Kohlenhandelsgesellschaft m.b.H. Cassel, S. 16).

27 Vgl. Aktennotiz zum Kohlenkontor, ca. 1915, S. 2 f., in: HA, JWW: 65; Rheinische Kohlenhandels- und Rhederei-Gesellschaft mbH, Geschäftsbericht 1906/07, S. 6 und Denkschrift über die Gründung einer Handelsgesellschaft für den Verkauf von Kohlen, Koks, Eisen und Eisenerzeugnissen und über den Ankauf einer Reederei, Februar 1913, S. 11 ff., in: RWWA 130 – 30002/1.

28 Vgl. ebd. und Aktennotiz zum Kohlenkontor, ca. 1915, S. 3, in: HA, JWW: 65.

29 Vgl. ebd., S. 4 f. und Jahrbuch für den Oberbergamtsbezirk Dortmund 1912–1913, S. 722 ff. Nach der Syndikatserneuerung im Jahr 1916 bestand das 1917 erneuerte Kohlenkontor nur noch aus 19 Gesellschaftern, die zum Großteil in Verbindung zu Ruhrzechen standen (vgl. Heinrichsbauer: Kohlenkontor Weyhenmeyer & Co. und Süddeutsche Kohlenwirtschaft, S. 30).

30 Cohn: Verbände, Kartelle und Syndikate im Großhandel, S. 7.

31 Vgl. zum weiteren Konzentrationsprozess: Franken: Syndikatshandel oder Freihandel im Kohlenabsatz? S. 73 ff.; Lohmann: Die Handelsfrage im Rheinisch-Westfälischen Kohlensyndikat von der Gründung bis zur Gegenwart, S. 92 ff. sowie Kap. 5.3.

Kartellgefüge waren damit vorprogrammiert und hatten ganz konkret auf die Erneuerungsverhandlungen für die im Jahr 1915 und 1916 auslaufenden Syndikatsverträge erheblichen Einfluss.[32]

4.1.2 Auch ein Ergebnis der Kartellpolitik: Verschiebungen in den Marktstrukturen

Wie erläutert, hatte die Kartellpolitik des RWKS einen erheblichen Einfluss auf die horizontale und vertikale Konzentrationsbewegung im Ruhrbergbau. Doch ebenso scheint eine syndizierte Absatzpolitik auch Veränderungen in den Strukturen der Kohlenmärkte bewirkt zu haben, die in der weiteren Folge wiederum einen negativen Einfluss auf die Stabilität der gesamten Kartellorganisation hatten. Das Beispiel des Kohlensyndikats macht auf der einen Seite deutlich, dass Kartelle für einen reibungslosen Betrieb zunächst auf einen hohen Organisationsgrad angewiesen waren.[33] Auf der anderen Seite zeigte sich aber, dass besonders straffe und mit einem hohen Organisationsgrad ausgestatte Kartelle vielfach deutlich leichter durch den Wettbewerb „angegriffen" werden konnten als losere Kartellverbände.[34] Wenn der Wettbewerb vor allem aufgrund der absatzpolitischen Maßnahmen des Syndikats zunahm, konnte dies in der weiteren Folge bedeuten, dass die Kartellorganisation für eine nachhaltige Marktregulierung einen immer höheren Aufwand betreiben musste. Eine solche Entwicklung führte bei den Mitgliedern wiederum zu der Frage, ob womöglich ein freier Wettbewerb zwischen allen Anbietern doch geringere Kosten verursacht, als für den Erhalt des Kartells notwendig waren. Der Ruhrbergbau bildet für eine solche Entwicklung ein ausgezeichnetes Beispiel. Dort zeigte sich besonders deutlich, dass die Konkurrenten der Kartellzechen ihre Absatzerfolge in großen Teilen auf die Existenz des Kohlensyndikats und dessen Vertriebsstrategien gründeten.

In den Erläuterungen zur Entwicklung der Marktverhältnisse in den süddeutschen Absatzrevieren konnte bereits deutlich dargelegt werden, dass ein höheres und konstanteres Preisniveau, das mit der Etablierung des Kohlenkontors geschaffen wurde, den Marktzugang für andere Produktionsreviere erheblich erleichterte und damit zu einer deutlichen Erhöhung der Wettbewerbsintensität in dieser Region führte.[35]

---

32 Prägnant zusammengefasst wurde diese Problematik von Emil Kirdorf im Jahr 1915, als dieser davon sprach, dass das Kohlensyndikat auf einer deutlich gesünderen Grundlage gestanden hätte, als noch keine Bergwerksunternehmen unmittelbar mit Vertriebsgesellschaften verknüpft waren (vgl. RWKS, Sitzung des Ausschusses f (Geschäftsausschuss), 01.12.1915, S. 19f., in: montan.dok/BBA 33/77).

33 Vgl. Ziegler: Kriegswirtschaft, Kriegsfolgenbewältigung, Kriegsvorbereitung, S. 16.

34 Vgl. Lucae: Außenseiter von Kartellen, S. 14ff. und Beckerath: Industrielle Kartellprobleme der Gegenwart, S. 12ff.

35 Vgl. neben Kap. 3.4.2 auch Bericht der Königlichen Bergwerksdirektion Saarbrücken an das Königliche Oberbergamt Bonn, 06.07.1904, in: LA Saarbrücken, Best. BWD-605 und Bericht der Königlichen Bergwerksdirektion Saarbrücken an das Königliche Oberbergamt Bonn, 03.04.1905, in: LA Saarbrücken, Best. BWD-605.

Süddeutschland bekam seit 1904 zunehmend den Charakter eines bestrittenen Absatzgebiets, auch wenn die dort erzielten Preise auf einem deutlich höheren Niveau lagen als in den norddeutschen Regionen, wo die Verkaufspreise der britischen Kohle den Maßstab bildeten.[36] In Süddeutschland war dagegen das RWKS bzw. das Kohlenkontor in der Preisbestimmung federführend, wodurch die dort auftretende Konkurrenz leicht mit den Syndikatszechen in den Wettbewerb treten konnte.[37]

Bei einer Bewertung der Kartellpolitik im Ruhrbergbau aus der Perspektive der Absatzmärkte zeigt sich ebenso am Beispiel der süddeutschen Absatzmärkte, dass der oftmals für den Ruhrbergbau hervorgehobene Kartellierungsgrad letztlich nur eine geringe Aussagekraft zu einer erfolgreichen Marktregulierung der Kartellorganisation besitzt.[38] Die Kartellierungsquote gab schließlich keine Informationen zur Intensität des Wettbewerbs mit anderen Produktionsrevieren, der mit der Institutionalisierung und dem Ausbau der syndizierten Absatzorganisation sogar deutlich zunahm. Die im Jahr 1903 durch das Kohlensyndikat erreichte Kartellierungsquote von 98,7 Prozent wurde in ihrer Bedeutung selbst für die unbestrittenen „Monopol"-Absatzgebiete des Ruhrbergbaus deutlich überschätzt. Nach der Syndikatserneuerung zeigte sich innerhalb kurzer Zeit, dass eine nicht lückenlose Kartellierung der Branche die Stabilität und Funktionsfähigkeit der Organisation deutlich gefährden konnte. Nicht ohne Grund wurde aus dieser Erfahrung in den Folgejahren unter den Zechenbesitzern über eine Kündigungsmöglichkeit des Kartellvertrags debattiert, die bereits bei einem äußerst niedrigen Förderanteil nicht-syndizierter Zechen bestehen sollte. Als mögliche Werte wurden Quoten zwischen 3 und sogar nur 1 Prozent in die Diskussion gebracht.[39]

Seit dem Jahr 1904 nahmen die Vertriebsbemühungen nicht-syndizierter Zechen aus dem Ruhrbergbau langsam, aber stetig zu. Dies betraf nicht nur die völlig unbestrittenen Märkte, sondern ebenso und besonders die durch einen Wettbewerb ge-

---

36 Vgl. o. A.: Kohlenmarkt und Syndikatserneuerung, in: Kartell-Rundschau 1910, Nr. 11, S. 866, Frankfurter Zeitung, 16.01.1912, in: montan.dok/BBA 32/4097 und Manno: Die Kohlenversorgung Süddeutschlands, S. 149 ff.

37 Vgl. ebd., S. 150 f. und Blaich: Kartell- und Monopolpolitik im kaiserlichen Deutschland, S. 97. Im Jahr 1915 wurde im Geschäftsausschuss erwähnt, dass mittlerweile zwei Drittel des Absatzgebiets des Kohlenkontors als bestrittenes Revier eingeordnet werden könnten, wo Verkaufszuschüsse notwendig waren (vgl. RWKS, Sitzung des Ausschusses f (Geschäftsausschuss), 12.10.1915, S. 7 f., in: montan.dok/BBA 33/24).

38 Die Bedeutung des Kartellierungsgrads wurde z. B. durch Blaich massiv überschätzt, der sogar eine Quote von unter 90 Prozent als problemlose Monopolstellung für das RWKS wertete (vgl. Blaich: Kartell- und Monopolpolitik im kaiserlichen Deutschland, S. 98). Ebenso unproblematisch schätzte auch Bonikowsky die zwar noch geringe, aber steigende Außenseiterquote im Ruhrbergbau ein (vgl. Bonikowsky: Der Einfluß der industriellen Kartelle auf den Handel in Deutschland, S. 46 f.).

39 Bei diesen Diskussionen im Jahr 1916 wurde nach den vorangegangenen Erfahrungen eine zehnjährige Vertragsdauer als problematisch betrachtet, da dieser Zeitraum Außenseitern eine zu lange Entwicklungszeit bieten würde (vgl. RWKS, Sitzung des Ausschusses f (Geschäftsausschuss), 16.02.1916, S. 4, in: montan.dok/BBA 33/24 und RWKS, Sitzung des Ausschusses f (Geschäftsausschuss), 07.03.1916, S. 22 ff., in: montan.dok/BBA 33/78).

prägten süddeutschen Absatzmärkte.[40] Den kostspieligen Absatz in stark bestrittenen Märkten mit einem geringen Preisniveau, wie zum Beispiel in Norddeutschland, überließen die nicht-syndizierten Zechen dagegen dem Kohlensyndikat.[41] Durch die fehlende Bindung an Förderquoten und ohne die Verpflichtung zur Beteiligung an den Organisationskosten des Kartells hatten es die Außenseiter relativ leicht, in den Wettbewerb mit dem RWKS zu treten. Die über einen längeren Zeitraum bestehende Unauflösbarkeit des Kohlensyndikats und das durch die Kartellierung erreichte stabile Preisniveau boten deren Besitzern ausreichend Sicherheit für die Rentabilität ihres eingesetzten Kapitals.[42]

Tab. 14: Entwicklung der Förderanteile im Ruhrbergbau 1903 bis 1910

Jahr	Förderung RWKS	Anteil	Wachstums-rate	Förderung Außenseiter	Anteil	Wachstums-rate
1903	64.727.392 t	98,70 %		852.205 t	1,30 %	
1904	67.469.444 t	98,28 %	4,2 %	1.180.463 t	1,72 %	38,5 %
1905	65.592.733 t	98,06 %	−2,8 %	1.296.669 t	1,94 %	9,8 %
1906	76.947.659 t	97,95 %	17,3 %	1.607.398 t	2,05 %	24,0 %
1907	80.126.475 t	97,45 %	4,1 %	2.098.240 t	2,55 %	30,5 %
1908	81.995.946 t	96,43 %	2,3 %	3.038.162 t	3,57 %	44,8 %
1909	80.915.546 t	95,10 %	−1,3 %	4.164.766 t	4,90 %	37,1 %
1910	83.820.702 t	93,85 %	3,6 %	5.492.290 t	6,15 %	31,9 %

Quelle: Lüthgen, Helmut: Das Rheinisch-Westfälische Kohlensyndikat in der Vorkriegs-, Kriegs- und Nachkriegszeit und seine Hauptprobleme, Leipzig 1926, S. 208.

Im Wettbewerb zwischen dem Kohlensyndikat und den nicht-syndizierten Zechen versuchten Außenseiter häufig, zur Absatzsicherung ihre Produkte knapp unterhalb der Kartellpreise zu verkaufen. Zum Ausgleich der dadurch entstandenen Mehrkosten bemühten sich diese Betriebe gleichzeitig um Produktionsausweitungen, um die höheren Selbstkosten auf eine größere Kohlenmenge zu verteilen. Die damit steigende Angebotsmenge auf den Kohlenmärkten beeinflusste wiederum das Preisniveau. Mögliche Preiszugeständnisse des Kartells konnten in der Folge wiederum durch

40 Die Vertriebsarbeit der Außenseiter in Süddeutschland ist ein weiterer Beleg für das vergleichsweise hohe Preisniveau in Süddeutschland. Deren Absatzbemühungen wurden bereits ab 1904 thematisiert (vgl. Bericht des Oberbergamtes Dortmund zur Marktlage, 16.10.1905, S. 8, in: LHA Koblenz, 403 – 8152 und Kerscht: Das Rheinisch-Westfälische Kohlensyndikat in seiner geschichtlichen Entwicklung 1910 – 1920, S. 30 f.). Weiterhin vgl. Lucae: Außenseiter von Kartellen, S. 36 ff. und Rheinische Kohlenhandels- und Rhederei-Gesellschaft mbH, Geschäftsbericht 1910/11, S. 6 f.

41 Vgl. Wiedenfeld: Das rheinisch-westfälische Kohlensyndikat, S. 74.

42 Vgl. Beckerath: Industrielle Kartellprobleme der Gegenwart, S. 12 ff.; Kestner: Der Organisationszwang, S. 57 ff. und Kreutz: Wesen und Bewertung der Beteiligungsziffer beim Rheinisch-Westfälischen Kohlen-Syndikat, S. 7.

Preisnachlässe der Außenseiter beantwortet werden.[43] Einer schnellen Anpassungsfähigkeit des Kohlensyndikats waren aber nicht nur aufgrund dessen starrer Preispolitik Grenzen gesetzt. Auch stand dem RWKS die große Heterogenität in den Unternehmens- und Produktionsstrukturen seiner Kartellmitglieder im Weg. Das RWKS musste auch den mit höheren Selbstkosten arbeitenden Syndikatszechen ein Auskommen ermöglichen, so dass ein bestimmtes Preisniveau nicht unterschritten werden durfte. Auch befanden sich im Kohlensyndikat Zechen mit geringer Kohlenqualität, deren Absatz gesichert werden musste. Daher konnten sich Außenseiterbetriebe auch mit einem Qualitätswettbewerb auf den Märkten behaupten. Das RWKS gab nämlich seinen Abnehmern in der Regel keine Garantie für die Lieferung von Kohle einer bestimmten Zeche.[44] Abseits von einem Preis- und Qualitätswettbewerb konnten die Außenseiter zusätzlich durch Kulanz bei den Nebenleistungen ihren Absatz festigen und ausbauen.[45]

Nach der Syndikatserneuerung im Jahr 1903 waren zwar nur zwei Unternehmen mit einer Jahresförderung von über 120.000 Tonnen nicht dem RWKS beigetreten, doch befand sich darunter neben der Gewerkschaft Freie Vogel & Unverhofft auch der Preußische Bergfiskus, der in den folgenden Jahren mit großem Abstand eine zentrale Führungsrolle unter den nicht-syndizierten Zechen einnahm.[46] Zudem bestanden neben kleineren, aber in der Folgezeit wachsenden Schachtanlagen zahlreiche noch unaufgeschlossene Grubenfelder im nördlichen Teil des Ruhrgebiets, die nicht in den Syndikatsvertrag eingebunden waren. Der bis zum Jahr 1915 gesicherte Bestand des RWKS gab Investoren nach der Kartellerneuerung eine ausreichende Sicherheit, im Windschatten des Syndikats in den Aufbau neuer Schachtanlagen zu investieren.[47]

Der zunehmende Wettbewerb durch nicht-syndizierte Zechen verstärkte sich in den Folgejahren deutlich und nahm spätestens ab 1908 für das RWKS existenzielle Ausmaße an. Immer häufiger konnten sich die Außenseiter konjunkturelle Rückgänge, auf die das Kohlensyndikat mit Fördereinschränkungen reagierte, für die ei-

43 Vgl. Lucae: Außenseiter von Kartellen, S. 51.

44 Vgl. ebd., S. 41 und Bonikowsky: Der Einfluß der industriellen Kartelle auf den Handel in Deutschland, S. 103 ff. Einzelne Außenseiter gaben z. B. höhere Garantien auf den Asche- und Wassergehalt der Kohle, was einen deutlichen Preisvorteil bedeuten konnte (vgl. RWKS, Zechenbesitzerversammlung, 09.10.1911, S. 5 ff., in: montan.dok/BBA 33/13).

45 Vgl. Kerscht: Das Rheinisch-Westfälische Kohlensyndikat in seiner geschichtlichen Entwicklung 1910–1920, S. 30 f. und o. A.: Rheinisch-Westfälisches Kohlensyndikat, in: Kartell-Rundschau 1909, Nr. 11, S. 798.

46 Vgl. Jüngst: Die nichtsyndizierten Zechen im niederrheinisch-westfälischen Steinkohlenbergbau, S. 221; Kestner: Der Organisationszwang, S. 20 sowie ausführlich Kap. 4.2.

47 Vgl. Wiedenfeld: Das rheinisch-westfälische Kohlensyndikat, S. 68 ff.; Kestner: Der Organisationszwang, S. 57 ff. Um die Ausdehnung von nicht-syndizierten Schachtanlagen in noch unaufgeschlossenen Grubenfeldern zu verhindern, mussten die Zechen im 1916 geschlossenen Syndikatsvertrag auch mit ihrem noch unaufgeschlossenen Felderbesitz dem Kartell beitreten (vgl. o. A.: Rheinisch-Westfälisches Kohlensyndikat. Die Syndikatserneuerung, in: Kartell-Rundschau 1916, Nr. 8/9, S. 352 und o. A.: Die Syndikatsverträge des Rheinisch-Westfälischen Kohlen-Syndikats, S. 83 f.).

gene Absatzausdehnung zunutze machen.[48] Die Syndizierung weiter Teile des Kohlengroßhandels konnte die wachsenden Absatzerfolge der Außenseiter nicht verhindern. Diesen Zechen stand noch immer eine leistungsfähige Vertriebsstruktur zur Verfügung, die bislang nicht durch kartellpolitische Maßnahmen erfasst wurde und zudem gegenüber dem Vertriebsapparat des RWKS vielfach als deutlich flexibler galt.[49]

Die geringe Aussagekraft der Kartellierungsquote im Ruhrbergbau für die Bewertung der Maßnahmen zur Marktregulierung lässt sich weiterhin daran belegen, dass dieser Wert ebenso keinerlei Informationen dazu gibt, inwieweit die Kartellorganisation in einem Wettbewerb mit Substitutionsprodukten stand und ob es auch in diesem Sektor Veränderungen in den Absatzstrukturen gab, die zu einer Erhöhung der Marktkosten für die Kartellzechen führten. In der Beschreibung zur Entwicklung auf den süddeutschen Märkten sind dafür bereits die gestiegenen Marktanteile der rheinischen Braunkohle seit dem Jahr 1904 genannt worden, deren Expansion durch die Kartellpolitik im Ruhrbergbau ebenso indirekt unterstützt wurde.[50]

Der Bedeutungsgewinn der Braunkohle in der deutschen Kohlenwirtschaft, insbesondere der starke Anstieg der Förderung im rheinischen Revier, wird vielfach erst als eine Folge der Mangelwirtschaft im Ersten Weltkrieg eingeordnet. Mit dem Kriegsausbruch konnten die Braunkohleproduzenten ihren Absatz im Gegensatz zur Steinkohle ausweiten, entstandene Lücken in der Kohlenversorgung schließen und in den Nachkriegsjahren einen weiteren und noch größeren Bedeutungszuwachs verzeichnen.[51] Die Grundlagen für diese Entwicklung wurden aber bereits viele Jahre früher gelegt und hatten die Kartellpolitik des RWKS weit vor Kriegsausbruch negativ beeinflusst.

Die Nachteile der Braunkohle gegenüber der Steinkohle lagen vor allem in einem erheblich geringeren Heizwert, weshalb ein Transport von Rohbraunkohle über längere Strecken nicht rentabel war. Eine deutliche Veränderung brachte neben der

---

48 Vgl. Jüngst: Die nichtsyndizierten Zechen im niederrheinisch-westfälischen Steinkohlenbergbau, S. 221; Berliner Jahrbuch für Handel und Industrie. Bericht der Ältesten der Kaufmannschaft von Berlin. Jahrgang 1910, Bd. 1, S. 113 und Verwaltungsbericht über den Oberbergamtsbezirk Dortmund für das Jahr 1910, S. 3, in: LHA Koblenz, 403–8176.

49 Vgl. Wiedenfeld: Das rheinisch-westfälische Kohlensyndikat, S. 68 ff. Zudem standen viele Außenseiter in engen Beziehungen zu Großverbrauchern oder hatten langfristige Verträge mit solchen Abnehmern abgeschlossen (vgl. Manuskript über die Entwicklung der fiskalischen Ruhrkohlenzechen, ca. 1911, S. 15, in: montan.dok/BBA 32/4099). Aufgrund der höheren Flexibilität nicht-syndizierter Händler warnte RWKS-Vorstand Max Graßmann die Zechenbesitzer davor, den Syndikatshandelsgesellschaften eine schematische Verkaufspolitik vorzuschreiben (vgl. RWKS, Sitzung des Beirates, 17.02.1909, S. 13, in: montan.dok/BBA 33/62).

50 Vgl. Kap. 3.4.2.

51 Vgl. Richtsteig: Die Kohlenhandelsgesellschaften des Rheinisch-Westfälischen Kohlen-Syndikats zu Essen a.d. Ruhr, S. 58; Böse, Christian und Ziegler, Dieter: Die Ruhrkohle in der kriegswirtschaftlichen Regulierung 1914–1918, in: Jahrbuch für Wirtschaftsgeschichte 56, 2015, Nr. 2, S. 421–449, hier: S. 430 f.; Zerr, Friedrich: Die Kohlenversorgung Südwestdeutschlands (Baden, Pfalz, Württemberg) nach dem Kriege, Heidelberg 1928, S. 27 f. und Dietrich: Die Kohlenversorgung Süddeutschlands, S. 4 ff.

Ausweitung des kostengünstigen Tagebaus die Weiterverarbeitung von Braunkohle zu Briketts, was zu einem geringeren Wassergehalt, leichteren Transportmöglichkeiten und einer besseren Handhabung führte. Dadurch verlor Braunkohle zunehmend ihren Ruf als billiger Ersatz für Steinkohle und konnte sich vor allem im Hausbrand und im Kleingewerbe als Brennstoff etablieren.[52] Auf dem Berliner Kohlenmarkt, wo neben preußischer auch sächsische und böhmische Braunkohle verfügbar war, wurde bereits kurz nach der Jahrhundertwende von einer langsamen Verdrängung der Steinkohle im Hausbrandsektor gesprochen. Beim Brennmaterialienverbrauch in der Hauptstadt stieg der Anteil der Braunkohle bis 1904 auf knapp 39 Prozent an.[53] Die Braunkohlenproduktion im Deutschen Reich erreichte im Jahr 1910 mit knapp 70 Millionen Tonnen etwa 45 Prozent der Fördermenge von Steinkohle.[54]

Im linksrheinischen Braunkohlenrevier, wo in den 1880er Jahren erstmals die Brikettproduktion aufgenommen worden war, fiel das Wachstum der Fördermengen nochmals höher aus. Zwischen 1895 und 1910 stieg die Förderung dort von knapp 1,6 auf fast 13,1 Millionen Tonnen.[55] Aus einer zunächst losen Vereinigung und einer im Jahr 1900 gegründeten Vertriebsorganisation einzelner Produzenten entstand dort 1902 der als GmbH organisierte Braunkohlen-Brikett-Verkaufsverein, der eine nahezu vollständige Kartellierung der Branche erreichte. In dieser Vereinigung stellten zwei Unternehmen 65 Prozent der Produktionsmenge, was den Organisations- und Koordinierungsaufwand stark erleichterte. Während die gemeinsame Absatzorganisation den Vertrieb für Großverbraucher übernahm, war der Kohlenverkauf für den Hausbrand weiterhin freien Händlern überlassen, die im Gegensatz zum Ruhrbergbau eine deutlich größere Bewegungsfreiheit hatten.[56]

Insbesondere im als unbestritten geltenden Kernabsatzgebiet des Ruhrbergbaus und auf den süddeutschen Märkten entwickelte sich der rheinische Braunkohlenbergbau seit der Jahrhundertwende für das RWKS zu einer empfindlichen Konkur-

---

52 Vgl. Polster: Zur Geschichte und Entwickelung des Kohlenhandels, S. 7; Hoffeld, Heinrich: Die Braunkohle und ihr Wettbewerb mit der Steinkohle, Würzburg 1926, S. 20 f.; Wünsch, Hermann: Der Wettbewerb zwischen der Steinkohle und der Braunkohle in Deutschland, Essen 1929, S. 27 und Burghardt, Uwe: Die Mechanisierung des Ruhrbergbaus, München 1995, S. 97 f.

53 Vgl. Treue: 100 Jahre Caesar Wollheim, S. 42 ff.; Berliner Jahrbuch für Handel und Industrie. Bericht der Ältesten der Kaufmannschaft von Berlin. Jahrgang 1903, Bd. 2, S. 150 ff.; Berliner Jahrbuch für Handel und Industrie. Bericht der Ältesten der Kaufmannschaft von Berlin. Jahrgang 1906, Bd. 2, S. 186 f. und Zentgraf: Der Wettbewerb auf dem Berliner Kohlenmarkt. Teil 1, S. 453. In Magdeburg lag der Anteil der Braunkohle im Jahr 1900 sogar bei 70 Prozent (vgl. Voss: Magdeburgs Kohlenhandel einst und jetzt, S. 104).

54 Vgl. Borchardt, Karl (Hg.): Handbuch der Kohlenwirtschaft. Ein Nachschlagewerk für Kohlenerzeuger, Kohlenhändler und Kohlenverbraucher, Berlin 1926, S. 802.

55 Vgl. RWKS, Bericht des Vorstandes über das Geschäftsjahr 1913, S. 13, in: montan.dok/BBA 33/318 (1). Auch die lebhaft diskutierte „Kohlennot" zur Jahrhundertwende hatte den Braunkohlenabsatz weiter gefördert (vgl. Burghardt: Die Mechanisierung des Ruhrbergbaus, S. 97 f.).

56 Vgl. Manno: Die Kohlenversorgung Süddeutschlands, S. 136 ff.; Dietrich: Die Kohlenversorgung Süddeutschlands, S. 8 f. und Zerr: Die Kohlenversorgung Südwestdeutschlands (Baden, Pfalz, Württemberg) nach dem Kriege, S. 62 ff.

renz.[57] Wie der Ruhrbergbau nutzte der Verkaufsverein zunehmend den Rhein als günstigen Transportweg. An den zentralen Hafenplätzen in Süddeutschland entstanden auch für diese Produkte Umschlaganlagen und Brikettfabriken.[58] Ein nach außen deutlich sichtbares Zeichen für den stärkeren Wettbewerbsdruck zwischen Stein- und Braunkohle waren neben der Herabsetzung der Frachtsätze im Kohlenkontor auch die Preiserhöhungen des RWKS im Jahr 1912, die bei Kohlensorten, die in Konkurrenz zur Braunkohle standen, deutlich geringer ausfielen.[59]

Im Umgang mit dem rheinischen Braunkohlenbergbau schien das Kohlensyndikat zunächst keine passende Strategie parat gehabt zu haben. Zum Teil hatten sich Syndikatshandelsgesellschaften selbst am Vertrieb von Braunkohle beteiligt oder strebten zumindest eine Beteiligung am Braunkohlenverkauf an.[60] Die Absatzausdehnung der Braunkohle konnte damit allerdings nicht gebremst werden, so dass dieser Vertrieb allenfalls den Handelsgesellschaften und weniger dem RWKS als Ganzem zugute kam. Insgesamt wurde dem Kohlensyndikat in diesem Wettbewerb ausgerechnet dessen eigene, straffe und bürokratische Organisation zum Verhängnis, die der Brikettverkaufsverein durch seinen flexiblen Vertriebsapparat für sich ausnutzen konnte.[61] Dabei setzte der Braunkohlen-Brikett-Verkaufsverein auf seinerzeit in der Kohlenwirtschaft noch völlig unübliche Absatzkonzepte, die sich vor allem durch die frühe Markenbildung zeigten. Seit 1904 wurden alle Briketts der angeschlossenen Betriebe unter dem Einheitsnamen „Union" vertrieben, was eine gemeinsame Wer-

---

57 Vgl. Bericht der Königlichen Bergwerksdirektion Saarbrücken zum Kohlenmarkt, 09.07.1902, S. 1f., in: LHA Koblenz, 403–8151; Jüngst: Das niederrheinisch-westfälische Revier, S. 207; Hönn, Karl: M. Stromeyer Lagerhausgesellschaft 1887–1937. Festschrift zum 50jährigen Bestehen, Konstanz 1937, S. 41ff. und Tägliche Rundschau Berlin, 28.10.1911, in: GStA PK, I. HA Rep. 120 C VIII 1 Nr. 72 adh. 45 Bd. 4.

58 Vgl. Wünsch: Der Wettbewerb zwischen der Steinkohle und der Braunkohle in Deutschland, S. 47. Ein Schiffsversand von rheinischer Braunkohle begann erst 1910. Der Bruch war beim Schiffsverkehr deutlich geringer, als zunächst befürchtet. Auch neue technische Anlagen im Hafen Rheinau sorgten für einen schonenden Umschlag (vgl. Schoene: Der Wettbewerb zwischen Eisenbahn und Rheinschiffahrt und sein Einfluss auf die Kohlenzufuhr nach Baden, Württemberg und dem rechtsrheinischen Bayern, S. 32f. und Schilson: Der deutsche Kohlenhandel und seine Organisation, S. 10).

59 Vgl. Kempkens: Die Rheinschiffahrtskartelle und die Ursachen ihres Zusammenbruchs, in: Kartell-Rundschau 1912, Nr. 9, S. 1089 und Wiedenfeld: Das rheinisch-westfälische Kohlensyndikat, S. 86ff.

60 Neben dem Braunkohlenvertrieb durch das Kohlenkontor hatte z. B. die SHG in Dortmund erfolglos den Versuch unternommen, den Verkauf von Braunkohle aufzunehmen (vgl. o. A.: Rheinisch-Westfälisches Kohlensyndikat, in: Kartell-Rundschau 1909, Nr. 4, S. 328; Rheinische Kohlenhandels- und Rhederei-Gesellschaft mbH, Geschäftsbericht 1911/12, S. 6 und Liefmann, Robert: Neubildung im deutschen Kohlen- und Eisenhandel, in: Kartell-Rundschau, 1906, Nr. 10/11, S. 496ff.). Die SHG in Kassel war unternehmerisch eng mit der Absatzorganisation der mitteldeutschen Braunkohle verbunden (vgl. o. A.: Die Kohlenhandelsgesellschaften des Rheinisch-Westfälischen Kohlen-Syndikats, in: Deutsche Kohlen-Zeitung, 20.11.1909, Nr. 47, S. 529 und Reichsamt des Innern (Bearb.): Denkschrift über das Kartellwesen, S. 27+79ff.).

61 Vgl. Zerr: Die Kohlenversorgung Südwestdeutschlands (Baden, Pfalz, Württemberg) nach dem Kriege, S. 62ff.

betätigkeit ermöglichte und die parallel eingeführten Maßnahmen zur Kundenbindung unterstützte.[62]

Von einer solchen Form der Absatzpolitik war das Kohlensyndikat vor dem Ersten Weltkrieg noch weit entfernt.[63] Eine stärkere Hervorhebung des Begriffs „RWKS“, der als eine Form der Markenbildung gedeutet werden kann, war beim Ruhrkartell erst in den 1920er Jahren zu erkennen. In Syndikatkreisen wurden die Absatzmethoden der Konkurrenz allerdings schon vor dem Ersten Weltkrieg neidvoll zur Kenntnis genommen und dabei auch selbstkritisch der geringe Kontakt zu den Abnehmern hervorgehoben, der durch die Bildung der Syndikatshandelsgesellschaften entstanden war. Nur sehr zaghaft setzte bei den Ruhrzechen eine stärkere Werbetätigkeit ein. Kurzzeitig bestand zum Beispiel im Jahr 1912 unter den Zechenbesitzern eine „Propagandakommission“, die sich mit der Verbesserung der Absatzlage für Brechkoks beschäftigen sollte.[64] Auch gab das Kohlensyndikat etwa zur gleichen Zeit erstmals Broschüren heraus, in denen die Abnehmer über die Verwendungszwecke von Schmiedekohle und Briketts informiert wurden.[65] Ein Paradigmenwechsel in der Absatzpolitik des kartellierten Ruhrbergbaus war damit jedoch zunächst nicht verbunden.

4.2 Der staatliche Bergbau und die syndizierten Ruhrzechen

4.2.1 Der Preußische Bergfiskus und seine Absatzorganisation

In den RWKS-Erneuerungsverhandlungen von 1903 gehörte der Beitritt der fiskalischen Ruhrbergwerke zu den zentralen Diskussionsthemen. Obgleich Emil Kirdorf hervorhob, dass eine Verlängerung des Syndikatsvertrags über das Jahr 1904 hinaus ohne Beteiligung der fiskalischen Zechen aussichtslos wäre, folgte daraus weder ein Scheitern der Erneuerungsverhandlungen noch eine Änderung der ablehnenden Haltung des Staatsbergbaus.[66] Das Interesse am Eintritt in das Kohlensyndikat war beim Fiskus zu diesem Zeitpunkt aus mehreren Gründen gering. Der Beitritt hätte dazu

62 Vgl. Manno: Die Kohlenversorgung Süddeutschlands, S. 136 ff.; Dietrich: Die Kohlenversorgung Süddeutschlands, S. 8 f.; Wiedenfeld: Das rheinisch-westfälische Kohlensyndikat, S. 86 ff. und Zerr: Die Kohlenversorgung Südwestdeutschlands (Baden, Pfalz, Württemberg) nach dem Kriege, S. 62 ff.

63 Vgl. Bonikowsky: Der Einfluß der industriellen Kartelle auf den Handel in Deutschland, S. 103 ff.

64 Vgl. RWKS, Zechenbesitzerversammlung, 14.05.1912, S. 7, in: montan.dok/BBA 33/14.

65 Vgl. RWKS-Broschüre „Gewaschene Schmiedekohlen. Ihre Gewinnung im Aufbereitungsprozess, ihre Art und Verwendbarkeit“, ca. 1912, in: montan.dok/BBA 42/95 und RWKS-Broschüre „Steinkohlenbrikets. Ihre Herstellung und Verwendung“, ca. 1912, in: montan.dok/BBA 42/95.

66 Vgl. Erklärung von Emil Kirdorf über das Vetorecht des Fiskus im Kohlensyndikat, 23.08.1904, in: montan.dok/BBA 32/4097. Neben dem Bergfiskus war die Gewerkschaft Freie Vogel & Unverhofft das einzige Unternehmen im Ruhrbergbau mit einer Jahresförderung über 120.000 Tonnen, das nach der Syndikatserneuerung 1903 außerhalb des RWKS geblieben war (vgl. u. a. o. A.: Rhein.-Westf. Kohlensyndikat in Essen, in: Kartell-Rundschau 1904, Nr. 4, S. 272).

geführt, dass wegen der seinerzeit noch geringen fiskalischen Fördermenge der Einfluss im Kartell begrenzt und damit die Ausdehnungsmöglichkeiten des Staatsbergbaus beschränkt worden wären.[67] Insbesondere die Forderung nach einer extrem hohen und damit unrealistischen Beteiligungsziffer machte deutlich, dass ein Kartellbeitritt keine ernsthafte Option darstellte und letztlich auch durch den Preußischen Minister für Handel und Gewerbe als oberster Dienstherr untersagt wurde.[68]

Vorstand und Aufsichtsrat des Kohlensyndikats wurden seitens der Zechenbesitzer aufgefordert, die Verhandlungen für einen nachträglichen Beitritt der Staatszechen auch nach der Erneuerung fortzuführen. Ein späterer Eintritt in das RWKS hatte wieder an Bedeutung gewonnen, als der Fiskus im Herbst 1904 mit dem geplanten, jedoch durch die Ruhrindustrie abgewehrten Ankauf der Bergwerksgesellschaft Hibernia AG seine Bestrebungen zum Ausbau des staatlichen Zechenbesitzes an der Ruhr dem kartellierten Privatbergbau deutlich vor Augen geführt hatte.[69] Mit dem geplanten Ankauf der Hibernia sollte der eigene, im Aufbau befindliche Bergwerksbesitz in Westfalen durch bereits in Förderung stehende Schachtanlagen ergänzt werden, wozu die Hibernia aufgrund ihrer geographischen Lage zwischen fiskalischen Grubenfeldern besonders geeignet erschien.[70] Die zunehmende Konzentrationsbewegung sowie die nahezu vollständige Kartellierung nach der Erneuerung 1904 hatten

---

67 Vgl. Thoenes: Die Zwangssyndikate im Kohlenbergbau und ihre Vorgeschichte, S. 28.

68 Ein späteres Angebot für ein Vetorecht des Staatsbergbaus bei Preisfragen wurde seitens des Fiskus geleugnet bzw. in seiner Ernsthaftigkeit unterschiedlich aufgefasst. Nach Aussagen von Emil Kirdorf hätte es sich mehr um eine persönliche Idee als um ein offizielles Angebot des RWKS gehandelt. Dafür musste sich Kirdorf auch in der Zechenbesitzerversammlung rechtfertigen (vgl. Erklärung von Emil Kirdorf über das Vetorecht des Fiskus im Kohlensyndikat, 23.08.1904, in: montan.dok/BBA 32/4097; RWKS, Zechenbesitzerversammlung, 14.12.1904, S. 16f., in: montan.dok/BBA 33/6 und Bleidick: Das Verhältnis des staatlichen Bergbaus im Ruhrgebiet zum Rheinisch-Westfälischen Kohlen-Syndikat (RWKS) vor dem Ersten Weltkrieg, S. 284f.). Zur ablehnenden Haltung zum Kartellbeitritt seitens des Handelsministers vgl. Schreiben des RWKS an die Königliche Bergwerksdirektion, 17.07.1903, in: montan.dok/BBA 32/4097.

69 Vgl. RWKS, Zechenbesitzerversammlung, 16.09.1904, S. 4, in: montan.dok/BBA 33/6 und Deutsche Bergwerks-Zeitung, 13.01.1914, in: montan.dok/BBA 32/4097. Durch den Ankauf sämtlicher verfügbarer Aktien durch die Schwerindustrie mit Unterstützung mehrerer Banken konnte die mehrheitliche Übernahme der Hibernia durch den Staat zunächst erfolgreich verhindert werden (vgl. Blaich: Kartell- und Monopolpolitik im kaiserlichen Deutschland, S. 132f. sowie ausführlich Bleidick: Die Hibernia-Affäre). Zur Reaktion der Zechenbesitzer im Kohlensyndikat zum versuchten Ankauf der Hibernia vgl. insbesondere RWKS, Zechenbesitzerversammlung, 14.12.1904, S. 6ff., in: montan.dok/BBA 33/6.

70 Vgl. Votum des Ministers für Handel und Gewerbe und des Finanzministers, dem Königlichen Staatsministerium vorzulegen: Gesetzentwurf nebst Begründung zum Erwerb der Hibernia AG, 15.11.1916, S. 3, in: BArch R 901/81188. Ein Anteil von 10 Prozent an der Ruhrförderung wurde seitens des Fiskus als notwendig betrachtet, um einen ausreichenden Einfluss auf den Ruhrbergbau ausüben zu können (vgl. Bleidick: Das Verhältnis des staatlichen Bergbaus im Ruhrgebiet zum Rheinisch-Westfälischen Kohlen-Syndikat (RWKS) vor dem Ersten Weltkrieg, S. 277). Zur Hibernia gehörten 1904 elf Zechen mit einer Syndikatsbeteiligung von 5,4 Millionen Tonnen. Sie war die drittgrößte Bergwerksgesellschaft im Ruhrgebiet (vgl. Bleidick: Die Hibernia-Affäre, S. 188ff.).

das Interesse des preußischen Staats zur weiteren Einflussnahme auf den Ruhrbergbau nochmals verstärkt.[71]

Im Unterschied zum Steinkohlenbergbau in Schlesien und an der Saar war der preußische Staat im Ruhrgebiet seit der Bergrechtsreform Anfang der 1850er Jahre zunächst nicht mehr als Bergwerksbetreiber aktiv. Erst nach der Jahrhundertwende setzte erneut ein unternehmerisches Engagement im Ruhrbergbau ein.[72] Im Jahr 1902 verfügte der Preußische Bergfiskus landesweit über 70 Gruben, Salinen und Hütten mit über 77.000 Beschäftigten, womit er der größte Bergwerksunternehmer Europas war. Der Hauptanteil seiner Steinkohlenförderung, die 15,7 Millionen Tonnen betrug, lag im Saargebiet, wo 1903 von 13 Millionen Tonnen Gesamtförderung knapp 10 Millionen Tonnen aus den fiskalischen Gruben gefördert wurden. Etwa ein Fünftel der fiskalischen Gesamtproduktion stammte aus dem oberschlesischen Revier, während zur gleichen Zeit im Ruhrgebiet und im Raum Hannover (mit Ibbenbüren) lediglich eine Gesamtfördermenge von weniger als einer halben Million Tonnen erreicht wurde.[73] Zur Ausdehnung des staatlichen Bergbaus an der Ruhr erfolgte 1902 durch den preußischen Staat der Ankauf zahlreicher Grubenfelder, die abgesehen von der Schachtanlage Ver. Gladbeck noch nahezu unaufgeschlossen waren.[74]

Die staatlichen Bergbauinteressen müssen in Hinblick auf die Kartellpolitik im Ruhrbergbau revierübergreifend eingeordnet werden. Das Engagement des Fiskus an der Ruhr nahm auch deshalb zu, um den Absatz der fiskalischen Saargruben positiv zu beeinflussen, indem dem RWKS auf gemeinsam bearbeiteten süddeutschen Kohlenmärkten durch neue Außenseiterbetriebe die absolute Vormachtstellung genommen werden sollte. Die unabhängige Versorgung der Eisenbahn und des Militärs wurde zwar immer als wichtiges Argument für den Ausbau der staatlichen Bergbauaktivitäten genannt, spielte tatsächlich jedoch keine entscheidende Rolle.[75] Zu Friedenszeiten ging der weitaus größte Anteil der fiskalischen Förderung über den Großhandel in den freien Verkauf (vgl. Tab. 15).

---

71 Stark begünstigt wurde das zunehmende Engagement des preußischen Staats im Ruhrbergbau durch die öffentlichen Debatten um die „Kohlennot“ und die Vorwürfe über die Ausnutzung der Marktlage durch das Kohlensyndikat zwischen 1900 und 1901, die schließlich auch zur Kartellenquete im Reichstag geführt hatten (vgl. Adolph: Ruhrkohlenbergbau, Transportwesen und Eisenbahntarifpolitik, S. 9 und Bleidick: Das Verhältnis des staatlichen Bergbaus im Ruhrgebiet zum Rheinisch-Westfälischen Kohlen-Syndikat (RWKS) vor dem Ersten Weltkrieg, S. 273).

72 Vgl. ebd.

73 Vgl. Tiegs: Deutschlands Steinkohlenhandel, seine Entwicklung und Organisation, sowie Schilderung der gegenwärtigen Lage mit besonderer Berücksichtigung des Fiskus, der Kohlenkartelle und Konsumenten, S. 30.

74 Der fiskalische Besitz wurde 1903 in einer Bergwerksdirektion mit Sitz in Dortmund zusammengefasst, die im Jahr 1905 nach Recklinghausen verlegt wurde (vgl. Adolph: Ruhrkohlenbergbau, Transportwesen und Eisenbahntarifpolitik, S. 9). Zum weiteren Ausbau der staatlichen Bergwerke an der Ruhr vgl. auch Jüngst: Die nichtsyndizierten Zechen im niederrheinisch-westfälischen Steinkohlenbergbau; Bleidick: Die Hibernia-Affäre, S. 173 ff. sowie Gebhardt: Ruhrbergbau, S. 337 ff.

75 Vgl. Berichtsentwurf zur Untersuchung des staatlichen Bergwerksbetriebes, 23.08.1910, S. 27 f., in: montan.dok/BBA 32/4098.

Tab. 15: Absatzverteilung des Westfälischen Bergfiskus 1903 bis 1913

Jahr	Gesamtabsatz	Händler	Behörden	Sonst. Selbstverbraucher
1903	311.464 t	82,8 %	13,5 %	3,7 %
1904	503.462 t	85,5 %	10,8 %	3,7 %
1905	667.321 t	88,3 %	8,9 %	2,8 %
1906	699.998 t	88,0 %	9,6 %	2,4 %
1907	781.274 t	71,5 %	16,8 %	11,7 %
1908	988.395 t	72,4 %	15,4 %	12,2 %
1909	1.242.274 t	72,0 %	15,2 %	12,7 %
1910	2.233.165 t	61,5 %	14,1 %	24,4 %
1911	2.727.443 t	63,9 %	14,5 %	21,6 %
1912	3.271.119 t	65,9 %	14,6 %	19,5 %
1913	4.244.032 t	74,3 %	9,0 %	16,7 %

Quelle: Jüngst, Ernst: Die nichtsyndizierten Zechen im niederrheinisch-westfälischen Steinkohlenbergbau, in: Glückauf, Berg- und Hüttenmännische Zeitschrift 50, 1914, Nr. 6, S. 220–225, hier: S. 224.

Ein Beitritt des Fiskus zum Kohlensyndikat war im Jahr 1903 auch aus politischen Gründen keine Option. Nach der sogenannten Kohlennot der Jahre 1900 und 1901, die zu zahlreichen Angriffen gegen das RWKS geführt hatte, hätte ein Beitritt zum Kartell in der Öffentlichkeit auch als „Kapitulation“ vor dem Kohlensyndikat und dessen Preis- und Absatzpolitik gelten können. Zudem wäre der Fiskus bei weiteren Angriffen gegen das Kohlensyndikat als dessen Mitglied mitverantwortlich für dessen Preis- und Absatzpolitik gemacht worden.[76] Diese Gefahr konnte noch weiter zunehmen, da das RWKS parallel zur Erneuerung des Syndikatsvertrags durch die Einrichtung des Kohlenkontors als zentrale Transport- und Verkaufsorganisation für den Rheinabsatz einen weiteren Schritt zu einer stärkeren Kartellierung der Vertriebsstrukturen eingeleitet hatte, dessen Auswirkungen auf die Marktentwicklung im süddeutschen Absatzgebiet noch nicht absehbar waren.

Die Bemühungen, einen nachträglichen Beitritt des Fiskus in das Kohlensyndikat zu erreichen, waren stärker dem Interesse des Kohlensyndikats geschuldet, das an einer Außenseiterstellung des Fiskus auf den Kohlenmärkten kein Interesse hatte. Eine Wiederaufnahme der Verhandlungen wurde jedoch im Oktober 1904 abermals durch den Handelsminister abgelehnt.[77] Dennoch wurde in den Folgejahren in der Presse weiterhin über einen Eintritt in das RWKS spekuliert,[78] was oftmals für Unruhe in den Reihen der damaligen fiskalischen Kohlenhändler sorgte. Diese Firmen

---

76 Vgl. hierzu u. a. Bleidick: Die Hibernia-Affäre, S. 210.

77 Vgl. RWKS, Zechenbesitzerversammlung, 15.10.1904, S. 2, in: montan.dok/BBA 33/6 sowie RWKS, Zechenbesitzerversammlung, 14.12.1904, S. 16 f., in: montan.dok/BBA 33/6.

78 Vgl. u. a. o. A.: Westdeutsche Händler mit fiskalischer Kohle, in: Deutsche Kohlen-Zeitung, 14.10. 1905, Nr. 42, S. 348.

mussten um ihre Selbstständigkeit und unternehmerische Bewegungsfreiheit fürchten, sollte sich der Staatsbergbau den Vertragsbedingungen des Kohlensyndikats beugen. Als sich die fiskalischen Kohlenhändler mit ihren Existenznöten an den Handelsminister wandten, machten sie insbesondere auf ihre hohen Investitionen zum Aufbau einer Vertriebsorganisation für den Fiskus aufmerksam. Daher forderten sie im Fall eines Eintritts der Staatszechen in das Kohlensyndikat die Garantie ihrer Selbstständigkeit als Kohlenhändler.[79] Vergleichbare Forderungen wurden zur gleichen Zeit von der staatlichen Bergwerksdirektion Saarbrücken artikuliert: Sie stellte sich als Sprachrohr ihrer Händlerfirmen dar, bei denen die erneuten Diskussionen um einen Beitritt in das RWKS „starke Beunruhigung"[80] hervorgerufen hatten. Entsprechend sah es die Saarbrücker Bergwerksdirektion als ihre „moralische Pflicht"[81] an, für den Schutz ihrer Händler einzutreten, zumal einigen von ihnen im Jahr 1904 durchaus der Eintritt in das Kohlenkontor offen gestanden hätte, wovon diese jedoch zugunsten der Fortführung der Geschäftsbeziehungen zum Saarbergbau keinen Gebrauch gemacht hatten.[82]

Für die vordergründig zum Schutz der fiskalischen Händler getätigten Einwände der Saarbrücker Bergwerksdirektion waren jedoch die eigenen Absatzinteressen maßgebend. Zwar wurde ein Kartellbeitritt der staatlichen Ruhrzechen nicht kategorisch abgelehnt, doch forderte die Bergwerksdirektion Saarbrücken für einen solchen Fall, dass Ausschließlichkeitsbindungen in den Lieferverträgen des Kohlensyndikats[83] für fiskalische Händler wegfallen müssten. Dies hätte nämlich dazu geführt, dass leistungsfähige Händler, die bislang fiskalische Kohle aus beiden Revieren verkauften, zukünftig nur noch für den Ruhrkohlenabsatz tätig sein durften. Zudem müssten dem Fiskus bei einem Beitritt zum Syndikat umfangreiche Aufsichtsrechte gesichert werden, in der Kartellorganisation selbst, jedoch insbesondere im Kohlenkontor.[84] Lediglich mit losen Marktabsprachen zwischen Ruhr- und Saarbergbau in das RWKS einzutreten, wurde von Saarbrücker Seite äußerst skeptisch betrachtet. Zwischen

79 Neben der Forderung, weiterhin als selbstständige Händler arbeiten zu dürfen, sollte auch die Aufnahme entsprechender Firmen in das Kohlenkontor garantiert werden, auch wenn diese nicht die Mindestumsatzmenge von 50.000 Jahrestonnen erreichen würden (vgl. Eingabe der Vereinigten Kohlenhandlungsfirmen der Königlichen Berginspektion 2 in Gladbeck, 20.10.1905, in: montan.dok/BBA 32/4099).

80 Schreiben der Königlichen Bergwerksdirektion Saarbrücken an den Minister für Handel und Gewerbe, 27.09.1905, in: LA Saarbrücken, Best. BWD-488.

81 Ebd.

82 Vgl. ebd., S. 1ff.

83 Im Oktober 1904 hieß es in der Presse, dass das Kohlenkontor seine Lieferbedingungen rigoros durchsetzen würde und kaum Ausnahmegenehmigungen für den Handel mit fremder Kohle erteile. Diese Bedingungen hätten die unmittelbar beim Kohlenkontor einkaufenden Händler auch an die weiteren Abnehmer weitergeben müssen (vgl. Zeitung „Germania", 03.10.1905, in: GStA PK, I. HA Rep. 120 C VIII 1 Nr. 72 adh. 45 Bd. 2). Faktisch war den Kohlenkontor-Händlern der Verkauf von Saarkohle nicht untersagt, unterstand jedoch einem Genehmigungsvorbehalt (vgl. Kap. 3.4).

84 Vgl. Schreiben der Königlichen Bergwerksdirektion Saarbrücken an den Minister für Handel und Gewerbe, 27.09.1905, S. 1ff., in: LA Saarbrücken, Best. BWD-488.

beiden Revieren hatte es in der Vergangenheit im gemeinsamen Absatzgebiet immer wieder Preisabsprachen gegeben, insbesondere noch unter Leitung des Syndikatsvorstands Anton Unckell.[85] Zwar war auch noch nach dessen Tod im Jahr 1904 die „Schonung des gegenwärtigen Besitzstandes"[86] zugesagt worden, doch konnte dafür keine schriftliche Bestätigung erwirkt werden.[87]

Mit dem Ausbau der Staatswerke an der Ruhr hatten sich mögliche Marktabsprachen allerdings eher erschwert. Einseitige Vereinbarungen zwischen privaten und staatlichen Zechen konnten nämlich erhebliche Auswirkungen auf die Marktkosten der staatlichen Schwesterbetriebe im jeweils anderen Förderrevier haben. Dies wurde insbesondere dann relevant, wenn diese Reviere auf den selben Absatzmärkten tätig waren. Da solche Absprachen bislang nicht über einen informellen Charakter hinausgegangen waren, gehörte der Konkurrenzkampf zwischen dem privaten Ruhrbergbau und den fiskalischen Saargruben seit vielen Jahren zum typischen Bild auf den süddeutschen sowie zum Teil auch auf den benachbarten ausländischen Kohlenmärkten.[88] Die Geschäftsaufnahme des Kohlenkontors 1904 brachte dabei insofern Veränderungen, als dass der Ruhrkohlenverkauf und -transport nach Süddeutschland zentralisiert wurde, dabei jedoch gleichzeitig – wie bereits erläutert – ein stabileres Preisgefüge auch einen erheblichen Zuwachs an Marktteilnehmern in Süddeutschland brachte. Dies schuf auch für die staatlichen Ruhrzechen die Möglichkeit, im erhöhten Maße Absatzmöglichkeiten in Süddeutschland zu suchen, womit der Fiskus aus zwei Revieren und zum Teil mit gleichen Absatzstrukturen in die dortigen Märkte eindrang.

Im Jahr 1905 gingen bereits 21 Prozent der Förderung der staatlichen Berginspektion Gladbeck[89] nach Süddeutschland, was ein weiterer Beleg für das dort vergleichsweise hohe Preisniveau war. Bis 1911 stieg der Anteil der fiskalischen Ruhr-

85 Vgl. Blaich: Kartell- und Monopolpolitik im kaiserlichen Deutschland, S. 133. Dies wäre vor allem bei besonderen Abschlüssen, z. B. mit Eisenbahnen oder Gaswerken, der Fall gewesen (vgl. Schreiben der Königlichen Bergwerksdirektion Saarbrücken an die Königliche Bergwerksdirektion Recklinghausen, 02./04.08.1909, in: montan.dok/BBA 32/4097).

86 Schreiben der Königlichen Bergwerksdirektion Saarbrücken an den Minister für Handel und Gewerbe, 27.09.1905, S. 3, in: LA Saarbrücken, Best. BWD-488.

87 Vgl. ebd.

88 Aus diesem Grund wurden die Verhandlungen für das Verkaufsabkommen auf die Frage ausgedehnt, wie revierübergreifend Marktabsprachen erreicht werden könnten (vgl. z. B. Schreiben der Königlichen Bergwerksdirektion Recklinghausen an die Königliche Bergwerksdirektion Saarbrücken, 17.07.1909, in: LA Saarbrücken, Best. BWD-488 sowie ausführlich Kap. 4.2.3).

89 Die 1903 eingerichtete Berginspektion Gladbeck war für die Verwaltung der fiskalischen Doppelschachtanlagen der früheren Gewerkschaft Ver. Gladbeck zuständig, die 1902 durch den Fiskus in „Möller" und „Rheinbaben" umbenannt wurden. In den weiteren durch die Bergwerksdirektion Recklinghausen gebildeten Inspektionen erfolgte mit Ausnahme von Ibbenbüren eine größere Förderung erst in den folgenden Jahren: bei der Zeche Bergmannsglück im Jahr 1908, bei Zweckel und Scholven im Jahr 1912 sowie bei der Zeche Waltrop in 1913 (vgl. Bleidick: Die Hibernia-Affäre, S. 179 ff.; Jüngst: Die nichtsyndizierten Zechen im niederrheinisch-westfälischen Steinkohlenbergbau, S. 221 sowie Gebhardt: Ruhrbergbau, S. 337 ff.).

förderung, die in Süddeutschland oder auf dort benachbarten Auslandsmärkten in den freien Verkauf ging, auf 30 Prozent des Gesamtabsatzes an.[90]

Tab. 16: Fördersteigerung der westfälischen Staatszechen (mit Ibbenbüren)

Jahr	Fördermenge	Zunahme zum Vorjahr	Jahr	Fördermenge	Zunahme zum Vorjahr
1904	720.022 t	60,1 %	*1909*	1.746.149 t	33,2 %
1905	839.250 t	16,6 %	*1910*	2.310.102 t	32,3 %
1906	972.983 t	15,9 %	*1911*	2.814.740 t	21,8 %
1907	1.046.450 t	7,6 %	*1912*	3.553.972 t	26,3 %
1908	1.310.976 t	25,3 %	*1913*	4.727.501 t	33,0 %

Quelle: Jüngst, Ernst: Die nichtsyndizierten Zechen im niederrheinisch-westfälischen Steinkohlenbergbau, in: Glückauf, Berg- und Hüttenmännische Zeitschrift 50, 1914, Nr. 6, S. 220–225, S. 221.

Für den Markteintritt in den süddeutschen Raum hatte der Ruhrfiskus vergleichsweise kostengünstige Zugangsbedingungen, da dieser auch auf das Händlernetz der fiskalischen Saarzechen zurückgreifen konnte. Die vom RWKS praktizierte Strategie, durch eine möglichst vollständige Integration leistungsfähiger Händler in den Syndikatshandelsgesellschaften Außenseiterbetrieben den Marktzugang zu erschweren, war daher für den staatlichen Ruhrbergbau weniger problematisch.

Im Jahr 1905 stand die staatliche Berginspektion Gladbeck für den Kohlenvertrieb über den Rhein in Geschäftsbeziehungen mit sieben Handelsunternehmen. Aus der Reihe dieser Firmen ist neben der Firma Haldy[91], die ein wichtiger Handelspartner der fiskalischen Saargruben war, vor allem die M. Stromeyer Lagerhausgesellschaft aus Konstanz hervorzuheben, die sich in den folgenden Jahren zum größten nicht-syndizierten Kohlenhändler und Reedereibetrieb für den süddeutschen Raum entwickelte.[92] Stromeyer war ebenso im Saarkohlenvertrieb aktiv, jedoch bei der RWKS-

90 Vgl. Geschichte der Bergwerksgesellschaft Hibernia (Manuskript 1946), Bd. 4, S. 627, in: montan.dok/BBA 32/4408. Im Jahr 1911 gingen neben dem 30-prozentigen Anteil nach Süddeutschland und dem dort benachbarten Ausland rund 50 Prozent des Absatzes in Regionen nördlich der Linie „Trier-Bingerbrück-Frankfurt-Fulda-Hof". Weitere 20 Prozent des Gesamtabsatzes gingen in die Niederlande oder nach Belgien (vgl. Manuskript über die Entwicklung der fiskalischen Ruhrkohlenzechen, ca. 1911, S. 4 ff., in: montan.dok/BBA 32/4099).

91 Die Firma Gebr. Haldy galt neben den Unternehmen Röchling, Raab-Karcher sowie Stöck & Fischer schon im 19. Jahrhundert als einer der größten Händler für Saarkohle. Diese Firmen hatten seit der Übernahme des Großkundengeschäfts durch das Handelsbüro der Bergwerksdirektion Saarbrücken auch zunehmend Bankgeschäfte im Bereich des Kohlenhandels übernommen (vgl. Banken: Die Industrialisierung der Saarregion 1815–1914, S. 162).

92 Insgesamt unterhielt die Berginspektion Gladbeck 1905 für den Weiterverkauf Geschäftsbeziehungen zu 17 selbstständigen Händlerfirmen. Zu sieben sogenannten Hafenhändlern kamen drei Händler in Gebieten, in denen bereits Syndikatshandelsgesellschaften existierten sowie sieben weitere

Gründung 1893 zunächst auch Direktabnehmer beim Kohlensyndikat. Gleichzeitig unterhielt das Unternehmen Geschäftsbeziehungen in das Aachener Revier, zum Rheinischen Braunkohlenbergbau sowie zu sächsischen, belgischen und böhmischen Gruben.[93] Zwar verfügte die Firma Stromeyer über eine Umsatzmenge von mehr als 50.000 Jahrestonnen, die 1903 zur Aufnahme in das Kohlenkontor nötig war, transportierte die Kohle jedoch nicht mit eigenem, sondern fremdem Kahnraum. Dies hatte seinerzeit den Eintritt in das Kohlenkontor verhindert, womit auch die Geschäftsbeziehungen zum RWKS endeten. Für die weitere Entwicklung von Stromeyer hatte dies zur Folge, dass aufgrund der fehlenden Bindung an Verkaufsquoten eine Geschäftsausdehnung unproblematisch möglich war. Auch konnte die Firma vom Preisniveau auf den süddeutschen Märkten nach der Bildung des Kohlenkontors ebenso profitieren.[94] Die seit 1904 nur noch für Außenseiterbetriebe und andere Förderreviere tätige Kohlenhandlung erreichte bis zum Geschäftsjahr 1913/14 einen Gesamtumsatz von 2 Millionen Tonnen, von denen 1,2 Millionen Tonnen auf das Inland entfielen.[95] Zudem stieg Stromeyer im Jahr 1912 selbst in das Reedereigeschäft ein, nachdem das Unternehmen zunächst mit Partikularschiffern zusammengearbeitet hatte und nach der Gründung des Kohlenkontors zusätzlich ein festes Vertragsverhältnis mit der Rheinschiffahrt-Aktiengesellschaft vorm. Fendel in Mannheim eingegangen war.[96]

Abseits von der Zusammenarbeit mit freien Handelsfirmen waren beim Ruhrfiskus eigene Investitionen für die Absatzorganisation auf den süddeutschen Märkten zunächst eher gering.[97] Auffälligste Veränderung in der fiskalischen Absatzorganisation war zunächst aber nur die Einrichtung eines zentralen Handelsbüros bei der Bergwerksdirektion Recklinghausen im Juli 1907.[98] Ausgebaut wurden die eigenen Vertriebsstrukturen erst mit der Inbetriebnahme weiterer fiskalischer Schachtanla-

---

Firmen in nicht-syndizierten Absatzgebieten (vgl. Eingabe der Vereinigten Kohlenhandlungsfirmen der Königlichen Berginspektion 2 in Gladbeck, 20.10.1905, in: montan.dok/BBA 32/4099).

93 Vgl. Hönn: M. Stromeyer Lagerhausgesellschaft 1887–1937, S. 23 ff.

94 Vgl. Der Ruhrkohlenhandel: Das Kohlenkontor und seine Gesellschafter, in: Becker-Strecker von Rautenstrauch, Carl (Hg.): Informationen, Deutsches Archiv für Privatwirtschaft, o. O., ca. 1924, S. 20–39, hier: S. 35 und Hönn: M. Stromeyer Lagerhausgesellschaft 1887–1937, S. 39 f.

95 Vgl. ebd., S. 53.

96 Vgl. Manno: Die Kohlenversorgung Süddeutschlands, S. 129 f.; Geschichte der Bergwerksgesellschaft Hibernia (Manuskript 1946), Bd. 4, S. 623 f., in: montan.dok/BBA 32/4408. Im Jahr 1911 wurde die Rheinschiffahrt-AG auch unternehmerisch an Stromeyer angebunden (vgl. Hönn: M. Stromeyer Lagerhausgesellschaft 1887–1937, S. 55 ff.).

97 Zeitweise bestanden schon im Jahr 1905 Überlegungen, eigene Lager- und Umschlagseinrichtungen an wichtigen oberrheinischen Standorten einzurichten. Motiv dafür war auch, die Umsätze der einzelnen freien Händler durch den zunehmenden fiskalischen Absatz nicht zu stark anwachsen zu lassen (vgl. Geschichte der Bergwerksgesellschaft Hibernia (Manuskript 1946), Bd. 4, S. 624 ff., in: montan.dok/BBA 32/4408).

98 Vgl. Nachrichten von dem Betriebe der unter der preußischen Berg-, Hütten- und Salinenverwaltung stehenden Staatswerke während des Etatjahres 1907 (Haus der Abgeordneten, Drucksache Nr. 45), S. 1371, in: montan.dok/BBA 32/227. Das Handelsbüro in Recklinghausen war für den Verkauf der Produkte aller Berginspektionen mit Ausnahme von Ibbenbüren zuständig.

gen.[99] Im Jahr 1910 hatte der Fiskus Lagerflächen im südlich von Mannheim liegenden Hafen Rheinau[100] zur Einrichtung eines großen Umschlagplatzes angekauft, der seit April 1912 für den Verladebetrieb zur Verfügung stand.[101] Im Jahr 1913 kam ein Lagerplatz im Rheinhafen von Kehl hinzu, den der Bergfiskus von Stromeyer gepachtet hatte.[102] Parallel dazu wurde 1912 durch den Preußischen Landtag mit der Bewilligung eines Investitionsvolumens in Höhe von 19,4 Millionen Mark nicht nur der weitere Ausbau der fiskalischen Schachtanlagen im Ruhrgebiet eingeleitet, sondern auch die Expansion der Vertriebsstrukturen. Neben der Einrichtung eines Zechenhafens am im Bau befindlichen Rhein-Herne-Kanal in Bottrop gehörte dazu auch die Mehrheitsbeteiligung an der Rhein- und See-Schiffahrtsgesellschaft in Köln[103], mit der der Bergfiskus bereits ein Jahr zuvor einen siebenjährigen Beförderungsvertrag abgeschlossen hatte.[104]

Die Investitionen des preußischen Staats in die Vertriebsorganisation seiner Ruhrzechen dürfen jedoch nicht nur aus dem Blickwinkel der Absatzsicherung für fiskalische Kohle betrachtet werden. Der seit mehreren Jahren laufende Konzentrationsprozess im Rheinschifffahrtsgewerbe und im Kohlenhandel sowie die Erneuerungsverhandlungen für den 1915 auslaufenden Syndikatsvertrag führten auch beim Fiskus zu Bestrebungen, sich eine stärkere Unabhängigkeit in der Absatzorganisation zu sichern und die Verhandlungsposition gegenüber dem Kohlensyndikat für einen möglichen Beitritt 1915 zu stärken. Dabei sollten auch Grundlagen für Beteiligungen im syndizierten Großhandel geschaffen werden.[105]

---

99 Ausführlich vgl. u.a. Schulz-Briesen, Max: Der preußische Staatsbergbau im Wandel der Zeiten. Band II: Von der Jahrhundertwende bis zur Gegenwart, Berlin 1934, S. 76 ff.

100 Ausführlich zum Hafen Rheinau vgl. Geschichte der Bergwerksgesellschaft Hibernia (Manuskript 1946), Bd. 4, S. 640 ff., in: montan.dok/BBA 32/4408.

101 Vgl. Nachrichten von dem Betriebe der unter der preußischen Berg-, Hütten- und Salinenverwaltung stehenden Staatswerke während des Etatjahres 1910 (Haus der Abgeordneten, Drucksache Nr. 48), S. 1280, in: montan.dok/BBA 32/228; Betriebsbericht der preußischen Bergverwaltung für das Rechnungsjahr 1911 (Haus der Abgeordneten, Drucksache Nr. 931), S. 6219, in: montan.dok/BBA 32/228 und Geschichte der Bergwerksgesellschaft Hibernia (Manuskript 1946), Bd. 4, S. 644 ff., in: montan.dok/BBA 32/4408. Im Jahr 1915 wurde der fiskalische Umschlagshafen in Rheinau an die Rhein- und See-Schiffahrtsgesellschaft verpachtet, welche die Verwaltung des Platzes auf die Tochtergesellschaft „Mannheimer Lagerhausgesellschaft" übertrug (vgl. ebd., S. 688 ff.).

102 Vgl. Hönn: M. Stromeyer Lagerhausgesellschaft 1887–1937, S. 52 f.

103 Zur Gesellschaft gehörten als Tochterunternehmen auch die Mannheimer Lagerhausgesellschaft und die Mannheimer Dampfschleppschiffahrtsgesellschaft (vgl. Manno: Die Kohlenversorgung Süddeutschlands, S. 127 f.). Der Ankauf der Mehrheitsbeteiligung nur ein Jahr nach dem Abschluss des Transportvertrags wurde so schnell vollzogen, da auch andere Unternehmen Interesse am Ankauf der „Rhein- und See" gehabt hätten, darunter die Deutsch-Luxemburgische Bergwerks- und Hütten-AG (vgl. ebd., S. 128 und Stenogramm der 9. Sitzung im Preußischen Haus der Abgeordneten, 08.02.1912, S. 558).

104 Vgl. Bericht des Oberbergamtes Dortmund zur Marktlage, 26.07.1911, S. 5, in: LHA Koblenz, 403–8153 und Adolph: Ruhrkohlenbergbau, Transportwesen und Eisenbahntarifpolitik, S. 10.

105 Vgl. Stenogramm der 9. Sitzung im Preußischen Haus der Abgeordneten, 08.02.1912, S. 555 ff.; Bericht des Oberbergamtes Dortmund zur Marktlage, 26.07.1911, S. 5, in: LHA Koblenz, 403–8153 und

Unabhängig von den eigenen Investitionen hielt der Fiskus allerdings bis zur Syndikatserneuerung 1915 in großen Teilen daran fest, den Vertrieb seiner Produkte weitgehend durch die Zusammenarbeit mit freien Handelsfirmen sicherzustellen. Anders als beim Kohlensyndikat waren die Vertragsbedingungen zwischen Produzent und Wiederverkäufern weitaus weniger rigoros. Für den Staatsbergbau tätige Kohlenhändler durften nicht nur für Zechen aus anderen Förderrevieren, sondern auch für andere Außenseiterbetriebe aus dem Ruhrbergbau tätig sein. Die zeitweiligen Versuche der Bergwerksdirektion Saarbrücken, ihre Händler ebenfalls mit Exklusivverträgen dazu zu verpflichten, nur mit Kohle vom Preußischen Bergfiskus zu handeln, dürften eher Einzelfälle gewesen sein.[106] Insgesamt schien also der Fiskus den Standpunkt vertreten zu haben, dass aus einem Exklusivvertrag zwischen Produzent und Händler nicht zwangsläufig Vorteile gezogen werden konnten.[107] Dies zeigt insbesondere das Beispiel der Firma Stromeyer, die aufgrund fehlender Ausschließlichkeitsbindungen stärker zu Investitionen für den Ausbau ihrer Umschlageinrichtungen in Süddeutschland motiviert wurde, da die Abhängigkeit von einem Produzenten deutlich geringer war. Zur Auslastung der Anlagen konnte Stromeyer nämlich auch Kohlen anderer Reviere und privater Außenseiter aus dem Ruhrbergbau an seinen Standorten umschlagen.[108] Auch waren die fiskalischen Händler im süddeutschen Absatzraum nicht an starre Verkaufsreviere gebunden. Dies konnte zwar den Konkurrenzkampf der fiskalischen Händler untereinander erhöhen, doch insgesamt führten solche weniger strengen Lieferbedingungen auch zu einem geringeren Überwachungsaufwand durch den Produzenten.[109]

Auf den süddeutschen Absatzmärkten konnte der fiskalische Verkauf zusätzlich Marktanteile auch durch „weiche" Faktoren hinzugewinnen. Aufgrund der wiederkehrenden Kritik am Geschäftsgebaren des Kohlenkontors, die nach dem zeitweiligen Kohlenmangel 1907 nochmals zugenommen hatte, konnte die Stellung als nichtsyndizierter Anbieter abseits von reinen Preisfragen die Kaufentscheidung bei den Verbrauchern zusätzlich beeinflussen. Der Ruhrfiskus sah daher seine Vorteile besonders darin, dass er bei den Verbrauchern ein größeres Vertrauen genösse und dem

---

Kempkens: Die Rheinschiffahrtskartelle und die Ursachen ihres Zusammenbruchs, in: Kartell-Rundschau 1912, Nr. 9, S. 1089 f.

106 Vgl. Banken: Die Industrialisierung der Saarregion 1815–1914, S. 183.

107 Vgl. Blaich: Ausschließlichkeitsbindungen als Wege der industriellen Konzentration in der deutschen Wirtschaft bis 1914, S. 318.

108 Stromeyer musste auch deshalb eigene Umschlagseinrichtungen bauen, weil das Kohlenkontor seinen Firmen verboten hatte, weiterhin Produkte für Stromeyer umzuschlagen. Die Einrichtung eigener Umschlagseinrichtungen war in der Regel auch mit der Gründung von Zweigniederlassungen verbunden (vgl. Hönn: M. Stromeyer Lagerhausgesellschaft 1887–1937, S. 41 ff.).

109 In den nördlichen Absatzgebieten sowie in den Niederlanden hatte die Bergwerksdirektion Recklinghausen den Händlern Absatzreviere zugeteilt, in Süddeutschland sowie in Belgien jedoch darauf verzichtet (vgl. Manuskript über die Entwicklung der fiskalischen Ruhrkohlenzechen, ca. 1911, S. 4 ff., in: montan.dok/BBA 32/4099).

Kohlensyndikat deshalb häufig vorgezogen würde.[110] Das Kohlenkontor stand wie andere Syndikatshandelsgesellschaften im Ruf, gegenüber den Abnehmern diktatorisch zu agieren und einen bürokratischen Aufwand zu betreiben.[111] Daher gab es beim Saarfiskus Bestrebungen, auf die Konkurrenz des Kohlenkontors mit der Umstellung zu einer stärker „kaufmännischen" Arbeitsweise zu reagieren.[112] Die weiterhin bestehenden qualitativen Nachteile der Saarkohle gegenüber den Produkten aus dem Ruhrbergbau bestanden aus Saarbrücker Sicht als Hemmnis für den Wettbewerb allerdings weiter fort.[113] Die Hervorhebung der kartellfreien Stellung war auch beim größten fiskalischen Händler sichtbar. Die Firma Stromeyer hatte nach eigenen Angaben ihren Kunden versichert, außerhalb des Syndikats zu bleiben, solange es keine Zwänge gäbe. Dadurch hätte man sich trotz Absatzproblemen viele Sympathien bei den Verbrauchern erworben und wegen der scharfen Geschäftsbedingungen des Kohlenkontors neue Kunden gewinnen können. Aus Sicht von Stromeyer war der Erfolg der fiskalischen Handelsorganisation immer von deren Bewegungsfreiheit abhängig.[114]

Die Betrachtung der Absatzstrategie des Ruhrfiskus zeigt, dass die Staatszechen mit ihrer steigenden Förderung neben dem Verkauf auf dem Kernmarkt vor allem in den süddeutschen Absatzmarkt eingedrungen waren, Dies geschah nicht trotz, sondern gerade wegen der Etablierung des Kohlenkontors und dessen stabilisierender Preispolitik im Kohlen-und Frachtenmarkt. In der Zusammenarbeit mit freien Händlern entstanden aber dennoch hohe Marktkosten, da die Absatzsicherung auch durch kostspielige Preisunterbietungen „erkauft" werden musste.[115] Dies diente aber auch

---

110 Vgl. Aktennotiz zum geplanten Verkaufsabkommen, o. D., S. 3, in: montan.dok/BBA 32/4099.

111 Vgl. o. A.: Rheinisch-Westfälisches Kohlensyndikat. Zur Syndikatserneuerung, in: Kartell-Rundschau 1916, Nr. 6/7, S. 233. Das Problem der bürokratischen Arbeitsweise des Kohlenkontors wurde später auch in Syndikatkreisen thematisiert: So wurde im Jahr 1911 eine Kommission gebildet, die über eine neue Form der Geschäftsführung beraten sollte, um Angriffsflächen der Verbraucher zu minimieren (vgl. Schreiben der M. Stromeyer Lagerhausgesellschaft an die Königliche Bergwerksdirektion Recklinghausen, 03.10.1911, S. 5, in: montan.dok/BBA 32/4099).

112 Gegenüber früheren Zeiten war der Saarfiskus z.B. mit Hilfe der Händlerfirmen selbst stärker an die Kunden herangetreten, um sich vom Kohlenkontor abzusetzen (vgl. Schreiben an den Minister für Handel und Gewerbe, betr. Zusammenschluss kleinerer Werke zum Zwecke des billigeren Kohlenbezugs, 18.07.1907, S. 11ff., in: LA Saarbrücken, Best. BWD-589).

113 Zu den Qualitätsunterschieden zwischen Ruhr- und Saarkohle vgl. Banken: Die Industrialisierung der Saarregion 1815–1914, S. 139ff. und Schoene: Der Wettbewerb zwischen Eisenbahn und Rheinschiffahrt und sein Einfluss auf die Kohlenzufuhr nach Baden, Württemberg und dem rechtsrheinischen Bayern, S. 3.

114 Vgl. Schreiben der M. Stromeyer Lagerhausgesellschaft an die Königliche Bergwerksdirektion Recklinghausen, 03.10.1911, S. 1ff., in: montan.dok/BBA 32/4099 und Schreiben der M. Stromeyer Lagerhausgesellschaft an das Handelsbüro der Königlichen Bergwerksdirektion Recklinghausen, 08.10.1911, in: montan.dok/BBA 32/4099.

115 Vgl. Manuskript über die Entwicklung der fiskalischen Ruhrkohlenzechen, ca. 1911, S. 16ff., in: montan.dok/BBA 32/4099. Der Fiskus hatte sich in seiner Preispolitik zunächst in der Regel an den Richtpreisen des RWKS orientiert, diese jedoch anders als das Syndikat nicht öffentlich gemacht.

dazu, die schwierige Wettbewerbsstellung der Schwesterbetriebe an der Saar gegenüber dem Ruhrbergbau positiv zu flankieren.

Auch wenn der Fiskus seine Außenseiterrolle ausnutzen konnte, blieb die Vormachtstellung der Syndikatskohle auf den süddeutschen Märkten weiterhin bestehen. Beim Blick in andere Reviere zeigt sich, dass das RWKS durchaus zu einem stärkeren Absatzkampf in der Lage gewesen wäre. Obwohl zum Beispiel die fiskalische Schachtanlage Ibbenbüren in Richtung Norddeutschland einen deutlichen Frachtvorsprung hatte, stand diese in einem harten Preiskampf mit der Syndikatshandelsgesellschaft in Hannover, die häufiger zu Preiszugeständnissen neigte als der Staatsbergbau.[116] Vermutlich aus Angst vor einer Kartellgesetzgebung hatte aber die Syndikatsleitung den Fiskus auf vielen Absatzmärkten weitgehend gewähren lassen. Die staatlichen Akteure waren sich jedoch nicht sicher, ob es bei dem eher zurückhaltenden Marktverhalten des Kohlensyndikats gegenüber der fiskalischen Kohle bleiben würde. Letztlich hatte schließlich auch der Staatsbergbau großes Interesse an einem stabilen und auskömmlichen Preisniveau, das durch das Kohlensyndikat geschaffen wurde. Somit stand auch der Preußische Bergfiskus einer Erneuerung des Ruhrkartells über das Jahr 1915 hinaus keineswegs gleichgültig gegenüber.[117]

4.2.2 Kurze Verlobung: das Verkaufsabkommen zwischen Bergfiskus und RWKS

Im Jahr 1909 hatte das Kohlensyndikat erstmals einen Versuch initiiert, Marktabsprachen mit Außenseiterzechen aus dem Ruhrbergbau zu erreichen. Insbesondere die Koks produzierenden reinen Zechen im RWKS hatten stark unter dem zunehmenden Absatzkampf zu leiden, wofür die Syndikatsleitung die Hüttenzechen im RWKS sowie die Außenseiter mit ihren Preisunterbietungen und günstigen Lieferbedingungen verantwortlich machte. Dem Vorschlag, den Koksverkauf zu kontingentieren, waren die außenstehen Zechen allerdings nicht gefolgt. Entsprechend wurden auch Preisabsprachen zunächst abgelehnt. Zu weiteren Abmachungen im Kohlensektor waren die Außenseiter nur bereit, wenn sich die Hüttenzechen einer Kontingentierung ihres Selbstverbrauchs beugten.[118] Auch wenn es später zur geforderten

---

Verkaufspreise wurden bei Verhandlungen von Fall zu Fall vereinbart. Häufig lagen die Verkaufspreise, insbesondere in Süddeutschland, unter den Richtpreisen, da das RWKS Frachtvorsprünge hatte. Die Notwendigkeit der Preisunterbietungen hatte sich mit der Zunahme der Außenseiter auf dem süddeutschen Markt weiter verstärkt (vgl. ebd., S. 6 f.).

116 Vgl. Bericht des Oberbergamtes Dortmund zur Marktlage, 26.04.1911, S. 10, in: LHA Koblenz, 403 – 8153; Bericht des Oberbergamtes Dortmund zur Marktlage, 19.04.1910, S. 7 f., in: LHA Koblenz, 403 – 8153 und Bericht des Oberbergamtes Dortmund zur Marktlage, 29.04.1905, S. 6 f., in: LHA Koblenz, 403 – 8152.

117 Vgl. Aktennotiz zur Kostenstruktur im Saarbergbau, o. D. (ca. 1910), S. 10 ff., in: montan.dok/BBA 32/4098.

118 Während 1904 im Durchschnitt monatlich 475.000 Tonnen Koks durch das Syndikat verkauft wurden, stieg diese Menge bis 1907 auf 800.000 Tonnen an. In 1908 ging diese Menge aufgrund der

Begrenzung des Selbstverbrauchs bei den Hüttenzechen kam, scheiterten die Marktabsprachen letztlich an der ablehnenden Haltung des Fiskus und der nicht-syndizierten Gewerkschaft Auguste Victoria, die eine Einschränkung ihrer Entwicklungsmöglichkeiten befürchteten.[119]

Nach diesen erfolglosen Verhandlungen hatte sich der Wettbewerb in den folgenden Jahren weiter verschärft. Allein zwischen 1908 und 1911 verdoppelte sich der Anteil der Außenseiterförderung im Ruhrbergbau. Größter nicht-syndizierter Produzent an der Ruhr war weiterhin der Preußische Bergfiskus, dessen Fördermenge sich durch die Inbetriebnahme weiterer Schachtanlagen im gleichen Zeitraum von 1,3 auf 2,8 Millionen Tonnen erhöhte. Durch laufende Arbeiten für neue Schachtanlagen war eine weitere Steigerung der Außenseiterförderung absehbar.[120]

Tab. 17: Förderanteile der Außenseiterzechen im Ruhrbergbau

Jahr	Förderung der Außenseiter im Ruhrbergbau	Anteil an der Ruhrförderung	Förderung des Ruhrfiskus	Anteil des Fiskus an der Außenseiterförderung
1907	2.098.240 t	2,55 %	844.383 t	40,24 %
1908	3.038.162 t	3,57 %	1.117.098 t	36,77 %
1909	4.164.766 t	4,90 %	1.538.341 t	36,94 %
1910	5.492.290 t	6,15 %	2.094.513 t	38,14 %
1911	6.718.140 t	7,16 %	2.598.889 t	38,68 %
1912	8.810.292 t	8,55 %	3.298.704 t	37,44 %
1913	12.717.211 t	11,12 %	4.440.870 t	34,92 %

Quelle: Jüngst, Ernst: Die nichtsyndizierten Zechen im niederrheinisch-westfälischen Steinkohlenbergbau, in: Glückauf, Berg- und Hüttenmännische Zeitschrift 50, 1914, Nr. 6, S. 220–225.

Besonders deutlich war der Absatzkampf in den süddeutschen Verkaufsrevieren zu spüren. Die Rolle des RWKS beziehungsweise des Kohlenkontors als Preisführer ging durch die wachsende Anzahl von Marktteilnehmern immer weiter verloren, was sich zum Beispiel durch die sinkenden Steigerungsraten beim Gesamtabsatz des Kohlenkontors bemerkbar machte.[121] Spätestens seit 1909 bestand vor allem in Süd-

erstarkten Außenseiter wieder auf monatlich 425.000 Tonnen zurück (vgl. RWKS, Besprechung mit den ausserhalb des Kohlen-Syndikats stehenden Zechen zur Erörterung der Koksabsatzfrage am 11.06.1909 im Geschäftsgebäude, S. 3, in: montan.dok/BBA 32/4097).

119 Vgl. RWKS, Besprechung mit den ausserhalb des Kohlen-Syndikats stehenden Zechen zur Erörterung der Koksabsatzfrage am 05.07.1909 im Geschäftsgebäude, in: montan.dok/BBA 32/4097 und Bericht des Oberbergamtes Dortmund zur Marktlage, 17.07.1909, S. 4, in: LHA Koblenz, 403–8153.

120 Zur Entwicklung der Außenseiterbetriebe im Ruhrbergbau vgl. Jüngst: Die nichtsyndizierten Zechen im niederrheinisch-westfälischen Steinkohlenbergbau, S. 220 ff.

121 Vgl. Rheinische Kohlenhandels- und Rhederei-Gesellschaft mbH, Geschäftsbericht 1910/11, S. 6; Heinrichsbauer: Kohlenkontor Weyhenmeyer & Co. und Süddeutsche Kohlenwirtschaft, S. 5 f.; o. A.: Kohlenmarkt und Syndikatserneuerung, in: Kartell-Rundschau 1910, Nr. 11, S. 866; Frankfurter Zeitung,

deutschland ein mit hohen Marktkosten verbundener „Zwang aller Beteiligten, sich am Absatzkampf einzumischen“[122], zumal die Nachfrage deutlich hinter der weiter ansteigenden Kohlenproduktion zurückblieb.[123] In den stärkeren Wettbewerbsmaßnahmen des RWKS deuteten Beobachter den Versuch, gerade den Fiskus als mächtigsten Außenseiter für den Syndikatsgedanken „gefügig“[124] zu machen. Insgesamt sahen sich Kohlensyndikat wie auch fiskalische Zechen aus dem Ruhr- und Saarrevier aber gleichermaßen durch die Konkurrenz privater Außenseiterbetriebe bedroht, die sich beim Verkauf besonders flexibel zeigten.[125]

Als Reaktion auf den zunehmenden Wettbewerb kündigte das Kohlenkontor seit 1910 einen engagierteren Preiskampf an.[126] So wurde das „planlose Vorgehen der Saarkohle und der oberschlesischen Gruben“[127] in Süddeutschland als „Kampfansage“[128] verstanden. Trotz einer allgemeinen Herabsetzung der Preise zum 1. April 1911 sowie weiterer Zugeständnisse für einzelne Abnehmer plädierte die Syndikatsleitung im Beirat dafür, sich nicht völlig auf die Kampfpreise der Konkurrenz einzulassen.[129]

Die hohen Marktkosten des stärkeren Wettbewerbs machten sich beim Kohlensyndikat vor allem durch die steigende Umlage bemerkbar. Zwischen 1904 und 1909 waren von der Umlage jeweils zwischen 75 und 95 Prozent für die Finanzierung des Verkaufs in Wettbewerbsregionen eingesetzt worden.[130] Druck zur Verbesserung der Wettbewerbslage übten insbesondere die reinen Zechen im RWKS aus, die überpro-

---

16.01.1912, in: montan.dok/BBA 32/4097 und Manno: Die Kohlenversorgung Süddeutschlands, S. 149ff. Die Steigerungsraten beim Gesamtabsatz des Kohlenkontors betrugen zwischen den Geschäftsjahren 1905/06 und 1907/08 zwischen 8,97 und 27,71 Prozent. Zwischen den Geschäftsjahren 1908/09 und 1910/11 lagen diese zwischen -1,68 und 2,15 Prozent (vgl. Statistische Angaben zum Kohlenkontor, in: RWWA 130 – 30019323/1 sowie Tab. 9).

122 Bericht des Oberbergamtes Dortmund zur Marktlage, 20.07.1910, S. 10f., in: LHA Koblenz, 403 – 8153.

123 Einen wichtigen Faktor für das steigende Überangebot bildeten die Produktionsausweitungen aller Ruhrzechen im Hinblick auf eine Erneuerung des Syndikatsvertrags (vgl. Bericht der Königlichen Bergwerksdirektion Saarbrücken an das Königliche Oberbergamt Bonn, 27.03.1911, in: LA Saarbrücken, Best. BWD-606).

124 Ebd.

125 Vgl. Bericht der Königlichen Bergwerksdirektion Saarbrücken an das Königliche Oberbergamt Bonn, 03.04.1910, in: LA Saarbrücken, Best. BWD-606; Bericht des Oberbergamtes Dortmund zur Marktlage, 20.07.1910, S. 10f., in: LHA Koblenz, 403 – 8153 und Bericht der Königlichen Bergwerksdirektion Saarbrücken an das Königliche Oberbergamt Bonn, 06.07.1910, in: LA Saarbrücken, Best. BWD-606.

126 Vgl. Rheinische Kohlenhandels- und Rhederei-Gesellschaft mbH, Geschäftsbericht 1909/10, S. 7.

127 Rheinische Kohlenhandels- und Rhederei-Gesellschaft mbH, Geschäftsbericht 1910/11, S. 6.

128 Ebd.

129 Vgl. Bericht des Oberbergamtes Dortmund zur Marktlage, 26.04.1911, S. 9, in: LHA Koblenz, 403 – 8153 und RWKS, Sitzung des Beirates, 23.11.1910, S. 11, in: montan.dok/BBA 33/63.

130 Vgl. o. A.: Rheinisch-Westfälisches Kohlensyndikat. Kohlenpreise, Syndikat und Fiskus, in: Kartell-Rundschau 1913, Nr. 11, S. 908f. und RWKS, Sitzung der Kommission zur Aufnahme von Verhandlungen über die Erneuerung des Syndikatsvertrages, 07.11.1910, in: RWWA 130 – 30019323/11.

portional stark durch die Umlage und die Fördereinschränkungen belastet wurden.[131] Ein vorzeitiger Eintritt von Außenseiterzechen in den laufenden Kartellvertrag war äußerst unwahrscheinlich, da neue Mitglieder in eine ähnliche Situation geraten wären wie die bereits beteiligten reinen Zechen. Zudem hätte die verfrühte Festlegung einer Beteiligungsziffer die Entwicklungsmöglichkeiten der zumeist noch im Ausbau befindlichen Schachtanlagen eingeschränkt.[132]

Auch für die Außenseiter waren die Wettbewerbskosten hoch. Zwar hätten sich die fiskalischen Zechen nach eigenen Angaben weitgehend an den Richtpreisen des RWKS orientiert, wären jedoch seit 1910 ebenso zu Ermäßigungen und Preisunterbietungen „gezwungen" worden. Insbesondere beim Verkauf nach Süddeutschland hatte sich die Erlöslage für die Staatszechen verschlechtert.[133] Ein Eintritt in das RWKS stand seit 1910 beim Fiskus wieder vermehrt in der Diskussion, da die höhere Zahl von Marktteilnehmern eine Außenseiterrolle zunehmend unattraktiver machte.[134] Außerdem kam beim Staatsbergbau hinzu, dass dessen Zechen mit höheren Selbstkosten produzierten, die aufgrund des stärkeren Wettbewerbs kaum noch durch den Kohlenverkauf ausgeglichen werden konnten.[135] Gerade in politischen Debatten wurde deutlich, dass auf staatlicher Seite großes Interesse am Fortbestand des RWKS unter Einbeziehung der bisherigen Außenseiter bestand.[136]

Im Jahr 1911 spitzte sich beim Ruhrfiskus die schwierige Erlöslage weiter zu: Der durchschnittliche Verkaufspreis pro Tonne Kohle sank auf 10,16 Mark gegenüber 10,92 Mark im Vorjahr. Da die Selbstkosten nun 11,99 Mark statt 11,27 Mark betrugen, war für eine Tonne Kohle im Jahr 1911 ein Zuschuss von 1,83 Mark (zuvor nur 0,35 Mark) er-

---

131 Vgl. Kap. 5.1.1. Zu Fördereinschränkungen beim RWKS vgl. auch Wilhelms: Die Übererzeugung im Ruhrkohlenbergbau 1913 bis 1932, S. 27f.

132 Eine der wenigen Ausnahmen bildete der Beitritt der Gewerkschaft Johannessegen, die in der Zechenbesitzerversammlung vom 17. Dezember 1910 als neues Mitglied in das RWKS mit einer Beteiligung von 150.000 Tonnen aufgenommen wurde (vgl. o. A.: Rheinisch-Westfälisches Kohlensyndikat, in: Kartell-Rundschau 1911, Nr. 1, S. 27).

133 Vgl. Berichtsentwurf zur Untersuchung des staatlichen Bergwerksbetriebes, 23.08.1910, S. 24f., in: montan.dok/BBA 32/4098; Bericht des Oberbergamtes Dortmund zur Marktlage, 03.02.1911, S. 11, in: LHA Koblenz, 403–8153 und Bericht des Oberbergamtes Dortmund zur Marktlage, 26.04.1911, S. 9, in: LHA Koblenz, 403–8153.

134 Vgl. u.a. Manno: Die Kohlenversorgung Süddeutschlands, S. 130f. Auf Seiten des Bergfiskus bestand schon über längere Zeit Konsens, dass es mit den Syndikatszechen mittelfristig einen Zusammenschluss geben müsse, der von einer losen Verbindung bis hin zu einem vollständigen Beitritt zum RWKS reichen könne (vgl. Berichtsentwurf zur Untersuchung des staatlichen Bergwerksbetriebes, 23.08.1910, S. 33ff., in: montan.dok/BBA 32/4098).

135 Vgl. ebd., S. 1ff. Selbstkritisch wurde im selben Bericht eine bürokratische Schwerfälligkeit der Staatsbetriebe diagnostiziert, die zu höheren Produktionskosten führe.

136 Vgl. Entwurf einer Erklärung des Ministers für Handel und Gewerbe wegen des Eintritts des Preußischen Bergfiskus in das Rheinisch-Westfälische Kohlensyndikat im Falle seiner Erneuerung, April 1911, in: GStA PK, I. HA Rep. 87 B Nr. 6809; Rheinisch-Westfälisches Kohlensyndikat. Zur Frage der Syndikatserneuerung, in: Kartell-Rundschau 1912, Nr. 2, S. 141 und Frankfurter Zeitung, 22.05.1911, in: GStA PK, I. HA Rep. 120 C VIII 1 Nr. 72 adh. 45 Bd. 4.

forderlich.[137] Ein Kartellbeitritt des Fiskus war aufgrund dieser Ertragslage also nicht mehr nur allein von politischen Motiven abhängig.[138] Jedoch bestand auf fiskalischer Seite die Befürchtung, bei einem Eintritt in das RWKS zukünftig für Preiserhöhungen des Syndikats mitverantwortlich gemacht zu werden. Da aber lose Absprachen kaum Erfolg versprachen und zudem durch andere Außenseiter „torpediert" werden würden, begannen zumindest Überlegungen über ein Verkaufsabkommen, dem sich möglichst auch andere Außenseiter anschließen sollten.[139]

Während das Kohlensyndikat seit seiner Gründung einen zentralisierten Vertrieb als wesentliches Instrument der Kartellpolitik institutionalisiert und weiter ausgebaut hatte, setzte sich auf fiskalischer Seite ebenso die Ansicht durch, dass ein einheitlicher Verkauf verschiedener Produzenten eine wirksame Maßnahme darstellen konnte, um die Marktkosten im Kohlenverkauf langfristig zu verringern.[140] Jedoch dürfte der Fiskus an der Aufgabe seiner eigenen Verkaufsorganisation, welche in den vergangenen Jahren erheblich ausgebaut worden war, sicher kein Interesse gehabt haben. Im Hinblick auf eine Erneuerung des Syndikatsvertrags und einen möglichen Eintritt in das RWKS war neben einem entsprechend großen Bergwerksbesitz auch eine ausreichend große Vertriebsorganisation für Beteiligungen an den Syndikatshandelsgesellschaften sowie als „Rückfalloption" bei einem möglichen Scheitern der Kartellverhandlungen unerlässlich.

Da die schwierige Wettbewerbssituation jedoch möglichst kurzfristig verbessert werden sollte, galt auch beim Kohlensyndikat ein Verkaufsabkommen, wie es innerhalb der fiskalischen Bergverwaltung diskutiert wurde, als Mittelweg zwischen freiem Wettbewerb und Kartellbeitritt. Während bereits 1910 begonnene Verhandlungen über einen vergleichbaren Vertrag mit den privaten Außenseiterzechen Trier und Hermann bislang keinen Erfolg zeigten,[141] war die Syndikatsleitung im August 1911 auch an die

---

137 Der Rückgang der Erlöse hätte sich insbesondere aus Preisnachlässen und aus dem Verkauf großer Mengen minderwertiger Kohle ergeben (vgl. Betriebsbericht der preußischen Bergverwaltung für das Rechnungsjahr 1911 (Haus der Abgeordneten, Drucksache Nr. 931), S. 6217 f., in: montan.dok/BBA 32/228).

138 Vgl. Frankfurter Zeitung, 29.03.1911, in: montan.dok/BBA 32/4098. Zur Diskussion um die geringe Wirtschaftlichkeit der staatlichen Zechen vgl. Budgetkommission, Sitzung am 21.04.1910, S. 1 f., in: montan.dok/BBA 32/4098.

139 Vgl. Beitrag zur Erörterung der nebenstehend angegebenen Fragen, 15.08.1910, S. 19, in: montan.dok/BBA 32/4098 und Bleidick: Das Verhältnis des staatlichen Bergbaus im Ruhrgebiet zum Rheinisch-Westfälischen Kohlen-Syndikat (RWKS) vor dem Ersten Weltkrieg, S. 289.

140 Die Bergwerksdirektion Saarbrücken machte gegenüber dem Ruhrfiskus schon 1909 deutlich, dass der Wettbewerb bei kleineren Abnehmern nur dann beseitigt werden könne, wenn es nur noch eine zentrale Vertriebsstelle gäbe (vgl. Schreiben der Königlichen Bergwerksdirektion Saarbrücken an die Königliche Bergwerksdirektion Recklinghausen, 02./04.08.1909, in: montan.dok/BBA 32/4097).

141 Vgl. u. a. RWKS, Niederschrift der Zechenbesitzerversammlung, 26.10.1910, in: GStA PK, I. HA Rep. 120 C VIII 1 Nr. 72 adh. 45 Bd. 3.

Bergwerksdirektion Recklinghausen herangetreten.[142] Durch einen Abschluss mit dem Fiskus erhoffte man sich positive Auswirkungen auf die Verhandlungen mit anderen Außenseitern, da die Staatszechen als größter nicht-syndizierter Produzent im Ruhrbergbau schließlich eine gewisse Vorreiterrolle einnahmen.[143]

Die Tatsache, dass das Kohlensyndikat den ersten Schritt zu diesen Verhandlungen machte, brachte den Fiskus bei den nachfolgenden Gesprächen in eine komfortable Situation, weil dieser auf die konkreten Angebote des RWKS problemlos mit Gegenforderungen reagieren konnte. Die Syndikatsleitung hatte zunächst einen Vorschlag für ein umfangreiches Verkaufsabkommen ausgearbeitet, das sowohl auf die Produktions-, die Preis- und auch auf die Absatzbeziehungen zwischen dem Kohlensyndikat und den staatlichen Ruhrzechen Auswirkungen haben sollte.[144] Dieses Angebot des Kohlensyndikats sah ein Verkaufsabkommen bis zum Auslaufen des aktuellen Syndikatsvertrags Ende 1915 vor. Darin sollten Fördergrenzen für die fiskalischen Schachtanlagen festgelegt sowie Mindestpreise für den Verkauf im unbestrittenen Absatzgebiet vereinbart werden. Eine Syndizierung des Verkaufs war jedoch nur in Teilen vorgesehen: Lediglich Verkaufsmengen, die der Fiskus bis zu einem festgelegten Stichtag nicht selbst absetzen konnte, sollten vom RWKS aufgekauft und unter Beteiligung an der Umlage weitervertrieben werden.[145]

Auf fiskalischer Seite wurde ein Verkaufsabkommen als geeigneter Test betrachtet, ob sich die wirtschaftliche Position des Fiskus durch einen Kartellbeitritt verbessern würde.[146] Bei der Bergwerksdirektion Recklinghausen war damit auch die Hoffnung verbunden, dass man sich durch ein dadurch bedingtes höheres Preisniveau beim endgültigen Zusammenschluss der Ruhrzechen nicht von einem niedrigen Preisniveau „hocharbeiten“ musste. Dies hätte zu Angriffen nicht nur gegen das Syndikat, sondern eben auch gegen den Fiskus als Kartellmitglied führen können. Eine Regelung der Hüttenzechenfrage innerhalb des RWKS sowie die Bereitschaft

---

142 Vgl. Schreiben an die Königliche Bergwerksdirektion in Saarbrücken, 02.10.1911, in: montan.dok/BBA 32/4099 und Schreiben des RWKS an die Königliche Bergwerksdirektion Recklinghausen, 16.08.1911, in: montan.dok/BBA 32/4099.

143 Vgl. Bleidick: Das Verhältnis des staatlichen Bergbaus im Ruhrgebiet zum Rheinisch-Westfälischen Kohlen-Syndikat (RWKS) vor dem Ersten Weltkrieg, S. 288 f. Anders als von Bleidick angegeben, gibt es bei den 1911 geführten Verhandlungen keinen Hinweis darauf, dass ein vollständiger Beitritt zum noch laufenden Syndikatsvertrag eine mögliche Verhandlungsoption war. Bleidick spricht jedoch von Beitrittsverhandlungen (vgl. ebd., S. 265 ff.).

144 Vgl. Schreiben an die Königliche Bergwerksdirektion in Saarbrücken, 02.10.1911, in: montan.dok/BBA 32/4099 und Schreiben des RWKS an die Königliche Bergwerksdirektion Recklinghausen, 16.08.1911, in: montan.dok/BBA 32/4099.

145 Vgl. ebd. und Schreiben des RWKS an den Geheimen Oberbergrat Raiffeisen, 08.09.1911, in: montan.dok/BBA 32/4099.

146 Vgl. Manuskript über die Entwicklung der fiskalischen Ruhrkohlenzechen, ca. 1911, S. 16 ff., in: montan.dok/BBA 32/4099.

anderer Außenseiter, ein vergleichbares Abkommen zu treffen, waren jedoch seitens der Staatszechen zunächst als zwingende Voraussetzung genannt worden.[147]

Ein Teil der Vorschläge zur Ausgestaltung der Vertriebskooperation konnte während der Verhandlungen stark zugunsten der Staatszechen modifiziert werden. Neben vielen Detailfragen war es der fiskalischen Seite besonders wichtig, das Abkommen auch vor dem Auslaufen des Syndikatsvertrags Ende 1915 aufkündigen zu können. Außerdem sollten die Interessen des Saarbergbaus berücksichtigt werden, womit eine detaillierte Regelung für den Absatz nach Süddeutschland für erforderlich gehalten wurde. Wichtige Voraussetzung war außerdem, dass der Fiskus durch ein Abkommen nicht zu stark aus dem Verkaufsgeschäft herausgedrängt werden würde.[148] Die Bergwerksdirektion Saarbrücken, die in die Beratungen einbezogen worden war, erweiterte die Forderung nach einer Regelung des Absatzes nach Süddeutschland insofern, als dass ein Abkommen die Grundlage für die Bildung eines westdeutschen Syndikats unter Einbeziehung des Saarbergbaus und anderer Förderreviere sein sollte.[149] Dafür war es wiederum unabdingbar, dass der Saarfiskus im Vorfeld eine Regelung mit den dortigen Privatgruben erreichte, da es aus fiskalischer Sicht nur mit einem „geschlossenen" Saarbergbau möglich war, gegenüber dem Kohlenkontor und dem RWKS angemessene Bedingungen durchzusetzen.[150]

Die Forderung, revierübergreifend Kartellabsprachen mit dem Saarbergbau vorzunehmen, führte zwar zu intensiven Gesprächen, die jedoch innerhalb des kurzen Verhandlungszeitraums keine Lösung ergaben.[151] Um das Verkaufsabkommen nicht zu gefährden, wurde diese Forderung fallen gelassen, was der Handelsminister als höchste Entscheidungsinstanz auf fiskalischer Seite als großes Entgegenkommen bezeichnete.[152] Trotz dieser Einschränkung trug das Verkaufsabkommen, das am 22.01.1912 vom RWKS und der Bergwerksdirektion Recklinghausen unterzeichnet wurde, deutliche Spuren der Verhandlungsstärke des Bergfiskus. In diesem Abkommen wurden folgende zentrale Grundsätze festgelegt:

---

147 Vgl. Aktennotiz zum geplanten Verkaufsabkommen, o. D., S. 1f., in: montan.dok/BBA 32/4099.

148 Vgl. Aktennotiz zum geplanten Verkaufsabkommen, 24.08.1911, in: montan.dok/BBA 32/4099.

149 Vgl. Niederschrift der Ergebnisse der Verhandlungen in Saarbrücken, 10.10.1911, in: montan.dok/BBA 32/4099.

150 Letztlich war es auch ein Wunsch des Handelsministers, die Absatzregulierungen für den Ruhr- und Saarbergbau zusammenzufassen (vgl. Schreiben an Oberbergrat Raiffeisen, 10.12.1911, in: montan.dok/BBA 32/4099).

151 Das Abkommen sollte zwar erst mit dem 1. April 1912 in Kraft treten, doch der Verhandlungszeitraum war deshalb recht kurz, weil so früh wie möglich die Richtpreise festgelegt werden sollten, um in das Verkaufsgeschäft einzusteigen. Dies geschah beim Kohlensyndikat für das im April beginnende Geschäftsjahr zumeist schon im Herbst. Jedoch wurden aufgrund der laufenden Verhandlungen die Richtpreise erst am 22.01.1912 mit dem Abschluss des Verkaufsabkommens festgelegt (vgl. RWKS, Bericht des Vorstandes über das Geschäftsjahr 1911, S. 6, in: montan.dok/BBA 33/318 (1)).

152 Vgl. Schreiben des Ministers für Handel und Gewerbe an den Oberpräsidenten der Rheinprovinz, 23.12.1911, in: LHA Koblenz, 403–8153.

- Begrenzung des Absatzes der Bergwerksdirektion Recklinghausen auf 3,8 Millionen Tonnen Kohle und 1 Million Tonnen Koks im Etatjahr 1912 (01.04.1912 bis 30.03.1913).
- Weiterverkauf der bis zum 10.01.1912 für das kommende Geschäftsjahr noch nicht verkauften Mengen – abgesehen von festgelegten Ausnahmen – durch das Kohlensyndikat.
- Berücksichtigung der fiskalischen Händler durch das Kohlensyndikat wie Syndikatshandelsgesellschaften mit möglichst gleichen Mengen wie im Jahr 1911; Fortbestand der Selbstständigkeit der fiskalischen Händler.
- Begrenzung der vom Fiskus zu errichtenden Umlage auf höchstens 6 Prozent.
- Zubilligung der Meistbegünstigung bei vergleichbaren Abkommen mit anderen Außenseiterzechen.
- Jederzeitiges Rücktrittsrecht durch den Minister für Handel und Gewerbe, insbesondere bei Unstimmigkeiten in Preisfragen.
- Bis zum 30.09.1912 Erzielung einer Einigung über einen Kartellvertrag von staatlichen und privaten Saargruben.[153]

Die meisten Grundsätze für das Verkaufsabkommen hatten die fiskalischen Zechen kaum eingeschränkt, was auf eine hohe Verhandlungsstärke der Staatszechen deutet.[154] Die im Abkommen festgelegte Absatzmenge war noch immer hoch genug, um die Entwicklung der Staatsbetriebe nicht zu behindern.[155] Von größter Bedeutung war das Rücktrittsrecht. Dies konnte allerdings nur wirkungsvoll sein, wenn die fiskalische Handelsorganisation selbstständig erhalten blieb, um bei einem Austritt aus dem Abkommen oder einer Nichtverlängerung unmittelbar darauf zurückgreifen zu können.[156] Der Verkauf musste allerdings während des Abkommens zunächst über das Syndikat erfolgen.[157]

153 Vgl. Vertrag über das Abkommen zwischen der Königlichen Bergwerksdirektion zu Recklinghausen und dem Rheinisch-Westfälischen Kohlensyndikat, 22.01.1912, S. 1 ff., in: montan.dok/BBA 32/4100. Die Förderung der Berginspektion Ibbenbüren war in das Verkaufsabkommen nicht mit einbezogen.

154 Vgl. Bleidick: Das Verhältnis des staatlichen Bergbaus im Ruhrgebiet zum Rheinisch-Westfälischen Kohlen-Syndikat (RWKS) vor dem Ersten Weltkrieg, S. 290.

155 Diese Einschätzung vertrat der Handelsminister im Preußischen Haus der Abgeordneten (vgl. o. A.: Rheinisch-Westfälisches Kohlensyndikat. Staat und Kohlensyndikat, in: Kartell-Rundschau 1912, Nr. 3, S. 281).

156 Vgl. Schreiben des Ministers für Handel und Gewerbe an den Oberpräsidenten der Rheinprovinz, 23.12.1911, in: LHA Koblenz, 403–8153 und Rheinisch-Westfälisches Kohlensyndikat. Zur Frage der Syndikatserneuerung, in: Kartell-Rundschau 1912, Nr. 2, S. 130 f.

157 Der unmittelbare Geschäftsverkehr sollte möglich sein, wenn nicht bereits bestehende Abmachungen beim Kohlensyndikat dem entgegenstehen (vgl. Vertrag über das Abkommen zwischen der Königlichen Bergwerksdirektion zu Recklinghausen und dem Rheinisch-Westfälischen Kohlensyndikat, 22.01.1912, in: montan.dok/BBA 32/4100).

Bis zum festgelegten Stichtag hatte der Ruhrfiskus für das bevorstehende Geschäftsjahr 1912/13 ohne Mitwirkung des Kohlensyndikats bereits 2,6 Millionen Tonnen Kohle sowie 960.000 Tonnen Koks verkauft. Dem Syndikat sollten zum Weiterverkauf noch 258.700 Tonnen Kohle zur Verfügung gestellt werden.[158] Diese Menge war zwar im Vergleich zum Gesamtabsatz relativ gering, doch kann unterstellt werden, dass gerade für den Vertrieb der zu diesem Zeitpunkt noch nicht verkauften Kohle tendenziell stärkere Preisnachlässe gewährt wurden, was den Wettbewerb entsprechend hätte beeinflussen können.

Die Signalwirkung des Verkaufsabkommens war hoch. Während vorangegangene Verhandlungen bislang ergebnislos verlaufen waren, konnten Anfang 1912 innerhalb kürzester Zeit vergleichbare Verträge mit weiteren Außenseiterzechen abgeschlossen werden.[159] Unabhängig von einer erhofften Kostensenkung durch die Marktregulierung war damit in jedem Fall das Ziel erreicht, die laufenden Erneuerungsverhandlungen mit den Außenseitern zu erleichtern.[160] Kritiker beanstandeten jedoch den losen Charakter des Abkommens und befürchteten, dass die noch bevorstehende Einigung mit den Saargruben eine große Herausforderung darstellen würde.[161] Aus Sicht der Frankfurter Zeitung hätte der Fiskus gar vor dem Kohlensyndikat „kapituliert"[162], da sein Interesse, an hohen Kohlenpreisen mitzuverdienen, größer sei als der Wunsch, regulierend auf die Kartellpolitik einzuwirken. Aus der Luft gegriffen war diese Behauptung natürlich nicht, denn die finanziellen Vorteile des Abkommens wurden auf fiskalischer Seite immer wieder betont.[163]

Auswirkungen auf die Absatzmärkte waren durchaus festzustellen. Seitens des Kohlensyndikats und des Kohlenkontors wurde eine Beruhigung der Marktverhältnisse erkannt, auch wenn insbesondere in Süddeutschland die weiter bestehende Konkurrenz durch nicht angeschlossene Außenseiter, englische Kohlenimporte sowie durch die Braunkohle stark blieb.[164] Auch auf fiskalischer Seite wurden stabilere Marktverhältnisse festgestellt. Die höheren Preise hatten zu einer Verbesserung der

---

158 Vgl. Protokoll zur Besprechung zwischen dem RWKS und der Königlichen Bergwerksdirektion Recklinghausen, 31.01.1912, in: montan.dok/BBA 33/652.

159 Dies waren Anfang 1912 zunächst die Zechen Trier, Hermann, Auguste Victoria, Brassert, Teutoburgia, Emscher-Lippe und Victoria-Lünen (vgl. RWKS, Zechenbesitzerversammlung, 22.01.1912, in: montan.dok/BBA 33/14 und RWKS, Zechenbesitzerversammlung, 16.02.1912, in: montan.dok/BBA 33/14). Ausführlich vgl. Kap. 4.3.1.

160 Emil Kirdorf hatte an die Abkommen hohe Erwartungen bezüglich der Erneuerung geknüpft (vgl. RWKS, Sitzung des Beirates, 22.01.1912, S. 10ff., in: montan.dok/BBA 33/65).

161 Vgl. Berliner Tageblatt, 16.01.1912, in: GStA PK, I. HA Rep. 120 C VIII 1 Nr. 72 adh. 45 Bd. 4.

162 Frankfurter Zeitung, 16.01.1912, in: montan.dok/BBA 32/4097.

163 Vgl. Schreiben von Raiffeisen an Bergrat Graßmann, 07.01.1912, in: montan.dok/BBA 32/4100. In der Politik wurde jedoch das volkswirtschaftliche Interesse einer solchen Vereinbarung hervorgehoben (vgl. Stenogramm der 9. Sitzung im Preußischen Haus der Abgeordneten, 08.02.1912, S. 559).

164 Vgl. Rheinische Kohlenhandels- und Rhederei-Gesellschaft mbH, Geschäftsbericht 1911/12, S. 6 und Kempkens: Die Rheinschiffahrtskartelle und die Ursachen ihres Zusammenbruchs, in: Kartell-Rundschau 1912, Nr. 9, S. 1089.

Erlöse geführt, wobei die Auswirkungen aufgrund der zuvor veranschlagten „Kampfpreise" noch eher gering waren.[165]

In den Statistiken fällt vor allem auf, dass kurzzeitig eine starke Veränderung der Absatzrichtungen für fiskalische Kohle festzustellen war. Während 1911 noch etwa 20 Prozent der fiskalischen Ruhrförderung nach Süddeutschland verkauft wurde, sank dieser Anteil im Jahr 1912 fast um die Hälfte ab (vgl. Tab. 18). Zunächst lässt sich vermuten, dass diese Entwicklung auf die Disposition des Kohlensyndikats zurückzuführen war. Dazu würden auch die Beschwerden fiskalischer Händler passen, die über unzureichende Zuteilungen durch das Syndikat klagten.[166] Da das RWKS jedoch angab, bis August 1912 noch gar keine Kohle vom Fiskus zum Weiterverkauf überwiesen bekommen zu haben, kann dies bis zu diesem Zeitpunkt nicht als Erklärung dienen.[167]

Tab. 18: Absatzverteilung der Bergwerksdirektion Recklinghausen 1909 bis 1913

	1909	*1910*	*1911*	*1912*	*1913*
Anteil Inland	72,5 %	83,2 %	83,5 %	77,1 %	70,5 %
- davon *Preußen*	44,9 %	57,9 %	60,9 %	65,6 %	51,3 %
- davon *Süddeutschland*	**26,7 %**	**23,7 %**	**20,0 %**	**10,4 %**	**17,9 %**
Anteil Ausland	27,5 %	16,8 %	16,5 %	22,9 %	29,5 %
- davon *Holland*	18,9 %	10,0 %	7,2 %	7,1 %	7,9 %
- davon *Belgien*	8,6 %	6,6 %	8,3 %	10,6 %	10,1 %

Quelle: Betriebsberichte der preußischen Bergverwaltung für die Jahre 1911–1913, in: montan.dok/BBA 32/228 (eigene Zusammenstellung).

Trotz gewisser Erfolge und zunächst auch positiver Signale der Vertragspartner ging das Verkaufsabkommen mit den Staatszechen über das vereinbarte Geschäftsjahr 1912/13 nicht hinaus. Die im Oktober 1912 vom Kohlensyndikat beschlossene Erhöhung der Richtpreise für die bevorstehende Verkaufsperiode gegen die Stimme des Fiskus bot für den Handelsminister Anlass, von seinem Rücktrittsrecht Gebrauch zu

165 Vgl. Schreiben der Königlichen Bergwerksdirektion Recklinghausen an den Minister für Handel und Gewerbe, 12.07.1912, in: GStA PK, I. HA Rep. 120 C VIII 1 Nr. 19 Bd. 10. Über mögliche Erlössteigerungen gab es bei Vertragsschluss detaillierte Prognosen bei den Staatszechen: Voraussichtlich sollte das Abkommen zu Mehreinnahmen in Höhe von etwa 900.000 Mark beim Kohlenverkauf und etwa 600.000 Mark beim Koksverkauf führen. Diese Beträge sollten allerdings gerade ausreichen, um die zu erwartenden Lohnerhöhungen der Beschäftigten auszugleichen (vgl. Ermittlung der finanziellen Ergebnisse für den Fiskus nach Tätigung des Abkommens mit dem Kohlensyndikats, o. D. (1912), S. 7 f., in: montan.dok/BBA 32/4100).

166 Vgl. Schreiben der Königlichen Bergwerksdirektion Recklinghausen an den Minister für Handel und Gewerbe, 12.07.1912, in: GStA PK, I. HA Rep. 120 C VIII 1 Nr. 19 Bd. 10.

167 Vgl. Schreiben des RWKS an die Königliche Bergwerksdirektion Recklinghausen, 19.09.1912, S. 1 ff., in: montan.dok/BBA 32/4100.

machen.[168] Die Preiserhöhungen, die auch von den Zechenbesitzern im RWKS kontrovers diskutiert wurden, waren durch Emil Kirdorf im Beirat als unumgänglich und maßvoll erklärt worden. Erwartet wurde eine Verringerung der Umlage in Höhe von 2 bis 3 Prozent.[169] Das RWKS war nach späteren Angaben von der Aufkündigung des Abkommens überrascht worden, da man die Einwände gegenüber den Preiserhöhungen bei Hausbrandkohle eher als eine „formelle Wahrung eines abweichenden Standpunktes"[170] anstelle einer unabweisbaren Bedingung gedeutet hatte.

Die Kündigung kam allerdings weniger abrupt, als vom RWKS behauptet. Schon im August 1912 war der Syndikatsleitung bekannt gewesen, dass der Fiskus einer Verlängerung des Abkommens zu vergleichbaren Rahmenbedingungen nicht zustimmen würde. Als zentrales Problem galten der noch nicht erreichte Zusammenschluss der Saargruben und die daraus resultierenden Verhandlungen bezüglich revierübergreifender Marktabsprachen zwischen Ruhr- und Saarbergbau. Dafür war die Verantwortung allerdings weniger auf der Seite des RWKS zu suchen.[171] Neben der Forderung, die Gespräche zur Schaffung eines übergeordneten Zusammenschlusses fortzusetzen, forderte der Fiskus für eine Neuauflage des Verkaufsabkommens weiterhin den Erhalt der eigenen Verkaufsorganisation und einen stärkeren Schutz seiner Händler, die längerfristige Verträge erhalten sollten.[172]

Die Syndikatsleitung wollte es nicht auf ein Scheitern des Abkommens ankommen lassen, auch wenn es ihr kaum möglich war, Einfluss auf die Einigungsbestrebungen im Saarbergbau zu nehmen. Syndikatsvorstand Max Graßmann schlug unter anderem vor, dass der Fiskus die Geschäfte mit den fiskalischen Händlern zukünftig unter der Kontrolle des RWKS wieder selbst bearbeiten konnte. Nur in bestrittenen Gebieten wollte das Syndikat die Zusammenarbeit mit fiskalischen Händlern weiterhin zentral übernehmen.[173] Weitere Verhandlungen folgten jedoch nicht. Die Erhöhung der Richtpreise gegen den Willen des Fiskus dürfte also lediglich ein vor der Öffentlichkeit gut zu verkaufender Anlass gewesen sein, um mit der Kündigung des Abkommens Macht gegenüber dem Kohlensyndikat zu demonstrieren. Dies geschah sicher auch im Hinblick darauf, Druck auf die noch immer schleppend verlaufenden

168 Vgl. u. a. Kölnische Volkszeitung, 17.10.1912, in: montan.dok/BBA 32/4101.

169 Zur Debatte zu den Preiserhöhungen im Herbst 1912 vgl. RWKS, Sitzung des Beirates, 14.10.1912, S. 2 f., in: montan.dok/BBA 33/65.

170 RWKS, Bericht des Vorstandes über das Geschäftsjahr 1912, S. 6, in: montan.dok/BBA 33/318 (1).

171 Vgl. Bleidick: Das Verhältnis des staatlichen Bergbaus im Ruhrgebiet zum Rheinisch-Westfälischen Kohlen-Syndikat (RWKS) vor dem Ersten Weltkrieg, S. 291 f.

172 Zudem sollten sich nach dem Willen des Fiskus beide Seiten verpflichten, im unbestrittenen Absatzgebiet keine neuen Lieferverträge über die Geltungsdauer des Abkommens hinaus abzuschließen. Speziell ging es um Verkaufsverhandlungen mit den siegerländischen Hüttenwerken, die zum festen Kundenkreis des Fiskus gehörten (vgl. Entwurf für ein Schreiben der Königlichen Bergwerksdirektion Recklinghausen an das Rheinisch-Westfälische Kohlensyndikat, August 1912, in: montan.dok/BBA 32/4100).

173 Vgl. Schreiben des RWKS an die Königliche Bergwerksdirektion Recklinghausen, 19.09.1912, S. 1 ff., in: montan.dok/BBA 32/4100.

Erneuerungsverhandlungen des RWKS auszuüben.[174] Die Preiserhöhung diente also für den Fiskus letztlich als letzte „Entscheidungshilfe" und geeigneter Anlass, öffentlichkeitswirksam von der Verlängerung des Abkommens abzusehen. Allerdings wurde den Staatszechen immer wieder unterstellt, ebenfalls an Preiserhöhungen interessiert gewesen zu sein, die allerdings für die Verbraucher weniger offensichtlich umgesetzt werden sollten.[175]

Die Auswirkungen der Kündigung blieben vergleichsweise gering. Aufgrund der zwischenzeitlich eingesetzten starken Nachfrage auf den Kohlenmärkten und der guten Konjunkturlage war zunächst kein neuer Preiskampf zu erwarten, so dass der Fiskus auch weiterhin von dem durch das RWKS geschaffenen Preisniveau profitierte. Zudem verfügten die staatlichen Zechen zu diesem Zeitpunkt über zahlreiche langfristige Verträge.[176] Die Schwierigkeiten, die für die laufenden Erneuerungsverhandlungen zu erwarten waren, dürfen allerdings nicht unterschätzt werden. Immerhin wurde es als ein positives Zeichen gewertet, dass sich der Fiskus nach der Kündigung des Abkommens weiter an den Erneuerungsverhandlungen im RWKS beteiligte.[177] Auf die Verträge zwischen Kohlensyndikat und privaten Außenseitern hatte die Kündigung des Fiskus dagegen keinen Einfluss. Letztlich waren sogar nach diesem Zeitpunkt noch weitere Außenseiter Verkaufsabkommen mit dem RWKS eingegangen.[178]

Ein Jahr später wurden erneut Gespräche aufgenommen, um eine Neuauflage des Verkaufsabkommens mit dem Fiskus zu erreichen. Anlass dafür waren die im Herbst 1913 beim Kohlensyndikat beschlossenen Preissenkungen aufgrund der abschwächenden Konjunktur. Auch aus diesem Grund stieg auf beiden Seiten das Interesse an Marktabsprachen wieder an.[179] Wie beim ersten Abkommen konnten die Staatszechen selbstbewusst in die Verhandlungen eintreten und entsprechend hohe Forderungen stellen. Auch in einem zukünftigen Abkommen sollte der fiskalische Vertriebsapparat

---

174 Interessant ist in diesem Zusammenhang die im August 1912 von Hugo Stinnes gegenüber August Thyssen geäußerte Vermutung, dass eine Erneuerung des Verkaufsabkommen über den 1. Oktober 1913 hinaus ohne gleichzeitige Erneuerung des Syndikats nicht zustande kommen würde (vgl. Schreiben von Hugo Stinnes an August Thyssen, 26.08.1912, in: Rasch, Manfred und Feldman, Gerald D. (Hg.): August Thyssen und Hugo Stinnes. Ein Briefwechsel 1898 – 1922, München 2003, S. 534).

175 So hieß es, der Fiskus wollte versteckte Preiserhöhungen über die Kürzung von Rabatten vornehmen. Zu den mutmaßlich durch den Fiskus geplanten Preiserhöhungen entbrannte in den nachfolgenden Wochen eine Pressefehde zwischen Hugo Stinnes und dem Handelsminister (vgl. Kölnische Zeitung, 25.11.1912, in: montan.dok/BBA 32/4101 und Kölnische Volkszeitung, 26.11.1912, in: montan.dok/BBA 32/4101).

176 Vgl. Thoenes: Die Zwangssyndikate im Kohlenbergbau und ihre Vorgeschichte, S. 31 f.; Deutsche Bergwerks-Zeitung, 17.10.1912, in: montan.dok/BBA 32/4101 und o. A.: Rheinisch-Westfälisches Kohlensyndikat. Kohlenpreise, Syndikat und Fiskus, in: Kartell-Rundschau 1913, Nr. 11, S. 909 f.

177 Vgl. RWKS, Bericht des Vorstandes über das Geschäftsjahr 1912, S. 6, in: montan.dok/BBA 33/318 (1).

178 Vgl. hierzu Kap. 4.3.1.

179 Vgl. o. A.: Rheinisch-Westfälisches Kohlensyndikat. Kohlenpreise, Syndikat und Fiskus, in: Kartell-Rundschau 1913, Nr. 11, S. 906 und o. A.: Rheinisch-Westfälisches Kohlensyndikat. Zur Preispolitik des Kohlensyndikats, in: Kartell-Rundschau 1913, Nr. 12, S. 988.

weiterhin unabhängig bestehen bleiben, wiederum verbunden mit einem jederzeitigen Rücktrittsrecht. Zudem forderte der Handelsminister einen stärkeren Einfluss auf die Preispolitik des Syndikats. Parallel sollte eine Einigung zwischen den fiskalischen und den privaten Gruben an der Saar Voraussetzung sein, um ein Verkaufsabkommen bzw. einen Kartellbeitritt an der Ruhr einzugehen.[180]

Ein erneutes Verkaufsabkommen kam zwischen dem Kohlensyndikat und dem Ruhrfiskus im laufenden Syndikatsvertrag allerdings nicht mehr zustande. Jedoch waren die wieder aufgenommenen Gespräche deutlich stärker von der Frage beeinflusst, wie ein tatsächlicher Beitritt der fiskalischen Zechen zum RWKS bewerkstelligt werden konnte, der wiederum mit erheblichen Forderungen nach Sonderrechten für die Staatszechen verbunden war.[181] Bei all diesen und vorangegangenen Verhandlungen zwischen Kohlensyndikat und Ruhrfiskus zeigte sich, dass dem preußischen Staat nicht nur daran gelegen war, den Einfluss auf die Kartellpolitik im Ruhrbergbau zu erhöhen, sondern dass die Verhandlungen in erheblicher Weise dadurch geprägt waren, die Erlöse der eigenen Bergbaubetriebe zu steigern.

4.2.3 Revierübergreifende Einigungsbestrebungen

Mit dem 1912 in Kraft getretenen Verkaufsabkommen zwischen dem Kohlensyndikat und der Bergwerksdirektion Recklinghausen war die vertraglich fixierte Forderung verbunden, zeitnah darauf aufbauend Kartellvereinbarungen zwischen Ruhr- und Saarbergbau zu erreichen.[182] Da jedoch während der Laufzeit keine konkreten Abmachungen erzielt werden konnten, war die im Oktober gleichen Jahres erfolgte Kündigung des Abkommens eine unmittelbare Folge der ergebnislosen Verhandlungen, auch wenn vordergründig die Preiserhöhungen des RWKS für die Kündigung maßgeblich waren. Ob eine Einigung zwischen den Produzenten beider Reviere in diesem Zeitraum realistisch zu erreichen gewesen wäre oder überhaupt ernsthaft forciert wurde, ist schon an anderer Stelle in Frage gestellt worden.[183] Größtes

180 Vgl. Stenogramm der 3. Sitzung im Preußischen Haus der Abgeordneten, 14.01.1914, S. 149 f. Zu den Kartellbestrebungen im Saarbergbau vgl. Kap. 4.2.3.

181 Vgl. Jüngst: Die nichtsyndizierten Zechen im niederrheinisch-westfälischen Steinkohlenbergbau, S. 224 und o. A.: Rheinisch-Westfälisches Kohlensyndikat. Kohlenpreise, Syndikat und Fiskus, in: Kartell-Rundschau 1913, Nr. 11, S. 906 f.

182 Der Vertrag über das Verkaufsabkommen sah vor, dass bis zum 30.09.1912 zwischen den staatlichen und privaten Bergwerksbesitzern an der Saar eine Einigung gefunden werden musste, die die Billigung des Ministers für Handel und Gewerbe finden musste. Außerdem versicherten beide Parteien, auf Grundlage der dortigen Ergebnisse weitere Verhandlungen zum Zusammenschluss von Bergfiskus an Ruhr und Saar mit dem RWKS für die Zeit bis zum Ende des Syndikatsvertrags zu führen (vgl. Vertrag über das Abkommen zwischen der Königlichen Bergwerksdirektion zu Recklinghausen und dem Rheinisch-Westfälischen Kohlensyndikat, 22.01.1912, S. 9 f., in: montan.dok/BBA 32/4100).

183 Vgl. Bleidick: Das Verhältnis des staatlichen Bergbaus im Ruhrgebiet zum Rheinisch-Westfälischen Kohlen-Syndikat (RWKS) vor dem Ersten Weltkrieg, S. 290 ff.

Hemmnis war in jedem Fall, dass als erste Voraussetzung für eine Verständigung bis zu diesem Zeitpunkt noch keine revier-internen Kartellvereinbarungen im Saarbergbau zustande gekommen waren.[184]

Aus dem Gesamtinteresse des preußischen Staats als Bergbauunternehmer ist es leicht zu erklären, dass die Bestrebungen zum Zusammenschluss im Ruhrrevier mit Forderungen zu Kartellabsprachen im Saarbergbau verknüpft wurden. Während der Kohlenbergbau in der Saarregion insgesamt bereits seit Jahrzehnten einen Rückgang von Marktanteilen in Deutschland zu verzeichnen hatte,[185] fiel dieser bei den Staatsbetrieben noch deutlicher aus. Innerhalb des Förderreviers sank der Marktanteil der fiskalischen Gruben zwischen 1900 und 1912 von 84,5 auf 73,5 Prozent (vgl. Tab. 19).[186] Etwa bis zur Jahrhundertwende herrschte im Saarbergbau zwischen allen Produzenten ein eher „loyales Nebeneinander", bei dem sich die Privatgruben weitgehend an der Preispolitik der Staatsbetriebe orientierten. Aufgrund der geringen Zahl der Unternehmen bestand für vertraglich fixierte Kartellvereinbarungen anscheinend keine Notwendigkeit. Auch nach dem stärkeren Vordringen des Ruhrbergbaus in den süddeutschen Absatzraum sprachen die Vertreter der staatlichen Saargruben zunächst über mehrere Jahre von einem eher „freundschaftlich" geprägten Konkurrenzverhältnis zum Kohlensyndikat.[187] Problematischer wurden die Marktverhältnisse aus Perspektive des Saarfiskus mit der stärkeren Absatzausdehnung durch die Etablierung des Kohlenkontors und dem zunehmenden Konkurrenzkampf durch die Privatgruben aus der Saarregion. Vergleichbar mit den Absatzstrategien der Außenseiterzechen im Ruhrbergbau konnten die Privatbetriebe die Preisstellung des größten Marktteilnehmers – in diesem Fall der Bergfiskus – problemlos ausnutzen, um den Absatz ihrer wachsenden Produktion zu sichern. Insbesondere in Zeiten geringerer Nachfrage war es diesen Unternehmen möglich, flexibel auf die eher starre Verkaufspolitik des fiskalischen Handelsbüros in Saarbrücken zu reagieren.[188]

---

184 Allen Beteiligten dürfte klar gewesen sein, dass das RWKS auf Kartellvereinbarungen im Saarbergbau nur bedingt Einfluss nehmen konnte. Dass ein solcher Passus dennoch in den Vertrag für das Verkaufsabkommen aufgenommen wurde, kann auf die hohe Verhandlungsmacht des Fiskus zurückgeführt werden (vgl. ebd.).

185 Betrug der Marktanteil der Saarregion an der deutschen Gesamtförderung 1860 noch 17,3 Prozent, sank dieser bis 1890 auf 10,6 Prozent und stagnierte bis 1912 etwa auf diesem Niveau (vgl. Banken: Die Industrialisierung der Saarregion 1815–1914, S. 27 f.).

186 Vgl. auch Tille: Die Förder- und Preispolitik des staatlichen Saarkohlenbergbaues 1902–1910, S. 8. Der weiterhin hohe Förderanteil des Fiskus im Saarbergbau brachte einige Autoren vielfach zu der Fehleinschätzung, dass die private Konkurrenz im dortigen Revier zu vernachlässigen wäre (vgl. z. B. Storm: Geschichte der deutschen Kohlenwirtschaft von 1913–1926, S. 3).

187 Vgl. Banken: Die Industrialisierung der Saarregion 1815–1914, S. 180 ff. Auch beim RWKS wurde das Verhältnis rückblickend in ähnlicher Weise beschrieben. Dort hieß es z. B. im Jahr 1909, dass die „innige Verständigung" mit dem Saarfiskus wie zu früheren Zeiten nicht mehr vorhanden war (Zit. RWKS, Sitzung des Beirates, 17.02.1909, S. 6 f., in: montan.dok/BBA 33/62).

188 Vgl. u. a. Bericht der Königlichen Bergwerksdirektion Saarbrücken an das Königliche Oberbergamt Bonn, 03.04.1910, in: LA Saarbrücken, Best. BWD-606 und Bericht der Königlichen Bergwerks-

Insbesondere das Engagement von Unternehmern aus dem Ruhrbergbau führte nach der Jahrhundertwende zu einer weiteren Expansion der Kohlenförderung bei den Privatgruben in der Saarregion: Neben dem im Familienbesitz befindlichen Stahlunternehmen Les petis-Fils de Francois de Wendel & Cie.,[189] das mit seiner lothringischen Grube Klein-Rosseln der zweitgrößte Steinkohlenproduzent in der Saarregion und gleichzeitig Inhaber der Zeche de Wendel im Ruhrgebiet war,[190] entwickelte sich die von August Thyssen und Hugo Stinnes kontrollierte Saar- und Mosel-Bergwerks-Gesellschaft AG[191] im lothringischen Karlingen zu einem wichtigen Konkurrenten für den Bergfiskus. Thyssen und Stinnes waren seit 1900 zu gleichen Teilen an Saar & Mosel beteiligt und hatten die Förderkapazitäten der zugehörigen Schachtanlagen weiter ausgebaut, was beiden Unternehmern aufgrund der Bindung an das RWKS im Ruhrbergbau kaum möglich war.[192]

Erst nach 1907 begann der Saarfiskus, sich aktiver am Wettbewerb zu beteiligen, wobei ein tatsächlicher Preiskampf erst seit 1910 deutlich zu erkennen war.[193] Ernsthaftes Interesse an einem dauerhaften und kostspieligen Wettbewerb konnten die fiskalischen Saargruben schon allein aufgrund ihrer ohnehin schwierigen Ertragslage kaum haben.[194] Schon 1903 wurde seitens der Bergwerksdirektion Saarbrücken von einer engeren Zusammenarbeit der Produzenten in deren Absatzgebieten gesprochen, ohne dass konkrete Vorschläge diskutiert wurden.[195] Hierbei setzte sich in den Fol-

---

direktion Saarbrücken an das Königliche Oberbergamt Bonn, 06.07.1910, in: LA Saarbrücken, Best. BWD-606.

189 Im Folgenden: de Wendel.

190 Die Grube Klein-Rosseln befand sich seit 1894 im Besitz der Gesellschaft de Wendel. Im Jahr 1901 erwarb die Gesellschaft auch Grubenfelder bei Herringen (heute Hamm), wo 1906 unter den Namen „Schachtanlage de Wendel" die regelmäßige Förderung aufgenommen wurde. Seit 1937 trug die Zeche den Namen „Steinkohlenbergwerk Heinrich Robert" (vgl. Huske, Joachim: Die Steinkohlenzechen im Ruhrrevier. Daten und Fakten von den Anfängen bis 2005, 3. Aufl., Bochum 2006, S. 1017 und Rasch; Feldman: August Thyssen und Hugo Stinnes. Ein Briefwechsel 1898–1922, S. 738). Bis 1915 gehörte die Zeche de Wendel nicht dem RWKS an und hatte vor der Erneuerung 1915 auch kein Verkaufsabkommen abgeschlossen (vgl. Jüngst, Ernst: Die nichtsyndizierten Zechen im niederrheinisch-westfälischen Steinkohlenbergbau im Jahre 1914, in: Glückauf, Berg- und Hüttenmännische Zeitschrift 51, 1915, Nr. 11, S. 267–275).

191 Im Folgenden: Saar & Mosel.

192 Vgl. Rasch, Manfred: August Thyssen: Der katholische Großindustrielle der Wilhelminischen Epoche, in: Rasch, Manfred und Feldman, Gerald D. (Hg.): August Thyssen und Hugo Stinnes. Ein Briefwechsel 1898–1922, München 2003, S. 13–107, hier: S. 93 ff.

193 Vgl. Banken: Die Industrialisierung der Saarregion 1815–1914, S. 183 ff. Nach Beobachtungen des RWKS wichen die tatsächlichen Verkaufspreise des Saarfiskus seit 1910 sogar noch deutlicher von den bereits reduzierten Listenpreisen ab (vgl. Nachrichten von dem Betriebe der unter der preußischen Berg-, Hütten- und Salinenverwaltung stehenden Staatswerke während des Etatjahres 1910 (Haus der Abgeordneten, Drucksache Nr. 48), S. 1281, in: montan.dok/BBA 32/228 und RWKS, Sitzung des Beirates, 23.11.1910, S. 11, in: montan.dok/BBA 33/63).

194 Zur finanziellen Lage der staatlichen Bergwerke vgl. u. a. Berichte aus der Budgetkommission des Preußischen Abgeordnetenhauses (Frankfurter Zeitung, 29.03.1911, in: montan.dok/BBA 32/4098).

195 Vgl. Banken: Die Industrialisierung der Saarregion 1815–1914, S. 185.

Tab. 19: Förderung und Förderanteile in der Saarregion 1900 bis 1912

	1900	1905	1908	1910	1912
Gesamtförderung Saarregion	11.120.000 t	13.180.000 t	14.245.000 t	14.393.000 t	16.977.000 t
Preuß. Fiskus	9.397.000 t	10.639.000 t	11.071.000 t	10.823.000 t	12.470.000 t
-Anteil	*84,5 %*	*80,7 %*	*77,7 %*	*75,2 %*	*73,5 %*
Saar & Mosel	123.000 t	435.000 t	710.000 t	888.000 t	1.169.000 t
-Anteil	*1,1 %*	*3,3 %*	*5,0 %*	*6,2 %*	*6,9 %*
Klein-Rosseln	957.000 t	1.219.000 t	1.414.000 t	1.542.000 t	2.225.000 t
-Anteil	*8,6 %*	*9,2 %*	*9,9 %*	*10,7 %*	*13,1 %*
Sonstige[a)]	643.000 t	887.000 t	1.050.000 t	1.140.000 t	1.113.000 t
-Anteil	*5,8 %*	*6,7 %*	*7,4 %*	*7,9 %*	*6,6 %*

Quelle: Banken: Die Industrialisierung der Saarregion 1815–1914 (Tabellen A7 und A14 auf der zugehörigen CD-ROM (Darstellung und Berechnung mit gerundeten Zahlen)).
[a)] Unter den sonstigen Produzenten in der Saarregion wurden zusammengefasst: der Bayerische Bergfiskus, die Privatgruben in Preußen, die Schachtanlagen Frankenholz und Nordfeld (bis 1904) sowie die lothringische Grube „La Houve".

gejahren bei den Verantwortlichen die Überzeugung durch, dass Preis- und Mengenabsprachen allein keinen Wert für die Stabilisierung der Marktverhältnisse hatten, so dass eine stärkere Regulierung in der Absatzorganisation nach Vorbild des RWKS als einzig wirksames Instrument erkannt wurde. 1909 hieß es beim Ruhrfiskus, dass es „früher oder später in irgendeiner Form"[196] ein Abkommen zur Beseitigung des Wettbewerbs geben müsse und langfristig nur der Vertrieb von „ein und derselben Verkaufsstelle"[197] eine Lösung bieten könne. Zu diesem Zeitpunkt bezog die Bergwerksdirektion in ihre Überlegungen sowohl den staatlichen als auch den privaten Ruhrbergbau mit ein.[198] Das Interesse des Bergfiskus für ein möglicherweise zu gründendes „Westdeutsches Kohlensyndikat" erklärt sich vor allem daraus, dass die Staatszechen in einem solchen Kartell, „als Ganzes"[199] betrachtet, der größte Produzent geworden wären und eine entsprechend hohe Machtstellung in der Vereinigung eingenommen hätten.

196 Schreiben der Königlichen Bergwerksdirektion Recklinghausen an die Königliche Bergwerksdirektion Saarbrücken, 17.07.1909, in: LA Saarbrücken, Best. BWD-488.
197 Schreiben der Königlichen Bergwerksdirektion Saarbrücken an die Königliche Bergwerksdirektion Recklinghausen, 02./04.08.1909, in: montan.dok/BBA 32/4097.
198 Vgl. ebd. Später wurden in die Überlegungen zur Bildung eines Westdeutschen Kohlensyndikats auch die kleineren westdeutschen Förderreviere (Aachen, Ibbenbüren, Obernkirchen, Borninghausen) als mögliche Beteiligte genannt (vgl. Niederschrift der Ergebnisse der Verhandlungen in Saarbrücken, 10.10.1911, in: montan.dok/BBA 32/4099).
199 Schreiben der Königlichen Bergwerksdirektion Recklinghausen an die Königliche Bergwerksdirektion Saarbrücken, 17.07.1909, in: LA Saarbrücken, Best. BWD-488.

Im Jahr 1909 gab es auch Versuche, konkrete Regulierungen in der Vertriebsorganisation zwischen Marktteilnehmern aus beiden Förderrevieren zu erreichen. Seinerzeit waren Gespräche zur Bildung einer gemeinsamen Verkaufsstelle für das französische Absatzgebiet angelaufen, die nach dem „Muster des Kohlenkontors“[200] aufgestellt werden sollte. Die steigenden Angebotsmengen auf den süddeutschen Absatzmärkten, verbunden mit der rückläufigen Konjunktur, dürften ausschlaggebende Gründe gewesen sein, dass zu diesem Zeitpunkt das Kohlengeschäft in das benachbarte Ausland neu organisiert werden sollte.[201] Hinzu kam, dass die bislang in Richtung Frankreich gültigen Eisenbahn-Ausnahmetarife im Jahr 1908 weggefallen waren, wodurch sich die Wettbewerbssituation gegenüber französischen Bergbaubetrieben verschlechtert hatte.[202] Im April 1909 wurde Hugo Stinnes als Vertreter von Saar & Mosel in die Gründungsverhandlungen einbezogen, nachdem die im Vorfeld zwischen dem Kohlensyndikat und dem Saarfiskus geführten Gespräche bereits zu einem ersten Vertragsentwurf geführt hatten. Weitere Unternehmen sollten beteiligt werden, wobei nach den Vorstellungen des RWKS zunächst zwischen den drei genannten Gesellschaften eine gemeinsame Basis gefunden werden sollte.[203] Hugo Stinnes war nicht nur als Aufsichtsratsvorsitzender von Saar & Mosel in die Verhandlungen involviert, sondern auch deshalb, weil er seit 1903 durch seine Firmen das Alleinverkaufsrecht für die gesamte Förderung von Saar & Mosel besaß, worauf ein Großteil der Geschäftstätigkeit seiner Niederlassungen in Süddeutschland gründete.[204]

Die Verhandlungen für eine gemeinsame Verkaufsstelle in Frankreich gingen jedoch nicht über das Planungsstadium hinaus, was dem Widerstand von Hugo Stinnes geschuldet war. Gegenüber dem Kohlensyndikat kritisierte er die Festlegung starrer Verkaufsquoten, die nicht vorhandene kurzfristige Kündigungsmöglichkeit und später auch eine zu starke Dominanz des Kohlensyndikats und der Bergwerksdirektion

---

200 Schreiben des RWKS an Hugo Stinnes, Saar- und Mosel-Bergwerksgesellschaft, 08.04.1909, in: ACDP, I-220 – 112/5.

201 Im Jahr 1908 hieß es seitens des Saarfiskus, dass den staatlichen Saargruben der Auslandsabsatz bisher erspart geblieben sei, jedoch wegen der ungünstigen Konjunktur und aufgrund des starken Wettbewerbs in Süddeutschland wahrscheinlich wieder aufgenommen werden müsse (vgl. Schreiben des Ministers für Handel und Gewerbe an die Königliche Bergwerksdirektion Saarbrücken, 27.02.1908, in: LA Saarbrücken, Best. BWD-491).

202 Vgl. Bericht der Königlichen Bergwerksdirektion Saarbrücken an das Königliche Oberbergamt Bonn, 04.01.1909, in: LA Saarbrücken, Best. BWD-606, Bericht der Königlichen Bergwerksdirektion Saarbrücken an das Königliche Oberbergamt Bonn, 27.03.1911, in: LA Saarbrücken, Best. BWD-606 und RWKS, Bericht des Vorstandes über das Geschäftsjahr 1908, S. 5, in: montan.dok/BBA 33/318 (1).

203 Vgl. Schreiben des RWKS an Hugo Stinnes, Saar- und Mosel-Bergwerksgesellschaft, 08.04.1909, in: ACDP, I-220 – 112/5.

204 Vgl. Abkommen zwischen der Saar- und Mosel-Bergwerksgesellschaft AG und der Firma Hugo Stinnes, 14.01.1903, in: ACDP, I-220 – 267/5 und Anlage zum Schreiben an das Finanzamt Mülheim-Ruhr zum Schreiben vom 21.06., in: ACDP, I-220 – 299/3.

Saarbrücken.[205] Auch in Hinblick auf die Erneuerungsverhandlungen für das RWKS war Stinnes nicht bereit, starre Bindungen einzugehen, die womöglich Einfluss auf spätere Beteiligungen und Verkaufsquoten seiner Unternehmen gehabt hätten.[206] Obwohl es sich mit Abstand um den kleinsten der bislang drei beteiligten Produzenten handelte, reichte die Ablehnung von Saar & Mosel aus, um das Projekt zunächst zum Scheitern zu bringen.[207] Unternehmensintern war zu erkennen, dass Stinnes einer gemeinsamen Verkaufsstelle nicht völlig ablehnend gegenüberstand, jedoch den Zeitpunkt der Gründung weiter hinausschieben wollte, um eine günstigere Verkaufsquote in einer solchen Organisation zu bekommen.[208]

Vergleichbar mit dem Ruhrbergbau zeigte sich also auch in der Saarregion, dass kleinere Marktteilnehmer bei Kartellierungsgesprächen häufig eine deutlich günstigere Verhandlungsposition besaßen. Die Rolle des staatlichen Bergbaus war in beiden Regionen jeweils umgekehrt. Während der Fiskus an der Ruhr als größter Außenseiter gegenüber dem Kohlensyndikat mit hohen Forderungen auftreten konnte, musste er sich in der Saarregion mit einer vergleichbaren Strategie der Privatgruben auseinandersetzen. In beiden Revieren hatten die außenstehende Betriebe vom Preisniveau, das durch das Kohlensyndikat bzw. den Saarfiskus geschaffen wurde, erheblich profitiert. Da eine solche Geschäftsstrategie mit steigendem Außenseiteranteil an der Gesamtförderung zunehmend kostenintensiver wurde, hatten aber auch Unternehmen wie Saar & Mosel langfristig Interesse an stabilen Kartellverhältnissen, auch wenn diese Betriebe zunächst ohne eigene Mitgliedschaft so lange wie möglich von der Preispolitik des Marktführers profitieren wollten.

Das Interesse von Hugo Stinnes für den Fortbestand des RWKS zeigte sich unter anderem darin, dass er durch die günstige Marktstellung von Saar & Mosel Einfluss auf die Wettbewerbssituation im Ruhrbergbau auszuüben versuchte. Als Anfang 1911 kurzzeitig Gespräche aufgenommen wurden, zwischen allen Unternehmen im Saarbergbau ein „Saarkohlenkontor" als gemeinsame Verkaufsorganisation zu bilden,

---

205 Vgl. Schreiben von Hugo Stinnes an Albert Janus (RWKS), 23.03.1909, in: ACDP, I-220 – 112/5 und Schreiben von Hugo Stinnes an das RWKS, 08.02.1910, in: ACDP, I-220 – 112/5.

206 Schreiben von Hugo Stinnes an Steffens (Hugo Stinnes Brüssel), 19.02.1910, in: ACDP, I-220 – 112/5 und Schreiben von Hugo Stinnes an Steffens (Hugo Stinnes Brüssel), 24.02.1910, in: ACDP, I-220 – 112/5. Zu den Verhandlungen vgl. auch Feldman: Hugo Stinnes, S. 330. Zudem bestand bei Hugo Stinnes die Befürchtung, dass die Kohlenhandlung Raab-Karcher zum gegenwärtigen Zeitpunkt zu große Vorteile in der Gesellschaft bekommen würde und dass aufgrund einer allgemeinen Feindseligkeit gegenüber dem Kohlenkontor sich diese auch auf die französische Gesellschaft übertragen könnte. Eine weitere Befürchtung war, dass sich die Gesellschaft womöglich nicht rentieren würde, da weiterhin laut Vertragsentwurf ein Direktbezug möglich sein sollte (vgl. Schreiben von Steffens (Hugo Stinnes Brüssel) an Hugo Stinnes, 24.04.1909, in: ACDP, I-220 – 112/5).

207 Eine Wiederaufnahme der Verhandlungen war frühestens nach einer Erneuerung des Kohlensyndikats vorgesehen (vgl. Schreiben von Hugo Stinnes an Steffens (Hugo Stinnes Brüssel), 24.02.1910, in: ACDP, I-220 – 112/5).

208 Vgl. Schreiben von Steffens (Hugo Stinnes Brüssel) an Hugo Stinnes, 24.04.1909, in: ACDP, I-220 – 112/5.

hatte Stinnes gleich zu Beginn als Bedingung für eine Teilnahme eingefordert, dass zunächst der Beitritt des Ruhrfiskus zum RWKS geregelt sein müsste. Auf diese Weise versuchte er durch die günstige Position von Saar & Mosel weiteren Druck auf die Erneuerungsverhandlungen im Ruhrbergbau auszuüben. Die Verhandlungen für das Saarkohlenkontor wurden daher zunächst als aussichtslos bezeichnet und beendet.[209] Hugo Stinnes und mit ihm August Thyssen nahmen damit aufgrund ihrer weitreichenden unternehmerischen Interessen im Ruhr- und Saarbergbau für die Kartellierungsbestrebungen in beiden Revieren eine zentrale Position ein.[210]

Als in der zweiten Hälfte des Jahres 1911 die Verhandlungen für ein Verkaufsabkommen zwischen dem Ruhrfiskus und dem Kohlensyndikat begannen, war für den Saarfiskus mit einem weiteren Anstieg der Marktkosten zu rechnen, falls der Ruhrbergbau zukünftig geschlossen auf den süddeutschen Absatzmärkten in den Verkauf gehen würde. Die komfortable Verhandlungsposition der Staatszechen gegenüber dem Kohlensyndikat ermöglichte es aber, auch die aus fiskalischer Sicht problematischen Marktverhältnisse an der Saar in die Gespräche über einen gemeinsamen Verkauf zu integrieren.[211] Um Kartellabsprachen zwischen Ruhr- und Saarbergbau zu erreichen, die langfristig zur Bildung eines westdeutschen Kohlensyndikats führen sollten, waren jedoch aus Sicht aller Beteiligten zuerst Vereinbarungen zur Marktregulierung zwischen den fiskalischen und den privaten Saargruben erforderlich, um als „geschlossener Saarbergbau"[212] die Verhandlungsposition gegenüber dem RWKS zu verbessern.[213]

209 Vgl. Bericht der Königlichen Bergwerksdirektion Saarbrücken an das Königliche Oberbergamt Bonn, 27.03.1911, in: LA Saarbrücken, Best. BWD-606 und Verhandlung über die Bildung eines Saarkohlenkontors, 14.03.1911, in: ACDP, I-220 – 114/1.

210 Hugo Stinnes und August Thyssen waren sich über die Bedeutung von Saar & Mosel für die Einigungsverhandlungen in beiden Revieren sehr bewusst. Thyssen hatte „zur Sicherung des Friedens" zeitweise erwogen, Saar & Mosel an den Saarfiskus zu verkaufen, wenn der Beitritt des Fiskus zum RWKS und die Hibernia-Frage geregelt wären. Auch wollte er damit den Gerüchten entgegentreten, dass er zu den größten Gegnern des Syndikats gehöre. Dieser Vorschlag wurde jedoch von Hugo Stinnes abgelehnt (vgl. Schreiben von August Thyssen an Hugo Stinnes, 13.04.1911, in: Rasch; Feldman: August Thyssen und Hugo Stinnes. Ein Briefwechsel 1898 – 1922, S. 506 f. und Schreiben von Hugo Stinnes an August Thyssen, 19.04.1911, in: ebd., S. 508 f.).

211 Die Berücksichtigung der Interessen des staatlichen Saarbergbaus wurde bereits in der Frühphase der Verhandlungen für ein Verkaufsabkommen auf fiskalischer Seite als zwingend notwendig betrachtet (vgl. Aktennotiz zum geplanten Verkaufsabkommen, 24.08.1911, in: montan.dok/BBA 32/4099 und Kap. 4.2.2). Auch wurde seitens der fiskalischen Vertreter immer wieder verdeutlicht, dass mögliche Abkommen langfristig zu einem einheitlichen Vertrieb aller Vertragspartner führen müssten (vgl. Niederschrift der Ergebnisse der Verhandlungen in Saarbrücken, 10.10.1911, in: montan.dok/BBA 32/4099).

212 Schreiben an Oberbergrat Raiffeisen, 10.12.1911, in: montan.dok/BBA 32/4099. Angesichts der im Dezember 1911 noch nicht erreichten Kartellvereinbarungen an der Saar hatte die Bergwerksdirektion Saarbrücken dem Ruhrfiskus zugleich empfohlen, von einem Verkaufsabkommen mit dem RWKS abzusehen.

213 Vgl. Niederschrift der Verhandlungen zwischen dem RWKS und dem Bergfiskus, 11.10.1911, in: montan.dok/BBA 32/4099 und Feldman: Hugo Stinnes, S. 331 f.

Angesichts der vorangegangenen und bislang gescheiterten Kartellgespräche in der Saarregion war mit den Verhandlungen für ein Verkaufsabkommen an der Ruhr die Hoffnung des Saarfiskus verbunden, dass die Syndikatsleitung Einfluss auf das RWKS-Aufsichtsratsmitglied Hugo Stinnes ausüben könnte, der den Kartellvereinbarungen an der Saar bislang ablehnend gegenüberstand.[214] Syndikatsvorstand Max Graßmann, Verhandlungsführer seitens des Ruhrkartells, hatte gegenüber Hugo Stinnes deutlich gemacht, dass aus Sicht der Staatszechen eine Verständigung an der Ruhr, an der auch Stinnes zweifellos Interesse haben musste, nur in Verbindung mit Kartellvereinbarungen im Saarbergbau erfolgen könne.[215] Das Interesse von Stinnes, diesmal einen Zusammenschluss im Saarrevier einzugehen, war inzwischen augenscheinlich deutlich größer.[216] Tatsächlich scheiterten die Versuche, die Marktregulierungen im Saarbergbau voranzubringen, diesmal weniger an Saar & Mosel, sondern am Widerstand der zur Gesellschaft de Wendel gehörenden Grube Klein-Rosseln. De Wendel hatte aber die gestiegene Gesprächsbereitschaft von Stinnes als vorgeschoben bewertet.[217]

Angesichts des damit weiterhin nicht erreichten Zusammenschlusses der Saargruben hatten sich die Pläne zu einer stärkeren Regulierung der Absatzverhältnisse zwischen Ruhr- und Saarbergbau zunächst erübrigt, obwohl zwischenzeitlich konkrete Vorschläge zur revierübergreifenden Kartellierung auf den süddeutschen Märkten erarbeitet worden waren: In einem von Max Graßmann erstellten Vertragsentwurf wurde die Bildung von zwei sogenannten Kontrollstellen mit Sitz in Saarbrücken und Mannheim vorgeschlagen. Die einzelnen Förderreviere sollten ihre Marktanteile behalten, wobei diese jedoch innerhalb der Reviere zwischen den Unternehmen ausgetauscht werden konnten. Alle Gesellschaften sollten zu selbstständigen Verkäufen berechtigt sein, jedoch zur Meldung ihrer Abschlüsse an die Kontrollstellen verpflichtet werden. Weiterhin waren einheitliche Liefer- und

---

214 Vgl. Niederschrift der Ergebnisse der Verhandlungen in Saarbrücken, 10.10.1911, in: montan.dok/BBA 32/4099.

215 Vgl. Schreiben von Max Graßmann (RWKS) an Hugo Stinnes, 11.11.1911, in: ACDP, I-220 – 114/1. Gegenüber Hugo Stinnes hatte Graßmann Formulierungen gewählt, die den Eindruck erweckten, die Gespräche mit dem Fiskus seien erst kürzlich angelaufen und Hugo Stinnes sei damit sehr früh in die Verhandlungen involviert worden. Tatsächlich wurden die Verhandlungen zwischen RWKS und Fiskus schon mehrere Monate zuvor aufgenommen (vgl. dazu den ausführlichen Schriftverkehr in: montan.dok/BBA 32/4099).

216 Nach den ersten Verhandlungen hatte sich Stinnes darauf verpflichtet, zunächst keine langfristigen Verträge mehr abzuschließen, die späteren Kartellvereinbarungen womöglich im Wege gestanden hätten (vgl. Schreiben von Hugo Stinnes an seine Vertretungen in Wiesbaden, Mannheim, Stuttgart, Straßburg, Zürich und an die Firma Rast & Sohn, München, 28.11.1911, in: ACDP, I-220 – 102/19).

217 Vgl. Telegramm von Max Graßmann an Bergwerksdirektor Tegeler, 05.12.1911, in: montan.dok/BBA 32/4099 und Schreiben an Oberbergrat Raiffeisen, 10.12.1911, in: montan.dok/BBA 32/4099. Die Ablehnung von de Wendel sei aufgrund von Auseinandersetzungen mit Stinnes im Stahlwerksverband erfolgt (ausführlich vgl. ebd. und Bleidick: Das Verhältnis des staatlichen Bergbaus im Ruhrgebiet zum Rheinisch-Westfälischen Kohlen-Syndikat (RWKS) vor dem Ersten Weltkrieg, S. 291).

Vertragsbestimmungen sowie Minimalpreise vorgesehen.[218] Da dieses Konzept keinen einheitlichen Vertrieb vorsah, kann der von Graßmann vorgelegte Vertragsentwurf allenfalls als Verlegenheitslösung eingeordnet werden, um das zu dieser Zeit noch in Verhandlung stehende Verkaufsabkommen mit dem Ruhrfiskus nicht zu gefährden. Sowohl das Kohlensyndikat als auch der Bergfiskus hatten schließlich allein einen zentralen Verkauf als geeignetes Instrument zur Marktregulierung und -überwachung gemeinsamer Absatzreviere betrachtet.

Es gibt nur wenige Belege dafür, dass während der Laufzeit des Anfang 1912 angelaufenen Verkaufsabkommens im Ruhrbergbau, wie vertraglich vereinbart, weitere Versuche unternommen wurden, innerhalb des Saarbergbaus sowie darauf aufbauend zwischen beiden Förderrevieren zu Kartellvereinbarungen zu gelangen. Im Frühjahr 1912 führten die Saargruben Gespräche bezüglich eines Abkommens, das zumindest den Abschluss langfristiger Verträge über den 1. Juli 1913 hinaus unterbinden sollte. Dies wäre jedoch am Widerstand von de Wendel gescheitert.[219] Verhandlungen zwischen den Saarzechen wurden aber dennoch fortgeführt: So hätte es laut Hugo Stinnes im August 1912 Gespräche gegeben, in deren Rahmen der Gesellschaft de Wendel bessere Entwicklungsmöglichkeiten als Saar & Mosel zugesprochen wurden. Dies hatte zur Ablehnung weiterer Gespräche durch Hugo Stinnes geführt, obwohl er folgerichtig befürchtete, dass der Fiskus sein Verkaufsabkommen an der Ruhr aufgrund der bislang erfolglosen Kartellbestrebungen an der Saar nicht verlängern würde.[220]

Weitere Anläufe für Kartellierungsbestrebungen an der Saar, verbunden mit dem Ziel, langfristig ein westdeutsches Kohlensyndikat zu schaffen, wurden erst wieder in der ersten Jahreshälfte 1914 verstärkt aufgenommen, parallel zu den Erneuerungsverhandlungen beim Kohlensyndikat. Als Protagonist hatte sich weiterhin der Saarfiskus hervorgetan, der jedoch auf die Unterstützung des Kohlensyndikats bauen konnte. Zwischen beiden Marktteilnehmern wurden neue Vertragsentwürfe für eine gemeinsame Verkaufsstelle erarbeitet, die neben allen Betrieben an Ruhr und Saar auch das Aachener Revier und womöglich auch das rheinische Braunkohlenrevier

---

218 Der prozentuale Anteil am Gesamtabsatz im Jahr 1912 sollte Grundlage für die Beteiligung der einzelnen Unternehmen und Syndikate sein (vgl. Entwurf eines Abkommens zur Regelung des Kohlenmarktes im süddeutschen Absatzgebiet, o. D. (Anlage zum Schreiben von Max Graßmann an Raiffeisen vom 25.11.1911), S. 1 ff., in: montan.dok/BBA 32/4099).

219 Vgl. Schreiben von Hugo Stinnes an seine Vertretungen in Stuttgart, Zürich, Saarbrücken sowie an die Saar- und Mosel-Bergwerksgesellschaft, Karlingen. 23.02.1912, in: ACDP, I-220 – 102/1 und Schreiben von Hugo Stinnes an seine Vertretungen in Stuttgart, Zürich, Saarbrücken sowie an die Saar- und Mosel-Bergwerksgesellschaft, Karlingen. 16.03.1912, in: ACDP, I-220 – 102/1.

220 Vgl. Schreiben von Hugo Stinnes an August Thyssen, 26.08.1912, S. 533 f. Auch Thyssen stimmte seinem Geschäftspartner Hugo Stinnes bezüglich de Wendel zu und hatte ebenfalls großes Interesse, dass das Verkaufsabkommen zwischen RWKS und Fiskus erhalten bleibt (vgl. Schreiben von August Thyssen an Hugo Stinnes, 27.08.1912, in: ebd., S. 534).

einbeziehen sollten.[221] Die Vertreter des Bergfiskus waren sich durchaus bewusst, dass ein zentraler Vertrieb so vieler Marktteilnehmer, so wünschenswert er aus fiskalischer Sicht war, zu einer schwerfälligen Organisation führen könnte, weshalb das Konzept vorsah, neben einer Zentralstelle weitere Unterorgane in Form von Verkaufsbüros zu bilden.[222]

Auch dieser neue Verhandlungsanlauf scheiterte bereits in einer frühen Phase. Als unüberbrückbares Hindernis stellten sich die Forderungen der Saargruben heraus, innerhalb einer neuen Kartellorganisation eine Sonderstellung zugesprochen zu bekommen. Priorität bekam zunächst wiederum die Bildung eines Saarsyndikats, wobei langfristig ein Zusammenschluss von beiden Revieren als zwingend notwendig erachtet wurde.[223] Ohne eine Sonderstellung sah der Saarfiskus jedoch darin für sich keine wirtschaftlichen Vorteile. Um den Wettbewerb auf den süddeutschen Märkten dennoch kurzfristig stärker regulieren zu können, entstand die wenig später ebenso wieder verworfene Überlegung, einem möglichen Saarsyndikat im süddeutschen Bereich und im angrenzenden Ausland auch den Verkauf der Ruhrkohle zu überlassen, während das Ruhrsyndikat den Absatz der Saarkohle für die nördlichen Bereiche organisieren könnte.[224]

---

221 Vgl. Schreiben von Ottmar Fuchs, Königliche Bergwerksdirektion Saarbrücken, an Hugo Stinnes, 08.02.1914, in: ACDP, I-220 – 114/1; Schreiben von Hugo Stinnes an August Thyssen, 10.02.1914, in: Rasch; Feldman: August Thyssen und Hugo Stinnes. Ein Briefwechsel 1898 – 1922, S. 557 und Schreiben der Königlichen Bergwerksdirektion Saarbrücken zur Bildung eines westdeutschen Syndikats, 03.03. 1914, S. 2 ff., in: montan.dok/BBA 32/4103.

222 Angedacht waren Einrichtungen, die mit den bestehenden Syndikatshandelsgesellschaften vergleichbar waren, wobei das geplante neue Groß-Kartell grundsätzlich eine mehrheitliche Beteiligung an diesen Vertriebsgesellschaften besitzen sollte. Innerhalb des Saarbergbaus wurde auch die Forderung aufgestellt, dass ein solches Syndikat seinen Sitz nicht mehr in Essen, sondern in Köln haben müsste, um Neutralität gegenüber allen Revieren zu demonstrieren (vgl. Schreiben des Vorsitzenden der Königlichen Bergwerksdirektion Recklinghausen an den Minister für Handel und Gewerbe, 13.03. 1914, S. 1 ff., in: montan.dok/BBA 32/4103 und Schreiben der Königlichen Bergwerksdirektion Saarbrücken zur Bildung eines westdeutschen Syndikats, 03.03.1914, S. 1, in: montan.dok/BBA 32/4103).

223 Die Forderungen nach einer Sonderstellung der Saargruben bezogen sich auf mögliche Fördereinschränkungen, das Verhältnis zu den Saarhütten und den Anspruch auf eine eigene Verkaufsstelle, was jedoch seitens des Kohlensyndikats als unausführbar betrachtet wurde (vgl. zu den Verhandlungen: Aktennotiz über die Besprechung zum Westdeutschen Syndikat am 27.02.1914 in Köln, S. 1 ff., in: montan.dok/BBA 32/4103; Schreiben des Vorsitzenden der Königlichen Bergwerksdirektion Recklinghausen an den Minister für Handel und Gewerbe, 13.03.1914, S. 5 ff., in: montan.dok/BBA 32/4103 und Aufzeichnung über den Vortrag beim Handelsminister zu den Verhandlungen zum westdeutschen Syndikat, 06.05.1914, S. 5 ff., in: montan.dok/BBA 32/4103). Auch seitens des Handelsministers wurde eine Sonderstellung des Saarbergbaus für die Beteiligung an einem westdeutschen Syndikat eingefordert (vgl. ebd.). Bedenken seien nach Aussage von Hugo Stinnes auch von den kleineren Saargruben bezüglich der Preisbildung gekommen (vgl. Schreiben von Hugo Stinnes an August Thyssen, 23.03. 1914, in: Rasch; Feldman: August Thyssen und Hugo Stinnes. Ein Briefwechsel 1898 – 1922, S. 561).

224 Vgl. Schreiben der Königlichen Bergwerksdirektion Saarbrücken zur Bildung eines westdeutschen Syndikats, 03.03.1914, S. 4 f., in: montan.dok/BBA 32/4103.

Zu einer weiteren Annäherung zwischen beiden Revieren kam es zunächst nicht, woraus jedoch nicht gefolgert werden kann, dass auf gemeinsamen Absatzmärkten tatsächlich ein völlig freier Wettbewerb herrschte. Unabhängig von den bislang gescheiterten Kartellverhandlungen muss es in den süddeutschen Verkaufsrevieren und den Nachbarländern dennoch regelmäßig Absprachen zwischen den einzelnen Marktteilnehmern gegeben haben, die zumindest einen gegenseitigen Kundenschutz zusichern sollten. Ansonsten ist es nicht anders zu erklären, warum während der Verhandlungen zur Bildung eines revierübergreifenden Syndikats auch Beschwerden einzelner Produzenten gegenüber anderen Unternehmen zu Preisunterbietungen auf der Tagesordnung standen.[225] Auch in den Folgejahren bis zur Trennung des Saargebiets vom Deutschen Reich wurden seitens des Staatsbergbaus immer wieder neue Anläufe unternommen, dem langfristigen Ziel eines westdeutschen Kohlensyndikats näherzukommen.[226] Diese Bestrebungen verdeutlichten vor allem, dass die erwähnten Marktabsprachen, die anscheinend ohnehin regelmäßig unterlaufen wurden, keine nachhaltigen Auswirkungen auf die Wettbewerbssituation hatten. Eine revierübergreifende Vertriebsorganisation konnte allerdings nur bei einer vollständigen Beteiligung aller relevanten Produzenten zu einer nachhaltigen Reduzierung der Marktkosten führen. Damit zeigte sich die gleiche Problematik, wie sie sich im Ruhrbergbau bereits in den Beziehungen zwischen Kohlensyndikat und den nicht-syndizierten Unternehmen vor dem Ersten Weltkrieg offenbart hatte. Allerdings hatten sich in den revierübergreifenden Verhandlungen die Möglichkeiten zur Erzielung von Kartellabsprachen weiter erschwert, weil sich die unternehmerischen Interessen noch weiter ausdifferenziert hatten.

225 Für eine Sitzung am 31.03.2014 war folgende Tagesordnung vorgesehen, die indirekt über gewisse Marktabsprachen Auskunft gibt: 1. Beschwerde des Kohlenkontors über den Ruhrfiskus wegen Unterbietungen in Süddeutschland, 2. Beschwerde des Saarfiskus und La Houvre gegen das RWKS wegen Unterbietungen bei den französischen Armeekorps, 3. Beschwerde des Saarfiskus gegen das Kohlenkontor wegen der Badischen Staatsbahn, 4. Beschwerde des Saarfiskus gegen Klein-Rosseln bezüglich des Gaswerks Straßburg, 5. Beschwerde des Saarfiskus und Frankenholz gegen den Bayerischen Fiskus wegen Unterbietungen bei der Pfalzbahn (vgl. Schreiben von Hugo Stinnes an August Thyssen, 30.03. 1914, in: Rasch; Feldman: August Thyssen und Hugo Stinnes. Ein Briefwechsel 1898 – 1922, S. 562f.).
226 1916 gab es erneut Anläufe der Bergwerksdirektion Saarbrücken, einen Zusammenschluss der Saarzechen zu bewirken, die jedoch an der fehlenden Mitwirkung von Saar & Mosel scheiterten (vgl. Niederschrift über eine Besprechung zum Zusammenschluss der Saarzechen in Köln, 14.09.1916, in: ACDP, I-220 – 103/3). Anfang 1917 ließ das Handelsbüro Saarbrücken dem RWKS einen neu erstellten Vertragsentwurf zukommen und bat hierzu um eine Stellungnahme (vgl. Schreiben des Handelsbureau der Königlichen Bergwerksdirektion Saarbrücken an Direktor Janus (RWKS), 22.01.1917, in: montan.dok/BBA 33/941). 1918 hatte die Bergwerksdirektion Saarbrücken erneut bei Hugo Stinnes angefragt, „ob ein Zusammenschluss der Saarkohlenbergwerke nicht erfolgen muss“ (Zit. Schreiben von Ottmar Fuchs, Königliche Bergwerksdirektion Saarbrücken, an Hugo Stinnes, 10.08.1918, in: ACDP, I-220 – 103/3).

4.3 Zwischen Kooperation und Konfrontation: die Absatzstrategien der nicht-syndizierten Privatzechen

4.3.1 Außenseiter im fiskalischen Windschatten

Als zum Jahresbeginn 1912 das zwischen dem Kohlensyndikat und dem Preußischen Bergfiskus aufwendig verhandelte Verkaufsabkommen in Kraft trat, zogen innerhalb kürzester Zeit weitere nicht-syndizierte Zechen nach und schlossen vergleichbare Verträge mit dem RWKS. Dies waren aus dem Kreis der zahlreichen Außenseiterbetriebe die Zechen Trier, Hermann, Auguste Victoria, Brassert, Teutoburgia, Emscher-Lippe und Victoria-Lünen, die ihre nicht verkauften Kohlenmengen beim Kohlensyndikat zum Weitervertrieb ablieferten. Im Gegenzug mussten sich diese Betriebe anteilig an der Syndikatsumlage beteiligen, durften aber fortan mit beratender Stimme an der Zechenbesitzerversammlung teilnehmen.[227] In der Folgezeit gingen zudem die Zechen Admiral, Alte Haase, Westfalen, Maximilian, Fürst Leopold, Welheim, Wilhelmine Mevissen und Jacobi vergleichbare Verträge mit dem RWKS ein.[228]

Diese „Welle" von Verkaufsabkommen darf nicht als kurzfristig entstandene Solidarität zur Kartellpolitik oder als ein neu entdeckter Gemeinschaftssinn im Ruhrbergbau verstanden werden. Vielmehr zeigt der Abschluss dieser Abkommen, dass die genannten Zechen zwar über viele Jahre die Existenz des Kohlensyndikats für die eigene Expansion nutzen konnten, ihre Außenseiterrolle im Kohlenverkauf sich aber mit dem steigenden Gesamtanteil der nicht-syndizierten Betriebe zunehmend unattraktiver und kostenintensiver gestaltete. Der Anschluss an die Kartellorganisation stellte damit im Vergleich zum vorangegangenen Wettbewerb eine kostengünstigere Möglichkeit zur Absatzsicherung dar.[229]

Nach der Erneuerung des Syndikatsvertrags im Jahr 1903 hatten in den Folgejahren neben dem Preußischen Bergfiskus zahlreiche nicht-syndizierte Schachtanlagen die Kohlenförderung aufgenommen.[230] Während nur vereinzelt Zechen mit allen

---

227 Vgl. RWKS, Zechenbesitzerversammlung, 22.01.1912, in: montan.dok/BBA 33/14; RWKS, Zechenbesitzerversammlung, 16.02.1912, in: montan.dok/BBA 33/14 und RWKS, Bericht des Vorstandes über das Geschäftsjahr 1911, S. 6, in: montan.dok/BBA 33/318 (1). Als Beispiel für einen Vertrag mit Außenseiterzechen vgl. Verkaufsabkommen zwischen dem RWKS und der Gewerkschaft Auguste Victoria, 05.02.1912, in: montan.dok/BBA 257/16. Ausführlich zum Verkaufsabkommen mit dem Fiskus vgl. Kap. 4.2.2.

228 Im Jahr 1914 waren im Ruhrgebiet neben dem Bergfiskus noch 15 selbstständige Zechen in Betrieb, die weder Syndikatsmitglied waren noch ein Verkaufsabkommen mit dem RWKS abgeschlossen hatten (vgl. Jüngst: Die nichtsyndizierten Zechen im niederrheinisch-westfälischen Steinkohlenbergbau im Jahre 1914, S. 271 f. und Manno: Die Kohlenversorgung Süddeutschlands, S. 131). Zum Abkommen mit der Zeche Jacobi vgl. Kap. 4.3.2.

229 Vgl. RWKS, Bericht des Vorstandes über das Geschäftsjahr 1910, S. 17, in: montan.dok/BBA 33/318 (1) und Tägliche Rundschau Berlin, 28.10.1911, in: GStA PK, I. HA Rep. 120 C VIII 1 Nr. 72 adh. 45 Bd. 4.

230 Ausführlich zu den nach 1903 neu in die Förderung gegangenen Zechen vgl. Jüngst: Die nichtsyndizierten Zechen im niederrheinisch-westfälischen Steinkohlenbergbau im Jahre 1914.

Rechten und Pflichten in den laufenden Syndikatsvertrag eintraten,[231] blieben viele Betriebe außerhalb des Kartells oder waren nur zu Verkaufsabkommen bereit. Allerdings hatten letztere Zechen zunächst ihre Außenseiterrolle im Kohlenverkauf soweit wie möglich ausgenutzt. Die dafür notwendige Absatzsicherung stellte trotz der günstigen Stellung der „freien" Zechen keineswegs einen Selbstläufer dar. Hierbei nutzten die nicht-syndizierten Unternehmen unterschiedliche Vertriebsstrategien.[232]

Die geringsten Kosten zur Absatzsicherung entstanden den Außenseiterbetrieben, wenn diese ihre Produkte durch langfristige Lieferverträge mit Großabnehmern oder sogar durch eine enge gesellschaftsrechtliche Verbindung mit solchen Unternehmen veräußern konnten. Für die vom Kohlensyndikat verfolgten Ziele zur Marktregulierung hatten solche Lieferverträge ebenso Vorteile. Die auf diesem Weg veräußerten Mengen belasteten die Absatzmärkte und damit den Wettbewerb weniger stark, weil diese Kohlen schließlich nicht mehr auf dem freien Markt gehandelt wurden.[233] In dieser vergleichsweise günstigen Situation stand unter anderem die Gewerkschaft Auguste Victoria, die im Oktober 1907 durch ein Konsortium aus der chemischen Industrie, dem sogenannten Dreibund, aufgekauft wurde. Diese Unternehmen wollten mit der Angliederung einer eigenen Zeche ihre Kohlenversorgung langfristig sowie unabhängig vom RWKS und dessen Preiskalkulation sichern.[234] Noch bevor Auguste Victoria in den Dreibund integriert wurde, hatte das Kohlensyndikat mit der Gewerkschaft Verhandlungen über einen Beitritt in den laufenden Kartellvertrag aufgenommen. Deren komfortable Verhandlungsposition als Außenseiter zeigte sich vor allem darin, dass der Grubenvorstand einen Beitritt oder zumindest eine Angliede-

---

231 Im Dezember 1910 wurde die Gewerkschaft Johannessegen mit einer Beteiligung von 150.000 Tonnen als neues Mitglied in das RWKS aufgenommen (vgl. o. A.: Rheinisch-Westfälisches Kohlensyndikat, in: Kartell-Rundschau 1911, Nr. 1, S. 27). Im Jahr 1911 trat auch die Gewerkschaft Arenberg-Fortsetzung vollständig dem Kohlensyndikat bei (vgl. dazu Kap. 4.3.2). Mit einem Eintritt in das RWKS wären die meisten Außenseiterbetriebe in die gleiche schwierige Situation gekommen wie reine Zechen im Syndikat, die aufgrund der Vertragsstrukturen am meisten unter dem Wettbewerb zu leiden hatten (vgl. o. A.: Rheinisch-Westfälisches Kohlensyndikat, in: Kartell-Rundschau 1910, Nr. 7, S. 466 und Kap. 5.1.1).

232 Vgl. Tiegs: Deutschlands Steinkohlenhandel, seine Entwicklung und Organisation, sowie Schilderung der gegenwärtigen Lage mit besonderer Berücksichtigung des Fiskus, der Kohlenkartelle und Konsumenten, S. 7.

233 Bei Verhandlungen für Marktabsprachen beim Koksverkauf im Jahr 1909 hatten mehrere Außenseiter in den Verhandlungen auf die Bindung an langfristige Lieferverträge hingewiesen (vgl. RWKS, Besprechung mit den ausserhalb des Kohlen-Syndikats stehenden Zechen zur Erörterung der Koksabsatzfrage am 11.06.1909 im Geschäftsgebäude, in: montan.dok/BBA 32/4097). Eine enge Verbindung zu Großabnehmern lag z. B. bei der Zeche Emscher-Lippe vor, zu deren Besitzern neben dem Krupp-Konzern der Norddeutsche Lloyd gehörte. Die Zeche de Wendel (später Zeche Heinrich Robert) stand im Eigentum des Hochofenwerks Les Petits-Fils de Francois de Wendel & Co. im lothringischen Hayingen (vgl. Manuskript über die Entwicklung der fiskalischen Ruhrkohlenzechen, ca. 1911, S. 15, in: montan.dok/BBA 32/4099 sowie ferner auch Kestner: Der Organisationszwang, S. 12f.).

234 Vgl. Ausführlich zur Integration der Zeche Auguste Victoria in den Dreibund vgl. Gawehn: Kohle – Erz – Chemie, S. 32ff.

rung an das RWKS ablehnte, weil das Unternehmen kein Interesse an einer Beteiligung an den Kartellkosten hatte und auf der Befreiung von der Umlagepflicht bestand. Auch das Angebot des RWKS, die komplette Produktion von Auguste Victoria über mehrere Jahre zum Weitervertrieb aufzukaufen, lehnte das Unternehmen ab. Hierin sah der Grubenvorstand eine zu große Gefahr, nach dem Auslaufen eines solchen Vertrags keine Möglichkeiten mehr auf lukrative Absatzmöglichkeiten mit außersyndikatlichen Händlern zu haben.[235]

Auch nach der Übernahme durch den Dreibund blieb die Gewerkschaft Auguste Victoria für einen Teil ihrer Kohlenförderung weiterhin auf den freien Markt angewiesen. Wie andere Außenseiter fand die Zeche für die dafür notwendige Absatzsicherung strategische Partner in der Reihe der fiskalischen Kohlengroßhändler, denen im Gegensatz zum syndizierten Vertriebsapparat keine Ausschließlichkeitsbindungen für den Handel mit fremder Kohle auferlegt wurden.[236] An erster Stelle ist hier die Firma Stromeyer zu nennen, die sich im süddeutschen Absatzraum nach der nicht erfolgten Aufnahme in das Kohlenkontor zum größten Transporteur und Verkäufer nicht-syndizierter Kohle entwickelte.[237] In Zusammenarbeit mit diesem und anderen Unternehmen konnten viele Außenseiterzechen aus dem Ruhrbergbau ihren Absatz in Süddeutschland im Windschatten des Kohlenkontors ausbauen.

Positiv flankiert wurden die Vertriebsbemühungen in diesen Regionen durch eine zunehmende Missstimmung vieler Verbraucher gegenüber dem aus ihrer Sicht bürokratisch und diktatorisch agierenden Kohlenkontor. Als symbolträchtiger Erfolg für die Kartellgegner galt hierbei ein im Jahr 1909 geschlossenes Abkommen zwischen Stromeyer und dem Verband süddeutscher Industrieller, das in der Öffentlichkeit viel Aufmerksamkeit erfuhr und beim Kohlensyndikat zusätzlich für Verärgerung sorgte. Mit dem besagtem Abkommen hatte der Verband für seine Mitglieder über die Firma Stromeyer besonders günstige Bezugsbedingungen für nicht-syndizierte Kohle ausgehandelt. Neben britischer und niederländischer Kohle waren darunter auch Produkte der Ruhrzechen Auguste Victoria, de Wendel, Freie Vogel & Unverhofft sowie der fiskalischen Schachtanlagen. Zwar galt der Vertrag als unmittelbare Reaktion auf die Preiserhöhungen und die Verkaufspolitik des RWKS, doch zeigte sich in diesem Abkommen deutlich, dass für die Außenseiter nicht zwangsläufig starke Preisunterbietungen notwendig waren, um Absatzerfolge gegenüber dem RWKS zu erzielen. Günstigere Lieferbedingungen, eine größere Flexibilität sowie eine generelle Feind-

235 Vgl. Gewerkschaft Auguste Victoria, Sitzung des Grubenvorstandes, 23.08.1906, in: montan.dok/BBA 257/223; Gewerkschaft Auguste Victoria, Sitzung des Grubenvorstandes, 12.11.1906, in: montan.dok/BBA 257/223 und Gawehn: Kohle – Erz – Chemie, S. 26f.

236 Vgl. Manuskript über die Entwicklung der fiskalischen Ruhrkohlenzechen, ca. 1911, S. 15, in: montan.dok/BBA 32/4099 sowie zu den Ausschließlichkeitsbindungen Kap. 3.2.

237 Stromeyer hatte mit mehreren Außenseiterzechen von der Ruhr sowie Bergwerken aus dem Aachener Revier langfristige Lieferverträge geschlossen, um die eigenen Umschlaganlagen in Süddeutschland auszulasten (vgl. Hönn: M. Stromeyer Lagerhausgesellschaft 1887–1937, S. 41ff.).

schaft gegenüber dem kartellierten Verkaufsapparat konnten die nicht-syndizierten Betriebe im Wettbewerb ebenso als Vorteil für sich verbuchen.[238]

Die oftmals günstige Situation auf den Kohlenmärkten konnten die nicht-syndizierten Zechen nur über einen bestimmten Zeitraum aufrechterhalten. Zum einen zeigte sich etwa seit dem Jahr 1910, dass der stark wachsende Anteil der Außenseiterförderung im Ruhrbergbau mittelfristig für alle Anbieter zu einer weiteren Erhöhung der Marktkosten im Kohlenvertrieb führte. Zum anderen dürfte auch den Außenseitern klar gewesen sein, dass ohne deren Bereitschaft zum Eintritt in das RWKS, von dessen Existenz sie enorm profitiert hatten, der im Jahr 1915 auslaufende Syndikatsvertrag kaum verlängert werden würde. In einem möglicherweise freien Wettbewerb ohne das von einem Kartell geschaffene, stabile Preisniveau wären die bisherigen Vorteile der zumeist noch kleinen Außenseiterbetriebe gegenüber den größeren Bergwerkskonzernen unmittelbar verloren gegangen.[239]

Parallel zu ihren Vertriebsbemühungen stieg bei vielen freien Zechen die Verhandlungsbereitschaft gegenüber dem Kohlensyndikat für einen möglichen Beitritt oder zumindest für eine Kooperation im Verkaufsgeschäft an. Darauf ausgerichtet war eine stärkere Zusammenarbeit zwischen den bislang zumeist als „Einzelkämpfer“ agierenden Außenseitern. Größere Aufmerksamkeit erlangte hierbei die im Juni 1910 erfolgte Gründung der „Verkaufskontor syndikatsfreier Zechen GmbH“ mit Sitz in Dortmund. An dieser Organisation waren die Bergwerksgesellschaft Trier mit ihren Bergwerken Radbod und Baldur sowie die Bergwerksgesellschaft Hermann beteiligt. Weiteren Unternehmen aus dem Kreis der Außenseiterzechen sollte der Beitritt ermöglicht werden.[240] In der Öffentlichkeit gab es vereinzelt Mutmaßungen, inwieweit mit dieser neuen Organisation der Aufbau eines „Gegensyndikats“ eingeleitet wurde, das nach einem Zusammenbruch des RWKS womöglich auch als Verkaufsorganisation für alle reinen Zechen dienen konnte. Dies dürfte aber allenfalls die letztmögliche Option gewesen sein. Auch wenn die öffentlichen Spekulationen über den Zweck des Zusammenschlusses sicher beabsichtigt waren, diente die neue Vereinigung vielmehr dazu, die gegenseitige Konkurrenz unter den nicht-syndizierten Zechen zu verringern, den Verhandlungsdruck auf das RWKS zu erhöhen und bei Gesprächen mit dem

---

238 Vgl. Rundschreiben des Verbandes süddeutscher Industrieller an alle Mitglieder betreffend den gemeinsamen Kohlenbezug, 19.01.1909, in: GStA PK, I. HA Rep. 120 C VIII 1 Nr. 19 Bd. 10; o. A.: Rheinisch-Westfälisches Kohlensyndikat, in: Kartell-Rundschau 1909, Nr. 3, S. 249 f.; Frankfurter Zeitung, 01.02.1909, in: BArch R 8127/10884, Teil 1; o. A.: Rheinisch-Westfälisches Kohlensyndikat, in: Kartell-Rundschau 1909, Nr. 11, S. 798; RWKS, Zechenbesitzerversammlung, 04.04.1911, S. 10 f., in: montan.dok/BBA 33/13 und Wiedenfeld: Das rheinisch-westfälische Kohlensyndikat, S. 68 ff.

239 Ausführlich zu den Erneuerungsverhandlungen für den 1915 auslaufenden Syndikatsvertrag vgl. Kap. 5.1.

240 Zeitweise hieß es, dass auch die Zechen Adler und Auguste Victoria dem Verkaufskontor beigetreten wären, was aber später dementiert wurde (vgl. o. A.: Sonstige Verbände der Steinkohlenindustrie, in: Kartell-Rundschau 1910, Nr. 9, S. 627).

Kohlensyndikat über Verkaufsabkommen oder einen möglichen Beitritt als geschlossene Gruppe auftreten zu können.[241]

Die Unternehmen Trier und Hermann als Initiatoren dieser Vereinigung gehörten für das Kohlensyndikat neben dem Preußischen Bergfiskus zu den härtesten Verhandlungspartnern, seit es ab 1910 mehrfach um eine Annäherung ging. Mehrere Verhandlungsanläufe zwischen dem RWKS und diesen Zechen über einen Beitritt zum laufenden Syndikatsvertrag waren gescheitert, weil die Syndikatsleitung nicht auf die geforderten Beteiligungsziffern eingehen wollte. Auch für den Abschluss eines Verkaufsabkommens konnte über lange Zeit keine gemeinsame Grundlage gefunden werden.[242] Eine Lösung war allerdings in Sicht, als unter den Zechenbesitzern Ende 1911 bekannt wurde, dass ein Verkaufsabkommen mit den staatlichen Ruhrzechen kurz vor dem Abschluss stand, in welchem der Fiskus für seine Bergwerksbetriebe äußerst günstige Bedingungen ausgehandelt hatte. Die fiskalischen Vertreter waren allerdings nur zur Unterzeichnung des Abkommens bereit, wenn auch andere Außenseiter mit ähnlichen Verträgen nachziehen würden. Auch wenn es im Dezember 1911 hieß, dass sich die Verhandlungen mit Trier und Hermann noch in einem schwierigen Stadium befanden, muss es seitens dieser Betriebe bereits entsprechende Signale gegeben haben, dem Beispiel der Staatszechen folgen zu wollen.[243] Allein der kurze Zeitraum zwischen dem Vertragsabschluss des Fiskus mit dem RWKS und den darauffolgenden Abkommen mit den privaten Außenseitern lässt darauf schließen, dass die dazu notwendigen Verhandlungen bereits weit fortgeschritten waren.

Mit dem Abschluss des Verkaufsabkommens bestand für die Zechen Trier und Hermann keine Notwendigkeit mehr, zur Sicherstellung des Absatzes auf das 1910 gegründete Verkaufskontor zurückzugreifen. Eine tatsächliche Option war dies ohnehin nicht gewesen, da die Gesellschaft nie eine Geschäftstätigkeit aufgenommen hatte. Dies zeigt, dass diese Unternehmen an dem Aufbau einer eigenen Absatzorganisation kein Interesse gehabt hatten und den Eintritt in den syndizierten Ver-

---

241 Vgl. Bericht des Oberbergamtes Dortmund zur Marktlage, 20.07.1910, S. 8f., in: LHA Koblenz, 403–8153; Berliner Jahrbuch für Handel und Industrie. Bericht der Ältesten der Kaufmannschaft von Berlin. Jahrgang 1910, Bd. 1, S. 113; Kerscht: Das Rheinisch-Westfälische Kohlensyndikat in seiner geschichtlichen Entwicklung 1910–1920, S. 32f.; Pilz: Die Hüttenzechenfrage im Ruhrbezirk und Richtlinien für eine Erneuerung des Rheinisch-Westfälischen Kohlen-Syndikats, S. 51; Rheinisch-Westfälische Zeitung, 15.02.1911, in: montan.dok/BBA 32/4097 und Kölnische Volkszeitung, 12.06.1910, in: montan.dok/BBA 32/4097.

242 Vgl. RWKS, Zechenbesitzerversammlung, 17.09.1910, S. 2, in: montan.dok/BBA 33/12; RWKS, Zechenbesitzerversammlung, 26.10.1910, S. 1, in: montan.dok/BBA 33/12; Berliner Tageblatt, 18.11.1910, in: BArch R 8127/10408; Berliner Jahrbuch für Handel und Industrie. Bericht der Ältesten der Kaufmannschaft von Berlin. Jahrgang 1910, Bd. 1, S. 145 und Rheinisch-Westfälische Zeitung, 25.02.1911, in: montan.dok/BBA 32/4097.

243 Vgl. RWKS, Sitzung des Beirates, 12.12.1911, S. 1ff., in: montan.dok/BBA 33/64 und o. A.: Rheinisch-Westfälisches Kohlensyndikat, in: Kartell-Rundschau 1911, Nr. 12, S. 956f.

kaufsapparat, unter möglichst günstigen Bedingungen, deutlich bevorzugten.[244] Die Aktivitäten zum Aufbau einer eigenen Absatzorganisation beschränkten sich auf den Eintrag einer Verkaufsgesellschaft in das Handelsregister, dienten also lediglich der Verbesserung der Verhandlungsposition. Dass die kleineren Außenseiterbetriebe auch nach dem Ausscheiden des Fiskus aus dem Verkaufsabkommen nicht von ihrem Rücktrittsrecht Gebrauch machten und auch nach dem Ausstieg der Staatszechen noch weitere Zechen vergleichbare Abkommen mit dem RWKS abschlossen, zeigt, dass die syndizierte Absatzorganisation trotz aller struktureller Schwierigkeiten für viele Zechen die günstigste Form des Marktzugangs darstellte.[245] Einige Zechenbesitzer aus dem Kreis der Außenseiter machten zumindest später auch keinen Hehl daraus, dass sie kaum Erfahrungen im Verkaufsgeschäft besaßen.[246] Für den gesamten Ruhrbergbau bedeutete der Abschluss der zahlreichen Verkaufsabkommen eine deutliche Verbesserung der Marktregulierung, die sich vor allem in den süddeutschen Absatzgebieten bemerkbar machte.[247] In den laufenden Erneuerungsverhandlungen konnten die nicht-syndizierten Zechen allerdings trotz Unterstützung des RWKS im Kohlenverkauf ihre günstige Verhandlungsposition als Außenseiter aufrechterhalten. Dies zeigte sich an ihrem großen Interesse, die Verhandlungen weiter hinauszuschieben, um eine weitere Entwicklung ihrer Bergwerksanlagen unter dem Schutz des Kartells zu ermöglichen.[248]

4.3.2 Die Doppelstrategien der „halben" Außenseiter

Aus dem Kreis der nicht-syndizierten Zechen waren es zumeist Einzelbetriebe, die seit Jahresbeginn 1912 zügig dem Beispiel der fiskalischen Ruhrzechen folgten und ein Verkaufsabkommen mit dem Kohlensyndikat abschlossen. Dies macht deutlich, dass diese Unternehmen großes Interesse an der Nutzung der syndizierten Absatzorganisation hatten, um Kosten für eine eigene Vertriebstätigkeit einzusparen. Nur in Teilen

244 Das Verkaufskontor blieb allerdings mit der Begründung weiterhin bestehen, um bei einer Nicht-Verlängerung des Syndikats eine eigene Handelsgesellschaft zur Verfügung zu haben (vgl. Schreiben des Verkaufskontors syndikatsfreier Zechen GmbH an die Handelskammer Dortmund, 10.09.1914, in: GStA PK, I. HA Rep. 120 C VIII 1 Nr. 84 Beih. 1619).

245 Vgl. Pressebericht ohne Zeitungstitel, 07.11.1912, in: BArch R 8127/13223; Tägliche Rundschau Berlin, 28.10.1911, in: GStA PK, I. HA Rep. 120 C VIII 1 Nr. 72 adh. 45 Bd. 4 und o. A.: Syndikatsverhältnisse, in: Deutsche Kohlen-Zeitung, 15.05.1909, Nr. 20, S. 233.

246 Dies äußerte z. B. im Jahr 1916 der Vertreter der Zeche Teutoburgia, die im April 1912 ein Verkaufsabkommen mit dem RWKS abgeschlossen hatte (vgl. Abkommen zur Übernahme des Verkaufs der Produkte der Zeche Teutoburgia durch das RWKS, o. D. (1912), in: RWWA 130 – 30019323/9 und RWKS, Niederschrift der Zechenbesitzerversammlung, 24.01.1916, S. 9, in: RWWA 130 – 30019323/5).

247 Vgl. Kempkens: Die Rheinschiffahrtskartelle und die Ursachen ihres Zusammenbruchs, in: Kartell-Rundschau 1912, Nr. 9, S. 1089 sowie auch Kap. 4.2.2.

248 Vgl. RWKS, Sitzung der Kommission zur Aufnahme von Verhandlungen über die Erneuerung des Syndikatsvertrages, 22.12.1913, in: RWWA 130 – 30019323/11.

damit vergleichbar war die Ausgangssituation von Außenseiterzechen, die selbstständige Teilbetriebe einer größeren Bergwerksgesellschaft waren, welche mit anderen Unternehmensteilen Mitglied im Kohlensyndikat war. Die Mutterkonzerne dieser Zechen konnten eine solche Außenseiterrolle noch deutlich intensiver als andere Unternehmen nutzen, um ihre Stellung im syndizierten Ruhrbergbau langfristig auszubauen. Der Erfolg einer solchen Strategie hing allerdings entscheidend von den Verfügungsrechten über eine Absatzorganisation ab.

Während zum Beispiel der Krupp-Konzern bei der Zeche Emscher-Lippe lediglich einer von zwei großen Kapitaleignern war,[249] befanden sich andere nicht-syndizierte Unternehmen ausschließlich oder nahezu vollständig im Besitz von Kartellzechen. Der im Jahr 1903 geschlossene Syndikatsvertrag sah nicht vor, dass die angeschlossenen Betriebe zwingend mit ihrem gesamten Felderbesitz in das RWKS eintreten mussten, wenn sich ein unaufgeschlossener Teil im Besitz einer selbstständigen Tochtergesellschaft befand. Diese Vertragslücke stellte für die kartellgebundenen Unternehmen abseits der horizontalen Konzentration eine weitere Möglichkeit dar, die eigenen Marktanteile im Ruhrbergbau zu erhöhen.[250]

Ohne Zugriff auf eine leistungsfähige Absatzorganisation konnten diese Unternehmen ihre Doppelrolle als Kartellmitglied und Außenseiter kaum ausnutzen, was das Beispiel der Arenberg'schen Actiengesellschaft für Bergbau und Hüttenbetrieb zeigt. Der Mutterkonzern der Prosper-Zechen bei Bottrop gehörte im Jahr 1910 mit einer Kohlen-Beteiligungsziffer von 1,87 Millionen Tonnen zu den größten Kartellbetrieben. Bereits im Jahr 1901 gründete das Unternehmen als Tochtergesellschaft die bergrechtliche Gewerkschaft Arenberg-Fortsetzung, die im Besitz einer kleineren Berechtsame neben dem Prosper-Grubenfeld stand. Im Jahr 1909 begannen dort die Abteufarbeiten für eine selbstständige Doppelschachtanlage.[251] Bereits vor der Förderaufnahme erreichten das Unternehmen zahlreiche Anfragen von Firmen, die großes Interesse am Kauf syndikatsfreier Kohle von dieser Zeche hatten. An einem selbstständigen Vertrieb als Außenseiter hatte die Arenberg AG aber kein Interesse.[252]

---

249 Die Zeche Emscher-Lippe, die 1912 ein Verkaufsabkommen mit dem RWKS abgeschlossen hatte, stand neben Krupp im Besitz des Norddeutschen Lloyd (vgl. Manuskript über die Entwicklung der fiskalischen Ruhrkohlenzechen, ca. 1911, S. 15, in: montan.dok/BBA 32/4099 und Manno: Die Kohlenversorgung Süddeutschlands, S. 131).

250 Vgl. Kestner: Der Organisationszwang, S. 21 und Wiedenfeld: Das rheinisch-westfälische Kohlensyndikat, S. 68 ff. Später verpflichteten sich die Syndikatszechen, auch mit ihrem noch nicht aufgeschlossenen Felderbesitz in das RWKS einzutreten (vgl. Kerscht: Das Rheinisch-Westfälische Kohlensyndikat in seiner geschichtlichen Entwicklung 1910 – 1920, S. 47).

251 Vgl. Jahrbuch für den Oberbergamtsbezirk Dortmund 1910/11, S. 21 ff. und o. A.: Arenberg Bergbau 1856 – 1956, S. 20 ff.

252 Vgl. u. a. Schreiben der Firma Theodore Hastert, Luxembourg, an die Gewerkschaft Arenberg-Fortsetzung, 04.09.1911, in: WWA, F35 – 3471; Schreiben der Gewerkschaft Arenberg-Fortsetzung an die Firma Theodore Hastert, Luxembourg, 06.09.1911, in: WWA, F35 – 3471 und Schreiben der Kohlengroßhandlung Max Frielinghaus an die Arenberg'sche Actien-Gesellschaft für Bergbau und Hüttenbetrieb, 24.04.1911, in: WWA, F35 – 3471.

Im Jahr 1911 stellte das Unternehmen einen Antrag auf Aufnahme in das Kohlensyndikat, der nach etwas aufwendigeren Verhandlungen zur Beteiligungsziffer im Jahr 1912 zum Beitritt in den laufenden Kartellvertrag führte. Fortan wurde der Verkauf allein über das RWKS abgewickelt.[253]

In den Folgejahren zeigte sich, dass andere Unternehmen weitaus günstigere Vertragsbedingungen mit dem Kartell aushandeln konnten, was bei der Arenberg AG durchaus auf Missgunst stieß. Im Unterschied zu anderen Zechen wies der Vertrag des Unternehmens keine Meistbegünstigungsklausel auf, die dazu geführt hätte, dass der Arenberg'schen Actiengesellschaft bei günstigeren Abschlüssen anderer Zechen die gleichen Vertragsbedingungen zugestanden hätten.[254] Womöglich wäre die Vorgehensweise des Unternehmens bei der Förderaufnahme der Zeche Arenberg-Fortsetzung anders ausgefallen, wenn es nicht zwingend auf den syndizierten Verkaufsapparat angewiesen gewesen wäre. Doch erst im Jahr 1914 folgte die Arenberg AG dem Beispiel anderer Zechen, in dem sie sich durch den Kauf der Reederei und Kohlenhandlung Joseph Schürmann einen wichtigen Einfluss auf den lukrativen Vertriebssektor sicherte.[255]

Wie bedeutsam der Vertriebsapparat geworden war, um die eigene Stellung in der syndizierten Kohlenwirtschaft auszubauen, zeigte sich dagegen in der Vorgehensweise der Zeche Jacobi. Diese gehörte im Jahr 1913 zu den Außenseiterbetrieben, die ein Verkaufsabkommen mit dem Kohlensyndikat eingegangen waren. Jacobi nahm im August des gleichen Jahres die Förderung auf und stand unter der Kontrolle der Gutehoffnungshütte (GHH), die mit ihren weiteren Schachtanlagen Mitglied im Kohlensyndikat war.[256] Für die Absatzsicherung der nicht-syndizierten Jacobi-Förderung bestand für die GHH eine äußerst effektive Möglichkeit, ihren Einfluss auf den Vertriebssektor langfristig zu erhöhen und die eigene Position im Erneuerungsprozess des RWKS zu verbessern. Als der Betriebsbeginn auf der neuen Schachtanlage bevorstand, begannen im Konzern Überlegungen, eine eigene Handelsgesellschaft ins Leben zu rufen. Angesichts der Tendenz, dass zwischenzeitlich viele Produzenten durch den Ankauf von Kohlenhandlungen und Reedereien wieder verstärkt im Vertriebsgeschäft Fuß gefasst hatten, wollte auch die GHH dieser Entwicklung nicht nachstehen, um bei einem Auseinanderbrechen des Kohlensyndikats auch auf eine

253 Vgl. RWKS, Niederschrift der Zechenbesitzerversammlung, 12.12.1911, in: GStA PK, I. HA Rep. 120 C VIII 1 Nr. 72 adh. 45 Bd. 4 und Chronologische Aufstellung zu den Beitrittsverhandlungen der Gewerkschaft Arenberg-Fortsetzung zum RWKS, ca. 1912, in: WWA, F35 – 3476.

254 Vgl. Aktennotiz von Otto Krawehl zu den Verhandlungen mit dem RWKS, 22.07.1914, in: WWA, F35 – 3476 und Schreiben der Gewerkschaft Arenberg-Fortsetzung an das RWKS, 11.01.1915, in: WWA, F35 – 3476.

255 Vgl. o. A.: Arenberg Bergbau 1856 – 1956, S. 26 f. und Kap. 4.1.1.

256 Vgl. Jahrbuch für den Oberbergamtsbezirk Dortmund 1910/11, S. 288 ff.; Bähr, Johannes u. a.: Die MAN. Eine deutsche Industriegeschichte, München 2008, S. 117 f.; Marx: Paul Reusch und die Gutehoffnungshütte, S. 75 und Gutehoffnungshütte (GHH), Bericht über das Geschäftsjahr 1913/14, in: RWWA 130 – 30002/0. Bereits im Jahr 1904 verkaufte die GHH ebenso viel Kohle auf dem freien Markt wie sie in den eigenen Hüttenbetrieben verbrauchte (vgl. Bähr u. a.: Die MAN, S. 104 f.).

eigene Absatzorganisation zurückgreifen zu können.[257] Die zentrale Motivation war allerdings, nach einer Syndikatserneuerung lukrative Handels- und Transportbeteiligungen im Kohlenkontor und bei den weiteren Syndikatshandelsgesellschaften zugesprochen zu bekommen. Dafür mussten aber ausreichend hohe Vertriebsleistungen in den entsprechenden Revieren nachgewiesen werden.[258]

Auch aus Zeitgründen schlug die GHH parallel zwei Wege ein: Da es kaum möglich war, noch vor der Erneuerung einen eigenen Schifffahrtsbetrieb aufzubauen, erwarb das Unternehmen im Jahr 1913 die Reederei Friedrich Wilhelm Liebrecht, wodurch es wie andere Kartellzechen indirekt eine Beteiligung am Kohlenkontor bekam. Parallel dazu erfolgte eine Beteiligung an der bereits unter dem Einfluss des Haniel-Konzerns stehenden Vereinigte Frankfurter Rhedereien GmbH (VFR).[259] Für den Absatz der Jacobi-Kohle gründete die GHH im April 1913 die Oberhausener Kohlen- und Eisenhandelsgesellschaft mbH, an der die Gewerkschaft Jacobi mit 90 Prozent und die Reederei Piepmeyer & Oppenhorst, ein Teilbetrieb der VFR, mit 10 Prozent beteiligt wurde.[260] Dieses neue Handelsunternehmen schloss unmittelbar mit der Gründung ein Alleinverkaufsabkommen mit der Gewerkschaft Jacobi. Abgesehen vom Selbstverbrauch musste die gesamte Förderung bis zum Jahr 1925 zum Weiterverkauf an die Gesellschaft abgeliefert werden.[261] Für die geplante Beteiligung am Kohlenkontor war vorgesehen, dass die Handelsgesellschaft die Jacobi-Kohle in möglichst großen Mengen nach Süddeutschland verkaufte. Weitere Mengen sollten in den freien Gebieten abgesetzt werden, um dort bei einer Gründung von neuen Syndikatshandelsgesellschaften durch das RWKS ebenso Beteiligungen beanspruchen zu können.[262]

An einem mit hohen Kosten verbundenen Wettbewerb mit dem Kohlensyndikat hatte die GHH allerdings kein Interesse, so dass die Gewerkschaft Jacobi unmittelbar

257 Vgl. Johann Wilhelm Welker: Denkschrift über die zu gründende Kohlenhandelsgesellschaft, 04.02.1913, in: HA, JWW: 36.

258 Vgl. ebd.; Denkschrift über die Gründung einer Handelsgesellschaft für den Verkauf von Kohlen, Koks, Eisen und Eisenerzeugnissen und über den Ankauf einer Reederei, Februar 1913, S. 14ff., in: RWWA 130–30002/1 und Roelevink: Organisierte Intransparenz, S. 117ff.

259 Vgl. Marx: Paul Reusch und die Gutehoffnungshütte, S. 75f.; Denkschrift über die Gründung einer Handelsgesellschaft für den Verkauf von Kohlen, Koks, Eisen und Eisenerzeugnissen und über den Ankauf einer Reederei, Februar 1913, S. 27ff., in: RWWA 130–30002/1 und Fink: Die Kohlenreederei Franz Haniel & Cie. in der Rheinschiffahrtsentwicklung, S. 42ff.

260 Vgl. Gesellschaftervertrag „Oberhausener Kohlen- und Eisenhandelsgesellschaft mbH", 25.04.1913, in: HA, JWW: 36. Der Anteil von Piepmeyer & Oppenhorst wurde damit begründet, dass es sinnvoll wäre, einen unabhängigen Besitzer als Teilhaber zu haben, ohne dessen Zustimmung die Verträge nicht geändert werden könnten (vgl. Denkschrift über die Gründung einer Handelsgesellschaft für den Verkauf von Kohlen, Koks, Eisen und Eisenerzeugnissen und über den Ankauf einer Reederei, Februar 1913, S. 22f., in: RWWA 130–30002/1).

261 Vgl. Vertrag zwischen der Gewerkschaft Jacobi und der Oberhausener Kohlen- und Eisenhandelsgesellschaft mbH, 25.04.1913, in: RWWA 130–30002/3.

262 Vgl. Denkschrift über die Gründung einer Handelsgesellschaft für den Verkauf von Kohlen, Koks, Eisen und Eisenerzeugnissen und über den Ankauf einer Reederei, Februar 1913, S. 22f., in: RWWA 130–30002/1.

nach der Gründung der Handelsgesellschaft mit dem Kohlensyndikat über den Abschluss eines Verkaufsabkommens in Verhandlungen trat.[263] Die Erwartungen über die Ausgestaltung eines solchen Abkommens gingen zwischen beiden Vertragspartnern weit auseinander, so dass sich der Abschluss noch bis November 1913 hinzog. Wesentlicher Streitpunkt war die Frage, in welcher Form die Vertriebsorganisationen der GHH trotz des Verkaufsabkommens in den Absatz der Jacobi-Kohle eingebunden bleiben durften.[264] Der Vertrag trat schließlich rückwirkend zum 1. August 1913 in Kraft und beinhaltete, dass das RWKS bis zum Auslaufen des Syndikatsvertrags Ende 1915 abgesehen vom Selbstverbrauch alle Produkte der Gewerkschaft Jacobi zum Weiterverkauf übernehmen sollte. Jacobi hatte sich entsprechend an der Umlage zu beteiligen, die jedoch für Kohle bei 6 Prozent gedeckelt war. Zusätzlich wurde eine Meistbegünstigungsklausel aufgenommen.[265] In einem gesonderten Abkommen verpflichtete sich das RWKS, einen Großteil der Jacobi-Förderung an das Kohlenkontor zu überweisen, das wiederum einen besonderen Transportvertrag mit der VFR abzuschließen hatte. Zudem sollten die Verkaufsmengen an das Kohlenkontor so behandelt werden, als wären diese direkt durch die Oberhausener Kohlen- und Eisenhandelsgesellschaft abgesetzt worden. Auch mussten die Umschlaganlagen der Handelsgesellschaft in Süddeutschland ausreichend beschäftigt werden.[266]

Diese komplizierten Vertragskonstruktionen zahlten sich für das Unternehmen aus. Während im 1915 geschlossenen Übergangssyndikat zunächst noch provisorische Regelungen getroffen wurden, konnte die Oberhausener Kohlen- und Eisenhandelsgesellschaft mit der Bildung des Dauersyndikats ab 1917 und dem damit verbundenen Beitritt der Gewerkschaft Jacobi in das RWKS aufgrund ihrer Vertriebsleistungen in den syndizierten Vertriebsapparat integriert werden. Neben dem Kohlenkontor bekam die Gesellschaft auch Beteiligungen an den Syndikatshandelsgesellschaften in Duis-

263 Nach späteren Darstellungen wäre die Syndikatsleitung zuerst auf die Gewerkschaft Jacobi zugegangen und hätte um den Abschluss eines Verkaufsabkommens gebeten (vgl. Schreiben der Gewerkschaft Jacobi an das RWKS, 31.07.1915, in: RWWA 130 – 30002/3).

264 Dies betraf nicht nur die Oberhausener Kohlen- und Eisenhandelsgesellschaft, sondern auch die Reedereien VFR, Piepmeyer & Oppenhorst sowie die Firma Liebrecht (vgl. u. a. Niederschrift zur Besprechung mit Bergrat Max Graßmann (RWKS) zum Verkauf der Kohle von den Jacobi-Schächten, 23.05.1913, in: RWWA 130 – 30002/3; Schreiben von Max Graßmann an Paul Reusch, 06.08.1913, in: RWWA 130 – 30019323/9 und Schreiben von Paul Reusch an Max Graßmann, 05.09.1913, in: RWWA 130 – 30019323/9).

265 Im Abkommen wurde für Kohle eine Abnahmepflicht von 300.000 Tonnen für 1913 vereinbart, die bis 1915 auf 750.000 Tonnen steigen sollte. Für Koks wurde eine jährliche Abnahmemenge von 150.000 Tonnen und für Briketts von 72.000 Tonnen vereinbart (vgl. Verkaufsabkommen zwischen dem RWKS und der Gewerkschaft Jacobi, 25.11.1913, S. 1ff., in: RWWA 130 – 30019323/9).

266 Vgl. Schreiben des RWKS an die Gewerkschaft Jacobi, 24.11.1913, in: RWWA 130 – 30002/3 und Schreiben der Gewerkschaft Jacobi an die Rheinische Kohlenhandel- und Rhedereigesellschaft mbH, 26.11.1913, in: RWWA 130 – 30019323/9. Die Forderung von Jacobi gegenüber dem RWKS, mit der Handelsgesellschaft auch am Absatz ins Ausland beteiligt zu werden, konnte nicht durchgesetzt werden (vgl. Niederschrift der Besprechung zwischen der Gewerkschaft Jacobi und dem RWKS, 24.11.13, in: RWWA 130 – 30019323/9).

burg, Köln und Düsseldorf zugesprochen.[267] Da das unternehmerische Ziel somit erreicht war, hatte die Selbstständigkeit der Gewerkschaft Jacobi nach der Erneuerung des Syndikatsvertrags keine Bedeutung mehr. Noch im Jahr 1917 wurde die Zeche Jacobi direkt in die GHH eingegliedert und die gleichnamige Gewerkschaft als selbstständiges Unternehmen aufgelöst. Auch deren Anteil an der Oberhausener Kohlen- und Eisenhandelsgesellschaft ging zu 90 Prozent auf die GHH über, deren Kohlenhandelsaktivitäten später an die Franz Haniel & Cie. GmbH übertragen wurden.[268]

Während die Außenseiterstrategie der GHH dadurch geprägt war, zu möglichst geringen Kosten langfristig den Einfluss auf die syndizierte Absatzorganisation zu erhöhen, hatte der Thyssen-Konzern mit einer ähnlichen Vorgehensweise deutlich stärker eine unabhängige Stellung vom Ruhrkartell im Blick. Mit den Schachtanlagen der Gewerkschaft Deutscher Kaiser (GDK) war Thyssen seit 1903 als Hüttenzeche Mitglied im Kohlensyndikat. In den nördlichen Grubenfeldern nahm das Unternehmen in den Jahren 1912 und 1913 die nicht-syndizierten Zechen Lohberg und Rhein I in Betrieb, deren Fördermengen zunächst im Wettbewerb zum Kohlensyndikat auf die Märkte gebracht wurden.[269]

Thyssen stand dem RWKS und insbesondere dessen Vertriebsapparat vielfach äußerst kritisch gegenüber.[270] Insbesondere die Geschäftspolitik der Syndikatshandelsgesellschaften stand bei Fritz Thyssen, der das Unternehmen in den Kartellgremien vertrat, regelmäßig zur Diskussion und bot Anlass für äußerst lebhafte Debatten unter den Zechenbesitzern.[271] Auch wenn abseits davon zu erkennen war, dass auch Thyssen kein wirkliches Interesse an einem Zusammenbruch des Kohlensyndikats

---

267 Vgl. Auflistungen zu den Gesellschaftern in den SHG und ihren Beteiligungen zwischen 1917 und 1922, 10.07.1922, in: montan.dok/BBA 33/976; Schreiben der Gewerkschaft Jacobi an das RWKS, 25.11. 1915, in: HA, JWW: 65 und Schreiben des RWKS an die Gewerkschaft Jacobi, 17.06.1916, in: RWWA 130 – 30002/3.

268 Vgl. Marx: Paul Reusch und die Gutehoffnungshütte, S. 77. Die Oberhausener Kohlen- und Eisenhandelsgesellschaft blieb als selbstständiges Unternehmen in den folgenden Jahren noch bestehen, diente der GHH jedoch für Zwecke ohne Bezug zum Bergbau (vgl. Schreiben an Herrn Nefferdorf, 14.06.1923, in: RWWA 130 – 30104/13 und Gutehoffnungshütte (GHH), Bericht über das Geschäftsjahr 1918/19, in: RWWA 130 – 30002/0).

269 Vgl. Jüngst: Die nichtsyndizierten Zechen im niederrheinisch-westfälischen Steinkohlenbergbau, S. 222. Ausführlich zur Aufschließung der nördlichen Grubenfelder des Thyssen-Konzerns nach 1903 vgl. Böse; Farrenkopf: Zeche am Strom, S. 33 ff.

270 Seitens Thyssen wurde schon 1905 die Ansicht vertreten, dass die Zeit der Kartelle vorbei wäre und die Entwicklung der Unternehmensstrukturen in der Montanindustrie in Richtung „Trust" gehen müsse (vgl. Maschke: Grundzüge der deutschen Kartellgeschichte bis 1914, S. 32). Zur Syndikatspolitik Thyssens vgl. auch Roelevink: Organisierte Intransparenz, S. 282 f.

271 Vgl. RWKS, Sitzung des Beirates, 17.02.1909, S. 1 ff., in: montan.dok/BBA 33/62; RWKS, Sitzung der Kommission zur Aufnahme von Verhandlungen über die Erneuerung des Syndikatsvertrages, 10.01. 1911, in: RWWA 130 – 30019323/11; RWKS, Sitzung des Beirates, 14.08.1911, S. 4 ff., in: montan.dok/BBA 33/64 sowie auch Kap. 5.1.2.

hatte,[272] baute der Konzern in der Erneuerungsphase seine kartellunabhängigen Vertriebs- und Transportstrukturen weiter aus. Hierbei stand vor allem die Strategie im Mittelpunkt, für die Erztransporte aus Rotterdam und Lothringen ausreichend Rückfracht in Form von Kohle zu erreichen, um die eigenen Transportkapazitäten kostendeckend auszulasten.[273] Neben der seit 1904 bestehenden Beteiligung am Kohlenkontor, die über die Firma Mackh lief, gründete der Konzern im Jahr 1906 als unabhängiges Speditionsunternehmen das Transportkontor Vulkan GmbH.[274] Mit dieser Gesellschaft war Thyssen auch in den Verkauf von Syndikatskohle nach Frankreich eingebunden, wo das Unternehmen ähnlich wie Hugo Stinnes und Raab-Karcher ein Monopolabsatzgebiet besaß.[275]

Für die Absatzbeziehungen in Richtung Süden baute Thyssen zwischen 1912 und 1914 einen eigenen Hafen in Mannheim-Rheinau, wo neben lothringischen Erzen auch Kohle der Zechen Rhein I und Lohberg umgeschlagen werden sollte. Als Absatzorganisation für die Kohlenförderung dieser Betriebe gründete der Konzern im Jahr 1910 die „Thyssen'sche Kohlenhandelsgesellschaft mbH", die später in „Thyssensche Handelsgesellschaft mbH" umbenannt wurde. Dieses Unternehmen schloss mit beiden Schachtanlagen Verträge über ein Alleinverkaufsrecht für einen Zeitraum von 50 Jahren ab. Während die Handelsgesellschaft 1913 zunächst knapp 34.000 Tonnen Kohle aus den Schachtanlagen Rhein I und Lohberg absetzen konnte, waren es 1914 bereits fast 500.000 Tonnen.[276]

Thyssen spekulierte auch langfristig auf eine Außenseiterstellung dieser beiden Zechen, so dass seitens des Konzerns am Abschluss eines Verkaufsabkommens mit dem RWKS kein Interesse bestand. Vielmehr ging Thyssen mit äußerst hohen Forderungen in die Erneuerungsverhandlungen, die seitens der Syndikatsleitung als völlig unrealistisch zurückgewiesen wurden. Dazu gehörten unter anderem steigende Verkaufsbeteiligungen für die beiden Zechen, die sich bis zum Jahr 1921 auf 2 Millionen Tonnen erhöhen sollten. Die gleiche Quote sollte auch die Thyssensche Handelsge-

272 Vgl. z. B. Schreiben von August Thyssen an Hugo Stinnes, 13.04.1911; Schreiben von August Thyssen an Hugo Stinnes, 27.08.1912, S. 534 und Roelevink: Organisierte Intransparenz, S. 282 f.

273 Vgl. RWKS, Zechenbesitzerversammlung, 22.01.1907, S. 9 f., in: montan.dok/BBA 33/9 und Rasch: August Thyssen: Der katholische Großindustrielle der Wilhelminischen Epoche, S. 59 ff.

274 Im Jahr 1910 wurde die niederländische Filiale weiter ausgebaut und als NV Handels- en Transport-Maatschappij „Vulcaan" verselbstständigt (vgl. Rasch, Manfred (Hg.): August Thyssen und Heinrich Thyssen-Bornemisza. Briefe einer Industriellenfamilie 1919–1926, Essen 2010, S. 518 f. und Roelevink: Organisierte Intransparenz, S. 288 f.). Zur Firma Mackh vgl. Kap. 4.1.1.

275 Vgl. Mitteilungen des Syndikatsvorstandes und des Aufsichtsrates zum Schreiben der Gewerkschaft Deutscher Kaiser (vom 24.11.1910), 17.12.1910, S. 6 ff., in: montan.dok/BBA 32/4105 und Schreiben von Romeier an Paul Reusch, 06.03.1913, in: RWWA 130–300193004/19.

276 Vgl. Protokoll zur Gründung der „Thyssen'schen Kohlenhandelsgesellschaft mbH", 12.03.1910, in: TKA, A/935; Gesellschafterversammlung der Kohlenhandelsgesellschaft, 09.08.1912, in: TKA, A/935; Geschäftsbericht der Thyssenschen Handelsgesellschaft mbH zur Vorlage in der Gesellschafterversammlung, 30.06.1915, in: TKA, A/773/6 und Rasch: August Thyssen: Der katholische Großindustrielle der Wilhelminischen Epoche, S. 59 ff.

sellschaft in der syndizierten Absatzorganisation bekommen.[277] Ohne die im Juli 1915 erlassene Bundesratsverordnung, die einen zwangsweisen Beitritt beider Zechen zum Kohlensyndikat notwendig machte, hätte Thyssen höchstwahrscheinlich die Außenseiterposition mit diesen beiden Betrieben dauerhaft fortgesetzt.[278]

Im Übergangssyndikat konnte das Unternehmen zunächst noch eine selbstständige Verkaufstätigkeit fortsetzen, was aufgrund der günstigen Erlössituation während der Kriegszeit große finanzielle Vorteile brachte.[279] Im späteren Dauersyndikat musste das Unternehmen aber hinnehmen, dass seine Handelsorganisationen in den syndizierten Verkaufsapparat eingegliedert wurden. Auch wenn Thyssen bei einer langfristigen Beibehaltung der Außenseiterstellung mit höheren Erlösen gerechnet hätte, machte sich der Eintritt in die syndizierten Vertriebsstrukturen insoweit bezahlt, als dass seine Absatzorganisation zusätzlich zur Firma Mackh mit einer weiteren Beteiligung am Kohlenkontor sowie auch an der Syndikatshandelsgesellschaft in Hamburg ausgestattet wurde.[280] Für die dazu notwendige Ablösung der Dauerverträge der früheren Außenseiterzechen konnte Thyssen als einziges Unternehmen im Kohlenkontor steigende Schlepp- und Kahnbeteiligungen vertraglich durchsetzen. Zwischen 1917/18 und 1920/21 sollten diese von jeweils 450.000 auf 750.000 Tonnen ansteigen.[281]

277 Vgl. RWKS, Niederschrift der Verhandlungen des in der Zechenbesitzerversammlung vom 24.04.1914 eingesetzten Ausschusses, 27.06.1914, S. 7 ff., in: TKA, A/657/1.

278 Vgl. Roelevink: Organisierte Intransparenz, S. 288 f.

279 Vgl. Aktennotiz zum Absatz der Handelsgesellschaft, 1917, in: TKA, A/644/2; Schreiben des RWKS an die Gewerkschaften Rhein I und Lohberg, 22.01.1916, in: TKA, A/527/3; Schreiben des RWKS an die Gewerkschaften Rhein I und Lohberg, 13.06.1916, in: TKA, A/527/3 und Kap. 5.2.1.

280 Vgl. RWKS, Sitzung des Ausschusses f (Geschäftsausschuss), 24.01.1916, S. 19, in: montan.dok/BBA 33/78; Berliner Tageblatt, 22.07.1916, in: BArch R 8127/13223 und Auflistungen zu den Gesellschaftern in den SHG und ihren Beteiligungen zwischen 1917 und 1922, 10.07.1922, in: montan.dok/BBA 33/976.

281 Vgl. RWKS, Sitzung des Ausschusses f (Geschäftsausschuss), 21.12.1915, S. 56 ff., in: montan.dok/BBA 33/77; Die Reederbeteiligung im Kohlenkontor unter besonderer Berücksichtigung der Thyssen'schen Handelsges./ Vulcaan/ Gewerkschaft Walsum und der WTAG, 06.03.1952, S. 6, in: montan.dok/BBA 95/1230 und Gesellschaftsvertrag der Rheinischen Kohlenhandel- und Rhederei-Gesellschaft mbH, 10.02.1917, S. 7, in: HA, Di: 706.

5 Die Verkaufsorganisation im Ruhrbergbau zwischen staatlichen Einflüssen und Kriegswirtschaft

5.1 Mit langem Anlauf: die „freiwillige" Kartellerneuerung im Jahr 1915

5.1.1 Herausforderungen für einen neuen Syndikatsvertrag

Bereits im März 1910 fiel im Beirat des Kohlensyndikats die Entscheidung, für eine Verlängerung des Ende 1915 auslaufenden Syndikatsvertrags die notwendigen Verhandlungen aufzunehmen.[1] Wie ernsthaft dieses Vorhaben mehr als fünf Jahre vor Vertragsende in die Wege geleitet wurde, war an der Bildung eines Ausschusses wenige Wochen nach dieser Entscheidung zu erkennen.[2] In der Öffentlichkeit führte dies zu der Mutmaßung, dass es analog zum Jahr 1903 sogar zu einer vorzeitigen Erneuerung kommen würde.[3] Auf der Seite der Vertreter der reinen Zechen, die den Antrag zur Aufnahme der Verhandlungen eingebracht hatten, aber auch bei der Syndikatsleitung selbst, wurde dies im Jahr 1910 tatsächlich als Ziel formuliert.[4]

Die „Mißstimmung der ‚reinen' Zechen"[5] gegenüber den Hüttenzechen galt als wichtigster Anlass für eine möglichst zügige Modifizierung des Kartellvertrags. Die Hüttenzechen genossen im Kohlensyndikat durch ihre Selbstverbrauchsrechte deut-

1 Vgl. RWKS, Sitzung des Beirates, 17.03.1910, S. 6 f., in: montan.dok/BBA 33/63. Die Entscheidung zur Aufnahme der Erneuerungsverhandlungen wurde in der Generalversammlung am 10.05.1910 offiziell bestätigt (vgl. RWKS, Bericht des Vorstandes über das Geschäftsjahr 1910, S. 17, in: montan.dok/BBA 33/318 (1)).

2 Der Ausschuss trug zunächst den Namen „Kommission zur Aufnahme von Verhandlungen über die Erneuerung des Syndikatsvertrages" und setzte sich aus zwölf Mitgliedern des Aufsichtsrates, 13 Vertretern der Hüttenzechen und elf Vertretern der reinen Zechen zusammen (vgl. Bericht des Oberbergamtes Dortmund zur Marktlage, 20.07.1910, S. 6 f., in: LHA Koblenz, 403–8153 und RWKS, Zechenbesitzerversammlung, 25.05.1910, in: montan.dok/BBA 33/12).

3 Vgl. u. a. Berliner Jahrbuch für Handel und Industrie. Bericht der Ältesten der Kaufmannschaft von Berlin. Jahrgang 1910, Bd. 1, S. 143 f.

4 Eingebracht wurde der Antrag zur Aufnahme von Erneuerungsverhandlungen durch Robert Müser von der Harpener Bergbau AG, dem größten reinen Zechenunternehmen im RWKS (vgl. o. A.: Kohlenindustrie. Rheinisch-Westfälisches Kohlensyndikat, in: Kartell-Rundschau 1910, Nr. 5, S. 322 und RWKS, Bericht des Vorstandes über das Geschäftsjahr 1910, S. 17, in: montan.dok/BBA 33/318 (1)). Kirdorf vertrat die Ansicht, dass eine vorzeitige Verlängerung des Vertrags möglich wäre. Dies sei nicht nur für das Kohlensyndikat, sondern ebenso für den Erhalt des Stahlwerksverbands von großer Bedeutung (vgl. RWKS, Sitzung der Kommission zur Aufnahme von Verhandlungen über die Erneuerung des Syndikatsvertrages, 16.07.1910 (Stenogramm), S. 11, in: montan.dok/BBA 33/28). Zur Beziehung zwischen Stahlwerksverband und RWKS vgl. insbesondere Feldman: Hugo Stinnes, S. 327 ff.

5 O. A.: Kohlenindustrie. Rheinisch-Westfälisches Kohlensyndikat, in: Kartell-Rundschau 1910, Nr. 5, S. 322.

https://doi.org/10.1515/9783110576719-005

liche Vorteile, wodurch sie in geringerem Maß von den ansteigenden Organisationskosten betroffen waren. Aus diesem Grund bereits im Jahr 1909 vollzogene Vertragsänderungen, die zu einer Kontingentierung des Selbstverbrauchs der „gemischten“ Werke führten, brachten keine Lösung dieser Problematik. Bei der Festlegung der Kontingentierung wurde die Verbrauchsziffer des Jahres 1907 als Grundlage herangezogen, welche die seinerzeit höchste seit mehreren Jahren darstellte. Damit blieb die Kontingentierung nahezu wirkungslos. Die reinen Zechen waren im Kohlensyndikat zudem deutlich stärker von Fördereinschränkungen betroffen, weil ihre Produkte häufiger auf den freien Markt gingen und dort mit Angeboten der Außenseiterbetriebe konkurrieren mussten.[6] Daher bezogen sich deren zentrale Forderungen für einen neuen Kartellvertrag auf die Ausdehnung der Fördereinschränkungen und der Umlagepflicht auch auf den Selbstverbrauch der Hüttenzechen. Zudem sollte die Kokserzeugung kontingentiert werden, da die vorangegangenen Absatzeinschränkungen in diesem Bereich ebenso besonders zu Lasten der kokserzeugenden reinen Zechen gingen.[7] Die Hüttenzechen hatten erwartungsgemäß wenig Interesse daran, ihre bisherigen Vorrechte aufzugeben. Zu ihren Argumenten gegen Vertragsänderungen gehörten unter anderem die hohen Belastungen, welche für sie durch die vom RWKS gewährten Ausfuhrvergütungen entstehen würden. Letztere hätten aus ihrer Perspektive vor allem die eigene Konkurrenz im Ausland gestärkt.[8]

Die Gegensätze zwischen den verschiedenen Produzentengruppen entwickelten sich aus Sicht der Öffentlichkeit in den folgenden Jahren zur wichtigsten Hürde für einen neuen Syndikatsvertrag.[9] Bei genauer Betrachtung wird allerdings deutlich, dass diese Auseinandersetzungen vielmehr die Symptome der Konflikte und weniger deren eigentliche Ursachen waren. Aus Perspektive der Absatzmärkte zeigte sich nämlich, dass das Vertragsgefüge des RWKS nur bedingt für die Veränderungen auf der Nachfrageseite geeignet war. Die Vorteile der Hüttenzechen wurden schließlich bereits kurz nach der Syndikatserneuerung 1903 als problematisch erachtet, fielen

6 Vgl. Wiedenfeld: Das rheinisch-westfälische Kohlensyndikat, S. 47 ff.; Buschmann: Untersuchung der Zweckmäßigkeit der Syndizierung des Kohlenbergbaus auf Grund der geschichtlichen Entwicklung des Rheinisch-Westfälischen Kohlensyndikats, S. 56 f. und o. A.: Rheinisch-Westfälisches Kohlensyndikat, in: Kartell-Rundschau 1910, Nr. 7, S. 466.

7 Vgl. Wiedenfeld: Das rheinisch-westfälische Kohlensyndikat, S. 61 ff.; o. A.: Rheinisch-Westfälisches Kohlensyndikat. Zur Preispolitik des Kohlensyndikats, in: Kartell-Rundschau 1913, Nr. 12, S. 989 ff. und RWKS, Sitzung des Beirates, 21.10.1905, S. 5 ff., in: montan.dok/BBA 33/58.

8 Vgl. u. a. RWKS, Zechenbesitzerversammlung, 20.02.1914, S. 37 f., in: montan.dok/BBA 33/17. Zu Ausfuhrvergütungen vgl. Jovović: Deutschland und die Kartelle, S. 254 und Kronenberg: Die Preisbildung und Preispolitik des Rheinisch-Westfälischen Kohlen-Syndikats, S. 45 ff. Zusätzlich argumentierten die Hüttenzechen, dass sie aufgrund ihrer Selbstverbrauchsmengen weitaus weniger auf die Absatzorganisation des Kohlensyndikats angewiesen seien als reine Zechen, wodurch eine geringere Belastung durch die Umlage ebenso gerechtfertigt wäre (vgl. RWKS, Sitzung der Kommission zur Aufnahme von Verhandlungen über die Erneuerung des Syndikatsvertrages, 07.11.1910 (Stenogramm), S. 48, in: montan.dok/BBA 33/28).

9 Vgl. u. a. Transfeldt: Die Preisentwicklung der Ruhrkohle 1893–1925 unter der Preispolitik des „Rheinisch-Westfälischen Kohlensyndikates“ und des „Reichskohlenverbandes“, S. 10.

jedoch in Phasen günstiger Konjunktur für die Stabilität der Kartellorganisation weitaus weniger ins Gewicht.[10] Die sich zuspitzende Konfliktsituation war daher vor allem ein weiterer Beleg dafür, dass eine straff organisierte Kartellorganisation, für die das Kohlensyndikat als Musterbeispiel galt, mit zunehmender Ausprägung deutlich stärker durch außenstehende Konkurrenz getroffen werden konnte als ein vergleichsweise loses Kartell.[11] Die wachsenden Fördermengen der Außenseiterzechen mit größeren Wachstumsraten als die Syndikatsbetriebe, die weiterhin starke Konkurrenz britischer Kohle in vielen Absatzgebieten sowie der zunehmende, jedoch zunächst noch wenig beachtete Bedeutungsgewinn der Braunkohle waren wichtige Faktoren für diese Entwicklung, welche die reinen Zechen als Produzentengruppe im RWKS besonders stark zu spüren bekamen.[12]

Die sich nach der Syndikatserneuerung im Jahr 1903 erhöhenden Wettbewerbs- und Organisationskosten machten sich für die Kartellzechen vor allem in der höheren Syndikatsumlage bemerkbar. Die Umlage für Kohle stieg zwischen 1907 und 1910 im Jahresdurchschnitt von 7 auf 9,5 Prozent, für Koks im gleichen Zeitraum von 4,75 auf 7 Prozent.[13] Interne Aufstellungen bieten noch aussagekräftigere Informationen (vgl. Tab. 20). Der absolute Anstieg der Umlage stellte angesichts der parallel steigenden Förderung zunächst eine normale Entwicklung dar. Dass es sich jedoch nicht um eine gleichförmige Zunahme handelte, wird bei der Berechnung der Belastung pro Tonne deutlich. Bei der Verwendung der Umlage erreichten Subventionen zur Absatzsicherung, deren Anteil stark schwanken konnte, im Jahr 1909 einen neuen Höchststand.

Ein weiterer Anstieg der Umlage konnte nach Angaben der Syndikatsleitung aufgrund der Gesellschaftsanteile des RWKS an den Syndikatshandelsgesellschaften verhindert werden, da ein Teil der damit erzielten Einnahmen in die Absatzsicherung reinvestiert wurde.[14] Dies war für den Vorstand ein wichtiges Argument dafür, dass die vorangetriebene Syndizierung im Großhandel in vielen Regionen nicht nur in Hinblick auf die Überwachung der Absatzstrukturen und die Marktbeobachtung, sondern ebenso zur Senkung der Wettbewerbskosten einen erheblichen Beitrag leistete. We-

---

10 Im Jahr 1904 hieß es seitens der reinen Zechen, dass vor der Erneuerung nicht absehbar war, welche Folgen die Sonderrechte der Hüttenzechen haben würden. Allerdings waren diese Zugeständnisse notwendig, damit die Hüttenzechen dem RWKS beitraten. Nach der Erneuerung 1903 nahm der Konzentrationsprozess im Ruhrbergbau weiter zu, weil reine Zechen nun stärker bestrebt waren, Stahlwerke in den eigenen Konzern einzugliedern, um in den Status einer Hüttenzeche zu gelangen. Dies hatte diese Problematik weiter verschärft (vgl. Pilz: Die Hüttenzechenfrage im Ruhrbezirk und Richtlinien für eine Erneuerung des Rheinisch-Westfälischen Kohlen-Syndikats, S. 29 f.; o. A.: Bergbau. Rheinisch-Westfälisches Kohlensyndikat, in: Kartell-Rundschau 1904, Nr. 8, S. 399; o. A.: Rheinisch-Westfälisches Kohlensyndikat, in: Kartell-Rundschau 1905, Nr. 6, S. 316 und Kap. 4.1.1.).

11 Vgl. Lucae: Außenseiter von Kartellen, S. 14 ff. und Beckerath: Industrielle Kartellprobleme der Gegenwart, S. 12 ff.

12 Vgl. Pilz: Die Hüttenzechenfrage im Ruhrbezirk und Richtlinien für eine Erneuerung des Rheinisch-Westfälischen Kohlen-Syndikats, S. 34 sowie Kap. 4.1.2.

13 Ausführlich zur Höhe der Umlage zwischen 1893 und 1919 vgl. Tab. 30 im Anhang.

14 Vgl. ebd.

Tab. 20: Höhe und Verwendung der Syndikatsumlage 1904 bis 1909

Jahr	Gesamthöhe der Umlage	Umlage pro Tonne	***Verwendung der Umlage***			
			Subventionen	**Ausfuhr**	**Verwaltung**	**Erweiterte Zwecke**
1904	33.476.000 Mk.	0,50 Mk.	78,86 %	4,87 %	7,85 %	7,78 %
1905	43.295.000 Mk.	0,66 Mk.	80,54 %	9,45 %	6,19 %	2,98 %
1906	49.109.000 Mk.	0,64 Mk.	90.83 %	9,44 %	6,08 %	0,96 %
1907	51.210.000 Mk.	0,64 Mk.	74,46 %	1,87 %	4,93 %	2,77 %
1908	52.896.000 Mk.	0,65 Mk.	81,07 %	1.65 %	4,10 %	1,15 %
1909	62.930.000 Mk.	0,78 Mk.	95,34 %	5,28 %	4,66 %	1,01 %[a)]

Quelle: RWKS, Sitzung der Kommission zur Aufnahme von Verhandlungen über die Erneuerung des Syndikatsvertrages, 07.11.1910 (Stenogramm), in: montan.dok/BBA 33/28 sowie eigene Berechnungen.

[a)] Bei der Verwendung der Umlage für das Jahr 1909 wurde von der Syndikatsleitung ein Gesamtwert angegeben, der über 100 Prozent hinausging, was auch im Erneuerungsausschuss für Verwunderung sorgte. Durch den Vorstand wurde dies damit erklärt, dass ein Teil der Finanzierung der Wettbewerbskosten durch Einnahmen aus den Syndikatshandelsgesellschaften erfolgt war, als Berechnungsgrundlage jedoch allein die Umlage selbst herangezogen wurde (vgl. RWKS, Sitzung der Kommission zur Aufnahme von Verhandlungen über die Erneuerung des Syndikatsvertrages, 07.11. 1910 (Stenogramm), S. 45f., in: montan.dok/BBA 33/28).

niger deutlich ist bei dieser Diskussion allerdings thematisiert worden, dass das aufgrund der Kartellierung gestiegene Preisniveau letztlich auch eine Ursache für einen gestiegenen Wettbewerb auf den Kohlenmärkten war.[15]

Unabhängig davon, wie die Auswirkungen der Kartellierung bewertet wurden, kamen die Einnahmen aus den Handelsbeteiligungen des Kohlensyndikats der Gesamtheit der Kartellmitglieder zugute. Zusätzlich konnten sich neben den Reederzechen im Kohlenkontor inzwischen auch viele Bergwerksunternehmen, die sich Geschäftsanteile am Kohlenkontor oder anderen Syndikatshandelsgesellschaften gesichert hatten, auf diesem Weg einen Teil der Umlage wieder zurück erwirtschaften.[16] Solche Zechen waren zugleich in der Lage, den durch den Kartellbeitritt erlittenen Verlust ihrer eigenen Marktzugangseinrichtungen zu kompensieren und konnten so mit deutlich besseren Voraussetzungen in die Erneuerungsverhandlungen eintreten. In einer ähnlich komfortablen Situation befanden sich diejenigen Syndikatsmitglieder, die mit anderen Teilen ihres Konzerns als Außenseiter auf den Kohlenmärkten agierten. Diese verfügten ebenso über eine entsprechende Vertriebs-

15 Vgl. auch Kap. 4.1.2.

16 Vgl. Kölner Volkszeitung (Morgenausgabe), 04.03.1913, in: BArch R 8127/13223.

struktur und konnten auch mit ihren nicht-syndizierten Betrieben von der kartellierten Preispolitik profitieren.[17]

Die Syndikatsleitung zeigte während der Erneuerungsverhandlungen großes Interesse, detaillierte Debatten zur Ausgestaltung der Absatzorganisation unter einem neuen Kartellvertrag zunächst aufzuschieben, nicht zuletzt auch deshalb, weil – zum Teil in der gleichen Person – sowohl Kartellmitglieder als auch Konkurrenten mit am Verhandlungstisch saßen. Emil Kirdorf argumentierte Anfang 1911, dass Diskussionen zur „Händlerfrage" verfrüht wären, weil die Bildung eines neuen Syndikatsvertrags Vorrang haben müsse. Eine andere Vorgehensweise hätte aus seiner Sicht dazu geführt, dass sich das RWKS „dem Handel dienbar"[18] gemacht hätte. Die Bedeutung der syndizierten Absatzstruktur wurde damit aber keineswegs unterschätzt. Kirdorf warb schon zu Beginn der Erneuerungsverhandlungen im Jahr 1910 eindringlich für den Erhalt der aufwendig geschaffenen Verkaufsorganisation, deren möglicher Verfall dem Ruhrbergbau größten Schaden bringen würde und ein Wiederaufbau kaum zu realisieren wäre. Selbst im Fall eines Zusammenbruchs des RWKS plädierte er dafür, die gemeinsame Verkaufsorganisation unternehmensübergreifend weiterzuführen.[19]

Eine Syndikatserneuerung schien zu diesem Zeitpunkt nur möglich, wenn neben einer Neuverteilung der Organisationskosten die bisherigen Außenseiter einschließlich der fiskalischen Zechen zum Kartellbeitritt bewegt werden konnten. Zwar sollte zunächst zwischen den „alten" Mitgliedern eine Grundlage für einen Syndikatsvertrag ausgehandelt werden, bevor Verhandlungen mit den Außenseitern aufgenommen werden sollten,[20] doch stand bereits im Jahr 1910 zur Diskussion, die nicht-syndizierten Zechen durch einen stärkeren Wettbewerb mit Hilfe des sogenannten Kampfparagraphen vom Beitritt „zu überzeugen".[21] Diese Option blieb allerdings zunächst eine reine Drohung, weil die Anwendung dieser Wettbewerbsklausel die Feindschaft gegenüber den Außenseitern weiter verstärkt hätte. Zudem wären die Marktkosten dadurch deutlich angestiegen und damit die Kartellziele noch weiter verfehlt worden.[22] Auch führte eine im Jahr 1911 beschlossene Änderung der Verhandlungstaktik

17 Vgl. auch Kap. 4.3.2.

18 RWKS, Sitzung der Kommission zur Aufnahme von Verhandlungen über die Erneuerung des Syndikatsvertrages, 10.01.1911, in: RWWA 130 – 30019323/11.

19 Vgl. RWKS, Sitzung der Kommission zur Aufnahme von Verhandlungen über die Erneuerung des Syndikatsvertrages, 16.07.1910 (Stenogramm), S. 13 ff., in: montan.dok/BBA 33/28.

20 Vgl. RWKS, Sitzung der Kommission zur Aufnahme von Verhandlungen über die Erneuerung des Syndikatsvertrages, 10.03.1911, in: RWWA 130 – 30019323/11.

21 Vgl. RWKS, Sitzung der Kommission zur Aufnahme von Verhandlungen über die Erneuerung des Syndikatsvertrages, 16.07.1910 (Stenogramm), S. 13, in: montan.dok/BBA 33/28 und RWKS, Sitzung der Kommission zur Aufnahme von Verhandlungen über die Erneuerung des Syndikatsvertrages, 10.10. 1910, in: RWWA 130 – 30019323/11. Zum „Kampfparagraphen" vgl. auch Kap. 3.3.

22 Auch bestanden bereits zu diesem Zeitpunkt Befürchtungen vor gesetzgeberischen Maßnahmen (vgl. RWKS, Sitzung der Kommission zur Aufnahme von Verhandlungen über die Erneuerung des Syndikatsvertrages, 16.07.1910 (Stenogramm), S. 12 f., in: montan.dok/BBA 33/28). Der Fiskus schätzte die Situation seinerzeit ähnlich ein und vermutete, dass das Syndikat noch keinen aggressiven Ab-

dazu, dass auf einen schärferen Wettbewerb zunächst verzichtet wurde. Fortan sollten an den Verhandlungen des Erneuerungsausschusses auch der Fiskus und weitere Außenseiterzechen mitwirken.[23] Dass auch die nicht-syndizierten Zechen trotz ihrer günstigen Verhandlungsposition unter dem stärkeren Absatzkampf zu leiden hatten, wurde dadurch deutlich, dass viele Betriebe zum Jahresbeginn 1912 dem Preußischen Bergfiskus unmittelbar folgten und ein Verkaufsabkommen mit dem Kohlensyndikat abschlossen, welches für beide Seiten als kurzfristige Möglichkeit zur Senkung der Wettbewerbskosten und als Grundlage für einen späteren Kartellbeitritt galt. Die Beteiligung an der Syndikatsumlage war damit kostengünstiger als der Betrieb einer eigenen Absatzorganisation. Zudem hatte durch den stetigen Anstieg der nicht-syndizierten Förderung eine Außenseiterstellung zunehmend an Attraktivität verloren.[24]

Die Kündigung des Verkaufsabkommens zwischen Fiskus und RWKS im Herbst 1912 war daher für die laufenden Erneuerungsverhandlungen ein deutlicher Rückschritt, wobei bis zu diesem Zeitpunkt auch die Gespräche über neue Vertragsgrundlagen zwischen den Hüttenzechen und den reinen Zechen noch nicht zu belastbaren Ergebnissen geführt hatten. Ein Zusammenbruch des RWKS war zu diesem Zeitpunkt kein undenkbares Szenario mehr.[25] Nennenswerte Fortschritte waren auch in den beiden Folgejahren nicht zu verzeichnen. Zum Jahresende 1913 keimte zumindest die Hoffnung auf, in absehbarer Zeit einen Vertragsentwurf vorlegen zu können, der womöglich schon im Jahr 1914 in Kraft treten könnte.[26] Im Februar 1914 lag ein solcher Entwurf tatsächlich vor, doch konnte darüber auch in den Folgemonaten keine Einigung erzielt werden.[27] Neben den internen Auseinandersetzungen hatten auch einige Außenseiter großes Interesse daran, die Verhandlungen weiter

satzkampf eingeleitet hatte, weil es beim RWKS Befürchtungen vor gesetzgeberischen Maßnahmen gab (vgl. Aktennotiz zur Kostenstruktur im Saarbergbau, o. D. (ca. 1910), S. 10 ff., in: montan.dok/BBA 32/4098). Auch im Jahr 1911 wurde ein stärkerer Wettbewerb gegen die Außenseiter als verfrüht betrachtet (vgl. RWKS, Sitzung der Mitglieder von reinen Zechen in der Kommission zur Aufnahme von Verhandlungen über die Erneuerung des Syndikatsvertrages, 11.05.1911, in: RWWA 130 – 30019323/11).

23 Vgl. RWKS, Sitzung des Beirates, 09.10.1911, S. 8 f., in: montan.dok/BBA 33/64.

24 Vgl. o. A.: Syndikatsverhältnisse, in: Deutsche Kohlen-Zeitung, 15.05.1909, Nr. 20, S. 233. Ausführlich zu den Verkaufsabkommen: Kerscht: Das Rheinisch-Westfälische Kohlensyndikat in seiner geschichtlichen Entwicklung 1910 – 1920, S. 31 sowie Kap. 4.3.1.

25 Vgl. RWKS, Sitzung der Mitglieder von reinen Zechen in der Kommission zur Aufnahme von Verhandlungen über die Erneuerung des Syndikatsvertrages, 11.05.1911, in: RWWA 130 – 30019323/11; RWKS, Bericht des Vorstandes über das Geschäftsjahr 1911, S. 17, in: montan.dok/BBA 33/318 (1); RWKS, Sitzung des Beirates, 09.10.1911, S. 8 f., in: montan.dok/BBA 33/64 und Feldman: Hugo Stinnes, S. 330.

26 Vgl. RWKS, Bericht des Vorstandes über das Geschäftsjahr 1912, S. 17, in: montan.dok/BBA 33/318 (1); Berliner Jahrbuch für Handel und Industrie. Bericht der Ältesten der Kaufmannschaft von Berlin. Jahrgang 1913, Bd. 1, S. 9 und RWKS, Sitzung der Kommission zur Aufnahme von Verhandlungen über die Erneuerung des Syndikatsvertrages, 22.12.1913, in: RWWA 130 – 30019323/11.

27 Vgl. u. a. RWKS, Verhandlungen des von der Zechenbesitzerversammlung am 21.03.1914 ernannten Ausschusses zur Fertigstellung des Vertragsentwurfs, 03.04.1914, in: RWWA 130 – 30019323/11 und RWKS, Sitzung des Ausschusses zur Aufnahme von Verhandlungen über die Erneuerung des Syndikatsvertrages, 29.10.1914, in: RWWA 130 – 30019323/11.

hinauszuzögern, um eine weitere Entwicklung ihrer Bergwerksanlagen unter dem Schutz des Kartells zu ermöglichen.[28]

Die Erwartungen und Interessen aller Unternehmen der Branche für die bevorstehende Syndikatserneuerung waren allerdings nicht erst zu diesem Zeitpunkt weitaus vielschichtiger, als es von außen wahrgenommen wurde. Aus den Auseinandersetzungen zwischen den reinen Zechen und den Hüttenzechen sowie der angestrebten Integration der Außenseiter hatte sich bereits in der frühen Phase der Erneuerungsverhandlungen ein „eklatanter Handelskonflikt“[29] entwickelt. Beteiligte und noch außenstehende Unternehmen machten ihre Teilnahme an einem erneuerten Kohlensyndikat verstärkt von einer Neuorganisation oder von Zugeständnissen in der Absatzorganisation abhängig. Für alle Akteure im kartellierten Ruhrbergbau hatten Detailfragen zur Verkaufsorganisation auch deshalb eine immer größere Bedeutung bekommen, weil der Kohlenverkauf selbst zunehmend als gewichtiger Teil der Wertschöpfung erkannt wurde und – auch durch die Kartellpoltik selbst – als Faktor für Erlössteigerungen eine deutliche Aufwertung erfahren hatte. Die ursprüngliche Strategie der Syndikatsleitung, eine Debatte zur Neuregelung der Absatzorganisation möglichst lange aufzuschieben und unabhängig vom Kartellvertrag zu behandeln, konnte während der Erneuerungsverhandlungen nicht mehr aufrechterhalten werden.[30] Die „Händlerfrage“ spielte in Hinblick auf einen möglichen Kartellbeitritt auch für die bislang noch als Außenseiter agierenden Zechen eine zentrale Rolle. Die Bereitschaft der Außenseiter, ihre bisher selbstständige Verkaufstätigkeit aufzugeben und sich in die syndizierte Vertriebsstruktur zu integrieren, war aus Sicht des RWKS eine unabdingbare Voraussetzung für einen Kartellbeitritt.[31] Insbesondere in den Verhandlungen mit dem Preußischen Bergfiskus zeigte sich allerdings, dass dieser die weitere Selbstständigkeit seiner Verkaufsorganisation als wichtiges Instrument sah, um eine dauerhafte Bindung zum Kohlensyndikat zu vermeiden und, ähnlich wie in den Verkaufsabkommen, von einem möglichen Rücktrittsrecht Gebrauch machen zu

28 Vgl. RWKS, Sitzung der Kommission zur Aufnahme von Verhandlungen über die Erneuerung des Syndikatsvertrages, 22.12.1913, in: RWWA 130 – 30019323/11.

29 Roelevink: Organisierte Intransparenz, S. 116. Nur vereinzelt gab es auch in der früheren Erneuerungsphase Hinweise in der Presse, dass neben den Konflikten zwischen den einzelnen Produzentengruppen auch das „Streben nach neuartiger Handelsstrategie“ zu den Herausforderungen der Erneuerung gehörte (Zit.: Berliner Neueste Nachrichten, 06.10.1911, in: GStA PK, I. HA Rep. 120 C VIII 1 Nr. 72 adh. 45 Bd. 4). Auch im Rückblick wurden die Gegensätze zwischen reinen Zechen und Hüttenzechen als zentrales Problem für die Syndikatserneuerung betrachtet (vgl. Liefmann, Robert: Die Kartelle in und nach dem Kriege, Berlin 1918, S. 8).

30 Der Thyssen-Konzern forderte immer wieder eine Neuregelung der Händlerfrage, während Emil Kirdorf dies nicht als Teil des eigentlichen Syndikatsvertrags betrachtete, der zunächst ausgehandelt werden müsse (vgl. RWKS, Niederschrift der Sitzung der Hüttenzechen, 04.01.1912, S. 2f., in: RWWA 130 – 30019323/10). Auch weitere Hüttenzechen machten bereits seit dem Jahr 1912 mögliche Zugeständnisse von Änderungen in der Absatzorganisation abhängig (vgl. RWKS, Niederschrift der Sitzung der Hüttenzechen, 15.10.1912, in: RWWA 130 – 30019323/10).

31 Vgl. Niederschrift der Besprechung zwischen RWKS und dem Bergfiskus, 25.09.1911, in: montan.dok/BBA 32/4099 und Kestner: Der Organisationszwang, S. 20.

können. Zugleich wollte der Fiskus nicht auf mögliche Handelserlöse bei einem Kartellbeitritt verzichten.[32] Dass Zugeständnisse an den Staatsbergbau unvermeidlich waren, hatte sich mittlerweile als Erkenntnis weitgehend durchgesetzt.[33] Unklar war allerdings, welche Auswirkungen diese Kompromisse für die Verhandlungen mit anderen Zechen haben würden.

5.1.2 Die Frage von Einfluss und Transparenz in der Absatzorganisation

Seit der Gründung des Kohlensyndikats wurde unter den Zechenbesitzern regelmäßig diskutiert, wie groß der Einfluss der beteiligten Unternehmen auf die syndizierte Vertriebsstruktur sein durfte. Aus Perspektive der Kartellorganisation sollte die Mitwirkung der Beteiligten so gering wie möglich bleiben, um die Funktionsfähigkeit des RWKS als zentrales Vertriebsorgan zu sichern. Allerdings zeigte sich der Bedeutungsgewinn der Absatzorganisation im Ruhrbergbau auch daran, dass das Interesse vieler Zechenbesitzer an Informationen und Mitsprache innerhalb des RWKS immer weiter anstieg. Angesichts der bereits dazu ausgetragenen Konflikte überraschte es wenig, dass dieses Thema im Zuge der Erneuerungsgespräche wieder auf die Tagesordnung kam und den Verhandlungsverlauf wesentlich beeinflusste.

Die Übertragung des Alleinverkaufsrechts an eine selbstständige und von den Zechen unabhängig agierende Handelsgesellschaft galt bei der Gründung des RWKS als ein zentraler Faktor, um eine nachhaltige Marktregulierung und damit eine Senkung der Wettbewerbskosten zu erzielen. Dies führte entsprechend dazu, dass die beteiligten Unternehmen nach 1893 zunehmend die viel zitierte „Fühlung mit den Abnehmern“[34] verloren, da sie keinen Einfluss auf die Vertriebswege ihrer Produkte mehr besaßen. Mit der zunehmenden Syndizierung auf der ersten Großhandelsebene hatte sich diese Situation aus Perspektive der Zechen nochmals verschärft. Ein nicht geringer Teil der Produkte ging nach dem Verkauf durch das RWKS zusätzlich über Syndikatshandelsgesellschaften auf die Absatzmärkte, die zwar in einem engen Vertragsverhältnis zum Kohlensyndikat standen, über deren mit hohen Erlösen verbundene Geschäftspolitik aber insbesondere den Bergwerksunternehmen ohne zwischenzeitlich erworbene Handelsbeteiligungen nur wenig bekannt war.

---

32 Vgl. o. A.: Rheinisch-Westfälisches Kohlensyndikat. Zur Preispolitik des Kohlensyndikats, in: Kartell-Rundschau 1913, Nr. 12, S. 992; Kempkens: Die Rheinschiffahrtskartelle und die Ursachen ihres Zusammenbruchs, in: Kartell-Rundschau 1912, Nr. 9, S. 1089 f.; Zeitung „Die Post“, 08.10.1913, in: GStA PK, I. HA Rep. 120 C VIII 1 Nr. 72 adh. 45 Bd. 4; Stenogramm der 2. Sitzung im Preußischen Haus der Abgeordneten, 13.01.1914, S. 149, in: GStA PK, I. HA Rep. 169 C Abschnitt 12, Nr. 62 und Stenogramm der 3. Sitzung im Preußischen Haus der Abgeordneten, 14.01.1914, S. 150.

33 Vgl. Aktennotiz über die Besprechung zwischen dem Bergfiskus und dem RWKS, 19.02.1914, S. 1 ff., in: montan.dok/BBA 32/4103.

34 In ähnlicher Form z. B. so genannt bei: o. A.: Kohlenringe, S. 10 und Kölner Volkszeitung (Morgenausgabe), 04.03.1913, in: BArch R 8127/13223.

Die Informationsdefizite zum Vertriebsapparat waren bei einigen Zechenbesitzern schon während der Erneuerungsverhandlungen für den im Jahr 1903 ausgelaufenen Syndikatsvertrag Grund für Konflikte mit der Kartellführung. Berichte über hohe Verdienstspannen in den Syndikatshandelsgesellschaften führten bereits seinerzeit zu dem Vorwurf, dass die an den Gesellschaften beteiligten Händler „den Kopf auf das Sopha“[35] legten und trotzdem extrem hohe Einnahmen auf Kosten des RWKS hätten. Nachfragen über die Auswirkungen und Erfolge der bisherigen Maßnahmen in der Absatzorganisation wurden damals durch die Syndikatsleitung zügig unterbunden.[36] Auch im Beirat fanden keine tief gehenden Aussprachen bezüglich der Vertriebsorganisation statt. Dies wurde durch den Vorstand zumeist mit der Problematik der stetig steigenden Mitgliederzahl in diesem Gremium begründet, was Diskussionen zu sensiblen Themen unmöglich gemacht hätte.[37] Allerdings hatte der Vorstand im Jahr 1903 auch kein Interesse, dem damaligen Vorschlag aus den Erneuerungsverhandlungen zu folgen, ein anderes Aufsichtsorgan für den Vorstand zu schaffen. Dies konnte erfolgreich abgewehrt werden.[38]

Offene Diskussionen über den Vertriebsapparat, die nicht selten nach den Sitzungen in der Presse landeten, hatten nach der Argumentation der Führungskräfte häufig spürbare Auswirkungen auf das Verkaufsgeschäft. Die Syndikatsleitung und die Geschäftsführung des Kohlenkontors sahen zum Beispiel für die Absatzschwierigkeiten in Süddeutschland im Jahr 1909 nicht nur die Marktverhältnisse als Ursache, sondern auch einen direkten Zusammenhang zu vorangegangenen Debatten der Zechenbesitzer, die auch in der Öffentlichkeit bekannt geworden waren.[39] Weiterhin war die dürftige Informationspolitik zur Vertriebsorganisation auch mit der Strategie verbunden, das Alleinstellungsmerkmal des RWKS als zentraler Anbieter für Ruhr-

35 RWKS, Verhandlungen in der Sitzung des Ausschusses zur Verlängerung des Syndicats, o. D. (verm. 08.12.1902), S. 19, in: montan.dok/BBA 33/26.

36 In den damaligen Erneuerungsverhandlungen kamen z. B. Fragen der Zechenbesitzer über Wirkung und Erfolge der Absatzorganisation auf. So wollten Zechenbesitzer von der Syndikatsleitung wissen, ob sich „freie Agenten“, eine kartelleigene Verkaufsstelle wie in Düsseldorf oder eben Syndikatshandelsgesellschaften als am besten geeignete Verkaufseinrichtungen erwiesen hatten. Diskussionen dazu wurden allerdings durch die Syndikatsleitung zügig unterbunden (vgl. ebd., S. 18 ff. und RWKS, Nachmittagssitzung der Zechenbesitzerversammlung, 06.07.1903, in: montan.dok/BBA 33/25).

37 Zum Anstieg der Mitgliederzahl im Beirat vgl. u. a. RWKS, Verhandlungen in der Kommissions-Sitzung (Erneuerung des Syndikats), 03.05.1902, S. 6, in: montan.dok/BBA 33/26; RWKS, Verhandlungen der Sitzung der Kommission zur Verlängerung des Syndikats-Vertrages, 17.11.1902, S. 60, in: montan.dok/BBA 33/26 sowie auch Kap. 2.6.2.

38 Vgl. RWKS, Ausschuss-Sitzung des Rheinisch-Westfälischen Kohlen-Syndikats am 20.06.1903 (Stenogramm), S. 16 f., in: montan.dok/BBA 33/27.

39 Vgl. RWKS, Zechenbesitzerversammlung, 22.03.1909, S. 2, in: montan.dok/BBA 33/11 und Rheinische Kohlenhandels- und Rhederei-Gesellschaft mbH, Geschäftsbericht 1908/09, S. 10.

kohleprodukte nicht aus der Hand zu geben, um die Funktion des gemeinsamen Verkaufs als Bindeglied zwischen den beteiligten Unternehmen weiter zu pflegen.[40]

Das Kohlensyndikat selbst hatte seine Überwachungs- und Mitwirkungsmöglichkeiten im Großhandel bis zum Beginn der Erneuerungsverhandlungen für den 1915 auslaufenden Kartellvertrag deutlich ausgebaut. Beginnend mit der Gründung des Kohlenkontors im Jahr 1903 und im Anschluss auch in anderen Syndikatshandelsgesellschaften hatte das RWKS durch den Zukauf von Gesellschaftsanteilen nicht nur seinen Einfluss auf die Geschäftspolitik ausgeweitet, sondern konnte damit zugleich an den dortigen Verkaufserlösen partizipieren. Vertreter des Kohlensyndikats waren zwischenzeitlich in den Aufsichtsräten aller Handelsgesellschaften vertreten und stellten vielfach auch den Vorsitzenden.[41]

Mit den Veränderungen in den Marktstrukturen hatten kartellinterne Debatten zur Überwachung der Verkaufseinrichtungen wieder deutlich zugenommen und wurden durch öffentliche Diskussionen auf der Seite der Verbraucher durchaus gefördert. Im Jahr 1907, als zeitweise von einer erneuten „Kohlennot“ gesprochen wurde und der kartellierte Ruhrbergbau kaum in der Lage war, seine Lieferverpflichtungen zu erfüllen, kamen wiederholt Angriffe gegen das RWKS und die Syndikatshandelsgesellschaften auf, die sich auch in den Folgejahren fortsetzten.[42] Während die Meinung der Abnehmer in den Vorjahren noch mit einer gewissen Gleichgültigkeit zur Kenntnis genommen wurde, standen den Verbrauchern durch die gestiegene Außenseiterförderung vermehrt Alternativen beim Kohleneinkauf zur Verfügung. Die Abkehr vom RWKS bzw. von den Syndikatshandelsgesellschaften wurde dabei mitunter öffentlichkeitswirksam inszeniert, was auch bei den Unternehmern in Essen nicht ohne Reaktionen blieb und die eigene Kritik gegenüber dem Verkaufsapparat weiter „befeuerte“.[43] Produzenten und Verbraucher hatten naturgemäß einen unterschiedlichen Blick auf den Verkaufsapparat, doch standen übertriebene Gewinne und unverhältnismäßige Preisaufschläge auf beiden Seiten vielfach im Zentrum der Kritik an den Syndikatshandelsgesellschaften.[44] Bei vielen Zechen stieß diese Situation umso mehr auf Unmut, weil die schwierige Marktsituation und die hohen Wettbewerbskosten

---

40 Vgl. Blaich: Ausschließlichkeitsbindungen als Wege der industriellen Konzentration in der deutschen Wirtschaft bis 1914, S. 323.

41 Vgl. RWKS, Sitzung des Beirates, 17.02.1909, S. 7 ff., in: montan.dok/BBA 33/62 und Richtsteig: Die Kohlenhandelsgesellschaften des Rheinisch-Westfälischen Kohlen-Syndikats zu Essen a. d. Ruhr, S. 52.

42 Vgl. zur „Kohlennot“ im Jahr 1907: Heinrichsbauer: Harpener Bergbau-Aktien-Gesellschaft 1856–1936, S. 143 f. und Schoene: Der Wettbewerb zwischen Eisenbahn und Rheinschiffahrt und sein Einfluss auf die Kohlenzufuhr nach Baden, Württemberg und dem rechtsrheinischen Bayern, S. 34 ff.

43 Beispielhaft war dafür die Maßnahme des Verbands süddeutscher Industrieller, der aus Erbostheit über die Preispolitik des RWKS bzw. des Kohlenkontors Rahmenverträge zur Lieferung nicht-syndizierter Kohle ausgehhandelt hatte. Dieses Abkommen fand beim RWKS und in der Öffentlichkeit viel Aufmerksamkeit (vgl. Manno: Die Kohlenversorgung Süddeutschlands, S. 146 f.; o. A.: Rheinisch-Westfälisches Kohlensyndikat, in: Kartell-Rundschau 1909, Nr. 4, S. 325 ff.; o. A.: o. T., in: Deutsche Kohlen-Zeitung, 06.02.1909, Nr. 6, S. 60 und Kap. 4.3.1).

44 Vgl. o. A.: Rheinisch-Westfälisches Kohlensyndikat, in: Kartell-Rundschau 1909, Nr. 4, S. 328.

anscheinend ausschließlich die Produzenten und weniger den Vertriebsapparat belasteten.[45] Presseberichte, wonach Geschäftsführer einer Syndikatshandelsgesellschaft hohe Geldbeträge veruntreut hätten oder ohne zusätzliche Tätigkeit überaus hohe Jahreseinnahmen erzielten, trugen ihr Übriges zu diesen Diskussionen bei.[46]

In der Beiratssitzung im Februar 1909 kam es zum Leidwesen der Kartellführung zu einer äußerst ausgiebigen Debatte zu den Syndikatshandelsgesellschaften. Wieder waren die vermeintlich hohen Gewinnmargen ein zentrales Thema, was in den Diskussionen zu vereinzelten Forderungen führte, die Syndikatshandelsgesellschaften gänzlich abzuschaffen und zukünftig kartelleigene „Agenturen" als Verkaufseinrichtungen zu etablieren. Der Syndikatsvorstand appellierte, nicht aus Neid falsche Entscheidungen zu treffen und betrachtete die Gewinne im Großhandel als legitimen Anteil dieser Gesellschaften am syndizierten Kohlenverkauf. Die Führungskräfte in der Syndikatsverwaltung, die es seit vielen Jahren gut verstanden, die Absatzseite des RWKS zu schützen, sahen in den Vorwürfen gegen die Handelsgesellschaften eher konjunkturelle Ursachen und warnten vor einer übermäßigen Überwachung oder gar Zerschlagung der bisher geschaffenen Vertriebsstrukturen.[47] Für die Funktionsfähigkeit des RWKS und zur möglichst kostengünstigen Absatzsicherung galt die Gesamtheit der Syndikatshändler nach Aussage von Vorstandschef Max Graßmann als „bester Bundesgenosse"[48]. Die Angriffe aus den Reihen der Zechenbesitzer konnte der Vorstand allerdings nicht mehr aussitzen, so dass schließlich eine aus dem Beirat gewählte Untersuchungskommission, die aus nur drei Mitgliedern bestand, den zahlreichen Vorwürfen gegen die Handelsgesellschaften nachgehen sollte.[49] Eine unmittelbare Prüfung bei den Händlerfirmen war jedoch nicht vorgesehen. Zunächst sollte die Kommission Einblick in relevante Unterlagen in der Essener Syndikatszentrale bekommen.[50]

Die Tätigkeit der Untersuchungskommission war aber letztlich auch für die Syndikatsleitung nicht von Nachteil. Dies lag zum einen daran, dass deren Mitglieder dem Vorstand insgesamt eine gute Arbeit bescheinigten und damit die Aufregung unter den

---

45 Vgl. RWKS, Sitzung des Beirates, 17.02.1909, S. 3 ff., in: montan.dok/BBA 33/62.

46 Vgl. o. A.: Rheinisch-Westfälisches Kohlensyndikat, in: Kartell-Rundschau 1909, Nr. 4, S. 328.

47 Max Graßmann warnte angesichts der steigenden Außenseiterförderung davor, den Syndikatshandelsgesellschaften eine völlig schematische Verkaufspolitik vorzuschreiben und sah eine individuelle Geschäftspolitik der Gesellschaften zur Absatzsicherung als unbedingt erforderlich an (vgl. RWKS, Sitzung des Beirates, 17.02.1909, S. 7 ff., in: montan.dok/BBA 33/62).

48 Ebd., S. 9.

49 Es hieß, dass man mit der Bildung der Untersuchungskommission auch den Syndikatshandelsgesellschaften demonstrieren wollte, dass das Kohlensyndikat ihre Arbeit im Blick hätte (vgl. ebd., S. 14 ff. und o. A.: Rheinisch-Westfälisches Kohlensyndikat, in: Kartell-Rundschau 1909, Nr. 4, S. 328 f.).

50 Vgl. RWKS, Sitzung des Beirates, 17.02.1909, S. 15 ff., in: montan.dok/BBA 33/62. Über die Bildung dieser Untersuchungskommission wurde wiederum in der Presse berichtet, was in einer späteren Zechenbesitzerversammlung zum dringenden Appell von Emil Kirdorf führte, solche Diskussionen nur im engsten Kreis zu führen und nicht nach außen zu tragen (vgl. RWKS, Zechenbesitzerversammlung, 22.03.1909, S. 2 f., in: montan.dok/BBA 33/11).

Zechenbesitzern in Teilen verringern konnten. Zum anderen sprach sich die Kommission dafür aus, die Aufsicht über die Syndikatshandelsgesellschaften dennoch auszubauen und in Teilen eine Herabminderung der Gewinne herbeizuführen, was sich ebenso positiv für das RWKS selbst auswirkte.[51] Die im gleichen Jahr bei den SHG vorgenommenen Änderungen in den Lieferverträgen dürften eine unmittelbare Folge dieser Untersuchung gewesen sein, zumal diese von der Syndikatsleitung gegenüber den Handelsgesellschaften als Wunsch „aus Zechenkreisen"[52] kommuniziert wurden. Details über die durchgeführten Vertragsveränderungen liegen nicht vor, doch wurde zum Beispiel für die Berliner SHG eine Herabminderung der Verkaufsprovision festgelegt und bei der Handelsgesellschaft in Hannover im Vertragswerk zusätzlich festgeschrieben, dass dem RWKS künftig das Recht zur Einsichtnahme in die Geschäftsbücher zustehe.[53]

Eine nachhaltige Veränderung im Beziehungsgeflecht zwischen Zechenbesitzern, Kohlensyndikat und der nachfolgenden Absatzorganisation war mit diesen vertraglichen Anpassungen nicht eingetreten. Die Arbeit der Untersuchungskommission blieb eine temporäre Maßnahme. Die Belastungen der Zechen durch die Syndikatsumlage blieben weiter auf einem hohen Niveau und viele Handelsgesellschaften mussten auch in der Folgezeit anscheinend nur geringe oder überhaupt keine Einbußen bei ihren Erlösen hinnehmen. Vor allem Fritz Thyssen nahm daher auch in der Folgezeit insbesondere die Geschäftstätigkeit der für Belgien und die Niederlande zuständigen Vertriebsorganisationen zum Anlass, um regelmäßig zum Generalangriff gegen die Syndikatshandelsgesellschaften auszuholen und in diesem Zusammenhang detaillierte Nachweise zur Verwendung der Umlage einzufordern.[54] Dass für das große

51 Die Kommission hatte nach eigenen Angaben hauptsächlich Bilanzen und Absatzberichte studiert. Aus deren Bericht ging hervor, dass die öffentliche Empörung gegenüber der syndizierten Absatzorganisation nicht zwangsläufig gerechtfertigt war und eine mögliche Abschaffung der Syndikatshandelsgesellschaften zum Nachteil des RWKS wäre (vgl. RWKS, Sitzung des Beirates, 21.10.1909, S. 1ff., in: montan.dok/BBA 33/62. und o. A.: Die Kohlenhandelsgesellschaften des Rheinisch-Westfälischen Kohlen-Syndikats, in: Deutsche Kohlen-Zeitung, 20.11.1909, Nr. 47, S. 529f.).

52 Änderung zum Liefervertrag zwischen dem RWKS und der Westfälischen Kohlen-Verkaufsgesellschaft mbH, Berlin, 24.09.1909, in: montan.dok/BBA 33/951.

53 Vgl. ebd. und o. A.: Hannover. Firma Westfalia Kohlenhandelsgesellschaft mbH, in: Deutsche Kohlen-Zeitung, 05.06.1909, Nr. 23, S. 281.

54 Im März 1910 forderte Thyssen eine genaue Aufstellung über die Verwendung der Umlage, die ihm allerdings verweigert wurde (vgl. RWKS, Sitzung des Beirates, 17.03.1910, S. 2ff., in: montan.dok/BBA 33/63). Eine ähnliche Kritik äußerte er im Oktober 1910 zur Geschäftspolitik des Kohlenkontors und forderte einen Monat später die erneute Einsetzung einer Untersuchungskommission zu den SHG (vgl. RWKS, Zechenbesitzerversammlung, 26.10.1910, S. 2ff., in: montan.dok/BBA 33/12 und RWKS, Sitzung des Beirates, 23.11.1910, S. 13ff., in: montan.dok/BBA 33/63). Im Herbst 1911 sprach er erneut steigende Gewinne im Handel in den Niederlanden und in Belgien bei gleichzeitig steigender Syndikatsumlage an (vgl. RWKS, Sitzung des Beirates, 14.08.1911, S. 4ff., in: montan.dok/BBA 33/64). Im Jahr 1912 sprach Fritz Thyssen an, dass es in Belgien angeblich Marktabsprachen zwischen der SHG sowie englischen und belgischen Verkäufern gäbe und erwartete, dass das Kohlensyndikat über solche Vorgänge informiert und darin involviert werden müsse. Dieses Ereignis nahm Thyssen zum Anlass, eine stärkere

Interesse von Thyssen an solchen Zahlen auch dessen eigene Handelsaktivitäten ein wesentlicher Grund waren, war schon zu dieser Zeit in Syndikatskreisen ein offenes Geheimnis.[55] Dem Syndikatsvorstand gelang es aber auch in der Folgezeit, zumeist sensible Details zur Vertriebsarbeit weiterhin zu verschweigen und begründete dies überwiegend mit daraus möglicherweise resultierenden Nachteilen für den Kohlenverkauf. Allenfalls sollten detaillierte Angaben einer kleineren Kommission der Zechenbesitzer mitgeteilt werden.[56] Im Jahr 1911 konnte Thyssen durch seine weiter andauernde Kritik am Absatzapparat zwar erreichen, dass erneut ein Ausschuss eingesetzt wurde, um die Geschäftsbeziehungen zwischen RWKS und Handelsgesellschaften zu untersuchen. Veränderungen schien es aber durch diese Maßnahme nicht gegeben zu haben.[57] Allerdings konnten die Streitigkeiten im Sinne des Syndikatsvorstands in ein kleineres Gremium als den personell überdimensionierten Beirat verlagert werden.[58]

Am Beispiel dieser Konflikte zeigte sich deutlich, dass es der Syndikatsleitung über lange Zeit gelungen war, die Absatz- und Produktionsfunktion im Kohlensyndikat weitgehend voneinander zu trennen. Dies war allerdings nur noch gegenüber solchen Zechenbesitzern möglich, die noch nicht über eigene Handelsbeteiligungen verfügten.[59] Für viele Zechenbesitzer boten die parallel laufenden Erneuerungsver-

---

Aufsicht über die Geschäftspolitik der Handelsgesellschaften einzufordern (vgl. RWKS, Zechenbesitzerversammlung, 14.05.1912, S. 10 ff., in: montan.dok/BBA 33/14).

55 Vgl. neben den Ausführungen in Kap. 4.3.2. zu den niederländischen Handelsaktivitäten und die Außenseiterstrategien des Thyssen-Konzern auch Roelevink: Organisierte Intransparenz, S. 282 ff.

56 Vgl. RWKS, Sitzung des Beirates, 17.03.1910, S. 2 ff., in: montan.dok/BBA 33/63; RWKS, Zechenbesitzerversammlung, 26.10.1910, S. 4 f., in: montan.dok/BBA 33/12; RWKS, Sitzung des Beirates, 26.10.1910, S. 1 ff., in: montan.dok/BBA 33/63 und RWKS, Zechenbesitzerversammlung, 23.11.1910, S. 1 f., in: montan.dok/BBA 33/12.

57 Wieder ging es um das Kohlenkontor sowie die Handelsgesellschaft in Belgien und den Niederlanden (vgl. RWKS, Sitzung des Beirates, 14.08.1911, S. 4 ff., in: montan.dok/BBA 33/64).

58 Nach Berichten der Kartell-Rundschau habe es in diesem Ausschuss „heftigen Streit" gegeben, der durch die fortwährende Kritik von Thyssen ausgelöst worden sei (vgl. o. A.: Rheinisch-Westfälisches Kohlensyndikat, in: Kartell-Rundschau 1911, Nr. 10, S. 785 f.). Auch in der Folgezeit wurde in der Presse über hohe Preiszuschläge im Syndikatshandel berichtet, was wieder zu Debatten bei den Zechenbesitzern führte (vgl. RWKS, Zechenbesitzerversammlung, 16.03.1912, S. 3 f., in: montan.dok/BBA 33/14).

59 Fraglich war in diesem Zusammenhang, inwieweit auch persönliche Motive der RWKS-Vorstandsmitglieder für die „Abriegelung" der Absatzorganisation eine Rolle spielten. Durch Fritz Thyssen wurde z. B. scharf kritisiert, dass die Vorstandmitglieder durch ihre Tätigkeit in den Aufsichtsräten der Handelsgesellschaften Tantiemen erzielten. Abgestritten wurde diese Behauptung nicht. Auch die Presse berichtete darüber (vgl. RWKS, Sitzung des Beirates, 14.08.1911, S. 4 ff., in: montan.dok/BBA 33/64 und o. A.: Rheinisch-Westfälisches Kohlensyndikat. Zur Frage der Kohlenpreise, in: Kartell-Rundschau 1916, Nr. 5, S. 165 f.). Im Jahr 1916 hieß es im Zuge der Verhandlungen mit der Firma Wulff, dass ein Entgelt für Aufsichtsratsmitglieder normalerweise nicht vorgesehen sei (vgl. RWKS, Niederschrift der Sitzung des Aufsichtsrats, 25.07.1917, S. 3 ff., in: montan.dok/BBA 32/4107 und Kap. 5.2.2.).

handlungen für den im Jahr 1915 auslaufenden Kartellvertrag eine gute Möglichkeit, Veränderungen in der syndizierten Absatzorganisation durchzusetzen.[60]

Spätestens seit dem Jahr 1912 gingen mit den Erneuerungsverhandlungen Gespräche zu Veränderungen in den Organisationsstrukturen des Kohlensyndikats einher. Auffälligste Neuerungen, die mit einem neuen Syndikatsvertrag in Kraft treten sollten, waren dabei die Auflösung des Beirats[61] und der Wegfall der Kommission C, die bislang für die Feststellung der Beteiligungsziffern zuständig war. Ein Großteil der Aufgaben beider Gremien sollte auf die Zechenbesitzerversammlung übergehen, wobei „ständige Ausschüsse“ aus deren Reihen gebildet werden sollten, die sich jeweils mit Spezialaufgaben beschäftigten. Diese Ausschüsse sollten anders als in der Vergangenheit keine temporären Einrichtungen sein, sondern in ihrem Bestand und in ihrer Funktion institutionell im neuen Kartellvertrag verankert werden.[62]

Im Jahr 1913 wurde durch Hugo Stinnes ein Antrag gestellt, als weiteres Gremium einen ständigen Ausschuss zur Überwachung des Kohlenverkaufs und der Tätigkeit der Syndikatshandelsgesellschaften einzurichten. Als Vorbild dafür diente der Stahlwerksverband, bei dem es bereits einen solchen Ausschuss gab. Mit Fritz Thyssen fand der Antragsteller wenig überraschend einen wichtigen Mitstreiter für dieses Anliegen. Der Syndikatsvorstand stand einer solchen Maßnahme erwartungsgemäß skeptisch gegenüber und bestand darauf, dass zur Sicherung des Verkaufsgeschäfts in jedem Fall die Selbstständigkeit des Vorstands gewahrt bleiben müsse und ein solcher Ausschuss daher keine Genehmigungsinstanz sein dürfe, sondern allenfalls Überwachungsbefugnisse haben solle.[63] Dass die Einrichtung dieses Ausschusses dennoch relativ problemlos durchgesetzt werden konnte, lag wohl daran, dass auch die Syndikatsleitung den Vorteil darin sah, ungewünschte Debatten zum Kohlenverkauf nicht mehr in der großen Zechenbesitzerversammlung führen zu müssen.[64] Unter der Voraussetzung, dass die Erneuerung des RWKS zustande käme, war also ein zehnköpfiger Ausschuss „zur Prüfung der Rechnungsablegung und zur Überwachung der Handelseinrichtungen“, der sogenannte Geschäftsausschuss, vorgesehen, in dem Vertreter

---

60 Vgl. u.a. RWKS, Niederschrift der Sitzung der Hüttenzechen, 04.01.1912, S. 2f., in: RWWA 130–30019323/10 und RWKS, Niederschrift der Sitzung der Hüttenzechen, 15.10.1912, in: RWWA 130–30019323/10.

61 Zur möglichen Auflösung des Beirats gab es längere Diskussionen, deren Inhalt jedoch bewusst aus den Niederschriften der Sitzungen herausgenommen wurde (vgl. RWKS, Niederschrift der Sitzung der Hüttenzechen, 04.01.1912, S. 3, in: RWWA 130–30019323/10).

62 Gegen die Entscheidungen der Ausschüsse sollten alle Mitglieder das Recht haben, Berufung in der Zechenbesitzerversammlung einzulegen (vgl. Lüthgen: Das Rheinisch-Westfälische Kohlensyndikat in der Vorkriegs-, Kriegs- und Nachkriegszeit und seine Hauptprobleme, S. 38f.).

63 Vgl. RWKS, Verhandlungen des engeren Ausschusses der Erneuerungskommission zur Feststellung der endgültigen Fassung des Vertragsentwurfs, 05.12.1913, in: RWWA 130–30019323/11 und RWKS, Sitzung der Kommission zur Aufnahme von Verhandlungen über die Erneuerung des Syndikatsvertrages, 22.12.1913, in: RWWA 130–30019323/11.

64 Vgl. RWKS, Zechenbesitzerversammlung, 31.01.1914, S. 14f., in: montan.dok/BBA 33/16.

reiner Zechen sechs Mitglieder stellen sollten.[65] Insgesamt waren für den neuen Kartellvertrag folgende Ausschüsse aus den Reihen der Zechenbesitzer vorgesehen:

a) zur Feststellung der Verkaufsbeteiligungen in Kohlen,
b) zur Feststellung der Verkaufsbeteiligungen in Koks,
c) zur Feststellung der Verkaufsbeteiligungen in Briketts,
d) zur Entscheidung von grundlegenden Qualitätsfragen,
e) zur Hebung des Absatzes und zur Bewilligung der hierfür erforderlichen Mittel,[66]
f) zur Prüfung der Rechnungsablegung und zur Überwachung der Handelseinrichtungen.[67]

Während alle Syndikatsmitglieder auch ohne Zugehörigkeit zu einem der Ausschüsse durch Versendung der Sitzungsprotokolle in Kenntnis über die dort getroffenen Entscheidungen gesetzt werden sollten, sollten die Protokolle der Ausschüsse e) und f) nur in der Syndikatsverwaltung einsehbar sein.[68] Mit dieser Entscheidung sollte die Gefahr reduziert werden, dass Inhalte aus diesen Gremien öffentlich bekannt wurden.[69] Spätere Anträge von nicht an den Ausschüssen beteiligten Zechenbesitzern, diese Einschränkung wieder aufzuheben, hatten keinen Erfolg.[70]

---

65 Vgl. RWKS, Sitzung der Kommission zur Aufnahme von Verhandlungen über die Erneuerung des Syndikatsvertrages, 22.12.1913, in: RWWA 130 – 30019323/11. Fritz Thyssen unternahm später mehrfach den Versuch, neben der Erweiterung der Befugnisse des Ausschusses auch das Übergewicht der Vertreter der reinen Zechen zugunsten der Hüttenzechen zu ändern sowie die Zahl der Mitglieder insgesamt zu erhöhen (vgl. RWKS, Verhandlungen des von der Zechenbesitzerversammlung am 21.03.1914 ernannten Ausschusses zur Fertigstellung des Vertragsentwurfs, 03.04.1914, S. 24, in: RWWA 130 – 30019323/11 und RWKS, Niederschrift der Zechenbesitzerversammlung, 24.04.1914, in: RWWA 130 – 30019323/11). Zudem beantragte Thyssen im Februar 1914, dass unter dem neuen Syndikatsvertrag die Verkaufstätigkeit des Vorstands nach einer von der Zechenbesitzerversammlung erlassenen Geschäftsordnung zu erfolgen habe. Dieser Antrag wurde dem Erneuerungsausschuss überwiesen und dürfte dort vermutlich abgelehnt worden sein (vgl. RWKS, Zechenbesitzerversammlung, 20.02.1914, S. 46 ff., in: montan.dok/BBA 33/17).

66 Im „Ausschuss e" ging es nicht explizit um die syndizierte Absatzorganisation. Dieser Ausschuss war zur Feststellung von Ausfuhrvergütungen für den Auslandsabsatz vorgesehen. Um Angriffsflächen durch zollpolitische Maßnahmen der Zielländer zu vermeiden, wurde als Bezeichnung für diesen Ausschuss ein allgemein klingender Name gewählt (vgl. RWKS, Zechenbesitzerversammlung, 31.01.1914, S. 16 ff., in: montan.dok/BBA 33/16).

67 Vgl. ebd., S. 12 ff.

68 Vgl. o. A.: Die Syndikatsverträge des Rheinisch-Westfälischen Kohlen-Syndikats, S. 57 ff.

69 Vgl. RWKS, Niederschrift der Zechenbesitzerversammlung, 31.01.1914, S. 7, in: RWWA 130 – 30019323/11 und RWKS, Zechenbesitzerversammlung, 31.01.1914, S. 19, in: montan.dok/BBA 33/16. Ausführlich zur Bildung der Ausschüsse und der Versendungspraxis der Protokolle vgl. Roelevink: Organisierte Intransparenz, S. 103 ff.

70 Vgl. RWKS, Sitzung des Ausschusses f (Geschäftsausschuss), 19.07.1916, S. 37 ff., in: montan.dok/BBA 33/79.

Der Geschäftsausschuss entwickelte sich in der Folgezeit zum wohl wichtigsten Gremium im Kartellgefüge.[71] Dieser Ausschuss war seit Herbst 1915 ausgiebig mit der Neuregelung der Vertragsbeziehungen zwischen RWKS und Syndikatshandelsgesellschaften sowie dem bevorstehenden Eintritt der bisherigen Außenseiter in die syndizierte Verkaufsstruktur beschäftigt. Hierbei nahm das Gremium die Rolle der bisherigen Erneuerungsausschüsse ein. Zudem wurde im Ausschuss f in der Folgezeit auch die Festlegung der Richtpreise vorberaten, ehe diese an die Zechenbesitzerversammlung gingen.[72] Allerdings war mit der Umstrukturierung der Kartellorgane nicht zwangsläufig die von den Zechenbesitzern gewünschte Veränderung in der Informationspolitik bezüglich der Verkaufsorganisation eingetreten. Für viele Zechenbesitzer war sogar das Gegenteil der Fall, weil die Mitwirkung an den Ausschüssen wiederum von der Höhe der Beteiligungsziffern abhängig war.[73] Auch zeigte sich in der Praxis, dass zum Beispiel Details zu Lieferverträgen nach Ansicht von Emil Kirdorf wiederum erst durch einen kleinen Ausschuss vorberaten werden sollten.[74] Auch Nachfragen zur größten Angriffsfläche während des Ersten Weltkriegs, dem äußerst lukrativen Auslandsgeschäft, wurden selbst im Geschäftsausschuss zügig unterbunden.[75]

Roelevink sah die seit der Erneuerung 1915 bestehenden Ausschüsse für die folgenden Jahre als die „eigentlichen Machtzentren des Syndikats“[76], die zu einer Verstärkung der bereits bestandenen Intransparenz im Kartellgefüge geführt hatten. Die Einblicke in die Absatzorganisation wurden zwar institutionell ausgeweitet, blieben jedoch weiterhin auf einen kleinen Personenkreis beschränkt. Dieser Kreis hatte auch wenig Interesse, die erkämpften Privilegien mit anderen Zechenbesitzern zu teilen. Hierzu gehörten auch mit großen Handelsbeteiligungen ausgestattete Unternehmen, die zuvor zu den Vorkämpfern für eine umfassendere Mitsprache in der syndizierten Absatzorganisation gehört hatten.[77]

---

71 Dies zeigte sich nicht nur daran, dass sich Emil Kirdorf auch dort in der ersten Sitzung zum Vorsitzenden wählen ließ (vgl. RWKS, Sitzung des Ausschusses f (Geschäftsausschuss), 12.10.1915, S. 1 ff., in: montan.dok/BBA 33/24).

72 Vgl. RWKS, Zechenbesitzerversammlung, 10.09.1915, S. 28, in: montan.dok/BBA 33/19. Zur Preisfestlegung vgl. RWKS, Sitzung des Ausschusses f (Geschäftsausschuss), 24.11.1915, S. 1 ff., in: montan.dok/BBA 33/77 sowie immer wiederkehrende Preisdiskussionen in diesem Ausschuss.

73 Vgl. hierzu auch Roelevink: Organisierte Intransparenz, S. 103 ff.

74 Zwar erntete der Vorsitzende für eine solche Vorgehensweise viel Kritik, sah sich aber nur kurze Zeit später in seiner Einstellung bestätigt, nachdem Berichte aus der Ausschusssitzung an die Öffentlichkeit gelangt waren (vgl. RWKS, Sitzung des Ausschusses f (Geschäftsausschuss), 12.10.1915, S. 19 ff., in: montan.dok/BBA 33/24 und RWKS, Sitzung des Ausschusses f (Geschäftsausschuss), 18.11.1915, S. 1 ff., in: montan.dok/BBA 33/77).

75 Die Ablehnung zur Bereitstellung von Statistiken zum Auslandsgeschäft begründete die Syndikatsleitung mit Arbeitsüberlastung und Personalmangel (vgl. RWKS, Sitzung des Ausschusses f (Geschäftsausschuss), 19.07.1916, S. 47 f., in: montan.dok/BBA 33/79).

76 Roelevink: Organisierte Intransparenz, S. 103.

77 Dies betraf auch die Entscheidung, die Praxis zur Nichtversendung der Protokolle des Geschäftsausschusses weiter aufrechtzuerhalten (vgl. ebd., S. 125 ff. und RWKS, Sitzung des Ausschusses f (Geschäftsausschuss), 19.07.1916, S. 37 ff., in: montan.dok/BBA 33/79).

Berücksichtigt werden muss allerdings auch, dass mit dem Geschäftsausschuss zum ersten Mal überhaupt ein ständiges Gremium zur Überwachung der Verkaufseinrichtungen geschaffen wurde, was es in dieser Form zuvor nur anlassbezogen und jeweils auch nur temporär gegeben hatte. Ob die Zechenbesitzer, auch wenn deren Anzahl überschaubar blieb, ohne ein solches Gremium an der Restrukturierung der Absatzorganisation zwischen 1915 und 1916 so intensiv hätten mitwirken können, muss eher in Frage gestellt werden. Für die Kartellorganisation selbst dürfte mit der Umstrukturierung der Organe der Zechenbesitzer eine Senkung des Organisationsaufwands einhergegangen sein. Schließlich war der für die bisherige Arbeit wenig effiziente und unbeliebte Beirat aufgelöst worden, und in der bisherigen Abriegelung der Absatz- von der Produktionsfunktion traten durch diese Neuorganisation nur vergleichsweise wenige Lücken auf. Die in den folgenden Jahren zunehmenden Schwierigkeiten beim Erhalt einer von den Unternehmen unabhängigen Absatzorganisation des RWKS hatten ihren Ursprung eher in der bereits seit längerer Zeit laufenden Entwicklung, wonach sich Produzenten über andere Wege Einfluss auf den Kohlenverkauf zurückgeholt hatten.

5.1.3 Mit freundlicher Unterstützung des Handelsministers: die Bildung des Übergangssyndikats

Der Kriegseintritt des Deutschen Reichs im August 1914 wird für das Kartellwesen als eindeutige Zäsur bewertet, da Kartellorganisationen als zunächst freiwillige privatwirtschaftliche Zusammenschlüsse vermehrt die Rolle eines Instruments der Kriegswirtschaft übernahmen.[78] Dass die Kohlenwirtschaft im Gegensatz zu anderen Branchen der deutschen Wirtschaft nicht unmittelbar von der Vereinnahmung durch eine sogenannte Kriegsgesellschaft betroffen war, verdeutlicht vor allem, dass das RWKS als zentrale Vertriebsorganisation für das größte deutsche Steinkohlenrevier als ein effektives Verteilungsinstrument galt.[79] Auch von einer Einflussnahme durch die

---

78 Vgl. u. a. Wengenroth: Die Entwicklung der Kartellbewegung bis 1914, S. 15; Maschke: Grundzüge der deutschen Kartellgeschichte bis 1914 sowie zusammenfassend auch Jovović: Deutschland und die Kartelle, S. 240.

79 Befürchtungen der Zechenbesitzer über staatliche Eingriffe führten seit Kriegsbeginn zunächst zu einer maßvollen Kartellpolitik, um den Eindruck einer zu starken Machtausnutzung zu verhindern. Auch für die Kohlenwirtschaft wurde eine Kriegsgesellschaft gegründet. Diese hatte jedoch keine besondere Bedeutung (vgl. Roelevink: Organisierte Intransparenz, S. 99 ff.). Zur Rohstoffbewirtschaftung im Deutschen Reich zwischen 1914 und 1916 und zur Gründung von Kriegsgesellschaften vgl. auch Kocka, Jürgen: Kriegssozialismus? Unternehmer und Staat 1914–1918, in: Industrie- und Handelskammer zu Berlin (Hg.): Berlin und seine Wirtschaft. Ein Weg aus der Geschichte in die Zukunft, Berlin, New York 1987, S. 155–176, hier: S. 158 ff. und van de Kerkhof, Stefanie: Public-Private Partnership im Ersten Weltkrieg? Kriegsgesellschaften in der schwerindustriellen Kriegswirtschaft des Deutschen Reiches, in: Ziegler, Dieter; Berghoff, Hartmut und Kocka, Jürgen (Hg.): Wirtschaft im Zeitalter der

Festlegung von Höchstpreisen in der Kohlenwirtschaft sah der Staat trotz entsprechender Debatten zunächst ab.[80] Ob dies als Vertrauensvorschuss für das RWKS gewertet werden kann, ist eher fraglich. Vielmehr dürften die offenen Fragen zur Syndikatserneuerung, im Besonderen die Modalitäten für einem Beitritt der fiskalischen Zechen sowie die weiterhin laufenden Gespräche für einen engeren Zusammenschluss zwischen Ruhr- und Saarbergbau, für die zunächst geübte Zurückhaltung ausschlaggebend gewesen sein.[81]

Die Kriegseinflüsse selbst machten sich im Ruhrbergbau neben den starken Belegschafts- und Produktionsrückgängen durch massive Veränderungen in der Marktstruktur bemerkbar. Der Wegfall der britischen Kohlenimporte hatte die Verkaufsmöglichkeiten für Ruhrkohle in bislang bestrittene Absatzgebiete deutlich verbessert, wobei sich der Konkurrenzkampf durch Produktionsrückgänge in allen Revieren insgesamt deutlich verringerte. Mit dieser Entwicklung verlor das Kohlensyndikat jedoch als Instrument zur Senkung von Marktkosten für seine Mitglieder weiter an Bedeutung. Bereits in Phasen der Hochkonjunktur in den Vorkriegsjahren hatte es Kritik gegeben, die tatsächliche Marktlage werde aufgrund der vergleichsweise mäßigen Preispolitik des RWKS nicht ausgenutzt. Dass die kriegsbedingten Veränderungen keinen positiven Einfluss auf die ohnehin schwierigen Erneuerungsverhandlungen für den Ende 1915 auslaufenden Syndikatsvertrag hatten, bedarf damit keiner weiteren Erläuterung. Bei vielen Produzenten nahm die „Syndikatsmüdigkeit“[82] in der Kriegsphase auch deshalb zu, weil nach einem zunächst vermuteten schnellen Kriegsende ein starker Konjunkturaufschwung erwartet wurde, der unter dem Dach des RWKS womöglich kaum ausgenutzt werden könnte.[83]

Auch Emil Kirdorf erwartete wenige Monate nach dem Kriegsausbruch den „vollen Absatz unserer Erzeugung“[84] nach einem möglicherweise schnellen Kriegsende und versuchte die Zechenbesitzer mit diesem Argument dazu zu bewegen, selbst im Falle des Nichtbeitritts der Außenseiterzechen, den syndizierten Verkauf der alten Kartellmitglieder weiter aufrechtzuerhalten.[85] Solche Appelle dürften eher die gegenteilige Wirkung erreicht haben. Schließlich zweifelte in Syndikatskreisen kaum jemand daran, dass es ohne Kartell aufgrund der Kriegseinflüsse zu starken Preissteigerungen kommen

---

Extreme. Beiträge zur Unternehmensgeschichte Deutschlands und Österreichs. Im Gedenken an Gerald D. Feldman, München 2010, S. 106–132, hier: S. 106 ff.

80 Vgl. o. A.: Rheinisch-Westfälisches Kohlensyndikat. Zur Frage der Kohlenpreise, in: Kartell-Rundschau 1916, Nr. 5, S. 160 f.

81 Zu den revierübergreifenden Kartellierungsbestrebungen vgl. Kap. 4.2.3.

82 Buschmann: Untersuchung der Zweckmäßigkeit der Syndizierung des Kohlenbergbaus auf Grund der geschichtlichen Entwicklung des Rheinisch-Westfälischen Kohlensyndikats, S. 135.

83 Vgl. Storm: Geschichte der deutschen Kohlenwirtschaft von 1913–1926, S. 95; Lüthgen: Das Rheinisch-Westfälische Kohlensyndikat in der Vorkriegs-, Kriegs- und Nachkriegszeit und seine Hauptprobleme, S. 31 f. und o. A.: Rheinisch-Westfälisches Kohlensyndikat. Die Erneuerungsfrage, in: Kartell-Rundschau 1914, Nr. 12, S. 775 f.

84 RWKS, Zechenbesitzerversammlung, 29.10.1914, S. 4, in: montan.dok/BBA 33/17.

85 Vgl. ebd.

würde.[86] Die Preispolitik des Kohlensyndikats hätte der Ausnutzung eines Konjunkturaufschwungs im Wege stehen können, wodurch die steigende Nachfrage viel stärker auf den verschiedenen Absatzstufen im Groß- und Einzelhandel ausgenutzt worden wäre. Davon hätten jedoch nur diejenigen Zechenbesitzer profitiert, die bereits selbst Einfluss auf den Kohlenhandel besaßen.

Neben den Kriegseinflüssen galt die Uneinigkeit zwischen den reinen Zechen und den Hüttenzechen weiterhin als größte Hürde für eine Erneuerung des Syndikatsvertrags. Zudem forderten viele Außenseiterzechen für ihren Beitritt unverhältnismäßig hohe Beteiligungsziffern, worauf „alte" Kartellmitglieder mit vergleichbaren Forderungen reagierten.[87] Die „Händlerfrage" galt Anfang 1915 aus Sicht der Syndikatsleitung zunächst als weniger konfliktbeladenes Themenfeld, zumal mit der vorgesehenen Umstrukturierung der Kartellorgane und der damit verbundenen Einrichtung eines Ausschusses zur Überwachung der Verkaufseinrichtungen die Forderung vieler Zechenbesitzer nach einer stärkeren Kontrolle über die Absatzorganisation befriedigt werden konnte. Allerdings hatte sich diese Einschätzung wenige Wochen später deutlich verändert: Neben der grundsätzlichen Frage, in welcher Form die Syndikatshandelsgesellschaften bestehen bleiben sollten, wurde die Integration neuer Handelsfirmen in den Absatzapparat als ein schwerwiegendes und womöglich gar unlösbares Problem eingestuft.[88] Aufgrund der weiter bestehenden Gegensätze unter den Ruhrzechen überraschte es wenig, dass im Februar 1915 lediglich 46 der 64 „alten" Syndikatsmitglieder mit einer Gesamtbeteiligung von 81 Prozent den neu vorgelegten Vertragsentwurf unterzeichneten. Doch selbst diese Kartellzechen waren nur zur Teilnahme bereit, wenn alle Außenseiter – und damit auch die fiskalischen Zechen – dem Kartell beitraten.[89] Es war zu dieser Zeit kein Geheimnis, dass die Ablehnung nicht nur auf gegensätzlichen Meinungen zum Vertragswerk, sondern ebenso darauf beruhte, dass zahlreiche Produzenten aufgrund der starken Nachfrage mit deutlich höheren Verkaufspreisen ohne ein Kartell rechneten.[90]

---

86 Vgl. o. A.: Rheinisch-Westfälisches Kohlensyndikat. Das Kohlenzwangssyndikat, in: Kartell-Rundschau 1915, Nr. 6/7, S. 256.

87 Zusammenfassend vgl. u. a. Wilhelm: Das Rheinisch-Westfälische Kohlensyndikat und die Oberschlesische Kohlenkonvention bis zum Jahre 1933, S. 121 f. und Liefmann: Die Kartelle in und nach dem Kriege, S. 8.

88 Vgl. dazu die gegensätzlichen Äußerungen von Emil Kirdorf in den aufeinanderfolgenden Sitzungen: RWKS, Zechenbesitzerversammlung, 23.01.1915, S. 26 ff., in: montan.dok/BBA 33/18 und RWKS, Zechenbesitzerversammlung, 08.02.1915, S. 20, in: montan.dok/BBA 33/18.

89 Neben sechs Hüttenzechen lehnten die fünf Stinnes-Zechen, der Mülheimer Bergwerksverein sowie die Gewerkschaften Ver. Neu-Schölerpad und Hobeisen einen Beitritt ab. Zudem fehlten Erklärungen von der Bochumer Bergwerksgesellschaft, den Gewerkschaften Borussia/ Oespel, Langenbrahm, dem Lothringer Hüttenverein und der Gewerkschaft Victoria. Mit einigen dieser Unternehmen konnte nachträglich noch eine Einigung erzielt werden (vgl. ebd.; o. A.: Rheinisch-Westfälisches Kohlensyndikat. Zur Syndikatserneuerung, in: Kartell-Rundschau 1916, Nr. 6/7, S. 226 f. und Begründung für den Erlass der Bundesratsverordnung, o. D. (1915), S. 10 ff., in: GStA PK, I. HA Rep. 151 Nr. 1291).

90 Vgl. ebd., S. 10 f. Zu den schwierigsten Verhandlungspartnern zählte der Thyssen-Konzern, dessen Forderungen in den Erneuerungsverhandlungen aus Sicht der Syndikatsleitung oftmals fernab jeder

Die günstige Marktlage und die nach Ablehnung des Vertragsentwurfs unklare Perspektive zur Erneuerung erhöhte die Gefahr, dass einzelne Zechen für den Zeitraum ab 1916 bereits wieder selbstständig in das Verkaufsgeschäft einstiegen, um den Absatz ihrer Produkte für eine möglicherweise kartelllose Zeit frühzeitig zu sichern. Um eine solche Situation zu verhindern, konnte der größte Teil der Zechenbesitzer dazu verpflichtet werden, bis zum 31. Oktober 1915 vorerst keine neuen Handelsverträge einzugehen.[91] Andernfalls hätten selbst bei einer Erneuerung wieder zahlreiche Lieferverträge zwischen Zechen und Abnehmern bestanden, was zu einer aus Syndikatsperspektive chaotischen Situation geführt hätte, die mit der Gründungsphase des RWKS vergleichbar gewesen wäre. Dabei wäre das Kohlensyndikat wieder in großen Teilen seiner Absatzfunktion beraubt worden, da eine Rückkehr zum geschlossenen Verkauf einen hohen Kosten- und Organisationsaufwand mit sich gebracht hätte. Allein die zahlreichen langfristigen Lieferverträge der bisherigen Außenseiter, die oftmals gezielt zur Verbesserung der Verhandlungsposition geschlossen worden waren, stellten bereits eine große Hürde in den Beitrittsverhandlungen dar.[92]

Für den Fall des Scheiterns der Erneuerungsverhandlungen appellierte Emil Kirdorf wiederholt an die Zechenbesitzer, zumindest den Absatzapparat gemeinschaftlich weiterzuführen und den zentralen Verkauf noch stärker als „Kampfinstrument“ zu nutzen, um andere Zechen von der Teilnahme zu „überzeugen“.[93] Das Interesse vieler Kartellmitglieder an der Fortsetzung des gemeinsamen Verkaufs dürfte groß gewesen sein, auch wenn es kaum offen ausgesprochen wurde. Mit der bislang erreichten Syndizierung in der Vertriebsorganisation standen viele Zechen in einer starken Abhängigkeit zum RWKS, so dass der gemeinsame Verkauf im Kohlensyndikat seine Funktion als Bindeglied und „Austrittsbarriere“ erfüllte.[94] Gleichzeitig führte jedoch der in den Vorjahren erfolgte Zukauf und Aufbau von selbstständigen und unabhängigen Händlerfirmen bei einigen Bergwerksunternehmen dazu, dass ein Teil der Zechenbesitzer für ein Auseinanderbrechen des Kartells gerüstet war. Spätestens

Realität lagen (vgl. u.a. RWKS, Niederschrift der Verhandlungen des in der Zechenbesitzerversammlung vom 24.04.1914 eingesetzten Ausschusses, 27.06.1914, S. 7ff., in: TKA, A/657/1).

91 Zunächst bestand bei den Syndikatsmitgliedern nur die Verpflichtung, bis zum 31. Januar 1915 auf Verkäufe für die Zeit nach Auslaufen des Kartellvertrags zu verzichten. Dies wurde bis zum 31. Oktober 1915 ausgeweitet, damit die Erneuerungsverhandlungen überhaupt noch einen Sinn hatten (vgl. RWKS, Zechenbesitzerversammlung, 23.01.1915, S. 5, in: montan.dok/BBA 33/18). Auch der Fiskus hatte diese Verpflichtungserklärung unterschrieben, wobei bereits eingegangene Handelsverträge nicht betroffen waren. Nicht unterzeichnet hatten allerdings die Gewerkschaften Victoria und Langenbrahm. Langenbrahm hatte sogar bereits vertragswidrige Vorverkäufe getätigt, was ein Strafverfahren nach sich zog (vgl. RWKS, Zechenbesitzerversammlung, 08.02.1915, S. 7, in: montan.dok/BBA 33/18 und RWKS, Sitzung des Beirates, 08.02.1915, S. 1ff., in: montan.dok/BBA 33/68).

92 Vgl. o. A.: Rheinisch-Westfälisches Kohlensyndikat. Das Kohlenzwangssyndikat, in: Kartell-Rundschau 1915, Nr. 6/7, S. 264.

93 Vgl. RWKS, Sitzung des Ausschusses zur Aufnahme von Verhandlungen über die Erneuerung des Syndikatsvertrages, 29.10.1914, S. 4, in: RWWA 130 – 30019323/11.

94 Vgl. Blaich: Ausschließlichkeitsbindungen als Wege der industriellen Konzentration in der deutschen Wirtschaft bis 1914, S. 323.

seit der Erneuerungsphase befand sich das Kohlensyndikat damit in einem Zustand, in dem „die Verkaufsstrukturen des Syndikats durch seine eigenen Mitglieder demontiert“[95] werden konnten, was viele Zechenbesitzer in der Folgezeit auch ausnutzten.

Auf staatlicher Seite war das Interesse an einer Rückkehr zum freien Wettbewerb gering, da das RWKS seine Aufgabe als Kohlenverteilungsinstrument in der Kriegswirtschaft durchaus effektiv bewältigte. Auch im Hinblick auf die Rentabilität der staatlichen Ruhrbergwerke bestand in den Ministerien Einigkeit, dass eine Verlängerung des Syndikatsvertrags angestrebt werden sollte, um starke Preisschwankungen auf den Kohlenmärkten zu vermeiden.[96] Während staatliche Eingriffe zum Erhalt des RWKS bereits seit mehreren Jahren als eine mögliche Option galten,[97] hatte die Kriegssituation die Wahrscheinlichkeit für Zwangsmaßnahmen deutlich erhöht. Dies war durch vereinzelte „Vorwarnungen“ auch durchaus bekannt.[98] Innerhalb der Behörden wurden Zwangsmaßnahmen allerdings als äußerst problematisch eingeschätzt, so dass ein staatliches Eingreifen allenfalls eine vorübergehende Maßnahme sein sollte.[99]

Die Veröffentlichung einer Bundesratsverordnung am 12. Juli 1915,[100] die den Landeszentralbehörden eine zwangsweise Bildung von Vertriebsgesellschaften im Stein- und Braunkohlenbergbau ermöglichen sollte, stellte trotz aller Vorwarnungen

---

95 Feldman: Hugo Stinnes, S. 329.

96 Vgl. hierzu u. a. den Schriftverkehr zwischen den Ministerien: Schreiben des Finanzministers an den Minister des Innern, 01.06.1915, in: GStA PK, I. HA Rep. 77 Tit. 248 Nr. 44 Bd. 1 und Schreiben des Oberpräsidenten der Rheinprovinz an den Regierungspräsidenten in Düsseldorf, 02.06.1915, in: GStA PK, I. HA Rep. 77 Tit. 248 Nr. 44 Bd. 1. Ferner vgl. Begründung für den Erlass der Bundesratsverordnung, o. D. (1915), S. 8 ff., in: GStA PK, I. HA Rep. 151 Nr. 1291.

97 Bereits 1910 hieß es im RWKS, dass mit Blick auf die Zwangsmaßnahmen im Kalisyndikat ein staatliches Einschreiten in die Kartellpolitik des RWKS tunlichst verhindert werden müsse. Auch deshalb müsse unbedingte der Beitritt des Fiskus zum Kohlensyndikat erreicht werden (vgl. RWKS, Sitzung der Kommission zur Aufnahme von Verhandlungen über die Erneuerung des Syndikatsvertrages, 16.07.1910 (Stenogramm), S. 12, in: montan.dok/BBA 33/28 und o. A.: Rheinisch-Westfälisches Kohlensyndikat, in: Kartell-Rundschau 1911, Nr. 5, S. 379).

98 Vgl. o. A.: Rheinisch-Westfälisches Kohlensyndikat. Das Kohlenzwangssyndikat, in: Kartell-Rundschau 1915, Nr. 6/7, S. 252 ff.

99 Vgl. Schreiben des Oberpräsidenten der Rheinprovinz an den Regierungspräsidenten in Düsseldorf, 02.06.1915, in: GStA PK, I. HA Rep. 77 Tit. 248 Nr. 44 Bd. 1.

100 Vollständiger Name der Bundesratsverordnung: Bekanntmachung über die Errichtung von Vertriebsgesellschaften für den Steinkohlen- und Braunkohlenbergbau, 13.07.1915, in: Reichsgesetzblatt, Jahrgang 1915, Nr. 90. Ergänzt wurde die Verordnung durch eine Änderungsbekanntmachung vom 30.08.1915 (vgl. Adolph: Ruhrkohlenbergbau, Transportwesen und Eisenbahntarifpolitik, S. 32). Die Tatsache, dass das Kohlensyndikat durch eine Bundesratsverordnung zum Weiterbestand gezwungen wurde, beruhte auf einem 1914 erlassenen Ermächtigungsgesetz, mit welchem dem Bundesrat die Zuständigkeit für wirtschaftsrelevante Gesetze übertragen wurde (vgl. Schäfer, Hermann: Kartelle in der Zeit des Ersten Weltkrieges. Funktionen im Rahmen von Kriegswirtschaft und Sozialisierung, in: Pohl, Hans (Hg.): Kartelle und Kartellgesetzgebung in Praxis und Rechtsprechung vom 19. Jahrhundert bis zur Gegenwart, Stuttgart 1985, S. 81–99, hier: S. 91).

eine Überraschung dar. Weder das RWKS noch einzelne Persönlichkeiten aus der Führungsspitze waren zuvor angehört worden.[101] Obgleich die Verordnung für alle Bergbaureviere galt, war sie fast ausschließlich auf den Fortbestand des RWKS ausgerichtet. Wohl aus diesem Grund gab es keine konkreten Anordnungen zur Organisation der Syndikate, da schließlich eine freiwillige Regelung weiterhin vorgezogen wurde. Bedingung dafür war, dass mindestens 97 Prozent der Produktionsmenge des Förderreviers in einem Kartell vereint wurden. Konkret niedergeschrieben war in der Verordnung zudem, dass die Preisstellung zukünftig von der Genehmigung der Behörden abhängig gemacht werden sollte.[102]

Aufgrund der Abneigung gegenüber staatlichen Eingriffen kann die Reaktion der Syndikatsleitung, dass die Bundesratsverordnung „ein ehrenvolles Zeugnis für die bisherige Tätigkeit der Verbände in der Brennstoffindustrie"[103] sei, eher in die Kategorie „Galgenhumor" eingeordnet werden. Die damit verbundene Einschätzung, dass der Staat mit der Bundesratsverordnung „dem Verbande selbst Anerkennung [zollt]"[104], war allerdings nicht aus der Luft gegriffen. Die Verordnung zielte vor allem auf den Erhalt des Kohlensyndikats als Absatzinstrument zur Sicherstellung der Kohlenversorgung ab, was sich auch daran erkennen lässt, dass die Verordnung, ihrem vollständigen Namen nach, auf den Betrieb von *Vertriebsgesellschaften* ausgerichtet war.[105] Als leere Drohung wurde das Papier keineswegs aufgefasst. In der Diskussion um die Erhöhung der Richtpreise im Juli 1915 betonte Kirdorf im Beirat, dass Handelsminister Reinhold von Sydow vor zu starken Preiserhöhungen gewarnt habe, was der Beiratsvorsitzende als bereits erfolgten Eintritt der „Zwangsgemeinschaft" kommentierte.[106] Auch in der Folgezeit verfehlte die Bundesratsverordnung nicht ihr Ziel, die Zechenbesitzer an der Ruhr zu weiteren Verhandlungen für einen freiwilligen Kartellvertrag zu „motivieren". Besonders deutlich zeigte sich dies daran, dass die Hüttenzechenbesitzer auf zahlreiche Vorrechte verzichteten.[107] Ausschlag-

101 Ausführlich zur Bundesratsverordnung und den Reaktionen im Syndikat und in der Presse vgl. o. A.: Rheinisch-Westfälisches Kohlensyndikat. Das Kohlenzwangssyndikat, in: Kartell-Rundschau 1915, Nr. 6/7, S. 252ff.

102 Vgl. ebd. und Begründung für den Erlass der Bundesratsverordnung, o. D. (1915), S. 8f., in: GStA PK, I. HA Rep. 151 Nr. 1291.

103 O. A.: Rheinisch-Westfälisches Kohlensyndikat. Das Kohlenzwangssyndikat, in: Kartell-Rundschau 1915, Nr. 6/7, S. 260.

104 Ebd.

105 Vgl. Bekanntmachung über die Errichtung von Vertriebsgesellschaften für den Steinkohlen- und Braunkohlenbergbau, 13.07.1915, in: Reichsgesetzblatt, Jahrgang 1915, Nr. 90 und Begründung für den Erlass der Bundesratsverordnung, o. D. (1915), S. 15, in: GStA PK, I. HA Rep. 151 Nr. 1291.

106 Die Mehrheit im RWKS hielt wegen steigender Löhne Preiserhöhungen für unumgänglich. Seitens des Handelsministers hieß es, dass er keine Erhöhung akzeptiere, die im Durchschnitt über 1 Mark je Tonne gehe. Ausnahmen wären lediglich beim Koks möglich (vgl. RWKS, Sitzung des Beirates, 29.07.1915, in: montan.dok/BBA 33/68).

107 Erreicht werden konnte unter anderem, dass bei der Zahlung der Umlage auch der Selbstverbrauch der den Zechen angeschlossenen Hüttenwerke einbezogen wurde (vgl. Liefmann: Die Kartelle

gebend für die erhöhte Kompromissbereitschaft dürfte vor allem die Vereinbarung gewesen sein, zunächst für die Dauer von 15 Monaten ein sogenanntes Übergangssyndikat zu bilden, um spätestens nach dessen Auslaufen Grundlagen für einen längerfristigen Kartellvertrag gefunden zu haben.[108]

Eine für das Übergangssyndikat provisorische Lösung in der „Händlerfrage" zu finden, entwickelte sich trotz der erhöhten Verhandlungsbereitschaft bis zum Abschluss des Vertrags am 14. September 1915 zum zentralen Problem, das eine freiwillige Kartellbildung fast zum Scheitern brachte. Die vielen noch kurzfristig eingereichten Anträge auf Änderungen zu Vertriebsfragen kommentierte der Syndikatsvorstand Max Graßmann mit der durchaus zutreffenden Feststellung, „daß jeder versuche, die Regelung der Händlerfrage nach seinen eigensten Verhältnissen zuzuschneiden."[109] Über die grundsätzliche Form der Absatzorganisation mit den regionalen Syndikatshandelsgesellschaften gab es zunächst keinen neuen Diskussionsbedarf, da weitreichende Änderungen aufgrund des kurzen Verhandlungszeitraums kaum noch möglich waren. Neben den neuen Formen der Überwachung der Vertriebstätigkeit waren Modifizierungen der Gesellschafts- und Lieferverträge zwischen dem RWKS und den Handelsgesellschaften bereits vor Erlass der Bundesratsverordnung diskutiert, tatsächliche Veränderungen aufgrund der grundsätzlichen Fragen zur Syndikatserneuerung allerdings einem späteren Dauersyndikat überlassen worden.[110]

Die Schwierigkeiten in der Absatzpolitik konzentrierten sich vor der Unterzeichnung des Übergangsvertrags auf die Frage, wie die noch über 1915 hinausgehenden Lieferverträge der bisherigen Außenseiter in die kartellierten Verkaufsstrukturen integriert werden sollten. Eine eigenständige Abwicklung durch die jeweiligen Händler war aufgrund der daraus zu erwartenden Forderungen anderer Zechenbesitzer für die Syndikatsleitung undenkbar und wäre vermutlich durch den Handelsminister nicht als freiwillige Form der Syndikatsbildung akzeptiert worden.[111] Auf der anderen Seite waren aufgrund der kurzen Vertragsdauer viele Außenseiterhändler nicht bereit, ihren

in und nach dem Kriege, S. 9 und Wilhelm: Das Rheinisch-Westfälische Kohlensyndikat und die Oberschlesische Kohlenkonvention bis zum Jahre 1933, S. 130).

108 Wichtigste Voraussetzung dafür war für fast alle Zechen, dass die im Jahr 1915 vergebenen Beteiligungsziffern für ein späteres Dauersyndikat nicht bindend waren (vgl. o. A.: Rheinisch-Westfälisches Kohlensyndikat. Zur Syndikatserneuerung, in: Kartell-Rundschau 1916, Nr. 6/7, S. 223). Der Vorschlag für einen zunächst kürzeren Kartellvertrag wäre angeblich vom Bergfiskus gekommen (vgl. Wilhelm: Das Rheinisch-Westfälische Kohlensyndikat und die Oberschlesische Kohlenkonvention bis zum Jahre 1933, S. 127). Dies würde verdeutlichen, dass der Fiskus unbedingt eine freiwillige Syndikatserneuerung erreichen und daher weitere Verhandlungsbrücken bauen wollte. Nach Aussage von Emil Kirdorf kam der Vorschlag für ein kürzeres Übergangssyndikat allerdings von Max Graßmann (vgl. RWKS, Niederschrift der Zechenbesitzerversammlung, 24.08.1915, S. 39, in: RWWA 130 – 30019323/11).

109 Ebd., S. 9.

110 Vgl. Entwurf eines Gesellschaftsvertrages für die Syndikatshandelsgesellschaften, o. D. (1915), in: HA, JWW: 65 und Schreiben an das RWKS, 08.06.1915, in: HA, JWW: 65.

111 Vgl. RWKS, Zechenbesitzerversammlung, 06.08.1915, S. 14, in: montan.dok/BBA 33/19.

eigenen Absatzapparat aufzugeben und ihn vollständig den Syndikatshandelsgesellschaften zu unterwerfen.[112] Als Zwischenlösung sollte im neuen Kartellvertrag festgelegt werden, dass Zechen, welche Vorverkäufe mit Händlern getätigt hatten, diese für die Dauer des Kartellvertrags durch das RWKS bzw. die Syndikatshandelsgesellschaften abwickeln lassen sollten, ohne dass die Verträge aufgelöst wurden. Dabei sollten die Händlerfirmen der neu beitretenden Zechen ihre Kohle ohne Preisaufschläge zugeteilt bekommen und in den freien Gebieten ohne Syndikatshandelsgesellschaft entsprechend am Vertrieb beteiligt werden.[113] Details über die Aufnahme der Händlerfirmen in die SHG sollten allerdings erst nach dem Beschluss über den vorläufigen Kartellvertrag festgelegt werden, was wiederum Widerspruch auf Seiten der Zechenbesitzer hervorrief.[114] Ob allein die Zusage Emil Kirdorfs, dass bei der späteren Regelung der Händlerfrage „nach Gerechtigkeit und Billigkeit verfahren werden soll"[115], ausreichte, darf bezweifelt werden. Die Androhung staatlicher Zwangsmaßnahmen dürfte eine größere Bedeutung gehabt haben.

Eine möglichst zu erreichende Gleichbehandlung aller Zechen war insgesamt eine große Herausforderung. In Hinblick auf die vielfach bestehenden Meistbegünstigungsklauseln musste die Syndikatsleitung mit Zugeständnissen gegenüber einzelnen Unternehmen äußerst sensibel umgehen. Dies zeigte sich vor allem bei der Integration bisheriger Außenseiterhändler in die syndizierte Absatzorganisation und der Zuteilung entsprechender Geschäftsbeteiligungen an den Syndikatshandelsgesellschaften. So rief zum Beispiel Hugo Stinnes noch im Juli 1915 die Welheim-Handelsgesellschaft als Absatzorganisation für die gleichnamige Zeche ins Leben. Diese kurzfristige Gründung unmittelbar vor dem Abschluss des Übergangssyndikats hatte mit der Absatzsicherung der Zeche kaum etwas zu tun, sondern diente lediglich der Durchsetzung von Beteiligungsansprüchen im Kohlenhandel. In Syndikatskreisen war dieser Schritt von Stinnes mit der Befürchtung verbunden, dass andere Außenseiterunternehmen diesem Beispiel folgen und vergleichbare Ansprüche stellen würden.[116] Tatsächlich ließ die Bildung weiterer Handelsgesellschaften, diesmal bei den

---

112 Vgl. Buschmann: Untersuchung der Zweckmäßigkeit der Syndizierung des Kohlenbergbaus auf Grund der geschichtlichen Entwicklung des Rheinisch-Westfälischen Kohlensyndikats, S. 70 f.

113 Vgl. RWKS, Anlage zur Einladung zur Zechenbesitzerversammlung, 24.08.1915, in: HA, JWW: 10; RWKS, Niederschrift der Zechenbesitzerversammlung, 14.09.1915, S. 7, in: RWWA 130 – 30019323/5 und Buschmann: Untersuchung der Zweckmäßigkeit der Syndizierung des Kohlenbergbaus auf Grund der geschichtlichen Entwicklung des Rheinisch-Westfälischen Kohlensyndikats, S. 69 f.

114 Der Widerspruch dazu kam von der Gutehoffnungshütte (vgl. RWKS, Niederschrift der Zechenbesitzerversammlung, 24.08.1915, S. 8, in: RWWA 130 – 30019323/11 und RWKS, Zechenbesitzerversammlung, 06.08.1915, S. 10 ff., in: montan.dok/BBA 33/19).

115 RWKS, Niederschrift der Zechenbesitzerversammlung, 10.09.1915, S. 11, in: RWWA 130 – 30019323/11.

116 Vgl. Sitzung des in der Zechenbesitzerversammlung vom 11.12.1914 eingesetzten Ausschusses am 12.08.1915, S. 39 ff., in: montan.dok/BBA 33/36; RWKS, Sitzung des Ausschusses f (Geschäftsausschuss), 21.12.1915, S. 67 f., in: montan.dok/BBA 33/77 und RWKS, Niederschrift der Zechenbesitzerversammlung, 24.01.1916, S. 7 ff., in: RWWA 130 – 30019323/5.

Zechen Graf Bismarck, Unser Fritz, Friedrich der Große und Fürst Leopold, nicht lange auf sich warten. Auch hier dürfte es sich lediglich um „Briefkastenfirmen" gehandelt haben, mit denen die Zechen Beteiligungen an den Syndikatshandelsgesellschaften durchzusetzen versuchten.[117] Für den provisorischen Syndikatsvertrag blieb diese Problematik zunächst außen vor, stellte sich aber in den späteren Gesprächen für das Dauersyndikat als äußerst schwieriger Verhandlungspunkt heraus.[118]

Für die Schaffung eines vom Handelsminister akzeptierten Übergangsyndikats waren zunächst vor allem die Forderungen des Thyssen-Konzerns problematisch, die im Hinblick auf Meistbegünstigungsansprüche kaum erfüllt werden konnten. Bei seinen Forderungen berief sich das Unternehmen in den Verhandlungen darauf, dass den fiskalischen Zechen für ihren Eintritt in das RWKS Sonderrechte zugestanden werden sollten.[119] Ohne eine Beteiligung der fiskalischen Ruhrbergwerke wäre aber eine freiwillige Kartellbildung nicht möglich gewesen, da die erforderliche Mindestproduktionsmenge von 97 Prozent nicht erreicht worden wäre. Allerdings konnte zumindest der zeitweise angedachte, völlig autonome Fortbestand der fiskalischen Handelsgesellschaften verhindert werden. Wären die fiskalischen Vertriebsfirmen selbstständig geblieben, hätte aus Sicht der Kartellzechen die Gefahr bestanden, dass diese Gesellschaften im Handel mit fremden Produkten keinen Beschränkungen unterworfen gewesen wären und nicht zu einer Gewinnabführung an das RWKS hätten verpflichtet werden können.[120] Zu den Sonderrechten gehörte für die Staatszechen auch ein jederzeitiges Rücktrittsrecht, bei dessen Anwendung unmittelbar eine Grundlage zur Bildung eines Zwangssyndikats entstanden wäre.[121] Durch die zudem vereinbarte Vertretung des Bergfiskus in den Aufsichtsräten von RWKS, Kohlenkontor und in den ständigen Ausschüssen des Syndikats sowie die vertraglich vereinbarte Auskunftserteilung an den Handelsminister sicherte sich der preußische Staat weitreichende Informations- und Mitwirkungsmöglichkeiten. Neben der Anerkennung

117 Vgl. Sitzung des in der Zechenbesitzerversammlung vom 11.12.1914 eingesetzten Ausschusses am 24.08.1915, S. 56, in: montan.dok/BBA 33/36; o. A.: Die Gründung von Kohlenhandelsgesellschaften, in: Deutsche Kohlen-Zeitung, 11.09.1915, Nr. 37/38, S. 160; Rheinisch-Westfälische Zeitung, 24.08.1915, in: HA, JWW: 65; Rhein- und Ruhrzeitung, 30.08.1915, in: HA, JWW: 65 und Rheinisch-Westfälische Zeitung, 31.08.1915, in: HA, JWW: 65.

118 Zahlreiche andere Zechen (Teutoburgia, Fürst Leopold, Auguste Victoria, Brassert und Graf Bismarck) erhoben später Ansprüche auf Meistbegünstigung (vgl. RWKS, Sitzung des Ausschusses f (Geschäftsausschuss), 24.01.1916, S. 26 ff., in: montan.dok/BBA 33/78; RWKS, Sitzung des Ausschusses f (Geschäftsausschuss), 18.03.1916, S. 1, in: montan.dok/BBA 33/78 sowie Kap. 5.2.2.).

119 Vgl. u. a. RWKS, Niederschrift der Verhandlungen des in der Zechenbesitzerversammlung vom 24.04.1914 eingesetzten Ausschusses, 27.06.1914, S. 7 ff., in: TKA, A/657/1.

120 Vgl. Schreiben von Paul Reusch an Max Graßmann, 27.08.1915, in: RWWA 130 – 30019323/6 und Schreiben von Max Graßmann an Paul Reusch, 29.08.1916, in: RWWA 130 – 30019323/6.

121 Vgl. Buschmann: Untersuchung der Zweckmäßigkeit der Syndizierung des Kohlenbergbaus auf Grund der geschichtlichen Entwicklung des Rheinisch-Westfälischen Kohlensyndikats, S. 74 und Liefmann: Die Kartelle in und nach dem Kriege, S. 9.

diverser Handelsverträge sollten zudem die seit längerer Zeit stockenden Verhandlungen zum Erwerb der Bergwerksgesellschaft Hibernia fortgesetzt werden.[122]

Dass es zu den Sonderrechten für den Fiskus keine Alternative gab, wurde auch daran deutlich, dass kein ernst zu nehmender Widerspruch aus den Reihen der Zechenbesitzer aufkam und diese Sonderrechte erst kurz vor dem Abschluss der Verhandlungen durch die Zechenbesitzerversammlung vergleichsweise geräuschlos „durchgepeitscht“ wurden. Ungewöhnlich war dabei allerdings die geforderte Mitgliedschaft eines fiskalischen Vertreters im Kohlenkontor, obwohl die Händler der Staatszechen dem Kohlenkontor selbst zunächst nicht beitraten. Kirdorf verband dieses Zugeständnis jedoch mit der Hoffnung, dass damit die Verhandlungen für eine spätere Integration der fiskalischen Händler in das Kohlenkontor erleichtert werden könnten.[123] In das Übergangssyndikat traten letztlich alle Ruhrzechen mit einer Jahresförderung von über 100.000 Tonnen mit Ausnahme der Gewerkschaft Admiral und der Bergwerksgesellschaft Glückaufsegen ein. Es wurde kurz vor dem Ende der staatlich festgelegten Verhandlungsfrist am 14. September 1915 geschlossen, trat zum 1. Januar 1916 in Kraft und besaß eine Laufzeit bis zum 31. März 1917.[124]

Die Androhung staatlicher Zwangsmaßnahmen führte dazu, dass mit der vielfach bei den Zechenbesitzern vorhandenen Erwartung, dass „um jeden Preis“ ein freiwilliges Kartell geschaffen werden würde, in der letzten Verhandlungsphase noch einmal hohe Forderungen gestellt wurden. Eine Einigung war deshalb möglich, weil der neue Kartellvertrag lediglich ein Provisorium darstellte, das eine kartelllose Zeit während des Kriegs verhinderte und die Möglichkeit zur Aufsetzung eines längerfristigen Syndikatsvertrags bot. Dies darf allerdings nicht als großzügige Maßnahme des Handelsministers verstanden werden. Für den Staat wäre es kaum möglich gewesen, einen effektiveren Absatzapparat für die Kohlenwirtschaft zu installieren, so dass der Erhalt des Kohlensyndikats eine pragmatische und kostengünstige Entscheidung darstellte. Der Teil der Zechenbesitzer im RWKS, welcher der Fortsetzung der Syndizierung im Ruhrbergbau positiv gegenüberstand, dürfte für diese staatliche Hilfestellung dankbar gewesen sein. Allerdings wurden viele der bestehenden Probleme, insbesondere im Vertriebssektor, mit dem 1915 geschlossenen Syndikatsvertrag nur auf die kommende Verhandlungsperiode vertagt.

---

122 Zur detaillierten Aufzählung der Sonderrechte der fiskalischen Zechen vgl. RWKS, Niederschrift der Zechenbesitzerversammlung, 14.09.1915, S. 5 f., in: RWWA 130 – 30019323/5. Die Mitwirkung des Fiskus in den ständigen Ausschüssen betraf nicht den Brikettausschuss. Allerdings musste eine Teilnahme an möglicherweise zu bildenden Sonderausschüssen gewährleistet werden.

123 Vgl. RWKS, Zechenbesitzerversammlung, 14.09.1915, S. 6 f., in: montan.dok/BBA 33/19.

124 Vgl. Wilhelm: Das Rheinisch-Westfälische Kohlensyndikat und die Oberschlesische Kohlenkonvention bis zum Jahre 1933, S. 127 und o. A.: Rheinisch-Westfälisches Kohlensyndikat. Zur Syndikatserneuerung, in: Kartell-Rundschau 1916, Nr. 6/7, S. 223.

5.2 Der lange Weg zum „Dauersyndikat"

Die im September 1915 durch staatlichen Druck erfolgte Bildung des Übergangssyndikats konnte durchaus als eine verordnete „Verlängerungsfrist" betrachtet werden, um den Zechenbesitzern die Möglichkeit zu geben, einen längerfristigen Kartellvertrag auf freiwilliger Basis zu erreichen und gleichzeitig die Existenz einer leistungsfähigen Vertriebsorganisation in der Kriegswirtschaft sicherzustellen.[125] Auch wenn das Übergangssyndikat erst zum 1. Januar 1916 in Kraft trat, hatten aufgrund der Erfahrungen aus den vorangegangenen Erneuerungsverhandlungen schon unmittelbar nach der Vertragsunterzeichnung im September 1915 die Verhandlungen für das angestrebte Dauersyndikat begonnen, das spätestens zum 1. April 1917 in Kraft treten musste, um weitere staatliche Zwangsmaßnahmen zu verhindern.[126] Eine Einigung musste allerdings bereits deutlich früher zustande kommen: Auf Grundlage der Bundesratsverordnung wurde im Juli 1916 durch den Handelsminister eine neue Frist für eine Vertragsunterzeichnung bis zum 15. Oktober 1916 aufgestellt.[127]

Die Verhandlungen für das Dauersyndikat, das schließlich im April 1917 für einen Zeitraum von fünf Jahren abgeschlossen wurde, sind in der Forschungsliteratur bislang nahezu unberücksichtigt geblieben. Die Gründe dafür dürften zunächst im Zusammenhang mit den Kriegseinwirkungen zu finden sein, die diesen Zeitraum wirtschaftlich stark überschatteten. Zudem wurde die Bedeutung der Verhandlungen vom Übergangs- zum Dauersyndikat vielfach unterschätzt, weil die in den Jahren 1916 und 1917 in Kraft getretenen Kartellverträge nur marginale Unterschiede aufwiesen.[128] Ähnlich wie beim Übergangssyndikat kam aber auch für den ab 1917 gültigen Kartellvertrag erst einen Tag vor Ablauf der Verhandlungsfrist am 14. Oktober 1916 unter erheblichen Schwierigkeiten eine Einigung zustande. Dies ist ein erstes, aber deutliches Indiz dafür, dass auch die Erneuerungsverhandlungen während des Ersten Weltkriegs vor zahlreichen Schwierigkeiten standen.[129] Die wenigen zeitgenössischen

---

125 Vgl. u.a. Lüthgen: Das Rheinisch-Westfälische Kohlensyndikat in der Vorkriegs-, Kriegs- und Nachkriegszeit und seine Hauptprobleme, S. 45 und Bleidick: Die Hibernia-Affäre, S. 297.

126 Vgl. o. A.: Rheinisch-Westfälisches Kohlensyndikat. Zur Syndikatserneuerung, in: Kartell-Rundschau 1916, Nr. 6/7, S. 222.

127 Vgl. Buschmann: Untersuchung der Zweckmäßigkeit der Syndizierung des Kohlenbergbaus auf Grund der geschichtlichen Entwicklung des Rheinisch-Westfälischen Kohlensyndikats, S. 76f.; Wilhelm: Das Rheinisch-Westfälische Kohlensyndikat und die Oberschlesische Kohlenkonvention bis zum Jahre 1933, S. 123ff.; Lüthgen: Das Rheinisch-Westfälische Kohlensyndikat in der Vorkriegs-, Kriegs- und Nachkriegszeit und seine Hauptprobleme, S. 45f. und Kölnische Volkszeitung, 23.06.1916, in: montan.dok/BBA 32/4106.

128 Vgl. Wilhelm: Das Rheinisch-Westfälische Kohlensyndikat und die Oberschlesische Kohlenkonvention bis zum Jahre 1933, S. 133ff. und Lüthgen: Das Rheinisch-Westfälische Kohlensyndikat in der Vorkriegs-, Kriegs- und Nachkriegszeit und seine Hauptprobleme, S. 45f. Zu den Syndikatsverträgen und den Änderungen im Zeitverlauf vgl. Bührmann: Syndikatsrecht im Rheinisch-Westfälischen Kohlen-Syndikat 1893–1945.

129 Zur Vollziehung des Syndikatsvertrags im Jahr 1916 vgl. RWKS, Niederschrift der Zechenbesitzerversammlung, 14.10.1916, in: RWWA 130–30019323/5.

Bewertungen dieser Verhandlungsphase deuten zumindest durchaus an, dass das „Gespenst der Zwangssyndizierung"[130] die Verhandlungen nochmals erschwert hatte, da jeder Beteiligte von einer freiwilligen Kartellvereinbarung ausging und den entstandenen Verhandlungsdruck für „Sonderwünsche" ausnutzen wollte.[131] Dem ist ohne Einschränkungen zuzustimmen, denn letztlich hatten sich auch während des Kriegs die Gegensätze zwischen den Unternehmen des Ruhrbergbaus kaum verringert. Hinzu kam, dass sich die bereits seit dem Vorabend des Ersten Weltkriegs abzeichnende „Syndikatsmüdigkeit" durch gute Erlöse während der Kriegsphase weiter verstärkt hatte, verbunden mit der Hoffnung, dass die staatlichen Zwangsmaßnahmen zeitnah wieder aufgehoben würden.[132]

Im Übergangssyndikat erfuhren mehrere Konfliktlinien nur eine provisorische Regelung. Dies betraf zum einen die Beziehungen zwischen dem Kohlensyndikat und dem Preußischen Bergfiskus, dem für seinen Eintritt in das Ruhrkartell zahlreiche Sonderrechte in der Preis- und Absatzpolitik gewährt wurden. Hierbei machte der Bergfiskus seinen Verbleib im Kohlensyndikat auch von der Möglichkeit des vollständigen Erwerbs der Bergwerksgesellschaft Hibernia abhängig.[133] Neben den fiskalischen Interessen bestand ebenso zwischen den alten und den neuen Syndikatsmitgliedern bei Fragen zur künftigen Gestaltung der Absatzorganisation ein großer Verhandlungsbedarf. Zum Beispiel hatte das Kohlensyndikat bei den neuen Mitgliedern zunächst lediglich die bestehenden Lieferungsverträge zwischen vormaligen Außenseitern und Wiederverkäufern übernommen. Lieferverträge früherer Außenseiter mit Selbstverbrauchern sollten dagegen unter Aufsicht des RWKS zunächst selbst abgewickelt werden. Ein Beitritt der Händlerfirmen „neuer" Zechen zu den Syndikatshandelsgesellschaften erfolgte wegen der kurzen Vertragsdauer zunächst nicht.[134] Weiterhin bestand bekanntlich auch innerhalb des Kohlensyndikats seit

130 Lüthgen: Das Rheinisch-Westfälische Kohlensyndikat in der Vorkriegs-, Kriegs- und Nachkriegszeit und seine Hauptprobleme, S. 45 f.

131 Vgl. ebd. Trotz dieser treffenden Analyse ging der Autor auf die Detailprobleme aus dieser Erneuerungsphase nicht ein.

132 Vgl. o. A.: Rheinisch-Westfälisches Kohlensyndikat. Die Erneuerungsfrage, in: Kartell-Rundschau 1914, Nr. 12, S. 775 f. und Lüthgen: Das Rheinisch-Westfälische Kohlensyndikat in der Vorkriegs-, Kriegs- und Nachkriegszeit und seine Hauptprobleme, S. 31 f. Durch Hugo Stinnes wurde Anfang 1916 angedeutet, dass ein Scheitern des Syndikatsvertrags eine mögliche Alternative wäre, insbesondere dann, wenn kein Krieg mehr herrschen würde. Emil Kirdorf entgegnete, dass die staatlichen Zwangsmaßnahmen mit Friedensschluss wohl kaum unmittelbar beendet, sondern eher noch verstärkt werden könnten (vgl. RWKS, Sitzung des Ausschusses f (Geschäftsausschuss), 16.02.1916, S. 13 f., in: montan.dok/BBA 33/24).

133 Vgl. Bleidick: Die Hibernia-Affäre, S. 297 f.; o. A.: Rheinisch-Westfälisches Kohlensyndikat, in: Kartell-Rundschau 1915, Nr. 10/11, S. 472 ff. und o. A.: Rheinisch-Westfälisches Kohlensyndikat. Zur Syndikatserneuerung, in: Kartell-Rundschau 1916, Nr. 6/7, S. 224.

134 Diese Verkaufsmengen wurden aber auf die Beteiligung angerechnet und waren entsprechend umlagepflichtig (vgl. Wilhelm: Das Rheinisch-Westfälische Kohlensyndikat und die Oberschlesische Kohlenkonvention bis zum Jahre 1933, S. 131; o. A.: Rheinisch-Westfälisches Kohlensyndikat. Zur Syndikatserneuerung, in: Kartell-Rundschau 1916, Nr. 6/7, S. 227 ff. und Buschmann: Untersuchung der

längerer Zeit starker Druck seitens vieler Zechenbesitzer, weitere Änderungen in der Absatzorganisation herbeizuführen. Insbesondere die hohen Gewinne der Syndikatshandelsgesellschaften sollten dauerhaft beschränkt und die Kontrolle über die Vertriebsgesellschaften ausgeweitet werden. Weniger deutlich formuliert wurde das damit verbundene Interesse vieler Zechenbesitzer, zukünftig noch stärker von den lukrativen Handelsgewinnen zu profitieren.[135] Damit stellten also Fragen zur Vertriebsorganisation tatsächlich Kernelemente in den Auseinandersetzungen zur Bildung eines fünfjährigen Syndikatsvertrags dar.

Seitens der Syndikatsleitung bestand in den Erneuerungsverhandlungen außerdem großes Interesse, den Druck zur Bildung eines neuen Kartellvertrags für die weitere Straffung der Absatzorganisation im RWKS zu nutzen. Im Hinblick auf eine noch stärkere Marktregulierung sollte das Absatzmonopol des Syndikats weiter ausgebaut werden. Basierend auf den Erfahrungen der vergangenen Jahre sollten damit zusätzliche Barrieren für einen Markteintritt künftiger Außenseiter aufgebaut und die Möglichkeit für Syndikatsmitglieder, die Vertragsbeziehungen zu unterlaufen, noch weiter eingeschränkt werden. Neben der Auflösung noch bestehender Lieferverträge zwischen Syndikatszechen und freien Händlern und der Integration dieser Firmen in die Syndikatshandelsgesellschaften wurde daher durch die Kartellführung zu Beginn der Verhandlungen im Dezember 1915 ebenso als Ziel formuliert, für die noch freien Gebiete in Westdeutschland nach dem Vorbild der anderen Absatzreviere Syndikatshandelsgesellschaften zu schaffen, um für die erste Absatzstufe im Großhandel eine flächendeckende Vertriebssyndizierung zu erreichen.[136]

Die Verhandlungen für die künftige Ausgestaltung der Absatzorganisation in einem Dauersyndikat konzentrierten sich vor allem auf den seit 1915 bestehenden „Ausschuss f", den sogenannten Geschäftsausschuss. Die dort gut dokumentierten Debatten verdeutlichen vor allem, dass eine besondere Problematik für die Erneuerung des Syndikatsvertrags darin ihre Ursache hatte, dass sich die nach der Kartellbildung geschaffene Trennlinie zwischen Produktion und Absatz in den vorangegangenen Jahren immer stärker „verwässert" hatte, so dass viele Syndikatsmitglieder sowohl mit Produktions- als auch Absatzinteressen in diese Verhandlungen hineingingen. Emil Kirdorf, der auch im Geschäftsausschuss zum Vorsitzenden ernannt worden war, bewog diese Problematik zu der Äußerung, dass das Kartell auf einer „gesunderen Grundlage stand, als eigentlich keine der Zechen unmittelbar mit dem

Zweckmäßigkeit der Syndizierung des Kohlenbergbaus auf Grund der geschichtlichen Entwicklung des Rheinisch-Westfälischen Kohlensyndikats, S. 70 f.).

135 Zwar standen die Geschäftstätigkeiten der Syndikatshandelsgesellschaften insgesamt in der Diskussion, doch gerieten für einige Mitglieder neben dem Kohlenkontor insbesondere die ausländischen Handelsgesellschaften aufgrund ihrer hohen Gewinne in den Fokus der Verhandlungen (vgl. u. a. RWKS, Sitzung des Ausschusses f (Geschäftsausschuss), 12.10.1915, S. 3 ff., in: montan.dok/BBA 33/24).

136 Vgl. RWKS, Sitzung des Ausschusses f (Geschäftsausschuss), 01.12.1915, S. 70, in: montan.dok/BBA 33/77.

Handel verknüpft war, ausser also für den Rheinabsatz [...]."[137] Kirdorf schaute dabei nicht nur in die Richtung der „alten" Mitglieder, die sich in den vergangenen Jahren mit hohem finanziellen Aufwand eigene Handelsgesellschaften angegliedert hatten, sondern bezog dies auch auf die Schwierigkeit bei der Integration der vielfach erst in der jüngeren Vergangenheit geschaffenen Händlerfirmen „neuer" Zechen und dabei im Speziellen auf das Problem, einen gerechten Weg in Bezug auf die Ansprüche auf Beteiligungen in der Vertriebsorganisation zu finden. Gerade Unternehmen mit eigenen Handelsgesellschaften konnten dadurch deutliche Vorteile für sich beanspruchen. Wenn jedoch, so Kirdorf, alle Unternehmen in gleicher Weise Anteile im Absatz fordern würden, wäre eine Syndikatsbildung unmöglich.[138] Der Vorsitzende unterstrich in den Verhandlungen deutlich, dass es beim Absatz aus seiner Sicht zu einer weiteren Vereinheitlichung kommen und unterschiedliche Vertriebsformen im Kartell beendet werden müssten: „Entweder verkaufen die Händler, oder das Syndikat verkauft."[139]

5.2.1 Ein „Goldesel" auch auf dem Binnenmarkt: Kohlenhandel in der Kriegszeit

Mit der staatlichen Androhung zur Bildung eines Zwangssyndikats war eine Rückkehr zu einem freien Wettbewerb im Ruhrkohlenabsatz zunächst auf absehbare Zeit keine Option, wodurch sich die Schwierigkeiten zur Schaffung eines längerfristigen Kartellvertrags keineswegs verringert hatten. Während aus staatlicher Sicht eine leistungsfähige „Kohlenverteilungsorganisation" in der Kriegszeit beibehalten werden sollte, wurde aus Perspektive vieler Ruhrzechen aufgrund der massiven Veränderungen auf den europäischen Kohlenmärkten dem RWKS ein Teil seiner zentralen Aufgaben entzogen. Damit stellte sich für viele Beteiligten die Frage, ob die Kartellorganisation überhaupt noch als Instrument zur Senkung von Marktkosten diente und in ihrer Funktion als gleichzeitig Kosten verursachendes Beherrschungs- und Überwachungssystem diesem Ziel nicht sogar im Weg stand. Die Gründe für die vielfach zitierte „Syndikatsmüdigkeit" hatten sich für den Zeitraum nach der im Juli 1915 erlassenen Bundesratsverordnung also noch deutlicher ausdifferenziert.

Neben der Umstellung der Kohlenwirtschaft auf kriegswirtschaftliche Belange und den starken Belegschaftsverlusten durch Einberufungen zum Kriegsdienst[140]

137 Ebd., S. 19.
138 Vgl. ebd., S. 19 f.
139 Ebd., S. 19.
140 Allein im ersten Kriegsmonat sank die Belegschaft im Ruhrbergbau um 22,8 Prozent von 426.000 auf 328.000 Mitarbeiter. Bis Jahresmitte 1915 setzte sich der Belegschaftsrückgang fort und konnte anschließend durch die Zuweisung von Kriegsgefangenen gestoppt werden (vgl. Albers, Heinz: Deutschlands Kohlenversorgung seit Ausbruch des Weltkrieges, Münster ca. 1920, S. 10 f. und Betriebsbericht der preußischen Bergverwaltung für das Rechnungsjahr 1914 (Haus der Abgeordneten,

führte die Beendigung zahlreicher außenwirtschaftlicher Beziehungen des Deutschen Reichs zu umfangreichen Veränderungen auf den Absatzmärkten. Nachdem Kohlenförderung und -verbrauch im Deutschen Reich im letzten vollen Friedensjahr 1913 einen neuen Höhepunkt erreicht hatten, setzte unmittelbar mit Kriegsausbruch im August 1914 in allen Steinkohlenrevieren ein starker Förderrückgang ein, der im Ruhrgebiet besonders deutlich ausfiel. Erst im Laufe des Jahres 1915 konnte – nicht zuletzt durch den Einsatz von Kriegsgefangenen – eine Stabilisierung der Produktion erreicht werden, jedoch auf einem deutlich geringeren Niveau als im Jahr 1913. Parallel dazu hatte der Braunkohlenbergbau in Deutschland, insbesondere die unter günstigen Bedingungen im Tagebau arbeitenden Reviere, die Förderung sogar ausweiten können und trat damit teilweise in die entstandenen Versorgungslücken ein.[141]

Tab. 21: Steinkohlenförderung ausgewählter Reviere 1912 bis 1918

	Ruhrgebiet	Saarrevier	Oberschlesien	Niederschlesien	Aachen
1912	103.073.000 t	11.851.000 t	41.075.000 t	5.510.000 t	3.057.000 t
1913	114.470.000 t	12.413.000 t	43.435.000 t	5.528.000 t	3.265.000 t
1914	98.339.000 t	9.378.000 t	36.996.000 t	4.846.000 t	2.733.000 t
1915	86.500.000 t	7.868.000 t	38.107.000 t	4.460.000 t	2.251.000 t
1916	94.273.000 t	8.409.000 t	41.723.000 t	4.587.000 t	2.482.000 t
1917	99.030.000 t	9.681.000 t	42.752.000 t	4.608.000 t	2.515.000 t
1918	95.715.000 t	9.374.000 t	39.648.000 t	4.659.000 t	2.516.000 t

Quelle: Zusammenstellung durch das montan.dok/BBA nach Angaben aus der Zeitschrift für das Berg-, Hütten- und Salinenwesen (ZBHSW) der entsprechenden Jahrgänge (Zahlen gerundet).

Am 15. März 1915 trat ein Ausfuhrverbot für Kohle in Kraft, wobei damit der Kohlenexport nicht gänzlich beendet, sondern genehmigungspflichtig wurde.[142] Daher verblieb der Export in befreundete oder neutrale Staaten trotz der Förderrückgänge auf einem vergleichsweise hohen Niveau (vgl. Tab. 22). Wie dieselbe Tabelle ebenso zeigt, gingen gleichzeitig die Kohlenimporte massiv zurück: 1913 betrug die Einfuhr von Steinkohle in das Deutsche Reich noch mehr als 11 Millionen Tonnen. Davon kamen allein etwa 9,2 Millionen Tonnen aus Großbritannien. Während die britischen Importe bereits wenige Tage nach Kriegsbeginn nahezu vollständig weggefallen waren, hatte sich in der Folgezeit auch die Einfuhr aus anderen Ländern stark

---

Drucksache Nr. 48), S. 789, in: montan.dok/BBA 32/228). Zur Belegschaftsentwicklung in der Kriegszeit insgesamt vgl. Ziegler: Kriegswirtschaft, Kriegsfolgenbewältigung, Kriegsvorbereitung, S. 32ff.

141 Vgl. ebd.; Storm: Geschichte der deutschen Kohlenwirtschaft von 1913–1926, S. 72ff. und Richtsteig: Die Kohlenhandelsgesellschaften des Rheinisch-Westfälischen Kohlen-Syndikats zu Essen a.d. Ruhr, S. 58.

142 Vgl. Rheinische Kohlenhandels- und Rhederei-Gesellschaft mbH, Geschäftsbericht 1914/15, S. 7.

reduziert, wodurch die Gesamteinfuhr im Jahr 1918 nur noch einen Bruchteil der Menge von 1913 erreichte.[143]

Britische Steinkohle war in den Vorkriegsjahren bis in die süddeutschen Märkte vorgedrungen, doch blieben die Verkaufsmengen im Vergleich zu den norddeutschen Absatzgebieten dort auf einem eher geringen Niveau.[144] Gravierender wirkte sich der Ausfall der britischen Kohle in Norddeutschland aus. 1913 wurden allein in Hamburg fast 4,9 Millionen Tonnen importiert. Die Lieferungen von Ruhrkohle nach Hamburg betrugen zur gleichen Zeit etwa 3,7 Millionen Tonnen.[145] Auf dem ebenso stark umkämpften Berliner Kohlenmarkt deckte die britische Steinkohle vor Kriegsausbruch etwa 40 Prozent des Steinkohlenbedarfs, was im Jahr 1913 noch 1,6 Millionen Tonnen entsprach (vgl. Tab. 22).[146]

Insbesondere der Ruhrbergbau füllte die entstandenen Versorgungslücken in Norddeutschland und in den Gebieten östlich der Elbe. Verlässliche Angaben zu den Verschiebungen der Absatzrichtungen während der Kriegszeit liegen nur unvollständig vor. Eine gute Grundlage bietet jedoch die Entwicklung auf dem Berliner Kohlenmarkt (vgl. Tab. 23). Der Verbrauch westfälischer Steinkohlenprodukte stieg dort allein zwischen 1914 und 1915 um mehr als das Doppelte und erhöhte sich bis 1917 auf die mehr als dreifache Menge im Vergleich zum Jahr 1913.[147]

Bei der dortigen Westfälischen Kohlenverkaufsgesellschaft Berlin als zuständige Syndikatshandelsgesellschaft stieg die Verkaufsmenge zwischen 1913/14 und 1914/15 um fast 97 Prozent, im darauffolgenden Geschäftsjahr noch einmal um mehr als 40 Prozent. Statistische Angaben für den aus Perspektive des Ruhrbergbaus noch wichtigeren Hamburger Kohlenmarkt können aufgrund unvollständiger Quellen-

143 Vgl. zur Entwicklung der Kohlenimporte: RWKS, Bericht des Vorstandes über das Geschäftsjahr 1914, S. 6, in: montan.dok/BBA 33/318 (1); Albers: Deutschlands Kohlenversorgung seit Ausbruch des Weltkrieges, S. 18; Schoene: Der Wettbewerb zwischen Eisenbahn und Rheinschiffahrt und sein Einfluss auf die Kohlenzufuhr nach Baden, Württemberg und dem rechtsrheinischen Bayern, S. 43; Hager: Verein Deutscher Kohlenimporteure e. V., Hamburg 1896–1971, S. 28 sowie Ziegler: Kriegswirtschaft, Kriegsfolgenbewältigung, Kriegsvorbereitung, S. 30 ff.

144 1913 wurden nach Württemberg und Baden zusammen 198.000 Tonnen britische Kohle geliefert (vgl. Schoene: Der Wettbewerb zwischen Eisenbahn und Rheinschiffahrt und sein Einfluss auf die Kohlenzufuhr nach Baden, Württemberg und dem rechtsrheinischen Bayern (Tabellenanhang)).

145 Vgl. RWKS, Bericht des Vorstandes über das Geschäftsjahr 1913, S. 14, in: montan.dok/BBA 33/318 (1). Angaben über weitere im RWKS-Absatzrevier 1 (Hamburg, Schleswig-Holstein, Mecklenburg) tätige Förderreviere im Jahr 1913 lieferte die Syndikatshandelsgesellschaft Hamburg: Oberschlesien (196.000 Tonnen), Niederschlesien (10.500), Aachen (6.800); Deister mit Ibbenbüren (1.200) sowie Braunkohlenbriketts (580.500). Da jedoch die Angaben der SHG über Anteile der britischen und westfälischen Kohle stark von den Zahlen des RWKS abweichen, können diese nur als grobe Anhaltspunkte für die dortige Absatzverteilung dienen (vgl. Westfälisches Kohlenkontor Naht, Emschermann u. Co., i. L., Hamburg: 50 Jahre Ruhrkohlenverkauf im norddeutschen Küstengebiet, 1956, S. 10 f., in: montan.dok/BBA 95/160).

146 Vgl. Altmann: Die Kohlenversorgung Groß-Berlins und der Mittellandkanal, S. 4. Zur Absatzentwicklung auf dem Berliner Kohlenmarkt bis 1913 vgl. Kap. 3.5.

147 Vgl. Wollheim, Caesar (Hg.): Der Kohlenmarkt 1914–1919, Berlin 1920, S. 21.

Tab. 22: Kohlenaußenhandel des Deutschen Reichs zwischen 1913 und 1919

	Export			Import		
	Steinkohle (inkl. Briketts)	Koks	Braunkohle (inkl. Briketts)	Steinkohle (inkl. Briketts)	Koks	Braunkohle (inkl. Briketts)
1913	36.901.000 t	6.433.000 t	921.000 t	10.567.000 t	595.000 t	7.108.000 t
1914	29.166.000 t	3.858.000 t	852.000 t	6.496.000 t	360.000 t	5.759.000 t
1915	18.066.000 t	3.714.000 t	561.000 t	2.550.000 t	89.000 t	5.280.000 t
1916	20.768.000 t	4.134.000 t	539.000 t	1.378.000 t	105.000 t	5.426.000 t
1917	16.026.000 t	3.004.000 t	378.000 t	511.000 t	105.000 t	4.012.000 t
1918	13.575.000 t	2.409.000 t	274.000 t	200.000 t	25.000 t	3.071.000 t
1919	2.214.000 t	600.000 t	19.000 t	48.000 t	–	1.938.000 t

Quelle: Storm, Ernst: Geschichte der deutschen Kohlenwirtschaft von 1913–1926, Berlin 1926, S. 295.

überlieferungen nur eine grobe Einordnung bieten. Bei der dortigen Syndikatshandelsgesellschaft erhöhte sich die Umsatzmenge zwischen 1913/14 und 1914/15 zumindest um 4 Prozent, während alle anderen Handelsgesellschaften, mit der genannten Ausnahme in Berlin, mengenmäßig Umsatzrückgänge verzeichneten.[148] Zu diesen Verkaufszahlen hinzugerechnet werden muss jedoch noch der Direktabsatz des Kohlensyndikats in diesem Verkaufsrevier, über dessen Höhe während des Kriegs keine Angaben vorliegen. Im letzten vollen Friedensjahr 1913 wurden allerdings durch den Ruhrbergbau insgesamt knapp 4,8 Millionen Tonnen Kohle ins dortige Absatzrevier 1 geliefert. Der unmittelbare Verbrauch von Ruhrkohlen in Hamburg selbst wurde für das gleiche Jahr auf etwa 2 Millionen Tonnen geschätzt.[149]

Tab. 23: Brennstoffzufuhr nach Groß-Berlin zwischen 1913 und 1917

Jahr	Westfalen	England	Oberschles.	Niederschles.	Sachsen	Braunkohle
1913	438.000 t	1.628.000 t	1.433.000 t	256.000 t	23.000 t	2.172.000 t
1914	506.000 t	1.274.000 t	1.227.000 t	273.000 t	45.000 t	2.284.000 t
1915	1.167.000 t	8.900 t	2.545.000 t	423.000 t	57.000 t	2.319.000 t
1916	1.323.000 t	1.100 t	2.575.000 t	334.000 t	35.000 t	2.154.000 t
1917	1.395.000 t	–	2.379.000 t	364.000 t	14.000 t	2.192.000 t

Quelle: Wollheim, Caesar (Hg.): Der Kohlenmarkt 1914–1918, Berlin 1919.

148 Vgl. Tab. 24 sowie Tab. 31 im Anhang.

149 Zum Absatzrevier 1 des RWKS gehörten neben Hamburg auch die Regionen Lübeck, Mecklenburg und Schleswig. Zu den statistischen Angaben vgl. Westfälisches Kohlenkontor Naht, Emschermann u. Co., i. L., Hamburg: 50 Jahre Ruhrkohlenverkauf im norddeutschen Küstengebiet, 1956, S. 10f., in: montan.dok/BBA 95/160.

Die hohen Erwartungen an den Ruhrbergbau und an andere Produktionsreviere im Hinblick auf die Schließung der Versorgungslücken konnten angesichts der gleichzeitig sinkenden Fördermengen nur in Teilen erfüllt werden.[150] Die zahlreichen Verbraucherbeschwerden an den Handelsminister während der Kriegszeit waren für die Syndikatsleitung jedoch eher eine willkommene Gelegenheit, auf die Personalengpässe des Ruhrbergbaus aufmerksam zu machen.[151] Als Ersatzbrennstoff wurde den Abnehmern durch das RWKS zunehmend Koks angeboten, da dieser aufgrund der eingeschränkten Roheisenproduktion und der für die Kriegswirtschaft notwendigen Nebenprodukte aus der Verkokung vermehrt zur Verfügung stand.[152]

Auf den ersten Blick schlug sich das reduzierte Angebot auf den deutschen Kohlenmärkten nur in einem überschaubaren Maß auf die Preisstellung im kartellierten Ruhrbergbau nieder. Die Erhöhung der Richtpreise während der Kriegszeit war beim Kohlensyndikat mit der allgemeinen Preisentwicklung vergleichbar und galt beim Blick auf Kartelle anderer Industriezweige als „maßvoll"[153], was auch im Vergleich zur Preisentwicklung in der unmittelbaren Nachkriegszeit deutlich wird.[154] Beim RWKS selbst bestand in der Preispolitik weitgehend Einigkeit, keinesfalls den Eindruck einer zu starken Marktausnutzung entstehen zu lassen, um Angriffsflächen gegen die Kartellpolitik zu vermeiden. Mit der 1915 erlassenen Bundesratsverordnung wurde die Preisstellung ohnehin von der Genehmigung der Behörden abhängig gemacht, ohne dass es zunächst eine unmittelbare Höchstpreisverordnung für die Produzentenseite im Ruhrkohlenbergbau gab.[155] Starker Druck zu einer maßvollen

150 Vgl. Hager: Verein Deutscher Kohlenimporteure e. V., Hamburg 1896–1971, S. 28.

151 Vgl. Schreiben des RWKS an den Minister für Handel und Gewerbe, 24.03.1915, in: GStA PK, I. HA Rep. 121 Nr. 8586.

152 Vgl. RWKS, Bericht des Vorstandes über das Geschäftsjahr 1914, S. 6, in: montan.dok/BBA 33/318 (1); Schreiben des RWKS an den Minister für Handel und Gewerbe, 24.03.1915, in: GStA PK, I. HA Rep. 121 Nr. 8586; Schoene: Der Wettbewerb zwischen Eisenbahn und Rheinschiffahrt und sein Einfluss auf die Kohlenzufuhr nach Baden, Württemberg und dem rechtsrheinischen Bayern, S. 45 und Wilhelms: Die Übererzeugung im Ruhrkohlenbergbau 1913 bis 1932, S. 32f.

153 Liefmann: Die Kartelle in und nach dem Kriege, S. 7.

154 Zwischen April 1915 und September 1918 gab es beim RWKS insgesamt sechs Preiserhöhungen, die bei Kohle jeweils zwischen 1 Mark und 2,40 Mark je Tonne lagen. Seit Oktober 1917 war darin auch die zuvor eingeführte Kohlensteuer eingerechnet. Im Januar und April 1919 wurden dagegen die Preise um 14,50 bzw. 20 Mark erhöht (vgl. o. A.: Rheinisch-Westfälisches Kohlensyndikat, in: Kartell-Rundschau 1919, Nr. 4/5, S. 129). Die 1917 eingeführte Kohlensteuer betrug 20 Prozent des Werts der Kohle (vgl. Walther: Die Entwicklung des Abrechnungsverfahrens des Rheinisch-Westfälischen Kohlen-Syndikats und seine Preispolitik, S. 68f.).

155 Vgl. Roelevink: Organisierte Intransparenz, S. 99ff.; Schäfer: Kartelle in der Zeit des Ersten Weltkrieges., S. 81ff. und Walther: Die Entwicklung des Abrechnungsverfahrens des Rheinisch-Westfälischen Kohlen-Syndikats und seine Preispolitik, S. 68f. Im April 1919 wurde eine Höchstpreisverordnung für Brennstoffe erlassen, die auch explizit für das RWKS galt. In der Verordnung hieß es, dass das RWKS im Inland nur zu Preisen veräußern darf, die „nicht höher sind als die allgemeinen Verkaufspreise die vom Syndikat auf Grund seiner Richtpreise festgesetzt und am 31. März 1919 in Geltung waren." (Zit. nach o. A.: Rheinisch-Westfälisches Kohlensyndikat, in: Kartell-Rundschau 1919, Nr. 4/5, S. 130f.). Im Geschäftsausschuss wurde bereits kurz nach Erlass der Verordnung über Verhandlungen

Preispolitik bestand im Übergangssyndikat auch deshalb, weil in den laufenden Verhandlungen über die Bildung des Dauersyndikats die Haltung des Bergfiskus eine entscheidende Rolle spielte. Emil Kirdorf wirkte 1916 im Geschäftsausschuss insofern auf eine vorsichtige Preispolitik hin, indem er die Zechenbesitzer darauf aufmerksam machte, „dass bei Preiserhöhungen wohl der Widerspruch des Ministers eintreten würde“[156], was durchaus als deutliche Androhung verstanden werden konnte.[157]

Im Inland war das RWKS damit an bestimmte Grenzen gebunden, weshalb die Zechenbesitzer die deutliche Aufforderung an die Syndikatsleitung richteten, im Auslandsgeschäft als Ausgleich so hohe Verkaufspreise wie möglich zu verlangen.[158] Zwar betonte die Syndikatsleitung gegenüber der Öffentlichkeit und der Politik gerne, dass die Versorgungsengpässe im Inland auch durch den Rückgang der Kohlenexporte gelindert werden konnten, doch bewegten sich die Auslandsverkäufe weiterhin auf einem hohen Niveau. Diese hatten sich in der Kriegszeit zu einer äußerst lukrativen Einnahmequelle entwickelt, wodurch die begrenzten Möglichkeiten zu Preiserhöhungen im Inland weniger problematisch erschienen. Wichtigster Exportmarkt waren weiterhin die Niederlande.[159] Seit 1917 zeigte auch der Staat großes Interesse an diesen hohen Einnahmen, als er eine nachträgliche Besteuerung der Auslandsgewinne ins Gespräch brachte. Verhindert werden konnte die Besteuerung letztlich auch durch die Fortsetzung der maßvollen Preispolitik im Inland.[160]

Die günstige Absatzlage im In- und Ausland führte dazu, dass seit dem Jahr 1916 beim Kohlensyndikat weder Produktionseinschränkungen noch die Erhebung der Umlage notwendig waren, womit zwei wesentliche Konfliktpunkte aus den vorangegangenen Erneuerungsverhandlungen entfielen.[161] Der Wegfall der Umlage beruhte

---

zu einer möglichen Aufhebung dieser Verordnung gesprochen (vgl. RWKS, Sitzung des Ausschusses f (Geschäftsausschuss), 28.04.1919, S. 1ff., in: montan.dok/BBA 33/81).

156 RWKS, Sitzung des Ausschusses f (Geschäftsausschuss), 08.06.1916, S. 1ff., in: montan.dok/BBA 33/78.

157 Es gab jedoch Vorschläge, die Einnahmen durch „geheime“ Preisänderungen zu erhöhen, z.B. durch höhere Verkaufspreise des Vorstands bei einzelnen Sorten ohne tatsächliche Erhöhung der Richtpreise (vgl. ebd.).

158 Vgl. RWKS, Sitzung des Ausschusses f (Geschäftsausschuss), 24.11.1915, S. 11ff., in: montan.dok/BBA 33/77.

159 Vgl. RWKS, Bericht des Vorstandes über das Geschäftsjahr 1914, S. 6, in: montan.dok/BBA 33/318 (1); RWKS, Sitzung des Ausschusses f (Geschäftsausschuss), 08.06.1916, S. 3f., in: montan.dok/BBA 33/78 und Roelevink: Organisierte Intransparenz, S. 101ff.

160 Vgl. RWKS, Sitzung des Ausschusses f (Geschäftsausschuss), 30.01.1918, S. 1ff., in: montan.dok/BBA 33/81; RWKS, Sitzung des Ausschusses f (Geschäftsausschuss), 11.02.1918, S. 1ff., in: montan.dok/BBA 33/81 und Roelevink: Organisierte Intransparenz, S. 106ff. Aufgrund der Anfang 1918 durch das RWKS getätigten Zusage, auf Preiserhöhungen im nächsten Vierteljahr zu verzichten, sah die Reichsregierung von der geplanten Besteuerung der Auslandsgewinne ab (vgl. o. A.: Rheinisch-Westfälisches Kohlensyndikat, in: Kartell-Rundschau 1918, Nr. 1/2, S. 17).

161 Bereits im Jahr 1915 war die Umlage gegenüber dem Vorjahr deutlich gesunken. Diese betrug bei Kohle 5,75 Prozent (1914: 7 Prozent), bei Briketts 3,17 Prozent (1914: 5,75 Prozent) und bei Koks 4 Prozent (1914: 7 Prozent). Die noch in den ersten Monaten des Jahres 1916 erhobene Umlage wurde zurück-

allerdings nicht allein auf den gewinnträchtigen Auslandsverkäufen, auch wenn diese einen großen Anteil an dieser Entwicklung hatten. Mit Verweis auf die nur mäßig gestiegenen Richtpreise für den Inlandsverkauf war dies für viele Zeitgenossen eine durchaus plausible Erklärung. Weitaus seltener wurde jedoch deutlich gemacht, wie stark die Richtpreise des Kartells auch im Inland von den eigentlichen Verkaufspreisen am Empfangsort abweichen konnten. So fiel zum Beispiel bereits kurz nach Kriegsausbruch der einstimmige Beschluss im RWKS, dass zu erwartende Erlöse für außergewöhnliche Lieferungen aufgrund der Kriegssituation nicht mehr den einzelnen Zechen, sondern der Allgemeinheit im Kohlensyndikat zugute kommen sollten. Die Erlöse aus Überpreisen beim Landabsatz sollten weiterhin den Zechen zufallen. In diesem Verkaufssegment war es bislang üblich, dass die Verkaufspreise etwa um 2 Mark über dem Verrechnungs- bzw. Richtpreis lagen. „Kriegsbedingt" wurde den Zechen empfohlen, diesen Aufschlag noch um 1 Mark zusätzlich zu erhöhen.[162] In den folgenden Kriegsjahren nahmen das Landabsatzgeschäft der Zechen und die dabei erhobenen Preisaufschläge massiv zu, so dass die Syndikatsleitung die Unternehmen später zur Mäßigkeit in ihrer Preispolitik ermahnen musste, damit keine neuen Angriffsflächen gegen das RWKS entstehen würden.[163]

Nach Kriegsausbruch gab es im Inland aufgrund der gesunkenen Angebotsmenge praktisch keine bestrittenen Absatzgebiete mehr, womit die umlagefinanzierte Absatzsicherung, welche neben dem Ausland insbesondere in Norddeutschland bislang notwendig war, entfiel. Unabhängig von einer Erhöhung der Richtpreise konnte somit also bereits eine wesentliche Umsatzverbesserung durch die Senkung der Wettbewerbskosten erreicht werden.[164] Die aus dem Kohlenverkauf im In- und Ausland erwirtschafteten Gewinne lagen beim RWKS im Jahr 1916 zwischen 60 und 100 Millionen Mark über den an die Zechen ausgezahlten Verrechnungspreisen. Nicht eingerechnet waren in dieser Summe die Einnahmen des RWKS aus den Beteiligungen an den Syndikatshandelsgesellschaften, die anders als in den Vorjahren nun nicht mehr allein zur Deckung der Geschäftsunkosten notwendig waren.[165] Die Höhe dieser Einnahmen war abhängig vom Anteil des Kohlensyndikats am Stammkapital der Han-

---

gezahlt. Bis 1924 wurde keine Umlage erhoben (vgl. Lüthgen: Das Rheinisch-Westfälische Kohlensyndikat in der Vorkriegs-, Kriegs- und Nachkriegszeit und seine Hauptprobleme, S. 234). Zur günstigen Erlöslage der Unternehmen im Ruhrbergbau während des Ersten Weltkriegs vgl. auch Wilhelms: Die Übererzeugung im Ruhrkohlenbergbau 1913 bis 1932, S. 32ff.

162 Vgl. RWKS, Zechenbesitzerversammlung, 18.08.1914, S. 4ff., in: montan.dok/BBA 33/17.

163 Vgl. RWKS, Sitzung des Ausschusses f (Geschäftsausschuss), 16.01.1918, S. 11ff., in: montan.dok/BBA 33/81 sowie auch Kap. 5.3.

164 Vgl. RWKS, Sitzung des Ausschusses f (Geschäftsausschuss), 08.06.1916, S. 1ff., in: montan.dok/BBA 33/78 und Roelevink: Organisierte Intransparenz, S. 101ff.

165 Diese Zahlen wurden in der Urteilsbegründung zu einem späteren Rechtsstreit zwischen dem RWKS und den Zechen Langenbrahm, Adler und Auguste Victoria genannt, in welchem die genannten Zechen erfolgreich bei der Auszahlung der Mehrerlöse auf Gleichbehandlung klagten (vgl. Urteilsbegründung zur Klage der Zechen Langenbrahm, Adler und Auguste Victoria gegen das RWKS, 30.03.1917, S. 4f., in: montan.dok/BBA 32/4107).

delsgesellschaft, wobei je nach Vertragskonstruktion bei einzelnen Gesellschaften noch eine Vergütung je Tonne Umschlag hinzukam, die zusätzlich an das Kohlensyndikat abgeführt werden musste (vgl. Tab. 24). In vergleichbarer Weise hatten natürlich auch die weiteren an den Syndikatshandelsgesellschaften beteiligten Händlerfirmen, die zum Teil wiederum im Eigentum von Bergwerksunternehmen standen, von den steigenden Einnahmen beim Kohlenabsatz profitiert.[166]

Insbesondere Zechenbesitzern mit Handelsbeteiligung kamen die verbesserten Einnahmen auf dem Kohlenmarkt sowohl durch den Wegfall der Umlagepflicht als auch durch Gewinne der eigenen Handelsgesellschaften in doppelter Weise zugute. Daraus erklärt sich, warum die Reduzierung der Marktkosten während des Kriegs nicht zwangsläufig zu einer höheren Bereitschaft zur Beteiligung an einem neuen Kartellvertrag führen musste, dagegen aber die Bedeutung einer eigenen Absatzorganisation weiter anstieg. Die starke Nachfrage verringerte nämlich auch deshalb das Interesse an einem neuen Syndikatsvertrag, weil in dieser Zeit deutlich wurde, dass ohne ein Kartell womöglich noch höhere Verkaufspreise erzielt werden konnten.[167] Die im Jahr 1915 wieder vermehrt aufgetretenen Gründungen und Angliederungen von Handelsgesellschaften waren also auch darauf zurückzuführen, um wegen der faktisch gedeckelten Preise die Möglichkeit zu bekommen, zusätzlich von Handelsgewinnen zu profitieren, entweder als selbstständiger Händler oder als späterer Teilhaber an den Syndikatshandelsgesellschaften.[168]

Das Kohlensyndikat hatte großes Interesse, die günstige Marktsituation während der Kriegszeit nicht deutlicher als notwendig hervorzuheben, um möglicherweise tiefer gehende staatliche Eingriffe in die Kartellstrukturen zu vermeiden. Neben der zumindest für die Öffentlichkeit „vorsichtigen“ Preispolitik durch moderate Richtpreise machte sich dies auch in den Geschäftsberichten des Syndikats bemerkbar, die über viele Jahre hinweg sehr detailliert waren, jedoch während der Kriegszeit auf notwendige Pflichtangaben reduziert wurden.[169] Unter den Zechenbesitzern war die günstige Marktlage aufgrund der guten Umsätze kein Geheimnis, auch wenn sich die Syndikatsleitung – wie üblich – zur Absatzpolitik auch gegenüber den Beteiligten mit Details zurückhielt.[170] Im neu geschaffenen Geschäftsausschuss wurde die günstige

166 Vgl. Statistische Angaben zu den Kohlenhandelsgesellschaften, in: montan.dok/BBA 33/951.

167 Vgl. Begründung für den Erlass der Bundesratsverordnung, o. D. (1915), S. 10 f., in: GStA PK, I. HA Rep. 151 Nr. 1291 und Lüthgen: Das Rheinisch-Westfälische Kohlensyndikat in der Vorkriegs-, Kriegs- und Nachkriegszeit und seine Hauptprobleme, S. 31 f.

168 Vgl. Schmitz, Albert: Entwicklungsstadien des westdeutschen Kohlengroßhandels unter Einwirkung der Syndikate, Köln 1926, S. 60.

169 Vgl. hierzu diverse Geschäftsberichte des RWKS im Zeitverlauf, in: montan.dok/BBA 33/318 (1).

170 Die Syndikatszechen waren über die hohen Gewinne aus den Verkäufen in zuvor bestrittenen Absatzgebieten zumindest insoweit informiert, als dass die erzielten Überschüsse satzungsgemäß an die Zechenbesitzer weitergereicht werden mussten. Über die Mehrerlöse und Einnahmen aus Beteiligungen wurden Zechenbesitzer in jedem Fall in einem Schreiben vom 03.08.1916 informiert, über dessen Inhalt jedoch keine Informationen vorliegen. Es gibt lediglich einen Hinweis, dass ein solches

Tab. 24: Umsätze der Syndikatshandelsgesellschaften 1913/14 und 1914/15

		1913/14			**1914/15**		
	Anteil des RWKS am Gesellschaftskapital	Umsatz in Tonnen	Gewinn je Tonne	Vergütung an das RWKS je Tonne	Umsatz in Tonnen	Gewinn je Tonne	Vergütung an das RWKS je Tonne
Hamburg	30,58 %	2.432.000	0,51 Mk.	0,09 Mk.	2.531.000	0,75 Mk.	0,35 Mk.
Bremen	47,54 %	1.790.000	0,33 Mk.	–	1.508.000	0,44 Mk.	0,10 Mk.
Berlin	45,00 %	524.000	0,57 Mk.		1.032.000	0,44 Mk.	–
Hannover	59,84 %	1.909.000	0,28 Mk.	–	1.657.000	0,40 Mk.	0,15 Mk.
Magdeburg	70,51 %	458.000	0,60 Mk.	0,22 Mk.	413.000	0,48 Mk.	0,24 Mk.
Kassel	38,75 %	1.943.000	0,30 Mk.	–	1.645.000	0,31 Mk.	–
Dortmund	53,45 %	2.602.000	0,32 Mk.	0,20 Mk.	2.220.000	0,43 Mk.	0,20 Mk.
Mülheim	15,51 %	12.644.000	0,83 Mk.	0,45 Mk.	10.553.000	1,21 Mk.	0,60 Mk.
Düsseldorf	87,50 %	2.168.000	4,00 Mk.	–	1.842.000	4,00 Mk.	–
Antwerpen	42,67 %	4.986.000	1,07 Mk.	–	2.280.000	1,06 Mk.	–
Utrecht	8,63 %	7.320.000	0,52 Mk.	0,03 Mk.	6.355.000	0,54 Mk.	0,60 Mk.

Quelle: Statistische Angaben zu den Kohlenhandelsgesellschaften, in: montan.dok/BBA 33/951.

Absatzsituation in den zuvor bestrittenen Verkaufsrevieren ein wenig deutlicher thematisiert. Bei Diskussionen zur Preispolitik und in den Verhandlungen zur Neugestaltung der Absatzorganisation im Dauersyndikat wurden die „aussergewöhnlichen Verhältnisse"[171] auf dem inländischen Markt, wie sie zum Beispiel in Hamburg vorherrschten, durchaus zur Sprache gebracht.[172] Dort konnten durch den Direktvertrieb des RWKS und den Verkauf über das Westfälische Kohlenkontor als zuständige Syndikatshandelsgesellschaft über die gesamte Kriegsphase hinweg hohe Einnahmen erzielt werden.[173]

Zechenbesitzern mit eigenen Handelsbeteiligungen war die gute Marktentwicklung in diesen Regionen ohnehin bekannt, insbesondere solchen Unternehmen, die während des Übergangssyndikats noch selbstständig Verkäufe abwickelten.[174] Einige Handelsfirmen bisheriger Außenseiter hatten ihr Geschäft dort zum Teil erst während des Kriegs zur Schließung der Versorgungslücken aufgenommen.[175] Auch die Thyssensche Handelsgesellschaft (THG) eröffnete in Hamburg erst im August 1915 eine eigene Niederlassung, um dort den eigenen Kohlenvetrieb voranzutreiben.[176] Das

---

Schreiben existierte (vgl. Urteilsbegründung zur Klage der Zechen Langenbrahm, Adler und Auguste Victoria gegen das RWKS, 30.03.1917, S. 4f., in: montan.dok/BBA 32/4107).

171 RWKS, Sitzung des Ausschusses f (Geschäftsausschuss), 07.11.1916, S. 18, in: montan.dok/BBA 33/79.

172 Vgl. u. a. ebd., S. 17f. Neben den Forderungen nach stärkeren Preiserhöhungen einiger Zechenbesitzer wurde bei den Diskussionen zur zukünftigen Festlegung der Gewinnbeteiligung an den Syndikatshandelsgesellschaften z. B. durch Emil Kirdorf darauf hingewiesen, dass aufgrund der besonderen Situation im Krieg die Syndikatshandelsgesellschaft in Hamburg derzeit nicht als Maßstab herangezogen werden sollte (vgl. RWKS, Sitzung des Ausschusses f (Geschäftsausschuss), 01.12.1915, S. 62f., in: montan.dok/BBA 33/77).

173 Selbst für das Geschäftsjahr 1918/19 konnten an die Gesellschafter des WKK Hamburg trotz Belastung durch die mittlerweile eingeführte Kriegsgewinnsteuer und der Zahlung von 25 Prozent des Reingewinns an das RWKS noch 50 Pfennig Gewinn pro Beteiligungstonne ausgezahlt werden. Der Tonnenumsatz der SHG an RWKS-Produkten war im gleichen Jahr auf fast 3,5 Millionen Tonnen angestiegen (vgl. Geschäftsbericht des Westfälischen Kohlen-Kontors GmbH, Hamburg 1918/19, in: montan.dok/BBA 33/957).

174 Vgl. RWKS, Sitzung des Ausschusses f (Geschäftsausschuss), 08.06.1916, S. 8ff., in: montan.dok/BBA 33/78. Für selbstständig auszuführende Verkäufe hatte das RWKS während des Übergangssyndikats z. B. den fiskalischen Händlern Preisaufschläge vorgeschrieben, die für Bremen 0,50 Mark pro Tonne, für Hamburg 1 Mark pro Tonne und für Verkäufe ins Ausland sogar Beträge zwischen 3 Mark und 7,50 Mark pro Tonne betragen sollten und an das RWKS abgeführt werden mussten (vgl. Schreiben des RWKS an die Königliche Bergwerksdirektion Recklinghausen, 18.12.1915, in: montan.dok/BBA 33/652).

175 Seitens der Thyssenschen Handelsgesellschaft wurden als weitere größere Anbieter für Ruhrkohle auf dem Hamburger Markt der Bergfiskus (über die Firma Wiesebrock & Börsing) und die Firma Hugo Stinnes genannt (vgl. Niederlassung Hamburg, Übersicht über die getätigten Verkäufe, 1916, S. 14ff., in: TKA, A/644/2). Auch die mit vielen Zechenunternehmen verbundene Handelsfirma Wulff aus Düsseldorf hatte in Hamburg eine Filiale eingerichtet (vgl. RWKS, Sitzung des Ausschusses f (Geschäftsausschuss), 16.02.1916, S. 5f., in: montan.dok/BBA 33/24 sowie Kap. 5.2.2.).

176 Zur Außenseiterstrategie des Thyssen-Konzerns vor dem Ersten Weltkrieg vgl. Roelevink: Organisierte Intransparenz, S. 282ff. und Kap. 4.3.2.

Geschäft der Hamburger Zweigniederlassung wuchs in der Folgezeit auch deshalb stark an, weil diese Verkaufsstelle zudem am Kohlenexport in die neutralen Länder beteiligt war.[177] Zwar hätte auch das hohe Preisniveau in Hamburg die Förderkosten beider Zechen nicht ausgleichen können,[178] doch hatte der Thyssen-Konzern mit der Eröffnung der neuen Niederlassung klar das Ziel verfolgt, „die Preisvorteile, die [...] die Zwangslage des hiesigen Markts bot, im größeren Umfange zu sichern."[179] Die THG hätte noch höhere Preise in Hamburg verlangen können, doch wollte sie nach eigener Aussage die Marktlage nicht völlig ausnutzen. Angesichts vieler öffentlicher Diskussionen setzte sich das Handelsunternehmen jedoch zum Ziel, seine Produkte zeitnah zu verkaufen, bevor es zu gesetzlichen Preisverordnungen kommen würde.[180] Für die guten Einnahmen, die über die bereits hohen Erlöse der Syndikatshandelsgesellschaft noch hinausgingen, wurde der Thyssen-Konzern in Syndikatskreisen stark angegriffen (vgl. Tab. 25). Fritz Thyssen nutzte dies jedoch im Geschäftsausschuss als Argument für seine Forderung, die noch höheren Umsätze anderer Syndikatsmitglieder beim Kohlenverkauf in die Niederlande langfristig deckeln zu lassen, was ihm jedoch nicht gelang.[181]

Da die THG im Übergangssyndikat zunächst noch unabhängig vom RWKS agierte, konnte die Syndikatsleitung auf deren Geschäftspolitik in Hamburg nur wenig Einfluss nehmen. Aber auch nach der Bildung des Dauersyndikats konnte die Firma zumindest als Platzgeschäft die günstige Geschäftslage in Hamburg weiter ausnutzen.[182] Dem RWKS, das über die hohen Erlöse der Kohlenhändler in den Städten gut informiert war,[183] lag stark daran, weiterhin an einer maßvollen Preispolitik festzu-

177 Vgl. Thyssensche Handelsgesellschaft: Kohlenmarkt Hamburg, 18.08.1916, S. 2, in: TKA, A/644/2.

178 Vgl. Stellungnahme des Prokuristen der Zweigniederlassung Hamburg, 02.06.1917, S. 3f., in: TKA, A/644/3.

179 Niederlassung Hamburg, Übersicht über die getätigten Verkäufe, 1916, S. 4f., in: TKA, A/644/2.

180 Vgl. ebd. Tatsächlich wurde aufgrund der massiven Preissteigerungen auf dem Hamburger Markt eine Höchstpreisverordnung festgelegt, die allerdings nur den dortigen Kleinhandel betraf, wo die Preisaufschläge aufgrund des knappen Angebots nochmals höher ausfielen (vgl. die Hinweise darauf in folgender Debatte: RWKS, Sitzung des Ausschusses f (Geschäftsausschuss), 07.11.1916, S. 18ff., in: montan.dok/BBA 33/79).

181 Thyssen forderte im Geschäftsausschuss, dass zukünftig 75 Prozent des Reingewinns der niederländischen Syndikatshandelsgesellschaft SHV direkt an das Syndikat abgeführt werden sollten, da Handelsgewinne von 10 Mark pro Tonne für beteiligte Syndikatsmitglieder nicht gerechtfertigt wären. Er spielte damit auf Äußerungen von Hugo Stinnes an, der zuvor die Geschäftspraktiken außenstehender Handelsgesellschaften im Hamburger Gebiet kritisiert hatte, die einen Gewinn von 4 bis 5 Mark je Tonne erzielen würden (vgl. RWKS, Sitzung des Ausschusses f (Geschäftsausschuss), 10.11.1915, S. 6f., in: montan.dok/BBA 33/24).

182 Im August 1917 bot Thyssen an, zur Behebung der Kohlennot 50.000 Tonnen Kohle für das Hamburger Platzgeschäft zur Verfügung zu stellen. Dieses Angebot war als wohltätige Maßnahme formuliert, dürfte aber aufgrund der guten Erlöslage alles andere als nur uneigennützig gewesen sein (vgl. Schreiben an die Generalbetriebsleitung West zu Essen, 02.08.1917, in: TKA, A/644/3).

183 Vgl. u. a. RWKS, Sitzung des Ausschusses f (Geschäftsausschuss), 20.07.1917, S. 32ff., in: montan.dok/BBA 33/80.

Tab. 25: Verkaufspreise für Ruhrkohle in Hamburg, ca. 1916

	Richtpreise RWKS pro Tonne	**Verkaufspreise SHG Hamburg** pro Tonne	**Verkaufspreise der THG** pro Tonne
Förderkohlen	14,75 Mk.	17,50 Mk.	22,50 Mk.
Stücke I	16,50 Mk.	19,50 Mk.	25,00 Mk.
Stücke III	15,75 Mk.	–	23,50 Mk.
Nuss I/II	17,00 Mk.	19,50 Mk.	26,00 Mk.
Nuss III	16,75 Mk.	19,25 Mk.	25,00 Mk.
	Alle Preise ab Zeche, also zzgl. Transportkosten[a)]		

Quelle: Niederlassung Hamburg, Übersicht über die getätigten Verkäufe, 1916, in: TKA, A/644/2.
[a)] Zuzüglich Transportkosten wären durch das Westfälische Kohlenkontor Hamburg Verkaufspreise von 60 bis 62 Mark pro Tonne für solche Kohlen berechnet worden, die über Rotterdam nach Hamburg geliefert wurden (vgl. Stellungnahme des Prokuristen der Zweigniederlassung Hamburg, 02.06.1917, S. 3f., in: TKA, A/644/3).

halten, um die Angriffsflächen möglichst gering zu halten. Die guten Einnahmen in den vormals bestrittenen Absatzgebieten hatten nämlich auch an anderer Stelle Begehrlichkeiten geweckt: 1916 kündigte die Eisenbahnverwaltung an, dass sie aufgrund der günstigen Preislage keinen Anlass sehe, bislang gewährte Ausnahmetarife für den Kohlentransport nach Hamburg weiter aufrechtzuerhalten. Syndikatsvorstand Max Graßmann schlug daher den Zechenbesitzern vor, auf weitere Preiserhöhungen zu verzichten und sogar die Überpreise im Hamburger Gebiet aufzuheben.[184] Nach Meinung vieler Zechenbesitzer wurden jedoch in den vorangegangenen Jahren viele Opfer für Hamburg und Berlin gebracht, zumal die dort verkaufte Kohle auch zu besseren Preisen ins Ausland hätte exportiert werden können. Daher sollte auf die Androhung der Eisenbahn keine Rücksicht genommen werden. Zudem gingen einige Zechenbesitzer davon aus, dass die Ausnahmetarife ohnehin aufgehoben werden sollten und die Reichsbahn lediglich nach einem passenden Vorwand suchen würde. So wurde letztlich die Entscheidung getroffen, die Preise nicht zu erhöhen, jedoch beim Kohlenverkauf im Hamburger Revier weiterhin die üblichen Aufschläge zu berechnen.[185] Auch spätere Anträge, die Preisaufschläge in Hamburg zu senken, fanden unter den

184 Vgl. RWKS, Sitzung des Ausschusses f (Geschäftsausschuss), 07.11.1916, S. 17f., in: montan.dok/BBA 33/79.

185 Vgl. ebd., S. 18ff. Auch nach dem Ersten Weltkrieg hielt die günstige Stellung der Ruhrkohle auf dem Hamburger Kohlenmarkt an, da zunächst die Importbeschränkungen aufrechterhalten wurden. Seit August 1919 wurde in geringem Maße amerikanische Kohle importiert. Anfang 1921 kam erstmals wieder in geringer Menge britische Kohle ins Land, die bis 1925 eine Höhe von 600.000 Tonnen erreichte und damit weiterhin deutlich unter dem Vorkriegsniveau lag (vgl. Altmann: Die Kohlenversorgung Groß-Berlins und der Mittellandkanal, S. 37 und Lyth: The Resumption of British Coal Exports through Hamburg (1919–1925). Problems and Perspectives, S. 294ff.).

Zechenbesitzern keine Mehrheit. Diese würden nach deren Ansicht ohnehin nicht den Konsumenten, sondern lediglich dem Handel zugutekommen.[186]

Die nach Kriegsausbruch sinkende Angebotsmenge auf den Kohlenmärkten führte also dazu, dass sowohl das Kohlensyndikat selbst als auch der syndizierte und freie Kohlenhandel erhebliche Umsatzsteigerungen verzeichneten. Dem RWKS und auch vielen Bergwerksunternehmen blieben aufgrund ihrer Beteiligungen an Handelsgesellschaften sogar doppelte Gewinnmöglichkeiten. Diese konnten ebenso von der Verdienstspanne im Großhandel profitieren, dessen Preispolitik weniger stark im öffentlichen Fokus stand als beim RWKS und im Kleinhandel.[187] Diese komfortable Situation führte dazu, dass trotz der erheblichen Reduzierung der Marktkosten, die sich durch den Wegfall der Umlage zeigte, das Interesse am Fortbestand einer syndizierten Absatzorganisation weiter sank. Schließlich wurde das RWKS aufgrund dieser Marktlage in Teilen seiner Funktion beraubt, weil die kostspielige Absatzsicherung in Wettbewerbsgebieten als zentrale Kartellaufgabe entfallen war.[188] Aus dieser Entwicklung heraus lässt sich das große Interesse vieler Firmen erklären, in den Verhandlungen zur Neuregelung der Absatzorganisation zwischen 1915 und 1916 so lange wie möglich auf selbstständige Verkäufe zu bestehen, da die syndizierte Absatzorganisation aus Sicht vieler Unternehmer zu bescheiden agierte.[189] Aus kartellpolitischen Gründen war diese Zurückhaltung aber erforderlich, um keine neuen Anlässe für staatliche Eingriffe zu schaffen. Die Bildung eines Dauersyndikats hatte dies jedoch nicht erleichtert.

5.2.2 Verhandlungsmasse: die Problematik der Dauerverträge

Die Möglichkeit auf lukrative Handelsgewinne, die sich während der Kriegszeit deutlich ausgeweitet hatte, sowie die schwierigen Verhandlungen mit dem Ruhrfiskus[190] waren zentrale Gründe dafür, warum sich die Erneuerungsverhandlungen für das Dauersyndikat äußerst problematisch gestalteten. Allerdings standen einer zügigen Einigung und dem Ziel des RWKS, im Jahr 1917 ein möglichst vollständiges „Handelsmonopol"[191] zu erreichen, auch zahlreiche langfristige Lieferverträge ent-

---

186 Eingebracht wurde der erneute Antrag von Paul Reusch (GHH) (vgl. RWKS, Sitzung des Ausschusses f (Geschäftsausschuss), 30.04.1917, S. 8 ff., in: montan.dok/BBA 33/80).

187 Vgl. Storm: Geschichte der deutschen Kohlenwirtschaft von 1913–1926, S. 47.

188 Vgl. ebd., S. 95.

189 Dies zeigt vor allem das Beispiel der Firma Thyssen (vgl. RWKS, Sitzung des Ausschusses f (Geschäftsausschuss), 24.01.1916, S. 19, in: montan.dok/BBA 33/78).

190 Zu den Verhandlungen mit dem Fiskus für das Dauersyndikat vgl. Kap. 5.2.3.

191 Dieser Begriff wurde in dieser Zeit vor allem außerhalb des Kartells während der Verhandlungen für das Dauersyndikat vielfach verwendet (vgl. u. a. o. A.: Rheinisch-Westfälisches Kohlensyndikat. Zur Syndikatserneuerung, in: Kartell-Rundschau 1916, Nr. 6/7, S. 233; Frankfurter Zeitung, 19.10.1916, in: BArch R 8127/13223; Kölnische Volkszeitung, 21.09.1916, in: BArch R 8127/13223 und Berliner Tageblatt, 20.07.1916, in: montan.dok/BBA 32/4106).

gegen, die zwischen Bergwerksunternehmen und freien Händlerfirmen abgeschlossen worden waren. Bei den vorangegangenen Syndikatserneuerungen wurden solche Dauerverträge in der Regel bis zu ihrem Auslaufen durch die einzelnen Unternehmen selbst abgewickelt. Im Übergangsvertrag sollte die Abwicklung langfristiger Verträge von Außenseitern mit Wiederverkäufern auf das RWKS bzw. auf die Syndikatshandelsgesellschaften übergehen und die Abwicklung von Vorverträgen mit Selbstverbrauchern den jeweiligen Unternehmen überlassen bleiben. Für das Dauersyndikat sah die Syndikatsleitung vor, alle langfristigen Verträge zukünftig durch die Syndikatshandelsgesellschaften abzuwickeln und den bislang freien Händlerfirmen im Gegenzug entsprechende Beteiligungen an den Handelsgesellschaften zuzusprechen.[192] Würde weiterhin ein freier Handel auf der ersten Absatzebene bestehen bleiben, hätte das RWKS aus Sicht der Kartellführung selbst unter einem Zwangssyndikat „nur auf dem Papier“[193] existiert.

Während Unternehmen wie der Thyssen-Konzern bereits seit mehreren Jahren mit zunächst nicht-syndizierten Schachtanlagen selbstständig in den Verkauf gingen,[194] kam ein nicht geringer Teil von Dauerverträgen, über deren Ablösung zwischen 1915 und 1916 verhandelt werden musste, erst kurz vor der Bildung des Übergangssyndikats zustande. Solche Lieferverträge waren durch die beteiligten Bergwerksunternehmen nicht vordergründig zur langfristigen Absatzsicherung geschlossen worden, sondern wurden schlichtweg als „Verhandlungsmasse“ in die Vertragsgespräche hineingebracht, nachdem das Druckmittel des Nichtbeitritts aufgrund der Bundesratsverordnung entfallen war. Zudem waren solche, wenn auch nur auf dem Papier bestehenden Handelsbeziehungen die einzige Möglichkeit, unter einem neuen Kartellvertrag lukrative Anteile an den Syndikatshandelsgesellschaften zu erhalten. Ein häufiges Merkmal dieser kurzfristig abgeschlossenen Verträge war, dass diese vielfach zwischen Zechen und Handelsfirmen gleicher Eigentümer abgeschlossen waren. Dies war zum Beispiel bei den Verträgen zwischen der Zeche Diergardt und der von ihr gegründeten Westdeutschen Kohlenhandelsgesellschaft oder bei der von Hugo Stinnes im Juli 1915 gebildeten Welheim-Handelsgesellschaft der Fall. Letztere war Absatzorganisation der gleichnamigen Schachtanlage bei Bottrop, die im Jahr 1914 die Förderung aufgenommen hatte.[195] Weitere Unternehmen schlossen sich einem sol-

---

192 Vgl. Verhandlung über die Regelung der Beziehungen der Händlerfirmen zum Syndikat am 10.08. 1915, S. 2 ff., in: montan.dok/BBA 33/36; RWKS, Sitzung des Ausschusses f (Geschäftsausschuss), 21.12. 1915, S. 55 f., in: montan.dok/BBA 33/77 und Wilhelm: Das Rheinisch-Westfälische Kohlensyndikat und die Oberschlesische Kohlenkonvention bis zum Jahre 1933, S. 131.

193 Verhandlung über die Regelung der Beziehungen der Händlerfirmen zum Syndikat am 10.08. 1915, S. 22, in: montan.dok/BBA 33/36.

194 Die Thyssensche Handelsgesellschaft schloss mit den Thyssen-Zechen „Rhein I“ und „Lohberg“ Lieferverträge mit 50-jähriger Laufzeit (vgl. Geschäftsbericht der Thyssenschen Handelsgesellschaft mbH zur Vorlage in der Gesellschafterversammlung, 30.06.1915, in: TKA, A/773/6 sowie auch Kap. 4.3.2.).

195 Die Zeche Diergardt hatte bei den Erneuerungsverhandlungen zunächst die Auflösung der Dauerverträge mit der von ihr selbst gegründeten Westdeutschen Kohlenhandelsgesellschaft zugesagt,

chem Vorgehen an. Die während der Verhandlungen von Emil Kirdorf aufgestellte Behauptung, die Vorverträge würden nur geschlossen, um das Syndikat zu verhindern, wurde zwar von den Betroffenen vielfach zurückgewiesen, enthielt allerdings einen wahren Kern.[196]

Bei den Bemühungen des RWKS um die Aufhebung solcher Dauerverträge war die Verhandlungstaktik der Zechen bzw. der Handelsfirmen häufig dadurch geprägt, dass sie zunächst nicht bereit waren, der Syndikatsleitung Einzelheiten ihrer Abkommen offenzulegen. Dies begründeten sie damit, dass die Dauerverträge über das Jahr 1917 hinausgingen, während eine freiwillige Syndikatserneuerung über diesen Zeitraum hinaus zunächst noch fraglich war.[197] Bei einigen kleineren Unternehmen sah die Syndikatsleitung keine großen Schwierigkeiten für eine Einigung.[198] Bei anderen Unternehmen war es für die Syndikatsleitung eine große Herausforderung, möglichst keine besonderen Zugeständnisse zu machen, auf die sich andere Unternehmen, auch durch vertraglich fixierte Meistbegünstigungsklauseln, ebenso hätten berufen können. Dies hatte die Verhandlungen zur Auflösung der Dauerverträge erheblich erschwert.[199]

Die langfristigen Vertragsbeziehungen mehrerer Ruhrzechen mit dem Unternehmen Robert Wulff & Co. aus Düsseldorf stellten für die Bildung eines möglichst freiwilligen Syndikatsvertrags ein überaus großes Problem dar. Die genannte Firma fand in der Forschungsliteratur bislang kaum Erwähnung, war aber zumindest der zeit-

---

jedoch im Übergangssyndikat neue Verträge geschlossen, die teilweise bis 1938 liefen (vgl. RWKS, Sitzung des Ausschusses f (Geschäftsausschuss), 05.10.1916, S. 12ff., in: montan.dok/BBA 33/79). Die Westdeutsche Kohlenhandelsgesellschaft war gemeinsam mit der Zeche Diergardt und Hugo Stinnes wiederum Eigentümerin der Syndikatsfreien Händlervereinigung in Mannheim, die dort unter anderem eine Brikettfabrik betrieb (vgl. RWKS, Sitzung des Ausschusses f (Geschäftsausschuss), 04.09.1916, S. 62f., in: montan.dok/BBA 33/79).

196 Vgl. Verhandlung über die Regelung der Beziehungen der Händlerfirmen zum Syndikat am 10.08.1915, S. 25, in: montan.dok/BBA 33/36 und Sitzung des in der Zechenbesitzerversammlung vom 11.12.1914 eingesetzten Ausschusses am 12.08.1915, S. 39ff., in: montan.dok/BBA 33/36.

197 Vgl. RWKS, Sitzung des Ausschusses f (Geschäftsausschuss), 01.12.1915, S. 44ff., in: montan.dok/BBA 33/77.

198 Hierzu gehörten unter anderem die Bootekohlen-Handelsgesellschaft (Verträge mit den Zechen Auguste Victoria und Trier), die Firma Wirth & Co. (Auguste Victoria), die Firma C. P. Wiesmann & Sohn (Auguste Victoria sowie Freie Vogel & Unverhofft), Wiesebrock & Börsing (Auguste Victoria), die Zuid-Nederlandsche Kolen Maatschappij (Auguste Victoria), Kurt Hahn & Co. (Brassert) und Paul Eckart (Freie Vogel & Unverhofft). Ausführlich vgl. Anträge der Händlerfirmen wegen Abwickelung ihrer Dauerverträge, in: montan.dok/BBA 33/954 und RWKS, Sitzung des Ausschusses f (Geschäftsausschuss), 04.09.1916, S. 72f., in: montan.dok/BBA 33/79.

199 Beispielhaft für die Problematik der Meistbegünstigung war die Auseinandersetzung zwischen Hugo Stinnes und dem RWKS bezüglich der Welheim-Handelsgesellschaft. Stinnes wurde mehrfach zu Zugeständnissen aufgefordert, weil die Gewährung aller ihm zustehenden Rechte für seine Absatzorganisation eine Flut von Forderungen anderer Firmen nach sich gezogen hätte (vgl. RWKS, Niederschrift der Zechenbesitzerversammlung, 24.01.1916, S. 7ff., in: RWWA 130 – 30019323/5 und RWKS, Sitzung des Ausschusses f (Geschäftsausschuss), 24.01.1916, S. 26ff., in: montan.dok/BBA 33/78).

genössischen Wirtschaftspresse durchaus ein Begriff.[200] Die Firma Wulff stellte eines der wenigen Beispiele aus dem Ruhrbergbau dar, in dem ein Unternehmen aus der Tätigkeit als Kohlenhandlung in den Produktionssektor eingestiegen war, während für den Zeitraum von der Syndikatsgründung bis zum Beginn des Ersten Weltkriegs eher der umgekehrte Fall die Regel darstellte.

Die Firma Wulff wurde im Jahr 1890 als Kohlengroßhandlung in Dortmund gegründet, verlegte ihren Firmensitz aber zehn Jahre später nach Düsseldorf. Nach dem Aufbau weiterer Niederlassungen und Tochterfirmen galt das Unternehmen um 1913 als einer der größten Kohlenhändler in Deutschland und war nicht nur mit dem Vertrieb von Produkten aus dem Ruhrbergbau, sondern auch mit Kohle aus anderen Revieren beschäftigt.[201] Unmittelbar nach Kriegsausbruch hatte das Unternehmen, wie andere Firmen auch, Filialen in Hamburg und Magdeburg eingerichtet, um von der dort vorherrschenden günstigen Marktlage nach dem Ausfall der britischen Importkohle zu profitieren.[202] Die Geschäftsstrategie des Inhabers Robert Wulff bestand nicht nur aus dem Ankauf sehr großer Produktionsmengen einzelner Zechen, sondern auch aus dem Erwerb von Firmenanteilen im Bergbau. Im Jahr 1913 besaß er die nichtsyndizierte Zeche Adler in Kupferdreh und war zudem an der Mansfeldschen Kupferschiefer bauenden Gewerkschaft zu Eisleben beteiligt, die Besitzerin der Ruhrzechen Mansfeld (Langendreer) und Sachsen (Hamm) war. Zudem war er Mitglied im Grubenvorstand und damit vermutlich auch Anteilseigner der Gewerkschaft Oespel, zu der auch die Zeche Borussia (beide bei Dortmund) gehörte.[203]

Für die Bildung einer geschlossenen Verkaufsorganisation waren die Geschäfte der Firma Wulff nicht erst während des Ersten Weltkriegs ein Problem. Bereits zur

---

200 Vereinzelte Hinweise auf die Firma Wulff finden sich in der zeitgenössischen Literatur in folgenden Veröffentlichungen: Schmitz: Entwicklungsstadien des westdeutschen Kohlengroßhandels unter Einwirkung der Syndikate, S. 47 und Manno: Die Kohlenversorgung Süddeutschlands, S. 132. Insbesondere zwischen 1915 und 1917 fand die Firma Wulff in der Kartell-Rundschau sowie auch in der Deutschen Kohlen-Zeitung häufiger Erwähnung (vgl. die diversen Quellenhinweise auf den folgenden Seiten).

201 Die Gründung erfolgte durch den 1867 in Dortmund geborenen Robert Wulff zusammen mit Karl Wilms. 1897 wurde Robert Wulff Alleininhaber. 1900 erfolgte neben der Verlegung des Firmensitzes nach Düsseldorf auch die Gründung einer Zweigniederlassung in Kassel. 1908 gründete Wulff ein Tochterunternehmen in Berlin mit Zweigniederlassungen in Dresden und Leipzig (vgl. Antrag auf Verleihung des Charakters als Kommerzienrat an den Bergwerksbesitzer Robert Wulff in Düsseldorf, 03.06.1913, in: Stadtarchiv Düsseldorf (im Folgenden: StA Düsseldorf), 0–1–3–3826.0001 und Manno: Die Kohlenversorgung Süddeutschlands, S. 132).

202 Vgl. RWKS, Sitzung des Ausschusses f (Geschäftsausschuss), 16.02.1916, S. 5 f., in: montan.dok/BBA 33/24.

203 Wulff war außerdem Besitzer der Kohlen- und Kokswerke Hansa in Bremerhaven, die den Gesamtbedarf an Kohle für die mitbeteiligte Schifffahrtsgesellschaft Norddeutscher Lloyd lieferte (vgl. Antrag auf Verleihung des Charakters als Kommerzienrat an den Bergwerksbesitzer Robert Wulff in Düsseldorf, 03.06.1913, in: StA Düsseldorf, 0–1–3–3826.0001; Manno: Die Kohlenversorgung Süddeutschlands, S. 132 und Jahrbuch für den Oberbergamtsbezirk Dortmund 1912–1913, S. 2 ff., S. 474 ff. und S. 503 ff.).

Erneuerung im Jahr 1903 bestand die Schwierigkeit, dass die damals neu beigetretene Zeche Mansfeld ihre komplette Produktion über mehrere Jahre hinweg an Wulff veräußert hatte. Über die genauen Empfänger machte die Zeche damals keine Angaben, was beim RWKS neben kontroversen Diskussionen auch zur Erhebung einer Strafzahlung führte.[204] Die Gewerkschaft Mansfeld begründete ihre nicht vorhandene Bereitschaft zur Offenlegung der Verträge damit, dass ihre Abnehmer durch die Syndikatshandelsgesellschaften ansonsten benachteiligt und boykottiert werden könnten. Umgekehrt argumentierte die Syndikatsleitung, dass durch die Offenlegung der Verträge entsprechend Rücksicht genommen werden könnte.[205] Allerdings waren die Geschäfte von Wulff bereits zu dieser Zeit problematisch für die syndizierte Verkaufspolitik, da nach Behauptungen anderer Zechenbesitzer die Firma nach der Erneuerung 1903 dem RWKS sogar mit Syndikatsprodukten erhebliche Konkurrenz auf den Absatzmärkten bereitet hätte.[206]

In den Verhandlungen für das Dauersyndikat war die Situation mit der Firma Wulff zum einen besonders problematisch, weil das Unternehmen im Jahr 1916 aufgrund mehrerer Dauerverträge über eine Verkaufsmenge von über 2 Millionen Tonnen Kohle, 300.000 Tonnen Briketts und 700.000 Tonnen Koks verfügte, die allein aus Ruhrzechen stammte (vgl. Tab. 26). Zum anderen hatte sich Inhaber Robert Wulff als wohl härtester Verhandlungspartner für das RWKS hervorgetan, was die Befürchtung nährte, ohne Einigung mit der Firma Wulff ein freiwilliges Dauersyndikat zu gefährden.[207] Anfang 1915 hatte die Firma noch ein Sonderabkommen mit dem Kohlensyndikat bezüglich ihrer Dauerverträge eingefordert und bestand darauf, auch nach einer Erneuerung unmittelbarer Vertragspartner der Zechen zu bleiben.[208] Nach der Bildung des Übergangssyndikats beharrte Wulff weiterhin auf der selbstständigen Abwicklung seiner Verträge und bot für eine bessere Regulierung der Marktverhält-

---

204 Gegenüber Wulff wäre die Zeche Mansfeld nach eigenen Angaben die Verpflichtung eingegangen, die Empfänger nicht zu nennen. Da die Zechen jedoch gegenüber dem RWKS dazu verpflichtet waren, ihre Verträge vorzulegen, wurden für Mansfeld sowie auch für die ähnlich agierende Zeche Langenbrahm Strafzahlungen festgelegt. Mansfeld ging zunächst in Berufung, welche jedoch später abgelehnt wurde (vgl. RWKS, Sitzung des Beirates, 23.06.1904, S. 9 ff., in: montan.dok/BBA 33/57 und RWKS, Zechenbesitzerversammlung, 15.08.1904, S. 14 ff., in: montan.dok/BBA 33/6).

205 Die betreffenden Abnehmer würden bis zum Auslaufen der Dauerverträge nicht als Gegner, sondern als RWKS-Kundschaft betrachtet werden. Syndikatsvorstand Max Graßmann argumentierte außerdem in diesem Zusammenhang, dass die Syndikatshandelsgesellschaften lediglich Abnehmer des RWKS und keine Organe des Kartells wären, um eine Verantwortung für die Geschäftspolitik der Handelsgesellschaften von sich weisen zu können (vgl. RWKS, Sitzung des Beirates, 23.06.1904, S. 11 ff., in: montan.dok/BBA 33/57).

206 Im September 1904 ging es im Beirat um eine Strafzahlung gegen die Gewerkschaft Constantin der Große, die einen Dauervertrag mit der Firma Wulff über die Abnahme größerer Koksmengen hatte. Wulff hätte diese Mengen nach Angaben einiger Zechenbesitzer zum Teil Syndikatskunden angeboten (vgl. RWKS, Sitzung des Beirates, 16.09.1904, S. 7 ff., in: montan.dok/BBA 33/57).

207 Vgl. u. a. RWKS, Sitzung des Ausschusses f (Geschäftsausschuss), 16.02.1916, S. 14 f., in: montan.dok/BBA 33/24.

208 Vgl. RWKS, Sitzung des Beirates, 23.01.1915, S. 4 f., in: montan.dok/BBA 33/68.

Tab. 26: Dauerverträge der Firma Wulff & Co., Stand 1916

Zeche	Beteiligung beim RWKS	Jahresmenge an die Firma Wulff & Co.	Dauer des Vertrages mit der Firma Wulff & Co.
Adler	Kohlenbeteiligung 375.000 t Brikettbeteiligung 225.000 t	Gesamtmenge an Kohlen und Briketts	solange ein Syndikat oder vergleichbare Vereinigung besteht
Borussia/ Oespel	Kohlenbeteiligung 350.000 t Brikettbeteiligung 72.000 t Koksbeteiligung 100.000 t	Gesamtmenge an Kohlen, Koks und Briketts	bis 1925
Freie Vogel & Unverhofft	Kohlenbeteiligung 625.000 t Koksbeteiligung 300.000 t	Gesamte Koksherstellung 130.000 Tonnen Kohle bei einer Gesamtförderung von 600.000 Tonnen, sonst prozentual steigend	unbekannt
Mansfeld	Kohlenbeteiligung 367.200 t Koksbeteiligung 300.000 t	Gesamtmenge an Kohlen und Koks	unbekannt
Sachsen	Kohlenbeteiligung 400.000 t	Gesamtmenge an Kohlen und Briketts	unbekannt

Quelle: Auflistungen zu Dauerverträgen, in: montan.dok/BBA 33/954.

nisse lediglich an, dem Syndikat täglich Versandanzeigen zukommen zu lassen, feste Vertragsgrößen zu vereinbaren und Verständigungen zwecks Verkaufsgröße und Kundenschutz mit den Syndikatshandelsgesellschaften herbeizuführen.[209] Diese Sonderwünsche nahm die Syndikatsleitung aber nicht an. Das RWKS bot Wulff als Ausgleich für die Auflösung der Verträge „nur" die entsprechenden Beteiligungen an den SHG an, was die Handelsfirma jedoch über lange Zeit ablehnte.[210]

Vermutlich dürfte auch Robert Wulff kein Interesse an einem Zwangssyndikat gehabt haben, so dass es bei seiner zunächst ablehnenden Haltung gegenüber dem RWKS eher um die Erwartung größerer Zugeständnisse als um eine tatsächliche Aufrechterhaltung der eigenen Handelsorganisation ging. Wie bereits kurze Zeit später

209 Vgl. RWKS, Sitzung des Ausschusses f (Geschäftsausschuss), 21.12.1915, S. 55 f., in: montan.dok/BBA 33/77 und Anträge der Händlerfirmen wegen Abwickelung ihrer Dauerverträge, in: montan.dok/BBA 33/954.

210 Vgl. RWKS, Sitzung des Ausschusses f (Geschäftsausschuss), 21.12.1915, S. 55 f., in: montan.dok/BBA 33/77. Für viele Inhaber von Dauerverträgen war eine Beteiligung an den Syndikatshandelsgesellschaften bereits das eigentliche Ziel für die Bildung solcher Verträge, da hierdurch schließlich mit konstanten und lukrativen Handelseinnahmen zu rechnen war.

bekannt wurde, war er nämlich bereit, seine Dauerverträge in Handelsbeteiligungen umwandeln zu lassen, wofür er im Gegenzug jedoch hohe Forderungen stellte. So beanspruchte er für das Dauersyndikat einen zehnjährigen anstatt einen fünfjährigen Kartellvertrag, um eine längerfristige Sicherheit für die Aufgabe seiner selbstständigen Geschäftstätigkeit zu haben.[211] Da Wulff die komplette Förderung einiger Schachtanlagen aufgekauft hatte, kam als weiteres Problem hinzu, dass bei der angedachten Beteiligung an den Handelsgesellschaften, ähnlich wie bei den Produktionsquoten, wegen der sich erhöhenden Förderung der Zechen eine steigende Beteiligung in den Absatzorganisationen für ihn notwendig gewesen wäre. Dies war jedoch in den Syndikatshandelsgesellschaften nicht vorgesehen.[212]

Für einen zehnjährigen Syndikatsvertrag ab dem Jahr 1917 gab es innerhalb der Kartellzechen durchaus einzelne Befürworter, insbesondere im Kreis der Hüttenzechenbesitzer. Die Mehrheit sah in einem zehnjährigen Vertrag jedoch eine zu große Gefahr, die Entwicklung neuer Außenseiter zu begünstigen. Zudem dominierte im Geschäftsausschuss die Meinung, auch aus Prinzip nicht auf diese Forderung einzugehen, da dieser Wunsch nur von einem einzelnen Händler und nicht von einem Syndikatsmitglied geäußert worden sei und zudem über eine fünfjährige Laufzeit bereits weitgehend Konsens zwischen den Zechenbesitzern herrsche.[213] Eine weitere Überlegung zur Lösung der „Wulff-Problematik" bestand kurzzeitig darin, solche „widerstrebenden Handelsgesellschaften einfach aufzukaufen"[214], damit das RWKS unmittelbar die Verfügungsrechte über alle Verträge der Firma Wulff bekommen würde. Dieser Vorschlag wurde jedoch aufgrund der großen finanziellen Aufwendungen als unrealisierbar verworfen.[215]

Eine Einigung mit Robert Wulff kam im Juni 1916 tatsächlich noch zustande. Auf welchem Weg diese genau erzielt wurde, ist bewusst nicht ins Protokoll aufgenommen worden, um bei anderen Zechen bzw. Handelsgesellschaften, bei denen noch Verhandlungen ausstanden, keine weiteren Begehrlichkeiten zu wecken. Bekannt gegeben wurde lediglich, dass Wulff neben den vorgesehenen Beteiligungen an den Syndikatshandelsgesellschaften mit einer Gesamtmenge von 2 Millionen Tonnen auch

---

211 Vgl. ebd., S. 56 ff. und RWKS, Sitzung des Ausschusses f (Geschäftsausschuss), 07.03.1916, S. 17 f., in: montan.dok/BBA 33/78.

212 Vgl. RWKS, Sitzung des Ausschusses f (Geschäftsausschuss), 16.02.1916, S. 2 ff., in: montan.dok/BBA 33/24.

213 Vgl. ebd., S. 2 ff. und o. A.: Rheinisch-Westfälisches Kohlensyndikat. Zur Syndikatserneuerung, in: Kartell-Rundschau 1916, Nr. 6/7, S. 224 f. Ein Lösungsvorschlag von Paul Reusch (GHH) war, Robert Wulff bei Nichtverlängerung des Syndikats nach fünf Jahren eine Entschädigung zuzusichern. Die Idee stieß zwar auf Zuspruch, galt jedoch zugleich als nicht realisierbar, da seine Dauerverträge damit nicht aufgelöst würden und auch seine selbstständige Tätigkeit nicht ausgeschaltet werde (vgl. RWKS, Sitzung des Ausschusses f (Geschäftsausschuss), 18.03.1916, S. 7 f., in: montan.dok/BBA 33/78).

214 RWKS, Sitzung des Ausschusses f (Geschäftsausschuss), 16.02.1916, S. 15, in: montan.dok/BBA 33/24.

215 Vgl. ebd., S. 15 f. und o. A.: Rheinisch-Westfälisches Kohlensyndikat. Die Syndikatserneuerung, in: Kartell-Rundschau 1916, Nr. 8/9, S. 356.

jeweils einen Sitz in den Aufsichtsräten der Handelsgesellschaften in Hannover, Kassel, Dortmund, Magdeburg und Bremen bekommen sollte. In der Berliner Syndikatshandelsgesellschaft sollte er zudem Vorsitzender des Aufsichtsrats werden.[216] Aus späteren Unterlagen geht zudem hervor, dass Robert Wulff in den Verhandlungsgesprächen zugesichert wurde, dass seine Beteiligungen in der syndizierten Absatzorganisation mit seinem Tod, anders als bei anderen Gesellschaftern, nicht erlöschen würden, sondern an seine Erben übertragen werden könnten.[217]

Mit dieser Einwilligung war jedoch nur ein Teil des Vertragsproblems gelöst, da bislang nur Wulff als Abnehmer und Wiederverkäufer sein Einverständnis erklärt hatte. Von den an seinen Verträgen beteiligten Zechen gaben nur die Betriebe Adler sowie Freie Vogel & Unverhofft bis zur Unterzeichnung des neuen Syndikatsvertrags im Oktober 1916 ihre Zustimmung zur Vertragsauflösung. Die Gewerkschaft Borussia/ Oespel forderte dagegen für die Aufhebung der Verträge eine Erhöhung ihrer Beteiligungsziffer, was die Syndikatsleitung allerdings mit Blick auf mögliche Ansprüche anderer Beteiligter ablehnte.[218] Eine von der Gewerkschaft Mansfeld für die Vertragsauflösung geforderte Entschädigung wurde durch die Syndikatsleitung ebenso abgewiesen.[219] Neben den Verhandlungen mit Unternehmen, die in Beziehungen zur Firma Wulff standen, waren bis kurz vor Ende der Verhandlungsfrist im Oktober 1916 auch noch Gespräche mit der Firma Stromeyer und der zur Zeche Diergardt gehörenden Westdeutschen Kohlenhandelsgesellschaft zur Auflösung ihrer Dauerverträge und der Eingliederung in die syndizierte Absatzorganisation offen. Diese beiden Unternehmen hatten ihre Einwilligung von der Haltung des Fiskus abhängig gemacht, dessen genaue Forderungen bis zuletzt offen blieben.[220]

---

216 Es wurde betont, dass verabredete Nebenbedingungen zur Einigung mit Wulff nicht schriftlich in das Abkommen aufgenommen werden (vgl. RWKS, Sitzung des Ausschusses f (Geschäftsausschuss), 08.06.1916, S. 14 ff., in: montan.dok/BBA 33/78). Vgl. auch RWKS, Sitzung des Ausschusses f (Geschäftsausschuss), 04.09.1916, S. 24 ff., in: montan.dok/BBA 33/79. Die Beteiligung von Wulff wurde später auf verschiedene Syndikatshandelsgesellschaften entsprechend den Absatzverhältnissen in den jeweiligen Revieren aufgeteilt (vgl. Aktennotiz betr. Wulff & Co., Düsseldorf, ca. 1925, in: montan.dok/BBA 33/1306).

217 Vgl. Niederschrift zur Sitzung „Wulff & Co.“, 20.09.1925, S. 1 f., in: montan.dok/BBA 33/1306.

218 Vgl. RWKS, Sitzung des Ausschusses f (Geschäftsausschuss), 10.10.1916, S. 67 ff., in: montan.dok/ BBA 33/79; RWKS, Sitzung des Ausschusses f (Geschäftsausschuss), 14.10.1916, S. 1 f., in: montan.dok/ BBA 33/79 und o. A.: Rheinisch-Westfälisches Kohlensyndikat. Die Syndikatserneuerung, in: Kartell-Rundschau 1916, Nr. 8/9, S. 346. In der letzten Verhandlungsphase wurde die Zustimmung einiger Zechenbesitzer zum neuen Syndikatsvertrag wiederum von Erhöhungen der Beteiligungsziffern abhängig gemacht (vgl. RWKS, Zechenbesitzerversammlung, 19.07.1916, S. 2 ff., in: montan.dok/BBA 33/ 20).

219 Vgl. RWKS, Sitzung des Ausschusses f (Geschäftsausschuss), 14.10.1916, S. 1 f., in: montan.dok/ BBA 33/79.

220 Auch die Firma Stromeyer, die neben ihren fiskalischen Handelsbeziehungen auch in Vertragsverhältnissen zu den Zechen Freie Vogel & Unverhofft, Auguste Victoria und Brassert stand, forderte für die Aufgaben ihrer langfristigen Lieferverträge hohe Entschädigungen (vgl. RWKS, Sitzung des Ausschusses f (Geschäftsausschuss), 17.01.1916, S. 48 ff., in: montan.dok/BBA 33/78). Bei Stromeyer be-

Obgleich vor der Unterzeichnung des neuen Kartellvertrags vielfach hervorgehoben wurde, dass die Vorlage des neuen Syndikatsvertrags ohne eine endgültige Lösung der Händlerfrage nutzlos sei, wurde der neue Syndikatsvertrag am 14. Oktober 1916 letztlich ohne umfassende Regelung zur Ablösung der Dauerverträge vollzogen. Offen geblieben waren nämlich unter anderem die Verhandlungen mit den Gewerkschaften Borussia/ Oespel und Victoria, der Gewerkschaft Mansfeld und der von ihr abhängigen Gewerkschaft Sachsen. Im neuen Syndikatsvertrag wurde daher mit Zustimmung der Zechenbesitzer ein Passus hinzugefügt, demzufolge der Vertrag nur unter der Bedingung unterzeichnet werde, dass mit diesen Zechen bzw. Händlern noch nachträglich eine Einigung erreicht werde. Auch von der Seite des Handelsministers wurde diese Lösung akzeptiert.[221]

Völlig außerhalb des syndizierten Vertriebs blieben nach Oktober 1916 allerdings die Lieferverträge der Zeche Langenbrahm, die weiterhin Bestand hatten. Langenbrahm stellte seit jeher einen Sonderfall innerhalb des Syndikatsgefüges dar: Für die von dieser Zeche geförderte Anthrazitkohle wurden auf dem freien Markt hohe „Liebhaberpreise"[222] bezahlt, die rund achtmal über den Syndikatspreisen lagen und damit auch den entsprechenden Händlerfirmen, an denen die Zeche Langenbrahm zum Teil selbst beteiligt war, überdurchschnittliche Gewinne brachten. Eine Auflösung der Verträge durch die schematische Eingliederung der Händler in die SHG war aufgrund dieses Preisniveaus kaum möglich.[223] Daher wurde auf die Auflösung dieser Verträge verzichtet, was aufgrund der im Vergleich zum Gesamtabsatz geringen Ver-

---

stand die Problematik, dass die Firma aufgrund ihrer Verträge mit Privatzechen ins Kohlenkontor eingetreten wäre, jedoch bei fehlender Einigung mit dem Fiskus weiterhin außerhalb des Kohlenkontors fiskalische Kohlen verkauft hätte (vgl. RWKS, Sitzung des Ausschusses f (Geschäftsausschuss), 04.09.1916, S. 61f., in: montan.dok/BBA 33/79). Die Westdeutsche Kohlenhandelsgesellschaft hatte zunächst die Auflösung der Dauerverträge zugesagt, jedoch im Übergangssyndikat neue Verträge geschlossen, die teilweise bis 1938 liefen. Problematisch waren besonders die Verträge mit der syndikatsfreien Händlervereinigung in Mannheim und der Firma Lenders, an denen neben der Zeche Diergardt auch Hugo Stinnes beteiligt war (vgl. ebd., S. 62f. und RWKS, Sitzung des Ausschusses f (Geschäftsausschuss), 05.10.1916, S. 12ff., in: montan.dok/BBA 33/79).

221 Ein Zeitraum oder Stichtag für die vorgesehene Einigung wurde jedoch nicht festgelegt, so dass dies eher als Absichtserklärung gewertet werden kann (vgl. RWKS, Niederschrift der Zechenbesitzerversammlung, 14.10.1916, S. 7, in: RWWA 130 – 30019323/5). Zur vorangegangenen Diskussion, ob der Syndikatsvertrag auch ohne eine umfassende Regelung der Händlerfrage gelöst werden könne, vgl. RWKS, Sitzung des Ausschusses f (Geschäftsausschuss), 15.09.1916, S. 62ff., in: montan.dok/BBA 33/79 und RWKS, Sitzung des Ausschusses f (Geschäftsausschuss), 10.10.1916, S. 67ff., in: montan.dok/BBA 33/79.

222 RWKS, Sitzung des Ausschusses f (Geschäftsausschuss), 04.09.1916, S. 70ff., in: montan.dok/BBA 33/79.

223 Vgl. ebd. und RWKS, Sitzung des Ausschusses f (Geschäftsausschuss), 14.10.1916, S. 3f., in: montan.dok/BBA 33/79. Wegen der hohen Preise der Langenbrahm-Kohle bestand kurzzeitig die Überlegung, diesen Händlern womöglich eine höhere Tonnendividende in den SHG zuzubilligen (vgl. RWKS, Sitzung des Ausschusses f (Geschäftsausschuss), 05.10.1916, S. 30ff., in: montan.dok/BBA 33/79).

kaufsmenge dieser Zeche als unproblematisch erachtet wurde.[224] Zur Unterzeichnung des Kartellvertrags für das Dauersyndikat bestand allerdings die Befürchtung, dass sich andere Vertragspartner auf diese Ausnahme berufen könnten.[225] Dies trat auch tatsächlich ein. Im Jahr 1917 forderte nämlich Robert Wulff vom Kohlensyndikat für seine Tätigkeit als Aufsichtsratsvorsitzender der Berliner SHG eine Beteiligung am Gewinnanteil des RWKS. Außerdem wollte er dem Syndikatsvorstand zusätzlich als Berater zur Seite gestellt werden. Wulff unterstrich seine Forderungen damit, dass er sich bei fehlender Einigung für die Einschaltung des Schiedsgerichts sowie gegebenenfalls für die Rücknahme des Beitritts seiner Zechen zum Syndikat entscheiden würde und berief sich dabei auf die Ausnahmen, die für die Gewerkschaft Langenbrahm gemacht worden waren. Zumindest bezüglich des Gewinnanteils wollte die Syndikatsleitung versuchen, eine Einigung mit Wulff zu finden. Dazu unterbreitete ihm Syndikatsvorstand Max Graßmann als Kompromissvorschlag ein Angebot über eine geringere Summe.[226]

Gerade das Beispiel der Firma Wulff verdeutlicht, dass langfristige Verträge zwischen Zechen und nicht-syndizierten Händlern die Verhandlungsmacht gegenüber dem Kohlensyndikat enorm verbesserten. Während das RWKS unter starkem Druck stand, ab 1917 einen lückenlosen Syndikatsvertrag zu erreichen, konnten die an den Verträgen beteiligten Händler und Zechen diese Situation ausnutzen, um weitere Zugeständnisse zu bekommen. Zudem boten solche Lieferverträge die Möglichkeit, Anteile an den Syndikatshandelsgesellschaften nach dem Vorbild anderer Kartellzechen zu erhalten. Zumeist war dies auch das zentrale Ziel solcher Vertragskonstruktionen, da viele Händlerfirmen nur auf dem Papier existierten und damit vermutlich gar nicht über die notwendige Vertriebsstruktur verfügt haben dürften.

Auch wenn die Firma Wulff zu den etablierten Kohlenhandelsunternehmen mit entsprechenden eigenen Vertriebsstrukturen gehörte, dürfte sich die Auflösung ihrer Dauerverträge ebenfalls nicht negativ ausgewirkt haben. Zwar behauptete Robert Wulff später, dass er durch eine selbstständige Tätigkeit höhere Einnahmen hätte erzielen können, doch führte die Beteiligung an den Syndikatshandelsgesellschaften dazu, dass er ebenso mit konstanten Einnahmen bei gleichzeitig geringem Organi-

224 Vgl. RWKS, Niederschrift der Zechenbesitzerversammlung, 14.10.1916, S. 7, in: RWWA 130–30019323/5.

225 Vgl. RWKS, Sitzung des Ausschusses f (Geschäftsausschuss), 14.10.1916, S. 3f., in: montan.dok/BBA 33/79. Die anscheinend unvermeidliche Ausnahme für die Zeche Langenbrahm galt schon während der Verhandlungsphase als äußerst riskant. Müssten auch anderen Zechen vergleichbare Ausnahmen gewährt werden, konnte dies nach damaligen Schätzungen dazu führen, dass neben dem RWKS-Vertrieb parallel bis zu 20 freie Händler mit Syndikatsprodukten auf den Markt gingen (vgl. Verhandlung über die Regelung der Beziehungen der Händlerfirmen zum Syndikat am 10.08.1915, S. 10f., in: montan.dok/BBA 33/36).

226 Vgl. RWKS, Sitzung des Ausschusses f (Geschäftsausschuss), 30.04.1917, S. 11ff., in: montan.dok/BBA 33/80; RWKS, Niederschrift der Sitzung des Aufsichtsrats, 08.06.1917, S. 4f., in: montan.dok/BBA 32/4107 und RWKS, Niederschrift der Sitzung des Aufsichtsrats, 25.07.1917, S. 3ff., in: montan.dok/BBA 32/4107.

sationsaufwand rechnen konnte.[227] Durch die Mitgliedschaft in den Aufsichtsräten vieler Handelsgesellschaften und durch seinen eigenen Bergwerksbesitz verfügte er weiterhin über einen nicht geringen Einfluss, den er noch während der Erneuerungsphase durch den Erwerb von Anteilen an der Bochumer Bergbau AG im Jahr 1916 weiter ausbauen konnte.[228]

Die Verflechtungen zwischen der Firma Wulff und anderen Kartellzechen wurden nach der Syndikatserneuerung 1917 noch deutlich größer, so dass der Eindruck entsteht, dass dieses Unternehmen auch als versteckte Beteiligungsgesellschaft für andere Syndikatsmitglieder diente. Im September 1917 gründete Wulff mit den Zechen Friedrich der Große, Dahlbusch, Johann Deimelsberg, Consolidation sowie Albert von Burgsdorff eine neue Handelsgesellschaft für Bergbauprodukte. Diese sollte allerdings, so sah es das Gründungsprotokoll vor, nach außen hin nur im Namen der Firma Wulff in Erscheinung treten.[229] Dieses Konsortium trat kurze Zeit später als Hauptanteilseigner in die am Kohlenkontor beteiligte und bereits zuvor im Einflussbereich von Wulff stehende Großhandlung Hansen & Neuerburg ein.[230] In den 1920er Jahren übernahm dieses Gemeinschaftsunternehmen auch Geschäftsanteile der Firma Wulff in Syndikatshandelsgesellschaften.[231]

5.2.3 Strategische Unklarheit: der Fiskus und das Dauersyndikat

Zu den zahlreichen Sonderrechten, die sich der Bergfiskus beim Eintritt in das Übergangssyndikat im Jahr 1915 gesichert hatte, gehörte die Vereinbarung, dass die bislang ergebnislosen Verhandlungen zum vollständigen Erwerb der Bergwerksgesellschaft Hibernia AG durch den preußischen Staat wieder aufgenommen werden

---

227 Vgl. Niederschrift zur Sitzung „Wulff & Co.", 20.09.1925, S. 1 f., in: montan.dok/BBA 33/1306.

228 Vgl. o. A.: Zusammenschluß im Ruhrkohlenbergbau, in: Deutsche Kohlen-Zeitung, 26.02.1916, Nr. 9/10, S. 37. Zu den Beteiligungen von Wulff an Bergbauunternehmen vgl. auch Schmitz, Albert: Entwicklungsstadien des westdeutschen Kohlengroßhandels unter Einwirkung der Syndikate, Köln 1926, S. 47 und o. A.: Rheinische Kohlenhandels- und Rhedereigesellschaft mbH (Kohlenkontor) Mülheim-Ruhr, in: Becker-Strecker von Rautenstrauch, Carl (Hg.): Rheinisches Archiv für Wirtschaftsgeschichte, o. O., o. J. (ca. 1920), S. 5–12, hier: S. 9 f.

229 Zur Abrechnung der Geschäftstätigkeit dieses Konsortiums sollte es bei der Firma Wulff ein Konto mit dem Namen „Gemeinschafts-Abrechnungskonto" geben (vgl. Notarielles Protokoll zur Gründung einer Gesellschaft zur „Beteiligung an Kohlenhandel, Spedition, Schiffahrt, Bergbau, sowie sämtlichen damit im Zusammenhang stehenden Betrieben", 05.09.1917, in: RWWA 130 – 300193025/0b).

230 Vgl. o. A.: Zusammenschluß im westdeutschen Kohlenhandel, in: Deutsche Kohlen-Zeitung, 20.10.1917, Nr. 43/44, S. 172. Wulff hatte seine Beteiligung am Kohlenkontor bereits zuvor auf die Firma Hansen & Neuerburg übertragen (vgl. Aktennotiz betr. Wulff & Co., Düsseldorf, ca. 1925, in: montan.dok/BBA 33/1306 und o. A.: Rheinische Kohlenhandels- und Rhedereigesellschaft mbH (Kohlenkontor) Mülheim-Ruhr, S. 9 f.).

231 Vgl. Schreiben der Westfälischen Kohlen-Verkaufsgesellschaft mbH, Berlin, an Direktor Joseph Moser (RWKS), 07.05.1923, in: montan.dok/BBA 33/1114 und Auflistungen zu den Gesellschaftern in den SHG und ihren Beteiligungen zwischen 1917 und 1922, 10.07.1922, in: montan.dok/BBA 33/976.

sollten.[232] Die Verhandlungen für das Dauersyndikat boten allerdings nicht nur die Gelegenheit, die Kaufverhandlungen für die Hibernia wieder aufleben zu lassen. Letztendlich machte der Fiskus seinen Beitritt zum Kohlensyndikat ab 1917 sogar vom vollständigen Erwerb aller Hibernia-Aktien abhängig.[233]

Für das geplante Dauersyndikat musste das RWKS auch mit dem Staatsbergbau Regelungen finden, unter denen ein Beitritt in ein möglichst auf freiwilliger Basis gebildetes Kartell erreicht werden konnte. Über die Konditionen, unter denen die fiskalischen Zechen einwilligen würden, gab es in der Erneuerungsphase zwischen 1915 und 1916 viele Spekulationen, weil der Bergfiskus mit klaren Stellungnahmen zu seinen Bedingungen für einen Beitritt über nahezu den gesamten Verhandlungszeitraum hinweg auf sich warten ließ. Dies hatte die Erneuerungsverhandlungen erheblich erschwert. Obgleich vorausgesetzt werden konnte, dass der Fiskus auch bei einer erfolgreichen Übernahme der Hibernia AG wiederum nur unter der Gewährung weitreichender Sonderrechte beitreten würde, war während der Verhandlungen für das Dauersyndikat über lange Zeit völlig unklar, welche Erwartungen der Fiskus an die künftige Absatzorganisation im kartellierten Ruhrbergbau stellen würde.[234] Mit dem Eintritt in das Übergangssyndikat blieb, wie in den Sonderrechten vereinbart, zunächst ein Teil der Lieferverträge der Staatszechen mit einzelnen Verbrauchern sowie fiskalischen Händlern weiter bestehen.[235]

Ob die ausstehenden Erklärungen auf eine mangelnde Entscheidungsfähigkeit beim Handelsminister zurückgeführt werden können, ist eher fraglich. Vielmehr dürfte damit die Strategie verbunden gewesen sein, die Erneuerungsverhandlungen zwischen den Privatzechen abzuwarten und den geplanten Hibernia-Erwerb voranzutreiben, bevor verfrühte Zugeständnisse für den eigenen Kartellbeitritt gemacht wurden.[236] Eine mögliche Rückkehr des Fiskus in eine Außenseiterposition war keine

---

232 Zu den Sonderrechten des Bergfiskus im Übergangssyndikat vgl. Kap. 5.1.3 sowie o. A.: Rheinisch-Westfälisches Kohlensyndikat. Zur Syndikatserneuerung, in: Kartell-Rundschau 1916, Nr. 6/7, S. 225. Die Hibernia AG wurde mit dem Preußischen Bergfiskus und der „Herne GmbH" von zwei großen Anteilseignern beherrscht, von denen keine Partei bis 1916 die Aktienmehrheit besaß (vgl. Bleidick: Die Hibernia-Affäre, S. 294 f.).

233 Vgl. Geschichte der Bergwerksgesellschaft Hibernia (Manuskript 1946), Bd. 5, S. 974, in: montan.dok/BBA 32/4409 und Schulz-Briesen: Der preußische Staatsbergbau im Wandel der Zeiten, S. 82 ff.

234 Vgl. u. a. RWKS, Sitzung des Ausschusses f (Geschäftsausschuss), 18.03.1916, S. 17 ff., in: montan.dok/BBA 33/78 und o. A.: Rheinisch-Westfälisches Kohlensyndikat. Zur Syndikatserneuerung, in: Kartell-Rundschau 1916, Nr. 6/7, S. 224 ff.

235 Die Absicht, weitergehende Regelungen zur Händlerorganisation zu finden, wurde zwar ebenso in den Sonderrechten fixiert, jedoch ohne dass gleichzeitig konkrete Erwartungen und Ziele schriftlich zwischen dem RWKS und dem Bergfiskus vereinbart wurden (vgl. RWKS, Niederschrift der Zechenbesitzerversammlung, 14.09.1915, S. 5 f., in: RWWA 130 – 30019323/5). Seitens des RWKS war bereits zum Zeitpunkt dieser Vereinbarung die Eingliederung der fiskalischen Vertriebsorganisation in die Syndikatshandelsgesellschaften vorgesehen (vgl. RWKS, Sitzung des Ausschusses f (Geschäftsausschuss), 04.09.1916, S. 144, in: montan.dok/BBA 33/79).

236 Vgl. o. A.: Rheinisch-Westfälisches Kohlensyndikat. Die Syndikatserneuerung, in: Kartell-Rundschau 1916, Nr. 8/9, S. 342.

realistische Option mehr, da dies aufgrund der Fördermengen der staatlichen Ruhrzechen automatisch zur Bildung eines Zwangssyndikats geführt hätte. Daran dürfte der Staat allein zur Vermeidung eines umfangreichen Organisationsaufwands kein Interesse gehabt haben. Die Absatzorganisation des RWKS arbeitete schließlich durchaus effektiv und für die Kriegswirtschaft quasi auch unentgeltlich, was eine staatliche Kohlenverteilungsstelle kaum hätte leisten können.[237] Die ausbleibenden Stellungnahmen des Fiskus nährten in Syndikatskreisen allerdings die Befürchtung, dass seitens des Handelsministers neben den vielen offenen Fragen auch die seit mehreren Jahren laufenden Diskussionen zur Kartellierung im Saarbergbau und darauf aufbauend übergreifende Marktregulierungen zwischen dem Ruhr- und Saarrevier wieder als weitere Nebenbedingung in die Erneuerungsgespräche hineingetragen werden und die Verhandlungen damit verkompliziert werden könnten. Auch wenn dies in den Debatten für das Dauersyndikat letztlich keine zentrale Rolle mehr spielte, befürchtete Emil Kirdorf noch im Sommer 1916, dass der Beitritt des Fiskus selbst bei einem erfolgreichem Abschluss aller Verhandlungen neben der Hibernia-Frage auch von dieser Angelegenheit abhängig gemacht werden würde.[238]

Das mehrfach formulierte Ziel der Kartellführung, sowohl in der Produktion als auch im Absatz des Ruhrbergbaus ab April 1917 ein „lückenloses Syndikat"[239] einzurichten, dürfte in Hinblick auf die Kriegswirtschaft auch im Interesse des Staats gewesen sein. Jedoch war dieses Ziel maßgeblich davon abhängig, ob der Bergfiskus bei einem Beitritt gleichzeitig sein Vertriebsnetz vollständig mit in die RWKS-Absatzorganisation eingliedern würde.[240] Die bisher fehlenden Zusagen führten dazu, dass Vertreter von Privatunternehmen ebenfalls nicht bereit waren, der Integration ihres Handelsapparats in das Kartell zuzustimmen, bevor die Staatszechen dies nicht in gleicher Weise taten. Insbesondere die Düsseldorfer Handelsfirma Wulff als wohl hartnäckigster Verhandlungspartner berief sich regelmäßig auf ausbleibende Zugeständnisse des Staatsbergbaus.[241] In ähnlicher Weise argumentierte auch Hugo Stinnes, bezog dies aber auf die Regelung der Beziehungen des von ihm kontrollierten Unternehmens Saar & Mosel zum Saarfiskus.[242] Eine Ablehnung der Integration des

---

237 Vgl. dazu auch Böse; Ziegler: Die Ruhrkohle in der kriegswirtschaftlichen Regulierung 1914–1918.

238 Vgl. RWKS, Sitzung des Ausschusses f (Geschäftsausschuss), 24.05.1916, S. 22 ff., in: montan.dok/BBA 33/78; RWKS, Sitzung des Ausschusses f (Geschäftsausschuss), 19.07.1916, S. 51, in: montan.dok/BBA 33/79; Berliner Tageblatt, 21.07.1916, in: montan.dok/BBA 32/4106 und Kap. 4.2.3.

239 RWKS, Sitzung des Ausschusses f (Geschäftsausschuss), 18.03.1916, S. 9, in: montan.dok/BBA 33/78. Diese Forderung bezog Kirdorf explizit auch auf den Handel und dabei ebenso auf die fiskalische Vertriebsorganisation. Andere Lösungen bedeuteten für ihn lediglich, so wörtlich, ein „Scheinsyndikat" (Zit. ebd.).

240 Vgl. ebd., S. 17 ff.

241 Für die Einbringung seiner Verträge in die Syndikatshandelsgesellschaften forderte Wulff mehrfach, dass keine anderen Händler oder Händlergruppen außerhalb des Kartells stehen dürften, womit auch ausdrücklich die fiskalischen Händler gemeint waren (vgl. ebd., S. 3 f.).

242 Hugo Stinnes war bereit, seine Forderung zur Regelung der Verhältnisse von Saar & Mosel zu einem möglichen Saarsyndikat bzw. zum RWKS fallen zu lassen, wenn der Fiskus ebenso auf die

fiskalischen Handels in das RWKS und die daraus resultierende Blockadehaltung anderer Unternehmen hätte damit ebenso zum staatlich angedrohten Zwangssyndikat geführt.[243]

Auch wenn es der Handelsminister wohl nicht auf ein für den Staat kostenintensives Zwangssyndikat ankommen lassen wollte, vermittelte seine Verhandlungstaktik, sicherlich durchaus beabsichtigt, nicht zwangsläufig diesen Eindruck. Die Verwirrungen und Unklarheiten wurden nämlich nochmals verstärkt, als der Fiskus zum Jahresbeginn 1916 ankündigte, seine eigene Absatzorganisation auch im Rahmen eines neuen Kartellvertrags weiter aufrechterhalten zu wollen und dazu die für ihn tätigen Händler in drei regionale Gruppen zusammenfasste.[244] Diese Gruppenbildung gründete auf der Verhandlungsphase zur Kartellerneuerung 1915: Seinerzeit hatte die Syndikatsleitung den fiskalischen Vertretern vorgeschlagen, zur Erleichterung des Geschäftsablaufs und zur Sicherstellung des kurzfristigen Kündigungsrechts eine stärkere Bündelung seiner Händlerfirmen vor der Eingliederung in die Syndikatshandelsgesellschaften vorzunehmen.[245] Ob das Vorgehen des Fiskus nun allerdings noch der damaligen Anregung des Kohlensyndikats entsprach, war nicht ersichtlich, zumal die regionale Zusammenfassung der Kohlenhändler sogar viel stärker als vom RWKS angedacht institutionalisiert wurde. Zwischen März und April 1916 gründete der Fiskus aus den Händlergruppen drei neue Vertriebsgesellschaften:

- *Süddeutsche Vertriebsstelle von Erzeugnissen staatlicher Ruhrkohlenzechen GmbH:* Zusammenschluss des Preußischen Bergfiskus mit den Firmen Stromeyer, Hengstenberg & Wiemer, Oestreicher und Haldy Jacob Groh. Das Absatzgebiet dieser Gesellschaft war deckungsgleich mit dem Kohlenkontor.[246]
- *Norddeutsche Vertriebsstelle von Erzeugnissen staatlicher Ruhrkohlenzechen GmbH:* Zusammenschluss des Preußischen Bergfiskus mit den Firmen Wiesebrock & Börsing, Friedrich Grau und Albert Keune. Zum Absatzgebiet dieser Ge-

gleichen Forderungen verzichtete (vgl. RWKS, Sitzung des Ausschusses f (Geschäftsausschuss), 19.07.1916, S. 51, in: montan.dok/BBA 33/79).

243 Vgl. RWKS, Sitzung des Ausschusses f (Geschäftsausschuss), 18.03.1916, S. 3ff., in: montan.dok/BBA 33/78. Dies verdeutlichte die Syndikatsleitung den Verhandlungspartnern regelmäßig, um an deren Kompromissbereitschaft zu appellieren. Kirdorf machte z.B. im Laufe der Auseinandersetzungen mit Wulff und Hugo Stinnes mehrfach deutlich, dass er bei fehlender Einigung Kontakt mit dem Handelsminister zwecks Regelung eines Zwangssyndikats aufnehmen müsse (vgl. RWKS, Sitzung des Ausschusses f (Geschäftsausschuss), 16.02.1916, S. 2f., in: montan.dok/BBA 33/24).

244 Vgl. RWKS, Sitzung des Ausschusses f (Geschäftsausschuss), 17.01.1916, S. 51f., in: montan.dok/BBA 33/78.

245 Vgl. RWKS, Sitzung des Ausschusses f (Geschäftsausschuss), 04.09.1916, S. 142ff., in: montan.dok/BBA 33/79 und Verhandlung über die Regelung der Beziehungen der Händlerfirmen zum Syndikat am 10.08.1915, S. 21, in: montan.dok/BBA 33/36.

246 Vgl. Notarielles Protokoll zur Errichtung der Süddeutschen Vertriebsstelle von Erzeugnissen staatlicher Ruhrkohlenzechen GmbH, 31.03.1916, in: montan.dok/BBA 32/3812 und o. A.: Süddeutsche Vertriebsstelle von Erzeugnissen staatlicher Ruhrzechen GmbH, Duisburg, in: Deutsche Kohlen-Zeitung, 22.04.1916, Nr. 17/18, S. 70f.

sellschaft, die ihren Sitz in Hannover bekam, sollten die nördlich gelegenen Syndikatsreviere gehören.[247]

- *Westdeutsche Vertriebsstelle von Erzeugnissen staatlicher Ruhrkohlenzechen GmbH:* Zusammenschluss des Preußischen Bergfiskus mit den Firmen Friedrich Zöllner, Wilhelm Wiemer, August Fabricius sowie Hengstenberg & Cie. Das Absatzgebiet dieser Gesellschaft umfasste die im Nahbereich zum Fördergebiet liegenden RWKS-Absatzreviere 8 bis 16, 18 und 19, die zu diesem Zeitpunkt noch nicht durch Syndikatshandelsgesellschaften bearbeitet wurden.[248]

Die neuen Handelsunternehmen stellten eine Auswahl von Firmen dar, die bislang mit dem Fiskus in den jeweiligen Regionen als Wiederverkäufer zusammengearbeitet hatten.[249] Ob damit jedoch nur ein leichterer Zusammenschluss mit dem RWKS realisiert oder womöglich ein leistungsfähiges „Gegengewicht" zu den Syndikatshandelsgesellschaften geschaffen werden sollte, war sowohl in der Öffentlichkeit als auch in Kartellkreisen nicht eindeutig ersichtlich. Auch wenn es von fiskalischer Seite zeitweise hieß, dass die neue Organisationsform keine Konkurrenz zum Syndikatshandel darstellen sollte, wollte sich der Handelsminister zu den Plänen bezüglich dieser Gesellschaften über mehrere Monate hinweg nicht äußern.[250] Selbst bei einem persönlichen Treffen mit den Syndikatsvertretern Emil Kirdorf und Max Graßmann im Mai 1916 war der Handelsminister nicht bereit, zur „Händlerfrage" Stellung zu beziehen. Deutlich wurde bei dieser Zusammenkunft lediglich, dass der Minister den zu diesem Zeitpunkt bestehenden Verhandlungsstand zwischen den Privatzechen nicht als Grundlage für einen freiwilligen Kartellvertrag akzeptieren würde und für die Ruhrzechen als Schlusspunkt der Verhandlungen eine Frist bis zum 15. Oktober 1916

247 Vgl. Notarielles Protokoll zur Errichtung der Norddeutschen Vertriebsstelle von Erzeugnissen staatlicher Ruhrkohlenzechen GmbH, 01.04.1916, in: montan.dok/BBA 32/3812.

248 Vgl. Notarielles Protokoll zur Errichtung der Westdeutschen Vertriebsstelle von Erzeugnissen staatlicher Ruhrkohlenzechen GmbH, 30.03.1916, in: montan.dok/BBA 32/3812 und o. A.: Handelsorganisation des Bergfiskus, in: Deutsche Kohlen-Zeitung, 20.05.1916, Nr. 21/22, S. 86. Zur Einteilung der Absatzreviere des RWKS vgl. Tielmann, Paul: Die Syndikatshandelsgesellschaften des Rheinisch-Westfälischen Kohlen-Syndikats in der Volkswirtschaft, Essen 1940, S. 9 ff.

249 Späteren Angaben zufolge sollte damit dem Wunsch des RWKS entsprochen werden, dass die Staatszechen mit einer kleineren Anzahl von Händlern in das Kartell eintreten. So wurde z. B. die Firma Fieseler & Schulteis nicht aufgenommen, auch wenn deren Umsatzmengen nach eigenen Aussagen deutlich größer als bei anderen aufgenommen Händlern waren. Die Firma wehrte sich gegen die nicht erfolgte Aufnahme, weil dies später auch zur Nichtaufnahme in die Syndikatshandelsgesellschaften führte (vgl. Schreiben der Kohlengroßhandlung Fieseler & Schulteis GmbH, Mülheim-Ruhr, an die Mitglieder des Reichskohlenrates, 01.10.1919, in: ACDP, I-220 – 008/2).

250 Vgl. o. A.: Rheinisch-Westfälisches Kohlensyndikat. Zur Syndikatserneuerung, in: Kartell-Rundschau 1916, Nr. 6/7, S. 224 ff.; o. A.: Fiskalische Händlergruppen und Kohlensyndikat, in: Deutsche Kohlen-Zeitung, 15.07.1916, Nr. 29/30, S. 117 f. Auch die im RWKS-Geschäftsausschuss sitzenden Vertreter der Staatszechen konnten oder wollten zur Bildung dieser Gesellschaften keine Stellung beziehen (vgl. RWKS, Sitzung des Ausschusses f (Geschäftsausschuss), 18.03.1916, S. 17 ff., in: montan.dok/BBA 33/78).

festsetzte. Anschließend würden die Vorbereitungen zur Bildung eines Zwangssyndikats eingeleitet werden.[251] Im Juli 1916 präzisierte der Fiskus seine Erwartungen insoweit, als dass er die Regelung der „Händlerfrage" forderte, ohne jedoch exakte Modalitäten hierzu aufzustellen.[252]

Die Syndikatsleitung änderte trotz der undurchsichtigen Umstrukturierung des fiskalischen Vertriebsapparats nicht ihr Ziel, mit der Kartellerneuerung eine Monopolisierung der Absatzorganisation auf der ersten Großhandelsebene unter Einbezug der fiskalischen Händler zu erreichen, um parallel existierende Vertriebsstrukturen und damit eine Fortsetzung des Wettbewerbs zu verhindern.[253] Einzig sollten den Staatszechen neben den Gesprächen zur Übernahme der Hibernia AG weiterhin gewisse Sonderrechte zugestanden werden.[254] Würden die fiskalischen Handelsgesellschaften selbstständig bestehen bleiben, könnten diese selbst bei einer Kontingentierung ihrer Verkaufsmengen durch den Vertrieb fremder Produkte stark anwachsen, während der Fiskus zum Beispiel gleichzeitig Mitspracherechte in den Kartellgremien oder auch im Kohlenkontor hätte.[255]

Das „Gespenst der Zwangssyndizierung" brachte bis zum Ende der Verhandlungsfrist im Oktober 1916 auch das Kohlensyndikat selbst in eine günstigere Position. Emil Kirdorf holte sich über den Umweg der GBAG die notwendige Rückendeckung für die mehrfach erhobenen Forderungen nach einer weitgehenden Syndizierung der Absatzorganisation. Das Unternehmen stellte im Sommer 1916 den Antrag, für ein fünfjähriges Dauersyndikat auf ein Handelsmonopol unter Beteiligung der fiskalischen Handelsfirmen hinzuwirken. Andernfalls würde die GBAG dem Kohlensyndikat nicht beitreten. Da der Förderanteil des Konzerns bei über 3 Prozent der Gesamtförderung im Ruhrbergbau lag, hätte dies die Einrichtung eines Zwangssyndikats zur

---

251 Aufgrund dieses Gesprächsergebnisses bestand kurzzeitig auch die Überlegung, mit den fiskalischen Händlern bei einer freiwilligen Syndikatsbildung zunächst wiederum nur ein Verkaufsabkommen abzuschließen (vgl. RWKS, Sitzung des Ausschusses f (Geschäftsausschuss), 24.05.1916, S. 1ff., in: montan.dok/BBA 33/78). Allerdings war sich die Syndikatsleitung zu diesem Zeitpunkt sicher, dass seitens des Handelsministers ein Zwangssyndikat unbedingt verhindert werden sollte (vgl. RWKS, Zechenbesitzerversammlung, 08.06.1916, S. 4f., in: montan.dok/BBA 33/20).

252 Vgl. RWKS, Sitzung des Ausschusses f (Geschäftsausschuss), 19.07.1916, S. 1ff., in: montan.dok/BBA 33/79.

253 Ausnahmen in diesem Bereich sollte es allein schon aufgrund der daraus resultierenden Ansprüche anderer Unternehmen nicht geben (vgl. RWKS, Sitzung des Ausschusses f (Geschäftsausschuss), 18.03.1916, S. 3ff., in: montan.dok/BBA 33/78; RWKS, Sitzung des Ausschusses f (Geschäftsausschuss), 04.09.1916, S. 142ff., in: montan.dok/BBA 33/79 und o. A.: Rheinisch-Westfälisches Kohlensyndikat. Zur Syndikatserneuerung, in: Kartell-Rundschau 1916, Nr. 6/7, S. 233). Zur Erwartung des RWKS an den Fiskus zur Regelung der „Händlerfrage" vgl. auch Schreiben des RWKS an die Königliche Bergwerksdirektion Recklinghausen, 27.07.1916, in: montan.dok/BBA 32/4106.

254 Vgl. RWKS, Sitzung des Ausschusses f (Geschäftsausschuss), 18.03.1916, S. 3ff., in: montan.dok/BBA 33/78 und RWKS, Sitzung des Ausschusses f (Geschäftsausschuss), 06.04.1916, S. 1ff., in: montan.dok/BBA 33/78.

255 Diese Befürchtung formulierte Johann Wilhelm Welker (vgl. Johann Wilhelm Welker: Kohlenhandelsgesellschaften des Syndikats, ca. 1916, S. 4f., in: HA, JWW: 65).

Folge gehabt.[256] Inwieweit diese Drohung ihre Wirkung hatte, wurde schon seinerzeit kritisch diskutiert.[257] Letztlich zogen sich trotz dieser Maßnahmen die Gespräche für das Dauersyndikat noch bis zum Ende der Verhandlungsfrist hin und hatten im Bereich der Absatzorganisation auch mit der Vollziehung des neuen Kartellvertrags noch nicht zu einer vollständigen Lösung geführt. Dies betraf insbesondere die Auflösung bestehender Dauerverträge zwischen bisherigen Außenseitern und kartellunabhängigen Händlerfirmen.[258]

Was den Eintritt des Fiskus in das RWKS betraf, so ging dem Aufsichtsrat des Kohlensyndikats seitens des Handelsministers Anfang Oktober 1916 die lang erwartete Stellungnahme zur Regelung der „Händlerfrage" und zur Hibernia-Angelegenheit zu. Vorausgegangen war neben Verhandlungen über die zu erwartenden Beteiligungsziffern auch ein Gespräch zwischen dem Minister und der Syndikatsleitung Ende September. Der genaue Inhalt dieses Gesprächs sowie auch der Inhalt der Stellungnahme blieben jedoch bewusst außerhalb des Protokolls des Aufsichtsrats. Eine gesonderte Niederschrift zu dieser Aussprache wurde „zu den Geheimakten genommen"[259]. Im Geschäftsausschuss wurden am gleichen Tag aber Teile der Forderungen bekannt gegeben, die der Handelsminister gestellt hatte, um die fiskalischen Händlerfirmen nach einer erfolgreichen Übernahme der Hibernia AG in die Syndikatshandelsgesellschaften eintreten zu lassen.[260]

Letztlich bekam der Staatsbergbau ebenso wie im Übergangsvertrag auch im neuen Kartellabkommen wieder zahlreiche Sonderrechte zugesprochen: Fiskalische Vertreter sollten zukünftig beim RWKS sowohl im Aufsichtsrat, in den ständigen Ausschüssen, in möglichen Sonderausschüssen als auch in den Aufsichtsgremien des Kohlenkontors und der Syndikatshandelsgesellschaften zugegen sein. Außerdem sollten dem Handelsminister aus allen Gremien eingehende Informationen über die Vorgänge im Syndikat und in der Absatzorganisation erteilt werden. Wichtige fiskalische Handelsfirmen sollten zudem an der Geschäftsführung der Syndikatshandelsgesellschaften beteiligt werden. Um einen kurzfristigen Austritt des Bergfiskus aus

256 Vgl. Deutsche Bergwerks-Zeitung, 16.07.1916, in: montan.dok/BBA 32/4106; Buschmann: Untersuchung der Zweckmäßigkeit der Syndizierung des Kohlenbergbaus auf Grund der geschichtlichen Entwicklung des Rheinisch-Westfälischen Kohlensyndikats, S. 85 f.; Bleidick: Die Hibernia-Affäre, S. 297 und o. A.: Rheinisch-Westfälisches Kohlensyndikat. Die Syndikatserneuerung, in: Kartell-Rundschau 1916, Nr. 8/9, S. 354 f.

257 In der Presse hieß es, dass es die GBAG nicht auf ein Scheitern einer freiwilligen Kartellbildung ankommen lassen werde (vgl. o. A.: Rheinisch-Westfälisches Kohlensyndikat. Zur Syndikatserneuerung, in: Kartell-Rundschau 1916, Nr. 6/7, S. 233 f.).

258 Vgl. RWKS, Sitzung des Ausschusses f (Geschäftsausschuss), 15.09.1916, S. 62 ff., in: montan.dok/BBA 33/79; RWKS, Sitzung des Ausschusses f (Geschäftsausschuss), 05.10.1916, S. 11 f., in: montan.dok/BBA 33/79; RWKS, Niederschrift der Zechenbesitzerversammlung, 15.09.1916, in: RWWA 130 – 30019323/5 sowie Kap. 5.2.2.

259 RWKS, Niederschrift der Sitzung des Aufsichtsrats, 05.10.1916, S. 2, in: montan.dok/BBA 32/4107.

260 Vgl. die ausführliche Debatte dazu: RWKS, Sitzung des Ausschusses f (Geschäftsausschuss), 05.10.1916, S. 1 ff., in: montan.dok/BBA 33/79.

dem Kohlensyndikat zu ermöglichen, sollte zudem sichergestellt werden, dass ebenso die fiskalischen Großhändler gleichzeitig problemlos aus den Handelsgesellschaften wieder aussteigen konnten.[261] Ein Teil der Verträge der Staatszechen mit fiskalischen Händlern musste zudem als Selbstverbrauch anerkannt sowie Garantien für die Beschäftigung der Reedereibetriebe und der fiskalischen Umschlagseinrichtungen durch das Kohlenkontor ausgesprochen werden.[262]

Die Frage, ob die für den Staatsbergbau tätigen Händlerfirmen überhaupt zum Beitritt in die Syndikatshandelsgesellschaften bereit waren, stellte sich zu diesem Zeitpunkt wahrscheinlich nicht mehr. Zudem dürfte es für diese Händler ohnehin keine Alternative gegeben haben, da Widerstand zum Abbruch der direkten Geschäftsbeziehungen mit dem RWKS bzw. dem Fiskus geführt hätte. Auch schienen die betreffenden Firmen der syndizierten Vertriebsstruktur nicht mehr ablehnend gegenüberzustehen. Ersichtlich wird dieser Umstand zum Beispiel daraus, dass dem Ruhrfiskus der Eintritt in das Kohlensyndikat während der Beitrittsverhandlungen für das Dauersyndikat durch einzelne fiskalische Händlerfirmen ausdrücklich empfohlen wurde. Dies geschah zwar vordergründig aufgrund der zu erwartenden Vorteile für den Fiskus selbst, dürfte aber durchaus ebenso aus Eigeninteresse forciert worden sein.[263] Die Eingliederung in eine Syndikatshandelsgesellschaft bedeutete schließlich trotz der „Unterwerfung" vor dem RWKS die Sicherstellung konstanter Erlöse bei vergleichsweise geringem Aufwand. Der spätere, langwierige Kampf der ehemaligen fiskalischen Kohlenhandelsfirma Fieseler & Schulteis gegen die Ablehnung der Aufnahme in die Syndikatshandelsgesellschaften kann dafür als klarer Beleg gewertet werden.[264]

---

261 Eine Beteiligung der fiskalischen Händler an der Geschäftsführung der Syndikatshandelsgesellschaften sollte zunächst abgelehnt werden (vgl. ebd.). In der Zechenbesitzerversammlung zur Verabschiedung der Sonderrechte für den Fiskus blieb diese Forderung jedoch weiterhin bestehen, allerdings wurde festgeschrieben, eine „tunlichste Beteiligung" zu garantieren (vgl. RWKS, Niederschrift der Zechenbesitzerversammlung, 14.10.1916, S. 9, in: RWWA 130 – 30019323/5). Ferner vgl. auch Buschmann: Untersuchung der Zweckmäßigkeit der Syndizierung des Kohlenbergbaus auf Grund der geschichtlichen Entwicklung des Rheinisch-Westfälischen Kohlensyndikats, S. 85 f.

262 Unter anderem mussten die Verträge der Königlichen Bergwerksdirektion Recklinghausen mit den Händlerfirmen Stromeyer und Kleinermann als Selbstverbrauch anerkannt werden (vgl. RWKS, Niederschrift der Zechenbesitzerversammlung, 14.10.1916, S. 8 f., in: RWWA 130 – 30019323/5; o. A.: Rheinisch-Westfälisches Kohlensyndikat. Die Syndikatserneuerung, in: Kartell-Rundschau 1916, Nr. 8/9, S. 348 f. und o. A.: Die preußischen fiskalischen Steinkohlenwerke im neuen Ruhrkohlensyndikat – Händlerfragen!, in: Deutsche Kohlen-Zeitung, 16.12.1916, Nr. 51/52, S. 207 f.).

263 Die Firma Wiesebrock & Börsing aus Hannover sprach sich unter anderem für den Beitritt der Staatszechen in das RWKS aus, weil der Fiskus dann einen besseren Zugriff auf sämtliche Produkte der Syndikatszechen hätte (vgl. Schreiben von Oscar Wiesebrock, Hannover, an den Geheimen Oberbergrat Raiffeisen, Recklinghausen, 21.08.1916, in: montan.dok/BBA 32/4106).

264 Vgl. 13. Petitionsbericht der Handels- und Gewerbekommission (Drucksache 603): Petition von Fieseler & Schulteis GmbH in Mülheim (Ruhr) betr. Beteiligung an den vom Bergfiskus und dem Kohlensyndikat gemeinschaftlich zu bildenden Kohlenhandelsgesellschaften, 07.03.1917, S. 29 ff., in: GStA PK, I. HA Rep. 169 C Abschnitt 12, Nr. 62 und Schreiben der Kohlengroßhandlung Fieseler &

Die wenige Monate zuvor gegründeten staatlichen Händlergruppen spielten nach der Entscheidung zum Beitritt keine Rolle mehr. Nach dem Willen des Fiskus sollten die Händler im Dauersyndikat als Einzelunternehmen in die Syndikatshandelsgesellschaften eintreten, was durch das RWKS auch akzeptiert wurde.[265] Für den Fiskus blieb lediglich von zentraler Bedeutung, bei einem kurzfristigen Austritt aus dem Kohlensyndikat ohne Aufwand wieder auf die eigene Vertriebsstruktur zurückgreifen zu können.

Für das neue Dauersyndikat blieb für den Preußischen Staat natürlich die Möglichkeit zum Erwerb der Hibernia AG zentrale Voraussetzung, um neben den Sonderrechten zur „wirksamen Wahrung der wirtschaftlichen Gesamtinteressen"[266] einen umfangreichen Einfluss auf die Kartellpolitik ausüben zu können. Nach Verabschiedung des entsprechenden Gesetzes kam der Fiskus im Februar 1917 schließlich in den Besitz von 87 Prozent des Aktienkapitals des Unternehmens.[267] Damit verzeichnete der Fiskus mit Inkrafttreten des fünfjährigen Syndikatsvertrags im April 1917 einen erheblichen Machtzuwachs. Mit seinen bisher angeschlossenen Schachtanlagen bekam er im RWKS eine Beteiligung von 5 Millionen Tonnen zugesprochen, die bis zum 1. April 1921 auf 6,8 Millionen Tonnen ansteigen sollte. Für den gleichen Zeitraum stand eine gleichbleibende Koksbeteiligung von 2 Millionen Tonnen an. Durch den Erwerb der Hibernia AG kam zusätzlich eine Kohlenbeteiligung von über 5,8 Millionen Tonnen, eine Koksbeteiligung von mehr als 1,6 Millionen Tonnen und eine Brikettbeteiligung von rund 66.000 Tonnen hinzu. Dies bedeutete in der Summe einen Anteil von 11 Prozent an der gesamten Kohlenbeteiligung des RWKS.[268]

Trotz des Machtzuwachses des preußischen Staats gegenüber dem Privatbergbau können die Verhandlungsergebnisse letztlich auch für das Kohlensyndikat als erfolgreich gewertet werden. Die Androhung staatlicher Zwangsmaßnahmen bedeutete für die Syndikatsleitung eine erhebliche Hilfestellung, auch gegenüber Privatunternehmen ihr seit längerer Zeit verfolgtes Ziel durchzusetzen, die Vertriebsorganisation des gesamten Ruhrbergbaus unter dem Dach des Kohlensyndikats zu konzentrieren.

Schulteis GmbH, Mülheim-Ruhr, an die Mitglieder des Reichskohlenrates, 01.10.1919, in: ACDP, I-220 – 008/2.

265 Vgl. RWKS, Sitzung des Ausschusses f (Geschäftsausschuss), 10.10.1916, S. 66, in: montan.dok/BBA 33/79.

266 Votum des Ministers für Handel und Gewerbe und des Finanzministers, dem Königlichen Staatsministerium vorzulegen: Gesetzentwurf nebst Begründung zum Erwerb der Hibernia AG, 15.11.1916, S. 4, in: BArch R 901/81188.

267 Vgl. Bleidick: Die Hibernia-Affäre, S. 297 f.

268 Vgl. Votum des Ministers für Handel und Gewerbe und des Finanzministers, dem Königlichen Staatsministerium vorzulegen: Gesetzentwurf nebst Begründung zum Erwerb der Hibernia AG, 15.11.1916, S. 4 ff., in: BArch R 901/81188.

5.2.4 Vollständige Syndizierung der Großhandelsstrukturen

Das Ziel der Kartellführung, mit der Bildung eines Dauersyndikats ab April 1917 ein umfassendes „Handelsmonopol" für das RWKS zu realisieren, schloss neben der Auflösung aller noch bestehenden direkten Geschäftsbeziehungen zwischen den Zechen und den Abnehmern auch einige strukturelle Veränderungen in den Vertragsbeziehungen zwischen der Kartellorganisation und den Syndikatshandelsgesellschaften (SHG) ein.[269] Damit verbunden war es spätestens seit Herbst 1915 das erklärte Ziel des RWKS, weitere Syndikatshandelsgesellschaften in den bislang noch freien Gebieten in Westdeutschland zu etablieren, um zukünftig neben dem Direktvertrieb den inländischen Verkauf nur noch über die vertraglich eng an das Kartell gebundenen Vertriebsunternehmen abzuwickeln.[270] Diese Neustrukturierung sollte zu einer weiteren Senkung von Wettbewerbs- und Organisationskosten führen und zusätzlich Marktzugangsbarrieren für mögliche Außenseiter und Konkurrenten aus anderen Förderrevieren schaffen.[271] Zahlreiche Zechenbesitzer, insbesondere solche ohne eigene Handelsbeteiligungen, verbanden mit dieser Neuorganisation die Erwartung, dass die regelmäßig diskutierte, komfortable Erlössituation der Syndikatshandelsgesellschaften begrenzt und zumindest ein Teil der dort erwirtschafteten Handelsgewinne künftig stärker zu den Produzenten gelenkt werden würde.[272] Produzenten mit bereits bestehenden Beteiligungen an den Vertriebsgesellschaften agierten hierbei deutlich zurückhaltender. Es war vielmehr zu erkennen, dass es ihnen in der Verhandlungsphase für das Dauersyndikat um die Sicherung ihrer derzeitigen Stellung in der syndizierten Absatzorganisation ging. Die bestehende Organisationsform hatten sie insofern kaum in Frage gestellt.[273]

Während der Erneuerungsverhandlungen des 1915 ausgelaufenden Kartellvertrages waren neue Vertragsbeziehungen zwischen dem RWKS und den Handelsgesellschaften bereits ein Diskussionsthema, das durch die wiederkehrenden Angriffe

---

269 Vgl. RWKS, Sitzung des Ausschusses f (Geschäftsausschuss), 18.11.1915, S. 4 ff., in: montan.dok/BBA 33/77 und RWKS, Sitzung des Ausschusses f (Geschäftsausschuss), 18.03.1916, S. 9, in: montan.dok/BBA 33/78.

270 Mit der Planung für neue Syndikatshandelsgesellschaften in den bisher freien Gebieten war auch eine mögliche Verschiebung der bisherigen Grenzen der Absatzreviere verbunden (vgl. RWKS, Sitzung des Ausschusses f (Geschäftsausschuss), 01.12.1915, S. 70, in: montan.dok/BBA 33/77). Zum Jahresbeginn 1916 bestätigte Emil Kirdorf gegenüber Hugo Stinnes nochmals die geplante Gründung weiterer Handelsgesellschaften und kündigte an, deren Bildung nach der Schaffung von Vertragsgrundlagen für das Dauersyndikat in Angriff nehmen zu wollen (vgl. RWKS, Sitzung des Ausschusses f (Geschäftsausschuss), 17.01.1916, S. 85, in: montan.dok/BBA 33/78).

271 Vgl. u. a. Berliner Tageblatt, 20.07.1916, in: montan.dok/BBA 32/4106 und Pressebericht ohne Zeitungstitel, 28.07.1916, in: BArch R 8127/13223. Die Außenseiterfrage war aufgrund der Bundesratsverordnung zu diesem Zeitpunkt zwar nicht relevant, jedoch war keineswegs absehbar, wie lange die staatlichen Zwangsmaßnahmen aufrechterhalten werden würden.

272 Vgl. RWKS, Zechenbesitzerversammlung, 10.09.1915, S. 23 ff., in: montan.dok/BBA 33/19.

273 Vgl. hierzu z. B. Johann Wilhelm Welker: Kohlenhandelsgesellschaften des Syndikats, ca. 1916, in: HA, JWW: 65.

vieler Zechenbesitzer und die damit verbundenen Forderungen nach einer stärkeren Überwachung des Verkaufsapparats an Bedeutung gewann.[274] Diese Thematik war allerdings nicht in die eigentlichen Erneuerungsverhandlungen integriert, weil dies formal betrachtet keinen Teil des eigentlichen Kartellvertrags darstellte. Vor dem Erlass der Bundesratsverordnung im Juli 1915 standen für die Syndikatshandelsgesellschaften zeitweise neue Vertragsentwürfe zur Diskussion, die eine Zusammenfassung der Gesellschafts- und Lieferverträge zu einem gemeinsamen Vertragswerk vorsahen, was bislang nur beim Kohlenkontor gehandhabt wurde.[275]

Bis zur Vertragsunterzeichnung für das Übergangssyndikat gab es in der Neuorganisation des Handelsapparats keine weiteren Fortschritte, doch blieb der Reformdruck weiter bestehen. Noch während der Vollziehung des Übergangsvertrags im September 1915 musste die Syndikatsleitung gegenüber einer größeren Gruppe von Zechenbesitzern zusichern, zukünftig die übermäßigen Gewinne der Syndikatshandelsgesellschaften zu reduzieren und im Vertrieb die allgemeinen Interessen des RWKS stärker in den Blick zu nehmen.[276] Diese Wünsche kamen den ohnehin vorhandenen Plänen der Syndikatsleitung, auch eine neue Form der Gewinnverteilung und eine engere Aufsicht über den Vertriebsapparat zu installieren, sehr entgegen.[277]

Vereinzelte Forderungen, das bisherige Geschäftsmodell mit den selbstständigen Syndikatshandelsgesellschaften abzuschaffen und die bestehenden Firmen als Niederlassungen im RWKS weiterzuführen, konnten sich nicht durchsetzen.[278] Wäre das Kohlensyndikat Alleinbesitzer der Handelsgesellschaften geworden, hätte dies zumindest die für die Stabilität des Kartells durchaus problematische Ungleichheit

274 Vgl. ausführlich Kap. 5.1.2.

275 Damit hätten Änderungen in den Lieferbedingungen zugleich eine aufwendige Änderung des Gesellschaftsvertrags notwendig gemacht (vgl. Schreiben an das RWKS, 08.06.1915, in: montan.dok/BBA 33/950; Stellungnahmen zu den Vertragsentwürfen zu den Kohlenhandelsgesellschaften, 1915, in: montan.dok/BBA 33/950; Entwurf zu einem neuen Vertrage der Kohlenhandelsgesellschaften, 10.07.1915, in: montan.dok/BBA 33/950 und Schreiben an das RWKS, 08.06.1915, S. 1ff., in: HA, JWW: 65).

276 Jakob Hasslacher (Rheinische Stahlwerke AG) forderte während der Unterzeichnung des Vertrags für das Übergangssyndikat im Namen von 23 Zechenbesitzern eine Erhöhung des an das RWKS abzuführenden Gewinnanteils, insbesondere für das Kohlenkontor, sowie eine stärkere Mitwirkung an für die Absatzorganisation relevanten Ausschüssen. Ohne feste Zusagen versprach Emil Kirdorf, dass zukünftig übermäßige Gewinne in den Syndikatshandelsgesellschaften reduziert werden sollten (vgl. RWKS, Niederschrift der Zechenbesitzerversammlung, 10.09.1915, S. 11ff., in: RWWA 130–30019323/11).

277 Ursprünglich war vorgesehen, für das Kohlenkontor und alle bestehenden Handelsgesellschaften bereits zum 1. April 1916 neue Verträge ausgehandelt zu haben. Für neu in das Übergangssyndikat eingetretene Zechen sollte es ab dem 1. Januar 1916 entsprechende Übergangsregelungen geben (vgl. RWKS, Sitzung des Ausschusses f (Geschäftsausschuss), 12.10.1915, S. 8ff., in: montan.dok/BBA 33/24 und RWKS, Sitzung des Ausschusses f (Geschäftsausschuss), 24.11.1915, S. 24ff., in: montan.dok/BBA 33/77).

278 Solche Forderungen wurden in den vorangegangenen Jahren regelmäßig erhoben (vgl. z.B. RWKS, Sitzung des Beirates, 17.02.1909, S. 7ff., in: montan.dok/BBA 33/62 und o. A.: Rheinisch-Westfälisches Kohlensyndikat, in: Kartell-Rundschau 1909, Nr. 4, S. 330).

zwischen den Zechen mit und ohne Handelsbeteiligung ausgleichen können.[279] Eine Mehrheit für die Auflösung der Syndikatshandelsgesellschaften ließ sich trotz der vielfachen Kritik wohl deshalb kaum finden, weil dies vielen Bergwerksunternehmen mit eigenen Handelsunternehmen die Möglichkeit genommen hätte, durch Anteile an den SHG direkt von den Erlösen auf der ersten Großhandelsebene zu profitieren.[280] Gegen eine vollständige Übernahme sprach sich vor allem die Syndikatsleitung selbst aus, die im Hinblick auf die Funktionsfähigkeit und Effektivität des Vertriebsapparats die bisherige Struktur mit selbstständigen Vertriebsgesellschaften für den mittelbaren Absatz fortführen und weiter ausbauen wollte. Die Mitwirkung von freien Händlern mit engen Beziehungen zu den Abnehmern sei aus Sicht der Kartellführung allein schon aufgrund der großen Ausdehnung der Absatzgebiete unerlässlich.[281] Zukünftig sollte es aus deren Sicht in keiner Syndikatshandelsgesellschaft eine Beteiligung des RWKS von über 50 Prozent geben, obwohl dies bei einzelnen Gesellschaften bereits der Fall war (vgl. Tab. 27).[282] Die Bildung weiterer kartelleigener Verkaufsstellen, wie sie seit dem Jahr 1901 in Düsseldorf existierte, wurde ebenso nicht mehr in Betracht gezogen. Diese Organisation sollte in eine SHG unter Beteiligung der dortigen Großhändler überführt werden.[283] Inwieweit, wie zum Teil angeführt, staatlicher Druck während der Kriegswirtschaft die Pläne forcierte, das Vertriebsnetz mit SHG weiter zu festigen und auszubauen, ist nicht eindeutig belegt.[284] Bekannt ist lediglich, dass die Syndikatsleitung dem Bergfiskus während der Verhandlungen für das Dauersyndikat

---

279 Vgl. Johann Wilhelm Welker: Kohlenhandelsgesellschaften des Syndikats, ca. 1916, S. 61, in: HA, JWW: 65. Genährt wurden Vermutungen, dass das Kohlensyndikat langfristig Alleinbesitzerin der Syndikatshandelsgesellschaften werden wolle, auch dadurch, dass das RWKS noch im Frühjahr 1915 durch Zukäufe bei den SHG in Dortmund, Magdeburg, Bremen, Hannover und Kassel einen erheblichen Zuwachs bei der Beteiligung verzeichnete (vgl. Aktennotiz zum Ankauf von Geschäftsanteilen an den Syndikatshandelsgesellschaften durch das RWKS, 01.04.1915, in: montan.dok/BBA 33/951 sowie ferner auch frühere Vermutungen von fiskalischer Seite: Manuskript über die Entwicklung der fiskalischen Ruhrkohlenzechen, ca. 1911, in: montan.dok/BBA 32/4099).

280 Vgl. u. a. Johann Wilhelm Welker: Denkschrift über die zu gründende Kohlenhandelsgesellschaft, 04.02.1913, in: HA, JWW: 36.

281 Vgl. hierzu z. B. die Stellungnahme von Max Graßmann: RWKS, Sitzung des Ausschusses f (Geschäftsausschuss), 01.12.1915, S. 58 ff., in: montan.dok/BBA 33/77.

282 Eine völlige Vereinnahmung der Handelsgesellschaften durch das RWKS hätte aus der Sicht von Kirdorf zur Zerstörung vieler gewachsener Strukturen führen können (vgl. RWKS, Sitzung des Ausschusses f (Geschäftsausschuss), 10.11.1915, S. 27 ff., in: montan.dok/BBA 33/24). Dass für Emil Kirdorf als Vorsitzender der GBAG, dessen Tochterunternehmen Raab-Karcher selbst erhebliche Handelsbeteiligungen besaß, auch eigene Interessen eine gewisse Rolle spielten, kann an dieser Stelle nur vermutet werden.

283 Neben dem geringen Erfolg der Düsseldorfer Verkaufsstelle war ein weiterer Grund für eine notwendige Neuorganisation, dass der dortige Geschäftsführer Carl Brüggemann aus Altersgründen die Leitung nicht mehr weiterführen konnte (vgl. RWKS, Sitzung des Ausschusses f (Geschäftsausschuss), 01.12.1915, S. 70, in: montan.dok/BBA 33/77).

284 Zum Teil wurde die Gründung der neuen Syndikatshandelsgesellschaften als unmittelbare Auswirkung der Kriegs- und Zwangswirtschaft eingeordnet (vgl. u. a. Dietrich: Die Kohlenversorgung Süddeutschlands, S. 29).

die Zusage gegeben hatte, den Großhandel in Handelsgesellschaften zusammenzufassen.[285]

Nach der eher unkoordinierten Gründungsphase zwischen 1895 und 1906 sollten künftig für alle Handelsgesellschaften einheitliche Verträge geschaffen werden, wobei es lediglich für das Kohlenkontor weiterhin Ausnahmen geben sollte.[286] Bislang waren die Gesellschafts- und Lieferverträge sowie die darin festgelegten Formen der Gewinnabführungen, Ausschließlichkeitsbindungen und Einflussmöglichkeiten auf die Geschäftspolitik sehr unterschiedlich festgeschrieben.[287] Auch wenn viele Produzenten den Handelsgesellschaften durchweg unangemessene Gewinne auf Kosten der Zechen vorwarfen, gestaltete sich die Erlössituation faktisch sehr unterschiedlich. Auch das RWKS profitierte jeweils auf verschiedene Weise von den Einnahmen. Dies konnte neben der eigenen Geschäftsbeteiligung je nach Vertragsform noch eine zusätzliche Vergütung für jede verkaufte Tonne Syndikatskohle sein (vgl. Tab. 27). Besonders günstig fielen die Erlöse neben dem Kohlenkontor bei den Handelsfirmen im Ausland und in den stark bestrittenen Absatzgebieten im Inland wie Hamburg und Berlin aus. Für viele Zechenbesitzer verstärkte dies den Eindruck, dass die Absatzseite im Unterschied zur Produktion Gewinne weitaus unabhängiger von der Konjunktur erwirtschaften konnte, selbst wenn das Kohlensyndikat die Verkaufstätigkeit in wettbewerbsintensiven Regionen gleichzeitig subventionieren musste.[288]

Trotz zeitweise gegenteiliger Überlegungen gab die Syndikatsleitung seit Herbst 1915 vor, dass zwischen dem RWKS und den Handelsgesellschaften der regelmäßig zu erneuernde Liefervertrag auch zukünftig das zentrale Beherrschungs- und Überwachungsinstrument in der Absatzorganisation bleiben sollte. Das Verkaufsrecht für Syndikatsprodukte im jeweiligen Vertriebsgebiet, das allein mittels Liefervertrag erteilt wurde, konnte damit bereits durch die Nichtverlängerung dieses Abkommens entzogen werden, womit einer Syndikatshandelsgesellschaft ohne Eingriffe in den Gesellschaftervertrag die Geschäftsgrundlage genommen werden konnte.[289] Im Lie-

285 Vgl. RWKS, Sitzung des Ausschusses f (Geschäftsausschuss), 18.12.1916, S. 7 ff., in: montan.dok/BBA 33/79 und RWKS, Niederschrift der Sitzung des Aufsichtsrats, 22.01.1917, S. 8 f., in: montan.dok/BBA 32/4107.

286 Vgl. Besprechung des RWKS mit den Geschäftsführern der Kohlenhandelsgesellschaften über den Entwurf eines Gesellschaftsvertrages, Stenogramm der Sitzung vom 04.01.1916, S. 27, in: montan.dok/BBA 33/344.

287 Die Vertragsdetails waren auch den meisten Zechenbesitzern kaum bekannt. Als der neue Geschäftsausschuss im Herbst 1915 seine Arbeit aufnahm, herrschte bei fast allen Mitgliedern viel Unklarheit über die SHG, deren Verträge und Organisation (vgl. RWKS, Sitzung des Ausschusses f (Geschäftsausschuss), 12.10.1915, S. 25 ff., in: montan.dok/BBA 33/24).

288 Vgl. ebd., S. 7 f. Die Vertriebstätigkeit in Berlin über die dortige SHG war laut RWKS-Vorstand Max Graßmann bis zum Kriegsausbruch durchweg ein Zuschussgeschäft, was dieser neben britischer und schlesischer Kohle auch auf die Tarifsituation im Bahnverkehr zurückführte (vgl. RWKS, Sitzung des Ausschusses f (Geschäftsausschuss), 17.01.1916, S. 72 ff., in: montan.dok/BBA 33/78).

289 Vgl. RWKS, Sitzung des Ausschusses f (Geschäftsausschuss), 12.10.1915, S. 10 ff., in: montan.dok/BBA 33/24; RWKS, Sitzung des Ausschusses f (Geschäftsausschuss), 01.12.1915, S. 53 ff., in: mon-

Tab. 27: Erlöse der Syndikatshandelsgesellschaften zwischen 1912 und 1915

		Gewinn inkl. Kapitalzinsen auf die Tonne Umschlag in Mark			**Zusätzliche Vergütung pro Tonne an das RWKS** in Mark		
Syndikatshandelsgesellschaft	**Anteil des RWKS zum 01.04.1915**	1912/13	1913/14	1914/15	1912/13	1913/14	1914/15
Hamburg	30,58 %	0,56	0,51	0,75	0,14	0,09	0,35
Bremen	47,54 %	0,39	0,33	0,44	0,07	–	0,10
Hannover	59,84 %	0,28	0,28	0,40	–	–	0,02
Berlin	45,00 %	0,51	0,57	0,44	–	–	–
Magdeburg	70,51 %	0,47	0,60	0,48	0,11	0,22	0,24
Kassel	38,75 %	0,30	0,30	0,31	–	–	–
Dortmund	53,45 %	0,30	0,32	0,43	0,20	0,02	0,02
Mülheim	15,51 %	0,78	0,83	1,21	0,04	0,05	0,06
Düsseldorf	87,50 %	0,06	0,04	0,04	–	–	–
Antwerpen	47,67 %	1,08	1,07	1,06	–	–	–
Utrecht	8,63 %	0,53	0,52	0,54	0,06	0,03	0,06

Quelle: Statistische Angaben zu den Kohlenhandelsgesellschaften, 27.10.1915, in: montan.dok/BBA 33/951 (Angaben zum Teil gerundet).

fervertrag sollte künftig ebenso bei allen Syndikatshandelsgesellschaften festgeschrieben werden, dass dem Kohlensyndikat als weiteres „Druckmittel" das unbeschränkte Recht vorbehalten blieb, ohne Tonnengrenze unmittelbar selbst an Selbstverbraucher in die Absatzgebiete der Syndikatshändler zu liefern.[290] Zur besseren Überwachung sollte zudem bei allen SHG ein mit einem Aufsichtsrat vergleichbarer Beirat geschaffen werden, in dem die Vertreter des RWKS den Vorsitz bekommen oder die Besetzung des Vorsitzenden von der Genehmigung des Syndikats abhängig gemacht werden würde.[291] Die Partizipation an den Verkaufserlösen sollte künftig ebenso über den Liefervertrag geregelt werden, worin den SHG auferlegt werden sollte, dass das Kohlensyndikat grundsätzlich 25 Prozent des Reingewinns erhielt. Eine höhere Beteiligung am Stammkapital war damit nicht mehr notwendig.[292]

tan.dok/BBA 33/77 und Schreiben an das RWKS, 08.06.1915, in: HA, JWW: 65. Ausführlich zu den Lieferverträgen vgl. Kap. 3.2.

290 Vgl. RWKS, Sitzung des Ausschusses f (Geschäftsausschuss), 21.12.1915, S. 48 f., in: montan.dok/BBA 33/77.

291 Dies war bislang nicht bei allen Handelsgesellschaften der Fall (vgl. RWKS, Sitzung des Ausschusses f (Geschäftsausschuss), 08.01.1917, S. 24 ff., in: montan.dok/BBA 33/80).

292 Diese Form der Gewinnbeteiligung war nach damaligen Berechnungen für das RWKS sogar finanziell vorteilhafter (vgl. RWKS, Sitzung des Ausschusses f (Geschäftsausschuss), 01.12.1915, S. 61 f., in: montan.dok/BBA 33/77; RWKS, Sitzung des Ausschusses f (Geschäftsausschuss), 21.12.1915,

Das für das süddeutsche Absatzgebiet zuständige Kohlenkontor nahm in der Neuorganisation aufgrund seiner Doppelaufgabe als Verkaufs- und Transportgesellschaft weiterhin eine Sonderstellung und eine gewisse Vorbildfunktion ein. Dies spiegelte sich vor allem im Verhandlungsprozess zwischen den Jahren 1915 und 1917 wider, wobei sich, wie schon bei der Gründung, die starke Stellung der Reederzechen im Syndikat deutlich bemerkbar machte. Neue Vertragsbedingungen konnten den Beteiligten im Kohlenkontor nicht ohne Schwierigkeiten „diktiert" werden.[293] Für die süddeutsche Verkaufsorganisation stellten die geplanten Modifizierungen besondere Einschnitte dar, da dort ein zusammengefasster Gesellschafts- und Liefervertrag, in dem explizit ein Alleinverkaufsrecht für die gesamte Laufzeit des Syndikatsvertrags verankert war, ein besonderes Charakteristikum darstellte. Dies veranschaulichte zwar die enge Bindung an das RWKS, gab aber vor allem den beteiligten Reedern und Händlern eine hohe Sicherheit als Gegenleistung für die Aufgabe der selbstständigen Geschäftstätigkeit. In der praktischen Verkaufsarbeit hatte sich die Geschäftsführung des Kohlenkontors zudem zum Missfallen der Syndikatsleitung in den vorangegangenen Jahren eine sehr autarke Stellung erarbeitet, was künftig geändert werden sollte.[294]

Die Trennung von Gesellschafts- und Liefervertrag und der damit verbundene Entzug bisheriger Privilegien versetzten die Beteiligten im Kohlenkontor in große Aufregung.[295] Letztlich gelang es der Syndikatsleitung jedoch, die zentralen Elemente ihrer Forderungen für die Neugestaltung der Verträge durchzusetzen.[296] Dass ein zum

S. 49ff., in: montan.dok/BBA 33/77; RWKS, Sitzung des Ausschusses f (Geschäftsausschuss), 24.01. 1916, S. 44ff., in: montan.dok/BBA 33/78 und Richtsteig: Die Kohlenhandelsgesellschaften des Rheinisch-Westfälischen Kohlen-Syndikats zu Essen a.d. Ruhr, S. 88).

293 Bei den anderen SHG vermitteln die Gründungsversammlungen den Eindruck, dass es für die Händler zur Annahme der Vertragsbedingungen keine Alternative gab. Eine nennenswerte Aussprache fand nicht statt (vgl. RWKS, Verhandlung zur Gründung von Kohlenhandelsgesellschaften, 31.01.1917, S. 1f., in: montan.dok/BBA 33/344). Nach einzelnen Aussagen wären Händler, die nicht bereit waren, sich an den SHG zu beteiligen, mit Liefersperren bedroht worden (vgl. Preute: Die Absatz- und Verkehrsverhältnisse des rheinisch-westfälischen Kohlenbergbaues vor und nach dem Weltkriege, S. 25f.). Allerdings ist fraglich, ob solche Liefersperren überhaupt notwendig waren, da ohne eine Beteiligung an den SHG den Händlern die Möglichkeit genommen wurde, unmittelbar beim Kohlensyndikat einzukaufen.

294 Vgl. RWKS, Sitzung des Ausschusses f (Geschäftsausschuss), 18.11.1915, S. 4ff., in: montan.dok/BBA 33/77; Besprechung des RWKS mit den Geschäftsführern der Kohlenhandelsgesellschaften über den Entwurf eines Gesellschaftsvertrages, Stenogramm der Sitzung vom 04.01.1916, S. 11ff., in: montan.dok/BBA 33/344 und Bemerkungen zu dem neuen Vertragsentwurf für das Kohlenkontor, ca. 1916, in: HA, ZABW: 180.

295 Vgl. ebd. und Schreiben von Paul Reusch an Franz Haniel, 11.06.1915, in: RWWA 130 – 30019323/2.

296 Angedacht war zeitweise, dass dem Kohlenkontor der Absatz in die Niederlande und die Beteiligung an der SHV entzogen werden sollte. Beides blieb jedoch bestehen. Außerdem war zeitweise in den Vertragsentwürfen festgeschrieben, dass die Beteiligten ihren Geschäftsanteil nicht auf ihre Erben übertragen konnten, sondern dass dieser nach dem Tod an das RWKS übergehen sollte. Dieser Passus wurde gestrichen. Außerdem konnten die Beteiligten durchsetzen, dass das RWKS für Direktliefe-

Jahresbeginn 1916 durch die Syndikatsleitung vorgelegter Vertragsentwurf dennoch zunächst abgelehnt wurde, beruhte auf dem Widerstand einzelner, sowohl alter als auch neuer Gesellschafter.[297] Neben den Fragen zu den Transportsätzen stellten vor allem die Beteiligungsforderungen von Hugo Stinnes für die neu beizutretende Handelsgesellschaft der Zeche Welheim die größte Herausforderung dar. Die Gewährung dieser Forderungen hätte zu zahlreichen Ansprüchen auf Meistbegünstigung anderer Zechenhandelsfirmen geführt, die nicht umsetzbar gewesen wären.[298] Nachdem bezüglich der „Welheim-Problematik" bis März 1916 schließlich ein Kompromiss erarbeitet werden konnte,[299] blieb jedoch – ebenso aufgrund der Einwände von Hugo Stinnes – bis zuletzt sogar die wenig bedeutsam wirkende Standortfrage ein Streitpunkt, der die Neubildung des Kohlenkontors und damit auch eine freiwillige Syndikatserneuerung fast zum Scheitern brachte. Seitens des Kohlensyndikats und einiger Gesellschafter des Kohlenkontors wurde zeitweise eine Verlegung des Hauptsitzes nach Duisburg favorisiert, die letztlich am Widerstand von Hugo Stinnes scheiterte.[300]

Parallel zu den neu gegründeten Syndikatshandelsgesellschaften nahm das Kohlenkontor mit dem Inkrafttreten des neuen Kartellvertrags zum 1. April 1917 seine Arbeit auf, genau ein Jahr später als ursprünglich vorgesehen.[301] Mit der damit ab-

rungen weiterhin eine Entschädigung an das Kohlenkontor zu zahlen habe (vgl. Schreiben von Paul Reusch an Franz Haniel, 11.11.1915, in: RWWA 130 – 30019323/2).

297 Damit die Verkaufstätigkeit ab April 1916 weiter fortgesetzt werden konnte, wurde zunächst der alte Gesellschaftervertrag verlängert, allerdings unter den Bedingungen eines neuen Liefervertrags. Über dieses Abkommen sollten die bislang außenstehenden Firmen einen Anteil am Gewinn bekommen. Dieser sollte die Höhe der Beteiligung haben, die für den Eintritt in das Kohlenkontor vorgesehen war (vgl. Rheinische Kohlenhandels- und Rhederei-Gesellschaft mbH, Geschäftsbericht 1915/16; Schreiben des RWKS an die Gewerkschaften Rhein I und Lohberg, 13.06.1916, in: TKA, A/527/3 und RWKS, Sitzung des Ausschusses f (Geschäftsausschuss), 16.02.1916, S. 1 f., in: montan.dok/BBA 33/24).

298 Vgl. zum Streit zur Beteiligung der Welheim-Handelsgesellschaft: RWKS, Sitzung des Ausschusses f (Geschäftsausschuss), 02.02.1916, S. 1 f., in: montan.dok/BBA 33/24 und o. A.: Erneuerung des Kohlen-Kontors, in: Deutsche Kohlen-Zeitung, 25.03.1916, Nr. 13/14, S. 53.

299 Grundlage des Kompromisses war, dass Hugo Stinnes sich bereit erklärte, die Beteiligung der Welheim-Handelsgesellschaft an den SHG unmittelbar durch die Firma Hugo Stinnes wahrzunehmen (vgl. RWKS, Sitzung des Ausschusses f (Geschäftsausschuss), 18.03.1916, S. 1, in: montan.dok/BBA 33/78).

300 Die Verlegung des Kohlenkontors nach Duisburg sollte erfolgen, weil Emil Kirdorf zunächst aufgrund von Forderungen der Handelskammer Krefeld darauf drängte, die neu zu gründende SHG für den Niederrhein (Absatzreviere 8 bis 10) nach Krefeld zu legen. Die Verlegung des Kohlenkontors nach Duisburg wurde zwar von vielen Seiten auch als äußerst zweckmäßig betrachtet, stellte letztlich aber eine „Kompensationsleistung" für die Stadt Duisburg dar, wenn die SHG für den Niederrhein nach Krefeld gelegt worden wäre (vgl. RWKS, Sitzung des Ausschusses f (Geschäftsausschuss), 30.11.1916, S. 8 ff., in: montan.dok/BBA 33/79 und RWKS, Sitzung des Ausschusses f (Geschäftsausschuss), 18.12.1916, S. 20 ff., in: montan.dok/BBA 33/79).

301 Die SHG in Bremen, Hannover, Dortmund, Magdeburg und Kassel hatten die neuen Vertragsbedingungen bereits ein Jahr zuvor angenommen (vgl. RWKS, Sitzung des Ausschusses f (Geschäftsausschuss), 07.03.1916, S. 26 f., in: montan.dok/BBA 33/78). Dies war ursprünglich für alle Handels-

geschlossenen Neuorganisation hatte das RWKS zumindest augenscheinlich seine Einflussmöglichkeiten gegenüber dem Großhandel weiter ausgebaut, auch wenn dessen unmittelbare Geschäftsanteile in den Handelsunternehmen deutlich zurückgegangen waren. Die Überwachung hatte sich noch stärker als zuvor auf die fast einheitlichen Lieferverträge verlagert. Diese enthielten neben der Festsetzung zur 25-prozentigen Gewinnabführung und der Eingrenzung der Verkaufsgebiete auch die Regelung der Aufsichtsrechte des Syndikats, insbesondere einen Genehmigungsvorbehalt zu möglichen Preisnachlässen und Ausschließlichkeitsbindungen.[302] Diese Abkommen wurden nun mit allen Handelsgesellschaften über die gesamte Syndikatsdauer bis zum Jahr 1922 abgeschlossen, während die Laufzeit bei den SHG zuvor jeweils nur ein Jahr betragen hatte. Eine an den Syndikatsvertrag gebundene Vertragsdauer gab es bislang nur beim Kohlenkontor. Wie diese Entscheidung zustande kam, ist anhand der Quellen nicht mehr nachzuvollziehen. Da der Liefervertrag allerdings nur ein Verkaufs-, jedoch in keiner Gesellschaft mehr ein explizites Alleinverkaufsrecht vergab, und weitere Angaben über Liefermengen den Inhalt zusätzlicher Verträge bildeten, bot auch dieses längerfristige Abkommen für die Händler im Zweifelsfall nur bedingt eine höhere Sicherheit.[303] Allerdings darf dies nicht darüber hinwegtäuschen, dass das RWKS zur Absatzsicherung stark auf die Handelsgesellschaften angewiesen war, so dass der Entzug des Verkaufsrechts eher eine theoretische Möglichkeit als ein kurzfristiges Disziplinierungsmittel blieb.[304] Dass die SHG auch weiterhin keine reinen Ausführungsorgane des Kohlensyndikats waren, zeigte sich auch daran, dass diese nachträglich für sich durchsetzen konnten, dass die 25-prozentige Gewinnabführung an das RWKS nur für Syndikatsprodukte und für diejenigen Einnahmen galt, die damit direkt in Verbindung standen.[305]

Auffällig sind die geringen Geschäftsbeteiligungen des RWKS von jeweils unter 10 Prozent bei den im April 1917 neu gegründeten Syndikatshandelsgesellschaften in

---

gesellschaften geplant (vgl. RWKS, Sitzung des Ausschusses f (Geschäftsausschuss), 12.10.1915, S. 8 ff., in: montan.dok/BBA 33/24).

302 So konnte das Kohlensyndikat den Handelsgesellschaften weiterhin individuell den Verkauf fremder Produkte gestatten, wenn dies zur Stabilisierung der jeweiligen Märkte opportun erschien (vgl. Lieferabkommen mit den Syndikatshandelsgesellschaften, 01.04.1917, in: montan.dok/BBA 33/952).

303 Vgl. Lieferungsvertrag des RWKS mit den Kohlenhandelsgesellschaften, 06.02.1917, in: montan.dok/BBA 33/957, Lieferabkommen mit den Syndikatshandelsgesellschaften, 01.04.1917, in: montan.dok/BBA 33/952 und Lieferungsvertrag zwischen dem Kohlenkontor und dem RWKS, 1917, in: HA, Di: 706.

304 Dies versuchte die Syndikatsleitung auch gegenüber den Händlern bei Vertragsverhandlungen zu betonen (vgl. Besprechung des RWKS mit den Geschäftsführern der Kohlenhandelsgesellschaften über den Entwurf eines Gesellschaftsvertrages, Stenogramm der Sitzung vom 04.01.1916, S. 11, in: montan.dok/BBA 33/344).

305 Einnahmen durch Nicht-Syndikatserzeugnisse und aus Platzgeschäften wurden später nicht mehr in die Gewinnabführung eingerechnet. Zur detaillierten Regelung vgl. RWKS, Niederschrift über die Besprechung mit den Kohlenhandelsgesellschaften, 04.03.1919, S. 1 ff., in: montan.dok/BBA 33/953.

Tab. 28: Veränderungen der Geschäftsanteile des RWKS im Großhandel

Syndikats-handels-gesellschaft	Anteil des RWKS am Stammkapital		**Syndikats-handels-gesellschaft**	Anteil des RWKS am Stammkapital	
	01.04.1915	*01.04.1917*		*01.04.1915*	*01.04.1917*
Hamburg	30,58 %	27,52 %	Mülheim	15,51 %	11,15 %
Bremen	47,54 %	33,81 %	Berlin	45,00 %	36,22 %
Hannover	59,84 %	47,31 %	Düsseldorf	87,50 %	9,09 %
Dortmund	53,45 %	43,87 %	Köln	–	9,09 %
Magdeburg	70,51 %	47,29 %	Duisburg	–	9,09 %
Kassel	38,75 %	31,49 %	Hagen	–	9,09 %

Quellen: Statistische Angaben zu den Kohlenhandelsgesellschaften, 27.10.1915, in: montan.dok/BBA 33/951 (für 1915) und Bührmann, Alfred: Syndikatsrecht im Rheinisch-Westfälischen Kohlen-Syndikat 1893–1945, o. O. (Essen) 1953, S. 410 (für 1917).

Köln, Duisburg, Hagen und Düsseldorf (vgl. Tab. 28).[306] In den bis zum Jahr 1917 freien Revieren, die große Teile der unbestrittenen Absatzmärkte einnahmen, existierte eine sehr große Anzahl von Großhändlern, woran in den vergangenen Jahren die Bildung von Syndikatshandelsgesellschaften gescheitert war.[307] Da aus Sicht des RWKS möglichst viele der in diesen Revieren tätigen Händler in die neuen SHG integriert werden sollten, betrug der Mindestumsatz für die Beteiligung lediglich 10.000 Jahrestonnen.[308] Der geringe Anteil des Kohlensyndikats am Stammkapital dieser Gesellschaften hatte dabei eher einen symbolischen Stellenwert.[309]

An der neu gebildeten Handelsgesellschaft in Köln waren bei der Gründung 59 Firmen, in Duisburg 66, in Hagen 40 und in Düsseldorf 58 Unternehmen beteiligt.[310]

---

306 Vgl. RWKS, Verhandlung zur Gründung von Kohlenhandelsgesellschaften, 31.01.1917, in: montan.dok/BBA 33/344 und Wilhelm: Das Rheinisch-Westfälische Kohlensyndikat und die Oberschlesische Kohlenkonvention bis zum Jahre 1933, S. 213 f.

307 Vgl. Schreiben verschiedener Kohlenhändler an das RWKS, 21.08.1915, in: HA, JWW: 65 und Lüters: Die Konjunkturpolitik des Rheinisch-Westfälischen Kohlensyndikats vor dem Kriege, S. 71 f.

308 Die niedrige Mindestumsatzmenge dürfte kein Akt der Nächstenliebe des RWKS gegenüber den Kohlenhändlern gewesen sein, sondern diente dazu, dass möglichst kaum noch leistungsfähige Firmen für den freien Markt zur Verfügung standen.

309 Händler mit geringeren Umsätzen als 10.000 Tonnen sollten außerdem die Möglichkeit bekommen, sich zum Erreichen dieser Umsatzmenge zusammenschließen zu können. Zeitweise war sogar eine Mindestbeteiligung von nur 6000 Tonnen im Gespräch. Um eine gewisse Beteiligung des RWKS sicherzustellen, ohne den beteiligten Händlern Absatzmengen zu entziehen, wurde der Anteil von knapp 10 Prozent auf die Gesamtumsatzmenge „draufgeschlagen" (vgl. RWKS, Sitzung des Ausschusses f (Geschäftsausschuss), 07.11.1916, S. 22 ff., in: montan.dok/BBA 33/79 und RWKS, Niederschrift der Sitzung des Aufsichtsrats, 06.11.1916, S. 5 f., in: montan.dok/BBA 32/4107).

310 Köln: Kohlenhandelsgesellschaft Hansa, Kallmeier, Siemons & Co. für die Reviere 14, 15, 18 und 19 (vgl. Pressebericht ohne Zeitungstitel, 28.02.1917, in: BArch R 8127/13223); Duisburg: Kohlenhandelsgesellschaft Niederrhein, Borgers, Weyer & Co. für die Reviere 8, 9 und 10 (vgl. Pressebericht ohne

Alle vorherigen Verkaufsorganisationen, die in den genannten Regionen bestanden, gingen in den neuen Firmen auf.[311] Die neuen Handelsfirmen wurden entgegen der bisherigen Verfahrensweise als Kommanditgesellschaften und nicht mehr als Gesellschaften mit beschränkter Haftung (GmbH) gebildet. Grund dafür waren steuerrechtliche Fragen.[312]

Besonderheiten setzten sich auch in der Gesellschafterstruktur einiger Unternehmen fort. Während zum Beispiel in Hamburg die Verflechtungen der SHG zum Platz- und Kleinhandel berücksichtigt werden mussten,[313] waren es in Berlin die engen Verbindungen zum oberschlesischen Bergbau, die nach der Erneuerung im Jahr 1917 zunächst bestehen blieben. Die führende Großhandlung für schlesische Kohle, Cäsar Wollheim, war auch weiterhin mit 35 Prozent an der Berliner SHG beteiligt.[314] Einige Zechenbesitzer waren allerdings für eine Auflösung dieser Beteiligung. Besonders aktiv war in dieser Debatte Hugo Stinnes, der während der Verhandlungen für die Neuorganisation mehrfach zur Diskussion stellte, die Berliner Gesellschaft aufzulösen und als syndikatseigene Niederlassung weiterzuführen. Die für RWKS-Produkte hohen Wettbewerbskosten in Berlin führte Stinnes auch auf die Beteiligung von Cäsar Wollheim zurück, brachte allerdings als Hauptanliegen vor, dass eine eigene Niederlassung zu einer stärkeren Präsenz des Kohlensyndikats in der Hauptstadt führen und damit auch politische Lobbyarbeit übernehmen sollte.[315] Dass es Stinnes nur um das Wohl der Kartellorganisation ging, darf bezweifelt werden. Schließlich

---

Zeitungstitel, 11.03.1917, in: BArch R 8127/13223); Hagen: Kohlenhandelsgesellschaft Mark, Germeck, Siepmann und Co. für die Reviere (vgl. Pressebericht ohne Zeitungstitel, 21.03.1917, in: BArch R 8127/13223); Düsseldorf: Bergische Handelsgesellschaft Graf, Scholten & Co. für das Revier 11 (vgl. Pressebericht ohne Zeitungstitel, 20.03.1917, in: BArch R 8127/13223).

311 Neben der kartelleigenen Verkaufsstelle in Düsseldorf existierte z. B. in Köln seit 1906 die Koks-Einkaufsgesellschaft mbH, die durch das RWKS den Alleinverkauf für Koks in den Absatzrevieren 14, 15, 18 und 19 übertragen bekam (vgl. o. A.: Kölner Koks-Einkaufsgesellschaft mbH, Köln, in: Deutsche Kohlen-Zeitung, 03.07.1909, Nr. 27, S. 320 sowie zu weiteren Vereinigungen auch Bartz: Aufbau und Tätigkeit des rheinisch-westfälischen Kohlensyndikats in ihrer Entwicklung von 1893 bis 1912, S. 76).

312 Vgl. RWKS, Sitzung des Ausschusses f (Geschäftsausschuss), 08.01.1917, S. 1ff., in: montan.dok/BBA 33/80 und RWKS, Verhandlung zur Gründung von Kohlenhandelsgesellschaften, 31.01.1917, S. 3, in: montan.dok/BBA 33/344. In den Folgejahren wurde diese Gesellschaftsform auch auf weitere SHG übertragen (vgl. u. a. RWKS, Sitzung des Ausschusses f (Geschäftsausschuss), 14.10.1918, S. 33f., in: montan.dok/BBA 33/81; RWKS, Niederschrift über die Besprechung des Syndikats mit seinen Handelsgesellschaften, 04.05.1920, S. 1ff., in: montan.dok/BBA 33/953 und Wilhelm: Das Rheinisch-Westfälische Kohlensyndikat und die Oberschlesische Kohlenkonvention bis zum Jahre 1933, S. 222ff.).

313 Vgl. o. A.: Die Kohlenhandelsgesellschaften des Rheinisch-Westfälischen Kohlen-Syndikats, in: Deutsche Kohlen-Zeitung, 20.11.1909, Nr. 47, S. 529 sowie Kap. 3.5.

314 Vgl. RWKS, Sitzung des Ausschusses f (Geschäftsausschuss), 08.01.1917, S. 68, in: montan.dok/BBA 33/80.

315 Vgl. RWKS, Sitzung des Ausschusses f (Geschäftsausschuss), 21.12.1915, S. 42, in: montan.dok/BBA 33/77; RWKS, Sitzung des Ausschusses f (Geschäftsausschuss), 17.01.1916, S. 72ff., in: montan.dok/BBA 33/78 und RWKS, Niederschrift der Sitzung des Aufsichtsrats, 24.01.1916, S. 10f., in: montan.dok/BBA 32/4107. Kritik zur hohen Beteiligung von Cäsar Wollheim bestand schon längere Zeit (vgl. Zentgraf: Der Wettbewerb auf dem Berliner Kohlenmarkt. Teil 3, S. 534).

waren seine Unternehmen zu dieser Zeit selbst im Berliner Kohlenhandel aktiv, so dass für ihn die Schwächung der Position von Cäsar Wollheim womöglich das größere Anliegen war.[316]

Die Auflösung der Syndikatshandelsgesellschaft wurde in den RWKS-Gremien allerdings kritisch beurteilt und letztlich auch aus organisatorischen Gründen abgelehnt.[317] Anders als Stinnes war die Syndikatsleitung der Meinung, dass man in Berlin auf die Zusammenarbeit mit Wollheim angewiesen sei und diese sogar eher ausbauen wolle, um gemeinsam einer möglichen wiederkehrenden Konkurrenz von britischer Kohle besser begegnen zu können. Die hohen Wettbewerbskosten führte die Syndikatsleitung auf die Frachtkosten nach Berlin zurück. Eine allmähliche Reduzierung der Beteiligung der Firma Wollheim sollte allenfalls durch eine „freundschaftliche Verständigung"[318] geschehen.[319] Die Einrichtung einer politischen Vertretung in der Hauptstadt wurde allerdings im Geschäftsausschuss und auch vom RWKS-Aufsichtsrat begrüßt, doch sollte dies getrennt von der eigentlichen Absatzorganisation erfolgen.[320]

Die zu Beginn des fünfjährigen Kartellvertrags vollendete Neuorganisation der Großhandelsstrukturen stellte während der Erneuerungsverhandlungen keineswegs nur einen Nebenschauplatz oder eine „Abrundung"[321] in der syndizierten Absatzorganisation dar. Die Straffung des Vertriebsnetzes war zwar aus kriegswirtschaftlicher Perspektive äußerst hilfreich, hatte jedoch für alle Vertragspartner in der Ruhrkohlenwirtschaft zu einer erheblichen Senkung des Organisations- und Kostenaufwands geführt.[322] Das Kohlensyndikat selbst hatte durch die Neuregelung der Vertragswerke

316 Vor Kriegsausbruch war Stinnes maßgeblich an der Einfuhr englischer Kohle nach Berlin beteiligt (vgl. ebd., S. 535 und Altmann: Die Kohlenversorgung Groß-Berlins und der Mittellandkanal, S. 31 f.). Im Jahr 1911 hatte Hugo Stinnes zudem, sowohl direkt als auch über Deutsch-Lux, die Aktienmehrheit an der Vereinigten Berliner Kohlenhändler AG erworben (vgl. Anlage zum Schreiben an das Finanzamt Mülheim-Ruhr zum Schreiben vom 21.06., in: ACDP, I-220 – 299/3 und Feldman: Hugo Stinnes, S. 316). Vgl. ferner auch o. A.: Berliner Kohlenhandel, in: Deutsche Kohlen-Zeitung, 31.07.1909, Nr. 31, S. 361.

317 Vgl. RWKS, Sitzung des Ausschusses f (Geschäftsausschuss), 18.12.1916, S. 7 ff., in: montan.dok/BBA 33/79 und RWKS, Niederschrift der Sitzung des Aufsichtsrats, 24.01.1916, S. 8 f., in: montan.dok/BBA 32/4107.

318 RWKS, Sitzung des Ausschusses f (Geschäftsausschuss), 18.12.1916, S. 12, in: montan.dok/BBA 33/79.

319 Vgl. RWKS, Sitzung des Ausschusses f (Geschäftsausschuss), 17.01.1916, S. 72 ff., in: montan.dok/BBA 33/78 und RWKS, Sitzung des Ausschusses f (Geschäftsausschuss), 18.12.1916, S. 7 ff., in: montan.dok/BBA 33/79. Zum 01.04.1917 betrug die Beteiligung von Cäsar Wollheim am Stammkapital der SHG Berlin nur noch 16,6 Prozent (vgl. Westfälische Kohlenverkaufsgesellschaft mbH, Berlin, Auflistung der Gesellschafter, in: montan.dok/BBA 33/1114).

320 Vgl. RWKS, Niederschrift der Sitzung des Aufsichtsrats, 24.01.1916, S. 8 f., in: montan.dok/BBA 32/4107 und RWKS, Sitzung des Ausschusses f (Geschäftsausschuss), 16.02.1916, S. 35 ff., in: montan.dok/BBA 33/24.

321 Muthesius: Ruhrkohle 1893 – 1943, S. 197.

322 Vielfach wurde bei der Syndizierung der Großhandelsstrukturen die Bedeutung für die Kriegswirtschaft in den Vordergrund gehoben (vgl. Schubert, Karl: Der Ruhrkohlenbergbau in der Nach-

seine Überwachungsmöglichkeiten und seine Machtposition gegenüber den SHG deutlich ausbauen können. Vor allem konnte das RWKS künftig in allen Absatzrevieren an den Erlösen auf der ersten Großhandelsebene partizipieren.[323]

Der Preis für die vollständige Syndizierung der Großhandelsstrukturen war für das Kohlensyndikat allerdings sehr hoch. Die Zugehörigkeit zu den Handelsgesellschaften stellte schließlich auch für die wachsende Zahl der Zechenhandelsfirmen ein lukratives Ziel dar, was vielfach erreicht werden konnte.[324] Mit dieser Entwicklung konnte aber weder der problematische Gegensatz zwischen den Zechen mit und ohne Handelsbeteiligung aufgelöst noch die seit der Kartellgründung verfolgte Trennung von Produktion und Absatz aufrechterhalten werden, die seinerzeit als wesentliche Strategie zur Marktkostensenkung des Ruhrbergbaus galt. Die damit weiter zunehmende Instabilität des Syndikatsapparats wurde in den Folgejahren in ihrer vollen Ausdehnung sichtbar.

5.3 Keine Stabilität im Dauersyndikat: fortwährende Strukturveränderungen im Kohlenabsatz

Für den Verhandlungsabschluss des auf fünf Jahre angelegten Dauersyndikats im Herbst 1916 formulierten Zeitgenossen feierlich wirkende Sätze: „Das Handelsmonopol war errichtet, das Erzeugungsmonopol gestärkt und damit der Aufbau des Syndikats vollendet.“[325] Faktisch unterstand der Ruhrbergbau mit Inkrafttreten des neuen Syndikatsvertrags seit April 1917 sowohl in der Produktion als auch im Absatz einer fast vollständigen Kartellierung. Nahezu alle fördernden Ruhrzechen standen unter Kontrolle des RWKS, und neben dem zentralisierten Verkauf waren das inländische Absatzgebiet sowie wichtige Auslandsmärkte durch Syndikatshandelsgesellschaften besetzt, die trotz rechtlicher Selbstständigkeit in starker Abhängigkeit zur Kartellorganisation standen.[326] Die von der Syndikatsleitung forcierte Straffung der syndizierten Vertriebsstruktur konnte gegenüber den Zechenbesitzern angesichts der drohenden Zwangskartellierung vergleichsweise leicht durchgesetzt werden, während

kriegszeit. Ein Beitrag zum Produktions- und Absatzproblem, Rostock 1928, S. 62f. und Schmitz: Entwicklungsstadien des westdeutschen Kohlengroßhandels unter Einwirkung der Syndikate, S. 32).

323 Vgl. u. a. Storm: Geschichte der deutschen Kohlenwirtschaft von 1913–1926, S. 47.

324 Auch in den Folgejahren konnten die SHG zunächst noch relativ hohe Tonnendividenden auszahlen. Die Tonnendividenden für das Kohlenkontor sowie die SHG in Köln und Duisburg lagen im Jahr 1917/18 zwischen 0,60 und 1,55 Mark, 1918/19 zwischen 0,60 und 1,15 Mark und 1919/20 zwischen 1 und 1,25 Mark (vgl. Geschäftsberichte der Joseph Schürmann GmbH, Jg. 1917 bis 1920, in: WWA, F35–307).

325 Buschmann: Untersuchung der Zweckmäßigkeit der Syndizierung des Kohlenbergbaus auf Grund der geschichtlichen Entwicklung des Rheinisch-Westfälischen Kohlensyndikats, S. 87.

326 Vgl. u. a. RWKS, Bericht des Vorstandes über das Geschäftsjahr 1916, in: montan.dok/BBA 33/318 (1). Die nicht-syndizierte Fördermenge lag bei Inkrafttreten des neuen Syndikatsvertrags im Jahr 1917 bei 112.000 Tonnen, was etwa 0,1 Prozent der Ruhrförderung entsprach (vgl. Kerscht: Das Rheinisch-Westfälische Kohlensyndikat in seiner geschichtlichen Entwicklung 1910–1920, S. 46).

gleichzeitig die „Kriegsbewirtschaftung der Kohle [...] durch die Monopolstellung des Rheinisch-Westfälischen Kohlensyndikats hinsichtlich seiner Verkaufsorganisation auf das tatkräftigste gefördert [wurde].“[327] Parallel zur Schaffung des „Handelsmonopols“ im Jahr 1917 hatte sich allerdings auch der Einfluss der Produzenten auf die kartellierte Absatzorganisation wieder deutlich erhöht, was nicht mehr der ursprünglichen Intention der Kartellgründung entsprach.

Trotz der auch aus staatlicher Sicht erfolgreichen Syndikatserneuerung, die mit dem Kartellbeitritt des Preußischen Bergfiskus einherging, nahmen aufgrund der Kriegseinflüsse die Eingriffe der öffentlichen Hand in die Kohlenwirtschaft stark zu. Als Maßnahme des Hindenburg-Programms[328] kam es im Herbst 1916 zur Einrichtung des sogenannten Kohlenausgleichs als Abteilung des Kriegsamts. Diese Behörde sollte den Rohstoffbedarf für Heer, Marine und Rüstungsindustrie sicherstellen und besaß bezüglich der Kohlenverteilung der Syndikate ein Einspruchsrecht. Unmittelbare Eingriffe in die Produktions-, Preis- oder Absatzstrukturen des RWKS waren allerdings nicht möglich.[329] Aufgrund der unzureichenden Erfolge dieser Einrichtung und der sich weiter verschärfenden Versorgungslage nahm der Staat im Februar 1917 auf Grundlage einer Bundesratsverordnung[330] mit der Einsetzung des Reichskohlenkommissars weitaus umfangreichere Eingriffe in die Organisation der Kohlenverteilung vor.[331] Der Reichskohlenkommissar unterstand unmittelbar dem Reichskanzler, war für die Kohlenversorgung im militärischen und im zivilen Sektor zuständig und besaß in der Produktions- und Absatzregulierung deutlich höhere Befugnisse als der Kohlenausgleich. Der Einfluss auf die Preispolitik der Syndikate beschränkte sich jedoch auf die Kohlenimporte.[332]

Der Reichskohlenkommissar nutzte das RWKS und die Syndikatshandelsgesellschaften fortan, um die bevorzugte Belieferung der für den Krieg lebenswichtigen Betriebe sicherzustellen. In die Organisationsstruktur des Kohlensyndikats griff die

---

327 Schubert: Der Ruhrkohlenbergbau in der Nachkriegszeit, S. 62f.

328 Zum im September 1916 eingeleiteten Hindenburg-Programm gehörten zahlreiche wirtschafts- und militärpolitische Maßnahmen zur Leistungssteigerung kriegsrelevanter Industriezweige (vgl. Burhop: Wirtschaftsgeschichte des Kaiserreichs 1871–1918, S. 200 und Kocka: Kriegssozialismus? Unternehmer und Staat 1914–1918, S. 161ff.).

329 Vgl. Storm: Geschichte der deutschen Kohlenwirtschaft von 1913–1926, S. 76f.; Wollheim: Der Kohlenmarkt 1914–1919, S. 7 sowie Böse; Ziegler: Die Ruhrkohle in der kriegswirtschaftlichen Regulierung 1914–1918, S. 444ff.

330 Eine Bundesratsverordnung vom 24./28.02.1917 gab der Reichsregierung das Recht, über die gesamte Kohlenproduktion zu verfügen, Auskünfte über Vorräte, Erzeugung und Verbrauch zu bekommen sowie Anweisungen zur Belieferung bestimmter Stellen zu geben (vgl. Kerscht: Das Rheinisch-Westfälische Kohlensyndikat in seiner geschichtlichen Entwicklung 1910–1920, S. 122).

331 Vgl. Storm: Geschichte der deutschen Kohlenwirtschaft von 1913–1926, S. 77ff. und Westfälisches Kohlenkontor Naht, Emschermann u. Co., i. L., Hamburg: 50 Jahre Ruhrkohlenverkauf im norddeutschen Küstengebiet, 1956, S. 12, in: montan.dok/BBA 95/160.

332 Vgl. Roelevink: Organisierte Intransparenz, S. 106ff. und Borchardt, Karl: 20 Jahre deutscher Kohlenhandel, in: Verlag Deutsche Kohlenzeitung (Hg.): Kohlenhandelsfragen. Festschrift für Ludwig Wiesinger, Berlin 1925, S. 19–34, hier: S. 23ff.

Behörde entgegen einiger Befürchtungen zwar nicht ein, stand jedoch in einer engen Verbindung mit der syndizierten Absatzorganisation.[333] Die Zwischenschaltung des Reichskohlenkommissariats hatte aus Kartellperspektive positive Auswirkungen, weil Kritik von Militär und Öffentlichkeit nicht mehr allein an das RWKS adressiert wurde und die Behörde zudem bei anderen staatlichen Stellen eine äußerst freundliche Haltung gegenüber dem Ruhrkartell einnahm.[334] Nicht zuletzt aufgrund der engen personellen Verflechtungen zwischen beiden Institutionen wurde zum Teil von einer Zusammenarbeit „Hand-in-Hand“[335] gesprochen.[336]

Trotz spürbarer Einschränkungen in der Kohlendisposition und der bereits seit dem Jahr 1915 unter Genehmigungsvorbehalt stehenden Preispolitik fielen die Erlöse bei den Ruhrzechen aufgrund der guten Absatzlage – maßgeblich unterstützt durch das gewinnträchtige Exportgeschäft – über die gesamte Kriegsphase hinweg vergleichsweise günstig aus.[337] Allerdings führten einige Eingriffe des Reichskohlenkommissars dazu, dass sich ein Teil der lukrativen Einnahmequellen nicht mehr in einem solchen Umfang ausschöpfen ließen, wie es unmittelbar nach Kriegsausbruch noch der Fall gewesen war. So wurde das profitable Landabsatzgeschäft, das während des Ersten Weltkriegs stark ausgeweitet worden war, im Juni 1918 einer stärkeren Kontrolle unterworfen und mengenmäßig eingeschränkt.[338] Diese Regelung dürfte

---

333 Vgl. RWKS, Sitzung des Ausschusses f (Geschäftsausschuss), 20.07.1917, S. 20 ff., in: montan.dok/BBA 33/80; Roelevink: Organisierte Intransparenz, S. 106 ff. und Richtsteig: Die Kohlenhandelsgesellschaften des Rheinisch-Westfälischen Kohlen-Syndikats zu Essen a.d. Ruhr, S. 105. Neben der Zentralstelle in Berlin verfügte der Reichskohlenkommissar über elf amtliche Verteilungsstellen in den jeweiligen Förderrevieren, 26 regionale Kohlenwirtschaftsstellen sowie 1459 Orts- und Kreiskohlenstellen für die lokale Brennstoffverteilung (vgl. Storm: Geschichte der deutschen Kohlenwirtschaft von 1913–1926, S. 77 ff.).

334 Der Reichskohlenkommissar unterstützte z. B. das RWKS bei der Abwehr der zeitweise diskutierten rückwirkenden Besteuerung der Auslandsgewinne (vgl. Roelevink: Organisierte Intransparenz, S. 106 ff.).

335 Kerscht: Das Rheinisch-Westfälische Kohlensyndikat in seiner geschichtlichen Entwicklung 1910–1920, S. 122.

336 Zahlreiche Vertreter der regionalen Syndikate und einzelner Produzenten wurden als Experten in die Organisation des Reichskohlenkommissariats berufen. Darunter war auch Albert Janus, der im Jahr 1918 Vorstandsvorsitzender des RWKS wurde. Janus war bei RWKS-Gründung zunächst Sekretär von Anton Unckell und wurde 1899 zum Prokuristen ernannt. Seit 1904 war er stellvertretendes und seit 1905 ordentliches Vorstandsmitglied (vgl. Biographische Angaben zu Albert Janus, 11.02.1943, in: montan.dok/BBA 55/2253 und RWKS, Sitzung des Ausschusses f (Geschäftsausschuss), 08.06.1917, S. 1, in: montan.dok/BBA 33/80). Die engen Verflechtungen änderten natürlich nicht, dass das RWKS regelmäßig die Hoffnung aussprach, dass der Zustand der Zwangswirtschaft nicht länger aufrechterhalten werden solle, als es die Kriegssituation zwingend erfordere (vgl. z. B. RWKS, Bericht des Vorstandes über das Geschäftsjahr 1917/18, in: montan.dok/BBA 33/318 (1)).

337 Vgl. Wilhelms: Die Übererzeugung im Ruhrkohlenbergbau 1913 bis 1932, S. 32 ff. Zur einer monopolistischen Marktausnutzung von Kartellen in der Kriegs- und Nachkriegszeit vgl. Liefmann: Die Kartelle in und nach dem Kriege, S. 4 ff.

338 Vgl. Schreiben zur Bekanntmachung des Reichskommissars für die Kohlenverteilung, 06.06.1918, in: ACDP, I-220 – 012/2. Die Auswirkungen dieser Verordnung lassen sich z. B. an den Absatzzahlen der

allerdings nur eine temporäre Maßnahme gewesen sein. Nach Kriegsende nahm nämlich dieses Geschäft, das die Syndikatszechen in Eigenregie betreiben durften, wiederum massiv zu. Während der Anteil des Landabsatzes am Gesamtabsatz der Syndikatszechen im Jahr 1913 rund 4 Prozent betragen hatte, stieg dieser Anteil während des Kriegs und der Nachkriegszeit auf bis zu 14 Prozent an.[339] Die damit vollzogene Umgehung von Kartellbestimmungen führte zu einer Zunahme des Wettbewerbs, der sich sowohl zwischen den Zechen als auch zwischen den Zechen und dem RWKS abspielen konnte. Entsprechend war der Syndikatsleitung in der Nachkriegszeit zur Sicherung der Kartellstabilität stark daran gelegen, Forderungen nach einer völligen Freigabe des Landabsatzes abzuwehren und dieses Verkaufsfeld wieder stärker zu regulieren.[340]

Die Ausdehnung des oft als Nischengeschäft betrachteten Landabsatzes während der Kriegs- und Nachkriegszeit stellte einen von mehreren Katalysatoren für weitere Strukturveränderungen in der syndizierten Absatzorganisation dar. Nach der im Jahr 1917 erreichten weitgehenden Handelssyndizierung nahmen in der Folgezeit Forderungen vieler Bergwerksunternehmen nach einer Rückkehr zu eigenständiger Vertriebsarbeit wieder deutlich zu, weil eine gemeinsame Vertriebsorganisation kaum noch als Instrument zur Senkung von Marktkosten betrachtet wurde.[341] Forderungen nach einer Liberalisierung des Kohlenverkaufs seitens der Produzenten konnten seit der Nachkriegszeit deshalb wieder selbstbewusst an das Kohlensyndikat gerichtet werden, weil viele Syndikatszechen zum einen durch die in den Vorjahren erworbenen Handelsbeteiligungen in der Lage waren, problemlos wieder in die selbstständige Abwicklung des Kohlenvertriebs einzusteigen. Zum anderen führten neben der Kartellpolitik selbst auch die weiteren staatlichen Eingriffe dazu, dass sich die Erlösmöglichkeiten der Kohleproduzenten noch stärker als zuvor auf die Absatzorganisation verlagerten.

Durch das im Mai 1919 im Zuge der Sozialisierungsbestrebungen erlassene Kohlenwirtschaftsgesetz (KWG) wurde die Bewegungsfreiheit des Kohlensyndikats nochmals deutlich eingeschränkt. Mit dem neuen Gesetz wurde die Zwangswirtschaft in allen Bergbauregionen zementiert und das RWKS wie andere Syndikate zu einem

---

zum Thyssen-Konzern gehörenden und im Landabsatzgeschäft tätigen Firma Hoppe erkennen. 1916: 17.402 Tonnen; 1917: 28.875 Tonnen; 1918: 17.344 Tonnen (vgl. Geschäftsbericht der Gebr. Hoppe GmbH, Hamborn, für das Geschäftsjahr 1919, in: TKA, A/524/1). Befürchtungen vor möglichen Einschränkungen dürfte es beim RWKS schon zum Jahresbeginn 1918 gegeben haben, als die Syndikatsleitung die Zechenbesitzer aufforderte, bei den Aufpreisen im Landabsatz „Mäßigkeit" zu üben (vgl. RWKS, Sitzung des Ausschusses f (Geschäftsausschuss), 16.01.1918, S. 11 ff., in: montan.dok/BBA 33/81).

339 Vgl. Preute: Die Absatz- und Verkehrsverhältnisse des rheinisch-westfälischen Kohlenbergbaues vor und nach dem Weltkriege, S. 65.

340 Vgl. Aktennotiz: Betrifft Landabsatz, 09.02.1922, in: montan.dok/BBA 33/976 und Denkschrift zu den Kohlenhandelsgesellschaften, 16.06.1922, S. 22 ff., in: montan.dok/BBA 33/976.

341 Vgl. u. a. RWKS, Verhandlungen im Erneuerungsausschuss, 22.04.1922, in: RWWA 130 – 30019323/11; Denkschrift zu den Kohlenhandelsgesellschaften, 16.06.1922, in: montan.dok/BBA 33/976 sowie Roelevink: Organisierte Intransparenz, S. 144 f.

gemeinwirtschaftlichen Selbstverwaltungskörper mit Zwangsmitgliedschaft umgebaut. Das RWKS unterstand seit Erlass des KWG dem Reichskohlenverband, in dem die Syndikate aller Reviere zusammengeschlossen waren. Dieser Organisation war der Reichskohlenrat übergeordnet, der als eine Art Wirtschaftsparlament fungierte. Die Oberaufsicht hatte der Reichswirtschaftsminister.[342] Wesentliche Änderungen in der Struktur des RWKS waren durch die neue Gesetzgebung allerdings nicht notwendig, weil das Kohlenwirtschaftsgesetz durchaus auf der Organisation des Ruhrkartells aufbaute.[343] Bei der Preisfestlegung besaß das Kohlensyndikat nur noch ein Vorschlagsrecht. Auch die Verkaufspreise der Händler kamen unter behördliche Aufsicht.[344] Die öffentliche Bewirtschaftung galt als zwingend erforderlich, um den weiter zunehmenden Kohlenmangel einzudämmen. Nach der Besetzung der linksrheinischen Gebiete im Deutschen Reich schieden ab November 1918 die Saarregion, das Aachener Revier und mehrere Braunkohlefördergebiete als Kohlenlieferanten aus. Zudem endeten durch die Abtrennung von Elsass-Lothringen vom Deutschen Reich die umfangreichen Austauschbeziehungen in Bezug auf Erz und Kohle, die es insbesondere mit den Montankonzernen des Ruhrbergbaus gab.[345]

---

342 Vgl. Buschmann, Hans: Untersuchung der Zweckmäßigkeit der Syndizierung des Kohlenbergbaus auf Grund der geschichtlichen Entwicklung des Rheinisch-Westfälischen Kohlensyndikats, Berlin 1926, S. 91 ff.; Storm: Geschichte der deutschen Kohlenwirtschaft von 1913 – 1926, S. 119 ff. und Böse; Ziegler: Die Ruhrkohle in der kriegswirtschaftlichen Regulierung 1914 – 1918, S. 448. Ausführlich zur Entstehung des Kohlenwirtschaftsgesetzes vgl. Loose: Vorgeschichte, Gestaltung und Auswirkung des Kohlenwirtschaftsgesetzes vom 23. März 1919, S. 20 ff.

343 Vgl. ebd., S. 65 f. Die notwendigen Anpassungen des Syndikatsvertrags betrafen unter anderem die Vertretung der Arbeitnehmer im Vorstand und im Aufsichtsrat (vgl. Schubert: Der Ruhrkohlenbergbau in der Nachkriegszeit, S. 52 f. sowie Syndikatsvertrag vom 26. September 1919, in: montan.dok/BBA 33/943).

344 Vgl. Borchardt: 20 Jahre deutscher Kohlenhandel, S. 23 ff.; Richtsteig: Die Kohlenhandelsgesellschaften des Rheinisch-Westfälischen Kohlen-Syndikats zu Essen a. d. Ruhr, S. 106 ff. und Preute: Die Absatz- und Verkehrsverhältnisse des rheinisch-westfälischen Kohlenbergbaues vor und nach dem Weltkriege, S. 12 ff. Die Hoheit über die Preisgestaltung wurde dem RWKS im Jahr 1923 wieder rückübertragen, wobei diese weiterhin unter staatlicher Aufsicht stand (vgl. Wilhelms: Die Übererzeugung im Ruhrkohlenbergbau 1913 bis 1932, S. 14). Auch die Festsetzung der Schiffsfrachten für das Kohlenkontor wurde nach dem Erlass des KWG durch den Reichskohlenverband festgelegt (vgl. Schoene: Der Wettbewerb zwischen Eisenbahn und Rheinschiffahrt und sein Einfluss auf die Kohlenzufuhr nach Baden, Württemberg und dem rechtsrheinischen Bayern, S. 53).

345 Das Saargebiet kam ab 1919 unter Verwaltung des Völkerbunds, während Frankreich Anfang 1920 das Eigentumsrecht der Saargruben bekam. Elsass-Lothringen ging im gleichen Jahr komplett an Frankreich. Zudem gingen 1922 Teile des oberschlesischen Fördergebietes an Polen (vgl. Wollheim: Der Kohlenmarkt 1914 – 1919, S. 10; Bonikowsky, Käte: Kohlenabsatz und Kohlenverbrauch in Deutschland, in: Borchardt, Karl (Hg.): Handbuch der Kohlenwirtschaft. Ein Nachschlagewerk für Kohlenerzeuger, Kohlenhändler und Kohlenverbraucher, Berlin 1926, S. 397 – 424, hier: S. 397; Wilhelm, Rudolf: Die Absatzverhältnisse der Steinkohlenbergwerke an der Saar von 1920 – 1928 und das Absatzproblem der Saarkohle, Saarbrücken 1931, S. 16 und Dreissen, Karl Gerhard: Die Verschiebung der Grundlagen der Weltkohlenversorgung unter der Einwirkung des Krieges, Münster, Essen 1922, S. 90 ff.).

Während der Zwangswirtschaft profitierten von den Erlösen aus dem Kohlenverkauf besonders diejenigen Zechenbesitzer, die auf mehreren Absatzstufen am Handel beteiligt waren. Die engen Vertragsstrukturen zwischen dem Kartell, den nachfolgenden Syndikatshandelsgesellschaften sowie auch darunterliegender Absatzkanäle machten den Kohlenhandel trotz Einschränkungen in der Preispolitik zu einem vergleichsweise risikolosen Geschäft.[346] Anders als vielfach dargestellt, hatte sich dadurch bereits während des Ersten Weltkriegs und in Teilen schon in der Vorkriegszeit die Verflechtung zwischen Produktion und Absatz deutlich auf weitere Vertriebsstufen im Kohlenhandel ausgedehnt. Viele Unternehmen aus dem Ruhrbergbau kauften sich verstärkt in (Groß-)Handelsfirmen bis hinunter in den Platzhandel[347] ein, was zu einer weiteren Verdrängung produktionsunabhängiger Firmen im Kohlenhandel führte. Für die unmittelbare Nachkriegszeit, in der diese Entwicklung besonders deutlich zu spüren war, sprachen zeitgenössische Autoren gar von einer „Invasion des Werkshandels“[348] auf allen Handelsebenen.[349] Auch hatte die Kartellpolitik des RWKS, welche in den Vorjahren die Zusammenfassung der Großhändler in Syndikatshandelsgesellschaften forciert hatte, dazu geführt, dass eine neue Form des Zwischenhandels expandieren konnte. Viele Händler hatten nämlich zum Teil die alte Funktion des Großhandels übernommen und galten gegenüber den Abnehmern als weitaus flexibler als die syndizierten Handelsunternehmen.[350] Durch den bereits seit 1904 laufenden Aufkaufprozess im Kohlenhandel, an dem vor allem größere Konzerne aus dem Ruhrbergbau beteiligt waren, reichten Unternehmensbeteiligungen bereits bis in den Platzhandel hinein und konnten in der Kriegs- und Nachkriegszeit vergleichsweise leicht ausgebaut werden. Ebenso gingen bei den SHG nach 1917 Anteile von freien Handelsfirmen noch weiter zurück, während die Geschäftsanteile von Unternehmen aus dem Einflussbereich der Produzenten weiter zunahmen.[351]

Bei den SHG selbst war es keine neue Erscheinung, dass neben dem ohnehin starken Einfluss über die Liefer- und Vertragsbedingungen auch Geschäftsanteile in die nachfolgenden Vertriebskanäle hineinreichten. Auch wenn solche Verbindungen nicht der ursprünglichen Idee des Kohlensyndikats entsprachen, kam es auf der

---

346 Vgl. Dietrich: Die Kohlenversorgung Süddeutschlands, S. 29 f. und Loose: Vorgeschichte, Gestaltung und Auswirkung des Kohlenwirtschaftsgesetzes vom 23. März 1919, S. 143.

347 Als Platzhändler wurden zumeist größere Einzelhandelsunternehmen bezeichnet, die in Teilen auch noch Großhandelstätigkeiten ausführten. Allerdings waren die Übergänge der Handelsformen im Kohlenabsatz sehr fließend (vgl. u. a. Schilson: Der deutsche Kohlenhandel und seine Organisation, S. 13 ff. und Preute: Die Absatz- und Verkehrsverhältnisse des rheinisch-westfälischen Kohlenbergbaues vor und nach dem Weltkriege, S. 22 ff.).

348 Borchardt: 20 Jahre deutscher Kohlenhandel, S. 27.

349 Vgl. ebd., S. 27 ff.; Dietrich: Die Kohlenversorgung Süddeutschlands, S. 29 f.; Franken: Syndikatshandel oder Freihandel im Kohlenabsatz? S. 73 ff. und Schmitz: Entwicklungsstadien des westdeutschen Kohlengroßhandels unter Einwirkung der Syndikate, S. 8.

350 Vgl. Franken: Syndikatshandel oder Freihandel im Kohlenabsatz? S. 61 f.

351 Vgl. Dietrich: Die Kohlenversorgung Süddeutschlands, S. 29 f. und RWKS, Sitzung des Ausschusses f (Geschäftsausschuss), 01.12.1915, S. 19 f., in: montan.dok/BBA 33/77.

Ebene des Platzhandels schon weit vor Kriegsausbruch zur Gründung von Vereinigungen zwischen Kohlenhändlern, an denen die SHG selbst beteiligt waren. Zum Teil hatten sich Syndikatshändler Firmen aus dem Platzhandel vollständig angeeignet.[352] Solche Schritte wurden vom RWKS-Vorstand vielfach als Einzelfälle eingeordnet, waren aber beim Kohlenkontor und bei den SHG in Hamburg, Bremen, Kassel, Berlin und Dortmund Teil der Geschäftsstrategie.[353] In Berlin bestand zudem die Besonderheit, dass dort revierübergreifend zwischen dem Ruhrbergbau, den schlesischen Produzenten sowie dem Platzhandel eine sogenannte Koksvereinigung existierte und die SHG selbst als Händler im Platzgeschäft aktiv war. Außerdem entstand im dortigen Platzhandel nach der Jahrhundertwende eine Kartellvereinigung, die als „Vereinigte Berliner Kohlenhandels AG" firmierte und seit 1911 unter der Kontrolle von Hugo Stinnes stand. Gerade diese engen Verzahnungen zwischen allen Absatzstufen im Berliner Kohlenhandel galten als Grund, warum die Gewinnspannen dort bereits seit längerer Zeit ein vergleichsweise hohes Niveau erreicht hatten.[354]

Die Rüstung für eine syndikatslose Zeit spielte für den nach der Erneuerung im Jahr 1917 weiter zunehmenden „Kaufrausch" der Ruhrzechen eine eher untergeordnete Rolle. Vielmehr ging es um die Teilhabe an den Handelsgewinnen, so dass sich die Produzenten durch Geschäftsbeteiligungen auf mehreren Handelsebenen jeweils ein „Stück des Kuchens" abholen konnten.[355] Dass die Kuchenstücke im Zwischenhandel besonders groß waren, lag an einem relativ starren Rabattsystem für den Weiterverkauf während der Zwangswirtschaft. Einzelnen Angaben zufolge sei die Gewinnspanne im Großhandel auf 4 Prozent des Syndikatspreises angestiegen, während diese in der Vorkriegszeit lediglich bei 0,5 bis 0,8 Prozent gelegen haben soll.[356]

---

352 Vgl. Richtsteig: Die Kohlenhandelsgesellschaften des Rheinisch-Westfälischen Kohlen-Syndikats zu Essen a. d. Ruhr, S. 37 ff. Insbesondere unter Führung des Kohlenkontors waren in dessen Absatzgebiet zahlreiche Händlervereinigungen entstanden, die den Verkauf im Sinne des Kohlenkontors auf der nachfolgenden Handelsebene regulierten. Viele der dort vereinigten Großhändler waren auch Besitzer von Kleinhandelsgeschäften (vgl. Kölnische Volkszeitung, 06.11.1910, in: montan.dok/BBA 32/4097). Ursprünglicher Gedanke war, dass die Syndikatshandelsgesellschaften keinen eigenen Platzhandel betreiben sollten, weil diese gegenüber allen Abnehmern unparteiisch bleiben sollten (vgl. Denkschrift zu den Kohlenhandelsgesellschaften, 16.06.1922, S. 8 ff., in: montan.dok/BBA 33/976).

353 Zu den Beteiligungen der SHG an anderen Händlerfirmen vgl. o. A.: Die Kohlenhandelsgesellschaften des Rheinisch-Westfälischen Kohlen-Syndikats, in: Deutsche Kohlen-Zeitung, 20.11.1909, Nr. 47, S. 529 und RWKS, Sitzung des Ausschusses f (Geschäftsausschuss), 14.10.1918, S. 1 ff., in: montan.dok/BBA 33/81.

354 Vgl. RWKS, Sitzung des Ausschusses f (Geschäftsausschuss), 18.03.1916, S. 35 ff., in: montan.dok/BBA 33/78; Anlage zum Schreiben an das Finanzamt Mülheim-Ruhr zum Schreiben vom 21.06., in: ACDP, I-220 – 299/3; Feldman: Hugo Stinnes, S. 316 und Deutsche Kohlen-Zeitung, Nr. 31/32, 29.07.1916, S. 124.

355 Vgl. Franken: Syndikatshandel oder Freihandel im Kohlenabsatz? S. 73 ff. und RWKS, Sitzung des Ausschusses f (Geschäftsausschuss), 20.07.1917, S. 32 ff., in: montan.dok/BBA 33/80.

356 Vgl. Denkschrift zu den Kohlenhandelsgesellschaften, 16.06.1922, S. 16 ff., in: montan.dok/BBA 33/976 und Krebs, Paul: Die deutschen Kohlenpreise seit Beginn des Weltkrieges. Ihre Voraussetzun-

Da Norddeutschland seit Kriegsausbruch ohnehin zu den lukrativsten inländischen Absatzgebieten gehörte, war das Interesse der Ruhrzechen am dortigen Handelssektor besonders deutlich zu spüren. Das Westfälische Kohlen-Kontor (WKK) als zuständige Syndikatshandelsgesellschaft war bereits seit der Gründung im Platzgeschäft aktiv und stand im Besitz mehrerer Tochterunternehmen in Hamburg, Kiel, Lübeck und Cuxhaven.[357] Seit Kriegsausbruch fungierten aus der Reihe der Ruhrzechen vor allem die Konzerne von Thyssen und Hugo Stinnes im Hamburger Raum als Vorreiter bei den Anstrengungen, Firmen des Kohlenplatzhandels unter ihren Einfluss zu bringen. Nachdem Thyssen bereits über die eigene Handelsgesellschaft ein Vertriebsnetz in Hamburg installiert hatte,[358] investierte das Unternehmen zusätzlich in den Ankauf der dort eingesessenen und früher im Vertrieb englischer Kohle tätigen Handelsfirma Otto A. Müller.[359] Hugo Stinnes war neben den eigenen Verkaufsaktivitäten bis zum Frühjahr 1918 in den Besitz von mindestens drei weiteren Kohlenhandelsfirmen gekommen.[360] Auch nach Kriegsende blieb Hamburg für deutsche Kohleproduzenten weiterhin ein lukratives Absatzrevier, weil Importe britischer Kohlen zunächst nicht zugelassen waren.[361]

Die Aufkaufwelle rief einen großen Nachahmungseffekt hervor, weil viele Unternehmen befürchteten, gegenüber der Konkurrenz ins Hintertreffen zu geraten oder es auf der Ebene des Platzhandels zu Syndizierungsbestrebungen kommen würde. Als im Frühjahr 1918 auch die Gutehoffnungshütte (GHH) begann, im Platzgeschäft aktiv zu werden, begründete das Unternehmen dies sowohl mit den Ankäufen von Thyssen

---

gen, Bestandteile und Wirkungen, München 1924, S. 45 f. Anderen Angaben zufolge betrugen die Rabatte des RWKS für die SHG nach der Festsetzung der Brennstoffverkaufspreise im Durchschnitt etwa 3 Prozent. Die SHG hätten wiederum dem Zwischenhandel einen Rabatt von durchschnittlich 1,5 Prozent gewährt (vgl. Richtsteig: Die Kohlenhandelsgesellschaften des Rheinisch-Westfälischen Kohlen-Syndikats zu Essen a. d. Ruhr, S. 90 ff.).

357 Vgl. Schreiben von Thyssen-Handel Hamburg an Carl Rabes, 08.05.1921, in: TKA, A/658/2; Naht, Viethers & Co., Hamburg: Zusammenstellung zur Firmengeschichte von 1906 – 1956 von Dr. Holle, 1956, S. 2, in: montan.dok/BBA 95/2639 und Westfälisches Kohlenkontor Naht, Emschermann u. Co., i. L., Hamburg: 50 Jahre Ruhrkohlenverkauf im norddeutschen Küstengebiet, 1956, S. 9, in: montan.dok/BBA 95/160.

358 Vgl. dazu auch Kap. 5.2.1.

359 Vgl. Schreiben der Firma Otto A. Müller, Hamburg, an die Thyssensche Handelsgesellschaft, 21.07. 1917, in: TKA, A/644/3; Gründung der Fa. Thyssen-Handel, vorm. Otto A. Müllers Lagerbetriebe, Hamburg, 23.08.1917, in: TKA, A/527/5 und Deutsche Kohlen-Zeitung, Nr. 33/34, 11.08.1917, S. 135 f.

360 Vgl. Schreiben von Welker an Paul Reusch, 03.03.1918, in: RWWA 130 – 300193025/0b.

361 Im August 1919 war erstmals wieder die Einfuhr fremder Kohle möglich, wobei zunächst nur amerikanische Produkte importiert wurden. Erst im Winter 1920/21 wurden die Importbeschränkungen gegen den Widerstand des Ruhrkohlenbergbaus aufgehoben, so dass auch britische Kohle Marktanteile zurückgewinnen konnte. Mit dem Beginn der Lieferung von Reparationskohle und der Abtrennung von Oberschlesien stieg die Abhängigkeit von Kohlenimporten wieder massiv an (vgl. zum Kohlenimport nach Kriegsende: Lyth: The Resumption of British Coal Exports through Hamburg (1919 – 1925). Problems and Perspectives, S. 294 ff.; Richtsteig: Die Kohlenhandelsgesellschaften des Rheinisch-Westfälischen Kohlen-Syndikats zu Essen a. d. Ruhr, S. 59 und Hager: Verein Deutscher Kohlenimporteure e. V., Hamburg 1896 – 1971, S. 15).

und Hugo Stinnes als auch mit ähnlichen Bestrebungen der Handelsfirma Wulff und von Unternehmen aus anderen Bergbaurevieren.[362] Bis zum Beginn der 1920er Jahre gelangten mindestens drei Firmen mit zwölf Lagerplätzen im Hamburger Raum in den Besitz der GHH. Weitere Montankonzerne waren bis zu diesem Zeitpunkt mit entsprechenden Zukäufen nachgezogen.[363] In anderen Absatzrevieren zeigte sich eine vergleichbare Entwicklung.[364]

Die sich damit fortsetzenden Strukturveränderungen im Kohlenhandel führten dazu, dass der Wettbewerb zwischen den Ruhrzechen, wie es bereits im vielfach unterschätzten Landabsatzgeschäft der Fall war, auf eine andere Ebene des Kohlenvertriebs zurückkehrte. Die Kartellführung betrachtete diese Entwicklung bereits im Jahr 1918 äußerst kritisch und befürchtete einen Machtverlust der von ihr kontrollierten Syndikatshandelsgesellschaften, sah allerdings keine Handhabe, den Kartellzechen solche Ankäufe zu verbieten.[365] Kurzzeitig bestand die Überlegung, dass sich die SHG selbst verstärkt Platzgeschäfte aneignen sollten, damit nicht alle Handelsfirmen in das Eigentum von Bergwerksunternehmen übergingen. Dies sollte gleichzeitig die Kontrollmöglichkeiten verbessern und finanzielle Vorteile für das RWKS bringen. Allerdings lehnten die Zechenbesitzer diese Möglichkeit mit der Begründung ab, dass die Syndikatshändler nicht mehr neutral gegenüber allen Platzhändlern agieren könnten und eine weitere Monopolisierung des Handels allenfalls den Sozialisierungsbefürwortern Argumente liefern würde.[366] Vor allem dürften es aber die eigenen Handelsinteressen gewesen sein, die für die Zechen zunehmend relevanter wurden als die Wettbewerbsfähigkeit der Kartellorganisation.

---

362 Vgl. Schreiben von Welker an Paul Reusch, 03.03.1918, in: RWWA 130 – 300193025/0b; Schreiben von Welker an Paul Reusch, 11.10.1918, in: RWWA 130 – 300193025/0b und RWKS, Sitzung des Ausschusses f (Geschäftsausschuss), 16.02.1916, S. 5 f., in: montan.dok/BBA 33/24.

363 Vgl. Schreiben der Thyssen-Handel Hamburg an die Gesellschafterversammlung, 16.06.1920, in: TKA, A/644/3 und Schreiben von Thyssen-Handel Hamburg an Carl Rabes, 08.05.1921, in: TKA, A/658/2.

364 Die GHH besaß 1919 Platzgeschäfte in Hamburg, Duisburg, Frankfurt/Main, Mülheim und Mainz. Die Ankäufe weiterer Firmen in Mannheim und Straßburg waren gescheitert. Während die Mannheimer Firma durch Raab-Karcher (GBAG) angekauft wurde, ging die Straßburger Firma in französische Hände über (vgl. Mitteilungen an den Aufsichtsrat zu der Sitzung von 31.01.1919, in: RWWA 130 – 300193025/0a). Ausführlich zu den Ankäufen, jedoch zum Teil mit ungenauen Angaben, vgl. Schmitz: Entwicklungsstadien des westdeutschen Kohlengroßhandels unter Einwirkung der Syndikate, S. 44 ff. und Die Ruhrkohlenproduktion: Die Concerne Anfang 1924, in: Becker-Strecker von Rautenstrauch, Carl (Hg.): Informationen, Deutsches Archiv für Privatwirtschaft, o. O., ca. 1924. Bezogen auf die Entwicklung einer lokalen Großhandelsstruktur bis zum Ende der 1920er Jahre vgl. auch Krische, Hans Karl: Der Kohlengroßhandel in Frankfurt a. M. Ein Beitrag zur Darstellung der deutschen Kohlenverteilungs-Organisation, Heidelberg 1940, S. 17 ff.

365 Vgl. RWKS, Sitzung des Ausschusses f (Geschäftsausschuss), 14.10.1918, S. 10 ff., in: montan.dok/BBA 33/81 sowie Schreiben von Romeier an Paul Reusch, 07.10.1918, in: RWWA 130 – 300193004/7.

366 Vgl. dazu die ausführliche Diskussion: RWKS, Sitzung des Ausschusses f (Geschäftsausschuss), 14.10.1918, S. 1 ff., in: montan.dok/BBA 33/81. Ferner vgl. auch Schreiben von Welker an Paul Reusch, 11.10.1918, in: RWWA 130 – 300193025/0b.

Durch die hier dargelegte Entwicklung traten viele Kartellmitglieder der syndizierten Absatzorganisation vermehrt als Abnehmer gegenüber, was sich zum Beispiel in Forderungen nach einer ausreichenden Beschäftigung der Zechenhandelsfirmen und in zahlreichen Angriffen gegen die syndizierte Absatzorganisation aus den Reihen der Zechenbesitzer widerspiegelte.[367] In dieser zunehmenden Konfrontation zwischen dem RWKS und den im Handel wieder erstarkten Syndikatszechen wiederholten sich bereits bekannte Forderungen nach einer stärkeren Überwachung der SHG, deren Geschäftspolitik aus Perspektive der Zechen den eigenen Vertriebsinteressen noch stärker als zuvor im Weg stand. Dies mündete spätestens im Vorfeld der Syndikatserneuerung im Jahr 1922 in Forderungen, dass sich die syndizierte Absatzorganisation komplett aus dem Platzhandel heraushalten und diesen Sektor allein den erstarkten Zechenhandelsgesellschaften überlassen sollte.[368]

Mit dem Ersten Weltkrieg hatten sich also die Auseinandersetzungen im Kohlensyndikat noch stärker als in den Vorjahren auf die Absatzorganisation verlagert.[369] Trotz des scheinbar im Jahr 1917 erreichten „Handelsmonopols" setzte sich die zunehmende Demontage der kartellierten Absatzstrukturen durch die eigenen Mitglieder weiter fort. Die Ruhrbesetzung im Jahr 1923, die schließlich eine Freigabe der Absatztätigkeit der Ruhrzechen beflügelte, war keineswegs der Auslöser für weitere Bestrebungen zur Liberalisierung des Kohlenvertriebs.[370] Die Ursachen und Faktoren für diese Entwicklung sind zum Teil bis in die Gründungsphase des Kohlensyndikats hinein zu finden.

---

367 Vgl. u. a. Schreiben von Thyssen-Handel Hamburg an Carl Rabes, 08.05.1921, in: TKA, A/658/2 und Denkschrift zu den Kohlenhandelsgesellschaften, 16.06.1922, S. 4f., in: montan.dok/BBA 33/976. Allgemein zu dieser Entwicklung vgl. Loose: Vorgeschichte, Gestaltung und Auswirkung des Kohlenwirtschaftsgesetzes vom 23. März 1919, S. 143. Ein weiterer Grund für die Angriffe gegen die SHG war auch, dass weiterhin große Gewinnmargen bei den Handelsgesellschaften verblieben, wo zum Ärger vieler Produzenten noch immer „stille" Beteiligungen von einstmals selbstständigen Kohlenhändlern existierten (vgl. RWKS, Verhandlungen im Erneuerungsausschuss, 22.04.1922, S. 8ff., in: RWWA 130–30019323/11).

368 Vgl. Schreiben von Thyssen-Handel Hamburg an Carl Rabes, 08.05.1921, in: TKA, A/658/2 und RWKS, Verhandlungen im Erneuerungsausschuss, 22.04.1922, S. 8ff., in: RWWA 130–30019323/11.

369 Vgl. ebd., S. 3ff.

370 Vgl. Roelevink: Organisierte Intransparenz, S. 144ff. und Franken: Syndikatshandel oder Freihandel im Kohlenabsatz? S. 73ff.

6 Zusammenfassung

6.1 Das Kohlensyndikat: Marktregulierung statt Monopolmacht

Die vorliegende Untersuchung hat gezeigt, dass das Rheinisch-Westfälische Kohlen-Syndikat als zentrale Kartellorganisation im Ruhrbergbau kein reines Instrument zur Sicherung und zum Ausbau einer monopolistisch orientierten Marktstellung darstellte. Die Kartellorganisation und im Besonderen die syndizierte Verkaufsorganisation im Ruhrbergbau hatte vielmehr die Aufgabe zu erfüllen, die Erlöse der beteiligten Unternehmen durch die Reduzierung von Marktnutzungskosten nachhaltig zu erhöhen. Der Weg dorthin sollte durch eine möglichst effektive Marktregulierung beschritten werden, die mit einer monopolistischen Beherrschung der Absatzmärkte keineswegs gleichzusetzen war.

Diese Analyse hat ferner gezeigt, dass das Kohlensyndikat und dessen Geschäftspolitik für die übertragenen Aufgaben in vielerlei Hinsicht durchaus als effektives Beherrschungs- und Überwachungssystem fungierte. Jedoch standen der Kartellorganisation in der Regulierung der Märkte und der zugehörigen Absatzkanäle allzu oft die unterschiedlichen unternehmerischen Interessen der Kartellmitglieder im Weg, die auch durch die Bildung einer syndizierten Verkaufsorganisation keineswegs vereinheitlicht werden konnten. In dieser Arbeit konnte nochmals verdeutlicht werden, dass der Ruhrbergbau nach der Kartellbildung im Jahr 1893 angesichts der verschiedenartigen Ziele seiner Mitglieder weiterhin ein äußerst heterogenes Gefüge darstellte. Der Wettbewerb zwischen den Produzenten wurde keineswegs beseitigt, sondern in die Kartellorganisation hinein sowie in der weiteren Folge auf andere Ebenen der Wertschöpfungskette, insbesondere in den Vertriebssektor, verlagert.

Bezüglich der Marktstellung ist der vermeintliche Erfolg einer Kartellorganisation und im Besonderen des RWKS bislang häufig über den Organisationsgrad definiert worden, der bei einer entsprechenden Höhe als Indikator für dessen Marktmacht herangezogen wurde. Diese Untersuchung hat die Vertriebsstrukturen im kartellierten Ruhrbergbau, anders als viele andere Arbeiten, stärker aus der Perspektive der Absatzmärkte in den Blick genommen. Eine solche Herangehensweise konnte die geringe Aussagekraft der Kartellierungsquote für die wirtschaftliche Entwicklung des Ruhrbergbaus deutlich aufzeigen. Dies gilt natürlich in erster Linie für die Ära der freien Kartellwirtschaft, die einen großen Teil des Untersuchungszeitraums dieser Arbeit eingenommen hat. Aufgrund der staatlichen Anordnungen, die den Fortbestand der Kartelle im deutschen Bergbau seit dem Ersten Weltkrieg sicherten, hatten sich die Rahmenbedingungen erheblich verändert. Die Interessengegensätze der beteiligten Unternehmen bestanden allerdings weiterhin fort.

Von der Gründung des Kohlensyndikats 1893 bis zum Jahr 1915 zeigte sich in der praktischen Vertriebsarbeit des RWKS, dass der kartellierte Ruhrbergbau unabhängig von seinem Organisationsgrad auf zahlreichen Absatzmärkten durchweg mit Konkurrenz aus anderen Förderrevieren konfrontiert war. Dort war es die Aufgabe des

https://doi.org/10.1515/9783110576719-006

Kohlensyndikats, durch marktregulierende Maßnahmen mit einem möglichst geringen Aufwand einen ausreichenden Absatz für seine Mitglieder sicherzustellen. Für eine breite Verteilung der dabei entstandenen Kosten war ein hoher Kartellierungsgrad durchaus wichtig, doch spielte in Wettbewerbsgebieten die Frage nach einer möglichen Marktbeherrschung keine Rolle.

Vor allem die Vertriebspolitik auf den überaus wichtigen süddeutschen Absatzmärkten wurde in dieser Arbeit als deutliches Beispiel für diese Annahme herangezogen. Ein Teil der dort eingeleiteten absatzpolitischen Maßnahmen, die ihren Höhepunkt in der Gründung des Kohlenkontors fanden, war zunächst einem Interessenausgleich für einzelne Kartellmitglieder geschuldet. Andernfalls wäre die Erneuerung des Syndikatsvertrags im Jahr 1903 fraglich gewesen. Die sogenannten Reederzechen im Syndikat verfolgten mit ihren Forderungen das Ziel, mit Unterstützung des RWKS unmittelbar und damit ohne Umweg über die Kartellorganisation eine Reduzierung ihrer eigenen Marktkosten zu erreichen. Mit der daraufhin durch das Kohlensyndikat in Süddeutschland installierten Kartellpolitik wurde eine monopolistische Marktausnutzung völlig unmöglich gemacht. Das Anwachsen der Zahl von Marktteilnehmern vollzog sich dort schließlich nicht trotz, sondern gerade wegen der Etablierung des Kohlenkontors und dessen stabilisierender Preispolitik im Kohlen- und Frachtenmarkt. Wie in anderen Regionen musste der Ruhrbergbau Wege finden, auch bei zunehmender Konkurrenz einen möglichst kostengünstigen Absatz seiner Produkte sicherzustellen. Rein quantitativ betrachtet, war dies vor dem Ersten Weltkrieg durchaus gelungen, doch war der dafür notwendige Aufwand aufgrund des zunehmenden Wettbewerbs immer weiter angestiegen.

Die in vielen Regionen erkennbare Strategie anderer Anbieter, im Windschatten der Kartellpolitik auf die Absatzmärkte zu gehen, bekam das Kohlensyndikat trotz seines überaus hohen Organisationsgrads ebenso auf den anscheinend vollständig beherrschten Heimatmärkten zu spüren. Auch hier war eine Monopolstellung des RWKS als möglichst einziger Anbieter erst von Bedeutung, wenn zuvor durch marktregulierende Maßnahmen Angebot und Nachfrage in Einklang gebracht werden konnten. Selbst eine geringe Außenseiterquote konnte dort eine effektive Marktregulierung erschweren, zu einem deutlichen Anstieg der Markt- und Organisationskosten führen und die Solidarität der Syndikatsmitglieder mit der Kartellpolitik gefährden. Letzteres wurde umso problematischer, als die durch das RWKS installierten Vertragsstrukturen dazu führten, dass einzelne Produzentengruppen einen Großteil dieser Lasten und damit weitaus höhere Anteile an den Organisationskosten zu tragen hatten. Weiter begünstigt wurden die Kostensteigerungen trotz einer anscheinend marktbeherrschenden Stellung durch den zunehmenden Wettbewerb mit Substitutionsgütern, der sich entgegen vieler Annahmen bereits vor dem Ersten Weltkrieg durch einen zunächst wenig beachteten Bedeutungsgewinn der Braunkohle auf den deutschen Kohlenmärkten bemerkbar machte. Aufgrund dieser Entwicklungslinien ist in dieser Untersuchung weniger eine „Monopolpolitik" des RWKS sichtbar geworden, sondern es konnte vielmehr gezeigt werden, wie das Kohlensyndikat den unterschiedlichsten unternehmerischen Interessen seiner Mitglieder gerecht zu werden versuchte, wie es ferner mit den weitverzweigten und ebenso heterogenen Absatzkanälen sowie mit den unterschiedlichen Marktbedingungen und Veränderungen in den Absatzstrukturen umzugehen versuchte.

Im Ruhrbergbau hat sich gezeigt, dass es zur Absicherung einer autonomen Geschäftspolitik zwingend erforderlich war, mit dem RWKS eine Organisationsstruktur zu etablieren, mit der eine deutliche Trennung zwischen Produktion und Absatz sowie ein Schutz vor kurzfristigen Eingriffen der Kartellmitglieder und ihren Einzelinteressen sichergestellt werden konnte. Die Notwendigkeit dafür muss auch vor dem Hintergrund der Erfahrungen der vorangegangenen Kartellierungsbestrebungen innerhalb der äußerst zersplitterten Unternehmensstruktur gesehen werden. In der Vertriebsorganisation selbst hatte das Kohlensyndikat in einem langjährigen Prozess Beherrschungs- und Überwachungssysteme installiert, die unter den spezifischen Bedingungen der Branche einer möglichst kostengünstigen Marktregulierung durchaus gerecht wurden. Von einer „Handelsmonopolisierung", von der unter Zeitgenossen regelmäßig gesprochen wurde, konnte allerdings keine Rede sein. Ein solches Ziel ließ sich aufgrund der weit verzweigten Absatzkanäle kaum erreichen. Die erfolgreichen Vertriebsbemühungen der Außenseiterzechen seit dem Jahr 1904 belegen dies deutlich.

Für das Kohlensyndikat galt eine vollständige vertikale Integration des Vertriebssektors eher nicht als das effektivste Beherrschungs- und Überwachungssystem. Das nach der Syndikatsgründung zunehmend verfolgte Ziel, möglichst viele Absatzstufen im Kohlenhandel für den Vertrieb von RWKS-Produkten zu instrumentalisieren, erfolgte nur in Teilen durch eine unmittelbare gesellschaftsrechtliche Einflussnahme, sondern vielmehr durch einen auf besonderen Vertragsbeziehungen beruhenden Markttausch. Dies war ebenso bei den überaus bedeutsamen Syndikatshandelsgesellschaften der Fall, die in der Vertriebsstruktur des Ruhrbergbaus für den mittelbaren Absatz eine zentrale Rolle eingenommen hatten. Diese Form der Geschäftsbeziehung konnte leicht auf die spezifischen Produktionsprozesse im Steinkohlenbergbau zugeschnitten werden und bot zugleich die Möglichkeit, viele wirtschaftliche Risiken in der Kohlenwirtschaft auf nachfolgende Absatzstufen zu verlagern. Mit den regelmäßig zu erneuernden Lieferverträgen konnte dabei zumindest teilweise auf unterschiedliche Bedingungen und Veränderungen in den Marktstrukturen reagiert werden. Die damit weiterhin aufrechterhaltene unternehmerische Selbstständigkeit bedeutete allerdings auch, dass das Kohlensyndikat keinen umfassenden Einfluss auf die Absatzorganisation besaß, etliche strukturelle Veränderungen in diesem Sektor nur als „Zaungast" beobachten konnte und auch aus diesem Grund als gestaltender Akteur stärker in die Defensive geriet, als es bisher in der Literatur vielfach angenommen wurde.

Auch weitere Zielkonflikte blieben in der syndizierten Absatzorganisation vor allem bis zum Ausbruch des Ersten Weltkriegs bestehen. Auf der einen Seite war eine straffe und unternehmensunabhängige Organisation des Kohlensyndikats zwingend notwendig, damit diese durch die Mitglieder nicht permanent in Frage gestellt wurde und das Syndikat seine Geschäftspolitik auch tatsächlich durchsetzen konnte. Auf der anderen Seite zeigte sich für die erforderliche Anpassungsfähigkeit, dass vor allem mit einem hohen Organisationsgrad ausgestattete Kartelle deutlich leichter durch den Wettbewerb beeinflusst werden konnten als losere Kartellorganisationen. Die schwierige Aufgabe des Kohlensyndikats, auf veränderte Marktbedingungen zu reagieren, um nicht die Existenzberechtigung zu verlieren, wurde spätestens nach Ausbruch des Ersten Weltkriegs deutlich. Die mit dem Krieg verbundenen massiven Umwälzungen in der Kohlenwirtschaft führten dazu, dass das Kohlensyndikat zunehmend seine Rolle als Instrument zur Senkung von Marktnutzungskosten für seine Mitglieder verlor und es Erlössteigerungen aus deren Sicht eher im Weg stand. Der weitere Ausbau der Absatzorganisation durch das RWKS während der Kriegszeit war zwar durchaus eine konsequente Fortführung der bisherigen Geschäftspolitik, um die Regulierung der Absatzmärkte im Sinne der Kartellziele weiter auszubauen. Doch wären diese Maßnahmen ohne die seit dem Jahr 1915 erfolgte staatliche Einflussnahme zum Erhalt des Kohlensyndikats nicht mehr möglich gewesen.

6.2 Vom einzelnen Werkzeug zum Kernelement der Kartellpolitik

Aufbauend auf der Darlegung der Kartellierungsbestrebungen im Ruhrbergbau seit den 1880er Jahren konnte in dieser Arbeit mit Blick auf die Vertriebspolitik des Kohlensyndikats und unter Berücksichtigung der Marktverhältnisse gezeigt werden, dass die Absatzorganisation der Branche einem starken und vielschichtigen Bedeutungswandel unterlag. Viele Akteure in der Kohlenwirtschaft kamen im späten 19. Jahrhundert erst durch einen längeren Prozess und vor allem aufgrund eines starken wirtschaftlichen Drucks zu der Überzeugung, dass zur Durchsetzung einer kartellierten Produktions- und Preispolitik eine Einflussnahme auf die Vertriebsstrukturen für eine nachhaltige Marktregulierung zwingend erforderlich war. Nach der Etablierung eines zentralen Verkaufsapparats führte die Geschäftspolitik des Kohlensyndikats im weiteren Verlauf dazu, dass sich die Absatzorganisation im Ruhrkohlenbergbau für alle Akteure von einem einzelnen Baustein des kartellpolitischen Instrumentariums zu einem äußerst wichtigen Glied in der Wertschöpfungskette der syndizierten Kohlenwirtschaft und damit auch zu einem zentralen Faktor für die Stellung in der Branche weiterentwickelte.

Angesichts der starken Zersplitterung der Unternehmensstrukturen hatte sich in den vielfach nur kurzlebigen Kartellvereinigungen im Ruhrbergbau vor dem Jahr 1893 gezeigt, dass für einen nachhaltigen Erfolg neben einem hohen Organisationsgrad vor allem ein Zusammenspiel aller kartellpolitischen Instrumente unter einer einheitlichen Führung notwendig war. Allein mit Vereinbarungen zu Produktionsquoten und Preisabsprachen konnte eine Marktregulierung zur Sicherung der gleichmäßigen Beschäftigung der Bergwerksunternehmen sowie zur Stabilisierung des Preisniveaus wirkungslos bleiben. Für die notwendige Ausdehnung der Absatzgebiete waren Maßnahmen in der Vertriebsorganisation zudem eine zwingende Voraussetzung, um einen aussichtsreichen Markteintritt in bislang unerschlossene Regionen zu realisieren. Doch war für dessen tatsächlichen Erfolg eine breite Beteiligung der Unternehmen aus der Branche dringend notwendig, die zunächst kaum gegeben war.

Eingriffe in die Vertriebsstrukturen der Kohlenwirtschaft waren allein aufgrund der heterogenen und weit verzweigten Absatzkanäle für Steinkohlenprodukte notwendig, um die Kartellpolitik gegenüber den Abnehmern durchsetzen zu können. Eine große Problematik auf den Kohlenmärkten bildete hierbei die große Anzahl an Wiederverkäufern, deren Geschäftspolitik zunächst kaum auf die spezifischen Produktionsstrukturen des Steinkohlenbergbaus ausgerichtet war. Eine zentrale Produktionsregulierung sowie eine einheitliche Preisstellung wären allein nicht in der Lage gewesen, in diesem Bereich Änderungen im Sinne der Kartellzechen herbeizuführen. Zusätzlich erforderlich waren die Reduzierung auf einen Anbieter, eine stärkere Anlehnung der Vertragsbedingungen an die Produktionsbedingungen des Bergbaus sowie eine möglichst umfassende Überwachung auf Einhaltung der Verträge. Es hat sich deutlich gezeigt, dass eine syndizierte Absatzpolitik ein zwingend notwendiges Instrument zur Realisierung der angestrebten Produktions- und Preispolitik und damit ein entscheidendes Element für die Funktionsfähigkeit einer Kartellorganisation darstellte.

Mit der Gründung des RWKS wurde der Kohlenvertrieb der beteiligten Zechen ab 1893 nahezu vollständig auf eine selbstständige und von den Unternehmen unabhängig agierende Handelsgesellschaft übertragen. Mit der damit zunächst vollzogenen Trennung zwischen Produktion und Absatz sollte nicht nur die gleichmäßige Beschäftigung aller beteiligten Zechen erreicht, sondern zur Sicherstellung einer einheitlichen Geschäftspolitik den Kartellmitgliedern gleichzeitig der eigene Marktzugang entzogen werden. Auf langfristige Sicht nahm der gemeinschaftliche Vertrieb zudem eine wichtige Bedeutung als Bindeglied zwischen den Zechen und der Kartellorganisation und damit als „Austrittsbarriere“ ein. Neben der Auflösung bestehender Geschäftsbeziehungen bedeutete dieser Schritt jedoch für die Bergwerke einen erheblichen Verlust der unternehmerischen Unabhängigkeit. Jedoch galt dies als zwingend erforderlich, um vertragswidriges Verhalten und die Ausnutzung von Vertragslücken zu vermeiden. Die Anreize für ein solches Verhalten blieben bei den Unternehmen selbst unter dem Dach des Kohlensyndikats weiterhin vergleichsweise hoch. Dies zeigte sich in den regelmäßigen Debatten der Zechenbesitzer bezüglich der Auslegung der Selbstverbrauchsregelungen und vor allem in den wiederkehrenden Schwierigkeiten im oftmals unterschätzten Landabsatzgeschäft, welches die Zechen weiterhin in Eigenregie betreiben durften und dies häufig bestmöglich ausnutzten.

Für die Führungskräfte des Kohlensyndikats stellten die Integration der Verkaufsarbeit und der damit verbundene Aufbau einer eigenen und unabhängigen Absatzorganisation bereits mit der Kartellbildung die zentrale Aufgabe dar. Wie umfassend die Eingriffe in den Vertriebssektor allerdings ausfallen mussten, um die Kartellziele tatsächlich durchsetzen zu können, zeigte sich erst durch einen längeren Prozess. Eine stärkere institutionelle Einflussnahme auf weitere Absatzstufen im Kohlenhandel war – anders als bislang häufig angegeben – zunächst kein durch das Kohlensyndikat formuliertes Ziel, erlangte allerdings seit der zweiten Hälfte der

1890er Jahre für die Ausrichtung der Vertriebspolitik eine zentrale Bedeutung. Durch die seit dem Jahr 1895 für den mittelbaren Absatz installierten Syndikatshandelsgesellschaften konnten Kohlenhändler in vielen Absatzregionen stärker an das RWKS und dessen Geschäftsbedingungen gebunden, Marktverhältnisse leichter bewertet und vor allem erhebliche Teile des wirtschaftlichen Risikos auf den Großhandel übertragen werden. Zugleich waren die Syndikatshandelsgesellschaften durch ihre vom RWKS verliehene Marktmacht in der Lage, zahlreiche ihnen auferlegte Vertragsbedingungen auf nachfolgende Vertriebsebenen abzuwälzen. In vielen Regionen konnten mit dieser Entwicklung eine weitreichende Marktregulierung und eine Disziplinierung weiterer Absatzstufen des Kohlenhandels im Sinne der Kartellziele erreicht werden.

Die Handelssyndizierung sollte aus Perspektive des Kohlensyndikats aber nicht dazu dienen, bestehende Strukturen des Kohlenvertriebs zu zerstören, sondern bestmöglich im Sinne der Kartellziele zu nutzen. Zwar brachten die durch das RWKS installierten Vertragsformen dem Großhandel eine deutliche Einengung seiner unternehmerischen Freiheit, allerdings gleichzeitig ein vergleichsweise risikoloses Geschäft mit konstanten und hohen Erlösen. Die durch das Kohlensyndikat auch in den Folgejahren trotz Verbesserung der Einflussmöglichkeiten weiter aufrechterhaltene Selbstständigkeit der Handelsgesellschaften bedeutete allerdings auch, dass die Kartellorganisation trotz der engen vertraglichen Bindungen keinen vollständigen Einfluss auf die Geschäftspolitik sowie auf strukturelle Veränderungen in diesem Sektor besaß.

Obgleich für das Kohlensyndikat die zunehmende Kontrolle über die Großhandelsstrukturen nach der Jahrhundertwende eine immer größere Bedeutung bekam, wurde mit deren Institutionalisierung die ursprünglich bei der Kartellgründung vorgenommene Trennung von Produktion und Absatz zunehmend „untergraben" und teilweise aufgehoben. Die Einbindung der Reederzechen in das 1903 gebildete Kohlenkontor war zwar aufgrund historischer Pfadabhängigkeiten kaum zu vermeiden, doch hatte dies von der Kartellführung unerwünschte Strukturveränderungen im Kohlenabsatz durchaus begünstigt. Ausschlaggebend für die Tendenz, dass bei den Kartellmitgliedern das Interesse für den Vertriebssektor wieder deutlich anstieg, waren jedoch an erster Stelle die vom RWKS geschaffenen Vertragsstrukturen, mit welchen der Absatz die seinerzeit oftmals noch nachgeordnete Aufgabe in der Wertschöpfungskette verlor. Interne Debatten hatten früh gezeigt, dass das Interesse der Kartellmitglieder an der syndizierten Absatzorganisation auch nach der Übernahme des Verkaufs durch das RWKS durchweg hoch geblieben war. Bereits in der Phase der Syndikatserneuerung des Jahres 1903 zeigte sich, dass Zechenbesitzer zunehmend kritisch hinterfragten, warum sie die durch die Kartellierung erreichten Erlössteigerungen mit dem Großhandel teilen mussten. Hierbei fiel es der Syndikatsleitung zunehmend schwerer, den Absatzsektor vom Einflussbereich der Zechen weiterhin fernzuhalten.

Die fortbestehende Selbstständigkeit weiter Teile des Vertriebsapparats konnten die Kartellmitglieder jedoch nutzen, um sich über diesen Umweg einen eigenen Einfluss auf die bedeutsamer gewordene Absatzorganisation zu sichern. Mit dem Zukauf und dem Ausbau von Beteiligungen im Kohlenhandel durch Zechenbesitzer vollzog sich ebenso wie in der Produktion ein zunehmender Konzentrationsprozess, der den Wettbewerb in der Kohlenwirtschaft noch stärker auf den Handelssektor ausdehnte. Da jedoch nur ein Teil der am RWKS beteiligten Unternehmen in der Lage war, sich an diesem Prozess zu beteiligen, hatte dies bis zum Vorabend des Ersten Weltkriegs die ohnehin bestandenen Schwierigkeiten im Kartellgefüge weiter erschwert. In den seit 1910 laufenden Erneuerungsverhandlungen für den 1915 auslaufenden Syndikatsvertrag verfolgten viele Zechenbesitzer das Ziel, in einem neuen Syndikatsvertrag ihren Einfluss zu erhöhen, vor allem auch im Vertriebssektor. Dies zeigte sich nicht nur in den Debatten um eine stärkere institutionelle Einflussmöglichkeit des Kohlensyndikats auf die Absatzorganisation, die zu weitreichenden organisatorischen Änderungen führten.

Der Wunsch nach stärkerer Einflussnahme wurde durch bereits erworbene Beteiligungen in der Absatzorganisation stark unterstützt. Auch wenn damit in den Verhandlungen eine mögliche Unabhängigkeit vom RWKS demonstriert werden konnte, ging es den meisten Zechenbesitzern vor allem darum, sich lukrative Beteiligungen in der syndizierten Absatzorganisation über das Jahr 1915 hinaus zu sichern. Schließlich war den meisten Beteiligten durchaus klar, dass die günstige Erlössituation im Absatz vor allem auf den kartellierten Vertragsstrukturen beruhte, die es unter bestmöglicher Positionierung des eigenen Unternehmens zu erhalten galt. Diese Annahme belegen auch die Vertriebstätigkeiten der nicht-syndizierten Zechen, die bis zum Vorabend des Ersten Weltkriegs die Geschäftspolitik des RWKS stark belasteten. Auch den Außenseitern, allen voran dem Staatsbergbau, ging es in ihren Vertriebsstrategien neben der kurzfristigen Absatzsicherung langfristig vor allem darum, sich als künftige Kartellmitglieder eine entsprechende Position zu sichern. Schließlich gründeten auch die Konkurrenten der Kartellzechen ihre Absatzerfolge in großen Teilen auf die Existenz des Kohlensyndikats.

Der Ausbruch des Ersten Weltkriegs hatte die Rahmenbedingungen in der Kohlenwirtschaft völlig verändert. Durch die starke Nachfrage auf den Kohlenmärkten, erhebliche Umsatzsteigerungen sowie damit sinkende Organisationskosten für den Erhalt der RWKS waren zwar Konfliktpunkte aus den vorangegangenen Erneuerungsverhandlungen entfallen, doch verlor das Kohlensyndikat damit zunehmend seine Legitimationsgrundlage. Zechenbesitzer mit eigenen Vertriebsstrukturen spürten dies besonders deutlich an den steigenden Erlösen, die ohne eine kartellierte Preispolitik noch höher ausgefallen wären. Ohne die staatlichen Eingriffe wäre eine Erneuerung des Kohlensyndikats mehr als fraglich gewesen. Mit der durch die Zwangsmaßnahmen deutlich eingeschränkten Bewegungsfreiheit in der Kohlenwirtschaft war zu erkennen, dass sich die Konfliktlinien innerhalb des Kohlensyndikats sowohl in den Verhandlungen für das sogenannte Übergangssyndikat als auch für das ab 1917 in Kraft zu tretende sogenannte Dauersyndikat nochmals deutlich stärker auf die Absatzorganisation verlagerten, deren Bedeutung in den Kartellstrukturen damit ein weiteres Mal zunahm. Vor allem in den Verhandlungen für das Dauersyndikat, die in dieser Untersuchung derstmals detailliert analysiert wurden, bildete die „Händlerfrage" den Kern nahezu aller Auseinandersetzungen.

Während das Kohlensyndikat in diesen Verhandlungen die staatlichen Zwangsmaßnahmen dazu nutzte, die Absatzorganisation organisatorisch weiter zu straffen und auszubauen, musste es zugleich mit den zwischenzeitlich erreichten, zahlreichen Absatzbeziehungen seiner Mitglieder umgehen. Während die weitere Syndizierung der Vertriebsstrukturen auf den ersten Blick durchaus gelungen war, hatte sich die zur Kartellgründung verfolgte Trennung von Produktion und Absatz stark aufgelöst. Viele Kartellmitglieder konnten bis 1917 ihren eigenen Vertriebsapparat in der syndizierten Verkaufsorganisation platzieren und waren zugleich an einem sich weiter fortsetzenden Konzentrationsprozess im Kohlenhandel beteiligt. Damit zeigt sich, dass über den gesamten Untersuchungszeitraum ein Zielkonflikt bestehen blieb: Auf der einen Seite stellte die Absatzorganisation einen wesentlichen Faktor für die Funktionsfähigkeit der Kartellorganisation im Ruhrbergbau dar. Auf der anderen Seite verloren die beteiligten Unternehmen einen bedeutsamen Teil ihrer unternehmerischen Autonomie, auf den sie trotz der Mitwirkung am Kohlensyndikat dennoch nicht verzichten wollten oder konnten. Die Folgen der bis zur unmittelbaren Nachkriegszeit vollzogenen „Rückkehr" der Produzenten in den Vertrieb wurden spätestens in den 1920er Jahren in aller Deutlichkeit sichtbar, als es, begünstigt durch die schwierige wirtschaftliche Situation während der Ruhrbesetzung, zu einer zunehmenden Liberalisierung des einst durch das RWKS straff organisierten Kohlenabsatzes kam.

Die Zusammenfassung der Forschungsergebnisse konnte nochmals verdeutlichen, dass diese Studie zur Absatzpolitik im kartellierten Ruhrbergbau durch ihren spezifischen Untersuchungsschwerpunkt und ihrer methodischen Herangehensweise zahlreiche neue Ergebnisse liefert, die für die Wirtschafts- und Unternehmensgeschichte neue Perspektiven sowie weiterführende Untersuchungsansätze eröffnen. Trotz der vielen in dieser Forschungsarbeit erreichten neuen Erkenntnisse besteht aber zum Kartellwesen, zur Unternehmensgeschichte der Montanindustrie und im Besonderen zu Fragen der industriellen Absatzwirtschaft auch weiterhin ein großer Forschungsbedarf, der über die Ära des Deutschen Kaiserreichs weit hinausgeht.

Bezogen auf die Absatzwirtschaft bestand über Jahrzehnte die Einschätzung, dass dieser Bereich im späten 19. und frühen 20. Jahrhundert in der Industrie gegenüber produktionspolitischen Aspekten nur eine untergeordnete Rolle eingenommen habe.[1] Ein Grund für diese Einschätzung dürfte auch darin bestehen, dass die Vertriebstätigkeit während der „Kartell-Ära" vielfach aus den Unternehmen ausgegliedert und an eine übergeordnete Verkaufsorganisation delegiert wurde. Dass aufgrund dieser Auslagerung die Unternehmen der Vertriebspolitik aber nur eine geringe Priorität zugeschrieben haben, trifft allerdings keineswegs zu. Vielmehr stellte die Bildung von Syndikaten im 19. Jahrhundert die Reaktion auf Schwierigkeiten im Vertriebssektor

1 Vgl. u. a. Blaich: Absatzstrategien deutscher Unternehmen im 19. und in der ersten Hälfte des 20. Jahrhunderts, S. 5 ff.

dar. Es empfiehlt sich deshalb, die zahlreichen Kartellbestrebungen im Kaiserreich als eine spezifische Form der Absatzstrategie einzuordnen und entsprechend historisch zu untersuchen. Konkret bezogen auf den Ruhrbergbau konnte die vorliegende Untersuchung schließlich darlegen, dass die Bildung von Kartellen in der Branche und im Besonderen die Etablierung des RWKS im erheblichen Maße der Schaffung leistungsfähiger Marktzugangseinrichtungen für die beteiligten Unternehmen dienen sollte. Die Kartellwirtschaft hatte also einen erheblichen Anteil daran, eine marktorientierte Absatzpolitik in der Branche zu installieren.

Am Beispiel der Montanindustrie an der Ruhr hat diese Untersuchung zudem aufzeigen können, dass die durch das RWKS geschaffenen Vertragsstrukturen zu einem weiteren Bedeutungsgewinn absatzpolitischer Fragen bei den beteiligten Unternehmen beigetragen haben, wobei die eingeschränkte unternehmerische Bewegungsfreiheit während des Ersten Weltkrieges als weiterer Faktor hinzukam. Im Ruhrbergbau vollzog sich damit bereits im Deutschen Kaiserreich eine erhebliche Verschränkung der Bereiche Produktion und Absatz, sowohl auf der Kartell- aber genauso auch auf der Unternehmensebene. Die bislang nur wenig beachtete Vorwärtsintegration der Unternehmen in den Absatzbereich und ein damit verbundener Konzentrationsprozess im Kohlenhandel waren deutliche Merkmale dieser Entwicklung.

Die in dieser und anderen aktuellen Untersuchungen zum Kohlensyndikat erzielten Ergebnisse konnten fast ausschließlich deshalb erreicht werden, weil diese Studie durch eine intensive Quellenanalyse die Organisationsstrukturen und Funktionsabläufe innerhalb des Kartellgefüges im Ruhrbergbau analysiert hat. Ob der Ruhrbergbau nur eines von mehreren Beispielen aus der „Kartell-Ära“ bildet, sollte durch weitere Untersuchungen geklärt werden. Fakt ist, dass die straffe Kartellierung, die durch das Kohlensyndikat an der Ruhr geschaffen wurde, seinerzeit für viele Branchen im In- und Ausland als Vorbild galt. Es ist also damit durchaus folgerichtig, dass sich in der jüngeren Vergangenheit diese und weitere Studien zur Kartellgeschichte speziell mit dem RWKS auseinandergesetzt haben. Dennoch ist es zu wünschen, dass sowohl zum Bergbau als auch zu anderen Branchen weitere empirische Detailstudien folgen, um eine stärkere Vergleichbarkeit zu ermöglichen.[2]

Für die Absatzwirtschaft der Montanindustrie an der Ruhr besteht weiterhin ein großer Forschungsbedarf, der weit über die Zeit des Deutschen Kaiserreichs hinausgeht. Es scheint nämlich, dass die seit dem 19. Jahrhundert geschaffenen, kartellierten Vertriebsstrukturen erhebliche Pfadabhängigkeiten entstehen ließen, welche die Branche noch für Jahrzehnte prägen sollten. Nach dem Ersten Weltkrieg haben Kartellvereinbarungen dort wie in der gesamten deutschen Wirtschaft weiter an Bedeutung gewonnen und unterstanden in den Folgejahren, etwa nach der Machtergreifung

---

2 Vgl. hierzu auch die aktuelle Debatte zur Kartellgeschichtsforschung, u. a. Schröter, Harm G.: Quo vadis Kartelldiskurs, in: Zeitschrift für Unternehmensgeschichte 62, 2017, H. 2, S. 302–309 und Roelevink, Eva-Maria: Warum weniger eine neue Theorie als vielmehr eine neue empirische Kartellforschung notwendig ist, in: Zeitschrift für Unternehmensgeschichte 61, 2016, H. 12, S. 116–120.

der Nationalsozialisten und nach dem Ausbruch des Zweiten Weltkrieges, weiteren strukturellen Veränderungen. Aber auch das Jahr 1945 sollte nicht mehr als Schlusspunkt in der deutschen Kartellgeschichte betrachtet werden, auf dem in den Folgejahren nur noch Maßnahmen zur Dekartellierung der deutschen Industrie folgten.[3] Gerade im Ruhrbergbau ist eine Zäsur in Hinblick auf unternehmensübergreifende Absatzstrukturen nach 1945 nicht zu erkennen. Dort blieb für Kohle und Koks weiterhin eine unternehmensübergreifende Verkaufsorganisation bestehen, die zwar immer wieder organisatorischen Veränderungen unterstand, ihre Ähnlichkeiten zu den ab 1893 geschaffenen Syndikatsstrukturen aber nicht leugnen kann. Es scheint also, dass die im Kaiserreich geschaffenen Absatzstrukturen den Steinkohlenbergbau für sehr lange Zeit, selbst unter neuen wirtschaftspolitischen Rahmenbedingungen, weiter geprägt haben. Detaillierte Antworten darauf müssen weiteren Untersuchungen überlassen bleiben.[4] Welche starken Bindewirkungen aber von syndizierten Absatzstrukturen ausgehen können, konnte bereits durch diese Studie am Beispiel des Ruhrbergbaus deutlich aufgezeigt werden.

---

3 Als Überblick zur Dekartellierung in Deutschland vgl. Schröter: Kartellierung und Dekartellierung 1890–1990, S. 483 ff.

4 Zur Reorganisation des Steinkohlenabsatz an der Ruhr nach 1945 gibt es in Bearbeitung stehende Forschungsprojekte (vgl. H-Soz-Kult-Tagungsbericht: Der Steinkohlenbergbau in Boom und Krise nach 1945. Das Ruhrgebiet als Vergleichsfolie für Transformationsprozesse in der Schwerindustrie, 29.04.2017, URL: http://www.hsozkult.de/searching/id/tagungsberichte-7146?title=der-steinkohlenbergbau-in-boom-und-krise-nach-1945-das-ruhrgebiet-als-vergleichsfolie-fuer-transformationsprozesse-in-der-schwerindustrie&q=czierpka&sort=&fq=&total=15&recno=4&subType=fdkn, letzter Zugriff: 18.09.2017).

Anhang

Abkürzungsverzeichnis

ACDP	– Archiv für Christlich-Demokratische Politik
a. d.	– an der
AG	– Aktiengesellschaft
a. M.	– am Main
Aufl.	– Auflage
BArch	– Bundesarchiv
BBA	– Bergbau-Archiv
Bd.	– Band
Best.	– Bestand
betr.	– betrifft / betreffend
BWD	– Bergwerksdirektion
bzw.	– beziehungsweise
ca.	– circa
Cie.	– Compagnie
Co.	– Compagnie
DEK	– Dortmund-Ems-Kanal
ders.	– derselbe
Dipl.-Arb.	– Diplom-Arbeit
Diss.	– Dissertation
ebd.	– ebenda
e. V.	– eingetragener Verein
f.	– folgend
ff.	– fortfolgende
GBAG	– Gelsenkirchener Bergwerks-Aktiengesellschaft
GbR	– Gesellschaft bürgerlichen Rechts
GDK	– Gewerkschaft Deutscher Kaiser
GStA PK	– Geheimes Staatsarchiv Preußischer Kulturbesitz
GmbH	– Gesellschaft mit beschränkter Haftung
GWB	– Gesetz gegen Wettbewerbsbeschränkungen
H.	– Heft
HA	– Haniel-Archiv
HAA	– Haniel Alt-Akten
Hg.	– Herausgeber
hrsg.	– herausgegeben
i. B.	– im Breisgau
i. J.	– im Jahr
i. L.	– in Liquidation
i. W.	– in Westfalen

https://doi.org/10.1515/9783110576719-007

Jg.	– Jahrgang
Kap.	– Kapitel
KG	– Kommanditgesellschaft
KHG	– Kohlenhandelsgesellschaft
LA	– Landesarchiv
LHA	– Landeshauptarchiv
Mio.	– Millionen
Mk.	– Mark
montan.dok	– Montanhistorisches Dokumentationszentrum beim Deutschen Bergbau-Museum Bochum
MS	– Maschinenschriftliches Manuskript
NIÖ	– Neue Institutionenökonomik
Nr.	– Nummer
o. A.	– ohne Autor
o. D.	– ohne Datum
o. J.	– ohne Jahresangabe
o. O.	– ohne Ortsangabe
OBA	– Oberbergamtsbezirk
RWKS	– Rheinisch-Westfälisches Kohlen-Syndikat
RWWA	– Rheinisch-Westfälisches Wirtschaftsarchiv zu Köln
SHG	– Syndikatshandelsgesellschaft
t	– Tonnen
Tab.	– Tabelle
THG	– Thyssensche Handelsgesellschaft
TLi	– Thyssen Liegenschaften
TKA	– thyssenkrupp Konzernarchiv
u.	– und
u. a.	– und andere / unter anderem
Ver.	– Vereinigte
VFR	– Vereinigte Frankfurter Reedereien
verm.	– vermutlich
Vgl.	– Vergleiche
vorm.	– vormals
Westf.	– Westfalen
WKK	– Westfälisches Kohlen-Kontor Hamburg
WTAG	– Westfälische Transport-Aktiengesellschaft
WWA	– Stiftung Westfälisches Wirtschaftsarchiv Dortmund
z. B.	– zum Beispiel
ZBHSW	– Zeitschrift für das Berg-, Hütten- und Salinenwesen
Zit.	– Zitat
zzgl.	– zuzüglich

Tabellen

Tab. 29: Steinkohlenförderung in Deutschland und einzelnen Revieren (in Tonnen)

	Deutschland	Preußen	Ruhrgebiet	Saarregion	Oberschlesien
1880	46.973.566	42.172.944	22.364.000	5.973.122	10.016.520
1881	48.688.161	43.780.545	23.577.000	5.932.533	10.403.871
1882	52.118.595	47.097.376	25.757.000	6.319.867	10.888.172
1883	55.943.004	50.611.018	27.716.000	6.780.258	11.799.178
1884	57.233.875	51.867.646	28.259.000	6.999.771	12.342.185
1885	58.320.398	52.879.004	28.856.000	7.015.094	12.842.128
1886	58.056.598	52.482.799	28.439.000	6.805.885	13.018.001
1887	60.333.984	54.548.283	30.088.000	7.070.746	13.093.328
1888	65.386.120	59.475.351	33.164.000	7.341.749	14.449.272
1889	67.342.171	61.436.991	33.867.000	7.265.205	15.753.310
1890	70.237.808	64.373.816	35.517.000	7.411.912	16.870.886
1891	73.715.653	67.528.015	37.479.000	7.652.509	17.725.793
1892	71.372.193	65.442.558	36.970.000	7.425.396	16.437.489
1893	73.852.330	67.657.844	38.703.000	7.242.245	17.109.736
1894	76.741.127	70.643.979	40.734.000	8.027.680	17.204.672
1895	79.169.276	72.621.509	41.278.000	8.409.136	18.066.401
1896	85.690.233	78.993.655	45.009.000	9.228.209	19.613.189
1897	91.054.982	84.253.393	48.520.000	9.811.493	20.627.961
1898	96.309.652	89.573.528	51.306.000	10.369.372	22.489.707
1899	101.639.753	94.740.829	55.072.000	10.648.713	23.470.095
1900	109.290.237	101.966.158	60.119.378	11.120.266	24.829.284
1901	108.539.444	101.203.807	59.004.609	11.150.772	25.251.943
1902	107.473.933	100.115.315	58.626.580	11.394.164	24.485.368
1903	116.637.765	108.809.384	65.433.452	12.343.707	25.265.147
1904	120.815.503	112.755.621	68.526.456	12.837.045	25.417.911
1905	121.298.607	113.000.657	66.705.851	13.179.591	27.014.708
1906	137.117.926	128.295.948	78.722.115	13.984.032	29.659.656
1907	143.185.691	134.044.080	82.154.348	13.665.903	32.223.030
1908	147.671.149	139.002.378	84.832.149	14.244.503	33.966.323
1909	148.788.050	139.906.194	84.865.574	14.377.122	34.655.478
1910	152.881.509	143.970.647	89.089.212	14.392.865	34.460.700
1911	160.747.100	151.496.548	93.577.124	15.409.117	36.653.800
1912	174.875.300	167.267.860	102.822.627	16.976.531	41.074.600
1913	190.100.000	181.413.277	114.225.673	17.200.000	43.435.000
1914	161.400.000	153.124.000	98.079.745	12.800.000	36.966.000
1915	146.900.000	140.173.000	86.500.920	9.000.000	38.107.000
1916	158.800.000	152.452.000	94.272.662	10.600.000	41.723.000
1917	167.700.000	159.719.000	99.027.578	13.000.000	42.752.000
1918	162.200.000	152.990.000	95.712.250	12.500.000	39.648.000
1919	107.800.000	112.171.000	70.892.488	8.971.000	25.932.000

Tab. 29: Steinkohlenförderung in Deutschland und einzelnen Revieren (in Tonnen) *(Fortsetzung)*

	Deutschland	Preußen	Ruhrgebiet	Saarregion	Oberschlesien
1920	131.300.000	127.036.000	88.097.439	9.410.000	31.686.000

Quellen: Statistik der Kohlenwirtschaft e. V; Banken: Die Industrialisierung der Saarregion 1815–1914 (Anhang auf der CD-ROM); Storm: Geschichte der deutschen Kohlenwirtschaft von 1913–1926; Transfeld: Die Preisentwicklung der Ruhrkohle 1893–1925 unter der Preispolitik des „Rheinisch-Westfälischen Kohlensyndikates" und des „Reichskohlenverbandes", S. 196f; Zusammenstellungen des montan.dok und Wilhelm: Das Rheinisch-Westfälische Kohlensyndikat und die Oberschlesische Kohlenkonvention bis zum Jahre 1933.

Tab. 30: Überblick zum Rheinisch-Westfälischen Kohlen-Syndikat (RWKS) zwischen 1893 und 1919

	Gesamtbeteiligung (in Tonnen)	Förderung (in Tonnen)	Kohlenexport (in Tonnen)	Koksexport (in Tonnen)	Brikettexport (in Tonnen)	Höhe der Umlage für Kohle	Höhe der Umlage für Koks	Höhe der Umlage für Briketts
1893	35.371.917	33.539.230					22,9 %	
1894	36.978.603	35.044.225				3,7 %	24,8 %	
1895	39.481.398	35.347.730				5,5 %	20,0 %	
1896	42.735.589	38.916.112	4.688.404			8,5 %	15,0 %	
1897	46.106.189	42.195.352	4.964.099			8,3 %	13,5 %	
1898	49.687.590	44.865.536	5.644.660			8,8 %	9,7 %	
1899	52.397.758	48.024.014	5.648.335			6,9 %	7,3 %	
1900	54.444.970	52.080.898	5.861.961			3,9 %	4,5 %	1,5 %
1901	57.172.824	50.411.926	6.063.954			3,8 %	2,8 %	1,0 %
1902	60.451.522	48.609.645	6.870.096			6,0 %	4,1 %	3,3 %
1903	63.836.212	53.822.137	8.209.402			6,0 %	5,8 %	5,0 %
1904	73.367.334	67.255.901	8.338.390	3.088.173	257.840	6,0 %	6,5 %	4,5 %
1905	75.704.219	65.382.522	7.734.485	3.319.005	291.320	7,0 %	9,5 %	3,5 %
1906	76.275.834	76.631.431	9.218.633	2.913.152	438.192	6,4 %	8,5 %	4,0 %
1907	76.463.610	80.155.994	8.020.818	3.110.618	551.003	7,0 %	4,8 %	4,0 %
1908	77.836.665	81.920.537	9.018.220	2.745.801	726.372	7,0 %	6,0 %	3,8 %
1909	77.983.689	80.828.393	10.766.034	2.909.084	802.626	8,7 %	8,0 %	5,0 %
1910	78.216.697	83.628.550	11.926.073	3.493.472	1.210.093	9,5 %	7,0 %	6,5 %
1911	78.406.965	86.904.550	13.088.507	3.677.494	1.578.551	12,0 %	7,0 %	11,0 %
1912	79.504.834	93.811.963	14.003.077	4.521.483	1.685.947	9,8 %	6,8 %	9,8 %
1913	84.115.965	101.652.297	15.603.307	4.403.834	1.647.228	7,0 %	3,5 %	6,0 %
1914	88.583.200	84.809.916				7,0 %	7,0 %	5,8 %
1915	88.702.073	73.984.097				5,8 %	4,0 %	3,2 %
1916	108.779.266	93.556.211						
1917/18	112.770.800	100.717.726						
1918/19	115.550.310	88.481.865						

Tab. 30: Überblick zum Rheinisch-Westfälischen Kohlen-Syndikat (RWKS) zwischen 1893 und 1919 *(Fortsetzung)*

	Gesamtbeteiligung (in Tonnen)	Förderung (in Tonnen)	Kohlenexport (in Tonnen)	Koksexport (in Tonnen)	Brikettexport (in Tonnen)	Höhe der Umlage für Kohle	Höhe der Umlage für Koks	Höhe der Umlage für Briketts
1919/20	117.612.164	72.201.253						

Quellen: Jahrbuch für den Oberbergamtsbezirk Dortmund 1913–1921, Essen, S. 790 f. und Lüthgen, Helmut: Das Rheinisch-Westfälische Kohlensyndikat in der Vorkriegs-, Kriegs- und Nachkriegszeit und seine Hauptprobleme, Leipzig 1926, S. 212 ff.

Tab. 31: Jahresumsätze von Syndikatshandelsgesellschaften 1896 bis 1919 (in Tonnen)

	Kassel	**Hannover**	**Bremen**	**Dortmund**	**Magdeburg**	**Mülheim (Kohlenkontor)**	**Berlin**	**Duisburg**	**Hagen**	**Köln**
Aufnahme des Geschäftsbetriebes	1896	1896	1897	1899	1901	1904	1905	1917	1917	1917
1896/97		876.112								
1897/98		927.295								
1898/99		983.745								
1899/00		1.029.990								
1900/01		1.074.185								
1901/02		1.063.647								
1902/03		1.070.742								
1903/04		1.085.467								
1904/05		1.165.567	864.873			6.585.160				
1905/06		1.402.532	1.077.486			8.407.154				
1906/07		1.473.317	1.177.195		339.463	9.161.041	345.114			
1907/08		1.707.610	1.331.850		386.368	10.361.154	439.817			
1908/09		1.745.888	1.353.933		350.654	10.187.465	436.462			
1909/10		1.780.275	1.479.323	2.351.082	363.677	10.231.981	452.572			
1910/11	1.673.375	1.787.513	1.484.730	2.354.439	387.348	10.452.180	471.071			
1911/12	1.799.482	1.860.847	1.664.397	2.382.749	443.194	11.276.728	480.611			
1912/13	1.845.702	1.935.809	1.859.639	2.532.537	505.879	12.319.163	483.811			
1913/14	1.943.050	1.908.906	1.787.520	2.602.856	485.993	12.644.345	524.350			
1914/15	1.645.130	1.654.803	1.502.145	2.220.639	413.966	10.553.225	1.032.278			
1915/16	1.411.145	1.623.566	1.453.651	1.963.504	505.327	9.812.366	1.459.276			
1916/17	1.145.060	1.436.989	1.255.471	1.831.886	471.181	7.384.925	1.459.845			
1917/18	1.363.118	2.047.402	1.766.504	2.536.664	808.729	9.484.777	1.763.087	2.182.093	2.325.445	2.081.192
1918/19	1.268.608	1.688.228	1.629.784	2.026.203	845.163	9.700.003	1.721.102	1.711.390	2.276.778	1.566.375

Tab. 31: Jahresumsätze von Syndikatshandelsgesellschaften 1896 bis 1919 (in Tonnen) *(Fortsetzung)*

	Kassel	**Hannover**	**Bremen**	**Dortmund**	**Magdeburg**	**Mülheim (Kohlenkontor)**	**Berlin**	**Duisburg**	**Hagen**	**Köln**
Aufnahme des Geschäftsbetriebes	1896	1896	1897	1899	1901	1904	1905	1917	1917	1917
1919/20	981.577	1.324.220	1.295.170	1.890.465	767.487	6.469.969	1.316.035	1.599.486	1.711.100	1.190.805

Nicht aufgelistet sind die Umsätze des Syndikatshandelsgesellschaft in Hamburg sowie der ausländischen Verkaufsgesellschaften. Die angegebenen Werte enthalten auch syndikatsfremde Produkte (Quelle: Richtsteig, Wilhelm: Die Kohlenhandelsgesellschaften des Rheinisch-Westfälischen Kohlen-Syndikats zu Essen a. d. Ruhr, Münster 1924).

Tab. 32: Jahresumsätze der Syndikatshandelsgesellschaft in Hannover 1896 bis 1921 (in Tonnen)

Jahr	Westf. Kohlen	Westf. Briketts	Westf. Koks	Nieders. Kohle	Schlesische Kohle	Englische Kohle	Braunkohlen	Gaskoks	Verschiedene und Provisionsmengen	Gesamt
1896/97	876.112	–	–	–	–	–	–	–	–	876.112
1897/98	927.295	–	–	–	–	–	–	–	–	927.295
1898/99	983.745	–	–	–	–	–	–	–	–	983.745
1899/00	1.019.930	–	9.970	90	–	–	–	–	–	1.029.990
1900/01	1.022.730	–	46.125	5.330	–	–	–	–	–	1.074.185
1901/02	1.010.767	–	43.035	9.845	–	–	–	–	–	1.063.647
1902/03	1.003.645	–	50.610	10.487	–	–	–	–	–	1.070.742
1903/04	1.002.997	–	69.293	13.177	–	–	–	–	–	1.085.467
1904/05	1.006.375	58.530	82.522	18.140	–	–	–	–	–	1.165.567
1905/06	1.191.082	75.140	115.158	21.152	–	–	–	–	–	1.402.532
1906/07	1.208.732	103.387	145.013	16.185	–	–	–	–	–	1.473.317
1907/08	1.314.327	138.023	152.840	79.072	75	1.575	18.353	3.345	–	1.707.610
1908/09	1.236.587	131.633	130.795	138.540	1.772	1.368	22.515	52.403	275	1.745.888
1909/10	1.247.307	135.368	147.520	152.110	2.800	1.547	40.688	51.975	960	1.780.275
1910/11	1.227.530	136.743	160.857	158.640	2.758	2.670	47.648	50.447	220	1.787.513
1911/12	1.236.055	164.303	163.021	143.344	5.120	4.589	85.302	59.013	100	1.860.847
1912/13	1.343.529	177.457	142.400	133.389	4.890	2.936	75.110	55.998	100	1.935.809
1913/14	1.279.139	181.376	142.513	125.887	5.628	3.126	126.287	44.950	–	1.908.906
1914/15	1.054.461	183.785	147.553	119.207	5.105	1.774	117.280	25.638	–	1.654.803
1915/16	977.868	223.483	179.326	92.465	–	4.585	119.000	26.839	–	1.623.566
1916/17	835.628	188.675	188.657	76.404	2.628	30	118.995	25.914	55	1.436.989
1917/18	1.301.239	191.785	314.873	98.108	335	–	111.600	29.662	–	2.047.402
1918/19	1.051.674	126.359	298.069	72.828	15	–	111.600	27.683	–	1.688.228
1919/20	802.421	112.831	248.462	32.760	–	–	111.600	16.146	–	1.324.220
1920/21	915.091	159.755	286.353	15.782	–	1.773	17.491	38.930	8.947	1.444.122

Quelle: WWA, F79–1324 (vorläufig)

Quellenverzeichnis

Aktenmaterial

Archiv für Christlich-Demokratische Politik, Sankt Augustin (ACDP)
Bestand I-220: Nachlass Hugo Stinnes

Bundesarchiv, Standort Berlin-Lichterfelde (BArch)
Bestand R 901: Auswärtiges Amt
Bestand R 3101: Reichswirtschaftsministerium
Bestand R 8127: Berliner Handelsgesellschaft

Geheimes Staatsarchiv Preußischer Kulturbesitz, Berlin (GStA PK)
1. HA, Rep. 77: Ministerium des Innern
1. HA, Rep. 87: Ministerium für Landwirtschaft, Domänen und Forsten
1. HA, Rep. 120: Ministerium für Handel und Gewerbe
1. HA, Rep. 121: Ministerium für Handel und Gewerbe, Berg-, Hütten- und Salinenverwaltung
1. HA, Rep. 151: Finanzministerium
1. HA, Rep. 169: Preußische Parlamente

Landesarchiv Saarbrücken (LA Saarbrücken)
Bestand BWD: Bergwerksdirektion Saarbrücken

Landeshauptarchiv Koblenz (LHA Koblenz)
Bestand 403: Oberpräsidium der Rheinprovinz

Haniel-Archiv, Duisburg (HA)
Bestand Di: Diverse Überlieferungen
Bestand JWW: Johann Wilhelm Welker
Bestand HAA: Haniel-Archiv Altakten
Bestand ZABW: Zentralabteilung Betriebswirtschaft

Montanhistorisches Dokumentationszentrum/ Bergbau-Archiv beim Deutschen Bergbau-Museum Bochum (montan.dok/BBA)
Bestand 4: Ewald Kohle-AG, Recklinghausen
Bestand 11: Rheinpreußen AG für Bergbau und Hüttenbetrieb, Homberg
Bestand 20: Fried. Krupp Bergwerke AG, Essen
Bestand 32: Bergwerksgesellschaft Hibernia AG, Herne
Bestand 33: Rheinisch-Westfälisches Kohlensyndikat
Bestand 40: Bochumer Bergbau AG, Bochum
Bestand 41: Rheinelbe Bergbau AG, Gelsenkirchen

Bestand 42: Diergardt-Mevissen Bergbau-AG, Rheinhausen
Bestand 55: Gelsenkirchener Bergwerks-AG, Essen
Bestand 95: Ruhrkohlenverkauf, Essen
Bestand 157: Schachtanlage Westfalen, Ahlen
Bestand 257: Gewerkschaft Auguste Victoria, Marl

Rheinisch-Westfälisches Wirtschaftsarchiv, Köln (RWWA)
Abt. 130: Gutehoffnungshütte Aktienverein (GHH), Oberhausen
Abt. 200: Raab Karcher AG, Baustoffhandel und Spedition, Essen

Stadtarchiv Düsseldorf (StA Düsseldorf)
Bestand 0 – 1 – 3: Allgemeine Verwaltungsakten

Stiftung Westfälisches Wirtschaftsarchiv, Dortmund (WWA)
Bestand F35: Arenberg Bergbau-Gesellschaft mbH
Bestand F79: Schachtanlage Gneisenau

thyssenkrupp Konzernarchiv, Duisburg (TKA)
Bestand A: August Thyssen-Hütte / thyssenkrupp AG
Bestand B: Bibliothek
Bestand TLi: Thyssen Liegenschaften GmbH

Geschäftsberichte (zum Teil aus Archivakten)

Gebr. Hoppe GmbH, Hamborn
Gelsenkirchener Bergwerks-AG (GBAG), Gelsenkirchen
Gutehoffnungshütte (GHH), Oberhausen
Joseph Schürmann GmbH, Duisburg-Ruhrort
Rheinische Kohlenhandels- und Rhederei-Gesellschaft mbH, Mülheim
Rheinisch-Westfälisches Kohlen- und Koks-Lager Hamburg – Bahnhof Sternschanze, Hamburg
Rheinisch-Westfälisches Kohlen-Syndikat (RWKS), Essen
Thyssensche Handelsgesellschaft mbH, Hamborn
Westfälische Transport-Actien-Gesellschaft (WTAG), Dortmund
Westfälisches Kohlen-Kontor GmbH, Hamburg
Verein der Importeure englischer Kohlen, Hamburg

Periodika und statistische Nachschlagewerke

Berliner Jahrbücher für Handel und Industrie. Berichte der Ältesten der Kaufmannschaft von Berlin
Deutsche Kohlen-Zeitung, Organ des Centralverbandes der Kohlenhändler Deutschlands e. V.
Glückauf, Berg- und Hüttenmännische Zeitschrift
Handelskammer Hamburg: Hamburgs Handel, Sachverständigenberichte
Jahresberichte der Handelskammer für Ostfriesland und Papenburg

Jahrbücher für den Oberbergamtsbezirk Dortmund
Kartell-Rundschau, Monatsschrift für Recht und Wirtschaft im Kartell- und Konzernwesen
Zeitschrift für das Berg-, Hütten- und Salinenwesen

Tageszeitungen (zum Teil aus Archivakten)

Berliner Morgenpost
Berliner Neueste Nachrichten
Berliner Tageblatt
Die Post
Deutsche Bergwerks-Zeitung
Frankfurter Zeitung
Kölnische Volkszeitung
Kölnische Zeitung
Rhein- und Ruhrzeitung
Rheinisch-Westfälische Zeitung
Tägliche Rundschau Berlin
Vossische Zeitung

Sonstige gedruckte Quellen

Bekanntmachung über die Errichtung von Vertriebsgesellschaften für den Steinkohlen- und Braunkohlenbergbau, 13.07.1915, in: Reichsgesetzblatt, Jahrgang 1915, Nr. 90.
Stenogramm aus der 9. Sitzung im Preußischen Haus der Abgeordneten, 08.02.1912.
Stenogramm aus der 3. Sitzung im Preußischen Haus der Abgeordneten, 14.01.1914.
Kontradiktorische Verhandlungen über Deutsche Kartelle. Die vom Reichsamt des Innern angestellten Erhebungen über das inländische Kartellwesen in Protokollen und stenographischen Berichten. Erster Band: Steinkohlen und Koks, Berlin 1903.
o. A.: Die Syndikatsverträge des Rheinisch-Westfälischen Kohlen-Syndikats, E[ssen] 1933.
Reichsamt des Innern (Bearb.): Denkschrift über das Kartellwesen, Berlin 1906.

Internetquellen

Gesetz gegen Wettbewerbsbeschränkungen (GWB), URL: http://www.gesetze-im-internet.de/bundesrecht/gwb/gesamt.pdf, letzter Zugriff: 31.08.2015.
H-Soz-Kult-Tagungsbericht: Der Steinkohlenbergbau in Boom und Krise nach 1945. Das Ruhrgebiet als Vergleichsfolie für Transformationsprozesse in der Schwerindustrie, 29.04.2017, URL: http://www.hsozkult.de/searching/id/tagungsberichte-7146?title=der-steinkohlenbergbau-in-boom-und-krise-nach-1945-das-ruhrgebiet-als-vergleichsfolie-fuer-transformationsprozesse-in-der-schwerindustrie&q=czierpka&sort=&fq=&total=15&recno=4&subType=fdkn, letzter Zugriff: 18.09.2017
o. A.: Kartellverfahren: Deutsche Brauereien müssen Millionen-Strafe zahlen, in: Die ZEIT (Online), 13.01.2014, URL: http://www.zeit.de/wirtschaft/2014-01/bier-kartell-brauereien-preise, letzter Zugriff: 31.08.2015.
Ott, Klaus: Bahn fordert hohen Schadenersatz von Thyssen-Krupp, in: Süddeutsche Zeitung (Online), 20.12.2012, URL: http://www.sueddeutsche.de/wirtschaft/schienenkartell-bahn-fordert-hohen-schadenersatz-von-thyssen-krupp-1.1555395, letzter Zugriff: 31.08.2015.

Literaturverzeichnis

Adolph, Ernst: Ruhrkohlenbergbau, Transportwesen und Eisenbahntarifpolitik, Berlin 1927.

Albers, Heinz: Deutschlands Kohlenversorgung seit Ausbruch des Weltkrieges, Münster ca. 1920.

Adams, Erich: Produktions-, Absatz- und Verkehrsinteressen des Ruhrbergbaus, ihre Entwicklung und Wahrnehmung, Köln 1933.

Albers, Heinz: Deutschlands Kohlenversorgung seit Ausbruch des Weltkrieges, Münster ca. 1920.

Altmann, Hans-Joachim: Die Kohlenversorgung Groß-Berlins und der Mittellandkanal, Berlin 1930.

Auberg, Heinz Wilhelm: Reeder, Kohlenhändler und Bergwerksbesitzer: Louis Kannengießer, in: Wessel, Horst A. (Hg.): Mülheimer Unternehmer und Pioniere im 19. und 20. Jahrhundert. Flexibel – kreativ – innovativ, Essen 2012, S. 197–200.

Bacmeister, Walter: Emil Kirdorf. Der Mann, sein Werk, 3. Aufl., Essen 1937.

Bähr, Johannes; Banken, Ralf und Flemming, Thomas: Die MAN. Eine deutsche Industriegeschichte, München 2008.

Banken, Ralf: Die Industrialisierung der Saarregion 1815–1914. Band 2: Take-Off-Phase und Hochindustrialisierung 1850–1914, Stuttgart 2003 (=Regionale Industrialisierung 4).

Barnikel, Hans-Heinrich: Kartelle in Deutschland. Entwicklung, theoretische Ansätze und rechtliche Regelungen, in: ders. (Hg.): Theorie und Praxis der Kartelle, Darmstadt 1972 (=Wege der Forschung 174), S. 1–64.

Bartz, Otto: Aufbau und Tätigkeit des rheinisch-westfälischen Kohlensyndikats in ihrer Entwicklung von 1893 bis 1912, Borna-Leipzig 1913.

Becker, Otto: Deutschlands Kohlenhandel, Tübingen 1903.

Beckerath, Herbert von: Industrielle Kartellprobleme der Gegenwart. Ein Überblick, Berlin 1926.

Beckerath, Herbert von: Der Inhaltswandel des Kartellbegriffs und seine wirtschaftspolitischen Folgen, in: Wirtschaftsdienst 12, 1927, Nr. 30, S. 1119–1122.

Berentelg, Hubert: Die Entwicklung des Verkehrs auf dem Dortmund-Ems-Kanal und sein Einfluss auf den Seeverkehr Emdens, Haselünne 1913.

Berghoff, Hartmut: Transaktionskosten: Generalschlüssel zum Verständnis langfristiger Unternehmensentwicklung? Zum Verhältnis von neuer Institutionenökonomie und moderner Unternehmensgeschichte, in: Jahrbuch für Wirtschaftsgeschichte, 1999, Nr. 2, S. 159–176.

Berghoff, Hartmut: Moderne Unternehmensgeschichte. Eine themen- und theorieorientierte Einführung, Paderborn u. a. 2004.

Bittner, Thomas: Kartelle und Wachstum im deutschen Kaiserreich. Wirtschaftshistorische Erkenntnisse und industrieökonomische Forschungsperspektiven, in: Jahrbuch für Wirtschaftsgeschichte, 2002, Nr. 2, S. 137–157.

Bittner, Thomas: An event study of the Rhenish-Westphalian Coal Syndicate, in: European review of economic history 9, 2005, Nr. 3, S. 337–364.

Blaich, Fritz: Kartell- und Monopolpolitik im kaiserlichen Deutschland. Das Problem der Marktmacht im deutschen Reichstag zwischen 1879 und 1914, Düsseldorf 1973 (=Beiträge zur Geschichte des Parlamentarismus und der politischen Parteien 50).

Blaich, Fritz: Ausschließlichkeitsbindungen als Wege der industriellen Konzentration in der deutschen Wirtschaft bis 1914, in: Horn, Norbert und Kocka, Jürgen (Hg.): Recht und Entwicklung der Großunternehmen im 19. und frühen 20. Jahrhundert. Wirtschafts-, sozial- und rechtshistorische Untersuchungen zur Industrialisierung in Deutschland, Frankreich, England und den USA, Göttingen 1979 (=Kritische Studien zur Geschichtswissenschaft 40), S. 317–342.

Blaich, Fritz: Absatzstrategien deutscher Unternehmen im 19. und in der ersten Hälfte des 20. Jahrhunderts, in: Pohl, Hans (Hg.): Absatzstrategien deutscher Unternehmer. Gestern – Heute – Morgen, Wiesbaden 1982 (=Zeitschrift für Unternehmensgeschichte, Beiheft 23), S. 5–46.

Blasberg, Eugen: Die Steinkohlenversorgung Bayerns, München 1910.
Bleidick, Dietmar: Die Hibernia-Affäre. Der Streit um den preußischen Staatsbergbau im Ruhrgebiet zu Beginn des 20. Jahrhunderts, Bochum 1999 (=Schriften des Bergbau-Archivs 9).
Bleidick, Dietmar: Das Verhältnis des staatlichen Bergbaus im Ruhrgebiet zum Rheinisch-Westfälischen Kohlen-Syndikat (RWKS) vor dem Ersten Weltkrieg, in: Westfälische Forschungen 50, 2000, S. 261–292.
Bonikowsky, Hugo: Der Einfluß der industriellen Kartelle auf den Handel in Deutschland, Jena 1907.
Bonikowsky, Käte: Kohlenabsatz und Kohlenverbrauch in Deutschland, in: Borchardt, Karl (Hg.): Handbuch der Kohlenwirtschaft. Ein Nachschlagewerk für Kohlenerzeuger, Kohlenhändler und Kohlenverbraucher, Berlin 1926, S. 397–424.
Borchardt, Karl: 20 Jahre deutscher Kohlenhandel, in: Verlag Deutsche Kohlenzeitung (Hg.): Kohlenhandelsfragen. Festschrift für Ludwig Wiesinger, Berlin 1925, S. 19–34.
Borchardt, Karl (Hg.): Handbuch der Kohlenwirtschaft. Ein Nachschlagewerk für Kohlenerzeuger, Kohlenhändler und Kohlenverbraucher, Berlin 1926.
Böse, Christian und Farrenkopf, Michael: Zeche am Strom. Die Geschichte des Bergwerks Walsum, Bochum 2014 (=Veröffentlichungen aus dem Deutschen Bergbau-Museum Bochum 199, zugl. Schriften des Bergbau-Archivs 28).
Böse, Christian und Ziegler, Dieter: Die Ruhrkohle in der kriegswirtschaftlichen Regulierung 1914–1918, in: Jahrbuch für Wirtschaftsgeschichte 56, 2015, Nr. 2, S. 421–449.
Brown, Peter Charles: From competition to cartel. A study of the Ruhr coal industry during the 19th century, Wolverhampton 1994.
Bührmann, Alfred: Syndikatsrecht im Rheinisch-Westfälischen Kohlen-Syndikat 1893–1945, o. O. (Essen) 1953.
Burghardt, Uwe: Die Mechanisierung des Ruhrbergbaus, München 1995.
Burhop, Carsten und Lübbers, Thorsten: Cartels, managerial incentives, and productive efficiency in German coal mining, 1881–1913, Bonn 2008 (=Preprints of the Max Planck Institute for Research on Collective Goods 13).
Burhop, Carsten: Wirtschaftsgeschichte des Kaiserreichs 1871–1918, Göttingen 2011.
Buschmann, Hans: Untersuchung der Zweckmäßigkeit der Syndizierung des Kohlenbergbaus auf Grund der geschichtlichen Entwicklung des Rheinisch-Westfälischen Kohlensyndikats, Berlin 1926.
Coase, Ronald H.: The Nature of the Firm, in: Economica 4, 1937, Nr. 16, S. 386–405.
Cohn, Arthur: Verbände, Kartelle und Syndikate im Großhandel, Berlin 1919 (=Der Großhandel und die deutsche Volkswirtschaft 16).
Comité für Beförderung des Absatzes der westphälischen Steinkohlen nach dem Osten: Den Absatz der westphälischen Steinkohlen zur Elbe betreffend, Essen 1858.
Der Ruhrkohlenhandel: Das Kohlenkontor und seine Gesellschafter, in: Becker-Strecker von Rautenstrauch, Carl (Hg.): Informationen, Deutsches Archiv für Privatwirtschaft, o. O., ca. 1924, S. 20–39.
Die Ruhrkohlenproduktion: Die Concerne Anfang 1924, in: Becker-Strecker von Rautenstrauch, Carl (Hg.): Informationen, Deutsches Archiv für Privatwirtschaft, o. O., ca. 1924.
Dietrich, Helmut: Die Kohlenversorgung Süddeutschlands, Würzburg 1929.
Domizlaff, Svante: Frachtcontor Junge & Co. Shipbrokers & chartering agents 1905–2005, Hamburg 2005.
Dreissen, Karl Gerhard: Die Verschiebung der Grundlagen der Weltkohlenversorgung unter der Einwirkung des Krieges, Münster, Essen 1922.
Ebner, Georg: Der deutsche Kohlenhandel in seiner Entwicklung von 1880–1907, Borna-Leipzig 1909.
Effertz, Reinhard: Kohlen-Verkaufs-Vereine und öffentliche Meinung, Dortmund 1890.

Effertz, Reinhard: Die Kohlen-Verkaufsvereine und ihre wirthschaftliche Nothwendigkeit. Eine Antwort auf die Broschüre des Grafen von Kanitz-Podangen (Die Kohlen-Verkaufsvereine und ihre wirthschaftliche Berechtigung), Essen 1891.

Effertz, Reinhard: Die niederrheinisch-westfälische Kohlen-Industrie in ihren Existenz-Bedingungen früher und jetzt unter besonderer Bezugnahme auf die durch das Kohlensyndikat geschaffene Lage, Essen 1895.

Ellerbrock, Karl-Peter: Die Westfälische Transport-Aktien-Gesellschaft und ihre Geschichte. Ein unveröffentlichtes Manuskript aus der Nachkriegszeit, in: ders. (Hg.): Dortmunds Tor zur Welt. Einhundert Jahre Dortmunder Hafen, Essen 1999, S. 139–158.

Fear, Jeffrey: Cartels and Competition: Neither Markets nor Hierachies, Working Paper, Harvard Business School 2006.

Feldenkirchen, Wilfried: Die Eisen- und Stahlindustrie des Ruhrgebiets 1879–1914. Wachstum, Finanzierung und Struktur ihrer Großunternehmen, Wiesbaden 1982 (=Zeitschrift für Unternehmensgeschichte, Beiheft 20).

Feldman, Gerald D.: Hugo Stinnes. Biographie eines Industriellen, 1870–1924, München 1998.

Fezer, Karl-Heinz: Die Haltung der Rechtswissenschaften zu den Kartellen bis 1914, in: Pohl, Hans (Hg.): Kartelle und Kartellgesetzgebung in Praxis und Rechtsprechung vom 19. Jahrhundert bis zur Gegenwart, Stuttgart 1985 (=Nassauer Gespräche der Freiherr-vom-Stein-Gesellschaft 1), S. 51–68.

Fink, Erich: Die Kohlenreederei Franz Haniel & Cie. in der Rheinschiffahrtsentwicklung, Dipl.-Arb., o. O., ca. 1926.

Flechtheim, Julius: Die rechtliche Organisation der Kartelle, 2. Aufl., Mannheim u.a. 1923.

Fleischmann, Otto: Die Wandlungen im Kohlenhandel Europas von 1913 bis 1933, Gotha 1936.

Fölsing, Fritz: Der europäische Kohlenmarkt vom 1913–1924, Stadtroda 1927.

Forstreuter, Valentin: Organisation der Kohlenindustrie und des Kohlenhandels in Deutschland, Berlin 1902.

Franken, Paul: Syndikatshandel oder Freihandel im Kohlenabsatz? Köln 1925.

Franz Haniel & Cie, GmbH (Hg.): Haniel 1756–2006. Eine Chronik in Daten und Fakten, Duisburg-Ruhrort 2006.

Fremdling, Rainer: Eisenbahnen und deutsches Wirtschaftswachstum. Ein Beitrag zur Entwicklungstheorie und zur Theorie der Infrastruktur, 2. Aufl., Dortmund 1985.

Fremdling, Rainer: Britische und deutsche Kohle auf norddeutschen Märkten 1850–1913, in: Bergmann, Jürgen (Hg.): Regionen im historischen Vergleich. Studien zu Deutschland im 19. und 20. Jahrhundert, Opladen 1989 (=Schriften des Zentralinstituts für Sozialwissenschaftliche Forschung der Freien Universität Berlin 55), S. 9–54.

Fremdling, Rainer: Anglo-German rivalry in coal markets in France, the Netherlands and Germany, 1850–1913, in: The journal of European economic history 25, 1996, Nr. 3, S. 599–646.

Fremdling, Rainer: Regionale Interdependenzen zwischen Montanregionen in der Industrialisierung, in: Pierenkemper, Toni (Hg.): Die Industrialisierung europäischer Montanregionen im 19. Jahrhundert, Stuttgart 2002 (=Regionale Industrialisierung 3), S. 365–388.

Gawehn, Gunnar: Zollverein. Eine Ruhrgebietszeche im Industriezeitalter, 1847 bis 1914, Essen 2014.

Gawehn, Gunnar: Kohle – Erz – Chemie. Die Geschichte des Bergwerks Auguste Victoria, Bochum 2015 (=Veröffentlichungen aus dem Deutschen Bergbau-Museum Bochum 205, zugl. Schriften des Bergbau-Archivs 30).

Gebhardt, Gerhard: Ruhrbergbau. Geschichte, Aufbau und Verflechtung seiner Gesellschaften und Organisationen, Essen 1957.

Geyer, Friedrich E.: Die Entwicklung der Kohlenpreise in Süddeutschland mit besonderer Berücksichtigung Baden, Heidelberg 1923.

Goetzke, Wilhelm: Das Rheinisch-Westfälische Kohlen-Syndikat und seine wirtschaftliche Bedeutung, Essen 1903.

Goldreich, Armin Hermann: Die Kohlenversorgung Europas, Wien 1918.

Goldschmidt, Curt: Über die Konzentration im deutschen Kohlenbergbau, Karlsruhe 1912 (=Volkswirtschaftliche Abhandlungen der badischen Hochschulen 5).

Gömmel, Rainer: Kartelle in der öffentlichen Meinung bis 1914, in: Pohl, Hans (Hg.): Kartelle und Kartellgesetzgebung in Praxis und Rechtsprechung vom 19. Jahrhundert bis zur Gegenwart, Stuttgart 1985 (=Nassauer Gespräche der Freiherr-vom-Stein-Gesellschaft 1), S. 69–80.

Hager, C. H.: Verein Deutscher Kohlenimporteure e. V., Hamburg 1896–1971. Mosaik aus Jahresberichten, Briefen und Protokollen über Erfolge und Beschwernisse des Kohleneinfuhrhandels anläßlich seines 75jährigen Bestehens von 1896–1971, Hamburg 1971.

Hardt, Hans-Joachim: Betrachtungen über das rheinisch-westfälische Kohlensyndikat als Absatzorgan der Ruhrzechen, Mannheim 1933.

Hegemann, Emil: Die Entwickelung des Verkehrs und die wirtschaftliche Bedeutung der Dortmund-Ems-Kanal-Häfen Dortmund und Münster i. Westf., Diss., Münster 1914.

Heidmann, R.: Hamburg's Kohlenhandel, Hamburg 1897.

Heinrichsbauer, August: Harpener Bergbau-Aktien-Gesellschaft 1856–1936. Achtzig Jahre Ruhrkohlen-Bergbau, Essen 1936.

Heinrichsbauer, August: Kohlenkontor Weyhenmeyer & Co. und Süddeutsche Kohlenwirtschaft, Essen o. J. (1938).

Herbig, Ernst: Kohlenpreise, in: ders. und Jüngst, Ernst (Hg.): Bergwirtschaftliches Handbuch, Berlin 1931, S. 667–680.

Herrmann, Klaus: Die Haltung der Nationalökonomie zu den Kartellen bis 1914, in: Pohl, Hans (Hg.): Kartelle und Kartellgesetzgebung in Praxis und Rechtsprechung vom 19. Jahrhundert bis zur Gegenwart, Stuttgart 1985 (=Nassauer Gespräche der Freiherr-vom-Stein-Gesellschaft 1), S. 42–50.

Hieke, Ernst: Hafenplanung und Industrie. Vorgeschichte und Gründung der Norddeutschen Kohlen- und Cokes-Werke A.-G., 1896–1898, in: Zeitschrift des Vereins für Hamburgische Geschichte 59, 1973, S. 1–36.

Hoffeld, Heinrich: Die Braunkohle und ihr Wettbewerb mit der Steinkohle, Würzburg 1926.

Holtfrerich, Carl-Ludwig: Quantitative Wirtschaftsgeschichte des Ruhrkohlenbergbaus im 19. Jahrhundert, Dortmund 1973 (=Untersuchungen zur Wirtschafts-, Sozial- und Technikgeschichte 1).

Hönn, Karl: M. Stromeyer Lagerhausgesellschaft 1887–1937. Festschrift zum 50jährigen Bestehen, Konstanz 1937.

Horn, Hannelore: Der Kampf um den Bau des Mittellandkanals. Eine politologische Untersuchung über die Rolle eines wirtschaftlichen Interessenverbandes im Preußen Wilhelms II., Köln, Opladen 1964.

Huber, Franz C.: Die Kartelle. Ihre Bedeutung für die Sozial-, Zoll- und Wirtschaftspolitik, Stuttgart 1903.

Hundt: Erwerbung von Steinkohlengruben im Ruhrkohlenbezirk durch Hüttenwerke, in: Stahl und Eisen. Zeitschrift für das deutsche Eisenhüttenwesen 23, 1903, Nr. 13, S. 761–768.

Huske, Joachim: Die Steinkohlenzechen im Ruhrrevier. Daten und Fakten von den Anfängen bis 2005, 3. Aufl., Bochum 2006 (=Veröffentlichungen aus dem Deutschen Bergbau-Museum Bochum 144).

Isay, Rudolf: Kohlenwirtschaftsgesetz, Mannheim 1920.

Jeschke, Hans A.: Die Technik des Absatzes deutscher und englischer Steinkohlen in Deutschland, in: Zeitschrift für Handelswissenschaft und Handelspraxis 3, 1911, Nr. 7, S. 225–236.

Jovović, Thomas: Deutschland und die Kartelle. Eine unendliche Geschichte, in: Jahrbuch für Wirtschaftsgeschichte, 2012, Nr. 1, S. 237–273.

Jüngst, Ernst: Die nichtsyndizierten Zechen im niederrheinisch-westfälischen Steinkohlenbergbau, in: Glückauf, Berg- und Hüttenmännische Zeitschrift 50, 1914, Nr. 6, S. 220–225.
Jüngst, Ernst: Die nichtsyndizierten Zechen im niederrheinisch-westfälischen Steinkohlenbergbau im Jahre 1914, in: Glückauf, Berg- und Hüttenmännische Zeitschrift 51, 1915, Nr. 11, S. 267–275.
Jüngst, Ernst: Das niederrheinisch-westfälische Revier, in: Borchardt, Karl (Hg.): Handbuch der Kohlenwirtschaft. Ein Nachschlagewerk für Kohlenerzeuger, Kohlenhändler und Kohlenverbraucher, Berlin 1926, S. 189–210.
Kanitz-Podangen, Hans Graf von: Die Kohlen-Verkaufsvereine und ihre wirthschaftliche Berechtigung, 2. Aufl., Berlin 1891.
Kerscht, Wilhelm: Das Rheinisch-Westfälische Kohlensyndikat in seiner geschichtlichen Entwicklung 1910–1920, Freiburg i. B. 1922.
Kesten, Wilhelm: Geschichte der Bergwerksgesellschaft Dahlbusch, Essen 1952.
Kestner, Fritz: Der Organisationszwang. Eine Untersuchung über die Kämpfe zwischen Kartellen und Aussenseitern, Berlin 1912.
Kleinwächter, Friedrich: Die Kartelle. Ein Beitrag zur Frage der Organisation der Volkswirthschaft, Innsbruck 1883.
Kocka, Jürgen: Kriegssozialismus? Unternehmer und Staat 1914–1918, in: Industrie- und Handelskammer zu Berlin (Hg.): Berlin und seine Wirtschaft. Ein Weg aus der Geschichte in die Zukunft, Berlin, New York 1987, S. 155–176.
Krebs, Paul: Die deutschen Kohlenpreise seit Beginn des Weltkrieges. Ihre Voraussetzungen, Bestandteile und Wirkungen, München 1924.
Kreutz, Wilhelm: Wesen und Bewertung der Beteiligungsziffer beim Rheinisch-Westfälischen Kohlen-Syndikat, Köln 1911.
Krische, Hans Karl: Der Kohlengroßhandel in Frankfurt a. M. Ein Beitrag zur Darstellung der deutschen Kohlenverteilungs-Organisation, Heidelberg 1940.
Kroker, Evelyn und Ragenfeld, Norma von: Findbuch zum Bestand 33: Rheinisch-Westfälisches Kohlen-Syndikat. 1893–1945, Bochum 1980 (=Schriften des Bergbau-Archivs 3).
Kronenberg, C.: Die Preisbildung und Preispolitik des Rheinisch-Westfälischen Kohlen-Syndikats, Köln 1907.
Kržiža, Alfons: Emden und der Dortmund-Ems-Kanal unter besonderer Berücksichtigung ihrer Bedeutung für Import und Export im niederrheinisch-westfälischen Industriegebiet, Naumburg 1912 (=Probleme der Weltwirtschaft 8).
Leonhardt, Holm Arno: Kartelltheorie und internationale Beziehungen. Theoriegeschichtliche Studien, Hildesheim 2013 (=Historische Europa-Studien 16).
Libeaux, Karl: Die Ruhrkohlen-Preisbewegung nach dem Kriege bis zum Ende der Inflationszeit, Köln 1928.
Liefering, Max: Das Rheinisch-Westfälische Kohlensyndikat und sein Einfluß auf die Kohlenpreise und die Lage der Bergarbeiter, Dortmund 1911.
Liefmann, Robert: Die kontradiktorischen Verhandlungen über deutsche Kartelle, in: Jahrbücher für Nationalökonomie und Statistik, 1903, Nr. 5, S. 638–651.
Liefmann, Robert: Die Kartelle in und nach dem Kriege, Berlin 1918 (=Veröffentlichungen des Deutschen Wirtschaftsverbandes für Süd- und Mittelamerika 2).
Liefmann, Robert: Kartelle (1923), in: Barnikel, Hans-Heinrich (Hg.): Theorie und Praxis der Kartelle, Darmstadt 1972 (=Wege der Forschung 174), S. 67–108.
Linden, Alfred: Der Einfluß von Frachtgestaltung und Verkehrswegen auf den Absatz der Ruhrkohle, Münster 1938 (=Verkehrswissenschaftliche Forschungen aus dem Verkehrs-Seminar an der Westf. Wilhelms-Universität zu Münster i. W. 12).
Lohmann, Robert: Die Handelsfrage im Rheinisch-Westfälischen Kohlensyndikat von der Gründung bis zur Gegenwart, Erlangen 1930.

Loose, Kurt: Vorgeschichte, Gestaltung und Auswirkung des Kohlenwirtschaftsgesetzes vom 23. März 1919, Bonn 1930.
Lübbers, Thorsten: Shareholder value mining. Wealth effects of takeovers in German coal mining, 1896–1913, in: Explorations in economic history 45, 2008, Nr. 4, S. 462–476.
Lucae, Gustav: Außenseiter von Kartellen, Berlin 1929.
Lüters, Wilhelm: Die Konjunkturpolitik des Rheinisch-Westfälischen Kohlensyndikats vor dem Kriege, Berlin 1928.
Lüthgen, Helmut: Das Rheinisch-Westfälische Kohlensyndikat in der Vorkriegs-, Kriegs- und Nachkriegszeit und seine Hauptprobleme, Leipzig 1926 (=Wirtschafts- und Verwaltungsstudien 69).
Lüttig, Oswig: Kohlenwirtschaftsgesetz (Gesetz über die Regelung der Kohlenwirtschaft v. 23. März 1919) nebst Ausführungsbestimmungen und Ergänzungsgesetzen, Berlin 1920 (=Sozialisierungsgesetze 1).
Lyth, Peter J.: The Resumption of British Coal Exports through Hamburg (1919–1925). Problems and Perspectives, in: Kunz, Andreas und Armstrong, John (Hg.): Inland navigation and economic development in nineteenth-century Europe, Mainz 1995 (=Veröffentlichungen des Instituts für Europäische Geschichte Mainz 39), S. 291–305.
Maetschke, Matthias: Ursprünge der Zwangskartellgesetzgebung, Baden-Baden 2008 (=Rheinische Schriften zur Rechtsgeschichte 5).
Manno, Ernst: Die Kohlenversorgung Süddeutschlands, Heidelberg 1916.
Marx, Christian: Paul Reusch und die Gutehoffnungshütte. Leitung eines deutschen Großunternehmens, Göttingen 2013 (=Moderne Zeit. Neue Forschungen zur Gesellschafts- und Kulturgeschichte des 19. und 20. Jahrhunderts 25).
Maschke, Erich: Grundzüge der deutschen Kartellgeschichte bis 1914, Dortmund 1964 (=Vortragsreihe der Gesellschaft für Westfälische Wirtschaftsgeschichte e. V. 10).
Math. Stinnes GmbH (Hg.): 150 Jahre Math. Stinnes, Darmstadt 1958.
Meifert, Walther: Die Entwicklung der rheinisch-westfälischen Kohlenwirtschaft, Münster 1923.
Moitra, Stefan: Tief im Westen. Ein Jahrhundert Steinkohlenförderung am linken Niederrhein. Von Friedrich Heinrich zum Bergwerk West, Bochum 2012 (=Veröffentlichungen aus dem Deutschen Bergbau-Museum Bochum 186, zugl. Schriften des Bergbau-Archivs 25).
Morgenroth, Wilhelm: Die Exportpolitik der Kartelle. Untersuchungen über die handelspolitische Bedeutung des Kartellwesens, Leipzig 1907.
Mosebach, Ferdinand: Über die Bildung einer Handelsgesellschaft zum Zwecke des Ankaufs und Wiedervertriebs der Kohlenproduktion des Oberbergamtsbezirks Dortmund, Recklinghausen 1887.
Moser, Friedrich: Das Rheinisch-Westfälische Kohlensyndikat und das Kohlenwirtschaftsgesetz, Bochum, Erlangen 1930.
Muthesius, Volkmar: Ruhrkohle 1893–1943. Aus der Geschichte des Rheinisch-Westfälischen Kohlen-Syndikats, Essen 1943.
Napp-Zinn, Anton Felix: Rheinschiffahrt 1913–1925. Ihre wirtschaftliche Entwicklung unter dem Einfluss von Weltkrieg und Kriegsfolgen, Berlin 1925.
Nasse, Walther: Der Rhein als Wasserstraße, in: Verein für Socialpolitik (Hg.): Die Schiffahrt der deutschen Ströme. Untersuchungen über deren Abgabenwesen, Regulierungskosten und Verkehrsverhältnisse (Dritter Band), Leipzig 1905, S. 1–300.
Nocken, Ulrich: German cartels through the lens of transaction cost theory, in: Feldenkirchen, Wilfried; Hilger, Susanne und Rennert, Kornelia (Hg.): Geschichte – Unternehmen – Archive. Festschrift für Horst A. Wessel zum 65. Geburtstag, Essen 2008, S. 273–291.
o. A.: Kohlenringe, Berlin 1891.
o. A.: Der geplante Kohlenring. Eine Gefahr für die Industrie, Köln 1892.
o. A.: Der Briket-Verkaufsverein zu Dortmund 1891–1904, o. O., o. J. (Dortmund 1904).

o. A.: Rheinisch-Westfälisches Kohlen- und Koks-Lager. Hamburg-Bahnhof-Sternschanze 1889–1909, Düsseldorf ca. 1910.

o. A.: Glückauf Kohlenhandelsgesellschaft m.b.H. Cassel, in: Becker-Strecker von Rautenstrauch, Carl (Hg.): Rheinisches Archiv für Wirtschaftsgeschichte, o. O., o. J. (ca. 1920), S. 13–28.

o. A.: Rheinische Kohlenhandels- und Rhedereigesellschaft mbH (Kohlenkontor) Mülheim-Ruhr, in: Becker-Strecker von Rautenstrauch, Carl (Hg.): Rheinisches Archiv für Wirtschaftsgeschichte, o. O., o. J. (ca. 1920), S. 5–12.

o. A.: Emil Kirdorf und die Gelsenkirchener Bergwerks-Aktien-Gesellschaft. Sonderdruck aus: Die Stadt Gelsenkirchen, Berlin 1927.

o. A.: Die Syndikatsverträge des Rheinisch-Westfälischen Kohlen-Syndikats, E[ssen] 1933.

o. A.: Arenberg Bergbau 1856–1956. 100 Jahre Prosper, 50 Jahre Brassert, 100 Jahre Centrum-Morgensonne, Essen 1956.

o. A.: Piepmeyer & Oppenhorst GmbH 1887–1962, o. O., 1962.

Overlack, Alexander Friedrich: Die Ruhrkohlenschiffahrt auf dem Rhein, Duisburg 1934 (=Zeitfragen der Binnenschiffahrt 20).

Parnell, Martin F.: The German tradition of organized capitalism. Self-government in the coal industry, Oxford 1998 (=Government-industry relations 7).

Peters, Lon L.: Managing competition in German coal, 1893–1913, in: The journal of economic history 45, 1989, Nr. 2, S. 419–433.

Pierenkemper, Toni: Die schwerindustriellen Regionen Deutschlands in der Expansion. Oberschlesien, die Saar und das Ruhrgebiet im 19. Jahrhundert, in: Jahrbuch für Wirtschaftsgeschichte, 1992, Nr. 1, S. 37–56.

Pilz, Alfred: Die Hüttenzechenfrage im Ruhrbezirk und Richtlinien für eine Erneuerung des Rheinisch-Westfälischen Kohlen-Syndikats, Essen 1910.

Pohl, Hans: Die Entwicklung der Kartelle in Deutschland und die Diskussionen im Verein für Sozialpolitik, in: Coing, Helmut und Wilhelm, Walter (Hg.): Wissenschaft und Kodifikation des Privatrechts im 19. Jahrhundert. Band 4: Eigentum und industrielle Entwicklung Wettbewerbsordnung und Wettbewerbsrecht, Frankfurt/ Main 1979 (=Studien zur Rechtswissenschaft des 19. Jahrhunderts 4), S. 206–235.

Polster, Otto: Zur Geschichte und Entwickelung des Kohlenhandels, Berlin 1903 (=Veröffentlichungen des Centralverbandes der Kohlenhändler Deutschlands 1).

Preute, Hans: Die Absatz- und Verkehrsverhältnisse des rheinisch-westfälischen Kohlenbergbaues vor und nach dem Weltkriege, Bochum 1929.

Przigoda, Stefan: Unternehmensverbände im Ruhrbergbau. Zur Geschichte von Bergbau-Verein und Zechenverband 1858–1933, Bochum 2002 (=Schriften des Bergbau-Archivs 11).

Raab Karcher AG (Hg.): Raab Karcher 1848–1998. Wachstum und Wandel in 150 Jahren, Essen 1998.

Rasch, Manfred und Feldman, Gerald D. (Hg.): August Thyssen und Hugo Stinnes. Ein Briefwechsel 1898–1922, München 2003.

Rasch, Manfred: August Thyssen: Der katholische Großindustrielle der Wilhelminischen Epoche, in: Rasch, Manfred und Feldman, Gerald D. (Hg.): August Thyssen und Hugo Stinnes. Ein Briefwechsel 1898–1922, München 2003, S. 13–107.

Rasch, Manfred (Hg.): August Thyssen und Heinrich Thyssen-Bornemisza. Briefe einer Industriellenfamilie 1919–1926, Essen 2010.

Reckendrees, Alfred: Das „Stahltrust"-Projekt. Die Gründung der Vereinigte Stahlwerke A.G. und ihre Unternehmensentwicklung 1926–1933/34, München 2000 (=Schriftenreihe zur Zeitschrift für Unternehmensgeschichte 5).

Reichsamt des Innern (Bearb.): Denkschrift über das Kartellwesen, Berlin 1906.

Richter, Klaus W.: Die Wirkungsgeschichte des deutschen Kartellrechts vor 1914. Eine rechtshistorisch-analytische Untersuchung, Tübingen 2007 (=Die Einheit der Gesellschaftswissenschaften 138).

Richter, Rudolf und Furubotn, Eirik G.: Neue Institutionenökonomik. Eine Einführung und kritische Würdigung, 4. Aufl., Tübingen 2010.

Richtsteig, Wilhelm: Die Kohlenhandelsgesellschaften des Rheinisch-Westfälischen Kohlen-Syndikats zu Essen a. d. Ruhr, Münster 1924.

Roelevink, Eva-Maria: Investitionssicherung eines Syndikatshändlers. Die Steenkolen-Handelsvereeniging und die Gründung der Gewerkschaft Sophia-Jacoba, in: Jahrbuch für Wirtschaftsgeschichte, 2012, Nr. 2, S. 177–214.

Roelevink, Eva-Maria: Organisierte Intransparenz. Das Kohlensyndikat und der niederländische Markt 1915–1932, München 2015.

Roelevink, Eva-Maria: Warum weniger eine neue Theorie als vielmehr eine neue empirische Kartellforschung notwendig ist, in: Zeitschrift für Unternehmensgeschichte 61, 2016, H. 12, S. 116–120.

Rudzinski, Marco: Ein Unternehmen und „seine" Stadt. Der Bochumer Verein und Bochum vor dem Ersten Weltkrieg, Essen 2012 (=Veröffentlichungen des Instituts für soziale Bewegungen – Schriftenreihe A: Darstellungen 51).

Sarter, Franz: Die Syndikatsbestrebungen im niederrheinisch-westfälischen Steinkohlenbezirke. Eine geschichtlich-kritische Studie, Jena 1894.

Satzky, Horst: Grundsätze, Entstehung und Novellierungen des Gesetzes gegen Wettbewerbsbeschränkungen (GWB), in: Pohl, Hans (Hg.): Kartelle und Kartellgesetzgebung in Praxis und Rechtsprechung vom 19. Jahrhundert bis zur Gegenwart, Stuttgart 1985 (=Nassauer Gespräche der Freiherr-vom-Stein-Gesellschaft 1), S. 229–243.

Schäfer, Hermann: Kartelle in der Zeit des Ersten Weltkrieges. Funktionen im Rahmen von Kriegswirtschaft und Sozialisierung, in: Pohl, Hans (Hg.): Kartelle und Kartellgesetzgebung in Praxis und Rechtsprechung vom 19. Jahrhundert bis zur Gegenwart, Stuttgart 1985 (=Nassauer Gespräche der Freiherr-vom-Stein-Gesellschaft 1), S. 81–99.

Schilson, Karl: Der deutsche Kohlenhandel und seine Organisation, Gießen 1924.

Schleuning, Horst: Die Entwicklung des deutschen Kohlenhandels von der freizügigen zur gebundenen Marktversorgung, Berlin, Leipzig 1936.

Schmalenbach, Eugen: Grundlagen der Selbstkostenrechnung und Preispolitik, Leipzig 1927.

Schmidt, Rüdiger: Der Dortmund-Ems-Kanal und der Ruhrbergbau, in: Wasserstraßendirektion Münster; Arbeitsgemeinschaft Dortmund-Ems-Kanal und Verein zur Wahrung der Schiffahrtsinteressen des Westdeutschen Kanalgebietes e. V. (Hg.): Fünfzig Jahre Dortmund-Ems-Kanal. Eine Folge von Aufsätzen aus Anlaß des fünfzigjährigen Bestehens des Dortmund-Ems-Kanals, Münster 1949, S. 20–22.

Schmidt-Rutsch, Olaf: Kohle Kurs Emden? Kohlenumschlag und Kohlentransport auf dem Dortmund-Ems-Kanal vor 1914, in: Ellerbrock, Karl-Peter (Hg.): Dortmunds Tor zur Welt. Einhundert Jahre Dortmunder Hafen, Essen 1999, S. 80–89.

Schmitz, Albert: Entwicklungsstadien des westdeutschen Kohlengroßhandels unter Einwirkung der Syndikate, Köln 1926.

Schneider, Heinrich: Die Binnenschiffahrt des westdeutschen Kanalgebietes und ihre Probleme, in: Wasserstraßendirektion Münster; Arbeitsgemeinschaft Dortmund-Ems-Kanal und Verein zur Wahrung der Schiffahrtsinteressen des Westdeutschen Kanalgebietes e. V. (Hg.): Fünfzig Jahre Dortmund-Ems-Kanal. Eine Folge von Aufsätzen aus Anlaß des fünfzigjährigen Bestehens des Dortmund-Ems-Kanals, Münster 1949, S. 16–19.

Schoene, Helmut: Der Wettbewerb zwischen Eisenbahn und Rheinschiffahrt und sein Einfluss auf die Kohlenzufuhr nach Baden, Württemberg und dem rechtsrheinischen Bayern, Köln 1923.

Schröter, Harm G.: Kartellierung und Dekartellierung 1890–1990, in: Vierteljahrschrift für Sozial- und Wirtschaftsgeschichte 81, 1994, Nr. 4, S. 457–493.

Schröter, Harm G.: Quo vadis Kartelldiskurs, in: Zeitschrift für Unternehmensgeschichte 62, 2017, H. 2, S. 302–309.

Schubert, Karl: Der Ruhrkohlenbergbau in der Nachkriegszeit. Ein Beitrag zum Produktions- und Absatzproblem, Rostock 1928.

Schulte, Friedrich: Die Rheinschiffahrt und die Eisenbahnen, in: Verein für Socialpolitik (Hg.): Die Schiffahrt der deutschen Ströme. Untersuchungen über deren Abgabenwesen, Regulierungskosten und Verkehrsverhältnisse (Dritter Band), Leipzig 1905, S. 301–526.

Schulz-Briesen, Max: Der preußische Staatsbergbau im Wandel der Zeiten. Band II: Von der Jahrhundertwende bis zur Gegenwart, Berlin 1934.

Serlo, Walter: Die Preußischen Bergassessoren, 5. Aufl., Essen 1938.

Singhof, Gottfried: Der Mannheimer Kohlen-Grosshandel, Heidelberg 1905.

Stephany, Tanja und Schubert, Matthias: Zum Risikomanagement in der Lieferantenverhandlung, in: Fröhlich-Glantschnig, Elisabeth (Hg.): Marketing im Perspektivenwechsel. Festschrift für Udo Koppelmann, Berlin, Heidelberg 2005, S. 111–129.

Stieda, Wilhelm und Menzel, Adolf: Über wirtschaftliche Kartelle. Referat erstattet der am 28. und 29. September 1894 stattfindenden Generalversammlung des Vereins für Socialpolitik, Leipzig 1894.

Stockder, Archibald Herbert: Regulating an industry. The Rhenish-Westphalian Coal Syndicate 1893–1929, New York 1932.

Storm, Ernst: Geschichte der deutschen Kohlenwirtschaft von 1913–1926, Berlin 1926.

Stromberg, Rainer: Faktoren der Konzernbildung am Beispiel der Gutehoffnungshütte 1914–1923. Dipl.-Arb., Nürnberg-Erlangen 1993.

Tenfelde, Klaus: Sozialgeschichte der Bergarbeiterschaft an der Ruhr im 19. Jahrhundert, Bonn 1977.

Thoenes, Walter: Die Zwangssyndikate im Kohlenbergbau und ihre Vorgeschichte, Jena 1921 (=Beiträge zur Lehre von den industriellen Handels- und Verkehrsunternehmungen 4).

Tiegs, Hugo: Deutschlands Steinkohlenhandel, seine Entwicklung und Organisation, sowie Schilderung der gegenwärtigen Lage mit besonderer Berücksichtigung des Fiskus, der Kohlenkartelle und Konsumenten, Berlin 1904.

Tielmann, Paul: Die Syndikatshandelsgesellschaften des Rheinisch-Westfälischen Kohlen-Syndikats in der Volkswirtschaft, Essen 1940.

Tille, Alexander: Die Förder- und Preispolitik des staatlichen Saarkohlenbergbaues 1902–1910. Denkschrift der Handelskammer Saarbrücken, Saarbrücken 1910 (=Südwestdeutsche Wirtschaftsfragen 20).

Transfeldt, Theodor: Die Preisentwicklung der Ruhrkohle 1893–1925 unter der Preispolitik des „Rheinisch-Westfälischen Kohlensyndikates" und des „Reichskohlenverbandes", Borna-Leipzig 1926.

Treue, Wilhelm: 100 Jahre Caesar Wollheim, München 1961.

Tschierschky, Siegfried: Kartell-Organisation, Berlin, Wien 1928 (=Bücherei der praktischen Betriebsführung 2).

Ufermann, Paul und Hüglin, Karl: Stinnes und seine Konzerne, Berlin 1924.

van de Kerkhof, Stefanie: Public-Private Partnership im Ersten Weltkrieg? Kriegsgesellschaften in der schwerindustriellen Kriegswirtschaft des Deutschen Reiches, in: Ziegler, Dieter; Berghoff, Hartmut und Kocka, Jürgen (Hg.): Wirtschaft im Zeitalter der Extreme. Beiträge zur Unternehmensgeschichte Deutschlands und Österreichs. Im Gedenken an Gerald D. Feldman, München 2010, S. 106–132.

van Klaveren, Jacob: Die Industrielle Revolution und das Eindringen des Fabrikanten in den Handel, Dortmund 1972 (=Vortragsreihe der Gesellschaft für Westfälische Wirtschaftsgeschichte e. V. 17).

Verein für die bergbaulichen Interessen im Oberbergamtsbezirk Dortmund: Denkschrift betreffend die Verhandlungen des Deutschen Reichstages über die Kohlenfrage am 3., 6. u. 7. Dezember 1900, Essen 1901.

Verein für die bergbaulichen Interessen im Oberbergamtsbezirk Dortmund: Die Entwickelung des niederrheinisch-westfälischen Steinkohlen-Bergbaues in der zweiten Hälfte des 19. Jahrhunderts. Band X: Wirtschaftliche Entwickelung, Teil 1, Berlin 1904.

Verein für die bergbaulichen Interessen im Oberbergamtsbezirk Dortmund: Die Entwickelung des niederrheinisch-westfälischen Steinkohlen-Bergbaues in der zweiten Hälfte des 19. Jahrhunderts. Band XI: Wirtschaftliche Entwickelung, Teil 2, Berlin 1904.

Verein für die bergbaulichen Interessen im Oberbergamtsbezirk Dortmund: Die Entwickelung des niederrheinisch-westfälischen Steinkohlen-Bergbaues in der zweiten Hälfte des 19. Jahrhunderts. Band XII: Wirtschaftliche Entwickelung, Teil 3, Berlin 1904.

Voss, Hermann: Magdeburgs Kohlenhandel einst und jetzt. Eine Studie, Magdeburg 1904.

Wagenführ, Horst: Kartelle in Deutschland, Nürnberg 1931.

Wagenführ, Horst: Konjunktur und Kartelle, Berlin 1932.

Walther, Hans: Die Entwicklung des Abrechnungsverfahrens des Rheinisch-Westfälischen Kohlen-Syndikats und seine Preispolitik, Dipl.-Arb., Köln 1933.

Wasserstraßendirektion Münster u. a. (Hg.): Fünfzig Jahre Dortmund-Ems-Kanal. Eine Folge von Aufsätzen aus Anlaß des fünfzigjährigen Bestehens des Dortmund-Ems-Kanals, Münster 1949.

Wehler, Hans-Ulrich: Der Aufstieg des Organisierten Kapitalismus und Interventionsstaates in Deutschland, in: Winkler, Heinrich August (Hg.): Organisierter Kapitalismus. Voraussetzungen und Anfänge, Göttingen 1974, S. 36 – 57.

Weimann, Fritz: Absatzwege und Absatzgebiete des Saarkohlenhandels, Cassel 1913.

Wengenroth, Ulrich: Die Entwicklung der Kartellbewegung bis 1914, in: Pohl, Hans (Hg.): Kartelle und Kartellgesetzgebung in Praxis und Rechtsprechung vom 19. Jahrhundert bis zur Gegenwart, Stuttgart 1985 (=Nassauer Gespräche der Freiherr-vom-Stein-Gesellschaft 1), S. 15 – 27.

Westfälische Transport-Aktien-Gesellschaft, Dortmund (Hg.): Westfälische Transport-Aktien-Gesellschaft 1897 – 1957, Dortmund 1957.

Weyhenmeyer, Alfred: Die Unternehmungen in der Rheinschiffahrt, Duisburg 1922 (=Buchreihe des Instituts für Verkehrswissenschaft 1).

Wiedenfeld, Kurt: Das rheinisch-westfälische Kohlensyndikat, Bonn 1912 (=Moderne Wirtschaftsgestaltungen 1).

Wilhelm, Dieter: Das Rheinisch-Westfälische Kohlensyndikat und die Oberschlesische Kohlenkonvention bis zum Jahre 1933, Erlangen-Nürnberg 1966.

Wilhelm, Rudolf: Die Absatzverhältnisse der Steinkohlenbergwerke an der Saar von 1920 – 1928 und das Absatzproblem der Saarkohle, Saarbrücken 1931.

Wilhelms, Carl: Die Übererzeugung im Ruhrkohlenbergbau 1913 bis 1932, Jena 1938 (=Beiträge zur Erforschung der wirtschaftlichen Wechsellagen 15).

Williamson, Oliver E.: Die ökonomischen Institutionen des Kapitalismus. Unternehmen, Märkte, Kooperationen, Tübingen 1990 (=Die Einheit der Gesellschaftswissenschaften 64).

Wintrans Spedition GmbH (Hg.): 1848 – 1998: Von Winschermann zu Wintrans. 150 Jahre in Bewegung, Salzgitter 1998.

Wischermann, Clemens und Nieberding, Anne: Die institutionelle Revolution. Eine Einführung in die deutsche Wirtschaftsgeschichte des 19. und frühen 20. Jahrhunderts, Stuttgart 2004 (=Grundzüge der modernen Wirtschaftsgeschichte 5).

Wöhrle, Eugen: Entwicklung und Gestaltung des Ruhrkohlenhandels, Speyer 1939.

Wolfers, Arnold und Lederer, Emil: Das Kartellproblem im Lichte der deutschen Kartelliteratur, München 1931 (=Schriften des Vereins für Socialpolitik 180, 2).

Wollheim, Caesar (Hg.): Der Kohlenmarkt 1914–1919, Berlin 1920.

Wuermeling, Franz-Josef: Das Kohlenwirtschaftsgesetz von 1919 und seine Bedeutung, Freiburg 1921.

Wünsch, Hermann: Der Wettbewerb zwischen der Steinkohle und der Braunkohle in Deutschland, Essen 1929.

Wüstenfeld, Gustav Adolf: Die Ruhrschiffahrt 1780 bis 1890, Wetter 1993.

Zeller, Max: Der Lieferungsvertrag im deutschen Kohlenhandel, Köln 1929.

Zentgraf, Emil: Der Wettbewerb auf dem Berliner Kohlenmarkt. Teil 1, in: Glückauf, Berg- und Hüttenmännische Zeitschrift 49, 1913, Nr. 12, S. 449–460.

Zentgraf, Emil: Der Wettbewerb auf dem Berliner Kohlenmarkt. Teil 3, in: Glückauf, Berg- und Hüttenmännische Zeitschrift 49, 1913, Nr. 14, S. 533–540.

Zentgraf, Emil: Der Wettbewerb auf dem Berliner Kohlenmarkt. Teil 4, in: Glückauf, Berg- und Hüttenmännische Zeitschrift 49, 1913, Nr. 15, S. 572–583.

Zerr, Friedrich: Die Kohlenversorgung Südwestdeutschlands (Baden, Pfalz, Württemberg) nach dem Kriege, Heidelberg 1928.

Ziegler, Dieter: Eisenbahnen und Staat im Zeitalter der Industrialisierung. Die Eisenbahnpolitik der deutschen Staaten im Vergleich, Stuttgart 1996 (=Vierteljahrschrift für Sozial- und Wirtschaftsgeschichte, Beiheft 127).

Ziegler, Dieter: Wider die „verhängnisvolle Planwirtschaft“. Nationalsozialistische Neuordnungspläne für die Kohlewirtschaft 1933 bis 1937, in: ders.; Berghoff, Hartmut und Kocka, Jürgen (Hg.): Wirtschaft im Zeitalter der Extreme. Beiträge zur Unternehmensgeschichte Deutschlands und Österreichs. Im Gedenken an Gerald D. Feldman, München 2010, S. 253–274.

Ziegler, Dieter: Kriegswirtschaft, Kriegsfolgenbewältigung, Kriegsvorbereitung. Der deutsche Bergbau im dauernden Ausnahmezustand (1914–1945), in: ders. (Hg.): Geschichte des deutschen Bergbaus. Band 4: Rohstoffgewinnung im Strukturwandel: Der deutsche Bergbau im 20. Jahrhundert, Münster 2013, S. 15–182.

Zimmermann, Erich: Die britische Kohlenausfuhr, ihre Geschichte, Organisation und Bedeutung, Essen 1911.

Zörner, Richard: Die Absatzverhältnisse der Königlichen Saarbrücker Steinkohlengruben in den letzten 20 Jahren (1884–1903), Berlin 1904 (=Der Steinkohlenbergbau des Preussischen Staates in der Umgebung von Saarbrücken 2, Teil 4).

Personenregister

https://doi.org/10.1515/9783110576719-009

Register der Unternehmen und Institutionen

https://doi.org/10.1515/9783110576719-010

Ortsregister

https://doi.org/10.1515/9783110576719-011

www.ingramcontent.com/pod-product-compliance
Lightning Source LLC
LaVergne TN
LVHW080807011026
849160LV00015B/1553
9783110574319